巨變第二天

巨變第二天

新興民主的得失與選擇

劉瑜 著

香港中文大學出版社

《巨變第二天：新興民主的得失與選擇》
　　劉瑜 著

© 香港中文大學 2023

國際統一書號 (ISBN)：978-988-237-296-2

2023年第一版
2023年第二次印刷
2023年第三次印刷

出版：香港中文大學出版社
　　　香港 新界 沙田 · 香港中文大學
　　　傳真：+852 2603 7355
　　　電郵：cup@cuhk.edu.hk
　　　網址：cup.cuhk.edu.hk

Day Two: Gains, Losses, and Chocies of New Democracies (in Chinese)
　　By Yu Liu

© The Chinese University of Hong Kong 2023
All Rights Reserved.

ISBN: 978-988-237-296-2

First edition　　　2023
Second printing　2023
Third printing　2023

Published by The Chinese University of Hong Kong Press
　　　　　The Chinese University of Hong Kong
　　　　　Sha Tin, N.T., Hong Kong
　　　　　Fax: +852 2603 7355
　　　　　Email: cup@cuhk.edu.hk
　　　　　Website: cup.cuhk.edu.hk

Printed in Hong Kong

目　錄

圖表目錄

圖

表

娜拉出走之後

正如大多數愛情電影都終結於男女主角步入「婚姻的殿堂」，很長一段時間裏，對政治發展的分析也大多終結於「民主轉型」的時刻。許多人似乎相信，「民主轉型」意味着政治發展劃上一個完美的句號，正如人們假定男女主角手牽手以後會是「從此過上了幸福的生活」。

這種假定的一個後果，就是很長一段時間裏，「政治轉型」研究主要都是政治轉型的「動力學」研究。無數學者着力於分析為什麼民主轉型得以發生，並得出許多不同的結論：經濟發展的解釋、文化變遷的解釋、政治精英的協商、政治精英的分裂、社會結構的變遷、國際格局的變動、鄰國的傳染效應⋯⋯這些研究都極其寶貴，共同構建了一個轉型動力學圖景。然而，眾所周知，「步入婚姻的殿堂」之後未必是「幸福的生活」，有時候甚至「婚姻是愛情的墳墓」。民主轉型之後出現的也未必是民主穩固，有可能是民主倒退和崩潰，甚至可能是戰火紛飛。「句號」並非真的句號，而是意味深長的省略號，對這個省略號，我們所知甚少。

本書試圖在20世紀末21世紀初的時間框架中分析這個省略號。確切地說，本書試圖分析這個階段中的新興民主國家在轉型啟動**之後**所發生的事情，即，「巨變第二天」的情形。踏上了轉型的道路之後，這些國家的民主是否走向了穩固？還是出現了 —— 如近年媒體廣泛討論的那樣 —— 民主的普遍衰退？其經濟表現發生了什麼樣的變化？是否像

很多人預言的那樣，廣泛出現了「劫富濟貧式的多數暴政」，也就是經濟民粹主義泛濫成災？暴力衝突水平如何變化？是如樂觀主義者所期待的那樣，以「算人頭」替代了「砍人頭」，還是如悲觀主義者所感受到的那樣，成了族群衝突的「魔法按鈕」？國家能力又如何變化？近年來越來越多的學者意識到國家能力對於治理績效的基礎性作用，並因此得出「國家優先」的發展順序論。從新興民主國家的角度來說，在多大程度上這一「順序論」得到了驗證？以相關數據庫提供的信息為依據，本書的前半部分試圖就上述問題進行一個全景式的分析。

本書的後半部分，則試圖從轉型後「發生了什麼」這一問題轉向分析「為什麼」——確切地說，為什麼有些國家能夠實現相對平穩的政治轉型，而另一些則走向了民主衰退或崩潰？並且，在這一過程中，往往伴隨着衝突不斷和經濟危機？如何解釋這些差異？既有的經濟水平解釋、社會結構解釋、制度選擇解釋、國際環境解釋、文化傳統解釋……能否提供一個令人信服的解釋框架？如果不能完全解釋，有什麼重要因素被遺漏？它為什麼重要？以及它與既有的解釋框架存在什麼聯繫？

將分析的重心從「轉型動力」轉向「轉型穩固」並非僅僅出於個人偏好，而是「現實所迫」。什麼現實？諸多轉型國家所遭遇的困境、挫折甚至戰亂，以及由此引發的觀念迷惘。《經濟學人》在2014年的一篇社論中寫道：「民主正在經歷一個艱難時世。在那些獨裁者被趕跑的地方，反對派大多沒能建立一個行之有效的民主政府。即使在那些民主得以建立的地方，系統的缺陷令人擔憂地顯現，對政治的幻滅也隨處可見。但就在幾年前，民主看上去似乎將統領世界。」（*The Economist*, Mar. 1, 2014）

這段話顯然事出有因。近年的各種時事顯示，諸多新興民主的轉型歷程坎坷動盪。在阿拉伯地區，「阿拉伯之春」中的民主轉型遭遇了幾乎是全軍覆沒式的失敗。在拉美，民主轉型與其民粹主義傳統的結合致使數個大國出現經濟危機甚至崩潰。在非洲多個國家，周期性民主選舉成為周期性族群衝突的導火索，以至於在某些地方投票成為騷亂集結號。甚至在西方的邊陲地帶——中東歐、南歐、西亞，似乎已經塵埃

落定的民主轉型被重新打上問號：東歐的民粹主義崛起、南歐的債務危機、土耳其的民主倒退都為「從此過上了幸福的生活」之敘事蒙上了巨大陰影。

然而，政治學思考不僅僅是「時事分析」。代議民主政體的浪潮式湧現在人類歷史上是「千年未有之變局」，以五年、十年、二十年的趨勢去分析這場「千年變局」的成敗得失，是過短的觀察尺度。視野過短之後果，是觀察者容易因為時事「風向」成為過度的樂觀主義者或過度的悲觀主義者——有趣的是，他們常常是同一批人。風向是代議民主制的多米諾骨牌式勝利時，很多人傾向於將民主視為「聖誕老人」式的魔術師，其紅色口袋裏裝滿了人們所期待的一切禮物；而當風向轉為民主轉型的廣泛受挫時，他們轉而憤怒，繼而將民主看得一無是處。這一點並不奇怪。過高的期待帶來幾乎是必然的失望，激進的樂觀主義，往往最快地轉變為徹底的悲觀主義。

或許歷史可以給我們一些啟示。當人們哀嘆代議民主淮南為橘、淮北為枳時，似乎假定民主在西方世界的生根落地一帆風順。但這並非事實。事實是，歐美國家的民主化歷程充滿血雨腥風，其程度比之今天的新興民主國家有過之而無不及。以法國為例，1789年大革命是其民主化的第一次努力，其間出現的內戰、對外戰爭、恐怖統治舉世皆知，後果則是政治強人回歸和帝制復辟，用今天的語言來説，是典型的民主崩潰。此後法國的政治轉型仍然是一波三折。1814年的復辟之後是1830年的七月革命，路易・菲利普一世 (Louis Philippe I) 半心半意的改革最終引發了 1848 年革命，法國第二共和國誕生。然而，路易・波拿巴 (Louis Bonaparte) 又於1851年通過一場「公投」推翻了共和政體，很大程度構成準民主政體的「自殺」。普法戰爭的失敗和路易・波拿巴的倒台又觸發了 1871 年巴黎公社革命，之後是法國第三共和國的誕生。然而，第三共和國也危機不斷，社會撕裂嚴重，一戰和二戰的災難使這種脆弱性一覽無餘。甚至到二戰之後，1958年的阿爾及利亞危機再次引發政變危機，之後法國的民主體制才真正走向穩固，而這時距離法國大革命已經過去了一百五十多年。

　　法國歷史顯示，專制往往並非地震式「坍塌」，而是一層層被「剝離」。1789年革命、1830年革命、1848年革命、1871年革命，每一次革命「剝去」一層專制制度，而歷史往往進兩步退一步，最後還要輔以有利的國際環境和漫長的文化變遷，才最終使得民主穩固「塵埃落定」。事實上，直到今天，「塵埃落定」這個詞仍然顯得為時過早，無論是右翼「國民陣線」的崛起，還是左翼「黃背心運動」的興起，都顯示即使在法國這樣一個貌似「政治文明已經翻篇」的國家，兩極對立仍然可能激化，歷史的頁碼仍然可能被新的風向重新翻亂。

　　法國的故事並非孤例。檢視美國、德國、意大利、西班牙、日本甚至英國歷史，幾乎沒有哪個國家的民主轉型一帆風順。德日意的法西斯主義興起自不待言，美國革命或者西班牙內戰也是舉世皆知，即使英國的光榮革命被視為「和平演進」之典範，其實也未必那麼「和平」——如果沒有之前英國內戰、克倫威爾獨裁和復辟帶來的勢力均衡，「不流血的革命」也恐怕難以發生。摩爾在其經典著作《專制與民主的社會起源》中，將第一章命名為「英國與暴力對於漸進主義的貢獻」(Moore 1967：2012)，正是試圖說明這個道理。根據英國歷史學家卡爾頓的估算，英國內戰在全國導致大約8.5萬人戰死、10萬多人因與戰爭相關的瘟疫病死，加起來近19萬人，從當時的人口比例來看可以說非常驚人 (Carlton 1994：211)。因此，當今天無數人為許多新興民主國家的轉型受挫而驚愕時，或許更令人驚奇的，不是今天的新興民主轉型如此艱難，而是人們竟然認為它不應如此艱難。

　　恰當的歷史教訓或許是：當專制的遺產積重難返，政治的每一點進步都可能代價慘重。制度的「排異反應」不僅僅存在於不同「水土」之間，也存在於甚至更存在於傳統與現代之間。當新觀念衝擊舊觀念、新利益團體威脅舊利益團體、新的權力主體驅逐舊的權力主體，當一個全新的遊戲規則出現，而支撐這個遊戲運行的政治文化尚未成型，痛苦和混亂幾乎是必然，區別只在於混亂之後是新生還是更大的混亂。在這一過程中，轉型的難度與轉型前專制的深度極有可能成正比。

　　或許以西方歷史來比照今天的新興民主，標準不是太高，而是太低。畢竟，今天的國際體系不同於18、19世紀，所謂「自由霸權」的確立與當年反法同盟對法國革命的圍剿不可同日而語，政治知識的歷史積累程度也大相徑庭——第一個攀登珠峰的人和第一萬零一個攀登珠峰的人危險係數自然不同，而全球化所帶來的觀念擴散以及經濟聯繫，使得制度學習的成本大大降低……也就是說，我們本來有理由期待新興民主的轉型更順利、「水花更小」，也正是因此，其轉型過程中出現的困境更加令人措手不及。

　　然而，正如奧唐奈多年以前所指出，民主穩固並非民主轉型的「宿命」，這既是因為歷史的走向沒有「宿命」，而是一系列「條件」與「選擇」相互碰撞的結果 (O'Donnell 1996)；也因為即使是今天，歐美世界的民主制度依然面臨重重挑戰，在這個意義上轉型沒有「完成式」。然而，即使我們知道某國政治轉型將在一百五十年後、三百年後「塵埃落定」，我們仍然希望這一過程的時間不那麼漫長、道路不那麼曲折、過程不那麼慘烈，因為歷史的任何一個微小「褶皺」都可能意味著個體命運的驚濤駭浪。凱恩斯說：「長遠而言，人都是會死的。」長線的分析或許有學術意義，而對於生命短暫的每一代人，他們尋求的是如何以最小的代價獲得最大的進步，是「只爭朝夕」。

　　這也是為什麼系統地對新興民主的成敗得失進行階段性梳理至關重要。由於分析對象涉及近百個轉型國家，而分析維度則涉及政治、經濟、社會、文化等方方面面，本書所承載問題的重量遠遠超出筆者的學力，然而這些問題如此之重要、之迫切，對於比較政治學者，將判斷僅僅留給意識形態偏見和新聞標題所帶來的「印象」是如此之失職，我仍然願意知難而上，進行這場知識上自不量力的冒險。

　　本書分為兩個部分。第一部分致力於分析第三波民主化浪潮的進展及其後果：第三波民主化浪潮到底進展如何？這股浪潮如何影響了被捲入國家的一些關鍵治理績效？是增加、減少了抑或並沒有顯著改變暴力衝突水平、經濟自由度、經濟增長狀態以及國家能力？總體而言，第

一部分試圖對第三波浪潮及其後果進行一個全景式的深描，以理解這場歷史巨變在近50年的時間裏對相關國家的政治圖景造成了什麼樣的衝擊。這種描繪之所以必要，是因為任何理論分析和價值判斷必須建立在事實釐清的基礎之上，否則錯誤的診斷必然導致錯誤的藥方，比例扭曲的地圖必然導致輪船的偏航。

第一章試圖描述第三波民主浪潮的宏觀輪廓：其覆蓋面、空間和時間上分佈的特點，走向民主穩固和民主倒退的比例。本章尤其着重分析一個近年越來越受熱議的問題：在新興民主中，是否存在顯著的民主衰退？在哪些維度上的確出現了民主衰退，又是在哪些意義上，新興民主顯示出相當程度的韌性？此外，本章試圖將讀者的注意力導向新興民主中兩個越來越突出的現象：「中間政體陷阱」以及頻繁的「政體震盪」現象 —— 在多數國家已經加入民主化的浪潮後，「民主—威權」的二分法已經無法捕捉轉型現實的複雜性，而「陣痛」這樣的詞語也無法表現中間狀態的「常態化」，因此關注分析轉型的「灰色地帶」就變得格外重要。

第二至四章則分別分析轉型後新興民主在大規模暴力衝突（第二章）、經濟表現（第三章）和國家能力（第四章）方面的變化，以及民主轉型與這些變化的關係。第二章從「民主和平論」和「民主衝突論」的理論之爭出發，在相關數據庫的基礎上檢視轉型前後大規模暴力衝突水平的變化，並以三個案例呈現變化的三種方向及其背後的邏輯。第三章則試圖描述轉型前後經濟表現的變化。鑒於經濟自由對於經濟發展的根本性作用以及「民主化帶來殺雞取卵式的多數暴政」之流行看法，本章尤其關注新興民主的經濟自由度變化，在此基礎上再觀察各國經濟水平的變化。第四章則圍繞一個近年引人注目的理論爭論展開：政治發展是否應當遵循「國家優先」的「順序」？帶着這個問題，本章分析各國民主轉型後國家能力的變化 —— 在此，筆者將國家能力拆解為財稅能力、強制能力和行政能力三個維度，分別觀察其變化趨勢。

為充分把握第三波浪潮中的上述變化，在每一章中，筆者都從橫向比較、縱向比較、因果分析三個角度去考察分析對象。所謂橫向比較，即比較民主轉型國家、穩定威權國家和穩定民主國家在同一個時期的暴

力衝突水平、經濟發展水平以及國家能力方面的均值變化趨勢。所謂縱向比較，即聚焦於第三波國家，以轉型啟動年為分界線，分析各轉型國家中上述治理指標在轉型後是有所改善、惡化或基本不變，並從中分析改善者、惡化者和基本不變者的比例關係。所謂因果分析，則是以第三波國家不同的政體狀態為自變量，以上述治理指標為因變量，在控制相關變量的前提下，去分析治理績效的上升或下降能否歸功或歸咎於政體狀態的變化。

顯然，面對近百個參差多態的國家，筆者無力也不可能一個一個「寫生」，因此，上述分析主要借助於既有的數據庫，比如，記錄政體及其變化的「政體數據庫（第五代）」(Polity V) 和「多樣的民主」數據庫 (Varieties of Democracy)，囊括各種治理指標的「世界發展指標」(World Development Indicators)，體現經濟自由度變化的「經濟自由度指數」(Economic Freedom Index)，記錄大規模暴力衝突的「武裝衝突數據庫」(Armed Conflict Dataset) 和「政治暴力重大事件」(Major Episodes of Political Violence)，體現國家能力的稅收/GDP比值等等，對此各章節皆有具體說明。

本書的第二部分則試圖從「發生了什麼」這個問題轉入「何以如此」的問題：為什麼一些新興民主走向了相對的民主穩固，改善了治理績效，而另一些則出現了民主倒退，甚至治理惡化？「硬着陸」和「軟着陸」的分叉何以出現？與既有的經濟發展視角、經濟平等視角、社會結構視角、制度設計視角、國際環境視角不同，本書的第二部分試圖聚焦「觀念的視角」，確切地說，試圖論證兩種不同的民主觀——自由式民主觀與民粹式民主觀——如何通過塑造不同的政治模式、經濟政策和公民社會形態影響民主的穩固及績效。不滿於既有分析中的「決定論」色彩，筆者強調「觀念帶來選擇，選擇影響後果」，以此重新激活轉型政治學分析的政治意涵。

不過，在本書中，觀念的視角並非「平行於」其他視角的「另一種視角」，而是試圖在既有的各種解釋中找到一個更「上游」的解釋：在筆者看來，經濟水平、經濟結構、制度選擇、甚至政治文化……並非靜態

變量，而常常是政治選擇的後果，而選擇則往往來自於一個社會廣泛存在的——尤其是其積極行動者的意識形態。2010年代委內瑞拉經濟自由落體式的跌落，並非一種歷史給定的「經濟基礎」，而是一系列政治選擇的後果；前南斯拉夫地區在20世紀90年代的戰火紛飛，也未必是因為不同族群歷史上不可化解的血海深仇，更多的是源於煽動性的政治動員。「結構性因素」約束政治選擇的半徑，觀念驅動的政治選擇則撬動「結構性因素」的流變。

第五章在回顧既有文獻的基礎上引入「兩種民主觀」的視角。本章在回顧民主穩固的常見既有解釋及其預測力「失靈」現象之後，轉入對「兩種民主觀」的討論。思想史上向來有「厚的」和「薄的」兩種民主觀之論爭，本章對其做簡要梳理，並以「民粹式民主觀」和「自由式民主觀」命名這兩個傳統。在此基礎上，本章從民主的目標、民主的主體、民主的邊界、民主的標準和民主的手段五個方面出發，去辨析這兩種民主觀的不同。這種區分之所以重要，是因為民粹式民主觀製造「承諾的旋渦」，導致「預期的超級通貨膨脹」，從而損害民主穩固的前景，而自由式民主觀或許因其精英主義色彩看上去「不那麼民主」，卻因其更有節制的承諾具有更細水長流的生命力。

第六至八章則展開論述何以不同的民主觀帶來不同的民主穩固表現。在第三波「民主衰退」中，新興民主的倒退與崩潰主要有三個路徑：政治路徑、經濟路徑以及社會路徑。固然，在現實中，一個國家常常被這些問題同時纏繞，但是，為透視不同機制的展開邏輯，第六到八章分別分析這些路徑的發生機制。每一章都從第三波國家廣泛存在的某個「問題」開始，然後分析「民主觀念」如何導致這個問題，進而分析這個問題又如何危及民主穩固的前景。最後，每一章都通過正反兩個案例分析展示「民主觀念 → 政治/經濟/社會模式選擇 → 民主穩固」的邏輯。

第六章的切入問題是：何以在新興民主中大量湧現「強人政治」現象——或者說「不自由的民主」現象？與常見的「專制遺產論」和「個人野心論」不同，筆者強調政治強人崛起的「民主邏輯」：他們往往通過民主選舉上台，通過民主渠道擺脫權力制衡，並在民眾的「擁護」下中迫

害反對派。然而，這並非民主的必然，而是民粹式民主的必然──恰恰是民粹式民主中一元化的人民觀以及「民意」的神聖化，為政治強人的崛起鋪平了道路。本章從政治過程的不同環節展開討論，並以南非和津巴布韋兩個案例進行闡釋。

第七章的切入問題則是：為什麼新興民主中很多國家採用民粹主義經濟政策？同樣，本章首先分析不同經濟政策的觀念起源，然後論證民粹主義經濟政策如何通過「政治反彈」和「經濟危機」兩個路徑影響民主的穩固和治理表現，並以相關數據和兩個案例分析（智利與委內瑞拉）支持這一看法。借助一些案例國家的憲法文本以及世界觀念調查的數據，本章試圖呈現，對「權利」與「善」的混淆帶來一種「無邊權利觀」，「無邊權利觀」導致激進的民粹主義經濟政策，從而威脅民主穩固的前景。

第八章則從這個問題出發：為什麼在許多新興民主，積極熱烈的政治參與未能護佑民主走向穩固，反而加速了其崩潰？新興民主的倒退乃至崩潰不僅可能自上而下地發生，也可能自下而上地發生。發達的公民社會通常被視為民主有效運轉的必要條件，諸多新興民主中的失敗案例則顯示，過於活躍的公民社會未必是推動民主穩固的積極力量，必須對公民社會的行為模式進行細分，才能辨析它與民主穩固的關係。基於民粹式民主觀的公民社會，其行為模式傾向於剛性，而基於自由式民主觀的公民社會，其行為模式則更具彈性，剛性與彈性兩種行為模式對民主穩固前景造成不同的影響。本章分析其中的邏輯，並以泰國和印度尼西亞兩個案例進一步闡釋。

毫無疑問的是，那種認為「扔到水裏自然就會游泳」的轉型觀過於浪漫。事實是，如果泳姿錯誤，如果體力羸弱，如果執意游向危險地帶，「扔到水裏」後發生的不是「學會游泳」，而是「淹死」。每當一個威權政體陷入危機、走向崩潰，無數人歡欣鼓舞，卻忘了在人類歷史上，取代專制的，更經常的是另一種專制──有時候甚至是更深的專制，或「一切人反對一切人」的無政府狀態。在這個意義上，民主的穩固從來並非僅僅是一個「時間問題」，它是一個知識問題，需要人們有足夠的智慧去辨析民主運轉的條件；還是一個「勞作」問題，需要所有

人——不僅僅是統治者——去翻土、澆水、施肥、修剪、耕耘；同時
也是一個耐心問題，作為一種重複博弈的遊戲規則，民主並不假定民眾
道德或知識完美，只是承認——當試錯機制被制度化——集體理性演
進之可能。

反諷的是，從歷史上被傾覆的民主來看，或從當代新興民主的命運
來看，在漫長艱難的轉型過程中，轉型最致命的陷阱未必是「權慾熏心
的獨裁者」，而常常是「完美民主」的誘惑：人們以「真民主」的名義去摧
毀所謂「假民主」，用「更深民主」的名義去否定所謂「表像民主」，用「大
眾民主」的名義去攻擊所謂「精英民主」。總之，以民粹式民主去摧毀自
由式民主。換言之，自法國大革命以來，摧毀民主的就常常不是專制，
而恰恰是民主自身失去節制。

民主從自由走向民粹，是否是「歷史的必然」？這一危險顯然真實存
在。在一個權利意識覺醒的時代，獨裁易辨識，腐敗易詛咒，然而，
「善」的誘惑如此具有感召力，反而可能驅動人們棄守政治之邊界。然
而，政治沒有「宿命」。即使在同一個民主國家，人們也常常在左右之
間搖擺，而在不同民主國家之間，政治光譜更是千差萬別。決定這些搖
擺與差異的，觀念即使不是最重要的因素，也是極具能動性因而值得深
思的視角。在這個意義上，對於一個國家，觀念即其命運。

某種意義上，經驗分析是速朽的，因為它所立足的經驗世界處於時
刻的流變中。然而，經驗分析的謙卑也正在於此，它朝新的事實敞開，
並不宣稱抵達永恆的真理。因此，本書不敢聲稱「發現」了什麼確切的
事實或理論，而只是為特定假說提供了一些實證線索。然而，這種不斷
自我更新甚至自我摧毀的知識建構過程並非徒勞，因為恰恰是這種西西
弗斯式的努力防止了知識固化。至少就政治領域而言，知識固化是危險
的——如果知識是確切的，那麼極權就是必要的。除非意識形態上自
我催眠，否則在一根無盡的鋼絲上行走，是一個政治思考者的責任。這
固然令人疲勞，但是面對這樣一場「千年未有之變局」及其所裹挾的無
數人的命運，這種疲勞是值得的，而對於一個學者而言，甚至是令人歡
喜的。

第一部分

轉型的峽谷

第一章

第三波民主化的進展與受挫

　　起始於20世紀70年代中期的第三波民主化浪潮改變了世界政治圖景。根據比較政治學界最重要的政體評估數據庫之一政體數據庫（第五代）（Polity V，也寫作 Polity 5），1973年地球上自由式民主國家的數量是41個，到2018年，這個數字變成119個。[1]這是一個壯觀的變化。如果將古代兩河流域文明視為人類文明的起點，那麼，人類用了五六千年發明了大規模疆域上的代議民主制 —— 1789年美國憲法的出台標誌着這一政體雛形的誕生。[2]之後，用了近二百年時間將這一發明傳播到40餘個國家，但是再之後，僅僅用了四十多年時間，就將這一制度擴散至近120個國家，也就是70%左右的國家。把這個加速度的變化視為世界政治史最重要的現象之一，並不為過。任何一個試圖理解世界政治圖景和趨勢的人，都必須直面並思考這場巨變。

1　由於計算標準不盡相同，不同政體數據庫的數據未必完全相同。Polity V 數據庫給每個國家的政體進行年度評估（1800–2018），分值從-10（威權）向10（最民主）分佈，此處將分值1–10的政體視為民主政體，-10–0視為威權政體。當然，從1973年到2018年，國家的數量也在增長，在 Polity V 數據庫中，從136個增至167個。

2　1789年美國憲法並沒有實現普選權（比如女性、黑人都沒有選舉權），但是確立了人民主權原則及其制度表達形式（選舉），為後來的選舉權擴大提供了制度框架。雖然古希臘的直接民主、古羅馬的共和政體以及中世紀的城邦共和國等都有過民主元素，但是這些政治實驗都規模較小，而且其形式與現代代議民主制相當不同。

當然，這個變化不是線性的。根據學者亨廷頓在《第三波：20世紀後期民主化浪潮》中的總結，民主的擴散往往呈現「波浪式前進」的軌跡，並表現出「進兩步、退一步」的特點 (Huntington 1993)。他總結了三波民主化浪潮：第一波起始於1828年美國的「傑克遜革命」[3]，終結於20世紀20年代法西斯主義和斯大林主義的興起；第二波起始於二戰結束後，終結於20世紀60年代初威權政體的重新抬頭；第三波民主化則始於20世紀70年代中期，先是南歐、拉美、東亞各國的民主化，然後是蘇東及其勢力範圍的劇變。

本書的分析對象是1974年以來捲入民主化浪潮的國家和地區。之所以以1974年為分界線，很大程度上是緣於亨廷頓《第三波》中那個著名的「時間標記」。在該書的開頭，他不但稱第三波民主化起始於1974年，甚至把時間精確到4月25日零時25分——葡萄牙廣播台一首歌曲開始播放的時間——當時，葡萄牙軍官們以這一時間點為暗號發動政變。這場政變啟動了葡萄牙的民主轉型歷程，而葡萄牙的民主轉型又被視為第三波轉型巨浪的起點。

但是，以20世紀70年代中期為一個分析的邊界線，不僅僅因為某個學者的一個論斷，也因為這之後的民主化浪潮確實具有之前的民主化浪潮所不具備的特點——與之前相比，民主的傳染效應在增加、其韌性在強化、中產階級充當了主導力量、伴隨着顯著的文化變化等等。在本書中，這些1974年之後捲入民主化進程的國家或地區被稱為「新興民主」。

短短不到半個世紀的時間裏，湧現出大批「新興民主」，這是人類歷史上前所未有之變局。眾所周知，在人類歷史的絕大部分時期，民主政體既非「自然」，亦非理所當然地「正確」。稱其不「自然」，是因為數千年的人類政治史上，只有過星星點點的民主實驗，而大規模疆域上的

3　所謂「傑克遜革命」，是指美國總統安德魯·傑克遜 (Andrew Jackson) 在任時期 (1829–1837) 美國政治的「平民化」過程：選舉權的顯著擴大，競選的公開化，大眾政黨的出現等等。

代議民主制，則只有兩百多年的歷史；稱其並非理所當然地「正確」，則是因為從柏拉圖到美國的開國之父們，現代之前的思想家們常常把民主——確切地說，直接民主——作為一個貶義詞來使用，未必將其作為制度典範來追尋。

啟蒙運動改變了世界政治圖景，自由、平等、權利觀念的興起打開了人類的政治想像力。當美國的開國之父們將民選原則引入其明文憲法時，他們深知自己在人類歷史上的「實驗者」身份。儘管其最初的政治藍圖未必是大眾民主，隨着普選權的一步步擴散，大眾民主成為「美式共和」的意外果實。或許讓很多歷史先哲意外的是，這一「既不自然，亦非正確」的制度實踐並沒有詛咒這個新生的政治體，而是護佑其成為地球上最強大的國家。

然而，選舉式民主在西方的崛起是一件事，它向全球的急劇擴散則是另一件事。許多人認為，選舉式民主在西方的階段性成功是其獨特文化基因的結果——畢竟，華盛頓經由倫敦通向古希臘羅馬，而自然權利觀念經由自然法理念通向基督教的上帝。奠基於如此獨特的文化傳統，加上西方世界得天獨厚的自然條件與地緣位置，這種土壤上生長出來的政治制度「移植」到其他土壤時，完全可能產生巨大的排異反應。

然而，如前言中所提及，「排異」可能是發生在傳統與現代之間，而未必是地域之間。無論是法國革命、英國內戰、美國革命、西班牙內戰，還是德日意的法西斯主義，都顯示了即使是早發民主國家，其民主轉型過程也往往動蕩不已。與其相比，今天新興民主所經歷的轉型衝突與困境，幾乎是小巫見大巫。傳統並非靜態，它給所有國家的轉型投射下漫長的陰影，但是它也在延綿的自我更新中。在一個全球化的時代，一個經濟社會迅速變遷的時代，這種自我更新甚至可能達到一個驚人的速度。

在歷史的重力和觀念的引力之間，新興民主的民主穩固狀況到底如何？在多大程度上走向民主穩固？或者說，娜拉出走之後，到底走了多遠？這是本章試圖分析的問題。具體而言，本章試圖梳理五個問題：第一，本書的分析對象包括哪些國家或地區？依據何種標準確立這些研究

對象？第二，第三波民主化浪潮的概貌如何？第三，新興民主國家或地區中，哪些走向了階段性的民主穩固，哪些走向了民主倒退甚至崩潰，其比例如何？第四，就新興民主而言，當下廣泛存在的「民主衰退說」在何種意義上真實存在？民主衰退表現在哪些方面？第五，在全球性民主衰退的背景下，新興民主是否呈現出了一定的民主韌性？這種韌性又表現在哪些方面？

一　研究對象的界定

　　眾所周知，民主是個泥沼般的概念，歷史上對這一概念的討論汗牛充棟，但始終難以達成共識。這種複雜性從民主被賦予的各種對稱式定語就可以看出：直接民主vs間接民主；精英式民主vs大眾式民主；選舉式民主vs協商式民主；資產階級民主vs無產階級民主……一個極端的情況，是學者塔爾蒙發明的一個聽上去頗具悖論色彩的詞彙：「極權式民主」(totalitarian democracy)（Talmon 1970）。所有這些定語後面，都對應着豐富而激烈的思想辯論。

　　在相關概念之爭中，熊彼特所建構、達爾所清晰化的民主詮釋傳統被廣泛接受，它以「自由公正的周期性選舉」為競爭式民主的核心標識。在《多元政體》中，達爾將這一標準拆解為八個具體的要求：1. 選舉出來的官員控制政府的決策；2. 官員由定期、公正、相對自由的選舉產生；3. 原則上所有成年人有選舉權；4. 原則上所有成年人有被選舉權；5. 政治候選人有爭取支持和選票的競選活動權利；6. 公民有自由表達政見免受迫害的權利；7. 公民尋求多元信息的權利受到法律保護；8. 公民有權形成相對獨立的政治組織 (Dahl 1982：11)。在比較政治學中，這個標準得到學者們持續的辯護，並體現在各大政體評估數據庫中。[4]

---

[4]　比如學者普澤沃斯基、謝布博等人都為這種「簡潔的」民主定義做出過辯護 (Przeworski 1999; Cheibub 2010)。

　　顯然，將選舉視為民主之標識是一種程序性理解，而這並非天經地義。比如，人們可以挑戰：為何不用「善治」，即，經濟發展、平等、政治清廉、福利等等，來定義民主？難道不是一個國家「老百姓日子過得越好、就越民主」嗎？退一步說，即使以「程序」作為界定民主的標準，為什麼那個核心程序是「選舉」而不是「協商」或者「合作」，甚至——正如學者王紹光(2018)所指出的——「抽籤」？僅僅以選舉的自由和公正程度作為民主的標準，是否是對民主過於狹隘的定義？

　　從政治哲學的角度而言，這些顯然都是值得不斷探討的問題，但就跨國比較的實證分析而言，程序性定義的好處是概念邊界相對清晰以及含義相對中立。當我們把更多實體性的、善治意義上的「好東西」（比如經濟發展、政治清廉、平等、法治）都塞入民主這個概念，我們將難以區分「開明專制」和「民主」——比如，中國古代的文景之治、貞觀之治、仁宣之治都以國泰民安著稱，那麼它們能否被稱為「民主時代」？從理論建構的角度而言，當我們將一個事物定義為「好東西」，我們就無法去分析它能否帶來「好東西」——當我們將民主定義為經濟發展，勢必難以分析民主是否帶來經濟發展；當我們將民主定義為清廉，就難以分析民主是否降低腐敗。一個失去邊界的概念將失去分析工具的價值，只有一個「薄的」概念才能產生「厚的」理論分析。

　　在真實的政治世界中，20世紀70年代中期以來的巨變是競爭性選舉政體的急劇擴散，我們試圖理解的，是這場「巨變」以及它對經濟發展、社會平等、腐敗、國家能力等治理指標的影響，而不是如何給這個現象命名。[5]事實上，即使我們不將這場政體巨變命名為「民主化浪潮」，而是命名為——比如「多元政體的擴散」、「西式民主的擴散」、「競爭式政體的擴散」或「選舉式政體的擴散」——亦無不可，之所以以「第三波民主化浪潮」來命名之，只是出於對學術同仁常用「概念通貨」的尊重。

5　正如波普爾在《開放社會及其敵人》中所指出，命名問題本質上只是一個標籤問題，重要的是名稱背後的現象。只要交流各方對於概念背後的現象具有共識，那麼交流的基礎就是有效的。在本書中，這一現象就是「1974年以來朝著競爭性選舉方向的大規模政體變遷」(Popper 1988)。

　　至於以「選舉」之外的程序性元素作為民主的界定標準，操作性困難一目了然。從研究的角度來說，以「選舉」為民主的核心要素，便捷之處在於其可觀測性和可評估性。相比之下，觀測評估其他那些可能被視為民主核心的程序性因素，則困難得多。比如，如果把「協商」作為民主的核心要素，如何衡量一個制度的「協商」程度？通過觀察代議機構的開會次數與會期長度？測量行政機構的聽證會次數？政治家走訪基層的頻率？媒體上公共議題辯論的豐富和多元程度？又比如，如果以「合作主義」中「合作」作為民主的核心要素，又應該如何賦予這一概念可操作性？各大壓力集團和官僚機構的開會次數？它們達成共識、產出政策的頻率？這些壓力集團的代表性？至於「抽籤」產生代議者，在當代世界則相當罕見，不構成比較分析的基礎。也就是說，即使以「協商」、「合作」或「抽籤」為核心的民主新指標體系將來可能發展出來，至少到目前為止，並沒有看到這一體系的成型與流通，更不用說發展出可以進行跨國和歷史比較的權威信息庫。

　　基於當代比較政治學界對代議民主概念的大致共識，一批政體評估數據庫被建立起來。本書從 Polity V 中抽取關於政體變化的相關信息。具體來說，「新興民主」指 Polity V 中 1974 年以來政體分值曾經從負值（包括零）轉向正值的國家或地區。儘管還存在其他頗具影響力的政體數據庫，但 Polity V 是目前國際比較政治學界最具權威性的政體數據庫（Marshall et al.,2019）。[6] 它由美國政治學家格爾（Ted R. Gurr）在 20 世紀 60 年代開始啟動，歷經 Polity I、Polity II、Polity III、Polity IV 幾代發展，[7] 直到今天的 Polity V。截至本書完稿為止，該數據庫涵蓋了對世界

6　還有不少有影響力的政體數據庫，比如自由之家的「選舉民主」評估，《經濟學人》的政體數據庫，布瓦、斯坎寧等學者也有過自己的分類（BoiX et al. 2012；Skaaning 2021）。近年，一批學者推出的 V-Dem 數據庫也頗受矚目。但是，這些數據庫或者覆蓋年份有限，或過新因此其分析效力有待更長的時間檢驗。

7　主要貢獻者包括馬克‧利希巴赫（Mark Lichbach）、基思‧賈格爾斯（Keith Jaggers）、邁克爾‧瓦爾德（Michael Ward）、克里斯蒂安‧格萊迪奇（Kistian Gleditsch）、蒙蒂‧馬歇爾（Monty Marshall）等。幾代學者通過集體努力從形式、內容、可靠性測試、一致性檢測等方面不斷修正該數據庫。

各國 1800–2018 年政體類型的評估。其評估分值從 -10 向 10 分佈 —— 根據其使用指南，其中 -10 到 -6 為威權政體，-5 到 5 為中間政體（anocracy）（其中 -5 到 0 為封閉型中間政體，而 1 到 5 為開放型中間政體），6 到 10 為民主政體。

Polity V 的評估體系合乎達爾的民主界定標準，以「自由公正的選舉」為核心，包括六個要素：官員的產生方式；官員產生的競爭性程度；官員產生的開放性程度；官員受約束程度；政治參與所面臨的規範；政治參與的競爭性程度。就這些要素，Polity V 研究團隊為每個國家／地區每年的表現進行打分。之所以 Polity V 在所有類似數據庫中脫穎而出，成為被學界引用最廣泛的政體數據庫，除了其幾代研究團隊的學術背景，也因為它時間跨度大、覆蓋國家多、與其他數據庫的相互校驗程度高。

那麼，在本書中，到底哪些國家或地區屬於「新興民主」？根據前述標準，[8] 有 106 個國家／地區進入過第三波民主化進程 —— 當然，這並不意味着它們始終維持在民主狀態。[9] 為捕捉相對重要的信息，本研究將其中 8 個人口 100 萬以下的國家從名單中剔除，[10] 從而得到 98 個國家／地區。

第 13 頁表 1-1 列舉了這些國家／地區的名稱，並指出這些「新興民主」的轉型啟動年份。如何確立這一年份？本研究採用 Polity 分值從負（或零）轉正的那一年，往往也是該案例第一次舉行競爭性選舉的那一年。從表中可以看出，有不少國家在進入民主化之後還出現了政體變動的反

---

8 因為 Polity V 將 0 分劃入「封閉型中間政體」，更偏向於威權一端，因此從技術處理的角度而言，此文也將「0」視為威權政體的一個分值。

9 過去四十年間，湧現出大量新國家，也有一些國家消失了。本書以 2018 年為截面，將當前仍然存在的國家作為分析對象。對於那些新國家，判斷它是否進入了第三波民主化進程，本書將其母國歷史納入考慮。比如，儘管立陶宛這個新國家政體分值起點是 10 分，但它仍然被視為第三波國家，因其母國蘇聯在 1974 年之後很長一段時間內被視為威權政體。

10 它們是佛得角共和國、科摩羅伊斯蘭共和國、吉布提、蘇里南、黑山共和國、不丹、斐濟和圭亞那。人口 100 萬以下，指的是截至 2018 年人口不足 100 萬。

覆，向下的箭頭「↓」表示該國在那個年份民主崩潰（政體分值重新成為負數或零），而此後這個國家也許停留在威權政體，也許會再次民主化，對此表中皆有標明。

需要特別說明一點：在Polity V中，部分案例的民主轉型經歷被一些「模糊分值」所掩蓋，需要筆者對案例進行具體分析發現其轉型啟動年份。所謂「模糊分值」，是指在Polity V中的三種特殊分值：-66=被佔領狀態；-77=無政府、戰爭或混亂失序狀態；-88=過渡狀態。如果不去追問這些特殊符號背後有沒有發生過「自由和公正的競爭性選舉」，而是忽略其存在或一刀切地詮釋為分值0（如某些研究者所做的那樣），可能導致許多重要信息的流失。

比如，埃及2012年的分值是-88，但是之前是-2（2011），之後是-4（2013）。眾所周知，埃及2011-2013年經歷了轟轟烈烈的「阿拉伯之春」，如果忽略-88所隱藏的信息，那麼，埃及就會顯得沒有經歷過民主轉型，「阿拉伯之春」似乎沒有在埃及發生過。這對於我們理解新興民主將造成重大信息損失。但是，案例分析顯示，2012年埃及舉行了相對自由公正的議會和總統選舉，2013年民選總統穆爾西（Mohamed Morsi）被軍隊推翻，此後軍人出身的阿卜杜勒-法塔赫‧塞西（Al-sisi）對埃及實行鐵腕統治。據此，本研究將埃及列入「第三波國家」，將其轉型年定為2012年，民主崩潰年定為2013年。

又比如，僅從分值上看，布隆迪似乎在20世紀90年代從來沒有發生過民主化，只在1992年出現了-88，1993-1995年出現了-77，此前和此後相鄰的年份皆為負值。但是，挖掘這些「模糊狀態」背後的信息即可發現，布隆迪1993年6月舉行了其獨立以來的第一場全國性總統選舉，胡圖族候選人恩達達耶（Melchior Ndadaye）當選，打破了圖西族對布隆迪政府的長期掌控，但是僅過了四個月左右，胡圖族總統即被圖西族極端分子暗殺，引發了一場血腥內戰。如果忽略-88和-77所隱藏的信息，那麼布隆迪90年代就從來沒有發生過民主轉型，90年代的布隆迪也將從我們的新興民主案例中消失。

為盡可能保留重要信息，筆者對 Polity V 中 1974–2018 年間所有的模糊分值都進行了案例信息挖掘，如果在此期間該國經歷了相對公正自由選舉從無到有的變化，該案例將被劃入第三波轉型案例，其轉型啟動年份為舉行該選舉的年份。根據這一原則，有數個國家（或其某一輪）民主轉型由此被列入第三波轉型。本書的附錄 1-1 集中列舉並解釋了相關信息。[11]

由於 Polity V 基於專家學者評估產生，不可避免地具有一定的主觀性。為平衡這種主觀性，筆者在表 1-1 中額外列出另外兩個政體數據庫「民主的多樣性」（Varieties of Democracy，簡稱 V-Dem）和「選舉式民主索引指數」（Lexical Index Electoral Democracy，簡稱 LIED）中的轉型案例及其轉型啟動年份作為參照。[12] 雖然 Polity V 是本書的主要政體分析依據，將不同數據庫及其分類結果並列展示，有助於讀者判斷哪些國家是「共識案例」，而哪些案例的歸屬則存在着分歧。

在這兩個數據庫中，V-Dem V12 覆蓋 1789 年至今各國的政體狀態（Coppedge et al. 2022）。該數據庫的一個重要特點是區分了五種不同的民主概念——選舉式民主、自由式民主、參與式民主、協商式民主和平等式民主，並就這五種民主分別對各國各年狀況進行評估。[13] 不過，儘管涵蓋了五種民主概念，「選舉式民主」仍然是其核心要素，其他民主類型的分值是在此基礎上增添其他元素形成。因此，本研究扔取選舉

---

11 不過，南非並非因為模糊分值，而是因其他理由被增補進入「第三波案例」。根據 Polity V，南非在 1992 年之前為 5（因其這時在白人當中已經存在着競爭性選舉制度），1992–1993 年分值為 -8，1994 年為正值 9。筆者認為，1992–1993 年的 -8 包含着普選權向黑人放開這一重要事實，因此，本研究認為它應該被納入「第三波案例」。

12 儘管這兩個數據庫也是基於專家評估（這在政體數據庫中不可避免），但由於其專家庫不同、分值計算方式不同，也能提供參照信息。

13 此外，V-Dem 的另一個優勢，是它將諸多來自國際組織、學術機構的經濟、社會、衝突、國家能力等等各項治理指標也納入其中，從而形成一個巨大的綜合性數據庫，為各種因果分析提供了基礎。正是因此，儘管該數據庫誕生時間較短（2014 年後推出），很快成為比較政治學界最常用的數據庫之一。

式民主指標 (v2x_polyarchy) 為參照指標。具體而言,由於該變量從 0–1 分佈,依照 Polity V 的「算法」,筆者將中間點 (0.5) 作為民主轉型的門檻,即,將 1974–2018 年間 x2_polyarchy 曾經從 0.5 分 (含 0.5 分) 以下升至 0.5 分以上的國家或地區視為第三波案例。[14]

LIED V2 則是由政治學者 Skaaning 研發的政體數據庫,也覆蓋 1789–2020 年間所有獨立國家 (Skaaning 2021)。和 V-Dem 一樣,該數據庫時間和空間的覆蓋面廣,並且不像 Polity 系列那樣給出大量「模糊分值」。在對各國立法機構選舉、行政機構選舉、參與者的多元性、政治競爭性程度、普選權覆蓋面、政治自由度等指標進行評估的基礎上,該數據庫匯總了一個「選舉式民主的索引指標」變量。該變量分值從 0 到 6 分佈。還是依照前述「公式」,筆者以 3 分為門檻,將 1974–2018 年間從 3 分 (含 3 分) 升至 3 分以上的國家/地區視為第三波案例。

如表所示,由於不同數據庫的測量標準不盡相同,對同一個案例,三個數據庫所確立的轉型啟動年份常常有所不同,甚至,依據各自標準所確立的轉型國家/地區也不完全一致 (表中 X 表示在該數據庫中,該案例並非第三波轉型案例)。這種差異性提醒我們,對每個數據庫推出的結論都需保持審慎態度,因為一個數據庫得出的結論未必會被其他數據庫支持。

值得注意的是,在這三個數據庫中,Polity 的定義標準是最寬泛的——根據 Polity V,1974–2018 年間有 98 個「新興民主」,但是運用類似的切分標準,V-Dem 和 LIED 數據庫都只能找到 83 個「新興民主」。比如,根據 Polity V,阿爾及利亞 2004 年後就成為了民主國家 (雖然民主分值並不高),但是另外兩個數據庫不支持這個判斷。[15]或者,儘管三個數據庫都識別出某個國家為「新興民主」,但是 Polity 所定位的轉型啟動

---

14 不過,由於該變量為 0.01–1 的連續譜,相當於有 100 個單元格,為避免將 0.5 分周圍過於細小的變化被識別為「政體轉型」(比如 0.49 到 0.50 的變化),筆者將 0.46–0.50 這個區間而不是一個分值點作為民主轉型的門檻,以增加轉型門檻的彈性和合理性。

15 當然,少數情況下,也有另外兩個數據庫 (之一) 定位為「第三波案例」,但是 Polity 不支持的情況。

年常常早於其他兩個數據庫，比如科特迪瓦的轉型啟動年，在 Polity 中為 2000 年，但是在 V-Dem 和 LIED 中則分別為 2016 年和 2011 年。

　　這說明，在這三個數據庫中，Polity 民主概念的門檻最低，它對民主的理解最「薄」。它更傾向於把那些邊緣案例也納入其中——那些轉型後「民主崩潰」或「政體震盪」的國家，那些進入了「及格線」但是民主質量低劣的國家，以及那些「蜻蜓點水式的」民主轉型國家都被囊括其中。[16] 就本研究而言，這種寬泛界定的理論意義在於，它盡可能弱化了「優勝者偏見」——通過納入更多「失敗者」，它也包含了更大的多樣性。這種多樣性及其帶來的理論豐富性，也是筆者選擇 Polity V 作為分析主要依據的原因之一。

表 1-1：第三波民主化所涉國家／地區（1974–2018）

國家／地區	Polity 轉型啟動年	V-Dem 轉型啟動年	LIED 轉型啟動年
阿爾巴尼亞	1992 1996 ↓ 1997	2002	1992 1996 ↓ 1997
阿爾及利亞	2004	X	X
阿根廷	1976 ↓ 1983	1974 1976 ↓ 1984	1976 ↓ 1983
亞美尼亞	1991 1996 ↓ 1998	1991 1996 ↓	2018
阿塞拜疆	1992 1993 ↓	X	X
孟加拉國	1991 2007 ↓ 2009 2018 ↓	1991 2006 ↓	1986 2007 ↓ 2008 2014 ↓
白俄羅斯	1991 1995 ↓	1991 1997 ↓	1994 1995 ↓

16　所謂「蜻蜓點水式民主化」，是指那些在這四十五年時間裏，只有過一兩年，甚至幾個月民主實驗的案例，比如 1992–1993 年的阿塞拜疆、1993 年的布隆迪、2012–2013 年的埃及等。

國家/地區	Polity 轉型啟動年	V-Dem 轉型啟動年	LIED 轉型啟動年
貝擴	1991	1991	1991
玻利維亞	1982	1985	1982
波斯尼亞	1996	1997	1996
巴西	1985	1987	1985
保加利亞	1989	1990	1989
布基納法索	1978 1980 ↓ 2015	1993	2015
布隆迪	1993 1996 ↓ 2005 2015 ↓	X	2005 2010
柬埔寨	1993 1997 ↓ 1998 2017 ↓	X	X
中非共和國	1993 2003 ↓ 2016	X	1993 2003 ↓
智利	1989	1990	1990
剛果共和國	1992 1997 ↓	1993 1997 ↓	X
剛果民主共和國	2006 2016 ↓	X	X
哥倫比亞	X	1983	X
科特迪瓦	2000 2002 ↓ 2011	2016	2011
塞浦路斯	X	X	1977
克羅地亞	2000	2000	1992
捷克	1990	1990	1990
多米尼加共和國	1978	1980	1978 1994 ↓ 1996
厄瓜多爾	1979	1980	1979
埃及	2012 2013 ↓	X	X
東帝汶	2002	2002	2002
薩爾瓦多	1984	1994	1984

國家／地區	Polity 轉型啟動年	V-Dem 轉型啟動年	LIED 轉型啟動年
愛沙尼亞	1991	1991	1991
埃塞俄比亞	1995 2005 ↓ 2018	X	X
加蓬	2009	X	X
岡比亞	1994 ↓ 2017	1994 ↓ 2017	1994 ↓ 2017
德國（東德）	1990	1990	1990
加納	1979 1982 ↓ 1996	1980 1981 ↓ 1994	1979 1981 ↓ 1996
希臘	1975	1975	1974
格魯吉亞	1991	2004	2004 2008 ↓ 2012
危地馬拉	1986	1997	1986
幾內亞	2010	X	X
幾內亞比紹	1994 2003 ↓ 2005	2005 2008 ↓ 2009 2012 ↓ 2015	1994 1998 ↓ 2000 2002 ↓ 2005 2010 ↓ 2014
海地	1994 2000 ↓ 2006 2010 ↓ 2017	X	1994 1999 ↓ 2006 2010 ↓ 2016
洪都拉斯	1982	1990 2010 ↓	1982 2009 ↓ 2013
匈牙利	1990	1990	1990
印度	X	1975 ↓ 1977	X
印度尼西亞	1999	1999	1999
伊朗	1997 2004 ↓	X	X
伊拉克	2005	X	2005

國家／地區	Polity 轉型啟動年	V-Dem 轉型啟動年	LIED 轉型啟動年
肯尼亞	1997	2003 2008 ↓ 2013	2002 2008 ↓ 2013
吉爾吉斯斯坦	2005	2011	X
拉脫維亞	1991	1991	1991
黎巴嫩	X	2006	2005
萊索托	1993	1993 1995 ↓ 2002	2002
利比里亞	2006	2006	2006
利比亞	2012 2014 ↓	2013 2014 ↓	2012 2014 ↓
立陶宛	1991	1991	1992
馬其頓	1991	1996 2000 ↓ 2002 2012 ↓ 2017	1991
馬達加斯加	1992 2009 ↓ 2011	1994 2002 ↓ 2003 2009 ↓ 2014	1993 2009 ↓ 2013
馬拉維	1994	1995	1994
馬來西亞	X	X	2018
馬里	1992 2012 ↓ 2013	1992 2012 ↓ 2014	1992 2012 ↓ 2013
毛里塔尼亞	2007 2008 ↓	2010 2014 ↓	X
墨西哥	1994	1993	2000
摩爾多瓦	1991	1992 2006 ↓ 2010	1994
蒙古	1990	1991	1990
緬甸	2016	X	2015
納米比亞	1990	1990	1990

國家／地區	Polity 轉型啟動年	V-Dem 轉型啟動年	LIED 轉型啟動年
莫桑比克	1994	1995 2000 ↓ 2005 2018 ↓	1994 2009 ↓
尼泊爾	1990 2002 ↓ 2006	2008 2012 ↓ 2014	1991 2002 ↓ 2008
尼加拉瓜	1990	1990 2012 ↓	1990 2016 ↓
尼日爾	1993 1996 ↓ 1999 2009 ↓ 2010	1993 1996 ↓ 2000 2009 ↓ 2011	1993 1996 ↓ 1999 2009 ↓ 2011 2016 ↓
尼日利亞	1979 1984 ↓ 1999	2000 2003 ↓ 2011	1979 1983 ↓ 2011
巴基斯坦	1977 ↓ 1988 1999 ↓ 2007	2010 2016 ↓	1977 ↓ 1988 1999 ↓ 2008 2018 ↓
巴拿馬	1989	1991	1990
巴布亞新幾內亞	1975	1975 2008 ↓	1975
巴拉圭	1989	1992	1989
秘魯	1980 1992 ↓ 2001	1981 1992 ↓ 2001	1980 1992 ↓ 2001
菲律賓	1987	1988	1986
波蘭	1989	1990	1989
葡萄牙	1976	1976	1976
羅馬尼亞	1990	1991	1992
俄羅斯	1992	1992 2000 ↓	1993 2004 ↓
塞內加爾	2000	1981	2000
塞爾維亞	2001	2002	2000
塞拉利昂	1996	2003	2001
斯洛伐克	1990	1990	1990

國家／地區	Polity 轉型啟動年	V-Dem 轉型啟動年	LIED 轉型啟動年
斯洛文尼亞	1991	1991	1992
索馬里	2012	X	X
韓國	1988	1988	1988
南非	X	1995	1994
西班牙	1978	1978	1977
蘇丹	1986 1989 ↓	X	X
斯里蘭卡	X	1982 ↓ 1983 2006 ↓ 2013	1977 ↓ 1989 2010 ↓ 2015
中國台灣	1992	1996	1996
坦桑尼亞	2015	1996 2001 ↓ 2006 2016 ↓	X
泰國	1974 1976 ↓ 1978 1991 ↓ 1992 2006 ↓ 2008 2014 ↓	1998 2006 ↓ 2011 2013 ↓	1975 1976 ↓ 1983 1991 ↓ 1992 2006 ↓ 2011 2014 ↓
多哥	X	2008 2010 ↓ 2014 2017 ↓	X
突尼斯	2014	2012	2011
土耳其	1980 ↓ 1983 2016 ↓	1980 ↓ 1988 2014 ↓	1980 ↓ 1983 2018 ↓
烏干達	1980 1986 ↓	X	X
烏克蘭	1991	1992 1999 ↓ 2006 2014 ↓	1994
烏拉圭	1985	1985	1985

國家／地區	Polity 轉型啟動年	V-Dem 轉型啟動年	LIED 轉型啟動年
委內瑞拉	2009 ↓ 2013 2017 ↓	X	X
也門	2012 2015 ↓	X	X
贊比亞	1991	1992 2016 ↓	1991 1996 ↓ 2006 2016 ↓
津巴布韋	1987 ↓ 2009	X	X

數據來源：Polity V, V-Dem V12, LIED V2.

　　一個合理的理論問題是，民主本質上是一個連續譜，難道我們真的能夠找到一個「點」來區分民主政體和威權政體？顯然，嚴格來說，在政體連續譜上找到一個非黑即白的切分點是不可能的，正如我們很難找到一個明確的時間點來區分「青年」和「中年」。當一些國際組織以45歲來區分青年和中年時，我們很難說一個人45歲零一天真的比44歲最後一天衰老很多，以至於發生了某種質的變化。但是，人的確有中年—青年之分，並且這種分類學處理具有種種知識或政策的必要性，因此，45周歲這個標準與其說嚴格合理，不如說是一種分析性手段。同理，以Polity V的0分作為區分標準，也是為了界定研究對象而使用的權宜之計。不過，本書並不假定步入了轉型的「門檻」意味着這些案例具有同質性。事實上，根據民主的水平和質量對新興民主進行進一步細分，並分析這種差異性的原因和後果，是本書的核心主題。

　　另外值得說明的是，由於Polity V的數據主要根據選舉的競爭性和開放性狀況判斷民主與否，對政治自由度的波動並不十分敏感，加上它以年為測量單位，往往並不反映一年之內的戲劇性變化，這導致它的分值略微粗糙，掩蓋了一些細微的信息。比如，洪都拉斯從1999年以來Polity分值一直是7，從這個穩定的數值我們很難得知該國在2009年發

生過一場政變，因為這場政變在同一年開始和結束[17]，Polity的年份分值難以捕捉這種迅速的變化。再比如，尼加拉瓜1990年以來Polity分值長期處於穩定的正值，但是很多觀察者都認為，奧爾特加（Daniel Ortega）2006年當選總統之後，尼加拉瓜的政治自由出現明顯倒退，[18]其自由之家的自由分值從2007年的3分跌至2012年的4.5分（自由之家的分值是越高越威權），但其Polity政體分值長期穩定，直到2016年，也就是尼加拉瓜的政治自由進一步惡化之後，才出現變化（從9分降至6分）。正是因此，筆者在後文的分析中會時常援引其他信息源，對Polity V所提供的信息進行細分與校正。

最後還需指出一點，儘管本章確立了本書的總體研究對象，但具體到每個章節，其研究對象將會略有出入，未必完全一致，這既是因為在每個具體議題上，數據缺失的方式不同，也因為具體研究問題對研究對象的選取標準要求不同。對此，後文都會做出說明。

二　第三波民主化浪潮的概貌

就第三波民主化浪潮的概貌而言，具有以下幾個特徵：第一，這場政治巨變席捲了全球；第二，這一進展在過去四十年裏並非線性展開，而是有快有慢、有進有退，總體而言呈一種減速化趨勢；第三，這一浪潮在空間分佈上具有明顯的不均勻性。

首先，如前所述，這是一場席捲全球的政治變化。關於這一點，圖1-1帶來非常直觀的感受。如圖所示，二戰結束之際世界上權威國家和民主國家的數量大致相當，此後，雖然有一小波民主化浪潮出現，但是蘇東陣營的崛起、去殖民化在亞非拉遺留的一批威權政體以及軍事政

17　當年洪都拉斯很快就重新組織了選舉，並且該選舉的有效性得到了廣泛承認。

18　奧爾特加政府以「反恐」的名義打壓非政府組織、關閉獨立媒體、限制反對黨參選等做法都頗受詬病。

變的普遍發生，導致了一波更大的民主衰退浪潮。拐點出現在20世紀
70年代中期：此後民主國家數量陡升，而對於威權國家數量陡降。在
人類歷史的長河中，這一政治變化非常突兀。

如此巨大的變化，各地區都不同程度捲入其中。即使是非洲，這
個第三波浪潮觸及有限的地區，也越來越接受競爭性選舉的政治規則。
雖然對選舉的操控屢見不鮮，但是政治競爭的真實性程度也明顯提高
（Carbone 2014）：1990–2012年，非洲各國反對派贏得了39次總統選舉
（即23%的總統選舉），而在此前三十年，反對派只贏得過大約3次總統
選舉（10%的總統選舉）。

圖1-1：世界政體類型變化趨勢（1946–2018）

數據來源：Polity V（作者自繪）。

第三波民主化浪潮是非線性發展的。圖1-2對1974–2018年民主化
和民主崩潰次數進行了分時段的總結（由於一個國家可能多次民主化或
崩潰，所以民主化次數大於民主化國家數量）。如圖所示，民主化浪潮
的高峰期是20世紀80年代末至90年代中，即冷戰結束前後這個階段。
在此階段，第三波案例中共出現了56次民主轉型，但只有12次民主崩

潰。此後的二十年，民主化的次數逐漸減少，而民主崩潰的次數顯著增加，到2007–2018年，民主化次數（22次）和民主崩潰次數（16次）已經相對接近。也就是說，第三波民主化浪潮在前二十年處於顯著的爬升狀態，而後二十年則走向了平台期有人甚至認為是進入了衰退期，這一點後面還會再進行討論。

圖1-2：第三波民主化的分時段進展（1974–2018）

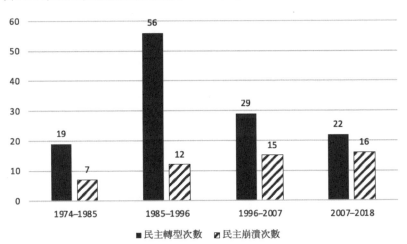

數據來源：Polity V（作者自繪）。

　　第三波浪潮的這種減速趨勢不難理解：越早步入這一進程的，越是所謂「掛得比較低的果實」，易於摘取，而且「熟得比較透」。這種情況下的民主化不但傾向於發生得早，而且較易走向穩固，比如數個南歐國家——西班牙、葡萄牙、希臘。第三波浪潮越向後發展，「果實」就掛得越高，越來越難以「採摘」。這種情形下，轉型國家常常沒有支撐民主運行的經濟、社會或觀念基礎，舉行選舉往往是統治者擺脫危機的權宜之計，或乾脆是在外力作用下的「被民主化」。這種「創可貼」式的民主很容易「脫落」，亦屬情理之中。

　　第三波民主化的第三個基本特徵，是其發展在地區上的不均勻分佈。圖1-3總結了第三波民主化的地區分佈情況。[19]如圖所示，第三波浪潮中相對成功的是歐洲與拉美地區。在歐洲，第三波民主化如此之徹底，截至2018年，歐洲已經沒有非民主國家。[20]拉美的民主化成績同樣令人矚目：截至2018年，只有一個拉美國家沒有捲入第三波（古巴），而17個第三波國家除了委內瑞拉，在2018年都維持了民主政體。亞太地區也出現了相當的變化：截至2018年，有13個國家/地區捲入民主化進程，7個未捲入；但在13個新興民主中，4個截至2018年已經民主崩潰（阿富汗、泰國、孟加拉國和柬埔寨）。歐亞內陸和非洲的景象則比較複雜。在歐亞內陸，有8個進入第三波，6個置身事外；在8個第三波國家中，有2個已民主崩潰（阿塞拜疆和白俄羅斯）。撒哈拉以南非洲也呈現出這種複雜性：第三波浪潮將32個國家捲入其中，但有16個不在其列；在32個第三波國家中，有6個截至2018年民主已崩潰。中東北非顯然是最失敗的：絕大多數國家並沒有捲入第三波浪潮，只有8個捲入這一進程，而在這8個國家中，5個民主已經崩潰，只剩下3個仍然處於民主狀態（突尼斯、伊拉克、阿爾及利亞）。[21]

19　哪個國家歸屬於哪個地區，標準參照自由之家的劃分方式，唯一的例外是土耳其。該國在自由之家的分類中被劃入歐洲，但是筆者按照更常見的方式，將其劃入中東北非地區。

20　如前所述，Polity分值在-10到10之間分佈。把0分之上的分值都看作「民主」的話，6–10分可被視為高程度民主，而1–5分可被視為低程度民主。

21　那些2018年這一年保持了民主狀態的第三波案例，並不意味着它們在過去四十多年中沒有經歷過民主崩潰。

圖1-3：第三波民主化的地區分佈（1974-2018）

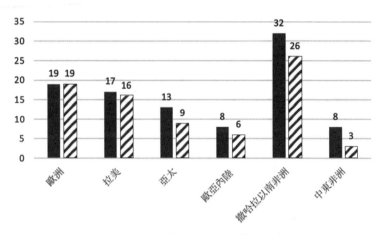

■ 民主轉型　□ 民主維繫（2018）

數據來源：Polity V（作者自繪）。

三　新興民主的穩固狀況

顯然，民主化從來不是一勞永逸之事。歷史上而言，一個威權政權的倒台更常見的後果是另一個威權體制的建立或戰亂，同樣，民主轉型啟動後也未必會走向民主穩固。90年代的民主化高峰期過去之後，新興民主的種種問題很快開始凸顯，其中最常見的問題有兩個。

第一個是民主的衰退乃至崩潰問題。很多國家剛剛步入轉型的門檻，其新生民主就被激烈的政治衝突所傾覆。比如前面提及的埃及——2011年的「阿拉伯之春」曾經點燃全世界對埃及的民主希望，然而，民選總統上台僅一年，就被街頭運動與鐵腕軍人共同推翻。此類國家非常常見，有些甚至從此走向威權和民主之間的頻繁震盪。

第二個是低水平民主問題，即，一些新興民主轉型後無法實現民主的深化，陷入一個介於威權與民主之間的灰色地帶——筆者稱之為「中間政體陷阱」。正如經濟上可能存在着所謂「中等收入陷阱」，政治上可

能也存在着一個「中間政體陷阱」。俄羅斯是「中間政體陷阱」的典型。二十餘年的強人時代顯示，一個新興民主完全可能在民主的某個初級水平上形成均衡，即使是惡化的經濟狀況、開放的網絡信息和每況愈下的人權狀況也難以打破這一均衡。

那麼，第三波民主浪潮近半個世紀後，到底新興民主在多大程度上走向了民主穩固？筆者通過對Polity V數據的分析來判斷「民主穩固」與「民主受挫」的狀況。具體而言，筆者把前述98個新興民主分為五類：階段性穩固型、民主脆弱型、民主崩潰型、政體搖擺型和有待觀察案例。此處分類標準如下：1. 如果一個新興民主案例最近一次民主化之後，Polity政體分值處於6分或之上且持續十二年以上，[22]它被歸入「階段性穩固型」；2. 如果一個新興民主在最近一次民主化後保持了民主政體，但是Polity分值從未抵達6分、或跌落至6分之下（0分之上）、或6分以上尚未滿十二年，該國被視為「民主脆弱型」；3. 如果一個新興民主最近一次民主化之後，民主分值跌落至0或負分且截至2018年仍然停留在0或負分，該國被視為「民主崩潰型」；4. 如果一個國家在此期間（1974–2018）經歷了民主化和民主崩潰，但又重新民主化，並且最近一次民主化尚未滿十二年，有理由懷疑這個國家還可能出現民主再次崩潰，該國被列為「政體搖擺型」；5. 如果一個國家在此期間只有一次民主轉型，之後沒有出現民主崩潰或顯著倒退，但還沒有過十二年的觀察期，它被歸入「有待觀察案例」。

顯然，上述分類標準有其武斷性，使用不同標準或者不同數據庫可能得出不同的結論。嚴格來說，即使一個國家走向民主已經幾個世紀（比如美國）或大半個世紀（比如印度），民主也未必完全穩固，仍有倒退甚至崩潰的可能。當古代雅典的直接民主被崛起的馬其頓帝國吞沒時，如果從梭倫改革算起，已經過去了兩個多世紀，即使從克里斯提尼改革算起，也過去了一個半世紀左右，然而時間的長河無法保證民主的持續穩固。

22　根據Polity的使用指南，-10到-6為威權政體，-5到5為中間政體，6至10為民主政體，因此本研究取6為「穩固民主」的起點線。

　　但是，尋找差異、進行分類帶來信息量，而分類必須借助於一定的標準，因此筆者根據儘量合理的標準進行分類。鑒於本研究是在一個四十五年左右的時間尺度裏討論民主穩固或倒退，並且其中許多政體啟動轉型的時間可能短至十幾年甚至幾年——事實上分析顯示，1974–2018年間，所有轉型啟動年的中位數是1993年，距2018年僅二十五年，因此，只能使用一個相對短的時間尺度去進行分析。之所以選擇「十二年」作為「階段性穩固」的標準，是因為十二年能夠涵蓋絕大多數轉型國家的前兩到三次大選，而這恰恰是民主最容易崩潰的時期。如果一個新興民主能夠歷經兩到三次選舉周期而民主程度穩定維持在6分之上，視該國實現了民主的階段性穩固並不為過。如果將「民主穩固」的時間標準定得過低，可能出現「過早宣佈過河」的風險；如果將時間標準定得過高，絕大多數案例將進入「有待觀察類型」，從而大大減少本研究可能產生的信息量。

　　當然，正因為本研究的時間尺度約束，其觀察將不可避免地具有時效性特點。[23]此外，需提請注意的是，本研究中的「民主穩固」並不是指這個國家沒有重大治理問題了，而是指這個國家的治理問題沒有危及其民主政體本身的存亡。也就是說，本章中的「民主穩固」概念僅僅衡量民主政體本身的存續，至於新興民主政體的治理績效問題，將在後面的章節另行討論。

　　表1-2描述第三波民主化的穩固狀況。如表1-2所示，根據上述標準，在98個新興民主中，截至2018年，有49個可歸為民主階段性穩固類型，9個是民主脆弱類型，17個為民主崩潰類型，13個是民主搖擺類型，10個為有待觀察類型。這些數據顯示，民主相對穩固的案例佔整個新興民主一半。民主崩潰案例（17）、民主搖擺案例（13）、民主脆弱

23　比如，在本研究剛開始時，土耳其仍然被大多數相關數據庫視為民主政體，並且從1983年到2016年，其民主政體已維繫三十餘年，但2016年的未遂政變後，土耳其已經被諸多數據庫視為民主崩潰政體。同樣，在本研究開始時，緬甸被諸多專家視為威權政體，但是在2016年，由於展開相對自由的選舉，它被Polity V列為民主政體；而2021年初的軍方政變又將緬甸的Polity分值送入負值。

案例(9)，可以被歸納為不同程度的民主受挫國，總數為39個。如果把
10個「有待觀察國家」視為灰色地帶，那麼，階段性穩固案例、灰色案
例和受挫案例的比例為49：10：39，大致為5：1：4，這一比例是新興民
主穩固狀況的大致圖景。

表1-2：新興民主的民主穩固狀況分類(1974–2018)

民主穩固	民主脆弱	民主崩潰	民主搖擺	有待觀察
阿爾巴尼亞	阿爾及利亞*	阿塞拜疆	布基納法索	加蓬
阿根廷*	亞美尼亞	孟加拉國*	中非共和國	幾內亞
貝攏	厄瓜多爾	白俄羅斯	科特迪瓦*	伊拉克*
巴西*	莫桑比克*	布隆迪	埃塞俄比亞*	吉爾吉斯斯坦
保加利亞	尼日利亞*	柬埔寨	岡比亞	利比里亞
玻利維亞	巴布亞新幾內亞	剛果共和國	幾內亞比紹	緬甸*
波斯尼亞	俄羅斯*	剛果民主共和國*	海地	索馬里
智利	塞拉利昂	埃及	馬達加斯加*	坦桑尼亞*
克羅地亞	烏克蘭*	伊朗*	馬里	突尼斯
捷克		利比亞	尼泊爾*	贊比亞
多米尼加共和國		毛里塔尼亞	尼日爾*	
東帝汶		蘇丹*	巴基斯坦*	
薩爾瓦多		泰國*	津巴布韋	
愛沙尼亞		土耳其*		
德國(東德)*		烏干達*		
加納*		委內瑞拉*		
希臘		也門*		
格魯吉亞				
危地馬拉				
洪都拉斯				
匈牙利				
印度尼西亞*				
肯尼亞*				
拉脫維亞				
萊索托				
立陶宛				
馬其頓				
馬拉維				
墨西哥*				
摩爾多瓦				
蒙古				
納米比亞				
尼加拉瓜				
巴拿馬				

民主穩固	民主脆弱	民主崩潰	民主搖擺	有待觀察
巴拉圭				
秘魯*				
菲律賓*				
波蘭*				
葡萄牙				
羅馬尼亞				
塞內加爾				
塞爾維亞				
斯洛伐克				
斯洛文尼亞				
韓國*				
南非*				
西班牙*				
中國台灣*				
烏拉圭				

數據來源：Polity V.

註：表中加星號的國家或地區為人口2000萬以上案例（2018年）。

　　需要注意的是，如果把人口中大型國從第三波案例中單獨「拎」出來（表1-2中黑體字國家），失敗、成功、灰色案例的比例將會倒向更悲觀的方向。以2,000萬人口（2018年）為過濾線，[24]第三波案例將從98個變成37個，按前述方式計算相對穩固、灰色和受挫案例，這一比例將從之前的49：10：39變為現在的14：3：20，即相對成功案例的比例將從近50%下降為1/3左右，而受挫的案例則從2/5左右上升為一半以上54%。也就是說，在人口中大型國/地區中，只有1/3左右的國家和地區走向階段性民主穩固，而大多數案例都是受挫或者灰色案例。這是一個令人矚目的發現。

　　這些數字顯示了過度樂觀主義或悲觀主義的局限性。其傳達的信息是，既不能斷言新興民主在民主穩固方面毫無建樹，也不能說它已大功告成。一個相對客觀的說法是：這是一個帶有顯著不確定性的有限進

24　人口數據來自世界銀行。

展。一方面，98個新興民主政體裏，有一半在最近一次民主化後能夠保持相對高水平的民主十二年以上，這是第三波民主化的重大成績——與歷史上第一波、第二波民主化相比，這已經構成某種意義上的奇蹟。另一方面，新興民主政體所面臨的巨大挑戰也毋庸置疑。如果把第三波案例中所有經歷過民主崩潰的案例加起來（包括崩潰後又重新民主化的案例），[25] 總數為38個，約佔第三波案例的近40%。即，新興民主中約2/5經歷過民主崩潰，這是一個相當高的比例。民主如此高的脆弱性，恐怕也是許多樂觀主義者在轉型之初所未曾預料。尤其引人注目的是，人口中大型政體的狀況格外不容樂觀，超過一半經歷過不同類型的民主嚴重受挫（民主崩潰、倒退、低水平）。由於人口大國的狀況對更多人產生影響，這一信息給民主樂觀主義投上更大的陰影。

與民主轉型本身類似，民主穩固狀況也具有相當的地區不均衡性。歐洲的民主穩固比例最高，19個第三波國家都走向了民主穩固；拉美其次，17個第三波案例中14個走向了民主穩固；再次是亞太地區，13個案例中6個走向穩固；另外幾個地區則不容樂觀：撒哈拉以南非洲，32個案例中只有7個走向民主穩固；歐亞內陸民主穩固成果同樣貧瘠，8個新興民主中只有兩個走向穩固。最乏善可陳的是中東北非，除了兩個國家有待觀察以外，尚未出現穩固案例。也就是說，主要的民主階段性穩固案例分佈在歐洲、拉美和亞太地區，而歐亞內陸、中東北非以及撒哈拉以南非洲，則在民主穩固的道路上舉步維艱。

---

25 某些案例雖然在最近一次民主化之後經受了十二年的考驗（進入階段性的民主穩固行列），但此前也經歷過民主崩潰，比如阿爾巴尼亞、萊索托、亞美尼亞、柬埔寨、加納、尼日利亞、塞拉利昂、秘魯等。

四 第三波民主浪潮中的民主衰退

亨廷頓在《第三波》中曾提及早先兩波民主化之後的民主化回潮現象：兩次世界大戰之間的時段構成了第一次民主回潮，其標誌是納粹主義和斯大林主義的興起；1958–1974年又出現了第二次民主回潮，其標誌是亞非拉許多新興民主政體被推翻。儘管這一起落的清晰程度受到一些學者的質疑，[26]但民主擴展並非直線前進卻有目共睹。觀察者們有理由懷疑，當代世界有可能再現歷史上民主發展的這種「進兩步，退一步」趨勢。

很多學者將「第三波衰退」的分水嶺放在2006年左右，此前被視為民主增長期，此後被視為民主衰退期。根據自由之家，從1974年到2006年，民主國家的數量不斷增長，世界各國的「自由平均值」不斷提高。但是，拐點在2006年左右到來。從2006年起，民主國家的數量不再增長，世界平均自由度甚至開始連年下降——雖然下降幅度不大，但是這種方向性的變化仍然令人矚目（Diamond 2015：142）。結合新興民主國家之外的情形——發達國家自身民粹主義的崛起、威權國家的威權深化等，戴蒙德得出結論：「過去十年的大多數階段，民主處於全球性衰退當中。現在的危險是這一衰退可能進一步深化，情況會變得比現在還要糟糕得多。更多的民主政體可能遭遇失敗，不僅僅是在那些只有邊緣性戰略利益的窮國，而且也在那些戰略性大國。（Diamond 2015：153）盧赫曼等人的研究也發現，到2017年，全球威權化方向的政體變化已超過民主化方向，這是二戰結束以來所未有的新動向（Luhrmann 2019：1103）。

不過，這種民主衰退論也受到質疑。一種質疑着力於數據。根據這一視角，儘管2006年之後自由民主制的擴張趨勢收縮，但是，無論

---

26 比如，多倫斯皮利特質疑在第一波、第二波民主化之後是否存在着系統的「民主化退潮」現象。在他看來，第一波退潮的幅度並不像亨廷頓所聲稱得那麼顯著，而第二波退潮則並沒有清晰顯現，更確切的說法是「無趨勢的波動」（Doorrenspleet 2000）。

是民主數量還是自由程度，都很難觀察到清晰的倒退趨勢，「總體而言，倒退的趨勢反映的是其進步變得緩慢，而不是衰亡」(Bermeo 2016：6)。「1992年的時候宣佈『歷史的終結』為時過早，但是現在宣佈『民主的終結』也為時過早」(Luhrmann 2019：1108)。只能說，對於習慣並期待「民主不斷擴張」的人而言，平台期構成一種「相對衰退」。

另一種質疑則訴諸於概念的釐清。這種觀點認為，新興民主中並不存在「民主衰退」浪潮，原因是很多所謂「新興民主國家」根本就沒有真正民主化過——既然它們從未真正民主化過，又談何「民主衰退」？列維茨基和韋認為，很多人在20世紀90年代之初過於樂觀，是因為他們將「威權崩潰」直接等同於「民主轉型」，而實際發生的情況是，很多國家威權政體崩潰後，取而代之的是另一個威權政體或無政府戰亂(Levitsky & Way 2015)。「民主的天空在塌陷或者威權復興之狼已經到來，這樣的觀點缺乏證據。過去十年左右，全球民主的水平保持了穩定，相比20世紀90年代其實還有顯著進步。民主衰退的觀感，我們認為根源於對90年代早期事件的誤解。冷戰結束的初期，過度樂觀和唯意志論流行一時，導致了不切實際的預期，而這一預期一旦受挫，又導致了誇張的悲觀主義和灰暗情緒。」(Levitsky & Way 2015：45-46)

顯然，兩種看法都有其道理。新興民主中是否存在廣泛的民主衰退，取決於我們如何理解「民主衰退」，以及用什麼指標去衡量民主衰退。當下盛行的「民主衰退」論很大程度上是針對「西方發達國家的民主危機」和「威權國家的威權深化」等現象展開，而這並非本書的議題。就新興民主而言，筆者認為，從民主政體的數量來看，儘管存在民主擴散的減速化、民主崩潰的加速化(參見本章第二節)，但是並不存在清晰的民主總體數量的下降趨勢。在這個意義上，並不存在顯著的新興民主衰退浪潮。但是，如果調轉一個視角，從民主政體的質量而不僅僅是數量來看，新興民主中民主衰退的浪潮卻真實存在。這可以從三個指標中觀察到：第一，新興民主政治自由度的變化；第二，新興民主中「中間政體陷阱」的擴散；第三，新興民主中政體震盪現象的泛化。

1. 政治自由度的變化

首先來看政治自由度的變化。既然「自由且公正的選舉」被廣泛視為競爭性民主的核心標準,將政治自由度作為民主質量的一個重要衡量標準則具有相當的合理性。關於這一點,相較於Polity V數據庫,自由之家能提供更清晰的信息。如前所述,由於Polity更聚焦於官員產生方式,它對政治自由微小的波動並不敏感,而自由之家則有指標專門測量一個國家「公民自由」和「政治權利」的變化,這兩個維度對於評估民主質量可以說非常契合。

不妨以新興民主中前10個人口大國為例說明。自由之家的自由度分值從1到7分佈,分值越大越不自由,F意味着「自由」,PF意味着「部分自由」,NF意味着「不自由」。從表1-3可以看出,在這10個大國中,截至2020年,[27]所有國家的政治自由度都從一度到達的最高分值跌落,其中8個涉及類型意義上的跌落(從「自由」到「部分自由」,或者從「部分自由」到「不自由」)。事實上,以自由之家的民主評估標準,這10個大國中有7個已不被視為民主國家。[28]

這是一個令人不安的發現,顯示民主轉型之路的艱難坎坷,也符合近年許多新興民主大國所傳來的各種時事觀感。或許印度尼西亞和墨西哥這兩個歷史和地理背景完全不同的案例可以一定程度上呈現這種坎坷。以印度尼西亞為例:作為一個宗教、族群成份極其複雜的大國,其轉型道路相對平穩。1998年蘇哈托(Suharto)政權倒台以來,只發生了規模有限的戰亂和衝突,選舉和權力交接都相對平穩,正是因此,印尼在21世紀初一度被自由之家評定為「自由國家」。但是,一些重要的變化使印尼的政治自由程度出現下滑,被歸為「部分自由」國家。首先是

27　自由之家2020年的數據取自其2021年的報告,地址為:https://freedomhouse.org/reports/publication-archives,數據庫名稱為 "Country and Territory Ratings and Statuses, 1973–2022"。

28　自由之家有自己的民主分值評估,其評估標準與Polity V不同,門檻更高。在這10個新興民主中,截至2022年,只有巴西、墨西哥和菲律賓仍然被自由之家視為民主國家。

在西爪哇地區，穆斯林內部對其少數派艾哈邁迪耶教派（Ahmadiyyah）、穆斯林對基督徒的騷擾和打壓從2010年代開始加劇，而政府在制止這些迫害方面十分被動無力。然後是近年印尼社會和法院越來越熱衷於使用褻瀆法來對付異己，引起國際社會高度關注。此外，對巴布亞和西巴布亞的分離分子，哪怕和平示威政府也大舉抓捕。正是這些方面的倒退，使印度尼西亞民主的質量出現下滑。

表1-3：新興民主大國的政治自由度變化（1974–2020）

國家	自由之家分值	
	轉型後峰值	2020
印度尼西亞	2.5（F）	3（PF）
巴基斯坦	3（PF）	5（PF）
巴西	2（F）	2.5（F）
尼日利亞	2.5（F）	4.5（PF）
孟加拉國	2.5（F）	5（PF）
俄羅斯	3（PF）	6.5（NF）
墨西哥	2（F）	3.5（PF）
埃塞俄比亞	4（PF）	6（NF）
菲律賓	2（F）	3.5（PF）
埃及	5（PF）	6（NF）

數據來源：Freedom House, "Country and Territory Ratings and Statuses, 1973–2022."

墨西哥民主則面臨另外的挑戰。與許多剛剛走出內戰的鄰國相比，墨西哥的民主轉型一開始比較平穩。然而，失控的暴力組織，尤其是毒品黑幫，成為墨西哥社會的頑疾。為解決這個問題，墨西哥總統卡爾德龍（Felipe Calderon）從2007年開始發動了「緝毒戰爭」。然而緝毒戰爭不但沒能消滅黑幫，反而演變成了一場近似於多方內戰的僵局。一方面，警察力量的軍隊化成為一種趨勢，過度抓捕、過度使用暴力、血腥打壓成為常態；另一方面，為報復政府，黑幫展開越來越多的無差別襲擊，其行為的恐怖主義色彩越來越顯著，結果是成千上萬人在夾擊中喪生。正是因為這種暴力漩，墨西哥的政治自由和公民權利也受到侵蝕。

2.「中間政體陷阱」

不是所有的新興民主國家都能風調雨順地走向民主穩固,然而,在轉型受挫國家中,能幹脆利落地實現威權復興的也是少數。相當一批國家陷入灰色地帶,或者說,「中間政體」。不同學者用不同的名稱描述「中間政體」:不自由的民主(Zakaria 1997)、競爭性威權政體(Levitsky & Way 2002)、委任式民主(O'Donnell 1996)、混合政體(《經濟學人》)、中間政體(Polity V)⋯⋯但其所指卻大同小異。「中間政體」最典型的特徵,就是它仍然保留民主選舉的形式,並且選舉保留一定的競爭性,但是通過限制言論自由、限制結社組黨自由、控制司法系統、控制公民社會等方式,該國政治競爭在「傾斜的擂台」上展開,統治者得以在競爭的外殼下實現權力的穩固化甚至永久化。

令很多觀察者始料未及的,並非是第三波民主化浪潮中出現許多「中間政體」,而是它在許多國家的「常態化」。筆者將這種「常態化」稱為「中間政體陷阱」。我們傾向於將一種「不上不下」、「前不着村、後不着店」的狀態視為短暫的「過渡狀態」,一種在所難免的「陣痛」。但在諸多新興民主中,「過渡狀態」成為長期狀態,「陣痛」成為長痛。

21世紀的俄羅斯經典地體現了「中間政體陷阱」。在今天的俄羅斯,選舉真實存在,甚至有一定的競爭性。2018年的總統選舉,普京贏得了76.7%的選票,也就是說,不但有其他政黨的候選人參選,而且這些候選人加起來還贏得了20%多的選票(其中共產黨候選人贏得了11.8%的選票,構成最大反對派)。但是,另一方面,俄羅斯政治自由受到嚴重限制。以新聞自由為例,著名記者波利特科夫斯卡婭(Anna Politkovskaya)2006年在其公寓樓裏被神秘槍殺固然舉世矚目,但那只是冰山一角。之前和之後記者被騷擾、被毆打甚至被暗殺的情況屢見不鮮。在「記者無國界組織」的新聞自由度排名中,俄羅斯被列在180個國家中的149位(2019年)。選舉方面,「擂台」同樣傾斜,反對派政治候選人的競選資格被取消是家常便飯。比如2018年大選中,著名反對派納瓦爾尼(Alexei Navalny)以及與其有關聯的政黨不但被禁止參選,納瓦

爾尼本人還數次被捕，其核心支持者也被調查拘捕（Osborn 2019）。因此，自由之家不再把俄羅斯視為選舉式民主政體，Polity V雖然仍給予俄羅斯政體正分值，但是長達十多年的「4」分嚴格來說屬於「中間政體」。然而，俄羅斯這種「中間政體」的狀態已經持續了二十餘年，在可見的未來也難以看出有「切換軌道」的跡象。2020年俄羅斯修憲成功，意味着普京理論上可連任到2036年。

　　「中間政體」並非僅僅是俄羅斯現象。在查韋斯和馬杜羅（Chavez/Maduro）的委內瑞拉、埃爾多安（Recep Tayyip Erdogan）的土耳其、歐爾班（Viktor Orbán）的匈牙利、亞努科維奇（Viktor Yanukovych）的烏克蘭、穆加貝（Robert Mugabe）的津巴布韋……相似的模式不斷浮現：一個魅力型領袖通過選舉贏得權力，再通過打壓政治自由來擴大其民意基礎，於是又有了下次選舉的勝利，再次勝選給了政治強人打壓自由更強的基礎，由此形成一輪又一輪「自由侵蝕—民粹強化」的惡性循環。在此，民主不但沒能約束威權領袖，反而成為其打壓對手的合法性工具。民主轉型沒有走向民主穩固，而是在一片灰色地帶「安營扎寨」。

　　如前所述，Polity V中將-5到5分稱為「中間政體」（Anocracy），表1-4列舉98個新興民主中在2018年處於這一狀態的國家。如表所示，在98個新興民主中，有28個該年屬於「中間政體」，也就是近30%。儘管這並非新興民主的主體，但是由於其中包括俄羅斯、土耳其、埃及、烏克蘭、阿富汗等戰略性大國，這一類型在整個新興民主中可以說分量很重。

表1-4：新興民主中的中間政體（2018）

國家	Polity 分值
阿爾及利亞	2
布隆迪	-1
束埔寨	-4
剛果共和國	-4
剛果民主共和國	-3
科特迪瓦	4
厄瓜多爾	5

國家	Polity 分值
埃及	-4
埃塞俄比亞	1
加蓬	3
岡比亞	4
幾內亞	4
海地	5
馬里	5
毛里塔尼亞	-2
莫桑比克	5
尼日爾	5
巴布亞新幾內亞	5
俄羅斯	4
索馬里	5
蘇丹	-4
坦桑尼亞	3
泰國	-3
土耳其	-4
烏干達	-1
烏克蘭	4
委內瑞拉	-3
津巴布韋	4

數據來源：Polity V.

3. 政體震盪現象

「政體震盪」指向新興民主的另一個常見困境：政體在民主和威權之間來回搖擺，既無法實現長期的民主穩固，也難以實現長期的威權穩固。這或許是因為該國既沒有發展出能夠支撐民主穩固的經濟文化條件，但又失去了可以「容忍」威權體制的經濟文化基礎，因此無論在哪種狀態都難以實現均衡。

表 1-5 列舉 1974–2018 年間至少有過兩次政體轉型的新興民主國家，第一列是有過兩次政體轉型的國家（即一次民主轉型和一次民主崩

潰），第二列是有過三次政體轉型的國家（一次民主化，一次民主崩潰，又一次民主化），第三列則是有過四次或以上政體轉型的國家。如表所示，共有 36 個新興民主有過政體震盪現象，佔 98 個新興民主的近40%，其中有過三次或更多政體轉型的有 23 個，佔新興民主近 1/4。這是一個相當高的比例，不但說明民主穩固之艱難，而且說明一旦民主穩固難以實現，搖擺有可能會形成一種慣性。

表 1-5：新興民主中的「政體震盪」國家（1974-2018）

兩次政體轉型	三次政體轉型	四次或以上轉型
阿塞拜疆	阿爾巴尼亞	孟加拉國
白俄羅斯	亞美尼亞	布隆迪
剛果共和國	布基納法索	柬埔寨
剛果民主共和國	中非共和國	幾內亞比紹
埃及	科特迪瓦	海地
岡比亞	埃塞俄比亞	尼日爾
伊朗	加納	泰國
利比亞	馬達加斯加	
毛里塔尼亞	馬里	
蘇丹	尼泊爾	
烏干達	尼日利亞	
也門	巴基斯坦	
津巴布韋	秘魯	
	塞拉利昂	
	土耳其	
	委內瑞拉	

數據來源：Polity V.

　　泰國是「政體震盪」的典型。自 20 世紀 70 年代中期以來，泰國民主已經有過「四上四下」。1947–1973 年，泰國一直是軍人當政。1973 年由學生領導的「10 月 14 日抗議」導致了軍人政權垮台。然而，這次革命帶來的政治成果是極其短暫的——20 世紀 70 年代中期，越南、柬埔寨、老撾等國紅色政權的勝利引發了泰國的反共熱潮，1976 年軍隊再次掌權。

　　1978年新憲法的制定，以及之後軍人向平民政府移交權力的做法，標誌着又一次民主轉型發生。然而，1991年再次發生軍事政變，這次是以「反腐」的名義。不過，在遭遇巨大的抗議示威，即所謂「黑色五月」之後，軍隊允許了大選，帶來了第三波中泰國的第三次民主轉型。這次轉型是泰國歷史上維繫最久的一次：從1992年到2006年，泰國歷經數輪和平選舉和權力交接——當2001年當選總理的他信（Thaksin Shinawatra）2005年重新當選時，他成為泰國歷史上唯一一個順利完成任期並重新當選的民選總理。至此，人們幾乎有理由認為，泰國終於走出其歷史上的「政變詛咒」，走向民主穩固了。

　　然而，好景不長，代表農村力量的紅衫軍和代表城市力量的黃衫軍陷入了撕裂性的政治鬥爭，與黃衫軍聯盟的軍隊於2006年再次政變，推翻了被視為紅衫軍代言人的他信政府。2008年，自以為已經穩定局勢的軍隊還政於民，推動了該階段的第四次民主轉型。不過，歷史再次重演：他信雖然已經流亡他國，但是他妹妹英拉（Yingluck Shinawatra）代表泰國農民與貧民力量再次贏得大選。於是，黃衫軍和紅衫軍持續的街頭對抗再次開始，直到2014年軍隊又登上歷史舞台，不堪重負的民主體系再次崩潰。哪怕今天，通過政變上台的巴育（Prayut Chan-o-cha）總理權力也並不穩固。理論上，他是個「威權統治者」，但是其「威權統治」同樣岌岌可危。2019年的大選中，他利用「在任優勢」和軍方力量影響選舉結果，但只贏得了大眾選票的23.7%，比第二贏家只多了1.5%。威權操控下也只有如此微弱的優勢，可以想見，泰國的政治撕裂還在繼續，新一波的政治動盪可能再次到來。

　　泰國的「政體震盪」現象並非孤例。相當一批國家都具有這種「泰國症候」：既無法構建民主運轉所需要的政治寬容，又缺乏穩固威權政體所需要的強制能力，於是，進入威權政體時，威權政府因缺乏合法性而不斷被推翻，進入民主政體時，民主政府又因為無法維持秩序而垮台。可以想像，隨着社交媒體時代的政治動員成本越來越低，人們對政府合法性的認知標準越來越高，這種「政體震盪」現象很有可能在新興民主進一步擴散。

五 第三波民主浪潮中的民主韌性

民主擴散減速化、民主崩潰加速化、政治自由度的廣泛下降、中間政體陷阱的擴散、政體震盪的頻繁⋯⋯這些現象結合起來，顯示了新興民主所面臨的嚴峻挑戰。但是，能否因此判斷新興民主進入了難以逆轉的衰退？有趣的是，與上述情形相對，新興民主在另外一些維度上又顯示出頑強的韌性，使得任何一邊倒的判斷都難以成立。這種「民主韌性」同樣體現在三個維度：民主觀念的韌性、民主制度的「沉澱」以及新興民主崩潰後的「民主反彈」現象。

1. 民主觀念的韌性

首先是民主觀念的韌性。「世界觀念調查」(World Value Survey，簡稱WVS) 最新一輪 (2017–2020) 的問卷中有一組問題是這樣的 (Haerpfer 2022)：「我將形容不同的政治體系，並分別詢問你對每一種政治體系的看法」，然後問卷列舉了五種政治體系：「強有力的領袖治國，無所謂議會和選舉」，「由專家根據他們認為的最有利於國家的方案決策，而不是政府決策」，「軍隊治國」，「民主政體治國」以及「根據宗教法律治國，無所謂政黨與選舉」；每一個問題下面，答案在四個選項之間分佈 (非常好、比較好、不好、非常糟)。不妨比對新興民主中10個人口大國對這四個問題的回答。由於WVS缺失一批國家數據，表1-6中的人口大國只能是有觀念調查數據的前10個大國，與前面所列舉的人口大國有一定不同。

表1-6的第二列將所有「強有力的領袖治國」問題答案分佈於「非常好」、「比較好」的比例進行了加總，第三列將所有「專家治國」問題答案分佈於「非常好」、「比較好」的比例進行了加總，以此類推，第三列、第四列和第五列分別是「軍隊治國」、「宗教法律治國」和「民主治國」正面答案的加總。如表1-6所示，儘管相當一批民眾對「強有力的領袖治國」、「專家治國」、「軍隊治國」或「宗教法律治國」也表示了認同，但是

所有這10個國家觀念調查中,民眾對「民主治國」的認同感仍然是最高的。[29]唯一的例外是菲律賓,其認同「強有力的領袖統治」比例 (75.1%) 略高於「民主治國」認同比例 (73.7%)。

表1-6:十個新興民主大國的政體價值觀念 (%) (2017–2020)

	強人治國	專家治國	軍隊治國	宗教法治國	民主治國
印尼	59	69.1	63.8	53.9	88.3
巴基斯坦	45.8	54.9	57.6	64.4	71.5
巴西	56.4	68.6	36.7	25.5	75.7
尼日利亞	59.5	65.5	39.9	60.1	87.9
孟加拉	20.1	47.5	35	54.6	82.3
俄羅斯	50.2	39.5	17.9	18	66.9
墨西哥	69.7	74.2	44.3	39.2	74.2
菲律賓	75.1	65.7	63.4	62.6	73.7
埃及	27.4	54.8	—	34.5	82.3
土耳其	49.4	47.8	—	30.6	76.7

數據來源:World Value Survey (2017–2020).

　　一個可能的質疑是,儘管這些國家的民眾認同民主價值,但是他們所理解的民主未必是競爭性的「程序民主」,而更可能是體現治理績效的「績效民主」——他們可能只是用「民主」一詞來指代「民生表現」而已。但這並非事實。在世界觀念調查 2017–2020 的問卷中,有一組問題的設計恰恰用來檢測人們對民主的理解,這組問題是這樣的:「很多事物都是令人嚮往的,但不是所有這些事物都是民主的本質特徵。針對下述事物,請告訴我你認為它對於民主來說有多重要。」然後問卷分別詢問了人們對於「政府向富人徵稅、資助窮人」、「宗教領袖最終詮釋法律」、「人們在自由選舉中選擇其領導人」、「人們在失業時得到國家救濟」、「政府無能時軍隊接管」、「公民權利保護公民不受國家侵害」、「政

29　相當一批民眾既認同「民主治國」,又認同非民主治國,至於如何詮釋這一現象,本書結語中將再試圖闡釋。

府促使人們收入平等」、「人民服從領袖」、「女性與男性平權」等問題的看法。每個問題下面，答案在1–10之間分佈，其中「1」為「完全不重要」，「10」為「絕對重要」。顯而易見，在上述問題中，最能體現對民主的「程序性理解」的是這個問題：「人們在自由選舉中選擇其領導人」，而最能體現對民主的「績效性理解」的幾個問題是：「政府向富人徵稅、資助窮人」、「政府促使人們收入平等」，以及「人們在失業時得到國家救濟」——由於難以判斷這幾個問題中哪個最能體現「治理績效」，不妨也以其均值作為參考指標。

表1-7列舉10個新興民主大國民眾對這些指標作為民主基本特徵的贊同均值，數值（1-10之間）越高意味着認同程度越高。如表所示，儘管這些國家民眾對民主的「程序性理解」和「績效性理解」都高度認可，但是除了巴基斯坦的某些指標以外（該國民眾對「失業救濟」的認同略高於「自由選舉」），對民主「程序性理解」的比例仍然幾乎是清一色地高於「績效性理解」。也就是說，即使是在新興民主國家，人們對民主的理解也主要是程序性的。可以說，對民主的「達爾式」理解已不僅是學者們的觀念，也不僅是發達國家的獨特觀念，而是一種在諸多發展中國家也深入人心的大眾觀念。這一發現與諾里斯更早期的研究結論相印證。通過整理WVS 2005–2007年的結果，她發現，經歷過長期、短期或有限民主體制的國家，民眾對民主的程序性理解都要超過「工具性理解」（Norris 2011：156）——當然，發達國家和有過長期民主經歷國家會更傾向於認同程序性理解（Norris 2011：163）。

表1-7：十個新興民主大國對民主內涵的理解均值（2017-2020）

	程序性理解	績效性理解			
	自由選舉	徵富濟貧	失業救濟	收入平等	均值
印尼	7.7	7.5	5	6.4	6.3
巴基斯坦	8	7.9	8.1	7	7.7
巴西	8.3	4.2	7.8	5.3	5.8
尼日利亞	8	6.3	7	5.3	6.2
孟加拉	9.1	8.3	6.9	8.4	7.9
俄羅斯	8.1	7.5	7.7	7.2	7.5
墨西哥	6.7	5	5.6	5.4	5.3
菲律賓	6.9	6.5	6.7	6.4	6.5
埃及	8.7	7.9	6	7.1	7
土耳其	7.5	5.8	7.2	6.8	6.6

數據來源：World Value Survey（2017-2020）.

　　另一個可能的質疑是，泛泛地詢問人們對民主的看法，未必能夠探測到他們對民主原則的真實態度，浸透於人們日常生活中的觀念原則更能反映其真實想法。比如，一個不相信男女平等觀念的人也不太可能真正尊重政治權利的平等，一個仇視同性戀的人也不大可能擁有民主所需要的政治寬容。政治文化學者韋爾策爾發現，對於支撐民主而言，由「自主性、選擇、平等和表達」四個維度組合起來的「觀念集合」具有民主驅動器的意義，他將這個觀念集合稱為「解放的價值」（emancipative values），並以一系列體現社會生活觀念的調查問題去衡量它（Welzel 2013：1-33）。[30]儘管用這種方法來衡量民主觀念，可能會導致其「真實支持率」顯著下降，但他和合作者仍然發現，就變化趨勢而言（參見圖1-4），世界上幾乎所有地區——從基督教文化圈到伊斯蘭文化圈，從東方到西方——普遍發生了「解放價值」的上升，區別只在於起點的不同和上升距離的不同（Brunkert 2019：12）。換言之，不管這個意義上的民主觀念絕對水平如何，在21世紀初，它的歷史相對水位確實空前高漲。

30　韋爾策爾還在另外一個研究中駁斥了「亞洲例外主義」觀點，以數據說明亞洲民眾價值觀的變化方向與其他地區類似（參見Welzel 2012）。

圖1-4：基於文化圈的全球「解放價值」變化趨勢（1960-2006）

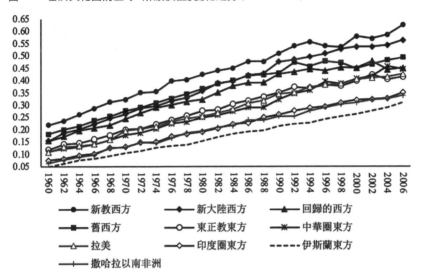

圖表來源：Brunkert等，2019。

　　無論是對不同政體的偏好，還是對民主的理解，抑或社會觀念的變化，都指向一個結論：到21世紀初，不管民主穩固自身受到何種挑戰，就觀念而言，民主的價值在新興民主社會已經相當深入人心。這是任何一個政治現實主義者都必須關注的「社會事實」。很大程度上，這是三百年來啟蒙觀念不斷向全球擴散的結果，無視這一「社會事實」構想人類政治的未來，無異於試圖將一個已經長大成人的「啟蒙之子」塞回它的母體。

2. 民主制度的「沉澱」

　　制度相當程度上是觀念的表現形式。與民主觀念蔓延相應的，是民主制度的「沉澱」趨勢。「制度沉澱」，是指大批新生民主不同尋常地走向了階段性穩固。之所以說「不同尋常」，是因為歷史上的新生民主常常是還沒站穩腳跟旋即被傾覆，但第三波浪潮以來，新興民主走向階段性穩固的比例和速度為歷史鮮見。以拉美為例，第三波之前，拉美地

區的民主體制極其脆弱，頻繁被軍事政變推翻，但第三波浪潮中，拉美民土卻開始出現扎根跡象。到1991年，拉美20個國家中的18個（除了古巴和海地）都進入了競爭性民主政體，此後的政體震盪並不常見。根據梅因沃林和佩雷斯-利南的研究（Mainwaring & Perez-Linan 2013：125），該地區競爭性政體的崩潰率已經從1945–1977年的9.3%下降到1978–2005年的0.8%，也就是說，20世紀70年代中期之前的民主崩潰率是之後的10倍以上。以阿根廷為例，20世紀30年代到70年代曾發生過7次政變，平均每七年左右就發生一次政變，但自1983年最近一次民主化以來，儘管阿根廷政治危機重重，過去三十多年卻再也沒有發生政變。

拉美的情況並非特例。中東歐以及蘇聯各國自1989年走向民主化以來，至今已超過1/4個世紀，除了中亞數國轉型之初迅速回歸威權政體，大多數中東歐國家都維繫了民主政體。東亞和東南亞地區同樣如此。雖然有泰國這樣的「困難戶」，但無論是東亞的韓國，或是東南亞的印度尼西亞或者菲律賓，20世紀80年代後期開始民主轉型後，儘管民主質量也頗受質疑，但迄今都尚未出現民主崩潰跡象。

以韓國為例，1987年最近一次民主轉型之前，韓國政治過山車一般大起大落。從1948年確立第一共和國，到1960–1961年第二共和國時期短暫而動盪的民主實驗，到樸正熙時期越來越穩固的獨裁統治（第三、第四共和國），再到全斗煥和盧泰愚時期逐漸失控的局勢（第五共和國），韓國戰後的四十多年，無論是民主體制還是威權體制，似乎都難以持久地維繫政治穩定。然而，從1987年的民主轉型開始，至今三十餘年，韓國「反常」地維持了相對的穩定和發展，儘管領導人頻繁受審，民主政體本身卻未遭遇系統性挑戰。

上述變化之非同尋常性，可以從世界政變次數的變化看出。V-Dem數據庫中包括一項各國政變的指標，其中包括成功和不成功的政變。[31]如圖1-5所示，隨着第三波民主化浪潮擴散，世界各國政變的次數，已

31　該指標名稱為e_pt_coup，其中成功政變被定義為「至少成功掌權七天的政變企圖」。

經從20世紀60年代的頂峰期大大下降，到2015年只發生了兩起政變。最顯著變化的地區或許是拉美，作為一個曾經的政變「重災區」，21世紀初政變在該地區幾乎絕跡。除了2009年的洪都拉斯政變，該地區截至2018年沒有發生過成功的政變。[32] 在撒哈拉以南非洲，20世紀60年代大約一半權力更替是通過政變發生的，到90年代則降至1/4，到21世紀（截至2012年）則進一步下降到約13%（Carbone 2014）。正如貝爾梅奧所言，當下即使政變仍然發生，其性質也越來越從「結果開放性政變」變成「約定式政變」（promissory coups），即承諾即將引入民主選舉的政變（Bermeo 2016）。這些變化顯示，世界各國的主要政治力量，已經越來越習慣於以選舉而非暴力的方式進行權力更替。

圖1-5：世界各國政變數量變化趨勢圖（1950–2017）

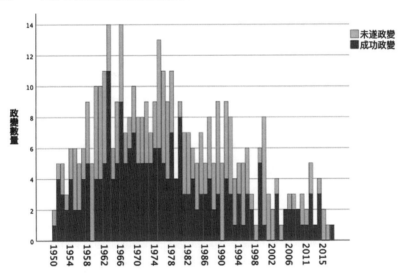

數據來源：V-Dem（作者自繪）。

新興民主的「制度沉澱」也體現在它在經濟危機衝擊面前的韌性。經濟危機衝垮民主制度的情況歷史上十分常見，其中最典型的案例莫過

32　玻利維亞前總統莫拉萊斯（Evo Morales）於2019年被抗議示威推翻，其支持者稱之為「政變」，但反對者則不這樣認為，故很難視之為無異議的政變。

於魏瑪共和國的崩塌——1929年後的全球經濟蕭條給了本已搖搖欲墜的魏瑪共和國致命一擊。第三波民主化以來，經濟危機引發政治危機的情況也時常發生，比如阿根廷2001年經濟危機、2011年以來希臘歐債危機引發持續動盪，但是，與歷史上常見的情況不同，在諸多新興民主中，經濟危機乃至政治危機沒有進一步演化為民主崩潰。事實上，在阿根廷、希臘、西班牙、葡萄牙、巴西等國家，一定程度上可以說，民主制度所提供的選舉機會為政治危機提供了一個出口，使政治壓力有一個釋放的閥門，也為調整政策方向提供了一個制度途徑，從而將可能的暴力革命降溫成和平的政黨競爭。

3.「民主反彈」現象

　　新興民主之韌性的第三個表現，恰恰發生在某些新興民主崩潰之後。如前所述，新興民主約有40%左右經歷過民主崩潰。但是，一個「不同尋常」的現象是，相當一批新興民主崩潰之後很快重新民主化，這種「跌倒了較快爬起來」的「民主反彈力」，也間接說明新興民主的韌性。如前所述，截至2018年，新興民主國家中有過民主崩潰經歷的高達38個，但值得注意的是，這38個國家中有25個之後又出現「民主反彈」。儘管其中有一批後來再次民主崩潰，多數新興民主崩潰後在較短時間內「再民主化」，這是一個耐人尋味的現象。此外，學者還發現，民主崩潰後威權政體的持續時間正在顯著變短：20世紀50年代，重新威權化的政體100%能夠存活五年以上，而到21世紀初，只有60%能夠存活五年或以上；並且，即使重新威權化，其威權程度也往往低於過去的威權水平（Bermeo 2016）。

　　以拉美為例，21世紀以來，該地區發生的最著名的兩次政變是2002年委內瑞拉政變和2009年的洪都拉斯政變。[33] 2002年的委內瑞拉

33　有人將2012年巴拉圭彈劾總統盧戈（Fernando Lugo）和2016年巴西彈劾總統羅塞夫（Dilma Vana Rousseff）稱為「政變」，但是至少名義上來說他們都經過了一個彈劾程序。

政變不到兩天就結束了，幾乎是一個鬧劇：「奪權」的反對派錯誤估計了查韋斯總統的民意基礎，發動了政變，但是面對大街小巷的抗議，很快心理防線崩潰，將權力重新交還給查韋斯。2009年6月，洪都拉斯總統塞拉亞因拒絕執行最高法院的判決而被強制剝奪權力，這次政變立刻遭到了全世界的譴責。儘管臨時政府和軍方並沒有恢復塞拉亞的總統職權，但於同年11月份重新組織了大選，所以嚴格來說，這次民主崩潰只持續了半年左右。這種民主崩潰然後迅速反彈的情況，與早先拉美強人一旦奪取權力，就久抓不放的情形形成對比——皮諾切特於1973年奪取權力，直到1989年才放權；巴西1964年發生政變，直到80年代中期才回歸民主化；阿根廷1976年政變後建立的軍人政權，也是維繫了七年才開始解凍。

哪怕是在非洲，這個民主政體仍然頻繁崩潰的地區，民主反彈的情形也開始頻繁出現。比如2012年馬里總統杜爾被嘩變士兵推翻，該政變立刻遭到了國際社會的譴責，很多國際組織紛紛撤回對馬里的援助，法國則在馬里臨時政府的邀請下出兵干預。2013年，馬里在國際組織的監督下重新組織總統大選，其Polity分值重歸正值。馬達加斯加的情況類似，2009年的一場政變推翻了民選總統拉瓦盧馬納納（Marc Ravalomanana）。這場政變同樣遭到了國際社會的譴責，國際孤立也很快惡化了馬達加斯加的經濟形勢。壓力之下，過渡政府不得不制定新憲法，重新組織選舉。2013年大選之後，馬達加斯加被Polity V視為回歸了民主政體。

當然，不是所有的新興民主政體在崩潰後都能迅速反彈，比如，委內瑞拉馬杜羅政府的威權統治已經維繫近十年。但是，總體而言，與歷史相比，民主崩潰後不斷反彈回歸，並且回歸的速度在加快，確實是第三波民主化浪潮的一個特徵。對很多國家而言，相較於其他選項，民主政體已成為一種「默認設置」。即使是暴力奪權的政變者，也往往要借助「拯救民主」的話語，並在政變之後重新組織選舉，哪怕是偽選舉。當年福山以「歷史的終結」來形容冷戰後世界政治走向時，遭受很多批評。但如果不把「歷史的終結」理解為「制度競爭」的終結，而理解為「合

法性話語競爭」的終結，這一說法則不是完全沒有道理。不管今天的人們對於民主的表現如何失望，作為一種合法性話語，它已產生了一種旋渦狀的向心力。某種意義上，民主話語的全球性崛起並非歷史的終結，卻可能是這一終結的開始。

20世紀70年代中期以來的民主化浪潮，是人類歷史上前所未有的巨變，本章試圖給這一巨變的進展和困境做一個全景式寫生。儘量全面地描述這一巨變非常重要，因為在一個恰當的比例感中理解現實，才能突破意識形態的偏見和新聞報道帶來的「印象」。「比例感」意味着歷史意識，即把當下的時事放入歷史的坐標系中，通過歷史長河中的參照物進行觀察；「比例感」也意味着尊重多樣性，發現轉型進展的連續譜以及不同國家在這個連續譜上的位置。正是歷史意識和多樣性意識的缺失，導致了20世紀90年代過度的民主浪漫主義，也催生了當下過度的民主虛無主義。

對新興民主的系統觀察顯示，極端的樂觀主義或悲觀主義都缺乏依據。第三波民主化浪潮經過四十餘年的發展至今，展現的是一幅極其複雜的畫卷。一方面，其成果非常顯著：在民主「既非自然，亦未必正確」的政治文明史背景下，競爭性民主政體在半個世紀內大量湧現，越來越多的國家借助和平權力交接而不是暴力奪權來實現航向調整，乃至這種「奇怪的」政體形態成為人類政治形態主流，這在歷史的長河中，構成了某種意義上的奇蹟。此外，一半左右新興民主走向階段性穩固，即使出現民主倒退，也常常很快出現民主反彈，也是史無前例的現象。更重要的是，民主觀念在諸多發展中國家逐漸深入人心，人們不但對民主的理解越來越注重程序與權利，而且其體現於生活之中的自由、平等、參與觀念也在生根蔓延，這種「人心之變」是理解這場巨變的一把鑰匙。相比之下，各國政局本身的波動更像是這一歷史之「勢」的枝節。

但是，另一方面，新興民主的轉型困境也有目共睹。在第三波早期的民主「大躍進」之後，不但新的民主化變得舉步維艱，之前的民主化成果也開始出現「消化不良」和「排異反應」。大量新興民主遭遇過民主崩潰或倒退，幾乎所有新興民主大國都出現了民主質量下降。同時，

與很多人預期的線性發展不同，「灰色地帶」逐漸成為一個常態化陷阱，「政體震盪」現象出現蔓延趨勢。對多數國家，轉型的根本挑戰已不再是如何走向民主，而是如何消化民主。民主轉型可能「意外」發生 ── 某個領導人的去世、某場國際金融危機、他國的軍事干預等等都可能觸發民主轉型，但是民主穩固卻從不偶然出現 ── 它基於一定的文化、經濟、社會條件，基於政治行動者的觀念和選擇，基於千千萬萬人能否承受「肩背自由的疲憊」。民主「大躍進」的時代已經過去，需要在民主土壤上精耕細作的時代才剛剛到來。

第二章

新興民主國家的暴力衝突

「點人頭總比砍人頭要好」(Counting heads is better than breaking heads)，這句格言廣為流傳，可以説是對民主之價值最精煉的論證。其背後的邏輯是，民主選舉提供了一種和平的權力交接機制，比專制制度下每遇接班問題就劍拔弩張更文明。顯然，和平是普遍價值，中國人熟知古代皇族為皇位而親親相殺的殘忍故事，而西方歷史上橫跨各國的血腥王位繼承戰爭也屢見不鮮，因此，從「有益和平」的角度論述民主的價值，可以説直擊無數人的心靈。然而，民主與和平之間的聯繫是否如這句格言那樣一目了然？「點人頭」真的會減少「砍人頭」嗎？

眾所周知，國際關係學中存在着一種「民主和平論」。該理論認為，歷史上，戰爭在威權政體之間發生、在威權與民主政體之間發生，但民主國家之間卻鮮有戰爭，這一現象似乎説明，民主促進和平。在長期被視為「學術共識」之後，最近幾十年，這個觀點也頗受質疑。爭論的焦點並非成熟的民主體制是否容易激化暴力衝突 —— 在這一點上，「民主和平論」並未受到嚴重挑戰，[1] 而是「不完全的民主化」以及「中間政

1　關於「民主和平論」的討論，參見 Hegre 2014 中的相關文獻回顧。當然，有人以少數例證 (比如1812年英美之間的戰爭、古希臘的城邦戰爭、二戰中芬蘭與同盟國開戰) 質疑這種國家之間的「民主和平論」，但此類例證也反過來受到質疑，比如1812年戰爭時很難將英國視為民主政體，古希臘的民主與現代非常不同，芬蘭主要是為反蘇聯帝國主義開戰等等。無論如何，相關的例證並不多見。

體」是否是暴力衝突的火藥桶。在這個問題上，學術爭論愈演愈烈。問
題在於，正如第一章所述，「不完全的民主化」和「中間政體陷阱」恰恰
是許多新興民主的新常態，因此，追問第三波民主化是否惡化了各國的
暴力衝突，就成為自然而然的理論和現實問題。

理論上而言，我們有理由期待民主轉型促進一個國家內部的和平。
畢竟，通過周期性選舉、執政黨輪替、議會協商、權力制衡、司法審查
等機制，民主政體為社會衝突提供了一系列制度化的出口，從而減少了
暴力衝突的必要性。通俗地說，民主以「開會」而不是「打仗」來解決衝
突。雖然民主國家的街頭經常充滿各種大大小小的抗議示威，其中有些
甚至發展為階段性的騷亂，但似乎也可以論證，正是因為這些分散的、
即時的信息反饋機制和壓力釋放機制，爆炸式的壓力積聚得以避免，社
會矛盾不至於以一種火山爆發的方式呈現。

然而，現實的複雜性永遠在挑戰理論的平滑感。新興民主中的暴
力衝突隨處可見，以至於在很多人眼裏，「民主和平論」幾乎變成了「民
主衝突論」。在前南斯拉夫地區，民主轉型之際爆發了克羅地亞戰爭、
波黑戰爭、科索沃衝突，這一系列混戰導致了歐洲二戰以來最嚴重的戰
爭傷亡。在俄羅斯，兩次血腥的車臣戰爭也是在民主轉型之後爆發，至
今車臣地區的秩序仍然靠高壓手段維持。在非洲，布隆迪1993年第一
次競爭性選舉帶來的不是權力的和平交接，而是胡圖族和圖西族之間的
相互屠殺。而在尼日利亞、肯尼亞、科特迪瓦、塞拉利昂這樣的國家，
大選經常成為族群或宗教衝突的集結號，以至於選舉不再是一場民主權
利的慶典，而成為戒備森嚴的火藥桶事件。

沒有什麼地區比中東的「民主化」更硝煙彌漫的了：在阿富汗，美
軍2001年的入侵貌似趕跑了塔利班政權，但是阿富汗夾生的民主轉型
不但沒有帶來國富民強，也從未平息塔利班與政府軍之間的戰火，直到
2021年塔利班重新奪權。在伊拉克，薩達姆雖然倒台，但是ISIS怪獸
般的崛起使得「民主和平論」成為一個諷刺；至於「阿拉伯之春」所涉地
區，敘利亞、也門、利比亞紛紛陷入持久的內戰，一度**轟轟**烈烈的民主
運動坍塌為**轟轟**烈烈的殺戮。即使有些新興民主的衝突總體而言並未釀

成大規模的內戰，比如中國台灣地區的藍綠之爭，泰國的紅黃之爭，埃及的政治伊斯蘭派和政治世俗派之爭，但是轉型後曠日持久的街頭對峙仍然觸目驚心。這些暴力或非暴力的衝突畫面相互疊加，給人帶來一種印象，民主轉型似乎已經變成一個「魔法按鈕」，一按下去就會引發劇烈衝突，甚至帶來血雨腥風。

民主轉型後一個國家的暴力衝突水平到底有何變化？為何理論上的「和平使者」在很多地方成為現實中的「暴力按鈕」？這種轉型的暴力效應到底是系統性的還是局部的？是階段性的還是長期的？其背後的邏輯又是什麼？本章試圖在第三波民主化的背景下分析這些問題。

具體而言，本章將分為三個部分。第一部分將呈現相關的理論爭論，並梳理對立觀點的基本邏輯。第二部分將以相關數據庫為基礎，從三個角度對第三波民主轉型與暴力衝突的關係進行實證分析。第一個角度是描述性的橫向比較：如果全球各國政體狀態分為四種——穩定民主，民主轉型，威權轉型和穩定威權，民主轉型狀態下，衝突爆發的頻率是否格外顯著？當「民主轉型」替換為「不完全民主轉型」呢？第二個角度是描述性的縱向比較：在所有的第三波國家中，是否普遍出現了暴力衝突水平的變化？哪些國家的暴力水平出現了上升，哪些出現了下降，哪些維持不變，以及這三者之間的比例如何？第三個角度則是因果性的回歸分析：在控制經濟發展、人口規模、族群多樣性和時間趨勢等因素之後，1974–2018年間，民主轉型是否增加暴力衝突風險？最後，本章的第三部分則將使用尼日利亞、印度尼西亞和阿富汗三個案例，分別對民主轉型後暴力衝突變化的不同情況進行個案分析，以更深入地理解轉型後暴力衝突變化的不同邏輯。

一　民主轉型影響暴力衝突的兩種機制

冷戰結束後，關於民主轉型和暴力衝突關係的研究逐漸成為熱點。上世紀90年代開始，曼斯菲爾德和斯奈德較早打破「民主和平論」的「共

識」，系統闡述「民主轉型引發衝突」的觀點（Mansfield & Snyder 1995;
2000; 2002a; 2002b; 2005），並引爆了一場曠日持久、卻難以蓋棺定論的
學術爭論。有學者總結2000-2015年的相關論文，發現不同研究訴諸了
107個解釋性變量、657種回歸分析模型，得出了形形色色的結論，然
而，「幾十年的研究之後，儘管方法越來越精緻，我們不得不承認，我
們仍然所知甚少」（Trinn & Wencker 2021: 115）。

何以如此？為什麼關於民主轉型和暴力衝突的關係難以找到定論？
或許是因為，理論上而言，民主轉型可能對暴力衝突水平具有兩種相互
矛盾的效應，一種傾向於加劇衝突，另一種則可能緩和衝突，我把前者
稱為民主轉型的「裂痕動員效應」，把後者稱為民主的「政治接納效應」。
對於新興民主，這兩種機制往往同時發揮作用，至於誰勝誰負，則取決
於各國的歷史、文化、經濟水平、經濟結構、族群結構等等因素。

1. 裂痕動員效應

什麼是民主轉型的「裂痕動員效應」？簡單來說，就是民主內置着政
治動員機制，而動員常常沿着既有社會裂痕（民族、種族、宗教、地
域、階級等）展開，這一過程有可能固化甚至惡化社會分裂，從而為暴
力衝突提供持續的動力。

轉型之初，民主化帶來的最大政治變化是政治行動空間的急劇
大。一方面，轉型之前被壓抑的各種政治訴求常常會井噴式爆發，大量
新的訴求也可能隨着政治機會的打開而迅速生長。另一方面，成熟民主
制度下，政治動員往往演化為制度化的政治參與，被不同的制度渠道吸
收——投票、街頭政治、利益集團的游說、官僚和立法機構的協商、
司法訴訟以及媒體言論等等，都為政治參與提供了一種穩定的、常規化
的通道。但在轉型之初，制度建設常常跟不上政治動員的需求。值得
強調的是，制度建設之難不在於「建立」它——「建立」制度只需要頒佈
一些法律條文、成立一些組織機構而已，而在於需要長時間的重複博弈
才能使它產生「信用紀錄」，而轉型國家的新生制度缺乏這樣的「信用紀

錄」，事實上，轉型國家的政治機構可能因為歷史積怨而具有「負信用紀錄」。因此，不同方向的政治動員極易演變為愈演愈烈的政治衝突。

一方面是爆炸性的訴求增長，一方面是新生制度吸納能力有限，結果常常是「轉型峽谷」中的衝突動盪。對於存在着結構性對立的國家，動盪的風險格外顯著，因為爆炸性的政治動員往往沿着既有的社會裂痕展開，形成「裂痕強化」效應。令人不安的是，冷戰結束後，隨着階級鬥爭話語的式微，在諸多新興民主中，以身份認同為基礎的族群裂痕往往成為新的暴力衝突爆發點，這一現象可以被視為一種「新部落主義」（Fukuyama 2018）。[2]

「新部落主義」令很多觀察者感到吃驚——畢竟，用英格爾哈特的話來説，人類文明已經開始進入「後現代時代」，數百年的啟蒙運動似乎正在將狹隘認同之人提升為普遍理性之人，而20世紀的階級政治也應模糊了人的「血親紐帶」意識。然而，21世紀初的世界政治似乎呈現出一種「反動傾向」：無論是發達國家的政治極化，還是發展中國家的宗教族群衝突，都顯示出身份認同在政治生活中的集結號效應——它或許曾經被掩蓋，但從來沒有消失。

然而，新興民主中「政治部落主義」的興起又並不奇怪。從動員「效率」而言，與政綱動員相比，身份動員成本更低、見效更高。簡單而言，政綱是需要時間和能力去「兌現」的——當一個政黨承諾降低通貨膨脹率降、提高就業率或者提供全民醫保時，它需要巨大的財政資源、政治技能和漫長的時間才可能實現這些目標；而身份動員則可能「立竿見影」，因為種族、民族或者宗教的成員身份是現成的、相對穩定的、「不易揮發的」，只需完成其政治轉化而已。在這個意義上，政綱動員是從「播種」開始建立政治信任，而認同動員則是直接收穫。此外，認同動員往往訴諸人的「情感」（對神的敬仰、民族忠誠、兄弟之愛等等），

2　福山談及「新部落主義」時，主要是着眼於分析西方政治中「身份政治」的崛起，但是，很大程度上，新興民主的「政治部落主義」才是冷戰後身份政治的「先行者」，其程度也比當代西方的身份政治更甚。

政綱動員則訴諸人的理性（就業率、物價等等），前者往往蘊含更大的爆發力，對於短視的政治精英而言，這顯然是一個「投入產出比更划算」的動員策略。對於新生民主尤其如此──轉型之初，大多政黨都尚未建立政治「品牌」，因而格外需要通過「清晰辨識度」來建立「基本盤」。

曼斯菲爾德和斯奈德格外強調這一過程中政治精英的機會主義。在他們看來，「並不是所有的民主轉型都是危險的……戰爭的危險主要是在那些因為缺乏強大政治機制導致民主難以運行的轉型國家出現……當這些機制缺失或孱弱時，政治家們就會有動力煽動暴力性的民族主義，把他們自己的敵人説成是國家的敵人以在選舉競爭中獲勝。」(Mansfield & Snyder 2005: 2) 他們認為，這種危險不僅僅是在後冷戰時代出現，而是「和民主本身的歷史一樣長」──事實上，法國革命及其引發的歐洲戰爭，是其民主衝突論的源頭案例。德意日法西斯主義的崛起，在他們看來，顯然有「不完全民主化」的助力。而後冷戰時代的前南地區戰爭或非洲族群衝突，只是民主轉型之危險的新註腳而已。

布隆迪的轉型經歷相當程度上契合 Mansfield 和 Snyder 的理論。1993年的民主轉型之前，布隆迪就已經存在着嚴重的族群對立，圖西族和胡圖族歷史積怨極深。殖民地時代，比利時殖民者刻意扶持圖西族統治（只佔人口比例的13%），導致胡圖族（佔人口比例的86%）與圖西族之間的對立。1972–1973年，親圖西族的前國王恩塔爾五世 (Ntare V) 被刺殺，曾引發了圖西族對胡圖族的一次大屠殺，數萬人喪生，之後低烈度的胡圖族武裝叛亂始終不斷。這是布隆迪民主化過程中暴力衝突升級的歷史背景。

1993年6月，布隆迪舉行了歷史上第一次多黨選舉，這似乎是一個將族群鬥爭「從戰場移向會場」的良好時機，但這個美好的願望顯然低估了歷史的陰影與裂痕動員的爆發力──被壓抑已久的胡圖族憑藉其族群人口優勢輕鬆贏得大選，而從高處跌落的圖西族則因其人數劣勢陷入了生死存亡的危機感。此時，所有那些本應消除種族仇恨的制度建設──獨立司法、公正媒體、議會協商、聯邦制等等，或者沒有到位，或者因缺乏「信用紀錄」而不被信任、形同虛設。更糟的是，諸多

機會主義政治精英火上澆油。胡圖族方面，儘管已經贏得大選，之前的叛軍領袖科桑（Kabora Kossan）仍然拒絕放下武器，繼續帶領軍隊襲擊圖西族。圖西族方面，雖然輸掉了大選，他們在軍隊的主導地位卻並沒有因此喪失。圖西族軍方領袖開始組織武裝反抗，10月乾脆發動政變，刺殺了民選總統梅爾希奧‧恩達達耶。至此，星星之火開始燎原，衝突不斷升級，普通民眾開始極端化，加上周邊國家的混亂局勢，最終布隆迪走向了種族戰爭，數十萬人因此喪生。

民主轉型不僅對歷史矛盾有「揭蓋子」效果，也可能對潛在矛盾具有「激活升級」效應。南斯拉夫地區轉型過程中的族群衝突即是如此。雖然前南斯拉夫各族之間有過激烈暴力衝突的歷史記憶，但是共產主義革命勝利之後，鐵托通過個人權威和社會主義意識形態一度塑造了「南斯拉夫認同」，從20世紀50年代到80年代初，南斯拉夫各族群之間並沒有大規模暴力衝突。1987年米洛舍維奇成為塞爾維亞共產主義聯盟的領導人後，為應對逐漸浮現的族群矛盾，開始推行「大塞爾維亞主義」政策，收回一些自治區的自治權力，引發了地方族群的不滿，為衝突埋下了伏筆。但是真正點燃大規模戰爭的，則是轉型過程中的地區性選舉及其引發的各地少數族裔對「多數主義」的恐慌。

1990年的地區性選舉是分水嶺式的事件。當年，在席捲中東歐的民主化浪潮中，波斯尼亞、克羅地亞、斯洛文尼亞、馬其頓、黑山共和國，包括塞爾維亞本身都舉行了地方性選舉，除了塞爾維亞和黑山以外，其他所有地區都是族群分離主義政黨獲得了選舉勝利。很自然地，勝選之後，它們紛紛宣佈獨立——1990年12月斯洛文尼亞在公投後宣佈獨立、克羅地亞在1991年的5月公投後宣佈獨立、馬其頓在1991年9月公投後宣佈獨立、波斯尼亞在1992年3月公投後宣佈獨立。本來，一個多族群國家無論是分是合，都可能和平發生——無論是捷克斯洛伐克的和平分手，還是蘇聯大部分共和國的和平「脫落」，都說明「分手」未必會導致戰爭。問題在於，就南斯拉夫而言，由於轉型前夜已經升溫的族群矛盾，由於各族群內部精英的「部落主義」動員，在獨立過程中，每一個地區內部的少數族裔面對「多數」，都感到了生死存亡的危

險——塞爾維亞內部的穆斯林和克羅地亞人感到了塞爾維亞人的威脅，克羅地亞的塞爾維亞人和穆斯林感到了克羅地亞人的威脅，波斯尼亞的塞爾維亞人和克羅地亞人感到了穆斯林的威脅……結果就是一片混戰。衝突的主線往往是米洛舍維奇領導的塞爾維亞母國和各地區的「塞爾維亞少數族裔」相互接應，抗擊地區性的「多數族裔」。克羅地亞戰爭、波斯尼亞戰爭的邏輯皆是如此。

國際社會後來常常把前南斯拉夫地區的戰火歸咎於米洛舍維奇一個人及塞爾維亞一個民族，這有失公正。當時狹隘的民族主義不僅僅存在於塞爾維亞——無論是克羅地亞，還是波斯尼亞，其內部的「部落主義」動員同樣如火如荼，只不過由於相對弱小，軍事上被碾壓，造成塞爾維亞族倚強凌弱的客觀局面。不奇怪的是，整個戰爭中最大的悲劇，是發生在波斯尼亞境內的塞爾維亞人聚居地斯雷布雷尼察(Srebrenica)——1995年，斯雷布雷尼察的塞爾維亞人屠殺了8,000名穆斯林，該事件成為歐洲冷戰以來最嚴重的種族清洗。這一悲劇也揭示，如果沒有對少數族裔足夠的安撫與保護措施，選舉中的「裂痕動員」可能造成巨大的政治恐慌和暴力衝突。

後冷戰時代的大量研究量化了此類個案「故事」。曼斯菲爾德和斯奈德依據政治轉型的幅度和方向，把政治轉型分為四類：完全民主化、不完全民主化、不完全專制化、完全專制化，將其作為解釋性自變量，分析這些轉型與國家間戰爭爆發的關係(Mansfield & Snyder 2005)。他們的發現是，「不完全民主化」——尤其與弱中央政府相互交織時，對於戰爭爆發具有顯著的刺激效應。相比之下，其他類型的轉型對和平都沒有如此之大的衝擊力。

當然，強調民主轉型危險的，不僅僅是曼斯菲爾德和斯奈德。另一個學者曼表達了類似的觀點，他指出，民主的前提是對「民」(demos)的定義，而在族群關係複雜的地方，對「民」的定義權鬥爭可能導致種族關係惡化(Mann 2005)。塞德曼等通過量化研究得出了相似的結論(Cederman et al. 2010)——他們將民主轉型過程作為一個獨立變量，而不是通過回歸分析中的滯後結構，發現民主化初期階段對於內戰爆發有

顯著正向影響。塞德曼等人還探究了民主化過程中內戰爆發的機制，他們發現，高度競爭性選舉——尤其是轉型後的第一次和第二次選舉，會增加種族戰爭發生的可能性，原因在於競爭性選舉所激發的族群動員和「輸者耍賴」效應 (Cederman et al. 2012)。布蘭卡蒂和斯奈德也發現，在內戰結束後立刻舉行選舉，往往成為重新點燃戰火的契機 (Brancati & Snyder 2013)。

更多的研究並不着力於民主轉型對暴力衝突的影響，而是研究民主水平對暴力衝突的影響。在這個問題上，一個被廣泛接受的觀點是：中間政體比深度民主或深度威權政體更容易引發不穩定，也就是說，民主水平與暴力衝突爆發之間存在着一種「倒U形關係」。這或許是因為深度威權政體往往能夠通過高壓來維持威權穩定，深度民主政體則能夠通過政治包容來緩解衝突，而中間政體則因為包容性不足而容易「點火」，又因為鎮壓能力不足而無法「滅火」。

圖2-1呈現這個關係。如圖所示，赫格雷等對1816–1992年的研究發現，民主水平與內戰爆發之間存在着一個駝峰形關係，即深度民主和深度專制下暴力衝突的風險都有限，但是中間政體內戰風險最大——事實上，中間政體爆發內戰的概率是成熟民主的4倍 (Hegre et al. 2001)。這種倒U型的關係，得到了後來諸多研究的印證 (Fearon & Laitin 2003；Gleditsch & Ruggeri 2010；Slinko等，2017)。圖2-1還顯示，政體變動本身——無論是民主轉型還是專制轉型——大大增加了內戰爆發的可能性。一個國家離轉型年份越遠，爆發內戰的可能性就越低。正是在這個意義上，無論是威權政體向民主過渡，還是民主崩潰向威權過渡，或一種威權體制向另一種威權體制過渡（比如古代的改朝換代），轉型本身即構成一個危險峽谷。

圖2-1：政體性質、轉型時長與內戰風險的關係 (1816-1992)

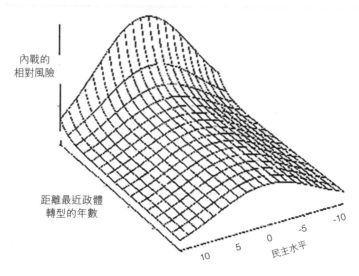

圖片來源：Hegre et al., 2001.

　　當然，也有學者發現，儘管暴力衝突最有可能在政體連續譜的中間地帶出現，但是其分佈並非左右對稱。Slinko等的研究以「社會政治動盪指數」為分析對象，發現在政體類型和政治動盪之間，的確存在着一個「危險的中間地帶」，但是其峰值是左偏的，也就是說，威權方向的中間政體更加容易陷入動盪；並且，這一左偏傾向在冷戰結束後變得更加清晰 (Slinko等，2017)。這一點與Jones & Lupu的研究結論類似 (Jones & Lupu 2018)。他們訴諸於基於機器學習的非參數多變量模型，將暴力衝突分為內戰 (死亡1000人以上) 和衝突 (死亡25人以上)，以袋裝分類樹 (bagged classification tree) 的策略分析其爆發頂峰時期的政體位置，其發現是，儘管政體的「中間地帶」的確最容易出現暴力衝突，但是「半威權政體」比「半民主政體」更加危險。表2-1呈現其研究發現。

表2-1：暴力衝突爆發的政體位置分佈

	X-Polity		X-UDS	
	1970–2008	1990–2008	1970–2008	1990–2008
國內戰爭	峰值位置：半威權政體	峰值位置：半威權政體	峰值位置：威權政體	峰值位置：威權政體
國內衝突	峰值位置：半民主政體	峰值位置：半威權政體	峰值位置：中間政體	峰值位置：半威權政體

資料來源：Jones & Lupu, 2019.

註：表中X-Polity是Polity分值剔除內生性元素之後的政體分值；UDS是基於數個政體變量提煉出來的潛變量，也剔除了其中的內生性元素。

2. 政治接納機制

如果說民主轉型引發衝突的機制是裂痕動員，它平息衝突的機制則可以被稱為「政治接納效應」。根據這種看法，民主化將一元權力結構改造為開放的多元權力結構，從而將「反體制」力量吸納為「體制」的一部分，構成了平息暴力的政治機制。這一點不難理解：武裝叛亂在很多國家是因為制度化參與的渠道堵塞，或現有的政治遊戲規則在叛亂者眼裏不公平，於是他們被「逼上梁山」，而民主化則為其提供了一個「走下梁山」的台階，使「放下武器」成為可能。無論是尼加拉瓜的桑地諾遊擊隊，危地馬拉的國民革命軍，或是土耳其的庫爾德人，都曾被選舉所提供的參政機制吸納，放下武器，走向選舉政治。

一批研究支持這個看法。拉梅爾認為，威權時代的暴力常常來自政府自身，這種暴力未必以內戰的方式發生，而是以大規模政治迫害的方式存在，民主轉型有可能通過「把權力關進籠子裏」緩解此類暴力（Rummel 2002）。沃爾特的研究則發現，政治參與的擴大化能夠顯著降低內戰重新爆發的可能性（Walter 2004）。馬塔諾克也論證，將衝突各方拉入選舉當中，對於內戰後和平的可持續性至關重要（Matanock 2017）。考爾的結論類似：「政治排除」是已經平息的內戰再次爆發的最重要原因（Call 2012）。還有一些學者格外強調民主轉型對於「可持續和平」的意義，因為如果只是「一次性妥協」，反對派很難相信這種變化構成「可信承諾」，他們會懷疑妥協只是局勢不利時的「緩兵之計」，因而

可能隨時重新拿起武器，唯有制度轉型才構成「可信的承諾」（Acemoglu 2009；Matanock 2017）。

薩爾瓦多的武裝叛軍是一個因政治接納而「走下梁山」的案例。像許多拉美國家一樣，薩爾瓦多社會的特點是極端的貧富懸殊和因此帶來的左右對立。冷戰時期，由於薩爾瓦多右翼的高壓統治，左翼沒有參政空間。到20世紀70年代後期，隨着抗議示威的加劇，政府開始組織「死亡營」刺殺各種左翼人士，對街頭左翼示威者更是無差別射殺。在這個背景下，左翼組織「法拉本多・馬蒂民族解放陣線」（FMLN）崛起，走上了武裝鬥爭的道路。內戰於1979年爆發，過程非常慘烈──據估計，戰亂導致的死亡人數達7.5萬人，這對於一個總人口不過數百萬的小國來說，是非常驚人的數字。

這場內戰的結束與民主轉型所啟動的政治接納機制相關。1983年的新憲法確立了一個更加多元的政體，承諾了1984年總統大選和1985年議會大選。雖然1984年選舉仍由右翼軍方操控，但是當選的杜阿爾特（José N. Duarte）是一個平民總統。為結束內戰，他約束了軍隊暴行，成立調查委員會，展開與FMLN的談判，並推動國會通過了大赦法，釋放了一大批政治犯。一開始，政治信任並沒有達成，FMLN抵制了1989年選舉，戰爭仍在繼續。但是在1990年的和平談判中，選舉改革將議會議席從60個擴增到84個，讓小黨獲得更多參政的機會。1991年的談判則進一步明確了選舉公開化、透明化的細則，比如選民信息需提前20天公佈、所有政黨聯合組成一個全程監控選舉的委員會等等，由此增強了FMLN對選舉的信任與信心。1994年，FMLN終於通過一個政黨聯盟參與了選舉，雖然該聯盟在當年總統選舉中輸了，但在議會選舉中贏得了21個席位，成為議會最大反對黨。此後，薩爾瓦多叛軍放下了武器，成為該國多元政黨中的一員，「從戰場走向了會場」。雖然薩爾瓦多仍然面臨諸多挑戰和問題，但終於翻過了血腥內戰這一頁。

阿根廷則是一個轉型後政府大規模政治迫害得以結束的案例。1976年，阿根廷發生了舉世聞名的政變，右翼軍人推翻了伊莎貝爾・庇隆政府（Isabel M. Perón），建立了右翼軍政府。此後，為鎮壓本國左翼力量，軍政府展開了著名的「骯髒戰爭」：通過「死亡營」大量秘密抓

捕、虐殺左翼人士，甚至把異議分子從飛機扔進大海都成為一種經常的殺害方式。「消失」成為阿根廷社會的常態。據估算，1976–1983年，大約3萬阿根廷人「消失」，其中主要是年輕左翼。著名的「五月廣場母親」正是在這個背景下出現：為了尋找失蹤的孩子，一批母親每周四就到布宜諾斯艾利斯的五月廣場上聚集抗議，直到軍政府垮台。

1982年軍政府輸掉馬島戰爭後，民憤積聚到頂點。抗議浪潮下，政府被迫推動重新民主化進程。1983年大選之後，民選總統阿方辛（Raúl Alfonsín）上台。1985年，在人權組織的推動下，阿根廷就「骯髒戰爭」展開了對軍政府成員的審判。此後，大約600個軍政府成員陸續受審，軍政府首腦魏地拉也被判處終身監禁。民主轉型以來，阿根廷仍然被諸多社會問題困擾，尤其是周期性的經濟危機，但是大規模的政治迫害已成為過去。

針對「民主衝突論」中許多定量研究結論，許多學者表達了質疑。一個重大質疑，就是Polity分值——諸多分析的數據來源——可否不假思索地被用於分析民主和暴力衝突的關係。Vreeland在一篇頗受關注的文章中指出，Polity的評估中本來就包含關於選舉中是否存在暴力的問題，所以用Polity來分析民主和暴力衝突的關係，具有嚴重的內生性問題（Vreeland 2008）。他發現，在組成Polity分值的各個維度中，有兩個維度「政治參與的競爭性」和「政治參與的規範性」都不宜用於分析民主和暴力的關係。「政治參與的競爭性」由-2到3分佈，但是在1分的位置上，描述是這樣的：「派系性競爭……競爭很激烈、充滿敵意、常常是暴力性的。極端的派系主義可能體現為另立政府與內戰。」「政治參與的規範性」由-2到0分佈，但在-1的位置上，定義中有一部分則是這樣的：「屠殺和政治殺害常常被用於那些歷史上被政治排擠的人群」。既然內戰、屠殺、政治殺害從定義上就放在了政體分值的中間位置，發現「中間政體」或者「民主的初級階段」更容易導致暴力衝突也就不足為奇了。事實上，他發現，把「政治參與的競爭性」和「政治參與的規範性」這兩個內生性變量從Polity的分值中剔除，政體分值和暴力衝突的倒U型關係不再統計上顯著。此外，他還發現（筆者在第一章指出過這一點），Polity分值中有一批「模糊狀態」分值，-66（軍事佔領），-77（無政

府狀態或者內戰），-88（政體過渡狀態），為了定量分析的方便，在時間序列數據中，這些模糊狀態被轉化成了分值0，而0恰恰是「中間政體」的最中間位置，於是，「中間政體更容易導致戰爭」在另一個層面上又構成了「定義式論證」。

Vreeland的研究發現帶動了一批基於不同民主測量方式的相關研究。當我們研究民主化如何影響暴力衝突風險時，這裏的「民主」到底指的是什麼？應該如何測量？Bartusevucius & Skanning認為，在政體與暴力衝突的關係問題上，還是應回歸熊彼特-達爾的傳統，用「薄的定義」來理解民主，也就是以自由選舉為民主的核心要素（Bartusevucius & Skanning 2018）。從方法論而言，這是迴避研究內生性問題的合理策略——把政治的派系性、暴力衝突程度等「其他元素」融入民主的內涵，勢必模糊可能的歸因機制。據此，他們使用Lexical Index of Electoral Democracy、而不是Polity去分析政體與暴力衝突的關係。其發現與前述許多研究結論不同：在1817–2006年的時間範圍內，選舉式民主的程度與內戰爆發的可能性大體負相關，即，選舉式民主降低內戰爆發的風險。

不同的測量方式不但改變了「政體水平」與暴力衝突爆發的研究，也改變「政體變化」和暴力衝突爆發的相關研究。如前所述，Mansfield & Snyder的核心關注是民主轉型的衝擊，其結論是「不完全的民主化」對於和平秩序的衝擊力最強。伯恩哈德等人的研究則發現（Bernhard et al. 2017），一旦把Polity數據庫換成其他數據庫，把民主轉型改成其他測量方式，「不完全民主化」的巨大負面衝擊力消失了。在其他三種數據庫對四種類型轉型衝擊力的分析中（也就是一共12次檢測），只有兩次檢測是統計顯著的，一次是顯示「完全民主化」與戰爭爆發正相關，一次是顯示「不完全威權化」與戰爭爆發正相關。一旦把四個類型的轉型改成兩個類型（去掉「不完全民主化」、「不完全威權化」，只剩下「民主化」和「威權化」），任何具有統計顯著意義的結果都消失了。而如果把因變量也進行更換（即暴力衝突爆發的衡量方式），把Mansfield & Snyder所使用的Militarized International Disputes的指標換成International Crisis Behavior中的指標，與Mansfield和Snyder的發現相反，在12次檢測中，有11次指向民主的和平效應。

切巴布和海斯則從另外兩個角度質疑了「民主衝突論」(Cheibub & Hays 2017)。非洲經濟落後、族群和宗教多樣複雜、國家能力相對低下，成為學者們論證「民主衝突論」的常用案例。於是，他們以非洲為分析對象，觀察選舉是否增加內戰爆發的概率。他們發現，在冷戰時代，多黨選舉的確增加內戰爆發的概率，但是後冷戰時代，卻減低其概率。為什麼？其解釋是，在冷戰時代，由於超級大國全球性的軍事干預，民主選舉的「信息揭示功能」失靈了——理論上，選舉的一個重要功能就是信息發掘，每種政治力量從中獲知自己「基本盤到底有多大」，當衝突雙方從中獲知彼此力量過於懸殊時，戰爭就成了無用功；而在後冷戰時代，超級大國的全球軍事行動有所收斂，選舉的「信息揭示功能」顯著提升，也因此成為內戰爆發的調節機制。

他們所論及的另一個角度同樣有趣。他們認為，民主轉型和內戰爆發的高度相關性未必是因果性，因為可能存在着一種循環關係：民主轉型後容易爆發內戰，恰恰是因為內戰快要爆發時統治者才放開選舉。威權統治者很少主動推動轉型，常常是在巨大的危機之中「走投無路」才放開競爭性選舉，而巨大的危機往往已經包含相當程度的暴力衝突成份——也就是說，未必僅僅是民主轉型造成暴力衝突，也可能是暴力衝突的威脅促成了民主轉型。這一點不難理解：20世紀90年代南非白人統治集團之所以開始解除種族隔離，相當程度上是與南非社會80年代開始不斷升級的暴力衝突有關；印度尼西亞蘇哈托的下台，則與之前各大城市逐漸失控的示威騷亂有關；即使是南斯拉夫的暴力轉型，其背景也是轉型前族群關係的惡化。從這個角度來說，民主轉型後的衝突常常是轉型前即已經走向失控的衝突的延續與升級。切巴布和海斯借助工具變量來檢驗這個內生性假說，其發現是，一旦控制選舉和暴力衝突的內生性，在1990–2005年間，競爭性選舉對非洲內戰爆發的緩衝效應大大提升。

關於選舉的「暴力集結號效應」，哈利胥和利托也做出了回應(Harish & Little 2017)。的確，有數據顯示，在諸多國家選舉年往往出現暴力衝突的上升，「政治暴力循環」真實存在。但是，這是否意味着選舉增加暴力乃至民主即和平的詛咒？他們認為，未必如此，其理據是，恰恰因

為選舉往往成為暴力衝突的「集結號」，衝突各方也往往在選舉之間的階段更傾向於放下武器等待結果。換言之，選舉期間往往出現暴力衝突的惡化，但是選舉之間的時段衝突各方更傾向於選擇忍耐，一正一負，選舉對於整個國家的暴力衝突的「總效應」變得模糊。事實上，根據其博弈論分析，選舉的和平效應可能高於其衝突效應。換言之，選舉帶來暴力周期與有意義的選舉會降低暴力理論上並不矛盾。

此外，「威權穩定論」的一個重要問題，在於它假定了威權政府是「有效政府」。事實上，威權政體並不必然帶來強大的國家能力。正如中國皇權時代有宋徽宗或者崇禎帝，「弱王權現象」在世界歷史和現實中廣泛存在，甚至可以說是威權統治者的主流。許多威權政府缺乏穩定壟斷暴力所需的財政、行政和軍事能力，被各種挑戰者從四面八方「騷擾」，造成該國戰火紛飛。一個熟悉的例子是大陸時期的國民黨政府——蔣介石固然是個獨裁者，但他很大程度上是個「弱獨裁者」，無力實現真正的「暴力壟斷」，其統治不斷被各地軍閥挑戰。「戰火紛飛的獨裁統治」，是其政權的真實寫照。

這種「弱獨裁者」在新興民主中也比比皆是。以阿富汗為例，國王查希爾沙（Mohammed Zahir Shah）因為軟弱無力1973年被推翻，達烏德汗（Daoud Khan）政府因為軟弱無力1978年被推翻，塔拉基（Nur Muhammad Taraki）政府因為軟弱無力1979年被推翻，納吉布拉（Mohammad Najibullah）政權因為軟弱無力1992年被推翻……直到1996年阿富汗才有了一個「強大」的中央政府——原教旨主義的塔利班。一連串「軟弱的」威權政府之後才產生一個「鐵腕的」威權政府，可見「威權」本身並不等同於「強大」。即使是「強大」的塔利班，當政時也只控制了阿富汗3/4左右的領土，在位的幾年始終疲於和北方聯軍作戰。

即使是「強獨裁者」也未必意味着穩定秩序。雖然政治強人往往的確能夠通過高壓締造秩序，但其構建秩序的最初過程也往往充滿血腥暴力。當人們指出民主轉型帶來暴力衝突的加劇時，常常是在用「起步階段的民主」和「穩固階段的專制」進行比較，而這一比較的問題在於它忽視了威權體系在起步階段的暴力成本。比如，20世紀90年代的俄羅斯

與80年代的蘇聯相比，由於兩次車臣戰爭的存在，國內暴力衝突水平的確增加了，但是蘇聯到80年代之所以能夠建立穩定秩序，與其早期國家暴力的大規模使用（國內戰爭、黨內清洗、農業集體化）顯然有密切聯繫。或許，民主時期的暴力「總成本」應與威權時期的暴力「總成本」進行比較，才能獲得相對平衡的視角。

所以，不同政體對暴力衝突的主要影響，與其說是衝突爆發的可能性，不如說是暴力衝突的類型：威權體制下，更可能出現自上而下的鎮壓式暴力，而在民主體制下，更可能出現自下而上的動員式暴力；威權體制下，更容易出現「大額首付」式的集中爆發式暴力，而民主體制下，更可能出現「小額分期」的分散式暴力。在這個意義上，以「onsets of conflicts」（衝突爆發的可能性）為分析對象（這正是多數研究選取的因變量），而不考慮衝突規模因素，其研究結果可能出現偏差。事實上，盧西納的研究就發現，如果以衝突規模為因變量，會發現威權政體下的衝突相比民主體制下要有「殺傷力」得多（Lucina 2006）。格萊迪奇等人的發現與此類似（Gleditsch et al. 2009）。

由上述爭論可見，對於新興民主，民主轉型既可能通過高度動員機制「強化裂痕」，也可能通過包容能力來實現「政治接納」。兩種效應孰強孰弱，取決於各國的歷史文化、社會結構、經濟和國家能力等等因素。在一篇被廣泛引用的研究文章裏，費倫和萊廷論證國家能力是影響內戰爆發的最重要因素，相比之下，政體的影響很微弱（Fearon & Laitin 2003）。[3] 科利爾的發現則更有趣：他發現當一個國家相對貧窮時（人均GDP 2,700美元以下），越民主社會就越動盪；但是當一個國家相對富有時（人均GDP 2,700美元以上），則變成了越專制越動盪（Collier 2009）。

儘管兩種效應可能同時存在，不幸的是，在階級和族群矛盾深刻的國家，這兩種效應有可能在民主轉型過程中一前一後發生，即，裂痕動

3　在此文中，費倫和萊廷以經濟水平來衡量國家能力，並認為國家能力是決定內戰的最關鍵因素。

員機制首先產生效應，而政治接納機制卻姍姍來遲。何以如此？如前所述，在分裂社會，裂痕動員機制是訴諸各群體的本能情感和歷史記憶，而政治包容機制的前提則是通過漫長時間才能建立的「政治信用紀錄」。反對派為什麼要相信當權者的「政治接納」是真誠的？會不會出現秋後算帳？當權者又為什麼要相信反對派「真的」會放下武器？會不會只是在「爭取時間」？一旦出現「遊戲破壞者」，誰來充當裁判並進行有效懲罰？某些時候，國際組織作為第三方可以發揮一定的作用，但是對於仇恨記憶過於深刻、局勢過於複雜的國家，第三方力量也極其有限。這正是為什麼在若干國家（比如肯尼亞、土耳其、尼泊爾等等），都可以觀察到民主轉型初期衝突加劇，但隨着民主深化或第二次民主化進程，衝突逐漸緩和的情況。民主或許具有一定的和平效應，但局勢可能在變得更好之前變得更糟。

二　第三波民主化與暴力衝突

顯然，筆者無力給上述論爭充當一錘定音的「裁判」。但是，以第三波轉型國家為案例，以1974年至今為時間框架，圍繞着上述爭論中的核心理論問題，做一個描述性呈現和檢驗性分析，則是可能的。本章的分析結論在另外的時空範圍內未必有效，卻有助於對第三波浪潮迄今為止的各國暴力衝突狀況形成概貌性的了解。

具體而言，本節從以下三個方面展開分析。第一是橫向的描述性比較：1974年以來，就全球而言，不同政體狀態下、不同類型國家中，衝突爆發的概率分別是多少？所爆發衝突的規模是否存在區別？第二則是縱向的描述性比較：所有捲入第三波民主化的國家，它們在轉型後是否暴力衝突增加？如果將所有1974–2018年間經歷過民主化的國家/地區分為三個類型：暴力衝突加劇者、情況不變者以及暴力衝突緩和者，這三個類別的數量和比例關係如何？第三則是量化的因果分析，在第三波民主化浪潮中，控制相關變量之後，民主轉型是否顯著增加暴力

衝突爆發的概率？衝突的烈度是否受其影響？這種因果關係如果存在，與「其他因素」相比，其強度如何？

1. 暴力衝突的橫向比較

本節試圖比較第三波民主化浪潮以來，全球範圍內不同政體狀態下、不同類型國家中暴力衝突爆發的概率和水平。確切地說，第一，1974–2018年間，全球在不同政體狀態下，暴力衝突的爆發頻率和水平是否存在着差異？第二，第三波國家與從未加入到轉型浪潮的其他國家相比，其暴力衝突爆發的概率和規模又如何？

首先來看不同政體狀態下的對比。根據polity分值的變化方式，筆者將全球各國所有政體狀態分為四類：穩定民主、民主轉型、威權轉型和穩定威權，以此作為橫向比較的基礎。為確定分類標準，首先需要確定民主轉型的標準。如前所述，Polity V政體數據庫中，polity分值在-10到10之間分佈。根據其編碼手冊，-10到-6為完全威權政體，-5到0為準威權政體，1到5為準民主政體，6到10為完全民主政體。在上一章中，筆者已將Polity V數據庫中polity分值由負（包括零）轉正視為「民主轉型」的標準，這也是轉型研究中的常規做法。不過，由於本章試圖區分四類政體狀態，需要將分類標準細化。綜合相關文獻以及筆者的研究需要，四類政體狀態的區分標準如下。

民主轉型。如果在本研究的考察期內(1974-2018)，一個國家的polity政體分值由負（包括零）轉正，並且上升3分或以上，在12年觀察期內，該國被視為處於「民主轉型狀態」，直到反向轉型出現或觀察期滿。為什麼在由負轉正之上加上一個「3分或以上正向變化」的標準？因為過於微小的變化，即使由負（包括零）轉正，比如0到1分的變化，難以構成政體轉型。事實上，Polity V的說明手冊也將3分視為政體變化的標誌。為什麼設定一個12年的觀察期？這是因為，本研究的一個目的，是區分轉型狀態和政體穩定狀態，考察不同狀態下的各種治理績效是否存在差異。一個國家啟動轉型之後，不能無限期地被視為「轉型狀

態」，而在一個45年的研究範圍內，如第一章所述，經歷12年民主而政體未崩潰，即，平穩渡過2-3次左右的大選，可以視為民主進入了相對穩固期。

威權轉型。如果一個國家的polity政體分值由正轉負（包括零），並且下降3分或以上，在12年觀察期內，該國被視為處於「威權轉型狀態」，直到反向轉型出現或觀察期滿。

穩定民主。如果一個政體在考察時間範圍內polity分值保持在民主狀態（1–10內）且分值未曾跌落3分以上，該政體狀態被視為「穩定民主」，直到政體轉型出現。說明一點：如果一個民主政體出現3分以上的分值跌落，但是又沒有跌落至負分，比如9分跌至2分，該狀態被設為缺失值，原因是這種情況既沒有嚴重到構成「威權轉型」，但是稱其為穩定民主也不合理。顯然，這種「忽略不計」的情況會構成重大信息損失。[4]關於這種「半威權化」的情況，筆者在本節後面還會另外分析。

穩定威權。如果一個政體在考察時間範圍內polity分值保持在威權狀態（-10–0內）且分值未曾上升3分以上，該政體狀態被視為「穩定威權」，直到政體轉型出現。同理，如果一個威權政體出現3分以上的分值上升，但是又沒有升至正分，比如-9分升至-2分，該狀態也被計為缺失值。同樣，針對這種「半民主化」的情況，筆者後面會另作分析。

本研究的一個創新之處，是對Polity V中大量的「模糊分值」進行了處理。如第一章所述，Polity分值中存在大量的-66（被佔領狀態）、-77（無政府或戰爭狀態）、-88（轉型狀態）等模糊分值，而此類分值在量化研究數據中（Polity轉化Polity II時）往往或被視為缺失值（針對-66的常見做法），或被一刀切設為0分（針對-77的常見做法），或以起點和終點的分差除以年數的平均值來填補空白（針對-88的常見做法）。諸多研究者都注意到，這些做法導致嚴重的信息損失或扭曲，在研究政體和暴力衝突的問題上尤其如此。比如，1977年埃塞俄比亞發生了一場地區戰

4　不過，缺失值一旦超過12年，並且穩定在同一個政體類型超過12年，可以理解為該政體在一個新的狀態形成了穩態，將根據當時的分值重新計入「穩定民主」或「穩定威權」狀態。

爭，該年份的政體分值為-77，在量化數據中被轉化為0，由於埃塞俄比亞1976年政體分值為為-9，1978年為-7，中間突然出現分值0，-9到0的變化，似乎意味着該國經歷了一場顯著的民主化方向的轉型，但事實是該國只是經歷了一場戰爭。又比如，土耳其1960年出現一場政變，由此土耳其該年份被賦值-88，由於1959年分值是4、1961年分值是9，在量化研究中，-88被轉為4和9的中間值7，似乎該國1960年相比1959年經歷了一次民主化方向的政體變化，但事實上該國的經歷正相反：它經歷了一場威權方向的政變。如此種種，不勝枚舉。

　　基於此類模糊分值及其一刀切轉化方式帶來的信息扭曲或損失，筆者對本書研究時段中的所有模糊分值都進行了處理，以確立盡可能正確的賦值。[5]在第一章中，筆者已經運用案例分析挖掘出部分轉型案例及其轉型啟動年。由於本章節需要更具體的政體狀態劃分，因此需要進行更深入的案例信息挖掘。具體處理方式，是參考LIED數據庫，該數據庫不但每個年份都有明確政體賦值（不存在任何模糊分值），而且有政體變動的軌跡（由0–6分分佈）。同時，在兩個數據庫出現矛盾和不一致的個別情況下，筆者查閱該國在模糊分值年份的具體歷史，尤其是該國是否以及何時出現競爭式選舉，或何時出現推翻民選政權的政變或革命。在這種交叉檢驗的基礎上，筆者給Polity V的模糊分值進行了賦值。[6]本書附錄2-1列出了筆者在此基礎上對所有模糊分值所進行的賦值以及賦值理由。

　　暴力衝突的數據則來自於Uppsala Conflict Data Program（簡稱UCDP）中的Armed Conflict Dataset（簡稱ACD）V.21.1（Gleditsch et al.

5　某些學者以一種一刀切的方式去解決另一種一刀切帶來的問題，效果並不理想。比如Gleditsch在研究中不把-77轉化為0，而是統一轉化為-10，這同樣可能帶來信息扭曲。比如，安哥拉1992的政體分值是-77，如果把它轉化為-10，似乎是假定了戰爭狀態的國家一定是威權狀態，但是事實上安哥拉恰恰是在這一年舉行了該國有史以來第一次相對自由的選舉。

6　Lexical Index of Electoral Democracy數據庫中+2或以上的正向變化被視為民主轉型，-2或以上的負向變化被視為威權轉型。如無變化（或變化幅度小於2），0–3分為威權政體，4–6分為民主政體。

2002)。這也是在暴力衝突研究中被使用最為廣泛的數據庫之一。該數據庫對暴力衝突的定義是「至少衝突一方是政府力量、一年內導致25人以上戰鬥死亡的武裝衝突」(Pettersson 2021: 1)。該數據庫既包括國際也包括國內暴力衝突，但本研究只針對國內暴力衝突的數據展開（其中包括有國際勢力捲入的國內衝突）。一方面這是因為筆者的理論關注點是比較政治而非國際關係，另一方面也是因為，當衝突捲入兩個或以上國家，試圖分析政體類型和衝突的關係將變得極其困難——如果戰爭雙方一個處於民主轉型狀態、另一個處於威權轉型狀態，那麼，到底是民主化還是威權化導致了戰爭？這種分析雖然不無可能，但是其複雜性超出了筆者的研究能力與研究興趣。此外，需要指出的是，1974年以來，尤其是冷戰結束以來，越來越多的暴力衝突是國內而非國際衝突——根據ACD，1946-1973年，國內衝突佔所有衝突的71%，但是1974-2020年間，這一比例則上升為95.6%，這也使得聚焦於國內衝突變得更加必要。

遵循多數相關研究的傳統，筆者首先關注的是政體狀態和暴力衝突爆發 (onset of conflict) 之間的相關性。但是，值得關注的不僅僅是暴力衝突的爆發次數，也包括衝突的狀態，即，不同政體狀態下處於戰爭狀態的「國家年」頻率，因為衝突爆發次數這個變量無法表達衝突的延綿程度。此外，衝突的規模也很重要——畢竟，導致100人死亡和10000人死亡的衝突性質有所不同，所以衝突規模也會成為本分析的比較對象。

就衝突爆發而言，本研究選取ACD中onsets of conflict episodes (衝突每個新階段的爆發) 而不僅僅是onsets of conflicts (衝突的首次爆發) 為研究對象，這是因為許多武裝衝突時間跨度非常長，中間歷經反反覆覆的停火 (有時甚至是長達數年的停火)，在這個過程中，參戰主體也時有變動，只研究首次爆發不但會錯失很多重要信息，而且可能導致錯誤歸因。比如布隆迪的胡圖族、圖西族暴力衝突，從1965年斷斷續續持續至今，如果我們只研究1965年這次衝突的政體背景，將錯失過去50多年時間布隆迪所經歷的各種政體變動及其對暴力衝突的影響。事實上，將2005年布隆迪的族群衝突歸結為1965年的政體性質也不免荒謬。幸運的是，ACD數據庫中顯示每個衝突不同階段的起始時間 (即每

次停火和重新開火的時間)。比如,就布隆迪而言,在1965-2018年間,存在着1965–1992,1994–2006,2008,2014–2015四個階段,其族群衝突在本研究中顯示為1965,1994,2008,2014四個爆發點,而不是1965年這一個爆發點。

表2-2顯示1974-2018年間四種政體狀態下暴力衝突爆發和狀態的相對頻率。第一行衝突爆發頻率,指的是衝突爆發次數除以該狀態下總體「國家年」數(一國一年即為一個「國家年」)。如果一個國家同一年爆發兩場或以上衝突,則分子數量加總。如表所示,就衝突爆發的相對頻率而言,除了穩定民主狀態下衝突爆發的頻率(2.94%)明顯低於其他三種政體狀態以外,其他三種政體狀態差距不大。民主轉型狀態下,衝突爆發概率(6.15%)略高於穩定威權狀態下(6.07%),略低於威權轉型狀態(6.59%),但是差距並不顯著。

第二行衝突狀態的相對頻率,則是指該政體狀態下,處於暴力衝突狀態的「國家年」數量佔該政體狀態總「國家年」數量的比例——顯然,衝突狀態比衝突爆發的頻率會更高,因為衝突爆發是更稀有的事件。這個頻率一定程度上表現了衝突的時間延續性。數據顯示,就衝突狀態的相對頻率而言,威權轉型顯著更高(31.53%),穩定民主顯著更低(12.59%),而在穩定威權和民主轉型這兩種狀態之間,民主轉型略高(21%),穩定威權略低(19.9%),但是差異仍然不算顯著。

一旦我們把衝突狀態限制為「高烈度衝突」,穩定威權和民主轉型之間的對比關係有所逆轉。ACD數據中含有每場衝突在具體「國家年」的烈度信息,衝突烈度被分為兩類:戰鬥死亡人數25–999人的為低烈度衝突(分值為1),1000人以上的則為高烈度衝突(分值為2)。只考察高烈度衝突的話,我們發現,相比穩定威權狀態(7.48%),民主轉型狀態下「高烈度衝突」的概率(5.03%)明顯降低。換言之,民主轉型狀態下,相比穩定威權狀態,衝突爆發的可能性可能相差不大,甚至略高,但是烈性衝突存在的可能性顯著更低。而民主轉型一旦穿越12年的觀察期,進入穩定民主狀態,高烈度衝突存在的概率(2.27%)不到穩定威權狀態下的1/3,同時也不到民主轉型狀態下的一半。

表2-2：穩定威權、民主轉型、威權轉型、穩定民主狀態下暴力衝突爆發和狀態頻率(%)(1974-2018)

	穩定威權	民主轉型	威權轉型	穩定民主
衝突爆發相對頻率	6.07	6.15	6.59	2.94
衝突狀態相對頻率	19.9	21	31.53	12.59
烈性衝突狀態相對頻率	7.48	5.03	9.84	2.27

數據來源：Polity V; ACD V.21.1.

　　上述信息顯示，除非與穩定民主狀態相比，在各個維度上，民主轉型狀態似乎並不比其他政體狀態更加顯著地「危險」——尤其是在烈性衝突狀態方面，它比穩定威權更加安全。這似乎和一些學者的「民主衝突論」有所矛盾。但是，表面上的矛盾卻未必真的矛盾。一個很可能的原因是，上述「民主轉型」的定義以polity分值「由負轉正」為門檻，而以Mansfield和Snyder為代表的一批學者其「民主轉型」的定義卻並非如此。以Mansfield和Snyder為例，他們始終論證的是「不完全民主化」增加暴力衝突的風險，而其「不完全民主化」的polity分值門檻是-5(即，從完全威權政體進入半威權政體)。

　　這個轉型門檻的差異意味着對許多國家「轉型啟動」時間認定的不同。以韓國為例，如果由負轉正的轉型門檻是polity由負轉正，這意味着韓國的轉型啟動年為1988年——在這一年，其polity分值由之前的-5升至6分。將1988年視為轉型啟動年，也合乎多數人從歷史常識出發的對韓國轉型時間的認定。但是，如果-5被視為轉型門檻，這意味着韓國轉型的啟動年份將前推至1981年，這一年，韓國的polity分值由-8升至-5——這一變化，體現的大約是樸正熙去世後，全斗煥啟動了一定的政治改革。當轉型門檻從polity分值0降至-5，諸多轉型國家(比如墨西哥、巴西、尼加拉瓜、台灣、乍得、埃及等等)都會像韓國這樣，出現轉型啟動年份前移的情況。

　　此類改革能否被稱為「民主轉型」當然存在着爭議，但是不管能否被稱為「民主轉型」，這種從威權狀態到「半威權狀態」的變化狀況可能

恰恰是最危險的情況——所謂「托克維爾陷阱」，表達的正是這個道理。[7]而這個階段（就韓國而言，就是1981–1987年），恰恰是上述分析所「忽略不計」的——如前所述，當polity分值變動3分以上卻又沒有由負轉正或者由正轉負，它被設為缺失值。這種缺失顯然是令人不滿的，因為本研究關注的核心是什麼政體狀態下暴力衝突的狀況最危險，而非如何定義「民主轉型」這樣的概念問題。

為彌補上述分析的信息損失，下面將另外考察將民主轉型的門檻從0降至-5時，也就是將「威權政體」向「半威權政體」的變化也視為「民主轉型」時，暴力衝突情況的變化。表2-3展示這種變化。在該表中，由於轉型門檻的降低，民主轉型被命名為「不完全民主轉型」。除了轉型門檻的變化，「民主轉型」的定義方式前述其他標準不變（3分的移動、12年的觀察期等等）。[8]相應地，威權轉型的門檻也隨之變化。由於「民主轉型」和「威權轉型」的定義變化，「穩定威權」和「穩定民主」的「國家年」數量也會隨之改變，因而相關數值也會發生變化。

如表2-3所示，降低民主轉型的門檻的確提高了民主轉型的「危險程度」——儘管在各個維度上，最危險的政體狀態仍然是「威權轉型」，最安全的仍然是「穩定民主」，但是穩定威權和民主轉型之間拉開了差距。在以polity>0為門檻的民主轉型標準下，穩定威權和民主轉型下衝突爆發的概率相差無幾（6.07% vs. 6.15%），現在則差距變得明顯（5.67% vs. 7.21%）。衝突狀態的對比情況類似，高門檻下「穩定威權」和「民主轉型」衝突狀態頻率非常接近，現在則對比變得明顯——民主轉型狀態下的頻率（24.68%）明顯超過穩定威權狀態下（17.78%）。不過，就烈性衝突而言，即使是降低了民主轉型的定義門檻，穩定威權下的衝突狀態概率（7.21%）仍然高於民主轉型（6.81%），雖然差距已經顯著縮小。

7　所謂托克維爾陷阱，是指一個專制政府一旦啟動改革，其穩定性可能反而因此降低的現象。

8　在以LIED為依據對模糊分值的處理方式中，也相應變化：在以polity分值0為門檻時，LIED分值（0–6分值的尺度）正向移動2分且終點大於等於4即視為民主轉型的發生；在以polity分值-5為門檻時，LIED分值正向移動2分且終點大於等於3即視為民主轉型的發生；在以polity分值6為門檻時，LIED分值正向移動2分且終點大於等於5即視為民主轉型的發生。

表2-3：穩定威權、不完全民主轉型、不完全威權轉型、穩定民主狀態下的暴力衝突爆發和狀態頻率(%)(1974-2018)

	穩定威權	不完全民主轉型	不完全威權轉型	穩定民主
衝突爆發相對頻率	5.67	7.21	8.64	2.79
衝突狀態相對頻率	17.78	24.68	33.27	12.63
烈性衝突狀態相對頻率	7.21	6.81	9.67	2.22

數據來源：Polity V; ACD V.21.1.

　　以上比較的是不同政體狀態下的衝突情況，不過，以「政體狀態」作為分類標準雖然有其優勢，但也有其局限性——它往往割裂各國的不同時期，使得我們的比較對象失去直觀性。以智利為例，在我們考察的時間範圍內(1974-2018)，由於皮諾切特1973年發動的政變，它在1973-1984年間被視為「威權轉型」狀態，1984-1988年間被視為「穩定威權」狀態(由於12年觀察期已過)，1989-2008年被命名為「民主轉型狀態」，2009-2018年被視為「穩定民主狀態」，也就是說，一個國家被「掰」成四段，放入了四個不同的類型。鑒於人們更傾向於以「國家」而非「狀態」為單位進行比較性思考，這種分類方式就略顯抽象。

　　為使分析更加直觀，在上述比較的基礎上，筆者調換一個分類視角，以「國家」為分類對象，來觀察「轉型國家」與「非轉型國家」的差異。具體而言，筆者將所有國家分為三類：穩定威權國家(從未捲入第三波民主化浪潮的威權國家)、民主轉型國家和穩定民主國家(第三波浪潮之前就已經是民主政體且在1974年之後並未發生民主倒退或崩潰的國家)，並分析這三類國家的暴力衝突情況。之所以是三類而不是四類國家，是因為雖然1974-2018年間諸多國家出現了「威權轉型」，但是鮮有國家只存在威權轉型，因而其數量難以構成一個「國家類型」。當然，在「民主轉型國家」這個類別，只保留了其民主狀態下的衝突數據，否則比較無法帶來信息量——比如，智利1989年啟動民主轉型，將其

1974–1989年的數值也當中「民主轉型國家」的數值來觀察，顯然並不合理。[9]

那麼，轉換一個分類標準後，不同類型國家的暴力衝突情況是否發生改變？表2-4展示分析結果。和前面的分析一樣，筆者區分了「高門檻」(polity>0) 和「低門檻」(polity≥-5) 的民主轉型標準，以觀察「民主轉型」和「不完全民主轉型」標準下各類國家的差異。如表所示，當以polity>0為標準來劃分三類國家時，在各個維度上，最危險的都是「穩定威權國家」，其次是「民主轉型國家」，然後是「穩定民主國家」。但是，一旦降低民主轉型的門檻至-5，情況發生顯著逆轉：在各個維度上，民主轉型國家都成為「最危險的」類型，甚至「穩定民主國家」都變得比「穩定威權國家」更加危險——這是因為，低門檻的分類標準把大量「危險」的「半威權國家」都從「威權國家」陣營清除至「民主轉型國家」，在顯著增加「民主轉型國家」危險度的同時，也導致「穩定威權國家」陣營變得異常安全。

表2-4：穩定威權國家、民主轉型國家、穩定民主國家的暴力衝突爆發和狀態頻率(%)(1974–2018)

	穩定威權國家		民主轉型國家		穩定民主國家	
民主轉型門檻	>0	≥-5	>0	≥-5	>0	≥-5
衝突爆發相對頻率	4.81	3.06	3.85	5.55	3.65	3.36
衝突狀態相對頻率	16.67	7.55	15.29	19.26	15.01	13.87
烈性衝突狀態相對頻率	6.51	1.53	3.19	4.59	2.83	1.79

數據來源：Polity V; ACD V.21.1.

9　這也是為什麼筆者並不僅僅比較不同類型國家、而且比較不同狀態——當我們僅僅比較不同類型國家時，勢必要放棄這些轉型國家「轉型前」的信息，而在這個過程中信息損失是巨大的——比如，如果一個國家的民主轉型啟動於2012年，我們只比較不同類型國家時，勢必要放棄其「轉型前」——也就是1974–2011年——的全部信息，如此之大的信息損失會遮蔽很多重要現象。

　　綜上所述，從描述性數據來看，在第三波民主化浪潮中，「民主衝突論」是否成立？這取決於三點：第一，我們是在談論一個轉型國家的「民主轉型」狀態（過渡期12年）還是「穩定民主」狀態（過渡期之後）？第二，我們理解的「民主轉型」以什麼標準為門檻？第三，我們是在談論什麼烈度的衝突？

　　關於第一點，數據給出的答案是，相對於其他政體狀態，「穩定民主」在暴力衝突的各個維度上都是最佳的——事實上，它是遙遙領先的——尤其是在烈性衝突狀態這一維度上。但是，「民主轉型」狀態這個過渡期的衝突風險也是真實存在的，即使是把轉型門檻設在常規標準（polity>0），其衝突風險也略高於穩定威權。

　　關於第二點，分析顯示，「民主轉型」是否加劇暴力衝突概率，相當程度上取決於我們如何定義「民主轉型」。當民主轉型的門檻設得偏低，相對於穩定威權，它帶來更高的暴力衝突風險；但是，如果我們提高這一門檻到常規標準，它出現暴力衝突的風險與穩定威權非常接近（不同狀態分類下），甚至更低（不同國家分類下）。鑒於許多國家在走向高質量民主的過程中，總會或長或短地經歷半威權政體，不管我們是否將這個階段命名為「民主轉型」，認為民主轉型的過程會穿越一個危險的峽谷地帶，並不為過。

　　不過，如果我們聚焦於高烈度暴力衝突，也就是第三點，會發現，在我們的研究時間範圍內，「威權轉型」和「穩定威權」政體下出現高烈度衝突的可能性都更高。相比之下，民主轉型狀態下，無論轉型門檻如何設置，其高烈度風險都更低。不過，在以國家為單位的分類中，當民主轉型門檻設定在-5，民主轉型國家的暴力衝突風險顯著提高。

2. 暴力衝突的縱向比較

　　上述橫向比較囊括了全球各國，現在，我們聚焦於第三波轉型國家進行縱向比較，即，在新興民主國家內部，在轉型前後的時間軸上，衝突爆發的情況是否發生變化？或者說，就各國第三波轉型國家而言，轉型後它們是變得暴力衝突更嚴重了、還是更緩和了、或者並沒有顯著的變化？

　　具體而言，本節試圖回答兩個問題：第一，如果將所有1974–2018年間經歷過民主化的國家／地區分為三個類型：暴力衝突加劇者、情況不變者以及暴力衝突緩和者，這三個類別的數量和比例關係如何？第二，在暴力衝突加劇者和暴力衝突緩和者之間，各自的暴力衝突水平變化程度如何？畢竟，除了衝突是否加劇（或緩和），這種加劇（或緩和）的幅度也是重要信息。

　　為避免信息過於繁複，本節依據上一節所確立的民主轉型最低標準——即以-5為門檻的轉型標準——去定位民主轉型案例。[10]也就是說，只要政體往民主方向發生了顯著的移動（3分或以上）並且離開了完全威權政體，不管其終點是否正值，都被視為「民主轉型」案例。之所以選擇最低標準，是因為上一節的橫向比較顯示，「不完全民主化」更加危險，而了解「最糟的情況」比了解「最好的情況」更具有現實和理論意義。當然，正如「優勝者偏見」可能帶來過度的樂觀主義，「失敗者偏見」也可能帶來過度的悲觀主義，因此，讀者需對所有結論背後的概念定義始終保持警醒。

　　在上述轉型標準之下，本節確立的分析對象為111個國家／地區的160輪民主轉型。顯然，由於民主轉型的定義被拉伸，本節所涵蓋的民主轉型國家和轉型輪次會多於第一章。由於一個國家可能發生多輪民主轉型，而每輪民主轉型的後果未必相同，因此，每一輪民主轉型會分別考察。[11]

　　如何測量暴力衝突的水平？在這個指標上，本節不再依據UCDP的ACD數據庫，而是採用「重大政治暴力事件」（Major Episodes of Political Violence，後面簡稱MEPV）數據庫中的CIVTOT（「國內暴力總和」）變

10　為捕捉相對重要的信息，人口不到100萬的國家從案例中去除。

11　由於某些國家的民主轉型是「拾級而上」的，比如1980年polity上升2分，之後1984年再上升3分，1994年再上升5分，只要同一方向的變化中間不被逆向變化打斷，並且其後跟隨的暴力衝突程度沒有逆向變化，為簡化信息，此類變動被視為同一輪民主轉型。當然，如果中間出現過威權轉型，則下次民主方向的顯著變化被視為下一輪民主轉型；或者，如果轉型的不同「台階」之後緊隨着方向不同的暴力衝突程度變化，它們也將被視為不同輪次的民主轉型，以進行更精細的比較。

量作為測量方式（Marshall 2019）。[12] 這是因為 ACD 數據庫的衝突規模只有 1（25-999 人戰鬥死亡）和 2（1000 人以上戰鬥死亡）兩個分值，缺乏更精細的劃分，從而使得更精確的比較難以展開——比如，把導致 1000 人喪生的衝突和導致 10 萬人死亡的衝突歸為同一類衝突有失公允。[13] MEPV 的 CIVTOT 變量則更好地解決了這個問題。[14] 該數據庫對暴力事件的定義標準是「一年導致死亡 100 人以上、總共導致死亡 500 人以上」。[15] 在此基礎上，它給每個重大暴力事件的規模進行打分。分值在 0–10 之間分佈，其中 10 是最嚴重的暴力（比如盧旺達屠殺），0 則是沒有重大暴力事件。[16] 更重要的是，它還給每個國家每年的暴力衝突表現加總打分（也就是 CIVTOT 的分值）——比如，印度在 1991 年同時在幾個地方存在着暴力衝突，CIVTOT 的分值就不僅僅體現這幾個衝突各自的程度，而且是對其分值的加總。並且，根據該數據庫的說明，「衝突規模值可以歷史地、跨國地和跨類型地比較」。[17] 這一點對於本研究格外重要，因為它使對每個第三波案例民主化前後的衝突規模進行比較成為可能。[18]

12　詳情參見 MEPV 使用手冊：http://www.systemicpeace.org/inscr/MEPVcodebook2018.pdf。

13　另一個被廣泛使用的暴力衝突數據庫 Correlates of War 中雖然包含更具體的戰鬥死亡人數數據，但是由於它定義的戰爭以「1000 人以上的戰鬥死亡」為起點線，會錯失很多小規模衝突的信息，故不予採用。

14　該數據庫中的國內暴力衝突包括四種：包括四項國內衝突：國內暴力（civil violence）、內戰（civil war）、族群暴力（ethnic violence）、族群戰爭（ethnic war）。CIVTOT 將一個國家同一時期的上述衝突加總為一個分值，作為該國的衝突規模。不過，由於 ACD 和 MEPV 兩個數據庫對暴力衝突的統計口徑不同（一個以「一年 25 人戰鬥死亡」為起點，一個以 100 人為起點，此外統計的暴力類型也有所不同），導致 MEPV 中的暴力衝突數量和 ACD 中有所不同。

15　詳情參見「系統和平中心」的戰爭目錄：http://www.systemicpeace.org/warlist.htm。

16　對 10 種規模暴力衝突的具體分類標準，可以參見 MEPV 使用手冊。

17　參見 MEPV 使用手冊第 9 頁。

18　此外，該數據庫包含每一個暴力事件的起止時間點、衝突本身的簡短描述以及傷亡人數—所有這些信息對於本研究在必要的時候查找、核對和運用案例知識起到了重要作用。

衝突變化的方向

如何確立某個國家衝突水平在轉型前後的升降？顯然，可能存在不同標準，本節考察的標準是暴力衝突峰值的變化。具體而言，本節分類的標準是：在1974–2018年間，那些民主轉型後CIVTOT之峰值高於轉型前的案例，被視為「衝突加劇案例」；那些民主轉型後CIVTOT之峰值低於轉型前的案例，被視為「衝突緩衝案例」；那些轉型前後CIVTOT峰值相同的案例，則分為兩種情況：第一種是衝突尚未結束——這種情況下，該案例被視為「情況不變案例」（其中包括前後CIVTOT都是0的情況）；第二種情況則是衝突在轉型後儘管延續了一段時間，但是在轉型後走向了終結——這種情況下，該案例仍然被視為「衝突緩和案例」。這是因為，假如民主具有某種和平效應，我們不能假定這種和平效應會在轉型之後的當年立刻出現。為說明前後對比，筆者列出了所有第三波案例在1974-2018年間每一輪民主轉型前後的CIVTOT峰值（其中新獨立的國家以該國所脫離母國為轉型前數據依據），由於表格過長，作為附錄2-2在書末列出。

下方的表2-5列舉所有這些轉型輪次在「衝突加劇」、「衝突緩和」和「衝突不變」分類中的歸屬。當一個國家／地區名稱出現括號內的數字，意味着這是該國在此期間的第幾輪民主轉型。每個國家／地區後面所標註的兩個數字分別為其轉型前後的CIVTOT分值，也就是為何將其如此分類的理由。「(E)」則是指衝突峰值前後一致、但是在民主轉型後衝突得以結束的情況。「同樣穩定」是指該案例在轉型前後的CIVTOT分值都是0，因而無需標註其分值。需要指出的是，0–10中的0並不意味着一個國家完全沒有政治暴力，只是沒有「重大」暴力事件而已。如前所述，該數據庫的暴力事件標準是「至少導致500個直接傷亡的衝突（一年100個以上）」。

表2-5：第三波民主轉型暴力衝突水平變化的分類（1974–2018）

衝突加劇	情況不變		衝突緩和
	同樣穩定	同樣不穩定	
阿爾巴尼亞 0-2	亞美尼亞【1】	阿富汗【1】7-7	阿富汗【2】7-4
阿爾及利亞【1】0-4	亞美尼亞【2】	阿爾及利亞【2】	阿爾及利亞【3】
阿塞拜疆 0-3	孟加拉國【3】	孟加拉國【1】2-2	安哥拉 7-7【E】
巴西【1】0-1	白俄羅斯	中非共和國【2】3-3	阿根廷 3-0
布隆迪【1】3-4	貝攏	中非共和國【3】3-3	孟加拉國【2】2-2【E】
中非共和國【1】0-1	玻利維亞【1】	埃及 1-1	波斯尼亞 6-0
剛果共和國 0-1	玻利維亞【2】	埃塞俄比亞【2】2-2	布隆迪【2】4-2
科特迪瓦【1】0-2	巴西【2】	馬里【1】1-1	柬埔寨【1】6-2
科特迪瓦【2】0-2	保加利亞	馬里【2】1-1	喀麥隆 1-0
克羅地亞【1】0-3	布基納法索【1】	緬甸【1】4-4	乍得 4-4【E】
加納【1】0-1	布基納法索【2】	尼加拉瓜【1】3-3	智利 3-0
加納【2】0-1	柬埔寨【2】	尼日爾【2】1-1	剛果民主共和國 7-6
格魯吉亞【1】0-3	克羅地亞【2】	巴基斯坦【2】6-6	東帝汶 9-0
幾內亞【1】0-1	捷克	菲律賓 6-6	薩爾瓦多 6-6【E】
幾內亞比紹【1】0-2	多米尼加共和國	塞拉利昂【1】3-3	埃塞俄比亞【1】6-1
海地【1】0-1	厄瓜多爾	索馬里 5-5	格魯吉亞【2】3-1
肯尼亞 1-4	愛沙尼亞	蘇丹【1】6-6	危地馬拉 5-5【E】
墨西哥 0-4	加蓬	蘇丹【2】6-6	幾內亞比紹【2】2-0
摩爾多瓦 0-1	岡比亞	泰國【1】2-2	毛里塔尼亞 3-0
緬甸【3】0-5	民主德國（東德）	泰國【4】1-1	海地【3】1-1【E】
尼泊爾【2】0-2	加納【3】	也門【1】3-3	洪都拉斯 1-1【E】
尼日爾【1】0-2	格魯吉亞【3】		印尼 9-3
尼日爾【4】0-1	希臘		伊朗 4-0
尼日利亞【1】0-2	幾內亞【2】		伊拉克 8-5
尼日利亞【2】2-4	幾內亞比紹【3】		吉爾吉斯斯坦【2】2-0
巴基斯坦【2】1-6	幾內亞比紹【4】		利比里亞【1】4-1
秘魯【1】0-3	海地【2】【4】		利比亞 4-2
巴布亞新幾內亞 0-1	匈牙利		莫桑比克 6-0
塞內加爾 0-1	約旦		緬甸【2】4-2
塔吉克斯坦【1】0-3	哈薩克斯坦		納米比亞 2-0
俄羅斯 0-4	吉爾吉斯斯坦【1】		尼泊爾【3】2-0
泰國【3】0-1	拉脫維亞		尼加拉瓜【2】3-3【E】
土耳其 4-5	萊索托		尼日爾【2】2-1
烏克蘭 0-2	利比里亞【2】		巴基斯坦【1】2-1
委內瑞拉 0-3	立陶宛		秘魯【2】3-3【E】
也門【2】3-4	馬其頓		羅馬尼亞 1-0
	馬達加斯加【1】【2】		盧旺達 10-0
	馬拉維		塞內加爾【2】1-0
	馬來西亞		塞爾維亞 4-0
	蒙古		塞拉利昂【2】3-3【E】

衝突加劇	情況不變		衝突緩和
	同樣穩定	同樣不穩定	
	尼泊爾【1】		塔吉克斯坦【2】3-0
	尼日爾【3】		韓國 1-0
	巴拿馬		南非 3-3【E】
	巴布亞新畿內亞		泰國【2】2-2【E】
	巴拉圭		烏干達【1】5-4
	波蘭		烏干達【2】6-2
	葡萄牙		津巴布韋【1】3-1
	斯洛伐克		
	斯洛文尼亞		
	斯里蘭卡		
	西班牙		
	中國台灣		
	坦桑尼亞		
	多哥		
	突尼斯		
	烏拉圭		
	贊比亞【1】【2】		
	津巴布韋【2】【3】		

數據來源：Polity V; MEPV.

在上述分類標準的基礎上，我們發現，在111個國家/地區的160輪民主轉型中，衝突水平上升的有34輪（約21%），衝突水平下降的有47輪（約29%），情況不變的有79輪（49%）——在這79輪中，有61輪（約38%）屬轉型前後都沒有MEPV所定義的暴力衝突，18輪（約11%）則屬前後都有衝突但是衝突水平一致。也就是說，在第三波民主轉型浪潮中，衝突加劇案例、衝突不變案例和衝突緩和案例比例是34:79:47。

上述數據包含一系列重要信息。第一，的確存在着大量「衝突加劇案例」，超過全部案例的1/5。也就是說，相當一批新興民主轉型後經歷了衝突的加劇。即使這未必意味着民主轉型導致了衝突加劇（因果聯繫有待下一節分析），但至少意味着民主轉型無力緩解或終結這些國家的衝突。第二，「衝突緩和案例」的數量總體而言多於「衝突加劇案例」（47:34）。儘管民主化可能是危險的，但在1974–2018年間，更多國家轉型後暴力衝突水平減少了而不是增加了。關注民主化的暴力後果固然重要，但不應比例失調地看待這一危險。第三，最大數量的案例（一半左

右）落在「情況不變」類型，這暗示對民主轉型後果的分析有理論節制的
必要性，即，很多情形下可能政體變化既不增強也不削弱政治穩定程
度，不應對政體變化可能帶來的變化抱有過高估計。

由於中大型國的暴力衝突變化具有格外巨大的衝擊力，在上述信息
的基礎上，筆者僅保留人口2000萬以上（2018年）的第三波案例。由
此，表中案例剩餘42個國家的68輪民主轉型。這時，信息發生了一些
變化。在這68輪民主轉型中，衝突加劇案例、不變案例和衝突緩和案
例數量分別為20、26、22——其中，情況不變案例中，同樣穩定案例
為13，同樣不穩定案例為13。也就是説，衝突上升案例的比例明顯上
升，從1/5略多上升為接近1/3，不過衝突下降案例也略有上升（從
29.4%升至32.4%）。這時候，儘管情況不變案例仍然佔相對多數，但是
衝突上升案例和衝突緩和比例已經基本上旗鼓相當（20:22）。這顯示，
就中大型國家而言，民主轉型可能格外危險。不過，當我們以5,000萬
人口為起點，只留下相應的20個國家的31輪轉型時，比例並沒有進一
步向「衝突加劇案例」傾斜。在這種情況下，衝突加劇、不變、下降的
比例變化為9:12:10，比例大致與中大型國家相當。圖2-2以衝突峰值為
準，描述不同規模國家衝突變化方向的比例。

圖2-2：不同規模國家轉型前後暴力衝突峰值的變化趨勢（1974-2018）

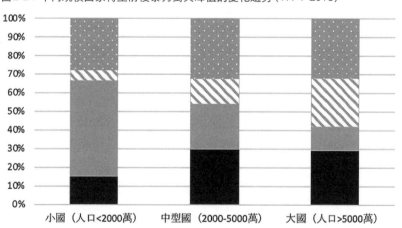

數據來源：MEPV（作者自繪）。

　　就第三波轉型的總體情況而言，更多的國家經歷了暴力衝突規模緩和而非加劇，這一點可能有點令人吃驚──新聞媒體上幾乎天天是新興民主戰火紛飛，從前南斯拉夫到「阿拉伯之春」，從伊拉克到阿富汗，似乎都在顯示民主轉型是一個「暴力按鈕」，何以上述發現不完全符合這一直覺？

　　顯然，這種直覺不完全是錯覺，因為的確有大量新興民主（約20%）出現衝突加劇，而且暴力衝突加劇更傾向於集中於新興民主大國（近1/3），從而帶來更深刻的印象。但是，認知偏差也可能存在着其他解釋。人類的「現實關注偏見」可能是其中的解釋之一。相對於歷史而言，人們顯然更傾向於關注現狀，由此，「情況現在非常糟」常常會遮掩「情況過去更糟」這一歷史事實。

　　阿富汗和伊拉克就是這樣兩個案例。就阿富汗而言，美軍2001年的入侵觸發了阿富汗失敗的民主化。[19] 儘管2004年起阿富汗就組織了競爭性選舉，但此後的阿富汗並不穩定。據估算，截至2019年阿富汗直接的戰亂死亡人數是15.7萬人（Crawford 2019）。但是，此前威權體制下的阿富汗其實更不穩定。研究顯示，1978–2001年間，阿富汗有150–200萬人死於戰亂（Khan 2012）。再比如伊拉克，2003年美軍入侵標誌着其政體變化的開始。根據MEPV，此後有21萬人死於國內族群衝突。另外還有25萬人死於美軍入侵及其後續影響──這個數字被MEPV列入「國際衝突」，但鑒於伊拉克國際國內衝突的相互交叉，也能一定程度上說明伊拉克的轉型之慘烈。但是，美軍入侵之前，伊拉克也絕非鶯歌燕舞。1961–1993年的伊拉克針對本國庫爾德人的戰爭就導致了15萬人的死亡；1979–1998年發生在遜尼派和什葉派之間的暴力衝突導致2.5萬人喪生。儘管20世紀80年代的兩伊戰爭和1990年的第一次海灣戰爭是國際衝突，它們分別導致50萬人和10萬人的死亡人數，也說明薩達姆治下的伊拉克絕無穩定可言。總體而言，儘管聽上去有點難以置信，但如果以國際國內戰亂死亡人數來衡量，阿富汗和伊拉克兩國轉型後暴力衝突水平其實是下降了。

19　值得注意的是，只有將民主轉型標準壓低為polity > -5時，阿富汗才構成「第三波轉型國家」。

「衝突關注偏見」則是另一種常見的人類心理，在大眾傳媒則尤其如此。通常而言，人們對他國現狀的了解通常只能通過媒體獲得，而媒體具有暴力衝突報道偏好——畢竟，衝突才構成新聞，風平浪靜則不構成新聞。比如，我們較少看到波羅的海三國（立陶宛、愛沙尼亞和拉脫維亞）的報道，因為這些國家轉型相對平穩。相比之下，伊拉克戰火、塔利班割據、敘利亞內戰等等則經常通過媒體報道出現在我們的視野裏。

認知偏差的另一個原因，則可能來自於一個理論上的誤區——人們有時把爭取民主的努力當做民主轉型本身。比如，在阿拉伯之春中，我們可以把突尼斯和埃及標識為民主轉型國家，但卻無法把敘利亞標識為民主轉型國家，原因在於前者一度發生過真實的競爭性選舉，但是敘利亞卻沒有發生過這一轉型，不能僅因為敘利亞出現過爭取民主的運動而稱其為民主轉型國家。然而，一些人的直覺性印象可能是「民主轉型導致了敘利亞戰火紛飛」。

衝突變化的程度

除了對衝突變化方向進行分類，本研究同樣關心衝突變化的程度——顯然，暴力衝突從1級上升為9級，與從1級上升為2級，其影響不可同日而語。為了比較衝突變化的程度，下面針對「衝突加劇案例」和「衝突緩和案例」這兩個類型採取三個比較策略：兩個類型案例的平均變化程度；兩個類型中發生「重大變化」（0–10分值尺度中3分以上的變化）的案例比例；以及「嚴重暴力事件」（0–10分值尺度中暴力規模值4分以上者）落在轉型前或者轉型後的概率。最後這個方面並不直接反映衝突變化的規模，但是增進我們對相關問題的理解。

比較兩個類型的平均變化值技術上很容易。不過需要指出一點，對那些政體變化之前存在着某個暴力衝突、但在民主轉型後衝突結束的案例—也就是那些名稱後尾隨着「（E）」符號的案例，儘管同樣大小的峰值存在於轉型前後（因為這是同一個衝突，只是橫跨轉型前後而已），轉型後衝突規模峰值將被減半。這從理論上並不難理解：一個引發衝突

的政體比結束它的政體（只是沒有在轉型後立刻結束衝突）[20]，對衝突負有更大的責任。

根據上述標準，「衝突加劇轉型」和「衝突緩和轉型」各自的衝突規模變化幅度為 2.06 和 2.74。也就是說，在 0–10 的尺度上，衝突加劇案例在民主轉型後衝突水平上升了 2.06 個分值，而衝突緩和案例衝突水平下降了約 2.74 個分值。0.6 的差距並不驚人，但是考慮到在存在暴力衝突的國家中，轉型前衝突的平均水平為 3.57、轉型後則為 2.54，0.6 的差異仍然是一個顯著的不同 —— 在現實中，意味着成千上萬生命的存亡。[21]

這種平均值計算法傳達的信息有限，因為個別極端的案例可能大幅提高或者縮小平均值，從而扭曲全景。為防止這種扭曲，接下來比較在「衝突緩和轉型」和「衝突加劇轉型」中，各自「重大變化者」（變化幅度大於等於 3 分的案例）的比例。如果衝突加劇或緩和案例中有很多暴力衝突顯著增加/減少了，它所傳達的信息和個別國家巨幅的變化有所不同。在這個維度上，計算的結果是 32.3%：45.6%。換言之，近 1/3 的衝突加劇轉型經歷了衝突水平顯著的上升，而 46% 左右的衝突緩和轉型經歷了衝突水平顯著的下降。「顯著衝突緩和者」的數量多於「顯著衝突加劇者」。

最後一個視角是比較最血腥的暴力傾向於何時發生 —— 是威權體制下還是民主體制下？表 2-6 列舉 1974–2018 年間所有第三波國家/地區中的嚴重暴力衝突（分值 4 分或以上者），所有爆發於民主轉型前的衝突被放在左邊，民主轉型後的在右邊，其中那些爆發於 1974 年之前但是延續到 1974 年之後的衝突，筆者已經對此類衝突是否的確爆發於威權階段做了核查。[22] 某些國家不同階段爆發的不同衝突分別記錄，並標出

20　根據分類的「原則二」，如果一個衝突截至 2018 年仍然沒有結束並且橫跨轉型前後，它將被視為一個「情況不變案例」。

21　應當指出，由於許多「衝突緩和國」（超過 1/3）的起始衝突程度就比較低（3 分或更低），它們可以改善的空間也相對有限。

22　唯一與 MEPV 信息略有出入的是阿富汗 2002 年後的內戰。嚴格來說，阿富汗的民主轉型發生於 2005，阿富汗 2002 年後的內戰或可歸入「轉型前」，但是，眾所周知，阿富汗 2001 年後的內戰與 2001 年前性質大為不同，後者由美軍入侵導致的政局變動引發，而美軍入侵的目的之一就是阿富汗的政體變動。因此，在此筆者將 2001 年後的阿富汗內戰歸結為「轉型後」類型。

各自年限，年份數字皆由MEPV提供。需要指出的是，該表中的數據不再依賴於CIVTOT，而是MEPV中各場戰爭的獨立分值，原因是CIVTOT是對一國一年衝突總體水平的評估，而不是對具體戰爭規模的評估，而此處我們試圖分析的是具體衝突。

表2-6顯示的信息與前面兩種計算方法的結果類似。在1974–2018第三波案例中，有37場「嚴重暴力衝突」。其中，22個爆發於民主轉型前，也就是威權時代，15個爆發於民主轉型後。儘管15個仍然是非常嚴重的數字，結論不應比例失調。如果說民主轉型後衝突爆發的概率與轉型前具有可比性，轉型前爆發超大規模暴力衝突的概率，至少在1974–2018年間則差距顯著。這一點與上一節橫向比較中的信息有相通之處。

表2-6：第三波轉型國家中的嚴重暴力衝突 (1974–2018)

轉型前	轉型後
阿富汗內戰 (1979)	阿富汗內戰 (2002)
安哥拉內戰 (1975)	阿爾及利亞內戰 (1991)
前南斯拉夫波斯尼亞戰爭 (1992)	布隆迪種族戰爭 (1993)
柬埔寨內戰 (1970)	印尼的東帝汶獨立戰爭 (1999)
柬埔寨政治清洗 (1975)	伊拉克宗教族群內戰 (2014)
乍得內戰 (1965，延至1974後)	肯尼亞族群衝突 (2008)
剛果（金莎薩）內戰 (1996)	墨西哥緝毒戰爭 (2006)
薩爾瓦多內戰 (1979)	緬甸羅興亞清洗 (2017)
埃塞俄比亞內戰 (1975)	尼日利亞族群衝突 (2001)
危地馬拉內戰 (1965，延至1974後)	巴基斯坦普什圖區域衝突 (2004)
印尼種族戰爭—東帝汶 (1975)	俄羅斯車臣戰爭 (1994)
伊朗內戰 (1978)	盧旺達種族屠殺 (1994)
伊拉克庫爾德戰爭 (1961延至1974後)	斯里蘭卡內戰 (1983)
前南斯拉夫族群科索沃戰爭 (1999)	也門內戰 (2015)
利比里亞內戰 (1990)	烏干達內戰 (1981)
利比亞革命 (2011)	
莫桑比克內戰 (1981)	
緬甸各族群衝突 (1948延至1974後)	
索馬里內戰 (1988)	
蘇丹種族戰爭 (1983)	
蘇丹種族戰爭—達爾富爾 (2003)	
烏干達種族戰爭 (1971)	

數據來源：MEPV.

衝突爆發的頻率

　　僅以暴力衝突的峰值和變化規模作為比較的基礎，或許會引起疑議——畢竟，如果某種政體狀態下傾向於出現「低烈度但是頻密的暴力衝突」，那麼只觀察衝突烈度可能會造成結論偏差。為了平衡這種可能的偏差，筆者在此另外比較所有第三波國家在轉型前後分別處於暴力衝突狀態的「國家年」數量——畢竟，戰爭的烈度很重要，戰爭的密度也很重要。這種比較與上一節「橫向比較」不同在於，上一節是在全球範圍內進行比較，而此處只針對第三波轉型國家展開分析。

　　具體而言，此處比較轉型前後暴力衝突狀態佔各自「國家年」總數的比例。其中，「轉型前」涵蓋「穩定威權」和「威權轉型」兩種狀態，轉型後涵蓋「穩定民主」和「民主轉型」兩種狀態。圖2-3呈現這一比例，數據分母是第三波國家1974--2018年間「轉型前」和「轉型後」後各自「國家年」總數，分子則是「轉型前」和「轉型後」各自處於「暴力衝突狀態」的「國家年」數（基於ACD）；其中，「大規模暴力衝突」指的是ACD中烈度為2的衝突（即引發1000人以上死亡的暴力衝突）；「中大型國家」指的是2018年人口2000萬以上的第三波案例。如果一個國家同一年存在着兩場或以上衝突，則分子數量疊加。[23] 具體數據置於書末附錄2-3中。

23　由於這種疊加效應，理論上表中數據可能超過100%——比如，當一個國家在10年裏每一年都存在兩場不同的衝突，也就是說暴力衝突狀態將計為20個國家年，而作為分母的國家年只有10個，那麼這個國家衝突狀態的相對頻率就是200%。儘管這有點「反直覺」，但是鑒於筆者試圖將信息最大化，而把「一年發生一場衝突」等同於「一年發生十場衝突」造成的信息損失過大，故採取這種計算方式。

圖2-3：第三波國家／地區轉型前後衝突狀態的相對頻率 (1974–2018)

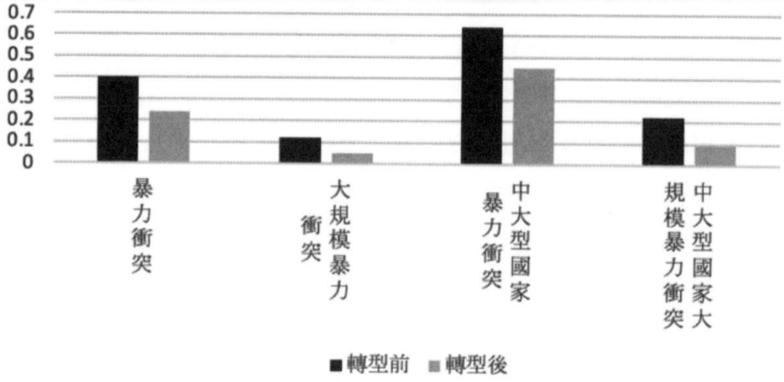

數據來源：ACD（作者自繪）。

如圖所示，第三波浪潮所席捲的國家，在1974–2018年範圍內，轉型前約有40%的「國家年」處於存在某種形式的國內戰亂狀態，轉型後，這一概率下降為24%。處於國內大規模暴力衝突的「國家年」轉型前約為12%，轉型後則降為5%，降幅更加明顯。不過，如果把比較局限於2000萬人口 (2018年) 以上的中大型國家／地區，我們會發現，存在暴力衝突的頻率都明顯上升──轉型前從40%上升至近64%，轉型後從24%上升至45%左右，再次彰顯中大型國家／地區更加嚴重的暴力衝突風險。不過，即使如此，在此類國家，暴力衝突存在的「國家年」比例轉型後仍然低於轉型前。

總結而言，如果就新興民主轉型前後情形進行縱向比較，通過將Polity V政體數據庫與MEPV暴力衝突數據庫進行匹配，本研究發現，在1974–2018年間111個國家的160輪民主轉型過程中，轉型後，暴力衝突緩和的情況比暴力衝突加劇的情況數量更常見 (47：34)；衝突水平下降的幅度比衝突上升的幅度更大 (2.7：2.1)，而且處於戰亂當中的「國家年」比例也比轉型前更少 (40%：24%)。但是，如前所述，一旦我們聚焦與中大型國家，上述情況會發生一些重要的變化：在2000萬人口 (2018年) 以上的國家／地區，轉型後衝突加劇的情況和緩和的情況大體旗鼓相當 (20：22)，並且轉型前後處於衝突當中的國家年數變得更加接

近 (64% : 45%)。由於人口眾多的國家影響更多人的命運，擔憂轉型的危險性顯然有其道理。不過，需要再次強調的是，一半左右的國家在轉型前後沒有經歷衝突水平的變化，構成三種情況裏的相對多數，這一點非常重要，提醒我們對政體類型之影響力保持理論節制。

3. 衝突差異的因果性分析

到目前為止，本章所做的數據分析都是描述性的。不過，描述性分析不等於因果分析，因為除了政體狀態，還有很多「其他因素」影響着一個國家在一個特定時間的暴力衝突狀況。比如，在橫向比較中，1974–2018年間威權轉型國家在衝突爆發方面概率最高，但是，這是否意味着威權轉型「導致」了更高的衝突爆發概率？未必。假設威權轉型國家恰好經濟水平格外低下，那麼完全有可能是經濟水平低下導致了更高的衝突爆發概率。同理，在縱向比較中，我們發現更多的新興民主在轉型後出現了暴力衝突水平的下降而非上升，這是否意味着民主轉型「造成」了衝突水平的下降？同樣未必。民主大躍進的時代恰逢國際體系的巨大變動 (從冷戰走向後冷戰)，也可能是國際體系的變動造成全球整體性的衝突水平下降，而民主轉型浪潮對此並無影響。

因此，有必要在控制其他變量的基礎上進行因果分析。在本章第一部分，筆者已經介紹一些相關文獻，但是，針對第三波轉型浪潮的相關研究仍然非常欠缺。曼斯菲爾德和斯奈德的兩個經典研究都是針對1990年代和之前的國際衝突 (Mansfield & Snyder 2002a; 2002b)。Bernhard等 (2017) 的綜合性研究同樣是針對國際衝突，並且時間範圍是2001年之前。多數針對國內衝突的研究，其自變量局限於政體的水平，而非政體的變化 (Hegre等 2001; Fearon & Laitin 2003; Jones & Lupu 2018)，而少數以政體變化為自變量的研究，其研究的時空範圍與本研究的關注對象有所不同，比如賽德曼等的經典研究 (Cederman, Hug & Krebs 2010) 是針對1946–2004年間的情況，並不局限於第三波浪潮。凡此種種，都指向針對第三波浪潮進行因果分析的必要性。

　　為了讓分析更加聚焦，本節的分析範圍局限在第三波案例。自變量為四個政體狀態類別：穩定威權、穩定民主、民主轉型、威權轉型，這四個變量分別設定為0或1的虛擬變量，分別考察其對暴力衝突狀況的影響。如前所述，「民主轉型」有不同門檻，在此，和上一節相似，筆者取「低門檻」為定義標準，原因仍然是，理論上諸多研究者發現「不完全民主化」最危險，而實踐中了解「最糟的」的情形比了解「更好的」的情形更有意義。

　　不過，由於本節為因果關係分析，將對前述四類政體的分類標準做一個微調。如前所述，有學者指出，Polity數據庫中的polity與暴力衝突存在嚴重內生性問題（Vreeland 2008），因為polity的組成要素中有兩個成份——「參與的規範性」（PARREG）和「參與的競爭性」（PARCOM）——本來就含有暴力元素。因此，在因果性分析中，本研究參考一系列學者做法，將這兩個成份從Polity中剔除，剔除後的變量被命名為Xpolity。除了按比例縮小polity的分類尺度，針對Xpolity的所有政體分類標準與本章前述的標準完全一致。[24]

　　由於有學者指出，不同數據庫和不同的轉型界定方式會顯著影響研究結果，在以Polity之外，筆者另外選取另一個政體數據庫V-Dem作為穩健性分析的自變量。確切地說，以V-Dem中最基礎的政體變量v2x_polyarchy（選舉式民主）為轉型與否的測量指標。儘管該變量為0–1連續變量，為確保和基於Xpolity產生的政體類型在概念邏輯上一致，筆者也根據分值將其視為類型變量：威權政體（0–0.25分）、半威權政體

24　具體而言，由於Xpolity在2–15之間分佈，將Polity原分類標準按比例縮小，2–5分為威權政體，6–8分為半威權政體，9–11分為半民主政體，12–15分為民主政體。如果一個政體躍出完全威權狀態並且分值上升2分以上，該政體被視為民主轉型政體。之所以取值2分而不是之前的3分，是因為剔除內生性成份之後，Polity分值的尺度從21分降至14分，因而轉型的定義標準也應隨之下降。轉型狀態將截至12年或出現反向變化出現為止。威權轉型政體反之。如果一個政體在考察時間範圍內Xpolity始終維持在民主狀態（12–15內浮動），或半民主狀態（9–11）但是浮動幅度小於2，或經歷了民主轉型並且穩定在民主（含半民主）狀態12年以上，該政體被視為「穩定民主政體」。「穩定威權政體」反之。

（0.26–0.5分）、半民主政體（0.51–0.75分）和民主政體（0.76–1分），並在此基礎上確立本研究所需要的四個政體狀態。並且，四個政體狀態的劃分標準與前面針對Xpolity的劃分標準一致。[25]唯一的區別是：由於分值尺度不同，針對v2x_polyarchy，筆者根據盧赫曼等的做法（Luhrmann & Lindberg 2019），將10%的分值移動視為政體轉型標準。

本節分析的因變量有兩個：暴力衝突的爆發以及暴力衝突的水平。大多數相關研究以暴力衝突的爆發為因變量，而不像本研究一樣同時取暴力衝突爆發與衝突水平為因變量。筆者認為，因變量的單一性限制了我們觀察政體轉型和暴力衝突關係觀察的維度，故拓展了因變量指標。與第一節相同，暴力衝突的爆發取自於ACD數據庫中的國內暴力衝突數據。[26]暴力衝突的水平和第二節相同，取自MEPV數據庫。

在既有文獻的基礎上，本研究選取了以下文獻共識度比較高的控制變量：1）經濟水平。經濟水平對於暴力衝突可能造成的影響毋庸贅述，因為資源的稀缺往往是衝突的觸發機制。此處以世界銀行真實人均GDP（2015年固定美元值）為數據來源，取其log值作為分析基礎。2）族群多樣性。複雜的族群成份往往是政治火藥桶，無論前南斯拉夫解體過程中的戰火紛飛，還是非洲民主化過程中的部落族群紛爭，都是這一聯

25　確切地説，四類政體狀態的定義標準如下：1，穩定民主：如果在考察時間範圍內該政體的v2x_polyarchy分值始終維持在民主狀態（0.76–1內浮動），或經歷了民主轉型並且穩定在民主（含半民主，即0.5以上）狀態12年以上，或雖然經歷了威權轉型但終點為半民主政體且維持準民主政體12年以上，該政體被視為「穩定民主政體」。2，穩定威權：與「穩定民主」對稱的狀態。3，民主轉型：如果一個政體躍出完全威權狀態並且分值上升10%以上，該政體被視為民主轉型政體。該狀態起點為10%正向變化出現之年（與轉型前的政體狀態最低分值相比的10%），終點為12年的觀察期或逆向轉型出現。4，威權轉型：與「民主轉型」對稱的狀態。需要指出一點，在兩種轉型狀態中，小於10%但是大於5%的分值變化視為缺失值，因為這個變化沒有大到構成政體轉型，但是又沒有小到可以忽略不計。

26　需再次強調，本節中衝突爆發並不僅僅指某場戰爭爆發的總起點，也包括其停火後的重新爆發。從方法上而言，這種做法也會增加我們的「事件」樣本，從而使分析更加可靠。

繫的註腳，因此，有必要控制這一因素去分析政體轉型與暴力衝突的關係。本研究以Historical Index of Ethnic Fractionalization數據庫為測量指標（Drazanova 2020）；3) 人口規模。如前所述，無論是衝突爆發的概率，還是衝突水平的變化，中大型國家似乎與小國的表現往往不同，因此也有必要控制人口規模的影響。

政體狀態對衝突爆發的影響

由於衝突爆發是0或者1的變量，在針對這個因變量進行定量分析時，筆者依照相關研究的傳統，採用logistic regression的回歸模型。在基礎模型之上，筆者增加了年份固定效應模型。這是因為本書的研究範圍橫跨冷戰前後，在此期間國際格局發生重大變動，不同國際格局對於國內衝突又可能存在重大影響，因此，控制時間固定效應有助於我們排除時代趨勢的干擾。不過，由於衝突爆發是相對稀缺的事件，攤到各國內部更是非常稀少，導致樣本不足，因此在模型中沒有加入國家固定效應。在後文以衝突規模為因變量的分析中，由於「衝突狀態及其水平」並非稀缺事件，則加上了國家效應。

此外，本研究還使用了時間滯後模型和動態模型——前者是為了在轉型和衝突同一年發生的情況下澄清因果關係，後者是為了釐清既有衝突對下一年衝突的影響。[27] 為了檢驗使用更高的轉型門檻是否帶來不同的結果，本研究也將常規轉型門檻標準下（polity分值由負轉正）的政體類型與暴力衝突爆發做了一個回歸分析。最後，筆者以V-Dem產生的政體狀態取代Polity產生的政體狀態，觀察不同的數據庫是否帶來不同的結果。

表2-7報告因變量為衝突爆發時，自變量的非標準化係數。[28] 應該說，不同模型傳達出來的信息具有高度的一致性。顯然，我們最關注的

27　時間滯後模型對作為自變量的四種政體狀態做了滯後一年的處理；動態模型是對作為因變量的衝突做了滯後一年的處理，並以此生成的變量作為新的自變量，加入模型之中。

28　為避免表格過於繁複，標準化係數不予報告，但是，當筆者橫向比較不同的變量係數的大小時，指的是標準化係數。

問題是，在第三波國家/地區，「民主轉型」這種政體狀態是否顯著地增加了衝突爆發的概率——本節中所使用的「顯著」一詞，是指統計分析中p值小於0.05意義上的顯著。[29]模型1為基礎模型（以穩固民主為基線水平），在四個政體狀態的自變量中，由於穩固民主是我們用來做參照的基線水平，故表中沒有顯示。與這個基線水平相比，可以看出，其他三種政體狀態都會顯著提高衝突爆發的可能性。[30]其中，就標準化係數而言，最顯著提高暴力衝突爆發概率的是威權轉型——也就是說，在控制一系列變量之後，最危險的政體狀態是威權轉型；緊其後的是穩定威權；然後是民主轉型。年份固定效應模型、動態模型的結果大體一致。在四個低門檻民主轉型的模型中，只有時間滯後模型的結果略不同，但這也只是體現為各政體狀態危險的顯著性有所降低。

當我們把民主轉型的門檻提高至常規標準（polity值由負轉正），民主轉型和威權轉型係數的顯著性都出現了下降，而穩定威權並沒有。也就是說，在「低門檻標準」下，穩定威權和民主轉型的危險性不相上下，但是在「常規門檻標準」下，二者拉開了差距，穩定威權的危險性相對而言變得更加清晰。而當我們以V-Dem數據庫去校驗Polity數據庫的結果時，其結果與Polity常規轉型門檻下的結果具有高度的相似性（唯一的區別是「威權轉型」的影響力變得統計不顯著），顯示兩個政體數據庫在測量結果上具有相當的一致性。

值得一提的是，人口規模、人均GDP和族群多樣性都顯著影響暴力衝突的爆發，並且影響方向合乎我們的直覺性預期：人均GDP是負相關，也就是人均GDP越高，暴力衝突爆發的可能性越低；人口規模、族群多樣性為正相關，也就是人口規模越大、族群越多樣，越可能爆發衝突。

---

29 在統計分析中，p值是指假設檢驗的參數（即分析結果構成小概率事件因而被拒絕接受的邊界值），p值越低，統計結果可被接受的程度越高，0.05是最常用的p值參數。

30 同理，如果將其他任何政體狀態作為基線水平，那麼穩定民主會顯著地降低衝突爆發概率。

表2-7：第三波轉型國家政體狀態與暴力衝突的爆發（1974-2018）

	基礎模型	年份固定 效應模型	動態模型	時間滯後	常規轉型 門檻 年份固定	V-Dem 年份固定
穩定威權	.994**	1.130***	1.004**	1.047*	1.164***	
	(.329)	(.351)	(.330)	(.311)	(.329)	
民主轉型	.921**	.961**	.917**	.827*	.697*	
	(.310)	(.323)	(.311)	(.299)	(.307)	
威權轉型	1.030**	1.143**	1.031**	.702*	.770*	
	(.337)	(.380)	(.358)	(.354)	(.381)	
人口(log)	.389***	.394***	.401***	.423***	.406***	.425***
	(.065)	(.067)	(.066)	(.063)	(.067)	(.067)
人均GDP(log)	-.459*	-.448*	-.471*	-.652***	-.396	-.708***
	(.205)	(.210)	(.206)	(.195)	(.220)	(.201)
種族多樣性	.730*	.756*	.758*	.711**	.887**	.754*
	(.328)	(.332)	(.328)	(.315)	(.346)	(.333)
V-Dem穩定威權						1.306**
						(.437)
V-Dem民主轉型						.845*
						(.428)
V-Dem威權轉型						.496
						(.501)
Constant	-6.413***	-6.356**	-6.488***	-6.001***	-6.549***	-6.109**
	(.986)	(1.131)	(.990)	(.943)	(1.158)	(1.181)
Nagelkerke	.069	.118	.071	.082		.140
N	4543	4543	4543	4543		4543

註：*p < 0.05; **p < 0.01; ***p < 0.001. 括號內為標準誤差。

政體狀態對衝突規模的影響

現在來看政體狀態對「衝突規模」的影響。「衝突規模」來自於 MEPV 的 CIVTOT 變量，從0到10分佈。由於 MEPV 的衝突規模類型足夠多樣（0-10），本節直接採用線性回歸的分析模型。穩定民主依然是基線水平。如表2-8所示，在基礎模型中，穩定民主之外的三種政體狀態都會顯著提高衝突的水平，但是其中，民主轉型的顯著性程度是最低的。這一情形在年份和國家雙重固定的模型中依然存在，將政體狀態滯後一年的模型中也同樣有效。不過，在加入前一年衝突水平的動態模型中，只有穩定威權顯著提高衝突水平，其他兩類政體狀態不再顯著。當我們以 polity 分值「由負轉正」為轉型門檻時，民主轉型狀態不再顯著提

高衝突水平，而穩定威權和威權轉型依然顯著提高衝突水平。當我們以V-Dem數據對上述結果進行檢驗時，發現除了威權轉型這一種政體狀態以外，另外兩種狀態並不顯著提高衝突水平。總的來說，在第三波轉型國家，就衝突規模的變化而言，威權轉型和穩定威權比民主轉型更加危險，雖然與穩定民主相比，民主轉型狀態也更加危險。

此外，人均GDP在所有模型中顯著降低衝突水平；但是，種族多樣性有時顯著提高衝突水平（基礎模型和時間滯後模型中），有時則沒有顯著影響；和直覺相悖的是，人口規模有時顯著提高衝突水平，但是在所有年份固定和國家固定的模型中，它顯著降低衝突水平。

表2-8：第三波轉型國家政體狀態與暴力衝突的水平 (1974-2018)

	基礎模型	年份固定 國家固定 效應模型	動態模型	時間滯後 模型	常規轉型 門檻 年份固定 國家固定	V-Dem 年份固定 國家固定
穩定威權	.384*** (.095)	.358*** (.108)	.100** (.037)	.399*** (.092)	.397*** (.111)	
民主轉型	.205* (.084)	.156* (.079)	.009 (.031)	.173** (.083)	.112 (.081)	
威權轉型	.627*** (.114)	.456*** (.104)	.068 (.042)	.557*** (.110)	.337** (.114)	
人口(log)	.469*** (.024)	-1.577*** (.240)	.046*** (.027)	.470*** (.024)	-1.279*** (.229)	-1.448*** (.225)
人均GDP(log)	-.433*** (.073)	-.3.118*** (.255)	-.014 (.027)	-.452*** (.070)	-3.353*** (.258)	-2.856*** (.260)
種族多樣性	.818*** (.119)	.715 (.955)	.061 (.045)	.805*** (.117)	.368 (.936)	.325 (.974)
V-Dem 穩定威權						.048 (.111)
V-Dem 民主轉型						.053 (.088)
V-Dem 威權轉型						.267* (.111)
Constant	-2.740*** (.356)	24.821*** (2.776)	-.384** (.134)	-2.669*** (.348)	22.734*** (2.663)	3.015*** (2.630)
	.390	.577	.937	.390	.612	.585
N	3255	3327	3313	3325	3046	3184

註：*p < 0.05; **p < 0.01; ***p < 0.001. 括號內為標準誤差。

　　總結而言，可以得出以下結論。第一，任何關於第三波民主轉型和暴力衝突關係的因果判斷都需極為謹慎——這既是因為不同數據庫、不同測量方式、不同模型產生的結果有所不同，也是因為這一浪潮對暴力衝突的不同維度也可能存在不同的影響。

　　第二，上述分析並不支持第三波民主化浪潮中的「民主轉型衝突論」。顯然，如果與穩定民主相比，其他三種政體狀態都是「危險」的，它們都帶來更高的衝突爆發概率和衝突水平。但是，就衝突爆發的概率而言，當「民主轉型」與「穩定威權」、「威權轉型」相比，它的危險程度並不更高（甚至略低），而當我們以民主的常規定義（而非低門檻定義）為民主轉型標準時，它的危險程度會變得顯著低於穩定威權和威權轉型。就衝突水平而言，情況則更加清晰，即使以「低門檻」來定義民主轉型，其危險顯著性也低於穩定威權和威權轉型；而在「常規門檻」定義中，民主轉型相比穩定民主是否顯著提高衝突風險都變得不再清晰。總體而言，在第三波轉型浪潮背景下，「民主化是戰亂火藥桶」的觀點沒有得到因果分析的支持。

　　第三，在各種影響衝突爆發的因素中，不能過高估政體狀態的影響。以關於衝突水平的基礎模型為例，在我們所控制的各類變量中，人口規模、人均GDP、族群多樣性的標準化係數都要高於政體狀態，[31]再次提醒我們特定社會經濟條件下政體功能的有限性。

三　案例分析

　　本節將選擇三個案例進行分析，分別呈現民主轉型和暴力衝突的三種關係。為什麼是三種關係？結合前文，其中兩種關係較易理解：民主轉型可能通過「裂痕動員」加劇衝突，也可能通過「政治接納」緩和衝

31　具體而言，在該模型中，穩定威權、民主轉型和威權轉型影響衝突水平的標準化係數分別為0.087，0.052和0.106，而人均GDP，種族多樣性和人口規模的標準化係數則分別為-0.120，0.121和0.322。

突——本節中，筆者將選擇尼日利亞和印度尼西亞來展開呈現這兩種關係。另外一種關係則與前文中一個重要、但容易被忽略的發現有關：相對多數的新興民主在轉型前後暴力衝突水平沒有變化——它們在轉型前後或者一樣穩定，或者一樣不穩定。如果我們把那些雖然發生變化，但是變化幅度較小的國家也考慮在內（以衝突分值變化在2以內為衡量標準的話），那麼這一「變化不大」的類型還會進一步擴大，是所有新興民主的2/3左右。顯然，我們不能忽略所有案例中的2/3，認為這一信息沒有理論意涵。

如此之多的「變化不大」案例，意味着什麼？筆者認為，這意味着在很多國家，雖然其政體發生變化，但是決定着該國衝突水平的主要是「其他因素」，「其他因素」的相對穩定決定了該國的暴力衝突水平不隨政體變化而顯著變化。理論上認識到這一點非常重要，因為觀察者傾向於誇大政體變更的意義——或誇大民主的「益處」，或誇大其「弊端」，而忽略在許多國家，由於特定的社會、經濟、歷史等因素，政體變化所能左右的變化非常有限。在本節中，筆者將以阿富汗為例，展示阿富汗在當代的社會結構和文化特質決定了，該國無論是威權統治者在台上，還是民主選舉被推出，都難以抑制其暴力衝突。[32]阿富汗絕非此類情況的個案，許多經濟極度貧困的國家、族群對立歷史悠久的國家、宗教撕裂嚴重的國家、國家能力極度欠缺的國家……多少都存在着同一問題：無論是民主或威權都很難扭轉該國劇烈的暴力衝突。

1. 衝突加劇案例：尼日利亞

尼日利亞是非洲人口最多的國家，也是非洲當今最大的經濟體。在許多方面，它具有許多發展中國家尤其是非洲國家的經典特徵，因此，分析其民主轉型和暴力衝突的關係，是觀察許多類似國家的窗口。

---

32 嚴格來說，阿富汗在MEPV中的暴力衝突分值在轉型前後從7到4，構成了顯著變化，但是，鑒於即使是4分也是嚴重暴力衝突，阿富汗2004年後內戰仍然在繼續，在這個意義上，轉型並沒有給阿富汗的穩定程度帶來根本性改觀，只是改變了內戰的性質與交戰對象而已。

　　非洲諸多國家的一個基本特點，是其「國家建構」不足，尼日利亞也不例外。這一點並不奇怪：到20世紀初，還並不存在一個叫作「尼日利亞」的國家，「尼日利亞」是一個被英國殖民者給「捏出來」的國家。它有300多個族群，歷史上而言，彼此之間並沒有很深的認同紐帶，人們更多地把自己視為A族人或者B族人，而不知道什麼叫「尼日利亞人」。這種淡漠的「國家意識」和深厚的「族群意識」，是認識尼日利亞暴力衝突的一個基本前提。

　　在尼日利亞的300多個族群裏，有三個影響力最大的族群：主要聚居在北方的豪薩-富拉尼族（Hausa-Fulani，佔人口的近30%）、聚居在西南部的約魯巴族（Yoruba，佔人口的21%），以及主要聚居在東南方向的伊博族（Igbo，佔人口的18%）。族群分立之外雪上加霜的，是宗教差異：大體而言，北方人是伊斯蘭教徒（佔人口的50%左右），南方人更多的是基督徒（佔人口的40%）。這些主要部族有明顯的歷史差異：豪薩-富拉尼族的文化最保守，遵守嚴格的傳統伊斯蘭等級秩序，經濟上也最落後；伊博族的政治傳統則相對民主，其教育和經濟水平都相對高；約魯巴族介於二者之間。

　　1960年尼日利亞獨立後，受前宗主國影響，直接進入民主政體。認識到各自的族群差異，尼日利亞一開始就選擇了聯邦制保護地方自治。不難想像，在語言、傳統、經濟和教育水平都明顯不同的情況下，民主化伊始，政黨主要按族群建構，三大政黨分別是北方人民國會黨（以豪薩-富拉尼族為主）、西部的行動團體黨（以約魯巴族為主）、東部的尼日利亞和喀麥隆民族委員會黨（以伊博族為主）。北方由於其人口優勢，成為聯邦議會的最大政黨。對於佔人口少數，但是教育和經濟水平更發達的伊博，被比自己貧窮落後的北方族群壓倒，顯然埋下了不滿的種子。

　　一開始各族尚相安無事，但是1964年選舉之後，選舉舞弊的指控以及北方人民國會黨的壓倒性優勢引發了其他族群的不滿。1966年，由伊博族軍人主導發動政變，政變者處決了北方人民國會黨的主要領袖，尼日利亞的民主就此開始脫軌。很多北方人將這次政變視為「伊博

陰謀」，同時，新政府的中央集權改革進一步激化了北方的不滿，這種
情況下，反對前一場政變結果的「逆向政變」發生了。這次政變後，各
方共同推舉了一個折中性人物——一個來自北方的，不屬於三大部族
的基督徒高恩 (Yakubu Gowon) 當總統。高恩重新恢復了聯邦制，但是
幾大部族之間深刻的隔閡種子已經種下，各地的分離主義勢力蠢蠢欲
動，情勢變得非常脆弱。

引發戰爭的，是1966年9月北方軍人對北方伊博族人的屠殺。6至
10月間，據估算8至10萬人在種族屠殺中喪生，大量北方伊博族人向
東南方向逃亡。聯邦政府火上澆油，1967年初宣佈新的省份劃分，導
致伊博喪失對油田的控制權。作為對種族屠殺和經濟利益分配不公的回
應，東南部伊博族聚居的比夫拉省宣佈獨立。至此，1967–1970年尼日
利亞的血腥內戰爆發，史稱「比夫拉戰爭」。戰爭的結果是比夫拉省慘
敗，這個過程中，混亂的種族屠殺以及政府的人為物資封鎖導致了驚人
的死亡人數，據估算，有100至300萬人喪生 (Akresh et al. 2017)。

嚴格來說，這場可怕的戰爭不是民主轉型的後果，因為它恰恰發生
在1966年軍人政變推翻了民選政府之後，也就是「威權轉型」之後。如
果雙方不是急於通過暴力實現權力更迭，而是通過制度渠道對話協商，
這次慘烈的戰爭或許可能得以避免。但無論如何，尼日利亞1960-1965
年民主體制下的族群動員，對於內戰的爆發也貢獻了相當的力量。

這場內戰的遺產，是尼日利亞持久的族群裂痕與脆弱的政治平衡。
1970年內戰結束後，尼日利亞進入了相對的平靜期。近十年的軍人當政
之後，1979年軍政府首腦奧巴桑喬 (Olusegun Obasanjo) 啟動政治改革，
成立制憲會議，制定了一部更具聯邦性質的憲法，尼日利亞第二共和國
誕生。1979年奧巴桑喬將權力和平移交給新的民選總統沙加里 (Shehu
Shagari)，尼日利亞實現了第二次民主轉型。然而，這次民主政權和上
次一樣「短命」：1983年布哈里 (Muhammadu Buhari) 將軍發動政變，推
翻了沙加里政府。也和上次一樣，政變產生的政府又很快被另一場政變
(1985年) 推翻，這次上台的將軍是巴班吉達 (Badamasi Babangida)。
巴班吉達及其繼任者阿巴查 (Sani Abacha) 一直將威權政體維持到1998

年。無論是1979年的民主轉型，還是1983年的「威權轉型」，沒有給尼日利亞的暴力衝突水平帶來顯著的變化 —— 低烈度的族群衝突始終在持續，但都沒有到達大規模戰爭的地步。

1998年，阿巴查總統任上因病去世，第三次民主轉型的機會到來。阿巴查的繼任者阿布巴卡（Atiku Abubakar）將軍像當年的奧巴桑喬一樣推動民主轉型。1999年的大選中，早已平民化的奧巴桑喬在遠離權力中心二十年後，重新成為總統。因此，1999年被視為尼日利亞最近的民主轉型年。

恐怖的比夫拉戰爭留給尼日利亞人的記憶是一把雙刃劍，它很大程度上塑造着轉型後的尼日利亞政治。一方面，屠殺記憶給尼日利亞各部族之間帶來難以抹去的敵意；另一方面，也正是因為慘痛的記憶，尼日利亞人在成文或不成文的制度設計上，格外注重各族群之間的權力平衡。

1999年憲法制定前，各方政治力量達成一個不成文的規則：尼日利亞的總統位置應當每八年在北方穆斯林和南方基督徒之間「輪轉」一次，而且如果總統是穆斯林，副總統則應該是基督徒，反之同理。另外一個規則是，為避免各政黨只在自己的地盤煽動族群仇恨，總統勝出者需要既贏得全國的多數選票，又需要在全國至少2/3的省分別贏得25%的選票，以此鼓勵候選人不但要努力去贏得本族選民，還有儘量去爭取其他族選民。

遺憾的是，這一系列規則並沒有熄滅暴力衝突的種子。在尼日利亞，1999年民主轉型以來，一共有過6次全國性大選，幾乎次次都引發族群暴力衝突 —— 儘管與之前的戰爭相比，衝突規模不算很大 —— 傷亡人數在100–1000人之間（Campbell 2019），但是此類暴力的隨機性、分散性和猝不及防的特點，加上集中於選舉前後這一事實，給尼日利亞新生的民主蒙上了巨大陰影。

衝突最嚴重的一次是2011年選舉之後。根據轉型前各方所達成的不成文規則，奧巴桑喬（一個南部基督徒）2007年卸任後，「輪到」北方穆斯林當總統了，事實上新當選的亞拉杜瓦（Umaru Musa Yar'Adua）也的確是北方穆斯林。但不幸的是，他2010年病逝在任上，離預期的八

年還差很久。這種情況下，雖然其副總統喬納森（Goodluck Jonathan，一個基督徒）繼位是迫不得已，但是北方民眾認為在2011年的大選中，喬納森不應該再參選，而應把機會「留給」北方候選人。然而，喬納森不但參選，還被指控選舉舞弊。最後，當選舉結果顯示他贏得大選時，憤怒的北方人爆發了。騷亂暴動蔓延到北方諸省，大量基督徒被攻擊，打砸搶燒一時失控，據估算，近千人在這場衝突中喪生。民主選舉被身份政治劫持的危險，在這種暴力騷亂中表露無遺，幾乎成為非洲各國選舉的一個詛咒。

值得慶幸的是，從2015年和2019年大選的情況來看，尼日利亞的選舉暴力在緩和——與2011年大選近千人喪生相比，2015大選中100人左右死於選舉暴力，而2019年大選數量進一步減少（Campbell 2019）。2015年大選被視為尼日利亞民主化的一個里程碑——這是第一次反對派通過選票擊敗了在任總統，並且在任總統和平接受了這一結果。

不過，近年，尼日利亞更大的暴力衝突並不是族群之間的選舉暴力，而是發生在伊斯蘭極端組織「博科聖地」（Boko Haram）和政府軍之間。受國際伊斯蘭極端主義的影響，2002年左右開始，尼日利亞北部出現了一個伊斯蘭極端組織「博科聖地」。由於尼日利亞北部的貧困落後，招兵買馬容易，該組織逐漸壯大，到2010年左右，成為一股強大的武裝勢力。其成員頻繁地攻擊學校、焚燒村莊、綁架平民或乾脆訴諸赤裸裸的恐怖襲擊，令其在國際上「聲名大振」的一次「壯舉」，則是2014年綁架了200個女中學生。2014年「伊斯蘭國」興起後，「博科聖地」乾脆宣佈對ISIS效忠，自稱是「伊斯蘭國」的「西非省」。為了圍剿這些恐怖分子，2013年喬納森政府在北方數省宣佈戒嚴，雙方對抗導致了3萬多人喪生，200多萬人流散（Felter 2018）。現在「博科聖地」雖然領土上所佔無幾，但是其生命力依然旺盛，繼續以恐襲的方式四處出擊，貧弱的中央政府也無可奈何。

正是因為周期性的選舉暴力，尤其是「博科聖地」的崛起，尼日利亞被列為衝突加劇國。1999年轉型之前，巴班吉達和阿巴查當政期間儘管也存在着一些族群衝突，但是總體而言相對平靜。轉型後，周期性

的選舉暴力清晰地顯示出「裂痕動員」機制在發揮作用：人們的政治忠誠沿着民族和宗教的分野而劃分，政治動員也沿着這些分界線展開，選舉前後成了暴力衝突爆發的高發期，尼日利亞民主中的「部落主義」表露無遺。

當然，尼日利亞的案例也顯示，我們難以脫離特定的歷史背景、經濟社會結構、國際環境等來分析第三波民主轉型對暴力衝突的影響。今天的族群衝突在五十年前的比夫拉戰爭中就埋下了伏筆，尼日利亞當下的伊斯蘭極端主義有其國際背景。更重要的是，尼日利亞政治困境彰顯的，更多的是一個新生國家在國家建構過程中的痛苦——中國在兩千年前秦滅六國時就推動了這一國家建構過程，德國、日本到19世紀後期進入這一過程，英國通過與愛爾蘭、蘇格蘭的持久征戰完成這一過程……而尼日利亞這個新生國家，和諸多非洲國家類似，直到20世紀才開始國家建構進程。正如其他國家的國家建構進程往往充滿腥風血雨，對於尼日利亞，這一「不同族群相互整合成為尼日利亞人」的過程也很難一帆風順，而當國家建構與民主建構不得不同時展開時，這種雙重的艱難就構成了一個政治火藥桶。可以說，許多新興民主的轉型之難，就難在需要將民主轉型過程和國家建構過程合二為一。

2. 衝突緩和案例：印度尼西亞

1998年，亞洲金融風暴引發印度尼西亞經濟危機，經濟危機又造成政治危機，在抗議的升浪中，執政三十年的蘇哈托總統辭職，開啟了印度尼西亞的民主轉型之路。關於印度尼西亞的轉型，一個反事實的問題值得思考：為什麼在其民主化之初開始抬頭的族群衝突沒有發展為大規模戰爭？這個問題乍看突兀，實則合理——印度尼西亞具有一切轉型的「火藥桶配方」。首先，印度尼西亞是個歷史上分離主義運動十分興盛的國家——東帝汶、亞齊、西巴布亞都長期存在着分離主義運動，而這些運動都在轉型之初出現高漲之勢。其次，作為世界上穆斯林人口最多的國家，印度尼西亞也不乏宗教極端主義勢力，轉型過程中也

的確恐怖襲擊不斷,小規模宗教暴力此起彼伏。再次,印度尼西亞種族
矛盾也由來已久,歷史上的排華運動連續不斷,轉型前後排華主義再次
高漲,達雅族對馬杜拉人的集體暴力也一度失控。最後,印度尼西亞並
非一個經濟發達的國家——如果是經濟相對發達的國家,政府往往有
財力去「購買」和平,用福利分配來吸納反對派,印度尼西亞則缺少這
樣的條件。上述每一項條件都使得印度尼西亞爆發大規模戰爭的可能性
大大增加,更何況其「組合」。要理解這一點,我們只需觀察對比其他
國家:在前南斯拉夫地區,轉型之際的分離主義運動帶來數年戰火;在
伊拉克、阿富汗、也門,宗教極端主義最終發酵成大規模內戰;在布隆
迪、肯尼亞等地,種族衝突在民主化之初嚴重激化……而具有這一切
「配方組合」的印度尼西亞卻躲過了大規模戰火。

　　要了解印度尼西亞轉型後的暴力衝突變化軌跡,首先應觀察其轉型
前的暴力衝突記錄。1945年建國之後,印度尼西亞曾經有過一段時間
的議會民主實驗,但由於嚴重的政黨派系鬥爭,蘇加諾於1955年宣佈
改行「監護式民主」,大大加強了其個人權力,1963年則乾脆通過橡皮
圖章議會成為「終身總統」,並在整個社會發起個人崇拜運動。蘇加諾
的專制趨勢,加上他越來越明顯的左傾政策,逐步惡化了他與軍隊的關
係,經濟惡化也使其失去民心。1965年一場失敗的政變之後,權力落
入了軍方強人蘇哈托手裏,印度尼西亞完成了它的「威權轉型」。

　　「威權轉型」的生命代價非常慘重。蘇哈托上台後,將政變算到印
度尼西亞共產黨頭上,並以此為藉口開始清洗左翼。不但印度尼西亞共
產黨被禁,任何同情者,真實的或想像的,都成為清洗目標。政治迫害
與盤根錯節的種族、宗教衝突相互交織,據估計,60年代中期的這場
有組織的大清洗大約導致了50萬人喪生(Barron et al. 2014)。被軟禁的
前總統蘇加諾曾感慨,這場殺戮是「為了殺死一隻老鼠而燒掉整棟房
子」。著名的紀錄片《殺戮演繹》(Act of Killing)曾再現這一殘酷的殺戮
過程。

　　各種分離主義運動也在「威權轉型」之際興起。1962年荷蘭退出西
巴布亞之後,印度尼西亞迅速佔領了它,之後幾年對獨立運動的鎮壓導

致約3萬人喪生。1969年印度尼西亞通過偽投票正式侵吞西巴布亞，「自由巴布亞運動」堅持低烈度反抗，但每每帶來政府的大規模軍事報復，這一過程導致大約10萬人喪生 (Talbot 2015)。在東帝汶，1975年葡萄牙殖民者撤離之後，印度尼西亞立刻吞併了它 (聯合國不予承認)，激烈的反抗與鎮壓導致了大約20萬人喪生 (Kooistra 2001)。由於反殖民鬥爭的獨立性和更保守的伊斯蘭教信仰，亞齊也一直存在分離主義勢力，60年代末蘇哈托對其自治權的削弱，刺激出了70年代的武裝化的「自由亞齊運動」，到1998年左右，戰鬥陸續導致數千人喪生。此外，種族和宗教衝突也層出不窮。從蘇加諾時期開始，各種針對華人的政策歧視就層出不窮，[33]1965-1966年的大清洗則有相當的反華成份，之後時有針對華人的騷亂發生，而1998年5月反政府抗議更是演變成了反華騷亂。這場導致約1,000人喪生的騷亂成為蘇哈托辭職的直接導火索。

印度尼西亞1998年之前的歷史可以看出幾點，第一，在印度尼西亞，威權轉型不但不是和平的保證，而且如果以戰亂死亡人數作為衡量標準，其惡化暴力衝突的效應非常嚴重。60年代50萬人左右死於政治清洗，70、80年代30萬人死於殖民或準殖民鎮壓，與此相比，之後民主轉型後的戰亂生命損失幾乎可以說是小巫見大巫。第二，劇烈的暴力衝突後，蘇哈托的確構建出了相當程度的威權秩序。在蘇哈托統治後期，雖然印度尼西亞仍然存在着政治暴力，[34]但除了1998年前的一兩年，80、90年代大規模集體暴力逐漸停歇。[35]這一點不難理解——實力對比過於懸殊時，反對派無力發起任何挑戰，客觀上減少大規模暴力衝突爆發的機會。第三，大體而言，威權政體下的暴力和民主政體下的暴

---

33 比如限制華人信奉自己的宗教、敦促他們採用印度尼西亞姓名、限制其經商地點等。

34 比如1984年的丹戎不碌 (Tanjung Priok) 事件導致63人死亡 (Varshney 2003)。

35 瓦爾什尼的研究顯示，1998年蘇哈托下台之前一兩年，各地的暴力衝突水平已明顯上升 (Varshney 2003)，部分程度上證實謝布博和海斯所說的，暴力衝突常常成為民主轉型的催化劑，獨裁者不得不接受民主來預防更大衝突，即民主和暴力衝突之間的內生性問題 (Cheibub & Hays 2017)。

力呈現出不同性質，威權政體下暴力傾向於自上而下、集中爆發，而新生民主政體下，暴力衝突傾向於自下而上、分散爆發。

那麼，民主轉型對於印度尼西亞的暴力衝突起到什麼影響？不妨先對1998年以來的幾個重大暴力衝突進行簡要回顧。

首先是東帝汶衝突。如前所述，1975年印度尼西亞吞併東帝汶之後曾引發大規模衝突，此後，高壓之下東帝汶逐漸失去反抗能力。蘇哈托政權1998年倒台後，東帝汶重新看到了希望，1999年就發起了獨立公投（78%選民支持獨立），而印度尼西亞軍方支持的反獨立武裝力量與之對抗，衝突爆發，這一衝突導致約1,000多人喪生（Barron et al. 2014）。此後聯合國干預，2002年印度尼西亞終於承認東帝汶獨立。[36]

然後是亞齊。儘管亞齊分離主義從70年代已經開始，但到1998年之前活躍的武裝分子數量只有數百人（Ross 2003）。蘇哈托倒台以及東帝汶公投，讓分離分子重新看到希望，運動死灰復燃。數萬人加入分離武裝，與政府軍激戰，1998-2005年間導致1萬餘人死亡（Barron et al. 2014）。幾經反覆，2005年最終實現可持續的和平，前提是政府以大赦加亞齊自治權換取叛軍解除武裝。2006年，亞齊第一次舉行自由選舉，前叛軍領袖當選省長，亞齊地區實施伊斯蘭法，「一國兩制」成為亞齊地區和平的基礎。

另一個發生衝突的地區是西巴布亞。1962年被印度尼西亞侵吞後，該地區的武裝反抗從未真正停止過。但由於力量對比懸殊，「自由巴布亞運動」很長一段時間裏只能採用小規模武裝騷擾策略。蘇哈托政權倒台之後，西巴布亞也提出了公投要求。但是，或許是因為西巴布亞被殖民和整合的歷史更長，或許是因為國際社會關注度有限，對西巴布亞政府只同意了「亞齊方案」（更大的地區自治權）而不是東帝汶方案（獨立）。2001年西巴布亞被正式授予「特別自治權」。不過，正因為分離主義訴求沒有實現，該地區的政治鬥爭乃至武裝衝突至今也沒有結束，只是規模有限而已。

36　2008年印度尼西亞和東帝汶成立聯合真相委員會，調查1999年東帝汶危機中印度尼西亞的責任，時任印度尼西亞總統對印度尼西亞作為表示「深切的遺憾」。

　　此外，宗教族群衝突也在民主轉型之初復蘇。在馬魯古地區（基督徒相對集中），尤其是安汶島，基督徒和穆斯林之間的衝突在1999-2001年到達頂峰，一共導致約6000人死亡（Barron et al. 2014）。在中蘇拉威西的另一個基督徒聚居區，1998-2001年宗教衝突導致數百人死亡。在西卡里曼丹和中卡里曼丹，1997-2001年達雅族和馬來人針對當地移民馬杜拉人的暴力也導致了約2000人死亡（Barron et al. 2014）。之後雖然大規模宗教衝突有所緩解，但情勢仍然非常脆弱，比如2011年數百穆斯林在一場涉及「褻瀆」的抗議中焚燒了兩個基督徒教堂，而2016年針對雅加達市長鍾萬學（Basuki Tjahaja Purnama，人稱「阿學」[Ahok]）褻瀆案的大規模抗議，同樣彰顯出宗教迫害在印度尼西亞尚有相當市場。

　　最後，與全球的極端主義興起相呼應，印度尼西亞21世紀初也出現了伊斯蘭極端主義抬頭，其中伊斯蘭祈禱團（Jemaah Islamiyah）組織最為典型。2002年和2005年的巴厘恐怖襲擊、2004年澳大利亞使館門口的汽車炸彈，2009年和2016年雅加達恐襲都是印度尼西亞極端主義暴力的體現。不過，總體而言，政府對恐怖分子採取了嚴厲制裁：2002年對巴厘恐襲負責的3人被處以死刑，祈禱團首領阿布巴卡（Abu Bakar Ba'asyir）也最終被判處十五年徒刑。

　　從印度尼西亞1998年以來重大政治暴力的變遷可以看出，和很多新興民主一樣，1998年民主轉型的確開啟了印尼的「裂痕動員」機制——歷史遺留下來的東帝汶問題、亞齊問題、西巴布亞問題紛紛死灰復燃，可以說，民主轉型通過創造政治表達的機會，使得很多已經失去抵抗能力的勢力重新看到了希望。但是，這些勢力也通過不同類型的「政治接納」機制，在重新冒頭之後又走向相對的平靜。與蘇哈托時代的暴力衝突總的水平和規模相比，民主轉型後的印度尼西亞暴力衝突水平事實上有所下降，可以說，不在一個「重量級」上，正是在這個意義上，印度尼西亞可以被歸為「衝突緩和國」。

　　但是，另一方面，客觀地說，與穩固的威權時期（即蘇哈托政權末期）相比，轉型後的衝突水平是先升後降——1998–2003年印度尼西亞的政治暴力衝突（主要是分離主義和族群衝突）顯著上升，但是從2004

年左右開始，政治暴力衝突明顯下降。[37]巴龍等的研究也證實了這一點，1998–2003年集體暴力事件導致了2萬餘人喪生，而2004–2012年間集體暴力造成的死亡下降了80%（Barron et al. 2014）。

這一先升後降的趨勢，展現了前文的一個判斷：民主轉型過程可能既啟動「裂痕動員邏輯」，也啟動「政治接納邏輯」，而前者往往先於後者出現。轉型之初，蘇哈托時代靠血腥暴力壓制的分離主義地區看到了政治機會，紛紛要求公投或者擴大自治權，一時間曾經被蘇哈托靠鐵腕政策捆綁出來的「印度尼西亞認同」出現動搖，各種政治部落主義重新浮現。但是，在轉型最初的混亂和失序之後，民主所含的政治接納機制開始發揮作用，將可能失控的暴力猛獸重新趕到了一個新的「籠子」中去。

首先，就中央—地方關係而言，授予地方更大的自治權，尤其是在分離主義興盛的地方強化其自治權（被稱為「特別自治權」），成為印度尼西亞民主轉型以來政治接納的主要機制。如前所述，蘇哈托時代的高壓體制成為政治暴力的源頭之一。轉型之後，儘管印度尼西亞名義上仍然維持着單一制，但操作上則成為準聯邦制國家。新政權1999年就出台了兩個地區分權法案（2004年修正），除了將六項「絕對功能」（國防、外交、宗教等）交由中央政府以外，絕大部分政府職能都劃歸地方政府，財政分配上也大大提高了地方政府的份額，更重要的是，地方自主選舉使得地方利益有了可信的代表機制。在分離主義興盛的地區，這些地方分權機制則被加倍實施，[38]成為武裝分離主義者放下武器的重要原因。

其次，政黨分權也在水平方向展開，不同政黨派系之間進行分權的傳統在印度尼西亞轉型之初就已經確立，構成另一種意義上的政治接納。或許是由於社會結構本身的碎片化，或許是由於選舉制度的設計，民主化以來印度尼西亞歷次議會大選都有四五個以上政黨得到10%以

---

37 2010年左右之後集體暴力事件爆發頻率又有上升之勢，儘管死亡人數並沒有同步上升（Barron et al. 2014）。

38 比如，亞齊和西巴布亞可以截留70%的石油收入，而其他地區只能截留30%。

上選票，這使「贏者通吃」較難實現。1999年瓦希德 (Abdurrahman Wahid) 當選總統後並沒有獨吞行政權力，其內閣是個各大政黨的拼盤——除了他自己的民族覺醒黨、梅加瓦蒂 (Megawati Sukarnoputri) 的民主鬥爭黨，蘇哈托的專業集團黨 (Golkar，前執政黨) 也是其中組成部分，軍人代表也躋身其中。

這一「政黨拼盤」如此之大，以至於學者斯萊特 (Slater 2012) 批評印度尼西亞政府是「濫交式的分權」。儘管這種分權有其責任不清之嫌，甚至被視為一種「分贓」體制，它對轉型時期緩解衝突卻功不可沒——在許多轉型國家，新政權對舊政權、新執政黨對舊執政黨秋後算帳從而引發激烈衝突，這一現象在印度尼西亞程度非常有限。2001年梅加瓦蒂執政、2004年蘇西洛 (Susilo Bambang Yudhoyono) 當選以及2014年佐科 (Joko Widodo) 當選，都沿襲了這種權力拼盤的政治格局。賴利曾經以議會政黨數量和內閣包容性作為衡量標準，比較亞太地區各國的分權指數，他發現在整個亞太地區，印度尼西亞的分權指數排名第二 (Reilly 2014)。

再次，行政、立法和司法機構之間也發展出了有效制衡。新興民主國家民主穩固一個常見的威脅是「行政權獨大」現象，而「大權獨攬」也往往成為政治矛盾暴力化的誘因之一。但在印度尼西亞，權力機構之間的制衡原則基本受到尊重。以司法獨立為例，儘管法官腐敗在印度尼西亞社會深受詬病，但憲法法院通過一系列重大判決恢復了共產黨的政治權利、廢除了數個保護總統的顛覆和誹謗罪名、為反恐罪設限等，這些都構成對行政權力的節制。正是由於憲法法院具有相當的政黨中立性，它成為一個平息而非激化衝突的機構。2014年敗選的普拉博沃 (Prabowo Subianto) 通過憲法法院挑戰選舉結果，法官以9：0駁回其訴求，如果法院的信譽不受尊重，該裁決很可能成為新的暴力導火索。

最後，宗教族群多元主義也廣受尊重。除了分離主義鬥爭，印度尼西亞轉型之初最大的衝突來自宗教矛盾。如果印度尼西亞政府不對宗教族群關係進行合理平衡，它很可能再次成為集體暴力的爆發點。在這方面，印度尼西亞的表現只能說是取得了有限成功。客觀地說，宗教平

等原則在蘇加諾時期就已經確立。在其被命名為「建國五項原則」
(Pancasila) 的政治綱領中，不同群體可以在伊斯蘭教、新教、天主教、
印度教、佛教和儒家之間進行選擇，即，官方明確規定這六大宗教都是
國家平等承認的宗教。儘管將無神論和小教派排除出官方認可範圍受到
廣泛批評，並且對儒教的承認一度被取消，但是相比很多伊斯蘭人口多
數國家將伊斯蘭教確立為唯一國教的做法，印度尼西亞的做法表現出了
相當的包容性。蘇哈托的新秩序繼承了這一宗教理念，為印度尼西亞轉
型後的宗教相對寬容打下了基礎。轉型之後，新政權進一步矯正了之前
對儒家和華人的歧視。當然，由於穆斯林人口的天然優勢，權力機構在
干預族群衝突時也存在「拉偏架」傾向。

正是因為上述「政治接納」機制，印度尼西亞轉型之初上升的暴力
衝突水平重新回落：當分離主義者、宗教少數派等人發現自己可以通過
制度化的渠道表達訴求，其中大部分人不再「揭竿而起」。當然，並不
存在一勞永逸的和平。近年，受全球伊斯蘭極端主義興起的影響，印度
尼西亞社會也出現宗教激進化趨勢，其表現包括給伊斯蘭政黨投票的比
率在增加、政治議題宗教色彩開始增強（比如推動同性戀非法化）、宗
教暴力近年重新上升。最令人擔心的，是以褻瀆罪定罪的案例不斷增
多。儘管法律上印度尼西亞早已有褻瀆罪，不過歷史上該條款極少被援
引定罪，但2005年以來，已有106個褻瀆罪案例。2012年，一個公務
員甚至僅因在臉書上自稱無神論者而被定為褻瀆罪（*The Economist*, Nov.
24, 2016）。從這個角度來説，在印度尼西亞，政治接納機制是否能繼續
發揮作用，還要看其社會能否維持政治寬容的底線。

3. 政體弱相關案例：阿富汗

阿富汗是個不幸的國家，其民眾關於和平的最後記憶來自幾乎兩代
人之前。歷史上，阿富汗雖然也充斥着戰爭和政變，但是20世紀30年
代中期到70年代中期，阿富汗並沒有大規模的暴力衝突。當時執政的
國王查希爾沙雖然不是像凱末爾、納賽爾那樣的強勢現代化者，但在統

治後期也推動了一些溫和改革，包括君主立憲改革，並在美蘇之間奉行比較中立和獨立的外交政策。今天在網上流傳的「20世紀60、70年代的阿富汗」圖片，其中有穿着時尚的年輕女性，或充滿都市感的街道高樓，大多來自查希爾沙統治時期。

然而，1973年國王表親達烏德汗發動的政變改變了阿富汗的航向。查希爾沙政權被推翻，達烏德汗廢除了立憲君主制，改行共和，自任總統，並開始奉行親蘇的左翼路線。但即使這樣，他當時所推行的改革還比較溫和：提高女性地位、溫和土改等。遺憾的是，這些改革既得罪了反對改革的保守勢力，也得罪了認為改革走得不夠遠的激進左翼勢力，而他對蘇聯越來越警覺的態度又得罪了最初支持他上台的親蘇勢力，於是，1978年四月革命發生了。

四月革命開啟了阿富汗人的噩夢時代。在這場革命中，達烏德汗政府被阿富汗人民民主黨政變推翻，新上台的革命政府推行激進的左翼政策，並為推行這些政策而施行高壓統治，結果是全國各地的抗議和叛亂。據估算，革命政府上台後，在蘇軍入侵之前，就已經處決了2.7萬政治犯（Kaplan 2001：106–143）。這是之後四十年阿富汗大規模暴力衝突多米諾骨牌的第一張。

激進政策引發普遍騷亂抗議後，局勢逐漸失控。為維持其勢力範圍，蘇軍1979年12月入侵阿富汗，並扶持了一個更加「聽話」的新政府。對於強悍的阿富汗人來說，這只是火上澆油。在宗教狂熱與愛國主義熱情的驅動下，各種武裝抵抗組織紛紛崛起，來自伊斯蘭各國的「國際志願者」則前仆後繼奔赴阿富汗，本·拉登也是在此時登上歷史舞台。蘇軍介入後，美國為對抗蘇聯也不甘落後，投入大量資源支持一切「敵人的敵人」，這就是美國和本·拉登在「9·11」之前的「前世情緣」。也正是因為兩大帝國的插手，這場內戰才格外持久和血腥。

1989年，蘇聯從阿富汗撤軍。冷戰的結束帶動了一批發展中國家內戰的結束，遺憾的是，阿富汗不在此列。失去蘇聯的後盾後，納吉布拉政府推動溫和的本土化改革，並試圖組織聯合政府誘導各個聖戰組織放下武器，但是，戰爭所激發的宗教狂熱覆水難收，戰爭中坐大的各路

軍閥拒絕回到潘多拉的盒子中去，結果就是內戰延續。三年之後，納吉布拉政府終於在1992年崩潰。

納吉布拉政府的倒台沒有成為和平的開端，反而成了各路聖戰者更激烈混戰的開始。在此之前，阿富汗至少還有一個中央政府，衝突還有一條線索可言。在聖戰組織阿富汗伊斯蘭黨 (Hezbi Islami) 攻佔喀布爾之後，1922–1995年之間阿富汗則陷入一團亂麻的軍閥混戰，同時有至少五六股軍事武裝在互相傾軋，而且各有各的「國際援助」——巴基斯坦、沙特、伊朗等各中東大國都試圖扶持自己的勢力。到1994年中期，由於大量居民逃亡，喀布爾人口從200萬銳減到50萬，整個阿富汗的道路、基礎設施、水電供應幾乎完全癱瘓。

1994年左右塔利班的崛起改變了混戰局面 —— 在巴基斯坦的支持下，塔利班勢如破竹，1996攻入喀布爾，建立新政權。某種意義上，塔利班給阿富汗帶來了「秩序」，不過，這是一種恐怖的秩序：在原教旨主義的伊斯蘭法下，女性幾乎完全喪失了受教育權和工作權，大街小巷裏到處是宗教警察，公共場所的流行音樂電影被禁止，共產黨人被屠殺，小偷竊賊按照原教旨的伊斯蘭法被砍掉手腳，國際人道主義援助被阻撓，不同族群宗教的遺產遭受「文化屠殺」——其中最引起國際關注的事件之一，是千年文物巴米揚佛像被炸毀。

但是，即使強悍如塔利班，也只控制住了阿富汗大約3/4的國土，戰爭仍然在繼續 —— 由塔吉克族和烏孜別克族為主的北方聯軍一直在武裝抵抗，什葉派的伊斯蘭力量 (比如哈扎拉人) 也在各地持續戰鬥。為鎮壓這些抵抗，塔利班在境內許多領土上展開「焦土政策」，對許多村落施行屠殺，而抵抗軍的反向屠殺也時有發生。

連年戰亂的生命代價極其慘重。據估算，從1978年到2001年美軍入侵前，阿富汗有150–200萬人死於戰亂，另有200萬人由於戰爭永久性殘疾，數百萬人逃離阿富汗 (Khan 2012)。對於一個至今也只有3000多萬人口的國家，這是極其不幸的數字。

接下來是舉世聞名的「9．11」以及美軍入侵。由於美軍的巨大威力，塔利班政權很快垮台，但是塔利班武裝力量並沒有消亡，他們只是

逃往東南地帶，開始打遊擊。一開始，由於力量懸殊，塔利班潰不成軍，2002-2005年阿富汗局勢相對平靜。但是，由於巴基斯坦某些勢力對塔利班的後援，也由於阿富汗中央政府的軟弱無力，2006年左右塔利班捲土重來。此後，阿富汗境內的暴力衝突重新加劇，儘管美軍2009年的「激增」策略一度打退塔利班的進攻，收復部分失地，2011年開始的美軍和北約的撤離則再一次改變阿富汗的力量平衡——羽翼未豐且派系分裂的阿富汗軍隊難以抵擋塔利班的遊擊戰術和四處開花的恐襲，結果是塔利班的節節勝利。到2021年，塔利班重新奪權。據估算，從2001年到2021年，在阿富汗，大約17.6萬人死於戰亂。[39]

上述阿富汗當代衝突簡史展示一點：在這塊土地上，過去四十年左右，無論是民主化還是威權化，都沒有帶來和平，阿富汗始終處於持續的戰亂之中。嚴格地說，阿富汗從來沒有走向真正的民主——在Polity V，過去四十年阿富汗從來沒有被給予過正分值，其最高分值也只是2014年以來（截至2018年）的-1分。不過，鑒於從2004年開始，阿富汗已經在舉行競爭性選舉，即使是-1分，相比此前的-8分和-7分，也構成本章所界定的「不完全民主化」。就戰亂死亡人數而言，轉型後阿富汗的暴力衝突水平實際上是下降了（轉型前MEPV峰值為7，轉型後峰值為4），但是，無論是轉型前還是轉型後，阿富汗的暴力衝突水平都在很高的水平上、都屬於內戰級別，[40]故本節將其作為「政體弱相關」類型來分析。

民主轉型何以無法緩和阿富汗的戰亂？為什麼在很多其它國家或遲或早出現的「政治接納」效應在阿富汗不起作用？簡單而言，由於宗教極端主義的意識形態剛性，塔利班力量拒絕被民主政府「接納」。根據伊斯蘭極端分子的原教旨主義精神，法律只能來自伊斯蘭法，而非「民

39　該數據來自於布朗大學Cost of War項目的數據，參見：https://watson.brown.edu/costsofwar/figures/2021/human-and-budgetary-costs-date-us-war-afghanistan-2001-2022

40　在MEPV中，分值7意味着「普遍戰爭」，分值4意味着「嚴重戰爭」，兩者都是內戰，只是後者帶有局部性特點、烈度偏低。

意」，「真主」而不是「民眾」決定公共生活的規則。所以，過去三、四十年中，阿富汗一再錯過可能的和平機會：1989年蘇聯撤軍後，納吉布拉政府試圖組織聯合政府，極端的聖戰者組織拒絕和解，納吉布拉最後被塔利班殺死並被懸屍懲戒 (Reeves 1996)；20世紀90年代後期北方盟軍首領馬蘇德 (Ahmad Shah Massoud) 試圖代表溫和的伊斯蘭力量與塔利班政府談判，最後他死於恐怖分子的自殺襲擊；2004年後的喀布爾政府也歡迎塔利班放下武器，組黨競選，但是塔利班還是長期拒絕和政府和談。民主作為一種制度，得以運轉的一個基本前提是主要政治力量認可這一遊戲規則，如果有主要力量反對這一規則，而且以槍杆子反對這一規則，那麼這個遊戲就難以為繼。

值得指出的是，伊斯蘭極端主義在阿富汗不僅是極少數人的觀念，而是擁有廣泛的土壤，這是其轉型格外艱難之處。20世紀80年代的「抗蘇戰爭」在整整一代人中激起了「宗教民族主義」熱潮，逃往巴基斯坦的阿富汗難民窮到往往只能接受免費的「宗教教育」，加上伊斯蘭極端主義的全球性回潮，結果就是目前阿富汗民眾中持有極端主義觀念的比例相當高。在2013年皮尤中心的一個民意調查中，有一個問題是「伊斯蘭法應該成為國家法律嗎？」，99%的阿富汗調查對象回答「是」；針對這些回答「是」的人，另一個問題是「應該以死刑處罰離教者嗎？」，高達79%的阿富汗調查對象回答「是」(Pew Research Center 2013)。如果這一調查結果真實地反映了阿富汗國民的觀念，這就意味着在阿富汗，近78%的穆斯林認為如果一個穆斯林不再信仰伊斯蘭教，他應該被處死。而在印度尼西亞，同一調查結果顯示，只有11%的穆斯林這樣認為。宗教極端主義的廣泛土壤很大程度上解釋了為什麼塔利班勢力能夠不斷重生，而以寬容、分權為價值前提的民主制度很難在阿富汗扎根。

既然民主難以在阿富汗建立秩序，為何威權統治也不能？阿富汗絕不缺乏「威權浪漫主義者」所寄望的「政治強人」，但是，從20世紀80年代有強大蘇聯支持的左翼威權政府，到90年代嚴酷的政教合一政權，到後來美軍支持的準威權政府，誰也沒能建立穩定的秩序和可持續的和平。究其原因，恐怕是阿富汗強大的「政治部落主義」傳統——不管誰

掌權，權力多麼鐵腕，另外的族群、宗教勢力總會「不服」，甚至，政府越強硬，反對勢力也會隨之越強硬。

眾所周知，阿富汗是一個族群林立的國家，主要的族群有普什圖人、塔吉克人、哈扎拉人、烏茲別克人、土庫曼人……他們語言、習俗不同、所屬的伊斯蘭派系也不同，彼此缺乏信任。普什圖人上台，塔吉克人抵抗；遜尼派上台，什葉派抵抗……2001年塔利班從首都落荒而逃後，很大程度上正是靠着一批普什圖人提供的財政、情報和心理支持網絡，才實現絕地反擊。更糟的是，作為一個被各大國包圍的內陸國家，不同族群都有周邊的戰略同盟國支持：巴基斯坦親普什圖人、伊朗親哈扎拉族、塔吉克斯坦和烏茲別克斯坦親北方聯盟、印度親任何反巴基斯坦的勢力、沙特和阿聯酋親遜尼派的極端勢力……「境外勢力」源源不斷的輸血使本可能打上句號的衝突變成無盡的省略號，任何「政治強人」都難以徹底剿滅對手。

阿富汗溝壑縱橫的高山地形也綁住了「政治強人」的手腳——這種地形不但使「國家統一」變得極其困難，也給各路遊擊隊提供了最好的藏身之所。比如，2001年後的戰爭中，美軍固然有世界上最強大的軍事武器，但是面對在深山中東躲西藏的分散遊擊隊，其武器優勢難以發揮，加上塔利班和普什圖廣泛同情者的「軍民魚水情」，一場美軍本以為可以幾個月收兵的「行動」變成了美國歷史上最長的戰爭。同時，阿富汗的地貌和氣候還適宜鴉片生長，對於資源貧乏的阿富汗，生產走私鴉片正好解決了遊擊隊的財源問題。

可見，在阿富汗，決定其過去四十年戰亂水平的，不是民主或威權政體，而是很多「其他因素」：它延綿不絕的高山地貌、錯綜複雜的族群關係、被各個對立大國包圍的地緣位置、伊斯蘭原教旨主義盛行的文化背景、貧困落後的經濟水平……所有這些因素塑造了當代阿富汗頑固的「軍事部落主義」，這一傳統既不向民主制度屈膝，也不向威權主義低頭。過去四十年來，阿富汗嘗試了各種政體：君主立憲、共和威權、蘇式專政、無政府狀態、極端主義神權、美式民主……然而，每一種

政體都敗下陣來。歷史上，阿富汗因為強悍的民風而被稱為「帝國的墳場」，現在，不幸的是，它又成為了「制度的墳場」。

本章試圖梳理新興民主中的暴力衝突變化情況。理論上而言，民主轉型可能以兩種相反的方式影響轉型國家的暴力衝突：通過「裂痕動員效應」加劇衝突，或者通過「政治接納效應」緩和衝突。究竟第三波民主轉型浪潮和暴力衝突之間關係如何？本章的第二部分從橫向對比、縱向對比以及因果分析三個維度去觀察這一關係。

橫向對比而言，民主轉型是否加劇暴力衝突，很大程度上取決於新興民主是處於轉型狀態還是走向了相對的民主穩固、是以低門檻還是常規門檻來定義民主轉型、以及聚焦於小規模衝突還是大規模衝突。總體而言，當新興民主處於過渡性的觀察期、當民主轉型門檻被設定得較低、當聚焦於小規模的衝突，民主轉型有加劇衝突之傾向，而當新興民主走向穩固、轉型門檻被抬高並聚焦於大規模衝突，新興民主的暴力風險則傾向於低於威權轉型和穩定威權狀態。

縱向對比而言，基於 Polity 政體數據庫與 MEPV 暴力衝突數據庫的匹配顯示：第一，即使是採用低門檻轉型標準，轉型後暴力衝突水平下降的國家略多於衝突水平上升的國家，不過，在中大型國家，二者則大體相當。第二，轉型後的衝突加劇國和衝突緩和國，其暴力衝突變化的程度不同：衝突緩和的程度傾向於大於衝突加劇的程度，並且烈性衝突傾向於爆發於轉型前。第三，相對多數的國家暴力衝突水平並不隨政體變化而明顯變化，也就是說，對於相對多數國家，轉型可能既不顯著加劇也不顯著緩和衝突─這一看似模糊的發現包含着巨大的理論意涵，它敦促我們對政體自身的解釋力保持節制。

就因果分析而言，本章把分析對象局限於第三波案例，在控制相關變量之後，不同的回歸模型都不支持「民主轉型衝突論」。與穩定民主相比，民主轉型顯然是危險的，但是，就衝突爆發的概率而言，與穩定威權、威權轉型相比，其危險的顯著性其實略低，而以民主的常規門檻為轉型標準時，其危險性會顯著更低。就衝突水平而言，情況則更加清

晰，即使以低門檻來定義民主轉型，其危險程度也顯著低於穩定威權和威權轉型。當然，分析也顯示，與經濟水平、種族多樣性等「其他因素」相比，政體狀態的解釋幅度往往有限，再次提醒我們需要將政體因素置於更複雜的解釋網絡中來分析。

本章還通過三個案例闡釋了民主轉型和暴力衝突的三種可能關係：尼日利亞案例顯示了在國家建構不足的情況下，民主轉型如何激發、惡化既有的族群裂痕，引發周期性衝突；印度尼西亞案例顯示，分權的制度安排和相對寬容的政治文化可能扭轉衝突失控趨勢；而阿富汗案例則顯示，在惡劣的地緣條件、極端主義盛行的政治文化、充滿裂痕的社會結構中，何以無論民主或威權制度都難以平息戰亂。

就民主轉型和暴力衝突的關係而言，極端樂觀或極端悲觀主義都是在「盲人摸象」。認為民主必然帶來和平是一種不切實際的浪漫主義，因為民主帶來和平往往需要一定的前提，其中各方重要政治力量都接受民主的遊戲規則是最根本的前提，而民主各項機制的「可信度」則需要漫長的重複博弈才能得以建立。但是，認為威權制度必然帶來和平則是一種「威權浪漫主義」：威權制度並不等同於強大的國家能力，無論是歷史上還是現實中，「弱獨裁者現象」比比皆是。即使那些能夠構建有效秩序的威權政府，其威權穩固期「平靜」的代價往往是威權轉型期的血腥暴力，只不過其政權的暴力成本以「大額首付」的方式出現而已。在21世紀，面對不斷上升的「觀念的水位」，維繫威權政體的暴力成本可能越來越高。在政治部落主義興盛之處，轉型是危險的，而在權利意識覺醒之處，拒絕轉型則可能更加危險。

第三章

新興民主國家的經濟發展

在轉型的峽谷中，新興民主的經濟表現如何？顯然，任何關注轉型的人都會關注這個問題。儘管一種觀點認為「GDP至上主義」是一種不健康的發展觀，但是正如聯合國「人類發展指數」排名所揭示，人類所珍視的幾乎所有「發展指標」——比如健康、教育、穩定、環保、公共服務等等，往往都與人均GDP緊密相關。甚至，對民主本身的支持度也與該國的經濟表現相關。[1]正是因此，如果民主轉型帶來一個國家經濟的顯著下滑或停滯不前，有理由相信這個國家的轉型極有可能前途暗淡。

邏輯上而言，樂觀或悲觀主義都有其理由。樂觀主義者認為，民主制度約束政府對產權的任意破壞，而產權保護有助於建立穩定的經濟預期，繼而激勵投資與生產。另一些人則相信，民主制度所保護的信息自由對於經濟發展必不可少——畢竟，歷史上許多饑荒和經濟危機主要並非由資源匱乏造成，而是由信息屏蔽導致的救濟不力引發。還有人論證，民主制度所推動的醫療、教育、公共服務等建設促進人力資本發

1　比如，《經濟學人》對拉美的追蹤性民調發現，人們對民主的滿意度和經濟水平同向變化。當巴西、委內瑞拉、阿根廷等國2015年左右出現經濟下行時，其政治光譜中的中間力量明顯衰落，兩極力量明顯崛起，甚至人與人之間的相互信任也顯著下跌（*The Economist*, Sep. 26，2015）。

展，繼而幫助「最多數人釋放最大程度的潛能」。阿齊默魯和魯賓遜以「包容性制度」vs「吸取性制度」來解釋不同國家的不同經濟表現，正是試圖論證民主、開放的政治制度更可能通向經濟繁榮 (Acemoglu & Robinson 2012)。

另一方面，悲觀主義者則擔憂民主的「陰暗面」。一些人認為，通過將政治權利賦予全民，民主很可能鼓勵過度的劫富濟貧，並在此過程中培育沉重的管制型政府和膨脹的福利國家。尤其在經濟高度不平等的國家，中間選民的收入低於國民的平均收入，造成多數民眾在政策上偏好高稅收高赤字，從而損害企業投資和創新的積極性，並埋下財政危機的種子。換言之，具有掠奪性的未必僅僅是政府，也可能是民眾，只不過在民主體制下，掠奪行為未必以專制者獨斷專行的方式出現，而是通過民主投票的程序出台。

歷史上，此類爭論延綿不斷，始終懸而未決。考察相關研究，選取不同的國家、不同的時間段、不同的研究方法，或甚至同一種研究方法的不同模型，其發現都可能迥異。從普通觀察者的角度來看，不同的關注對象、或同一關注對象的不同解讀方式，也可以造成截然不同的印象。對比東德西德的經濟發展表現，很容易得出「民主優越論」的看法；對比新加坡和菲律賓，則又可能得出「威權優越論」的結論。一些國家既經歷了威權制度也經歷了民主制度，但是經濟始終沒有大的起色 (比如菲律賓)，另一些國家則無論是在威權還是民主制度下都經濟發展良好 (比如韓國)，因此又可能推出「政體形式對經濟發展並非關鍵因素」的結論。還有一些國家，政體形式不變的情況下，經濟增長在某個階段後突然開始提速 (比如印度) 或減速 (比如巴西)，使得觀察者不得不將目光投向經濟政策、人口結構、國際經濟體系等「其他」因素。

因此，現實的複雜性，使得任何對「政體轉型和經濟發展」的理論化努力都極其艱難。在本書的第七章，筆者將繞開政體因素，從經濟政策的角度去解釋新興民主的經濟表現，但本章則將像第二章一樣，追問政體狀態與經濟狀況的關係。確切地說，第三波民主化浪潮對轉型國家的經濟取向和經濟發展，造成什麼樣的影響？這個問題包含兩個部分：

第一，從經濟政策取向的角度而言，如果以經濟自由度衡量經濟政策取向，那麼，民主轉型是提高還是降低了經濟自由度？「民主轉型有害於經濟發展」的憂慮主要來自「民主激發經濟民粹主義」這一邏輯：民主帶來過度劫富濟貧、帶來過重福利國家、帶來過度保護主義、帶來超大政府……總之，許多人擔憂，民主轉型損害經濟自由。因此，有必要分析這種「印象」是否為事實。第二，從經濟績效而言，轉型又如何影響了經濟發展？增長（或衰退）與轉型前比有什麼變化？轉型後的短期經濟與長期經濟表現是否不同？與其他類型國家相比（成熟民主國家以及穩定威權國家相比），經濟增速是偏高或偏低？

　　本章將分為四個部分。第一部分在總結相關研究的基礎上，闡釋論辯雙方的理論脈絡；第二部分分析第三波民主轉型對經濟自由度的影響；第三個部分分析第三波轉型與經濟發展水平的關係；最後進行簡要小結。[2]

一　理論背景與爭論

1. 民主與經濟自由度

　　儘管學界和民間有無數聲音反對經濟上的「新自由主義」，諸多研究顯示，至少一定程度的經濟自由是當代許多國家經濟發展的重要動力。在2006年的一篇論文中，德‧哈恩等對33篇研究經濟自由度與經濟發展關係的論文進行了總結，發現這些研究儘管模型建構方式各有不同，但是無一例外地發現經濟自由度的增加傾向於促進經濟發展（De Haan et al. 2006）。雖然這些研究對經濟自由的哪個要素真正促進增長、這種促進關係是否會邊際遞減以及是否存在地區性差異存在爭議，但其結論的共識程度在社會科學中是罕見的。

2　由於本書第七章將對新興民主的經濟表現進行諸多案例分析，故此章不設案例分析。

　　如果經濟自由對於經濟增長的影響如此重要，那麼民主制度是否有礙經濟自由就成了一個關鍵問題。理論上，民主制度既有可能促進經濟自由，也有可能損害它。就其促進功能而言，它可能通過約束獨斷的政府權力、加強產權保護、促進法治等機制促進經濟自由。正如諾斯所言，「清晰界定和維護產權是經濟增長的必要條件，而產權只有在政治和公民權利有保障的時候才能得到保障，否則任意的沒收總是一個威脅」（North 1993：1）。就民主威脅經濟自由的可能性而言，如前所述，民主可能助長強制性再分配、價格管制、貿易保護、勞資關係干預等管控政策。哈耶克就曾持續表達過對「無限民主」的擔憂，認為它可能帶來「政府對經濟生活控制的不斷膨脹」（Hayek 1978：107），「自由主義與無限民主不兼容，正如它與任何其他形式的無限政府不兼容一樣」（Hayek 1978：143）。

　　近年，關於經濟自由度的數據庫開始出現，使得上述規範性討論的實證驗證得以可能。與很多人的直覺相反，多數經驗研究發現，政治民主與經濟自由存在着正相關關係。德・哈恩等總結了11項研究，發現其中大多數的結論指向這一正相關關係──儘管到底「經濟自由」和「政治民主」到底誰是因誰是果存在一定爭議，二者的相容性卻為多數研究所認可（De Haan et al. 2006）。

　　在這些研究中，德・哈恩與施圖爾姆採用1975–1990年的面板數據，發現民主程度與政治權利的強化顯著增加經濟自由度，並且這一結果適用於他們所考察的所有經濟自由度構成要素（De Haan & Sturm 2003）。德・萬薩等對經濟自由的制度基礎進行研究：為什麼有些政府追求有效率的經濟政策，而有些政府採用低效的經濟政策？（De Vanssay et al. 2005）他們發現，「當政府官員被趕下台的威脅越真實，他們就越傾向於追求有效率的經濟政策」，而什麼能帶來「將官員趕下台的真實威脅」？選舉競爭的公正性、政治制衡程度等等。他們還發現，其研究結論並不因研究對象是發達還是發展中國家而改變。墨菲通過改進過的民主測量方式得到的發現依然類似，並發現這一聯繫並不隨起點處的民主程度而明顯變化（Murphy 2018）。比約斯科夫和羅德認為民主促進經

濟自由,主要是通過設立獨立的中央銀行增加財政穩健性這一路徑
(Bjørnskov & Rode 2014),而布德羅的發現主要指向民主轉型增加貿易
自由(Boudreaux 2015)。勞森和克拉克試圖考察著名的「哈耶克─弗里
德曼假説」(經濟自由是政治自由的前提),卻發現政治自由的國家未必
總是經濟自由,經濟自由的國家也未必推動政治自由,但是政治自由出
現之後,在幾乎所有國家裏都逐漸推動了經濟自由(Lawson & Clark
2010)。這一發現十分有趣──它不但構成對「政治權利擴大阻礙經濟
自由」這一觀點的反駁,也構成對「先經濟自由再政治權利」的「順序論」
的反駁。卡登和勞森集中考察人權對經濟自由度的影響,他們發現,與
很多人認為的相反,人權迫害會降低而不是加快經濟自由化的速度
(Carden & Lawson 2010)。

除了上述總體關係的研究,就政治民主與經濟自由中某些構件的關
係也出現一些研究。比如,杜特和米爾特拉(Dutt & Miltra 2002),米爾
納和庫博塌(Milner & Kubota 2005),還有米爾納和穆爾克基(Milner &
Murkherjee 2009)都曾研究政治民主化與貿易開放性的關係,總體而
言,都發現民主轉型是促進了而不是削弱了貿易自由。不過,倫德斯特
羅姆發現,經濟自由中的不同構件與民主的相容性程度不同:民主能夠
促進國際貿易往來,但是就其對貨幣政策和歧視性稅收的影響而言,沒
有發現顯著關係(Lundstrom 2005)。

羅德和格沃特尼則從另一個方面揭示了「民主轉型和經濟自由度」
的複雜關係(Rode & Gwartney 2012)。類似於前面的研究,他們也發現
民主轉型與經濟自由度的增加正相關──即使將前社會主義國家的轉
型排除出去,這一結果也並不改變。不過,他們還有兩個更微妙的發
現:第一,政治民主化與經濟自由化之間的關係呈現「倒U形」,即,
民主化轉型初期,經濟自由度明顯增加,但是民主穩固之後(十年之
後),經濟自由度開始從頂峰回落(但仍然高於轉型前);也就是説,政
治民主與經濟自由並不存在「線性關係」,並非一個國家越民主,經濟
就越自由;第二,穩定的民主化過程增加經濟自由度,不穩定的民主轉
型則減少經濟自由度。

2. 民主與經濟增長

就政體形式和經濟增長的關係而言，研究則更加豐富。與許多人的強判斷不同，許多引人注目的研究發現，政體對於經濟增長沒有顯著影響，也就是說，民主既不有利於也並不有害於經濟發展。比如，較早開始做相關研究的巴羅發現，「更多的政治權利對於增長沒有影響」（Barro 1997：11）。在其2000年的經典著作《民主與發展》中，普澤沃斯基等也系統論證了政體類型對於經濟發展沒有顯著關係（Przeworski et al. 2000）。即使是針對亞洲——這一被視為「威權式增長」和「民主造成衰退」的典型地區——的研究，也並沒有顯示民主化有害於經濟發展（Heo et al. 2012）。結論的不確定性也體現於杜庫里亞格斯和烏盧巴紹盧的一篇綜合分析文章中—根據他們對2005年之前84篇相關研究中483次回歸分析的整理，他們發現「15%的回歸分析顯示民主與經濟增長顯著負相關，21%不顯著負相關；27%顯著正相關，37%不顯著正相關」（Doucouliagos & Uluba o lu 2008：62）。

雖然很多研究顯示政體與經濟表現沒有顯著關係，也有研究顯示民主有害於經濟增長——比如塔瓦爾和瓦齊亞爾格（Tavares & Wacziarg 2001）發現，民主與低私人投資和高政府支出相關，從而影響經濟增長；拉什迪和賽義迪的研究發現，在中東地區，民主顯著有害於經濟增長（Rachdi & Saidi 2015）。不過，近十年，也就是研究方法得以改進、研究時段得以拉長以及研究數據得以改進之後，[3] 似乎越來越多的研究顯示民主有利於經濟發展——這一點在民主相對穩固之後尤為明顯。阿齊蒙格魯等的研究論文「民主的確導致增長」發現，1960–2010年間，「民主對於經濟增長具有強勁而且顯著的影響」（Acemoglu et al. 2019：48），[4] 而且這一影響並不因為轉型國家的經濟起點而明顯變化，其中的

3　比如，馬吉和多塞斯指出，威權國家提交給世界銀行的經濟數據傾向於誇大其經濟水平。據其研究，威權政府對本國GDP增長的誇大大約在1%左右（Magee & Doces 2015）。

4　具體而言，其研究估算民主轉型國相比維持威權體系，在轉型後的二十五年裏經濟多增長20%。

機制是「民主通過鼓勵投資、增加教育、促進經濟改革、改進公共服務以及減少社會動盪促進未來的GDP增長」，他們同時論證，「我們沒有發現什麼證據證明，對於欠發達經濟，民主束縛經濟增長」（Acemoglu et al. 2019：89）。杜庫里亞格斯等也發現，儘管民主政體並不直接導致經濟增長，但是它可以通過增加人力資本、經濟改革、減少政治不穩定和通貨膨脹對經濟增長產生間接正面作用（Doucouliagos et al. 2008）。

格爾林則試圖找到一種更微妙的關係。他認為，假定政治轉型的經濟效應迅速出現，這很成問題，因為民主的正面或負面效應可能是緩慢出現的（Gerring 2005）。為此，他所設計的研究框架將民主視為「存量」（即民主歷史積累的「厚度」）而非某個點上的水平，在這一框架下，民主與經濟增長顯著正相關，並且這一結果並不因為一個國家是「早發」還是「後發」民主國家而改變。佩爾松和塔貝利尼得出類似的結論，只不過他們將作為存量的民主概念化為「民主資本」（Persson & Tabellini 2009）。[5]帕帕約安努和西烏盧尼斯的研究思路類似（Papaioannou & Siourounis 2008），他們發現「穩固的民主化」與人均GDP每年+1%左右的真實增長相關，而這一正相關關係在那些「部分民主化」的國家甚至比「完全民主化」的國家更顯著，與此同時「專制化」（儘管此類案例要少得多）對經濟有顯著的負面效果，這似乎否定了「專制拯救經濟」的論斷。

針對更長時段的研究結論則更加清晰。馬德森等人針對1500–2000年和1820–2000年間的研究發現，即使是控制人力資本以及其他關鍵因素，民主對經濟增長和收入也具有顯著影響（Madsen et al. 2015）。事實上，他們發現民主一個標準方差的上升與44%–98%的人均GDP提高有關。這進一步說明，政體的經濟效應或許很難從某一個時間點上橫截面中看出，而需要加入時間軸，甚至長時段的時間軸，才能清晰呈現。

當然，無論是「民主厚度」、「民主資本」還是「穩固化的民主」，對很多觀察者來說，這些前提就存在問題——因為它對轉型時間長度和

5　他們對「民主資本」的理解涵蓋了格爾林等的民主存量概念（民主＋時間），但又不完全相同，他們將鄰國的民主水平也考慮入內。

民主質量要求過高，而現實中的轉型恰恰是「時間不足」和「質量不高」。不同研究之所以結果眾說紛紜，顯然與不同學者所使用的數據庫、研究時段和地區，以及模型建構方式相關。但無論如何，民主轉型與經濟發展的關係並沒有明晰結論，如果說跨國量化研究有一定結論，近年它略微向「民主有益論」傾斜。

　　另外一類討論聚焦的並非「哪種政體促進增長」，而是「不同政體如何以不同方式促進增長」。不同政體下經濟雖然都可能增長，但是其增長的邏輯可能存在差異。一個常見的看法是，威權政體下的發展更傾向於是投資密集型的，而民主政體下更傾向於人力資本拉動型 (Tavares & Wacziarg 2001；Baum & Lake 2003；Klomp & De Haan 2013)。這一點不難理解，威權政府的優勢在其克服各種約束的行動效率，在其集中資源的能力。「東亞模式」中的威權發展，大致都有這一特點：政府集中財政資源、土地資源、自然資源……再輔以一定的稅收、補貼、勞工政策，將其「擰成一股繩」，投入到特定產業或項目中，時常取得立竿見影的效果。[6]而在民主政體下，由於繁複的制度制衡和再分配壓力，政府集中資源的效率則受到更多限制。因此，在許多新興民主中，基礎設施的建設往往是其發展瓶頸，也較少見到大規模工業園區，或者某個產業「忽如一夜春風來」的崛起。一項研究發現，同樣供電能力的情況下，威權體制更傾向於將電力供給工業，而民主體制下更傾向於供給居民生活用電 (Brown & Mobarak 2009)。另一項有趣的研究中，耶羅和克努森發現威權政體造出的摩天大樓比民主政體更多並更高 (Gjerløw & Knutsen 2017)。此類研究都間接說明兩種政體下可能存在不同的發展邏輯。

　　這種「不同政體下不同發展邏輯」的研究，常常延伸到民主轉型和人力資本的關係。斯塔薩瓦熱發現，在非洲，民主轉型推動的基礎教育投入顯著提高——威權狀態下，政府更注重高等教育，而在民主轉型後，政府則把資源更多地轉入基礎教育 (Stasavage 2005)。吉爾法森的發

6　當然，這種模式也有其問題，常見的批評包括官商關係過於緊密造成裙帶資本主義、市場配置扭曲等。

現相似 (Gylfason 2013)。富士瓦拉對巴西的研究則發現,一旦改進投票技術,窮人的選票作廢率下降,哪怕在投票率不變的情況下,政府會顯著增加對底層的醫療投入 (Fujiwara 2015)。貝斯利和下松其之發現,即使控制經濟水平,民主對於民眾健康具有顯著積極影響(Besley & Kudamatsu 2006;Kudamatsu 2012),博利基最近的研究印證了這一點 (Bollyky et al. 2019)。

人力資本的優勢可能還體現於創新能力。薩克斯等曾論證,威權制度的經濟發展優勢主要集中於技術模仿階段,因為威權政府自上而下組織資源實行「趕超策略」的能力較強,相比之下,民主制度下的發展更依賴於自下而上的分散努力,它更能刺激個體創新(Sachs et al. 2000)。他們以此模式來分析美蘇冷戰時期的經濟競爭:早期蘇聯的快速經濟發展很大程度上來自於它的技術模仿能力,但是,一旦這種「模仿優勢」耗盡,由於創新能力的不足,經濟發展開始放緩,最後在美蘇競爭中敗下陣來。克努森以及唐的研究也試圖論證民主政體的創新優勢(Knutsen 2015;Tang 2018)。當然,也有研究顯示,民主與否與創新沒有相關性 (Gao et al. 2017)。

二 第三波民主轉型與經濟自由度

如前所述,很多人對民主的疑慮,來自於它對經濟自由的潛在損害。這種「政治民主與經濟自由衝突論」有一定的經驗案例支持。比如新加坡,一個並不合乎自由式民主標準的地區,長期被視為經濟自由的典範。冷戰時期的一些右翼威權國家——比如皮諾切特治下的智利,蘇哈托治下的印度尼西亞,樸正熙時代的韓國,兩蔣時代的中國台灣或佛朗哥的西班牙,其威權政治被很多人視為維繫經濟自由的必要條件,否則這些國家可能被反市場的左翼浪潮所吞沒。相比之下,一些民主國家卻似乎長期偏好高度經濟管制:民主的印度在90年代之前,已經堅持了幾十年的計劃經濟模式;委內瑞拉近年的民粹主義經濟浪潮,由其

民選總統查韋斯一手打造；2009年以來的歐元區經濟危機，被很多人視為選票吹起的福利泡沫破裂所致。總之，「威權促進經濟自由，民主造成經濟民粹」之觀點，有一定的經驗觀察基礎。

然而，引人注目的個案很難成為總體性判斷的基礎。某些時候，個案之所以引人注目，恰恰因為它過於特殊。如果援引弗雷澤研究所的世界經濟自由年度報告 (Economic Freedom of the World，簡稱EFW) 2017年的數據，會發現這一年「經濟自由指數」排名最高的40個國家／地區中，除了四個石油國家 (阿聯酋、約旦、卡塔爾和巴林) 外，只有兩個 (中國香港和新加坡) 不屬於自由式民主體系 (Gwartney et al. 2019)。也就是說，在其他34個國家裏，民主不但與經濟自由兼容，而且經濟自由程度很高。相比之下，在經濟最不自由的20個國家裏，有11個屬於Polity數據庫中的威權國家，剩下的民主國家也大多是民主程度很低的國家。回顧歷史，固然冷戰時期存在前述右翼威權國家，但是當時左翼威權國家聲勢更加浩大——且不說蘇東地區，哪怕在非洲，就有安哥拉、埃塞俄比亞、莫桑比克、索馬里、南也門、坦桑尼亞、阿爾及利亞等國以威權政體維繫極左經濟模式。因此，以「威權制度＝經濟自由，民主制度＝經濟管制」這樣機械的兩分法來認識現實和歷史，並不恰當。

那麼，第三波轉型浪潮以來，民主轉型到底如何影響經濟自由度？與上一章類似，本節採用橫向對比、縱向對比和因果分析三個維度去觀察這一關係。橫向而言，比較不同政體類型下經濟自由度在1974–2018年間的差異；縱向而言，比較第三波國家在轉型前後經濟自由度的變化；因果分析而言，在控制相關變量的前提下，以回歸分析的方式觀察政體狀態對經濟自由度的影響。

1. 經濟自由度的橫向比較

首先比較1974–2018年間不同政體狀態下經濟自由度的差異。本節仍然採取上一章的分類方式，將政體狀態分為四類：穩定民主；民主轉

型；威權轉型；穩定威權。不過，由於研究問題的差異，本章恢復第一章中的民主轉型標準：以 polity 分值由負轉正為門檻，不再將終點為半威權政體的正向移動也囊括進「民主轉型」。這是因為，在關於民主轉型和暴力衝突的研究中，諸多研究格外強調「不完全民主化」或「中間政體」的危險性，故有必要採用同一標準去校驗既有研究。但是，這種做法有概念拉伸之嫌，實際上是把「威權程度減弱」等同於「民主化」。嚴格來說，很難把乍得、約旦之類國家也稱為第三波民主轉型國家，把韓國的轉型啟動時間定於 1981 年、或者把墨西哥的轉型時間定於 1977 年也比較牽強。在民主轉型和經濟發展的既有文獻中，筆者未見對「中間政體」的廣泛重視，因此本章恢復第一章中所採取的民主轉型標準。

具體而言，在本章中，根據上述標準的調整，民主轉型的定義為：當一個政體在 1974–2018 年間 polity 出現 3 分或以上的正向移動、並且這種移動實現了由負轉正的跨區域變化，即被定義為「民主轉型」狀態，直至出現顯著（3 分或以上）的反向變化或 12 年轉型期已過。「威權轉型」的定義標準以此類推，只不過變化方向相反。「穩定民主」的標準為：該政體的 polity 分值只在正值內部（1–10 之間）波動、並且 12 年或以上沒有出現顯著跌落（3 分或以上）；「穩定威權」的標準以此類推，只不過其移動區間為 -10–0 之間。[7]

經濟自由度的數據則來自弗雷澤研究所發佈的經濟自由度指數，即前述 EFW。「世界經濟自由年度報告」是被廣泛引用的經濟自由度數據

7　與上一章類似，當一個政體 polity 在正值範圍跌落 3 分以上、但又沒有跌至負分，設為缺失值，因為它既沒有抵達「威權轉型」的標準，又難以被稱為「穩定民主」。同理，當一個政體 polity 在負值範圍上升 3 分以上、但又沒有升至正分，設為缺失值。不過，如果同一區域內部 3 分以上的變化一直穩定在同一個範圍內（3 分以內）10 年以上，將重新被視為穩定政體——比如從 -9 升至 -2 後長期穩定在 -2 分（10 年以上），將重新被視為穩定威權。關於前殖民地國家和分裂形成的國家，處理方式與上一章相同。由於模糊分值包含的信息量不像上一章那麼大（考慮到 -66 軍事佔領、-77 無政府狀態與暴力衝突的重疊關係），故在本章中捨棄此類分值不會造成太大信息流失，-66 和 -77 也都設為缺失值，但是 -88（轉型狀態）則根據分值前後變化來確定政體狀態——前後發生由負轉正的變化設為「民主轉型」，反之則否。

庫，著名經濟學家弗里德曼曾參與它最初的設計，數據從1970年覆蓋至今。[8]它主要根據5個領域的42個要素對一個國家/地區的經濟自由度進行打分，分值在0到10之間分佈：分值越高為越自由，分值越低為越不自由。它考察的5個領域是：1，政府規模：政府開支、稅收和國有企業規模；2，法治程度和產權安全；3，貨幣穩健度；4，國際貿易自由度；5，對信用、勞工和商業的管制程度。

四種政體狀態下的經濟自由度變化

圖3-1呈現四種政體狀態下的1975–2018年經濟自由度均值的變化，其中所使用數據在本書的附錄3-1中。該圖展現了幾個重要信息：第一，幾乎所有政體狀態下，經濟自由度都出現了顯著上升，也就是說，在1975–2018年的時間範圍內，經濟自由度的上升是一個全球性現象，而非某種政體狀態所特有。這一點合乎我們的直覺——1980年代以來，世界經濟進入了一個超級全球化進程，也有人稱之為一個新自由主義時代，諸多國家都進行了不同程度的「改革開放」，因此，多數國家的經濟自由度都經歷了一個水漲船高的過程。

第二，上升幅度最大的階段在1985–2005年左右，此後，各政體狀態下經濟自由度都進入了平台期，甚至在某些類型中略有下降，說明「新自由主義經濟政策」在經歷了一段時間的高歌雄進之後，開始放慢腳步。當然，在我們考察的時間範圍內，既有數據也不支持大規模逆自由化也已發生。有趣的是，經濟自由度的大幅提升和平台期出現，與第三波民主化浪潮的出現與放緩，在時間上不謀而合——都是在1985–2005年左右出現顯著上升，此後進入平台期。

第三，就四種政體狀態的比較而言，經濟自由度始終最高的是穩定民主，最低的始終是威權轉型狀態，彰顯民主與經濟自由的兼容性。穩

8　1970–2000年是每五年發佈一次，覆蓋大約100個國家；之後則是每年發佈，覆蓋大約141個國家。

定威權和民主轉型的變化趨勢則比較接近，可以說不相上下；不過，從
2005 年左右開始，民主轉型狀態出現一個下行趨勢，而穩定威權狀態
則繼續上行，到 2012 年左右，雙方的先後位置出現了一個交換——穩
定威權政體的經濟自由度開始反超民主轉型狀態。

圖3-1：不同政體狀態下經濟自由度均值的變化 (1975–2018)

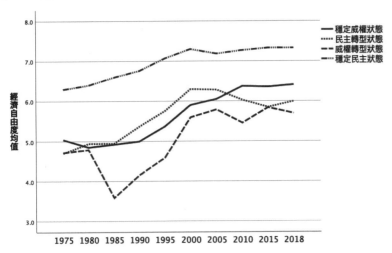

數據來源：EFW (作者自繪)。

　　不過，如何詮釋這種趨勢的換位，卻未必那麼直觀。原因是，圖
3-1 比較的是不同政體「狀態」下的經濟自由度變化，而非不同政體「國
家」中的經濟自由度變化。就「狀態」進行比較，好處是我們能夠區分轉
型的過程與結果，單獨觀察「轉型」作為一個「過程」與經濟自由度的相
關性，但是其弊端在於，每一個狀態中所包含的國家是不斷在變化的，
而同一個國家會在不同的狀態中「跳來跳去」。如第二章所述，比如智
利，在 1973–2000 年間，就在四條線之間都存在過。由於每條線中所包
含的國家在不斷變動，所以我們並不能直接將上述圖表詮釋為「轉型國
家」的經濟自由度先升後降，而只能詮釋為「轉型國家處於轉型狀態時」
經濟經濟自由度平均而言先升後降。

三類國家的經濟自由度變化趨勢

　　為突出第三波國家作為一個類別的變化趨勢，筆者在圖3-2中展示以國家為分類方式時的經濟自由度變化趨勢。也就是說，暫時放棄區分轉型國家的「民主轉型階段」和「民主穩固階段」，而將其進行合併，以確保我們始終在比較同樣的三組國家。在此，和第二章一樣，國家被分為三類：穩定威權國家（1974–2018年間從未捲入民主轉型的國家），民主轉型國家（1974–2018年間捲入民主轉型的國家），穩定民主國家（1974–2018年間從未出現民主崩潰的國家），並此基礎上展示經濟自由度的變化趨勢。[9]也和第二章一樣，在民主轉型國家這個類別，只保留了其民主狀態下的數值。

圖3-2：不同政體國家經濟自由度均值的變化（1975–2018）

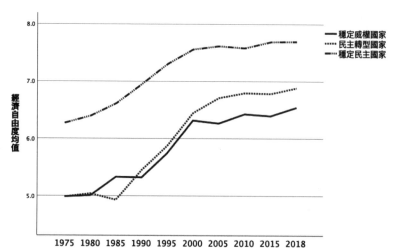

數據來源：EFW（作者自繪）。

9　如果一個威權國家出現民主轉型，但是兩年之內即出現民主崩潰，並且再未出現民主轉型，仍然將其視為穩定威權國家，原因在於，僅因其極其短暫且失敗的民主轉型經歷，即將其視為「民主轉型」國家，帶來一定信息的同時，造成更大的信息損失。比如，阿塞拜疆僅僅在1992年實驗了一年的民主轉型並且民主程度很低（polity分值為1），之後1993年回落為負值並且沒有出現再次民主化，這種情況下，損失其44年的經歷來凸顯其1年的經歷並不合理。不過，在計算該國經濟表現的時候，在其經歷民主轉型的短暫年份，經濟表現將不被計算在內。同理反向適用於穩定民主國家。

如此轉換視角，將比較的對象固定下來，我們會發現，三類國家經濟自由度的變化趨勢變得更加接近，事實上，2000年左右之後，民主轉型國家的經濟自由度上升幅度還略超過穩定威權國家。不過，大體而言，三類國家都合乎之前的描述：其經濟自由度的上升主要都發生在1985–2005年間，之後的變化趨勢都是趨平。

三類國家經濟自由度不同維度的變化趨勢

如前所述，EFW的經濟自由度是一個綜合性的指數，其中包括政府規模、法治與產權保護、貨幣穩健度、貿易自由度和市場管制五個要素。但是，正如一些研究指出（Lundstrom, 2005），就算不同政體狀態下經濟自由度這個綜合指數變化趨勢一致，其組成要素的變化趨勢卻未必一致。畢竟，一個常見的說法是：民主政體難以抵制民眾的再分配衝動，因而更可能擴大政府規模、無度印鈔，導致財政支出和通貨膨脹失控，而民主的優勢則可能是在法治與產權保護保護方面，因為民眾有更多的政治動員能力保護自身產權。因此，有必要探究不同政體狀態下經濟自由不同維度的變化，從中窺視是否不同政體狀態是否影響經濟自由的方式不同。

圖3-3至3-7分別呈現三類國家經濟自由不同維度的變化趨勢。這些圖表包含豐富而有趣的信息。首先來看「政府規模（均值）的變化」。在EFW的報告中，這個維度根據政府投資、政府支出、國有經濟比例、最高邊際稅率等指標賦值，分值越高越經濟自由，也就是政府越小。和經濟自由的綜合指數一樣，各政體政府規模都經歷了自由化方向的變化，並且總體變化幅度相近。注意，由於EFW的賦值方式，圖中信息並非世界各國政府規模在變得越來越大，而是越來越小。如圖所示，在1975–2018這個時間範圍內，總體而言，三類國家的政府都在「變小」，不過，一個醒目的信息是，在三類國家中，民主轉型國家的政府規模始終是最小的——民主轉型並沒有使其變成「大政府」。不過，如何詮釋這一信息則可能非常複雜。對很多國家來說，「小政府」與其說是主動的政治選擇，不如說是由於財政能力薄弱而陷入的被動境地，它可能意味着許多轉型國家在公共產品和服務方面的供給不足。

圖3-3：各政體國家政府規模的變化趨勢 (1975-2018)

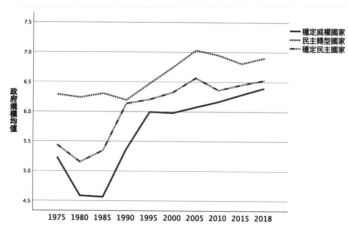

數據來源：EFW（作者自繪）。

　　再來看另一個相關的維度：貨幣穩健性——這個維度衡量貨幣供給的擴張程度和通貨膨脹指標。這個維度的均值變化可能同樣未必合乎很多人的直覺：雖然三類國家的貨幣穩健性都有顯著提高，但是相比穩定威權國家，民主轉型國家的提高更加明顯。這很可能是因為民主轉型往往帶來央行獨立性的提高，從而降低了貨幣政策被政府俘獲的可能性。

圖3-4：各政體國家貨幣穩健度的變化趨勢 (1975-2018)

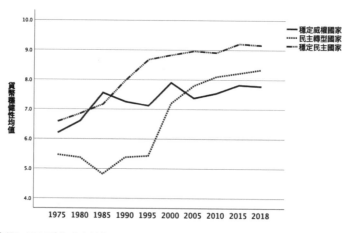

數據來源：EFW（作者自繪）。

「法治與產權保護」維度評估的是各國的司法獨立性、契約可執行性、私有產權的保護力度等等指標。相比穩定威權國家，民主轉型國家是否更顯著改善了「法治與產權保護」？再一次，信息呈現出「反直覺」的一面：在這個維度上，儘管穩定民主國家的表現始終最自由，但是它在這個階段居然出現了輕微下滑的趨勢；而在民主轉型國家和穩定威權國家中，穩定威權國家明顯出現了追趕趨勢（儘管仍然略低），也就是說，穩定威權國家也出現法治和產權保護的改善，並且其改善速度未必低於民主轉型國家。事實上，如圖所示，民主轉型國家在這個維度上的改善，就其平均水平而言，主要發生在上世紀80年代，此後則大致處於持平狀態。

圖3-5：各政體國家法治與產權保護的變化趨勢（1975-2018）

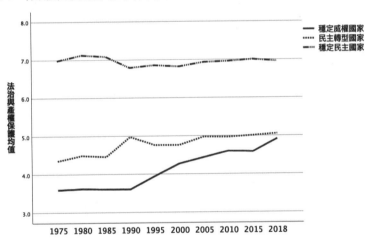

數據來源：EFW（作者自繪）。

第四個維度是貿易自由度，衡量關稅、非關稅壁壘、資本與人員的國際流動障礙。東亞「四小龍」在威權政治上實施的出口發展戰略可能使很多人在「威權」與「開放」之間建立聯繫，這種聯繫是否在更廣的範圍內存在？如圖所示，在這個維度上，儘管每個類型的國家都大體經歷了自由度的上升，但是民主轉型政體的提升幅度為最大。也就是說，與穩定威權國家相比，民主轉型國家未必更加「貿易保護主義」。

圖3-6：各政體國家貿易自由度的變化趨勢 (1975-2018)

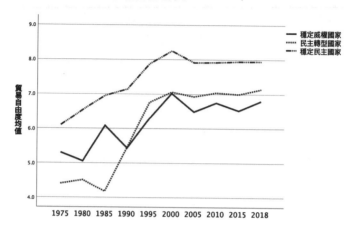

數據來源：EFW（作者自繪）。

　　最後一個維度是市場管控度的變化，測量的是信用市場、勞工市場、商業環境方面的政府干預度。一個常見的說法是，威權國家具有「低權利優勢」——在勞資關係、環境保護、投資行為方面更「放任主義」，而這正是其經濟發展的原因之一。不過，圖3-6似乎並未反映出這一「優勢」。大體而言，穩定民主國家始終具有最輕的市場干預度，而在穩定威權國家和民主轉型國家之間，這個維度的表現似乎不相上下，變化趨勢也大致亦步亦趨。三類國家在這個維度上大致平行的變化趨勢，或許說明在一個經濟全球化的背景下，激烈的經濟競爭會使各國的經濟干預度走向趨同的水平。

圖3-7：各政體國家市場管控度的變化趨勢（1975-2018）

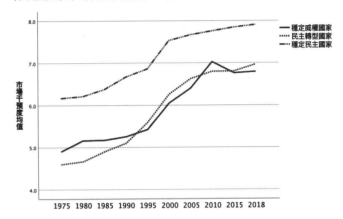

數據來源：EFW（作者自繪）。

　　總體而言，我們的確發現，不同政體狀態在經濟自由的不同維度上表現不同，但是這種不同未必朝着很多人的直覺所預期的方向。如果我們聚焦於穩定威權和民主轉型政體的對比，總體而言，民主轉型國家的政府規模更小，貨幣政策更穩健、貿易自由度更高，但是在「市場干預度」方面，二者則不相上下，而在「法治和產權保護」方面，二者曾經的差距日益縮小，近年也處於不相上下的狀態。

2. 經濟自由度的縱向比較

　　這一節將聚焦第三波轉型國家，去觀察它在轉型前後經濟自由度的變化。具體而言，本節試圖回答兩個問題。第一，在第三波轉型浪潮中，民主轉型國家在轉型前後，是否出現了經濟自由度的顯著上升或下降？如果將第三波民主轉型國家分為經濟自由上升國、下降國和大致不變國，三者的比例如何？第二，由於多個文獻提及民主轉型對經濟自由的短期和長期影響不同，本節試圖檢驗在第三波民主化浪潮中是否如此。具體而言，如果以12年為短期與長期的分界線，民主轉型國家經濟自由度的變化趨勢短期和長期是否存在不同？

轉型前後的經濟自由度變化趨勢

　　根據本章民主轉型的定義方式，1974–2018年間，有90個國家/地區經歷過97輪民主轉型，不同輪次的轉型將分別考察。[10]在這些國家裏，有若干的EFW數據或完全缺失，或在轉型前後的數據中只有一欄、從而不具備前後比較的前提，故將其刪去。同時，轉型後民主政體3年內崩潰的轉型輪次或截至2018年轉型尚未滿三年的轉型輪次將被設為缺失值，這不但是因為民主轉型後的經濟變化往往需要時日才能展開，而且因為本節研究取階段性均值為分析對象（以避免離群值造成的信息誤導），當轉型後的年數過短，將難以取均值研究。綜上所述，本節的分析對象剩餘82個國家的89輪轉型，其中既包括轉型前、轉型後短期、也包括轉型後長期數據的有54輪轉型。

　　本節以時段均值、而非時間點來比較經濟自由度轉型前後的變化。[11]具體而言，以轉型啟動年為分界線，「轉型前」分值是指這一年(含該年)之前十年的EFW分值均值；[12]依照之前對「轉型期」和「穩固期」的劃分標準，「轉型後(短期)」是指轉型啟動年之後12年內(含第12年)所有EFW分值的平均值；「轉型後(長期)」是指轉型12年之後所有EFW分值的平均值；不管短期長期，當民主崩潰出現或到達2018年，該轉型期終止。[13]在此，筆者以0.3為「大致不變」的彈性幅度，因為對於精

10　如果一個國家在一年內出現民主崩潰和重新民主化，將不分為兩輪民主化，以避免信息過於繁複。如果兩輪民主化階梯型發生，中間沒有出現民主崩潰，也將被標為同一輪民主化，但是兩個「台階」的年份分別標出。

11　EFW在1970–2000年間每五年才有一個評估數據，此後則為每年都有，因此，2000年之前的均值數據穩定性不如之後的數據。

12　選擇10年作為均值的基礎，是因為它長到往往能使我們獲得一批數據(從而增強數據的可靠性)，又短到使縱向比較的時代跨越度不至於太大。不過，由於EFW數據庫在2000年之前每五年才更新一次數據庫，所以對於2000年前轉型的國家，可獲的數據往往有限，「均值」的可靠性也因此下降。前蘇聯成員國，轉型前數據缺失時，筆者以前蘇聯的數據統一作為「轉型前」數據來處理。

13　如果轉型至今不到十二年(比如只有八年)，那麼「轉型後(長期)」的數據顯示為「缺失」，「轉型後(短期)」那一欄裏記錄的，將是該國民主轉型後八年內的EFW平均值；以此類推，如果不到二十年(比如十八年)，那麼「轉型後(長期)」那一欄裏記錄的，將是十二年至十八年的指標。

確到小數點後兩位數的分值而言，轉型前後完全一樣的分值幾乎不存
在，一個彈性幅度有利於我們區分實質性的變化與輕微的浮動。大於
0.3的上升即為「經濟自由度上升」，大約0.3的下降即為「經濟自由度下
降」。

分析顯示，就短期而言，在有前後對比的77輪轉型中，只有兩輪
出現了經濟自由度的下降（委內瑞拉、希臘），21輪可以被視為「大致不
變」，[14]其他54輪都出現了經濟自由度的上升。就長期對比而言，在前後
兩組數據都存在的56輪轉型中，只有3組「大致不變」，其餘全部都出
現了經濟自由度的提高——也就是說，以本研究所設立的標準，沒有
任何第三波國家在轉型後的長期觀察中出現了經濟自由度的倒退，絕大
多數都出現了經濟自由度的提升。這些數據顯示，斷稱「民主轉型必然
帶來經濟民粹主義」缺乏實證依據。圖3-8呈現這三種對比下的變化趨
勢。具體數據則參見附錄3-2。

圖3-8：第三波國家轉型前後經濟自由度變化趨勢（1974-2018）

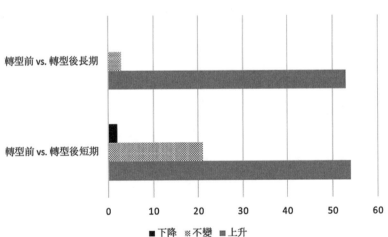

數據來源：EFW（作者自繪）。

14　分別為：洪都拉斯、尼日利亞第一輪轉型、突尼斯、秘魯第一輪、加蓬、馬
　　里、尼泊爾第二輪、玻利維亞、馬拉維、津巴布韋第一輪、泰國、海地第二
　　和第三輪、布基納法索、厄瓜多爾、吉爾吉斯斯坦、坦桑尼亞、科特迪瓦、印
　　尼、布隆迪、巴基斯坦第二輪。

　　不妨突出一些有趣的案例。曾經的左翼威權國家在民主化之後經濟自由度上升並不奇怪，畢竟，其轉型動力中很大一部分來自計劃經濟的失敗，政治轉型因此成為市場經濟轉向的契機。更耐人尋味的是右翼威權國家/地區也出現的類似趨勢——即前面提及的智利、印度尼西亞、中國台灣、韓國、西班牙、土耳其，這幾個典型的「右翼威權」政體都曾以「反共」為由來維繫其威權政體，不少人也認可其「為了捍衛自由經濟體系，必須建立鐵腕政治」的邏輯。因此，似乎有理由預期，一旦這些國家/地區民主轉型，被壓抑的左翼勢力將通過民主這個「切蛋糕」機制來推行其民粹式經濟政策。但事實並非如此。圖3-9從EFW數據庫中抽取數據，列舉這幾個案例轉型前後的經濟自由度變化。案例名稱後面的括號裏，是該案例的民主轉型啟動年。

圖3-9：一組右翼威權國家/地區轉型前後的經濟自由度變化(1975-2018)

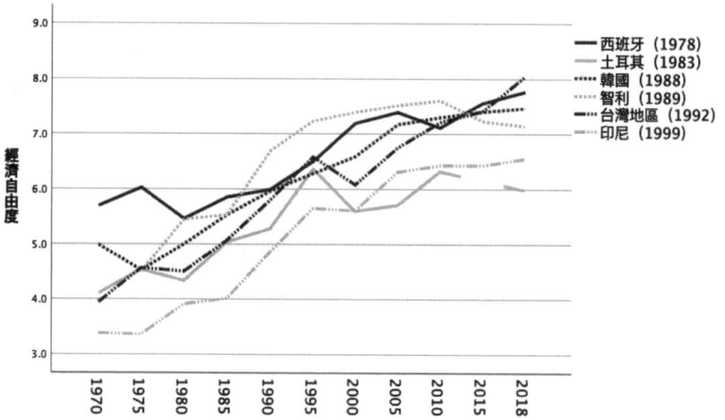

數據來源：EFW(作者自繪)。

　　可以看出，雖然變化並非直線式的，但總體而言這些新興民主的EFW分值都在顯著上升，政治轉型沒有妨礙它們繼續擴大經濟自由。不妨繼續抽取一個可能最具象徵意義的指標來進行觀察：對最高收入所徵收的邊際稅率。很多人對民主轉型的質疑，源於它可能帶來民粹化的「劫富濟貧」，而對最高收入徵收的邊際稅率，則大致體現「劫富濟貧」的程度。圖3-10從EFW2019年的報告中抽取數據，列舉出上述國家/地區民主化前後最高收入邊際稅率的變化。

圖 3-10：一組右翼威權國家／地區轉型前後最高邊際稅率 (1975-2018)

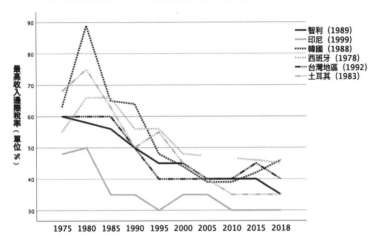

數據來源：EFW（作者自繪）。

　　與前面的發現一致，民主轉型後這組右翼威權國家的最高邊際稅率總體下滑，從這個角度而言，人們普遍擔憂的「民主化帶來惡性劫富濟貧」並沒有發生。事實相反，這些國家在鐵腕鬆開之後，不但沒有出現大規模的「劫富濟貧」，最高邊際稅率反而總體性降低。

3. 民主轉型與經濟自由度的因果性分析

　　民主轉型與經濟自由提升同步發生，顯然並不能直接推導出「民主化推動經濟自由擴大」，理論上可能存在其他因素 —— 比如國際體系的變動 —— 推動一個國家經濟自由程度，民主轉型只是與這一推動的結果兼容而已。因此，為更清楚地理解第三波民主化如何影響了新興民主的經濟自由度，有必要在第三波國家的範圍內，控制相關變量，對二者做進一步的回歸分析。

　　為研究民主轉型是否促進經濟自由度提升，在相關文獻基礎上（de Haan/Sturm, 2003; Lundstrom, 2005; Murphy, 2018），筆者選取的控制變量為：1. 該國經濟水平（以人均GDP取log為測量方式）；2. 該國的大規模暴力衝突水平（以ACD數據庫中是否存在衝突為準，包括國內以及國

際衝突）——顯然，大規模暴力衝突會影響一個國家經濟活動的自由展開；3. 基於V-Dem數據庫整理出來的地區虛擬變量（東亞與否；東歐前蘇聯陣營與否），因為有文獻認為，經濟自由度的變化主要是東亞現象和前蘇東地區現象，因此有必要檢驗這一說法是否成立。

此項分析的基礎模型是線性回歸，以此發現新興民主國家中民主轉型對經濟自由度的影響，並對比這種政體狀態與其他三種政體狀態的影響。與上一章的做法相似，在基礎模型之上，筆者還會增加固定效應模型以盡可能排除遺漏變量的影響，並採用動態模型以控制早先的經濟自由度對後來經濟自由度的影響。作為穩健性檢驗，以V-Dem生成的政體自變量作為校驗模型。與上一章略有不同之處是，在動態模型中，將因變量滯後生成新的自變量時，筆者滯後的是5年而非1年，因為EFW數據庫在2000年之前是每5年更新一次數據，滯後1年將導致大量數據缺失。[15]此外，筆者還將對「冷戰時期」（1974–1989）和「後冷戰時期」（1990之後）做分類回歸，以確定我們的發現是否僅僅是一個特定國際體系下的現象。

表3-1報告回歸分析結果，所有模型均以「穩定民主」作為基線水平。和上一章相同，當筆者陳述「影響顯著」或「不顯著」的時候，都是以p值小於0.05為分界線。表中數據顯示，由Polity數據庫生成自變量的 個模型結果大同小異。一方面，相比穩定民主，所有其他政體狀態都負面影響經濟自由度；另一方面，在三種政體狀態中，從標準化係數來看，「民主轉型」都是負面影響最小的。其中，動態模型中「民主轉型」的負面影響不顯著，而穩定威權和威權狀態的負面影響依然顯著。不過，在以V-Dem進行校驗的模型中，只有威權轉型的負面影響顯著，其他兩種政體狀態（穩定威權和民主轉型）的負面影響都不顯著。在冷戰和後冷戰時期的分類回歸中，冷戰時期（1974–1989）的三類政體狀態影響都不顯著，並且國家年數量較少，故這一模型結果不在表格中報告；在後冷戰時期，結果與無分類的基礎模型基本一致。也就是說，相

15　此外，在暴力衝突章節，由於「選舉」和「衝突爆發」常常在同一年出現，為釐清因果關係，筆者增加了自變量的時間滯後模型，但是經濟自由度具有更強的「惰性」，故本節不再加入時間滯後模型。

較於冷戰時期，恰恰是後冷戰時期，民主轉型和民主穩固的「經濟自由拉動」效應才變得顯著。

　　在所有這些模型裏，除了動態模型，經濟水平都顯著提高經濟自由度；暴力衝突則只在兩個模型中（基礎模型和V-Dem模型）中有顯著影響——當然，都是負面影響。有趣的是，東亞和東歐地區這兩個變量，不完全合乎許多人的直覺。控制其他變量後，沒有任何模型顯示位處東亞地區對經濟自由度的提升效果更顯著，而位處東歐則顯著提高經濟自由度。這或許是因為，東亞諸多轉型國家在轉型前經濟自由度起點已經不低，而東歐諸多轉型國家轉型前經濟自由度起點更低，因此這兩個地區經濟自由度的變化趨勢有所不同。

表3-1：第三波轉型國家政體狀態與經濟自由度的變化（1974-2018）

	基礎模型	年份固定 國家固定	動態模型	V-Dem 年份固定 國家固定	基礎模型 後冷戰
穩定威權	-1.338***	-.302***	-.446***		-1.202***
	(.066)	(.062)	(.083)		(.082)
民主轉型	-.663***	-.173***	-.024		-.500***
	(.047)	(.036)	(.069)		(.043)
威權轉型	-1.080***	-.395***	-.475***		-.794***
	(.075)	(.057)	(.096)		(.069)
經濟水平	.586***	1.534***	.074	1.594***	.655***
	(.043)	(.140)	(.059)	(.138)	(.040)
暴力衝突	-.147**	-.051	-.004	-.083*	-.290***
	(.049)	(.039)	(.061)	(.041)	(.040)
東亞	.148		.138		.099
	(.168)		(.202)		(.160)
東歐前蘇聯	.313***		.277***		.245***
地區	(.049)		(.074)		(.045)
V-Dem穩定威權				-.053	
				(.055)	
V-Dem民主轉型				-.021	
				(.037)	
V-Dem威權轉型				-.107*	
				(.045)	
Constant	4.754***	.197	1.249***	-.120	4.547***
	(.157)	(.138)	(.241)	(.464)	(.146)
N	1783	1783	532	1756	1685
	.492	.860	.808	.856	.483

註：*p < 0.05; **p < 0.01; ***p < 0.001. 括號內為標準誤差。

根據上述分析結果，似乎沒有論據顯示在新興民主中，民主轉型（更不用說民主穩固）會導致經濟自由度降低——事實上，當以穩定威權作為對比對象時，以Polity數據庫為基礎的分析顯示民主轉型顯著增加經濟自由度，以V-Dem為基礎的分析發現二者之間不存在顯著的因果關係。

那麼，是否如某些學者所論述的，隨着民主程度的深化或民主存續的長期化，新興民主的經濟自由會出現逆轉？為驗證這一點，筆者分別以新興民主的民主程度和「轉型年後年數」為自變量，[16] 在控制經濟水平和衝突水平的前提下，以國家和年份固定效應模型去進行回歸分析。結果顯示，在新興民主，以polity分值測量的民主程度顯著提升經濟自由水平，[17] 這與前述「民主穩固」效應相呼應。與此同時，「轉型後年數」則沒有顯示出顯著影響——即，如果沒有一定的民主質量，僅僅轉型時間的延續本身並不會提高或降低經濟自由度。[18] 所以，無論是以民主程度還是民主存續時間來衡量，在新興民主中，民主對經濟自由度「短期有益、長期有害」的論斷到目前為止未得到實證支持。

三　新興民主的經濟發展水平變化

現在我們從經濟自由度維度轉向經濟發展維度。本節試圖回答以下問題：第一，橫向比較而言，不同政體狀態下，同一時期經濟發展的表現是否存在差異性？第二，縱向比較而言，與轉型前相比，新興民主轉型後經濟發展的表現如何？短期和長期經濟表現是否存在不同？第

16　由於筆者關注的是轉型後的民主程度如何影響經濟自由度，因此只選擇polity>0的情形進行研究。「轉型後年數」則是筆者以轉型啟動年為起點構建的變量。一個國家不同輪次的民主轉型分別計算轉型後年數，不過，民主崩潰後一年內重新民主化的國家，算作一輪民主化，不另外計算。

17　P值小於0.001，非標準係數為0.035。篇幅關係，不以表格形式報告。

18　P值=0.507，非標準係數為0.002。篇幅關係，不以表格形式報告。

三，不同政體狀態下，如果存在經濟表現的差異，這種差異可否以及多
大程度上可以歸結為政體狀態的差異？

1. 經濟發展的橫向比較

依照前面的慣例，仍然從全球各國範圍內不同政體狀態下的經濟水
平及其變化趨勢開始比較分析。圖3-11呈現1974–2018年間，四種政體
狀態下的真實人均GDP (2015年固定值) 均值的變化軌跡。人均GDP數
據來源為世界銀行的WDI數據庫，政體分類方式則與上一節相同。如
圖所示，一個非同尋常的現象出現了：穩定民主政體出現了人均GDP
先升後降的趨勢，民主轉型政體呈現總體下跌趨勢，而穩定威權政體呈
現上升趨勢，威權轉型政體在大體持平狀態中略有上升態勢。

圖3-11：全球不同政體狀態下的經濟水平變化趨勢 (1974–2018)

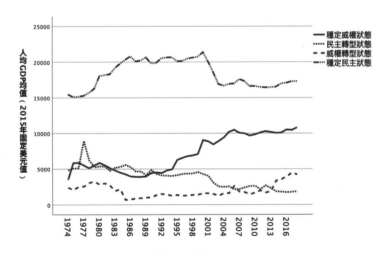

數據來源：Polity V；World Bank (作者自繪)。

這是否意味着2000年左右之後穩定威權國家和威權轉型國家的經
濟發展態勢比民主轉型國家乃至穩定民主國家更好？未必。原因在上一
節中已解釋：以「狀態」為類別和以「國家」為類別，結果可能不同。民

主轉型國家的轉型後時期被「12年觀察期」切割為「民主轉型」狀態和「穩定民主」狀態，因此，民主轉型國家12年之後的經濟增長（如果存在增長）不會反映到「民主轉型」狀態之中。與此同時，新興民主國家12年觀察期後的經濟增長，會反映到「穩定民主狀態中，由於轉型國家人均GDP基數水平較低，也會拉低原先只有發達國家組成的「穩定民主」經濟水平。

值得強調的是，過去半個世紀左右，民主轉型的「經濟門檻」總體一直在下降。隨着民主轉型的「經濟門檻」越來越低，越來越多的窮國進入民主轉型狀態以及隨後的穩定民主狀態，這勢必影響這兩個狀態的經濟水平。事實上，關於「民主與經濟之關係」的流行認知偏差，相當程度上就來自於沒有區分「民主轉型導致經濟發展越來越落後」和「越來越多的經濟落後國家進入民主轉型狀態」。

圖3-12展示1974–2018年第三波轉型國家在轉型起點處（polity分值由負轉正的那一年）平均經濟水平，測量方式為真實人均GDP均值（2015年美元固定值）。由於某些年份沒有出現轉型啟動或只有單個數值，為避免極值對趨勢的干擾，該圖橫軸取5年均值為示意值。如圖所示，平均而言，轉型國家在轉型起點處的經濟水平呈整體下降趨勢，即，越來越窮的國家進入第三波民主轉型浪潮。[19]事實上，70年代的第三波國家轉型起點處的人均真實GDP均值（2015年固定值）為4605美元，80年代為3621美元，90年代為1994美元，21世紀後為1878美元——也就是說，第三波後期的轉型國家在轉型起點處的經濟水平只有早期的一半左右。這部分程度上能夠解釋為什麼「穩定民主」和「民主轉型」這兩種狀態越到後期經濟水平越呈現下滑趨勢。

---

19 較明顯的例外是2009–2013年間，由於2011年阿拉伯之春包含了一批石油國家，其轉型啟動年的經濟水平明顯高於周邊年份。

圖3-12：第三波國家民主轉型起點年份的平均經濟水平(1974-2018)

數據來源：Polity V；World Bank（作者自繪）。

　　直接比較不同類型的國家（以確保我們在不同時期比較的始終是同一個範圍的國家），或許給我們帶來更加直觀的信息。圖3-13展示第三波民主轉型國家、穩定威權國家和穩定民主國家三類國家的真實人均GDP均值的變化趨勢。[20]如圖所示，這個圖表與圖3-11所呈現的信息出現明顯差異。一個顯著的區別是：穩定民主國家先升後降的趨勢消失了，呈現出清晰的上升趨勢——這進一步佐證，圖3-11中的下降趨勢可能主要來自於更多的欠發達國家加入民主陣營，而不是因為1974年就處於民主狀態的國家普遍出現了大幅經濟下滑。

　　穩定威權國家清晰的上升趨勢也消失了，說明之前圖3-11中的上升趨勢，很可能是因為樣本的改變、而非同一批國家經濟表現的改變造成——隨着越來越多的窮國進入民主轉型狀態，反而在穩定威權國家陣營留下的是經濟表現良好、國家能力強大到能夠抵禦轉型壓力的國

[20]　和上一節類似，在民主轉型國家這個類型中，筆者只取了該類國家處於民主狀態時的分值作為計算基礎，因為我們試圖理解的是此類國家民主轉型之後、而非之前的經濟表現。

家。關於穩定威權國家，另一個醒目信息是，其人均GDP均值表現始終高於民主轉型國家，這部分是因為，相當一批穩定威權國家是高收入的石油國家。事實上，如果以石油收入佔GDP比重20%以上為「石油國家」門檻的話（數據來源為World Development Indicators），在2018年有數據的國家中，當年32個「穩定威權國家」中有10個為石油國家，而81個「民主轉型國家」中只有兩個為石油國家，30個「穩定民主國家」無一是石油國家。圖3-13中穩定威權國家之所以在1980–2000年間出現一個微弱的凹型變化，可能也是因為在此期間國際油價的下跌。

需要額外說明的是民主轉型國家的情形。在圖3-13中，它呈現為一條比較平直、只略帶上升的軌跡。這種平直性說明，之前圖3-11中的下降趨勢，很可能是由於民主轉型的經濟門檻越來越低，越來越多的窮國進入轉型陣營。不過，這條相對平直性是否說明，平均而言，民主轉型國家的真實人均GDP四十多年來沒有明顯變化？並非如此。原因在於，和「穩定民主國家」或「穩定威權國家」這兩個類型的樣本穩定性不同，「民主轉型國家」這個「筐」在1974–2018年間不同時期的所指對象是不斷變化的——1970年代，它指向的主要是希臘、西班牙、葡萄牙之類的南歐國家，到21世紀初，它已經包括了一大批亞非拉國家——如前所述，不同時期進入第三波浪潮的國家經濟水平是不同的，確切地說，大體趨勢是不斷下降的。這在一定程度上能解釋為什麼這條線趨向平直。換言之，「穩定民主國家」和「穩定威權國家」這兩個線條所包含的信息是相對清晰的，因為它們始終是在比較同一批「蘋果」的前後變化，而「民主轉型國家」這條線的信息則難以詮釋，因為這個「筐」裏的「蘋果」數量和質量仍然在不斷變化。[21]

21　當然，相比四種政體狀態，三類政體國家的信息已經更加清晰，原因是「穩定民主國家」和「穩定威權國家」的樣本具有了穩定性，並且，「民主轉型國家」的邊界相對清晰。

圖 3-13：三類國家的經濟發展趨勢 (1974–2018)

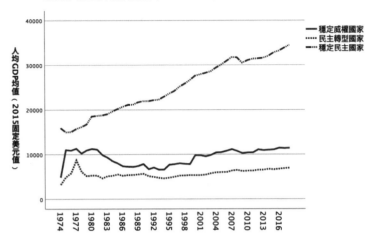

數據來源：Polity V；World Bank（作者自繪）。

　　具體而言，穩定民主類國家的真實人均GDP均值在起點處（1974–1978年均值）為15553美元，終點處（2014–2018年均值）則為33276美元，增幅約為114%；穩定威權類國家的真實人均GDP均值在起點處（1974–1978年均值）為9638美元，終點處（2014–2018年均值）則為11748美元，增幅約為22%；而第三波民主轉型國家的真實人均GDP均值在起點處（1974–1978年均值）為5740美元，終點處（2014–2018年均值）則為6793美元，增幅為18%。不過，如前所述，我們需要意識到的是，穩定民主國家比較的始終是同一組30個國家，穩定威權國家比較的始終是同一組32個國家，但是「民主轉型國家」在70年代所指不到10個國家，而到2018年已經包括81個國家。[22]

　　現在轉換一個視角，將比較對象從人均GDP水平轉向人均GDP增長率。表3-2展示三個類型國家1974–2018年間的表現。如表所示，三個類型的國家可以說是不相上下。儘管「民主轉型」國家略高，考慮到

22　當然，即使是穩定民主國家或者穩定威權國家，每年的數據缺失值會略有差異，因此嚴格來說，也並非每一年的的國家數量都完全穩定，但是這種浮動往往微小而隨機，與民主轉型國家那種系統的變化不可同日而語。

其起點在三個類型中最低，而經濟低水平國家的增長潛力更大，這種微弱的差異難以說明任何問題。不過，穩定威權國家的人均GDP增長率表現出最大的標準方差，而穩定民主國家最小，民主轉型國家居中，再次說明哪怕經濟增長率均值類似，就經濟增長的穩定性而言，三類國家表現不同。換言之，人們時常以李光耀在新加坡的成功來說明「威權增長」的魔力，卻忽略威權體制下，每一個李光耀可能都對應着一個甚至多個蒙布托。事實上，里齊奧和斯卡利的研究顯示，威權體制製造增長「噩夢」的概率遠超過製造增長「明星」(Rizio & Skali 2019)。

表3-2：三類國家人均GDP增長率均值和標準方差(%)(1974-2018)

	增長率均值	標準方差
穩定威權國家	2.16	8.5
民主轉型國家	2.32	5.46
穩定民主國家	2.14	3.59

數據來源：Polity V；Word Bank。

儘管區分了不同類型的政體狀態和國家，上述橫向比較所傳達的信息依然有限，原因在於，我們比較的是各個類型中的均值，而均值掩蓋很多信息。眾所周知，各個類型中情況都千差萬別，大起可能被大落抵消，多數趨勢可能被少數極值沖淡。事實上，依靠直覺我們都可以給每個類型的「平均表現」舉出很多「反例」。

為呈現被均值所模糊的信息，不妨考察各陣營中有多少比例的國家出現了經濟增長。為此，筆者將某國某年的經濟表現區分為優秀(人均GDP年增長5%以上)、良好(人均GDP增長2到5%之間)、中等(0%到2%之間)、較差(下降5%到0之間)、極差(下降5%以上)五個檔次，然後考察三類國家中，這五個檔次的比例，從中感知各類型中的主流趨勢，揭示被均值所掩蓋的信息。此處，人均GDP年增長率的數據，仍然是來自於世界銀行的WDI，民主轉型國家的數值仍然只取其轉型後的表現。

圖3-14展示在三種類型的國家中，這五個檔次在所有「國家年」中分佈的比例。具體數據在附錄3-3中。該圖包含豐富的信息。第一，總

體而言，各類型都是處於正增長的「國家年」的比例多於負增長，這一點比圖3-11或者3-13更合乎我們的直覺——畢竟，過去50年左右是全球經濟大發展、絕大多數地區貧困率顯著下降的時代。1974到2018年間多數「國家年」(71%)處於經濟增長狀態，但有29%的「國家年」處於負增長狀態，只有7.5%處於極差的大滑坡狀態。事實上，優秀表現的概率 (19.6%) 為極差 (7.5%) 概率的兩倍有餘。

第二，穩定威權國家是「優秀」比例最高的類型 (28.7%)——事實上「優秀」是其五個檔次中的相對多數所在——這恰恰是均值數據所不能提供給我們的信息。不過，穩定威權國家也是「極差」比例最高的類型 (11.8%)，佐證了一批學者「威權政體下經濟表現方差大」、既盛產「明星」也盛產「噩夢」的觀點 (Weede 1996; Mobarak 2005; Klomp & De Haan 2009; Yevdokimov et al. 2018; Knutsen 2018)。不過，需要指出的一點是，即使是穩定威權國家這個類型裏，也只有1/4略多的國家年比例 (28.7%) 增長表現優秀，與此同時，該狀態中近1/4的國家年 (22.5%) 是負增長狀態，將政治威權視為經濟增長的必要前提，可能是注意力偏差的結果。

第三，穩定民主國家最顯著地體現出「兩頭小、中間大」的特點：它既缺乏增長的明星，也鮮見大規模的經濟災難。而民主轉型政體處於兩者之間，其相對多數 (35.9%) 處於「良好」這個區間，其次是「中等」。

圖3-14：三類國家人均GDP年增長率「國家年」的分佈比例 (1974–2018)

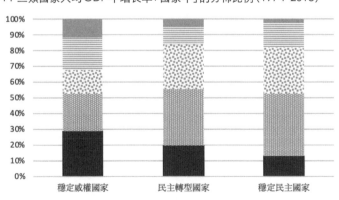

數據來源：Polity V；World Bank（作者自繪）。

2. 經濟發展的縱向比較

　　本節將聚焦於第三波轉型國家在轉型前後經濟表現變化的軌跡。
具體的問題有兩個：第一，在第三波轉型浪潮中，民主轉型國家在轉型
前後，是否出現了經濟水平的顯著上升或下降？從類型學的角度而言，
經濟水平明顯改善、微弱改善、沒有變化和出現下降的國家，各自比例
如何？第二，如果以12年為短期與長期的分界線，民主轉型國家經濟
水平短期和長期的變化趨勢是否不同？

　　首先看總體的變化趨勢。圖3-15/16/17分別展示轉型起點前後年
份，第三波國家真實人均GDP、人均GDP增長率和通貨膨脹率的均
值──選擇不同維度的變化有利於我們獲得更多的信息。圖中豎線為
轉型起點年──它並不特指某一個年份，因為不同國家的轉型啟動年
不同。正是因此，儘管1974–2018年之間只有45年，但是該圖橫軸可以
遠遠大於45年（理論上可以高達90年），因為如果一個國家1980年啟動
轉型，它的轉型後年數可以長達38年，而如果一個國家2014年啟動轉
型，它的轉型前年數可以長達40年，但是由於越長的年數意味着越少
的案例，而案例過少時極值可能影響總體趨勢，並且不同指標的缺失值
不同，所以筆者截去了案例過於稀疏的起點和終點處年數。

圖3-15：第三波國家轉型前後真實人均GDP均值的變化軌跡（1974–2018）

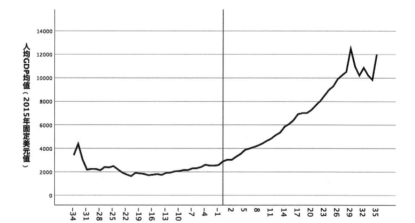

數據來源：Polity V；World Bank（作者自繪）。

圖3-16：第三波國家轉型前後人均GDP增長率均值的變化軌跡 (1974-2018)

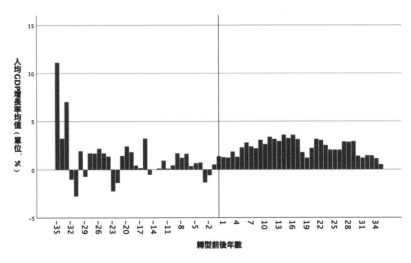

數據來源：Polity V；World Bank（作者自繪）。

圖3-17：第三波國家轉型前後通貨膨脹率均值的變化軌跡 (1974-2018)

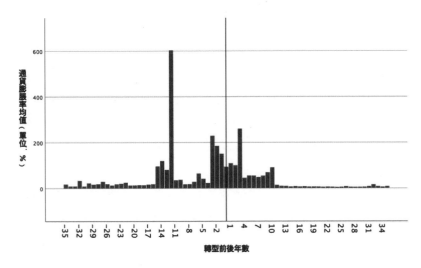

數據來源：Polity V；World Bank（作者自繪）。

　　幾點重要信息從上面幾個圖表中浮現。第一，民主轉型傾向於在經濟已經陷入低谷或發生危機時發生，這一點在經濟增長率均值和通貨膨脹率均值變化圖中格外清晰——這也是為什麼諸多學者強調（Papaioannou/Siourounis 2008；Acemoglue 2014），忽略這個動態趨勢討論民主轉型與經濟增長的關係，可能會產生誤導性的結論。第二，經濟增長率在威權時代似乎更傾向於大起大落，而民主轉型之後，其經濟波動性大體有所減緩。第三，就轉型後的短期和長期表現而言，經濟增長率均值在15年左右到達頂峰，此後趨緩，甚至有所下降，但是與此同時，通貨膨脹率也逐漸趨緩。

　　不過，如前所述，均值會掩蓋很多信息，因此有必要分析每個第三波國家的變化趨勢，從中提煉信息。為此，和上一節類似，筆者分析比較每個第三波國家在轉型前、轉型後（短期）、轉型後（長期）三個時間段的真實人均GDP均值，並由此對不同國家進行分類。「轉型前」仍指該國轉型啟動年之前10年（含轉型啟動年）；[23]「轉型後（短期）」也仍然是取轉型啟動到第12年（如不滿12年則終點為民主崩潰年或2018年）；「轉型後（長期）」則是指轉型第12年後到2018年或民主崩潰年。民主轉型後不到3年即民主崩潰，民主崩潰年經濟數據設為缺失值。多輪轉型則分別計算。

　　區分「轉型後（短期）」與「轉型後（長期）」，原因同樣在於相關文獻中的理論。有研究認為轉型的經濟後果是「先苦後甜」的：畢竟，轉型往往意味着政治秩序乃至經濟模式的徹底重組，這個過程容易導致失序甚至戰火，從而造成轉型的「陣痛」。當然，也可能存在另外一種「先甜後苦」的假說：在轉型的「蜜月期」，轉型國家可能得到大量國際援助，並且民眾的經濟民粹主義意向尚未充分釋放，因此轉型後的經濟表現是「先甜後苦」。無論是哪種假說，都需要區分轉型後的短期與長期表現來加以驗證。

23　當轉型前年數不滿10年時，起點為1974年或上一輪民主轉型終結年。

根據上述時間分段方式，加上數據缺失因素，筆者確立此次縱向比較的對象為88個國家的95輪民主轉型。由於信息過長，筆者將具體數據及其變化置於附錄3-4中。為歸納信息，筆者將轉型前後的人均GDP變化趨勢分為五類（注意：此處為總增長率而非年增長率）：負增長；基本不變（-5–5%的前後變化）；小幅增長（5–20%）；中幅增長（20–50%）；大幅增長（50%以上）。縱向比較在此基礎上展開。

圖3-18展示歸納後的相關數據和分佈。如圖所示，就轉型後（短期）vs.轉型前的對比而言，在有對比數據的89輪民主轉型中，高達23個——也就是1/4的比例——出現了負增長。如果加上「基本不變」的數量（13輪），這就意味着，在轉型啟動後的12年裏，有40%左右的國家看到的是經濟水平的停滯或者倒退。這是一個相當高的比例，由此論說「轉型的陣痛」完全有其道理。對於那些貧窮國家，尤其是那些寄望於民主轉型帶來迅速「民生改善」的民眾，他們對民主的「幻滅感」可想而知。值得強調的是，在17個有對比數據的前蘇東轉型國家，有7個（41%）短期內出現了負增長，對比25%的總體負增長比例，其「轉型的陣痛」尤為突出，彰顯出政治轉型和經濟轉型同時啟動時給經濟帶來的巨大衝擊效應。

圖3-18：第三波國家轉型前後真實人均GDP變化趨勢的分類信息（1974–2018）

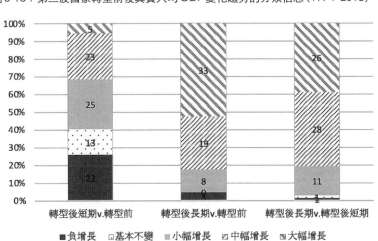

數據來源：Polity；World Bank（作者自繪）。

　　由於中大型國家影響更多的人口，有理由單獨分析在此類國家
（2018年人口超過2000萬的國家）。數據顯示，中大型國家一共發生了
36輪民主轉型，其中轉型後（短期）相比轉型前人均GDP停滯或者倒退
的有12輪，即1/3——也就是說，中大型國家經歷經濟上「轉型的陣痛」
比例並不比第三波國家的總體水平更高（事實上略低）。儘管如此，1/3
仍然是一個相當高的比例。

　　不過，就轉型後長期vs轉型前的對比而言，情況則更加樂觀。在有
對比數據的63輪轉型中，有33輪出現了大幅增長（52%），中幅增長19
輪（30%），負增長或者基本不變的類型則只有3輪。「轉型後（短期）」和
「轉型後（長期）」的對比與此類似，在有對比數據的67輪轉型中，大幅
增長和中幅增長的輪次分別為26和28，而負增長與基本不變的輪次加起
來只有兩次。也就是說，對於多數新興民主國家而言，經濟上「轉型的
陣痛」的確是階段性的，即，民主轉型與經濟發展之間可能存在着一種
「J」形關係——這種J形關係，在中東歐案例中格外明顯。認定「政治轉
型必然帶來經濟衰退」的看法，就長期趨勢而言，並不合乎實際。關於
哪些國家屬哪種變遷趨勢的具體歸類情況，請參見附錄3-5。

3. 第三波民主轉型與經濟發展的因果性分析

　　描述性分析並不給我們提供因果關係的信息。諸多國家轉型後出
現的短期內經濟倒退，是因為政治轉型、還是因為經濟模式變化、或是
因為轉型前已經出現的經濟危機？另一方面，轉型後長期的經濟發展，
是因為政體變化、還是因為經濟援助的增加、或是時代趨勢？上述分析
並不能回答此類問題。對此，仍然需要借助於回歸性的因果分析。

　　政體變化如何影響第三波國家的經濟發展，筆者參照一系列研究的
做法，以人均GDP經濟增長率為主要分析對象。該數據來自於世界銀
行的WDI。自變量仍然是本章前述的四種政體狀態。在控制變量方
面，關於經濟發展的相關研究中有一系列常規的「清單」：人均GDP本
身（它和增長率不同）、教育和健康等人力資本因素、資本積累、政府
消費、通貨膨脹、經濟開放性、政治穩定性、國家能力、地區變量、石

油收入……等等。在此，筆者採取盡可能簡潔的做法，原因有二。第一，由於不同變量的數據缺失方式不同，過多控制變量的存在將大大減少研究的樣本，影響研究的可靠性；第二，根據相關文獻，本研究的核心自變量（政體狀態）往往顯著影響這些控制變量的趨勢，將其混在一起容易產生共線性問題，難以澄清核心自變量作為一個獨立變量的影響。

因此，筆者在相關研究的基礎上，確立了三個控制變量：1，經濟水平。顯然，經濟水平本身會影響增長率。通常而言，人均GDP為200美元的國家要實現人均GDP翻倍，比人均GDP為20000美元的國家更容易——這和正常人將百米賽跑成績從40秒提高到20秒，往往比從20秒提高到10秒要容易得多是一個道理。此外，人均GDP作為一個綜合性變量，對於諸多經濟增長文獻中的相關變量具有「概括力」，比如教育水平、健康水平等人力資本因素很大程度上被經濟水平決定；2，經濟自由度。如前所述，諸多文獻顯示經濟自由度與經濟發展高度相關，同時，這也是一個具有高度概括力的變量，其測量內容包括政府規模、貨幣穩健性、貿易開放度等維度，從而覆蓋了另一批經濟發展研究中的經典相關因素；3，暴力衝突。戰亂可能會影響經濟，因此將暴力衝突放入考察因素是必要的——和之前的分析一樣，該數據還是來源於ACD。此外，為分析「其他因素」對結果的可能影響，筆者還將進行一些條件性分析，觀察「人口規模」和「所在地區」如何影響結果。當然，無論如何選擇變量，都可能出現重要的遺漏變量，因此本節分析也將使用固定效應模型和動態模型去緩解遺漏變量問題。

表3-3報告分析結果。基礎模型為常規的線性回歸，除四個政體狀態以外，加入了上述三個控制變量。在四個政體狀態的虛擬變量中，由於穩定民主不像之前的分析中那樣對因變量具有最清晰的影響（從而被設定為基線水平），筆者將「穩定威權」作為基線水平，以突出「穩定威權」和「民主轉型」之間的比較。控制變量都滯後一年以更清晰地呈現因果關係。[24]

---

24 由於經濟自由度在2000年之前只有每五年一期的數據，故該變量沒有做滯後處理。

　　如表所示，與穩定威權這一基線水平相比，民主轉型顯著提高增長率。有趣的是，在第三波國家中，穩定民主相比穩定威權並不顯著提高增長率，而是沒有表現出顯著關係。控制變量的影響大致合乎預期。由於前述基數效應，經濟相對發達的國家更不容易出現高幅度的增長。經濟自由度越高，經濟增長率越高。不過，暴力衝突似乎對增長率沒有造成顯著影響——這或許是因為，對於多數國家而言，暴力衝突往往是規模較小、存在本國偏遠地區的衝突，對經濟主體未必構成巨大衝擊。

　　接下來是動態模型，也就是將上一年對下一年增長趨勢的影響納入考慮。由於經濟變化趨勢具有相當的動態慣性，筆者參照Acemoglue的做法（Acemoglue 2019），將因變量滯後一年、兩年、三年、四年的數據同時納入模型，以更完整地捕捉經濟發展的動態趨勢。在這一模型中，相對於穩定威權，民主轉型仍然顯著提高經濟增長率，也仍然是唯一顯著提高增長率的政體狀態。經濟水平、暴力衝突和經濟自由度的影響大體不變。在四個滯後的增長率中，滯後一年和兩年的數據顯示統計顯著。

　　第三個模型為固定效應模型。筆者首先依照Acemoglu的做法（Acemoglu 2019），固定國家效應的同時取時間上的動態模型。在該模型中，由於國家固定效應的稀釋作用，民主轉型的顯著性和影響係數有所下降，但仍然是唯一顯著提升增長率的政體狀態。加入了國家固定效應後，經濟自由度的影響係數仍然高度顯著；暴力衝突的影響從不顯著變為顯著（負相關）；一個醒目的變化是，加入了國家固定效應後，人均GDP的基數效應被顯著放大。模型4同時固定國家和年份效應，結果顯示，民主轉型的確由此失去了正向顯著性——確切地說，其影響係數的p值從5%降為10%，說明是否強調動態趨勢的確會顯著影響回歸結果。

　　在第三波國家，「民主轉型」比「穩定民主」更顯著提高增長率，這個發現似乎和前述轉型「短期陣痛、長期發展」的信息相矛盾。其實未必。注意此處我們的分析對象是增長率，而「短期陣痛、長期發展」的結論描述的則是經濟水平（人均GDP）。理論上，即使增長率不斷遞減，只要不跌為負數，經濟水平仍然會不斷上升，只不過上升的速度越來越慢而已；即使跌為負數，只要跌為負數的年份和幅度有限，正增長也仍然會因為長期累積效應而將經濟水平推為「長期發展」。正因為增

長率和經濟水平測量的內涵不同，對「民主轉型狀態的增長效應」之詮釋，需非常審慎。孟加拉國人均GDP增長即使高達8%，生活水平離增長率只有3%的丹麥仍然非常遙遠，理論上，只要雙方人均GDP的基數差距足夠大，兩國的絕對生活水平差距可能繼續拉大。

由於東亞和中東歐地區的經濟發展「明星」較多，或許有必要校驗民主轉型對增長的正面效應是否只來自於這兩個地區。為此，筆者刻意在第三波國家中排除了這兩個地區，用前述國家固定＋動態模型進行分析（模型5）。如表所示，結果仍然是高度相似：在第三波國家，民主轉型仍然顯著正向影響增長率──甚至，在此模型中連穩定民主都顯著提高增長率。也就是說，在東亞和中東歐之外的第三波國家，民主轉型的正向影響可能更加顯著和長期。這個發現與Assiotis/Sylwester的發現──「民主轉型的經濟增長效應在更窮、更動盪的國家更明顯」──相一致（Assiotis and Sylwester 2014）。當然，前提是該國真的實現了民主轉型，也就是跨越了polity分值由負轉正的變化。如果把民主轉型的門檻降低，從polity > 0降至polity > -5，用同樣的國家固定＋時間動態模型，結果顯示，民主轉型將失去任何正向或負向的顯著性。[25]

在第三波轉型大國，其民主轉型的經濟增長效應是否和在小國一致？為發現這一點，筆者只針對第三波中大型國家（2018年人口2000萬以上國家）進行分析（模型6），同樣是應用國家固定效應加動態模型。這一次，民主轉型的正向效應在p < 5%範圍內失去了顯著性，不過，仍然在10%的水平上顯著。把人口規模調整到5000萬以上，結果類似：在p < 5%的水平上沒有顯著性，但在p < 10%的區間仍有。大國與全樣本的這種差異說明，即使民主轉型提高增長率，在中大型國家也更難做到這一點。

用V-Dem數據庫來檢驗上述發現結果如何？模型7報告結果。如表所示，當替換了民主的測量方式，其結果與Polity數據庫的結果並不一致：政體狀態沒有顯示出與經濟增長率的任何顯著關係。對V-Dem數據使用雙向固定效應，結果是否不同？模型8報告相關結果。數據顯

25　影響係數0.204，標準誤0.382，因此離顯著關係相差很遠。

示，政體狀態仍然沒能表現出任何顯著性，和模型7的唯一顯著區別是，把暴力衝突負向影響的係數從不顯著提升為顯著。也就是說，V-Dem無法對Polity的結果提供穩健性檢驗。[26] 這種差異再次說明，關於民主與經濟績效的關係，結論往往與數據庫的選擇高度相關，因而對其作出任何定斷都需極其審慎。

表3-3：第三波轉型國家的政體狀態與經濟表現 (1974-2018)

	基礎模型	動態模型	國家固定動態模型	年份固定國家固定	非東亞非中東歐國家固定動態模型	中大型國家國家固定動態模型	V-Dem國家固定動態模型	V-Dem國家固定年份固定
民主轉型	1.432*** (.370)	1.249*** (.364)	.873* (.430)	.800 (.456)	.929* (.435)	1.109 (.573)		
威權轉型	.447 (.517)	.350 (.508)	-.581 (.511)	-.927 (.511)	-.434 (.515)	-.257 (.643)		
穩定民主	.236 (.592)	.218 (.432)	.864 (.532)	.252 (.571)	1.102* (.557)	1.279 (.729)		
經濟水平 LogGDPpc	-1.047** (.340)	-1.131*** (.334)	-11.786*** (1.164)	-11.327*** (1.284)	-9.976*** (1.327)	-7.495*** (1.317)	-11.127*** (1.079)	-10.986*** (1.187)
暴力衝突	.350 (.362)	.337 (.356)	-.826* (.371)	-1.113** (.359)	-.838* (.379)	-.752 (.399)	-.526 (.364)	-.898** (.354)
經濟自由度 EFW	1.421*** (.171)	1.166*** (.172)	1.498*** (.199)	1.529*** (.223)	1.286*** (.208)	1.206***	1.487*** (.173)	1.451*** (.211)
人均增長率 滯後一年		.126*** (.023)	.123*** (.018)		.089*** (.022)	.195*** (.038)	.130*** (.019)	
人均增長率 滯後兩年		.108*** (.023)	-.013 (.018)		-.011 (.020)	-.019 (.036)	-.013 (.017)	
人均增長率 滯後三年		.022 (.023)	-.008 (.018)		-.003 (.019)	.055 (.036)	-.003 (.017)	
人均增長率 滯後四年		.038 (.022)	.036* (.018)		.058** (.019)	-.097** (.035)	.037 (.017)*	
V-Dem 民主轉型							.457 (.355)	.275 (.371)
V-Dem 威權轉型							.638 (.448)	.331 (.454)
V-Dem 穩定民主							.425 (.455)***	-.241 (.473)
Constant	-4.440*** (1.206)	-2.967** (1.203)	29.535*** (3.564)	28.583*** (4.754)	.008 (.013)	2.622*** (.077)	27.846 (3.235)	28.046*** (3.826)
N	1758	1725	1725	1758	753	1100	1703	1732
	.050	.086	.271	.316	.996	.988	.280	.324

註：*p < 0.05; **p < 0.01; ***p < 0.001. 括號內為標準誤差。

---

26 把因變量從增長率換成人均GDP，政體狀態仍然沒有表現出任何顯著性。

上述分析指向以下結論：在第三波轉型國家，政體狀態如何影響經濟表現，相當程度上取決於使用哪種數據庫、哪種模型、什麼因變量和什麼研究範圍。總體而言，Polity 數據庫比 V-Dem 更支持民主轉型的經濟增長效應；動態模型比雙向固定模型更支持這一效應；增長率為分析對象比人均 GDP 為分析對象更支持；小國比大國更支持。不過，儘管在第三波國家民主轉型是否提高增長率難以得出確切結論，在上述模型中，沒有任何模型導向「穩定威權或者威權轉型有利於經濟增長率」的結論。

也就是説，在第三波國家，民主轉型可能有利於經濟發展，也可能二者無關，但是其有害於經濟發展則統計論據不足。這一發現可能有違一些人的直覺——尤其考慮到之前的描述性分析發現，轉型階段的確存在着廣泛的「經濟陣痛」。何以出現這種「矛盾」？存在以下可能的解釋。

第一，控制變量的功能就在於抑制我們僅僅依靠直覺進行思考。控制變量的本質是「思想實驗」：如果阿富汗在轉型之初擁有和韓國一樣的人力資本或國家能力，民主轉型在阿富汗會如何影響經濟發展？既然阿富汗並不擁有這些條件，那麼，民主轉型階段經濟發展表現不佳，到底是因為民主轉型還是這些條件？第二，數據分析賦予每個國家同樣的「理論重量」，但是在現實中，中大型國家的「政治重量」與小國不可同日而語，而「中大型國家」的因果關係有可能與小國不盡相同。如前所述，民主轉型即使存在經濟增長效應，在大國這一效應也更加微弱。[27] 由於中大型國家的國際影響通常更大、出現在新聞與分析中的概率也更大，因此對我們的「直覺」往往塑造力也更強。第三，此處的分析對象是人均GDP 增長率，而增長率如果不與人均 GDP 相互結合，它所提供的信息相當有限——通常人們不會羨慕、甚至不會特別關注一個人均GDP300美元、但是增長率10%的國家，尤其當這個國家還是一個小國。

27　不過，由於多重限制 (1974年以來、轉型國家、國家規模) 以及多重控制變量的信息缺失，在中大型國家的分析中，樣本量大大減少 (「國家年」數量只剩下400多個)，因此，對由此產生的結論需抱更審慎態度。

　　最後需要分析的是，在新興民主中，民主的深化或長期化如何影響
經濟增長？如前所述，關於民主與經濟發展的關係，一個常見的觀點
是：「民主存量」比民主水平更重要 —— 所謂民主存量，相當程度上就
是指在民主制度中「實習」的年數。這一觀點在1974年以來的新興民主
中能否得到驗證？在此，筆者依照上一節的模板，以「轉型後年數」為
自變量，在控制經濟水平、暴力衝突水平和經濟自由度的前提下，以國
家固定效應加時間動態的模型觀察回歸結果。結果顯示，「轉型後年數」
的確顯著提高增長率。[28]也就是説，就新興民主的經濟增長而言，「民主
存量」的確是有意義的。那麼，「民主水平」與人均GDP增長率的關係
如何？以上述同樣的方式進行分析，結果顯示，「民主水平」作為自變
量也顯著提高經濟增長率。[29]換言之，「民主存量」很重要，「民主水平」
也很重要。

四　小結與討論

　　本章試圖在第三波民主轉型浪潮的背景下，分析新興民主國家之民
主轉型和經濟自由度、經濟增長之間的關系。在每一個主題的分析中，
筆者都試圖同時進行橫向比較的描述性分析、縱向比較的描述性分析以
及回歸性的因果分析。之所以不厭其煩地進行這種繁複的多維度分析，
是因為從中產生的信息更加立體和豐富 —— 不同維度的分析往往有其
自身的優勢，但也在不同的意義上具有「欺騙性」，互補的信息則更加
「公平」。

　　描述性分析的好處是「直觀性」—— 我們能夠清晰觀察不同政體狀
態下、不同類型國家中經濟自由度或經濟增長率的變化軌跡，並區分短

28　P < 0.001，轉型後年數的非標準係數為0.091。篇幅關係，在此不列表報告。

29　P = 0.001，民主程度的非標準係數為0.305。注意，此處的案例選擇以polity > 0
　　為界，因為在此我們關心的是民主化之後的情形。篇幅關係，在此不列表報告
　　結果。

期趨勢和長期趨勢。但是，即使是描述性分析，我們發現，分析均值和
分析比例、分析短期和長期、分析大國和小國、分析經濟增長率和分析
經濟水平……常常帶來不同的印象。當然，描述性分析最大的問題是
沒有變量控制，因而我們很容易將相關性當做因果性——最明顯的例
子就是前述的轉型國家「樣本變化」問題。如果不考慮「越來越窮的國家
加入民主轉型浪潮」這個趨勢性變化，我們就很容易把「轉型國家的平
均經濟水平下降」這一現象詮釋為「民主轉型導致經濟水平越來越低」。

但是因果分析亦不是沒有其「陷阱」——核心變量不同的測量方
式、不同的模型選擇、不同的控制變量、不同的條件情境，往往都會帶
來不同的回歸結果。如前所述，就民主轉型和經濟增長的關係而言，
Polity 的回歸結果和 V-Dem 無法相互驗證；大國和小國的結果有所不
同；動態模型和年份固定模型的結果也有所不同；分析增長率和分析經
濟水平，也會得出不同的印象。這是否意味着，前述分析沒有給我們帶
來任何認知、無法在任何意義上增進我們對第三波民主轉型與經濟趨勢
之關係的理解？並非如此。

1. 政體與第三波轉型國家的經濟表現

在保持審慎的認知前提下，關於政體變化和經濟趨勢的關係，既有
數據分析將我們引向下述判斷。

第一，在第三波民主轉型浪潮中，總體而言，相比穩定威權，民主
轉型並不顯著地損害經濟自由、降低經濟增長——事實上，論據更多
地指向民主轉型有利於經濟自由和增長。在分析中，筆者對政體狀態做
了四種區分，但是，由於民主轉型脫胎於威權政體，因此，參照威權政
體觀察民主轉型下的經濟表現，成為一個自然選擇。

在關於不同政體和經濟自由度的分析中，我們發現，無論橫向比
較、縱向比較還是因果分析，都無法支持穩定威權比民主轉型更有利於
經濟自由度的結論。橫向比較而言，在同一歷史時期，民主轉型國家的
經濟自由度增加幅度平均而言大於穩定威權國家；縱向比較而言，儘管

轉型後短期出現了個別國家的經濟自由度下降和少數國家的停滯，長期而言，幾乎所有轉型國家對比之前的威權狀態，都出現了經濟自由度的提升；因果分析而言，控制經濟水平、暴力衝突水平、雙向固定效應之後，一個模型 (V-Dem) 沒有發現穩定威權和民主轉型對經濟自由度存在顯著區別，三個模型發現相對於穩定威權，民主轉型更有利於經濟自由。

在關於不同政體和經濟增長的分析中，橫向比較、縱向比較或因果分析，也無法支持穩定威權比民主轉型更有利於經濟增長的結論。橫向比較而言，由於前述「樣本變化」現象，我們難以從三類國家的經濟水平變化得出清晰的結論，但就增長率變化而言，民主轉型國家平均而言略高於穩定威權國家；縱向比較而言，的確有相當一批國家短期而言經歷了轉型的「陣痛」，但是長期而言，在63輪有數據可考的比較中，只有3輪出現了經濟的停滯或衰退；就因果分析而言，8個模型中有4個支持民主轉型的經濟增長效應，另外4個也只是沒有發現它和穩定威權的區別，而非支持穩定威權的增長效應。因此，在第三波民主轉型的背景下，總體性地認為威權政體更有利於經濟自由或經濟增長，缺乏實證依據。

第二，也不宜對民主轉型的「經濟增長效應」抱有過高期待，原因在於這一效應即使存在 (有數個模型並不支持這一結論)，它也取決於諸多條件。其中一個重要條件，就是民主的深度。無論是經濟自由度的變化趨勢，還是增長率的變化趨勢，都顯示出一種增幅「邊際遞減」的趨勢——經濟自由度的提升主要發生在2005年左右之前；經濟增長率的增幅，也是先升後降。分析顯示，民主轉型的積極經濟效應未必會隨着轉型年數的增加而「自動」增加，再次說明，並非「只要扔到河裏，自然會學會游泳」，往往需要民主質量的提升才能激發民主轉型的正向效應。

但是，「民主質量的提升」談何容易？如第一章所述，在真實的轉型世界中，常常發生的是民主的崩潰、倒退以及與政治自由度的下降，而非民主質量的穩步提升。此外，需要提請讀者注意的是，本章所採用

的「民主轉型」門檻是polity > 0，但是真實轉型世界中常常發生的是「半民主化」、「不完全民主化」、「去威權化」。如前所述，一旦降低民主轉型的門檻（從polity > 0降至 > -5），許多有利於民主轉型的分析都變得模糊而難以成立——比如，運用polity > -5這個門檻，國家固定效應加動態模型下「民主轉型有利於經濟增長」的結論不復存在。

與此相類似的是，在全樣本分析中成立的結論在中大型國家未必成立。比如，在全樣本分析中，polity數據庫的分析大體支持「民主轉型有利於經濟增長」這一結論，但是，一旦應用於中大型國家，這一關係的顯著性不復存在。然而，無論是出於政治原因還是道義原因，我們的確有理由更關注影響更多人命運的中大型國家。

第三，應區分「政體」的影響和「轉型」的影響。儘管政體轉型本身未必負面影響經濟發展，但與之相伴的經濟模式轉型、超級社會動員、選舉暴力衝突、政治資本重組等等則有可能階段性地負面影響經濟表現。如前所述，大約40%的國家在轉型後短期內，經濟出現衰退或停滯，或許都與這種秩序的全面重組相關。

任何轉型都可能因其帶來的巨大不確定性而影響經濟發展，這種影響卻未必與轉型的目的地是否是「民主」相關。換言之，如果不是威權向民主轉型，而是民主向威權轉型、威權向另一個威權轉型，都可能出現相似的經濟混亂。在本章和上一章的分析中，在四種政體狀態中，「威權轉型」常常是最危險的政體，恰恰說明很多時候危險來自於「轉型」本身，而未必來自於轉型的目的地。回顧歷史上「改朝換代」時的經濟表現，就比較容易理解這一點。

正因為在很多情況下，是「轉型」本身帶來的動盪和不確定性引發經濟困難，所以能觀察到一些國家在新制度中站穩腳跟後，經濟能夠從谷底回升。此類國家中典型的案例，是中歐四國。1989年後的中東歐，面臨着經濟轉型和政治轉型同時啟動的雙重挑戰。不難想像，四十多年的計劃經濟之後，休克療法帶來的經濟斷裂觸目驚心——短期內四國都出現了經濟的顯著下滑，但一段時間後，經濟開始觸底反彈：波蘭1992年、捷克1994年、斯洛伐克1993年、匈牙利1994年開始恢復經

濟增長。此後，四國經濟增長穩健持續（除2008年金融危機左右），到21世紀初，四國先後被世界銀行列入高收入國家（捷克2006年開始、匈牙利2007年、斯洛伐克2007年、波蘭2009年）。當然，不是所有的國家都能如此順利地觸底反彈，但是相關案例的真實存在意味着「轉型效應」和「民主效應」或許有所不同。

第四，應避免將「民主轉型國家」、「穩定威權國家」、「穩定民主國家」等類型作為一個個整體來理解。出於分析的便利，研究者往往不得不對不同國家進行歸類，筆者也不例外。但是這種「歸類」的代價常常是掩蓋各個類型內部巨大的差異性。津巴布韋和波蘭同屬「新興民主」，其經濟軌跡不可同日而語，韓國和阿根廷步入第三波民主化浪潮的時間非常接近，其經濟穩定性也有雲泥之別，理解這種差異性和理解其共性一樣重要，甚至更重要。

這一點對於理解威權國家的發展邏輯格外重要。如前所示，威權國家的經濟表現方差尤其大，因為威權體制中領袖個人風格對經濟表現具有很大影響，而領袖個人是否具有經濟智慧，則具有相當的偶然性。反過來，恰恰因為威權政體下經濟表現的巨大方差，也給我們提供理解民主價值的另一個視角。經濟增長的平均速度固然重要，增長的穩定性也相當重要——一個體重始終維持在125斤左右的人和一個去年100斤、今年150斤但是「平均125斤」的人相比，前者往往更加健康。

2. 超越「政體決定論」

民主轉型未必有害於經濟發展，但它也未必有利於經濟增長，原因在於經濟發展受制於政體之外許多「其他因素」的影響。這也是本章分析所導向的發現。由於本書的分析主題是第三波民主轉型，所以其分析聚焦於「政體狀態」的影響，而把經濟表現的諸多影響因素放入了「其他因素」這個泛泛的籃筐裏，但是，這並不意味着「其他因素」不重要，事實上，它們可能很重要，甚至更重要。就本章的分析而言，兩個重要的「其他因素」顯示出比政體狀態更強大的影響力。

第一，國際格局變遷拉動對全球經濟自由度的影響。橫向比較顯示，一個醒目的事實是，無論是成熟民主國家、新興民主國家還是威權國家，大體而言過去四十年左右出現了全球性的經濟自由度顯著提升；並且，這一提升主要發生在1985–2005年左右。何以在全球範圍內，不管政體如何，各國政府都更加鼓勵自由的生產和交換？顯然，這不僅僅是巧合。經濟自由並非僅僅是一個「空間」，背後是一套特定的意識形態，同時也是一種需要不斷「維護」的規則——它要求有效的產權保護、公正的規則約定以及調整機制，要求契約執行機制和違約懲罰機制……這一切都需要組織和推動。

相當程度上，經濟自由度的全球性提升是國際格局變化的結果。冷戰時期，整個世界經濟體系大體圍繞着兩個「旋渦」運轉——一個以蘇聯為中心，一個以歐美為中心，這兩個體系相互競爭、相互「拆台」。冷戰的式微與終結使「兩個旋渦」逐漸變成「一個旋渦」，「自由霸權」時代開啟，市場經濟理念和模式由此全球性拓展。西方作為冷戰的勝利者，主導塑造了新的全球性意識形態，並試圖在全球範圍內複製其自身。新自由主義——不管我們如何認識其利弊——成為一個階段內的主導經濟觀念。而觀念也演化為一系列的制度和組織安排：世界貿易組織（WTO）、國際貨幣基金（IMF）、世界銀行（WD）等等。一系列的國際經濟交往規則——各種多邊或雙邊自由貿易協定——也是觀念的衍生物。這些組織和規則不但從貿易和金融上將世界各國捲入經濟全球化，也從外部推動這些國家內部經濟模式的自由化。

正如國際格局的變遷——冷戰的結束——拉動了全球性經濟自由度的變化，這一變遷的停滯乃至逆轉也部分解釋了全球「新自由主義」的平台期。2008年金融危機挑戰新自由主義的神話，中美對抗的抬頭動搖了「華盛頓共識」，西方民粹主義的崛起加速了西方世界的自我收縮……西方世界在20年左右的時間裏耗盡了冷戰勝利的紅利，其一度熱情推銷的經濟自由主義也由此失去了繼續上漲的加速度。

在影響經濟增長的各種因素中，第二個值得一提的「其它因素」則是經濟自由度。在經濟增長率的分析中，為了發現政體狀態的影響，筆

者控制了經濟發展水平(真實人均GDP)、經濟自由度、暴力衝突、國家效應、年份效應、動態效應等因素。如前所述，有些模型顯示了民主轉型的正面影響、有些則沒有顯示。但是，在所有模型中，除了經濟發展水平眾所周知的影響以外(因而難以構成發現)，唯一一個在所有模型中顯示出顯著且正面影響的控制變量是「經濟自由度」。並且其標準化影響係數往往顯著超過政體狀態。

這很可能說明，對於經濟增長而言，相較於一個國家是否民主，更重要的可能是它選擇什麼樣的經濟政策。民主是否有害於經濟發展，很大程度上取決於它是否觸發經濟民粹主義。21世紀以來的兩個經濟噩夢——陷入超級通貨膨脹的津巴布韋和委內瑞拉——在走向經濟災難之際，一個是威權制(津巴布韋)、一個是民主制(委內瑞拉)，但其共同點是經濟自由度的大倒退；波羅的海三國和新加坡，都在過去半個世紀成為高收入國家——在其經濟躍遷的過程中，政體狀態並不相同，但共同點是經濟自由度的擴大。

顯然，民主轉型並不必然指向經濟民粹主義——事實上，由於缺乏制衡機制，威權制度下經濟民粹主義可能更加極端。本章第二節也發現，就第三波民主轉型而言，沒有論據支持民主轉型降低經濟自由度。但是，民主可能以其自身邏輯通向經濟民粹主義，卻顯然有其道理。當民主的再分配衝動壓制投資積極性，當各種利益集團利用民主制度的低談判門檻來裹挾公共政策，民主完全可能成為經濟民粹主義的土壤。數據分析顯示，經濟自由度並不隨着「民主的延續」而提高，甚至在某些維度上可能倒退。此類發現提醒我們，民主轉型並非抵禦經濟民粹主義的保障，而可能成為它的另一匹「特洛伊木馬」。關於這一點，由於本書第七章還將展開論述。

顯然，還有很多政體之外的「其他因素」影響經濟模式和經濟增長，上述二例只是試圖說明，過度聚焦於政體因素可能會導致對經濟發展機制的誤判。民主轉型既不是經濟發展的魔法按鈕，也不是經濟災難的魔法按鈕，只有將政體放在更大的國際、政治、社會、文化背景當中，才能理解它只是經濟發展無數相互聯動齒輪中的一個而已。

3. 何以民主未必民粹

就第三波轉型國家而言，民主轉型未必導致經濟民粹主義，甚至可能——至少在一個階段內——提升經濟自由度。這一點未必合乎一些人的直覺。根據此類直覺，「烏合之眾」利用選票「合法搶劫」，導致經濟上的多數暴政，從而葬送經濟發展的前景，幾乎是民主的宿命。雖然這種情況不是沒有（比如委內瑞拉），但是總體而言，到目前為止，它並非第三波轉型國家（或全球）的主流。儘管 2005 年左右以來，全球經濟自由度進入了一個平台期，但是大規模的跌落也尚未發生。

何以如此？為什麼在絕大多數相對貧窮的新興民主，底層民眾沒有基於「經濟理性」而發起大規模的「合法搶劫」？在此，筆者試圖就這個問題進行一個延伸性討論。在筆者看來，民主轉型未必必然導向經濟民粹主義，歸根結底取決於現代民主制的兩個特點。

第一，現代民主制的本質是混合政體。由於現代民主制是代議制，「代議」環節的存在使現代民主制具有相當的精英主義色彩，而不完全遵循機械多數主義原則，這不僅僅是因為政治代表擁有相當的民意解釋權和自主決策空間，而且因為選民之外的力量——游說集團、智庫、媒體、商業團體、股市等等——對政治代表也具有相當影響力。在這個意義上，聲稱「大眾過於民粹，因而民主並不可行」，就像聲稱「第三個菜太難吃，因而這頓飯無法下咽」一樣，很大程度上誤解了當代代議民主制的真實運行機制。此外，還有兩個因素也往往能緩衝多數原則的衝擊力：一是投票率在各階層中的不均勻分佈；[30] 二是很多民主國家都有部分權力機構相當程度上獨立於民選機制之外（比如最高法院和中央銀行）。

30　比如卡普蘭的書中系統分析了教育和收入水平對投票率的影響，發現二者正相關。只不過在他看來，投票參與率並非越高越好。中下層的低投票率在他看來是糾正民眾經濟觀念「系統性錯誤」的一個方式。

　　正因為現代民主制度本質上是「混合政體」，甚至有人認為這一混合政體中的精英主義成份重於其多數原則成份，[31] 現代民主制度下，我們較少看到民眾通過選票推翻自由經濟秩序。暴力土改可以被視為經濟民粹主義的極端表現，但歷史地看，20世紀最激進的暴力土改幾乎都由威權政府發動而非民主政府。[32] 固然，民主國家有不少「粉紅色」經濟政策，但一個國家要走向激進的左翼經濟政策，政治上需要做的往往不是依賴民主程序，而是摧毀它。因此，經濟的激進民粹化往往與民主被架空同步發生，而這正是近年津巴布韋、委內瑞拉等國所發生的事情。

　　即使是同一個政黨，在不同政體下也可能政策偏好不同。關於這一點，尼加拉瓜提供一個比較好的對比，因其執政黨桑地諾既曾經在威權政體下執政、也曾經在民主政體下執政。1979年，左翼政黨桑地諾曾通過武裝鬥爭上台，其領袖奧爾特加以威權方式執政十一年，1990年尼加拉瓜進入民主化進程後，桑地諾敗選成為在野黨，但是十六年後，也就是2006年，奧爾特加帶領桑地諾贏得選舉，在民主政體下重新執政至今。[33] 在其第一次執政期間，也就是以威權方式統治期間，其經濟政策是典型的激進左翼政策：將前統治集團及其支持者的財產一律充公、強制性土改、價格管制、大大增加免費醫療、教育和住房的供給……但是2006年重新上台後，儘管仍然是一個左翼政黨，其經濟政策已經變得務實很多：通過各種減稅政策吸引外資、精簡各種手續讓創業變得更容易、積極加入各種自由貿易協定 (*The Economist*, Aug. 27, 2011) ——連反對黨的人都說，「自從重獲權力，奧爾特加和20世紀80年代相比完全變了一個人 ——他曾經批評我們太新自由主義了，太討好IMF了，現在他成了他們最好的學生」(Rogers 2011)。

31　因此有不少左翼知識分子認為，自由民主制是虛偽的「資產階級民主」乃至「寡頭統治」。

32　比如蘇聯、古巴、尼加拉瓜、柬埔寨以及最近的津巴布韋。

33　各種跡象表明，在奧爾特加連續三次勝選後，尼加拉瓜的民主已顯著倒退。

　　固然，冷戰結束後不同的國際環境是桑地諾經濟政策改變的重要原因，但是選舉的「緊箍咒」對於約束激進主義也起到一定作用。事實上，無論是希臘的「激進左翼聯盟」(Coalition of the Radical Left, 簡稱「激左盟」〔SYRIZA〕)、西班牙的「我們可以」黨(Podemos)，還是墨西哥的奧夫拉多爾(López Obrador)政府，都是一旦上台，就開始調低其激進左翼民粹主義聲調，走向溫和的經濟政策。只有查韋斯、穆加貝這種完全摧毀民主的民粹主義者，其經濟政策才會因失去制衡而越來越失控，最終走向懸崖。

　　現代民主制的第二個特點，是其賦予「自由」的重要地位。正如無數學者曾經指出，「民主」和「自由」並不天然兼容，以「民主」的名義打壓「自由」，在現代史上屢見不鮮。但是，在當代世界，民主幾乎天然地被理解為「自由式民主」——即使實踐中未必總是能做到這一點，但是在政治倫理上，「民主」與「自由」已成為不可分割的合法性話語。

　　向民主注入自由，相當於向其注入了多元性，多元性使得民主具有了一種潛在的糾錯機制。固然，威權制度也有糾錯能力，但是其糾錯機制並非制度化的，常常需要某些突發性或偶然性事件——比如領導人的去世、一場自然災害、重大經濟或政治危機、戰爭爆發等等——才能實現政策的轉向。相比之下，民主政體下的政治競爭、司法獨立和公民社會等機制則常常以制度化的方式「迫使」政府糾錯。正是因此，民主國家經濟政策週期性「左右搖擺」成為常態：當自由過多犧牲了平等，人們選擇左翼政府上台；當平等過度抑制了自由，人們選擇右翼政府上台。這種搖擺一定程度上是制度性糾錯機制的體現。卡普蘭在《理性選民的幻象》中論述了選民在經濟政策上的一系列左傾的「系統性偏見」：「排外偏見」、「悲觀偏見」、「干預偏見」等(Caplan 2011)。[34]但是，系統

34　通過將民眾的經濟觀念與專家進行對比，卡普蘭發現民眾的經濟觀念普遍「偏左」，存在着「政府干預偏見」、「排外偏見」、「悲觀偏見」等誤差。但是，威權統治者與「專家」相比是否也「偏左」？卡普蘭並沒有回答這個問題。就本文的主題而言，重要的不是民眾是否比專家更經濟左傾，而是民眾是否比威權統治者更左傾。

性偏見與其說來自於民主，不如說來自於人性，而民主制度至少為制度
性糾偏提供了一種可能性。

拉美21世紀以來的經濟政策搖擺是一個說明。21世紀初，許多拉
美國家出現了左轉風潮，以至於有評論家稱拉美出現了一場「粉紅色革
命」：[35]在玻利維亞，左翼政治旗手莫拉萊斯(Eva Morales) 2006年後不斷
勝選；科雷亞(Rafael Correa)，另一個標杆性左翼政治家，在厄瓜多爾
2006年、2009年、2013年三次當選總統；阿根廷的庇隆主義聯盟「勝利
陣線」及其領導人基什內爾夫婦(Cristina and Nestor Kirchner)，從2003
年開始也不斷贏得大選；而在巴西，從2003年到2014年，左翼政黨工
人黨也三次贏得總統大選；更不用說委內瑞拉，激進左派查韋斯及其繼
任者馬杜羅自90年代末期開始就接連贏得選舉，推動了具有相當民粹
色彩的經濟政策。

這場「粉紅色革命」似乎佐證了民主和經濟民粹主義之間的「必然聯
繫」——第三波民主化啟動二十年左右，歷史上被各國右翼軍政府打壓
的左翼終於開始通過選票紛紛上台。不過，各種跡象表明，2010年代
開始，「粉紅色革命」開始退潮，事實上，一場逆向的運動展開了。拐
點是2010年左右開始的經濟危機：或許與全球經濟形勢相關，也與民
粹主義經濟政策的績效反彈相關，一批拉美國家在2010年代出現嚴重
經濟危機。委內瑞拉在國際油價下跌後經濟走向崩潰，巴西2015–2016
年間出現現代史上最嚴重的經濟衰退，阿根廷則又一次出現主權債務危
機。耐人尋味的是，作為這些經濟危機的政治反應，這些國家選民紛紛
將左翼政府選下台去：2015年阿根廷民眾選出了經濟上偏自由化的馬
克里(Mauricio Macri)政府，巴西在2018年選出極右翼總統博爾索納
羅，2015年委內瑞拉民眾則將反對黨選成了議會多數黨，[36]玻利維亞

35　還需要說明的是，拉美這些左翼政黨本身也表現出相當的調適能力，它們的
　　「左」已經不再是冷戰時期的那種「左」。

36　當然，馬杜羅政府通過一系列操控強行作廢了這一選舉結果。

2019年通過一場街頭抗議將左翼政府推翻，[37] 智利2010年和2018年兩次通過選舉將一個中右翼總統選上台去。在此，筆者更關心的不是這些選擇是否正確，而是民眾能夠在經濟形勢變化後不斷調整政治偏好這一事實——這種「變通能力」恰恰是民主作為一種開放性制度的題中之義。

正是因為現代民主制具有「混合政體」和「自由主義」的特徵，它內嵌了阻遏經濟民粹主義的機制。當然，這並不意味着這些機制能夠永遠有效。「混合政體」的價值來自於其動態平衡性，而在一個全球化、文化不斷變遷、階級走向固化的社會，平衡並非易事。「自由」也自有其前提：統治者的德性與自律是其中之一——這在任何國家任何時代都已足夠艱難，而在一個大眾時代，當統治者發現「民氣可用」的權力秘密，在「上下一心」的狂歡中，這種自律只會變得更加艱難。這不僅僅是一種邏輯上的可能性，也是真實世界中不斷蹦起的火苗。關於第三波轉型國家的經濟挑戰，本書第七章還會繼續展開。此處筆者只是試圖強調民粹之於民主如影隨形的危險。我們深知經濟學中對個體的「理性人」假定，但是同時我們亦了解「三個和尚沒水喝」的「集體行動」邏輯，所以，經濟領域中的「集體理性」是否可能？它能否在不斷試錯中演進？這是每一個民主國家中每一代人需要反復回答的問題。

37　玻利維亞並沒有出現經濟危機。

第四章

新興民主的國家能力

　　2019年10月17日，墨西哥的一個城市庫利亞坎（Culiacán）被一個黑幫包圍。發起圍攻的是一個販毒集團，其目的是脅迫政府釋放其幫派頭目奧維迪奧·古斯曼·洛佩斯（Ovidio Guzmán López）。政府的一支巡警隊伍與之展開戰鬥，一時間大街小巷槍聲四起、濃烟滾滾。然而，數小時之後，政府的巡警部隊開始「寡不敵眾」，敗下陣來，在7個人身亡、8個戰鬥人員被生擒後，警察們決定投降，將本來已經抓捕，打算引渡到美國的洛佩斯釋放、放虎歸山。對於這個令政府頗為尷尬的結果，墨西哥總統奧夫拉多爾事後狼狽地回應，「情況太糟了，許多人的生命受到威脅……不能將一個浪蕩子的生命置於人民的生命之上」（Ahmed 2018）。總統這段話的直白式表述是：我們打不過黑幫，只好投降。

　　這不是政府在販毒黑幫面前的第一次對決失敗。此前一周，在墨西哥的另一個地方米卻肯州（Michoacán），警察和黑幫之間的戰鬥已經造成13個警察身亡。事實上，自從2007年卡爾德龍總統啟動「毒品戰爭」以來，墨西哥已經在大大小小的戰鬥中度過了十多年，政府至今仍然沒有贏得，甚至越來越無望贏得這場「戰爭」。或許一開始政府以為這場戰鬥只是一場短暫的「行動」，結果卻是一場深陷泥沼的噩夢：10萬餘人在戰鬥中死去，3萬人失蹤，如此高昂的生命代價，甚至比許多國家真正的內戰還要慘烈（Ahmed 2017）。政府時不時成功抓獲大毒梟

的新聞——包括抓捕並引渡洛佩斯的父親，墨西哥當代最著名的毒梟「矮子」古斯曼（「El Chapo」Guzmán）——一度鼓舞人心，但是，當毒品經濟已經成為無數人的生計乃至「生活方式」，個別頭目的消失完全無法動搖整個毒品生態系統的生長。可以説，整個墨西哥社會都成了毒販集團的人質，黑幫組織的普遍及其地盤鬥爭不但意味着墨西哥犯罪率居高不下，也持續扭曲着墨西哥的經濟結構與社會文化。現在，墨西哥很多地方的確實現了「熄火」，但常常不是因為政府戰勝了各路毒販集團，而是因為政府默默退出了他們的地盤。

很大程度上，這是一個國家能力低下造成的悲劇：政府無力清除黑幫組織，更無力置換毒品團夥賴以生存的經濟土壤。在政府所能提供的各種公共產品中，安全是最基本的供給，而墨西哥政府顯然無法勝任這一點。如果僅僅從民主的維度理解政治發展，墨西哥式的悲劇就顯得難以理喻：畢竟，從90年代後期起，墨西哥政府就是民選的——不但是民選的，而且「對毒品開戰」，不管結果如何，其初衷至少是好的，是基於政府「為人民服務」的良好願望。然而，可能「幹壞事」從而需要被約束的不僅僅是政府，還可能是毒販、黑幫、軍閥、極端主義宗教勢力、沙文主義族群……用學者福山的話來說，除了政府的專制，政治生活中還廣泛存在着「表親的專制」。民主國家中，政府如果出現專制傾向，還可能以選票去約束它，但是，「表親的專制」又如何約束？

很多人認為，答案是「國家能力」。強大的國家能力是維持秩序的必要條件：只有有效的暴力壟斷才能防止暴力的四處分散。遺憾的是，上面所描述的墨西哥的情形，是許多新興民主國家困境的一個縮影，只不過其他政府面臨的未必是販毒組織。在菲律賓，一場與墨西哥類似的「緝毒戰爭」2016年啟動，付出成千上萬的生命代價後，卻一直延綿未決；在巴西，各種黑幫團夥已經將巴西謀殺數量推至全球前茅，但是將黑幫成員關進獄中卻不能解決問題，因為黑幫們已經將監獄改造成最好的「根據地」，頻繁出現在國際媒體上的巴西監獄暴動、越獄行動、監獄內幫派血拼新聞也證明這些「根據地」多麼「經營有方」；在尼日利亞，恐怖組織博科聖地到2010年左右仍然只是一個影響力非常有限的小組

織，但是，由於政府軍無力將其剿滅於搖籃之中，結果是它不斷坐大，直到勢力範圍擴張至北方數省，甚至整個西非，成為殺傷力甚至超過ISIS的恐怖組織（Pisa 2015）；在阿富汗，塔利班一度在美軍打擊下落荒而逃，但是阿富汗中央政府的軟弱無力令其捲土重來。

福山是學者中「重新發現國家」這一聲音的代表。在一篇名為「民主為何表現如此之糟」的文章中，他寫道：「為什麼世界範圍內民主的表現會如此令人失望，這是一個值得討論的問題。在我看來，一個重要的核心因素是……在許多新興和現存的民主國家，國家能力沒有跟上人們對於民主的需求。沒有成功地建立現代的、良治的國家，是近來民主轉型的阿喀琉斯之踵。（Fukuyama 2015：12）在福山看來，一個「現代的、非人格化的強大國家」是現代政治必要元素。儘管民主和法治也很重要，但是在他眼中，「從一個世襲式的或新世襲式的國家轉變為現代的、非人格化的國家，比從一個威權政體轉變為一個舉行周期性的自由公正選舉要難得多」（Fukuyama 2015：12）。

何為「現代的、非人格化的強大國家」？什麼樣的國家具有強大國家能力？在福山的表述中，有兩個同樣重要的衡量尺度：一是國家之有效性，二是國家之中立性。「有效性」的常見標誌是政府具有強大的徵稅能力和徵兵能力；「中立性」則是指政府有能力擺脫利益集團的「俘獲」（capture），超越各種私人的、地區的、局部的、階層的、集團的利益去「自主」地制定實施合乎公共利益的政策。

當然，福山不是唯一發出此類聲音的學者。過去二十年左右，已經有一批學者認識到僅僅有民主是不夠的，唯有民主與國家能力之間的平衡才是政治發展的關鍵。他們的觀點也與現實中的許多案例相互印證：在新興民主中，治理績效相對好的案例（比如中東歐、東亞諸多國家和地區），往往是國家能力基礎較強，並且在轉型過程中維繫了國家能力的案例，而那些走向民主崩潰甚至戰亂的案例，則往往是國家能力的「困難戶」。

民主轉型後新興民主的國家能力如何變化？事實上，到底什麼是國家能力？它包含哪些維度？不同維度是否變化方向一致？這些是本章試

圖回答的問題。顯然，這些問題重大且迫切——如果像一些人指出的那樣，「無國家，不民主」，並且新興民主的國家能力會因為民主化而削弱，那麼許多轉型國家就會陷入惡性循環：民主化會導致弱國家，而弱國家會惡化民主化的條件，從而形成「弱國家」和「劣質民主」之間的旋渦式關係。因此，民主化和國家能力之間是否存在一個互換關係、二者是否可能相互平衡，就是值得深究的問題。

本章將分為五個部分。第一部分在回顧相關文獻的基礎上梳理理論爭論，簡述「國家優先論」這一觀點的邏輯及其批評者的理論脈絡；第二至四部分沿襲前面幾章的路徑，從橫向比較、縱向比較和因果分析幾個維度去追蹤新興民主國家能力的變化方向和程度。尤其重要的是，相比籠統地回答這個問題，本部分還試圖分析：國家能力的不同維度在轉型之後會朝着不同方向變化嗎？以及，短期的國家能力改變是否會不同於長期？最後一個部分則將進行簡要的理論分析，試圖通過經驗發現去評析前述理論爭論。

一　理論背景與爭論

圍繞着國家能力的相關探討大致沿着對「國家優先」(state first) 之「順序論」的爭論展開：一方是倡導派，一方是質疑派 (Snyder & Mansfield 2007；Carothers 2007)。前者認為，對於任何國家來說，首要的任務是建設強大的國家，即具有強大徵稅、徵兵和治理能力的政府，然後才是建設民主與法治，因為有效秩序是一切良治——包括民主自身——的運行基礎；歷史上那些成功的國家，也大多是在建成具有相當中央集權能力的國家之後再引入「大眾民主」。後者則認為，假定超強的國家會有動力發展民主，並假定民主是國家能力建設的障礙，既不合乎道義，也不合乎歷史自身。所謂「無代表，不納稅」，不但道出民主促進國家能力的邏輯，也描述諸多發達國家政治發展的真實軌跡——其稅收的大幅提高、官僚機構的急劇擴大以及公共服務的大規模擴張，恰恰是發生在民主程序賦予其政府合法性之後。

1. 國家優先的順序論

在「國家優先」論清晰浮現之前，相當長一段時間裏，比較政治學界存在着「國家缺失」現象。亨廷頓在20世紀60年代提出「統治的深度比統治的模式更重要」，但是1989年左右的東歐劇變似乎令政治學的「國家視角」黯然失色：蘇聯曾經擁有毋庸置疑的「統治深度」，但是這並沒有妨礙其走向崩潰。於是，一段時間內，政治現代化似乎只剩下「民主轉型」一個維度：民主轉型的動力是什麼？如何推動轉型？轉型的條件是什麼？轉型的障礙是什麼？⋯⋯似乎政治的「政治性」已被架空，政治問題都成為這個大問題下的技術問題。國家能力不但從這一討論中缺失，甚至很大程度上被妖魔化——國家永遠是那個需要被「約束」、「制衡」、「馴服」、「限制」⋯⋯的「利維坦」。

在這個意義上，國家是在近年「重新被發現」的。它先是作為許多難以解釋現象的「剩餘變量」出現，慢慢成為許多觀察者視線的焦點：當觀察者意識到墨西哥毒販集團、巴西的獄中黑幫、阿富汗的軍閥、伊拉克的極端主義教派、埃及失控的街頭示威、也門持續的內戰等現象成為該國的頑疾時，並發現越來越難以僅僅用這些國家「不夠民主」來解釋其病灶時，人們開始發問：問題到底出在哪裏？診斷結果常常指向一個答案：弱國家。

「重新發現國家」為觀察者打開一片遼闊的視野，開拓出許多新的研究課題，並誕生了一批研究，顯示國家能力對於治理績效的關鍵意義。首先，國家能力成為解釋暴力衝突的核心變量。為什麼會出現遍地開花式的黑幫、騷亂甚至內戰？因為政府缺乏將星星之火撲滅在萌芽狀態的能力。正如費倫和萊廷所發現，持續的暴力衝突未必需要力可敵國的武裝力量，在國家能力低下的地方，叛亂分子常常只需要三五千人，在偏遠處找到可以打「運動戰」的藏身之所，並且通過某種地下經濟渠道（毒品、鴉片、礦產甚至國外資助）獲得財源，就可以堅持遊擊多年，對一個國家的秩序造成根本性的破壞（Fearon & Laitin 2003）。那些鎮壓能力強大的國家往往能夠在這種暴力模式的開端將其剿滅，但是在鎮壓能力不足的國家，各種「匪幫」成為反反覆覆不斷「發炎」的傷口，

甚至可能最後造成重大「感染」，導致整個國家經濟政治秩序崩潰。瓦爾什尼分析印度尼西亞這個案例時也發現：為什麼印度尼西亞在轉型初期出現碎片化暴力的激增？「軍隊—警察」聯盟的解體是最重要原因——失去了蘇哈托軍隊的支持，警察突然發現自己的鎮壓能力大大下降，無力控制哪怕是分散的、小規模的騷亂 (Varshney 2003)。

其次，國家能力也成了經濟增長的核心解釋。早在20世紀70、80年代，隨着「東亞經濟奇蹟」的出現，就有一批學者以「發展型國家」來解釋東亞各國的經濟騰飛：日本的通產省被視為日本經濟起飛的鑰匙，韓國政商通吃的財閥集團被視為韓國企業走向世界的先鋒，中國台灣的經濟起飛被歸功於政府的產業政策和「有組織的學習」……在所有這些故事中，政府作為一個克服「集體行動」障礙的協調者和突破後發劣勢的組織者出現。甚至，它將整個國家改造成某種意義上的「公司」，政府自身則成為這個公司的「職業經理人」，通過產業佈局來揚長避短地加入國際競爭。在一些學者看來，政府這隻「看得見的手」對於後發國家的國際趕超戰略不但是有益的，而且是必不可少的 (Evans & Rauch 1999；Amsden & Chu 2003；Kohli 2004；Chang 2008)。丁塞科和卡茨針對11個歐洲國家的長線經濟史研究也發現，以「財政集中能力」為標誌的國家能力對於解釋長期的經濟發展，是一個核心變量 (Dincecco & Katz 2016)。

國家能力還被看做是公共服務的主要杠杆。這首先當然是因為政府提供公共產品的前提是掌握資源——沒有財政能力，公共教育、醫療保障、基礎設施等都只是無米之炊。達西和尼斯托茨卡亞以政府的土地記錄冊為「國家能力」的測量指標，研究國家能力和公共產品供給的關係並得出結論：只有先發展國家能力，民主才能「起作用」(D'Arcy & Nistotskaya 2017)。阿齊默魯等曾指出，通過將談判制度化，民主構成一種讓「承諾變得可信」的機制 (Acemoglu et al. 2019)。但是在達西和尼斯托茨卡亞這樣的學者看來，只有先出現「可信的執行能力」，才可能有「可信的承諾」——以通俗的語言來説，如果一個人不名一文，他無論如何承諾給太太買汽車房子也不「可信」。馬吉德和吉拉尼對156個國家1970–2015年的量化分析也發現，國家能力顯著提高一個國家的壽命

和其他健康表現 (Majeed & Gillani 2017)。穆爾希德等的研究通過跟蹤1990–2010年的發展中國家經驗，也論證了政府財政能力和社會保障開支之間的因果關係 (Murshed et al. 2017)。

同樣重要的是，即使掌握了資源，如果沒有一定的國家能力來儘量不偏不倚地分配這些資源，公共資源也很容易被各種利益集團——包括官僚集團自身所「俘獲」。福山曾花費大量筆墨描寫，在許多國家的民主化早期，公正客觀的公務員考試系統建立之前，民主當中的許多資源（包括公職本身）成為被眾多利益集團瓜分的「獎品」。在今天的新興民主，此類問題仍然非常顯著：當民主嫁接於傳統的庇護主義網絡，它很容易被改造為一個以犧牲公共利益為前提的利益分贓體系。

最後，民主穩固自身也在相當程度上需要國家能力作為基礎。福廷的研究對比26個前社會主義國家，發現之所以有些國家能夠實現民主穩固、而另一些則倒退回威權政體，其核心分野在於國家能力的不同：當新興民主無力維繫秩序、提供基本的公共產品，民主很難站穩腳跟 (Fortin 2012)。安德森和莫勒的研究也發現，國家能力幫助支撐民主的延續與穩定——當然，它也支撐威權體制的延續與穩定，也就是說，任何政體的維繫都依賴一定的國家能力 (Anderson & Moller 2014)。不過，他們同時也發現，民主政體的維繫更依賴於國家能力的「行政能力」維度，而威權政體的維繫則更依靠「鎮壓能力」。

不幸的是，儘管國家能力有助於民主穩固，有研究卻顯示民主——尤其在早期，可能傷害國家能力。巴克和哈德紐斯以國家風險國際指南 (ICRG：International Country Risk Guide) 中「官僚機構質量」數據作為國家能力的測量指標，發現民主水平和國家能力之間呈現J形關係，即，非常民主的國家在國家能力方面表現最好，但是威權主義國家會比低水平民主國家表現得好。他們的解釋是，高水平民主國家會因為自下而上的壓力而增強行政管理能力，威權政體能夠自上而下地控制行政人員，而低水平民主國家以上兩點都缺乏 (Back & Hadenius 2008)。

令人印象深刻的，不僅僅是國家能力被作為關鍵變量來解釋一系列治理績效，而且是它在歷史中漫長的投影。在一系列研究長線歷史的量

化文章中，都顯示歷史上的「帝國經歷」很可能促進當地今天的發展。
沃爾所做一項有趣的研究顯示，曾經輝煌一時的羅馬帝國即使是在消亡
千年之後仍然影響着其歷史所在地的經濟發展：德國那些「前羅馬屬地」
經濟發展比「非羅馬屬地」更好，究其原因，在於古羅馬當年發展的道
路系統更有助於城市的產生，而發達的交通與城市對於發展具有一種滾
雪球效應（Wahl 2017）。德爾的研究問題則是：為什麼越南北部比南部
的生活水平、公共服務水平都更高？其結論是，北越歷史上是受中國影
響的、高度集權的官僚制國家，它在組織、分配公共資源方面都更有效
能，而南越歷史上的治理模式則更接近個人化的庇護網絡，其低下的公
共資源組織能力影響至今（Dell 2015）。貝克爾的研究則發現，哈布斯堡
王朝高質量的官僚體制至今仍能部分解釋為什麼東歐某些地方比另一些
地方政治信任更強、腐敗更少（Becker 2016）。

　　正是基於上述原因，相當一批學者試圖論證，一個國家的政治發展
應該依循一定的「發展順序」，即，「先國家，後民主」。這些學者甚至
認為，我們今天看到的成功國家之所以成功，恰恰是因為它遵循了這樣
的發展順序──比如英國，正是先在威權條件下鞏固了一個韋伯式的現
代國家，實現了財政集中、司法集中以及建設了常備軍，然後再賦予人
民普選權，而那些歷史上不大成功的國家，則恰恰是「違反了恰當的發
展順序」，在發展國家能力之前建設民主（比如印度），或者在國家建構
之前構建宗教性的「法治」（比如伊斯蘭世界），導致今天的治理狀況難
以起飛。

　　這當然不是說這些學者認為民主和法治不重要，事實上，福山始終
強調「民主、國家能力與法治」之間的平衡，但是他對當代絕大多數新
興民主國家的現實診斷是「國家能力不足」而民主的發展超前（Fukuyama
2011）。在此類學者看來，應該先有一個強有力的國家在那裏，然後才
談得上約束它的意義──對於一匹本來已經羸弱不堪的馬，談論如何
用各種繮繩「約束」它，使其無法「橫衝直撞」，是現實感的錯位，而一
個錯誤的藥方可能讓一個國家長期被「誤診」，甚至一病不起。

2. 對順序論的質疑

上述觀點雖然有力，但也受到諸多質疑與挑戰。首先，「順序論」所包含的目的論被質疑：「先國家，後民主」假定國家建構有一個通向民主的價值目標，而歷史上真實的超強國家常常是「先國家，不民主」。這不難理解：如果國家能力已經強大到能夠對整個社會「一覽眾山小」，又有何動力推動民主？正是因此，歷史上的超級強國——無論是二戰前的德國、日本，或者冷戰時期的蘇聯，或古代中國的秦王朝，往往陷於「國家能力過度拉伸」的悲劇——由於國家和社會之間缺乏持續的「反饋—調整」循環，最後只能以「車毀人亡」的方式「硬着陸」。哈姆和塞姆的實證研究也顯示，同樣是威權國家，其中國家能力強大者更難以推動民主化 (Ham & Seim 2018)。

事實上，當福山因秦朝構建了一個超級官僚體系而將其視為第一個「現代國家」時，有概念上的削足適履之嫌。的確，秦朝以郡縣制取代封建制，構建了一個國家能力無敵的官僚制國家，但是，正如他自己所指出的，現代國家的核心要義不僅僅是權力的向心力，而且是國家機構的「中立性」——在後一點上，秦制則離「現代國家」十萬八千里。眾所周知，秦朝是秦始皇的秦朝，而不是天下人的秦朝，正如漢朝「姓劉」，唐朝「姓李」，明朝「姓朱」，古代中國官僚制國家的背後，是國家公器本質上的私人屬性。這種情形下，國家的確難以像民主制下一樣被各種游說集團「俘獲」，但這恰恰是因為國家已經被皇族以及附屬於它的官僚集團所「俘獲」。換言之，在現代國家必須同時具備的兩個屬性中（有效性與中立性），只有其一沒有其二，甚至因其一而害其二，則很難稱之為「現代國家」。

其次，國家優先的「順序論」也不合乎真實的歷史。從歷史的角度看，成功的民主國家並沒有嚴格遵循「國家優先，民主在後」的模式。在《民主的中世紀根源》一文中，莫勒質疑了「國家優先」的歷史順序論——他認為，當西方的國家能力建設在16世紀開始時，儘管還沒有

普選權，但是自下而上的權力制衡體系已經深深嵌入到其政治傳統中（Moller 2015）。換句話說，在西歐諸多國家，國家能力建設確實是先於大眾民主的引入，但「貴族民主」卻先於大規模的國家能力建設；正是因為這種「精英民主」的約束，其後來的國家建構才戴上了韁繩，不至於走向王權失控。

因此，歷史上西歐國家的國家能力建構與民主轉型與其說是遵循一種嚴格的「前後」順序，不如說是一種「千層蛋糕」般的相互嵌入關係：一層國家建構的基礎上「鋪上」一層限權的制衡機構，之上又是一層國家建構的努力，然後是更多的制衡機制……如此循環往覆，每一次國家權力的擴張都往往伴隨着對國家權力的限制，結果才是國家能力與民主法治之間的平衡。如果等到前者已經「大功告成」再去建設民主法治，後者不但很難有機會發展，而且可能被前者完全碾壓。

再次，即使「國家優先」的「順序論」合乎某些國家的歷史，它也很難移植到當代新興民主。在大多數國家建構起源的文獻中，一個比較接近共識的看法，是戰爭對於國家建構的根本性推動力。這一點，無論中西皆如此（Tilly 1975；Gennaioli & Voth 2015）。在中國，春秋戰國時期頻繁的戰爭是秦國最終建成一個超級官僚制國家的根本動力。「據估計，秦國成功動員了其總人口的8%到20%，而古羅馬共和國的僅1%」（Fukuyama 2011：110）；在歐洲，15世紀左右開始的慘烈宗教戰爭、殖民戰爭和繼承權戰爭成為西方世界建設「財政國家」的核心機制；而在非洲，地廣人稀的特點以及許多地方遊牧性質的經濟決定了它歷史上戰爭頻度與烈度不足，這是非洲難以突破部落式政治傳統、走向現代國家的重要原因……總之，不幸的是，歷史上的戰爭頻度和烈度似乎很大程度上解釋今天世界各國「國家性」程度的差異，許多歷史上經歷過腥風血雨的地區，今天的政治秩序反而穩定，而歷史上相對風平浪靜的地方，在今天則更可能暴力衝突纏身。政治秩序的暴力成本到底是「大額首付」，還是「小額分期付款」，似乎具有一種可悲的替代性。

問題在於，歷史上的這種國家建構模式多大程度上今天可以複製？隨着人類文明程度的不斷提高，世界各國民眾對暴力的容忍度都越來越

低。當阿富汗、伊拉克、也門或者利比亞等國家在各種暴力旋渦中失控時，我們認為這是「壞事」，而不是為其「走上國家建構的必由之路」而歡欣鼓舞，更不會寄望於戰火延續幾個世紀及至最後的勝利者在其疆域內「一統天下」。因此，站在21世紀，一個更準確的問題不是「根據歷史經驗，如何建構國家能力？」，而是「在大規模戰爭已經越來越受到唾棄的時代，如何建構國家能力？」正是在這個問題意識下，我們更需要尋找國家能力與民主的兼容機制。

最後，還有一些學者認為，民主不但不是國家建構的障礙，而且可以通過增強政府合法性成為發展國家能力的動力。理解這一點，只需要觀察理解一個基本事實：幾乎所有西方國家的大規模稅收提升和公共服務擴大，都發生在民主化之後。某種意義上，所謂「無代表，不納稅」，反映的恰恰是「民主優先，國家能力隨後」的排序。

以美國為例，民主不但未必阻礙國家建構，反而成為其國家建構的真實動力。稅收和軍隊往往被視為「國家建構」之靈魂，所以不妨觀察美國的稅收和軍隊建構過程。眾所周知，美國革命是由拒繳英國王室所施加的直接稅開始的。一個「國家優先論」者如果站在1776年的美洲，或許會哀嘆13個殖民地為什麼不遵從「國家優先，民主第二」的順序來發展，也完全可能因「地方」拒繳中央稅收而預測北美洲的治理崩潰，但北美民眾在「無代表，不納稅」的口號下發起革命，在建成一個真正的國家之前就引入了代議民主——1783年戰爭結束之後，各州就通過其州憲法確立了代議民主原則，1789年才通過制憲將「邦聯」改造成了「聯邦」，完成北美的鬆散「國家化」進程；也恰恰是1789年憲法——同時也是當時世界上最民主的憲法引入之後，北美洲人民接受了常備軍制度，在此之前常備軍被視為威脅自由的洪水猛獸。

同理，美國何時才實現徵收收入稅？1913年，第16條憲法修正案之後。這同樣不是遵循「國家優先，民主第二」的「歷史順序」，而是在美國民眾已經擁有了民主權利，並運用這個權利來影響立法之後，政府才被賦予徵稅權。因此，在美國的案例中，恰恰是民主權利給政府帶來合法性，人們在接受政府合法性之後才更願意為國家提供稅源與兵源，

從而實現了國家能力的提升。西歐北歐許多國家稅收的大幅增長——常常被視為國家能力的經典標誌——依循類似的邏輯。

正如斯科特在《國家的視野》一書中所展示，官僚制國家的國家能力基石是其「信息能力」——正是因對人口、土地和其他資源掌握充分信息，並對其流動性記錄有跟蹤能力，才可能「編戶齊民」、徵兵徵稅（Scott 1999）。因此，布蘭博爾等學者從人口普查、統計年鑑、官員管理等方面編碼了85個國家1789年以來的信息匯集能力。與之前一些研究發現不同，他發現，民眾的普選權不但無害於國家「信息能力」的建構，而且其擴散顯著推動了政府信息能力提升（Brambor et al. 2019）。

越來越多的研究論證民主對國家能力的正向激勵作用。艾特和詹森發現，雖然短期而言選舉權的擴大侵蝕國家的徵稅能力，但是長期而言，普選權擴散增加政府的稅收能力（Aidt & Jensen 2013）。斯萊特對東南亞地區的案例研究則發現，競爭性選舉會通過三個方面來提升國家政權的「基礎性能力」：政黨的建設、將邊緣人群引入到政治進程中，以及促使中央政府介入地方割據勢力（Slater 2008）。卡爾博內和梅莫利的研究發現，一個國家的民主程度及其持續時間的相互作用會積極地、顯著地影響國家能力的鞏固，無論國家能力的衡量指標是政治穩定，還是行政能力（Carbone & Memoli 2015）。埃里克‧王和徐軼青的研究也發現，民主—尤其是其競爭性維度—有助於國家能力各個維度的提升（Wang & Xu 2018）。里丘蒂等則論證，儘管民主問責和限權未必提高國家財政能力的「有效性」，但是顯著提高了其「公正性」（Ricciuti et al. 2019）。對於「通過幾百年戰爭建構國家能力」既不可欲也不現實的新興民主，這或許是更有參考價值的經驗。

因此，一定的政治發展順序才帶來更好的治理績效之觀點，受到質疑。耶羅和克努森刻意檢驗「發展順序」與經濟發展的關係（Gjerløw & Knutsen 2018）。他們根據民主與國家機構的建設順序來區分180個政體1789年以來的「發展順序模式」，並以此為經濟發展的預測變量，結果沒有發現任何支持「國家優先模式」帶來經濟發展優勢的論據。這一點並不奇怪。「強國家」是否帶來良性治理績效，很大程度上取決於觀察者所截取的時間點：站在20世紀60年代末70年代初，有經濟學家預測

蘇聯經濟將趕超美國；而處於 20 年代初的日本，也可能預測強大的國家能力將使日本征服東亞；站在漢武帝時代的漢朝、朱元璋時代的明朝、康乾盛世的清朝，所見皆是輝煌的大國崛起—在國家能力沒有「過度拉伸」之前，國家能力的治理優勢可能達至頂峰，但限權機制的缺乏，也使這種成就缺乏韌性—漢武帝的漢朝與漢獻帝的漢朝，朱元璋的明朝與崇禎帝的明朝，康乾時期的清朝與光緒帝的清朝，是一個硬幣的兩面，而不是兩個不同的硬幣。因此，觀察「強國家」的治理績效，需要相當長的時間尺度，那些國家能力與民主問責「平行」發展的國家，或許缺乏「一躍而起」的高光時刻，卻可能成為龜兔賽跑中的那只烏龜。

二 新興民主的國家能力變化：橫向比較

在第三波民主轉型浪潮中，民主轉型如何影響國家能力？儘管對於國家能力是否應該優先於民主發展存在着爭議，但是國家能力本身很重要，卻幾乎沒有學者否認。如前所述，強大的國家能力對於維持秩序、經濟發展、公共服務乃至維繫民主自身，都具有重大意義，因此，民主轉型是否削弱國家能力，是至關重要的信息。正如本章開篇以墨西哥為例所指出的，一大批新興民主國家的國家能力低下，而這成為其民主穩固的重大障礙，但是，新興民主「國家能力是否低下」，與其「國家能力是否由於民主轉型而下降」，則是兩個不同的問題—理論上，新興民主有可能在轉型前就國家能力低下，甚至更低下。對於理解「巨變第二天」的轉型後果而言，我們更關心的顯然是變化趨勢，而非僅僅是絕對水平。在一批學者論證民主轉型可能會削弱國家能力之際，這種辨析則尤為重要。

1. 概念內涵及其測量

上述問題之所以難以回答，原因之一在於，如何理解與衡量國家能力？對「國家能力」這一概念，不同的學者其實常常所指不同：最顯然

的當然是指向財政能力和軍隊建設能力，但經常也有學者指向更加模糊的事物，比如「官僚機構自主性」、「官員的清廉程度」、「政府合法性」、「政府質量」、「經濟水平」……亨德里克斯曾在一篇文獻回顧中列舉了15種測量國家能力的方法 (Hendrix 2010)，而漢森和西格馬則發現學者們有22種測量國家能力的方式 (Hanson & Sigma 2019)，欽戈拉尼等也列舉了22種測量方式 (Cingolani et al. 2015)。某種意義上，國家能力已經變成了萬能概念，「什麼都可以往裏裝」——有時候學者用經濟發展水平來衡量國家能力，用它來解釋暴力衝突水平，有時候又用暴力壟斷是否成功來衡量它，用來解釋經濟發展水平。

另外一些時候，不同學者又會使用不同的概念表達相近的意思：「國家性」(stateness)、「國家建構」(state-building)、「國家能力」(state capacity)、「國家機構」(state institutions)、「國家自主性」(autonomy of the state)、「政府質量」(quality of government)、「官僚能力」(bureaucratic capacity)、「國家基礎設施」(state infrastructure) 等等，所指類似但用語不同的情況進一步增加了學術對話的難度。

儘管對國家能力的理解和概念化方式如此多樣，一些學者仍然通過因子分析發現，大體而言，對國家能力的不同用法常常可以「合併同類項」。安德森和莫勒總結相關的研究並指出，「國家能力」有三個不同的維度：國家對暴力的壟斷權、行政管理的有效性和對於國民身份的認同感，每個維度和民主的關係都不盡相同 (Anderson & Moller 2014)。與此類似，亨德里克斯發現，在現有的國家衝突關係研究中，國家能力最被重視的三個維度是：軍事能力、官僚執行能力，還有政治制度的一致性 (Hendrix 2010)。通過對主成份的分析他得出結論：綜合使用官僚機構質量和稅收能力兩個尺度，能夠最好地測量國家能力的各種維度。漢森和西格馬則認為，應當將「國家能力」區分於其他規範性概念——比如「良治」或「法治」，據此他們將國家能力劃分為三個不同的類型：吸取能力、強制能力和官僚能力 (Hanson & Sigma 2019)。

正如定義民主時筆者主張「薄的」定義——因為只有「薄的」定義才使因果分析更加有效，對國家能力，筆者也主張「薄」的定義，即，通

過排除規範性因素（「良治」、「清廉」等等），為之建立一個相對清晰的概念邊界。在本文中，筆者主張將國家能力中性地定義為「國家實現其政策目標的能力」，以避免規範性討論所導致的理論泥沼。

另一方面，承認這一概念的多維性也很重要，因為「國家實現其政策目標」往往需要多種維度的資源——具體而言，需要財力、人力、強制力，才能「把事情辦成」。結合相關文獻，在本章中，國家能力包括三個維度：財政能力、強制能力和行政能力——用中國人的語言來說，分別對應所謂「錢袋子」「槍杆子」和「幹部隊伍」。由於我們不能直接假定國家能力的這三個維度是同向、同步變化的，故對其分別進行考察。

值得指出的是，在如何理解「國家能力」的問題上，最常見的認知陷阱是將威權政府直接等同於「強國家」，並將民主政府直接等同於「弱國家」。或許威權政體在某些方面（尤其是「強制能力」）與國家能力有一定的交叉之處，但是正如本書第二章所曾強調的：「弱獨裁者現象」在人類歷史及現實當中比比皆是。那些財政能力低下、官員行動效率低下甚至鎮壓能力有限的威權政府如此之常見，以至於「強獨裁者」在許多國家的歷史上可能是特例而非常態—正如整個漢朝漢武帝式的人物只存在於少數時期，整個明朝朱元璋、朱棣式的人物也只存在於少數時期。

事實上，即使「強獨裁者」也未必等同於「強國家能力」，因為「強獨裁者」的個人權威有可能以整個國家的公共權力為代價而實現的，正如隋煬帝傾舉國之力討伐朝鮮，或許呈現了其個人權威，但代價是整個王朝的衰敗。甚至，福廷的研究顯示，「強總統」和「弱國家」之間存在一種相關性，因為越是難以通過制度化渠道實現資源匯集的統治者，越有可能訴諸非正式的個人「圈子」來統治（Fortin 2017）。因此，在理解「國家能力」這一概念時，避免將威權政府直接等同於強國家，這一點至關重要。

從測量的層面而言，學者們就前述三個國家能力的維度創設了各種操作化指標，筆者從中選取理論上盡可能精準的三個指標。就「財政能力」而言，筆者採用「政府稅收收入與GDP的比值」為測量方式（數據來

源為 IMF 的 Government Finance Statistics），[1] 這也是國家能力測量中最常見的指標。不過，必須承認，以這個指標衡量財政能力存在着一個重大缺陷，就是它難以區分「徵稅能力」和「徵稅意願」，比如，新加坡的稅收 GDP 佔比（2015 年 14%）遠遠低於丹麥（46%），這到底是因為新加坡沒有徵稅能力、還是因為傳統與觀念導致的財政模式？能否因此認定新加坡政府的財政吸取能力遠低於丹麥？儘管此類質疑有其道理，但是，一方面，學界暫時沒有更受公認的財政能力測量數據庫，[2] 另一方面，即使一個國家只是因為傳統和觀念導致低稅收，這種傳統和觀念仍然具有相當的韌性，從而對政府構成真實的約束（比如，難以想像今天的新加坡民眾能夠接受丹麥級別的稅收），在這個意義上，新加坡政府的財稅吸取能力的確有限。

「強制能力」方面（也可以被視為「鎮壓能力」或者「暴力壟斷能力」），筆者依照一些學者的做法（Anderson 2022），以 V-Dem 數據庫中「國家控制領土比例」（state authority over territory）來衡量 ——政府控制境內領土比例越高，該變量數值越大；反之則否。由於暴力壟斷是「國家」的基本要素，以領土控制能力來測量國家能力，理論上合理。在 V-Dem中，該變量數值從 0–100 分佈，表達的實際上是控制比例（比如，98 意味着 98% 的領土受到中央政府實際控制）。

在 V-Dem 的該數據可獲之前，一批研究以「軍費開支與 GDP 比值」來測量國家的「強制能力」。儘管這種做法有一定道理，其顯然的問題與以「稅收 GDP 佔比」衡量國家財政能力相似：它難以區隔「強制能力」和「強制意志」——某些國家軍費佔比低，可能僅僅是因為該國缺乏鎮

1　轉引自 Hanson and Sigman 構建的「國家能力數據庫」（Hanson and Sigman 2021）。

2　為彌補這一缺陷，有學者提出應以稅收結構、而非稅收高低衡量財政吸取能力。簡單來說，就是一個國家越依賴微觀個體（個人或法人）的收入為主要稅源，其財政吸取能力越高，因為此類稅種要求政府能夠深入社會的毛細血管提取資源；相對而言，如果主要依靠關稅和土地稅，其吸取能力稍弱；如果主要依賴自然資源和壟斷，次之；如果主要依靠外援，再次之。V-Dem 數據庫中的「財政能力」變量（fiscal capacity）據此構建。但是，這種測量方式同樣無法完全逃脫傳統和觀念的約束。而且，由於這一測量方式較新，沒有得到諸多研究的檢驗，故本研究不予採用。

壓意志或戰備需要，並不意味着該國沒有這種能力。[3]比如諸多歐洲國家和日本由於美國所提供的安全保障而軍費比例普遍較低，甚至低於很多發展中國家，[4]但這不意味着當它們需要動用強制能力時比這些發展中國家更加無能為力。相比之下，似乎沒有理由認為哪個國家「不想」控制自己的全部領土 —— 如果沒有控制自己的全部領土，通常只是因為「不能」。在這個意義上，「領土控制比例」是對強制能力更真實的測量指標。

「行政能力」是最難測量的一個維度。理想而言，一個「能幹的」官僚隊伍應該合乎以下標準：首先，公務員是通過高度競爭性的、公開的招考系統擇優錄用的，並且有定期考核機制保持優勝劣汰的狀態；其次，官僚機構應該不被任何特定的群體、家族、集團、公司……「俘獲」，具有相當的政治中立性；最後，它又應當是高效的，對政府具有高度響應性，以保證政令通行。正是因為行政能力的這種「多面」甚至「矛盾」的特徵，[5]它成為國家能力三個維度中含義最模糊、可測量性也最低的一個維度。有的學者以官員清廉度衡量之，有的以投資者的信心指數衡量之，有的衡量公務員招募系統的嚴格性，有的則以「機構自主性」為尺度……標準頗為散亂。

筆者依照一些既有研究（Gjerlow 2018；Anderson 2022），使用V-Dem 數據中「嚴格和不偏不倚的公共行政」變量（rigorous and impartial public administration）為測量方式。在該數據庫中，該變量測量「法律在多大程度上透明並嚴格執行，公共機構多大程度上不偏不倚地施政、以及民眾在多大程度上能夠享有司法權、財產權、僱傭自由、行動自由、人身安全和宗教自由？」，其分值由 -4 到 4 之間分佈。

筆者對使用該變量來衡量國家行政能力略感猶疑，原因是這一變量的內涵不夠「薄」—— 它相當程度上納入了「法治」與「公正」等「善治」成

3　還有一些學者以軍事人員／人口比例為強制能力衡量指標，但這比軍費數據更不合理，因為大而臃腫的軍隊未必技術、武器更先進，甚至可能只是一個國家解決就業的方式。

4　比如，2020 年德國軍費佔 GDP 比例為 1.4%，而緬甸則為 2.9%。

5　事實上，要求官僚系統既對執政黨具有高度響應性，又保持政治中立性，有相互矛盾之處。

份，從而限制了它作為一個分析工具的效能。不過，目前其他用於分析「行政能力」的常見數據庫大多有類似問題，比如國家風險國際指南（International Country Risk Guide）中的「官僚機構質量」變量被廣泛作為行政能力指標使用，但它同樣是將規範性的元素納入了能力的測量。[6] 另一些潛力巨大的「中性」變量（比如世界銀行的「統計能力」）則由於啟動較晚，時間和地理範圍上的覆蓋面有限，無法滿足本研究的樣本需要。因此，從各種可能的選項中，筆者選擇了V-Dem中的「嚴格和中立的公共行政」這一變量，因其含義相對中性、且覆蓋面廣，但是與此同時，讀者應對採用該變量的因果分析保持審慎。

2. 國家能力變化趨勢的橫向比較

圖4-1到圖4-3展示三類國家在國家能力的三個維度上1974–2018年間均值的變化軌跡。此處，三類國家的劃分標準仍然參照上一章的標準。這三個圖所傳達的一個醒目信息是：不同維度的國家能力變化趨勢並不一致。就財政能力而言，穩定民主國家始終處於相對高水平並且相對穩定，而穩定威權國家和民主轉型國家則都在1980年代中期左右經歷了一個下降趨勢。但是，此後這兩類國家則出現了分叉——民主轉型國家稅收佔GDP比例在80年代末、90年代初出現了顯著提升，之後大致維持「穩中有升」趨勢，而穩定威權國家則維持相對平穩水準近20年後，從2005年左右開始出現了顯著提升。作為這一分叉的後果，儘管這兩類國家起點處財政能力均值相差無幾，但是40年後則出現了明顯差距。當然，如前所述，這一差距體現的到底是「徵稅能力」的不同，還是「徵稅意願」的不同，則難以從表中窺見。

就變化幅度而言，如果以轉型起點處的五年均值為初始水平，本研究終點處的五年均值為結果水平，比較終點處水平和起點處水平，穩定民主政體的變化幅度為增加5%，民主轉型國家的變化幅度為增加

---

6 在其評分標準中，核心是「排除政治壓力干擾的自主性」，本質上也是「不偏不倚性」。

13%，而穩定威權國家的變化幅度為下降13%。[7]也就是說，儘管民主轉型國家的財政能力絕對水平仍然遠遠不如穩定民主國家，但是其增幅為最大；相比之下，同一時期的穩定威權國家平均而言財政能力反而出現顯著下降。不過，這到底是說明民主轉型國家的吸取能力顯著上升，還是因為其抵禦社會支出壓力的能力顯著下降，或只是其政策排序由於制度價值不同而出現調整，則不得而知。

圖4-1：三類國家的財政能力變化軌跡 (1974-2018)

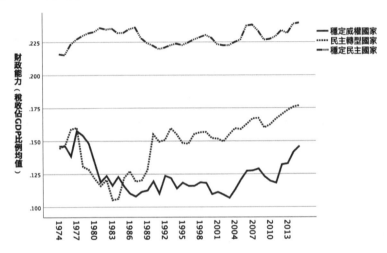

數據來源：Polity V；IMF（作者自繪）。

　　強制能力的變化軌跡則與財政能力有所不同。總體而言，穩定民主國家在國土控制能力方面的優勢不像國家能力的其他維度那麼清晰，以上世紀90年代為谷底，它經歷一個微凹的U型變化 ——直至2010年代左右開始，才呈現出顯著的優勢。這或許與冷戰結束左右各國（包括民主國家）分離主義運動或割據勢力識別出政治機會，重新活躍了一段時間有關。

7　財政能力、強制能力和行政能力起點和終點具體變化數值（五年均值）參見附錄4-1，其中財政能力一項終點處五年為2011-2015年，其他兩個維度為2014-2018年。

　　民主轉型國家的變化趨勢則可以被描述為「整體下降」，即，轉型國家的國土掌控程度平均而言在過去四、五十年間出現了下降。不過，如上一章所述，由於該類別國家的分析對象在持續變化(這一點與「穩定威權國家」和「穩定民主國家」不同)，這種下降趨勢到底是因為民主轉型導致一個國家的領土掌控能力下降，還是領土掌控能力不足的國家越來越多地加入轉型，則不得而知。

　　穩定威權國家的變化趨勢亦有自身特點：從1970年代至21世紀初，大致呈現上升趨勢——直至2010年代之後顯著跌落。其上升尤其以90年代初為一個巨大台階，可能説明該類別國家在這個階段對分離主義或割據勢力進行了強有力的鎮壓，實現了暴力的有效壟斷。2010年後的顯著下降，則很可能與阿拉伯之春、宗教極端主義興起在各國(尤其中東北非地區)引發的戰亂有關。

　　就變化幅度而言，對比起點五年的均值和終點五年的均值，穩定民主國家的強制能力大致不變(變化幅度小於1%)，民主轉型國家下降了4%，穩定威權國家也是幾乎不變(變化幅度小於1%)——如果排除2011年後的直線下跌(與阿拉伯之春和宗教極端主義相關)，則甚至可以説上升了3%。可見，相比其他兩類國家，民主轉型國家在強制能力方面具有劣勢。

圖4-2：三類國家的強制能力變化軌跡(1974-2018)

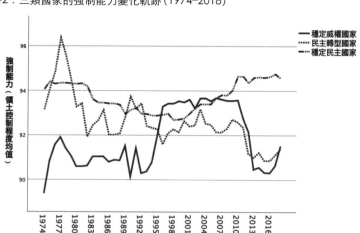

數據來源：Polity V；V-Dem (作者自繪)。

行政能力的差異最為清晰。穩定民主國家的行政能力不但「遙遙領先」，而且過去四、五十年來相當穩定。民主轉型國家在70年代所經歷的高峰很可能與該階段這個類別國家數量非常有限有關（主要是南歐國家），此後，該類別國家的行政能力均值只在80年代末、90年代初經歷了一次較為顯著的上升，之後大致平穩。相比之下，穩定威權國家的行政能力均值則大致可以被描述為「穩中有降」——可以說，其變化趨勢大致與民主轉型國家「對稱」。

就變化幅度而言，對比起點處五年均值和終點處，穩定民主國家的行政能力幾乎不變（只有1%的上升），民主轉型國家則升幅為22%；由於起點本來較低，穩定威權國家的行政能力則下降了70%。不過，如前所述，由於行政能力的測量指標包括了價值內涵，該指標的變化到底指向能力的變化，還是一種價值判斷，則可以商榷。

圖4-3：三類國家的行政能力變化軌跡（1974-2018）

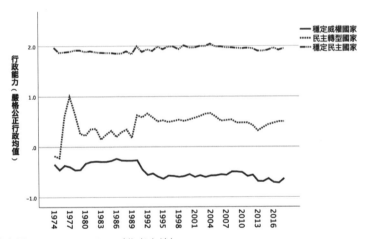

數據來源：Polity V；V-Dem（作者自繪）。

綜上所述，橫向比較的結果顯示，就平均水平而言，在1974-2018年間，民主轉型國家的財政能力儘管絕對水平不如穩定民主國家，但增幅為最大，且絕對水平超過穩定威權國家。強制能力方面則相反，穩定民主國家的強制能力變化不大，穩定威權國家則在起起落落之後回歸均值，只有民主轉型國家呈現顯著下降趨勢。行政能力方面，民主轉型國

家的表現與財政能力相似，其增幅為最大，且絕對水平與穩定威權國家逐漸拉開差距。關於三個維度起點與終點處的具體數值，請參見附錄4-1。

三　新興民主的國家能力變化：縱向比較

本節依照前兩章的慣例，聚焦於第三波國家，觀察其轉型前後國家能力的變化趨勢，從中發現在不同維度上，國家能力上升、下降、不變的大致比例，並比較不同維度趨勢的異同。

1. 總體變化趨勢

在分析差異性之前，首先來看第三波國家的國家能力總體變化趨勢。需要說明的是，本章對「第三波國家」的定義與上一章相同。圖4-4到4-6以「轉型啟動年」為軸心位置（轉型年份為0），展示轉型前後三個維度的國家能力變化走勢。和上一章一樣，「轉型啟動年」並非某個特定年份，對不同國家其所指不同，圖中數值為均值。

如圖所示，當我們聚焦於第三波國家，並以轉型啟動年為分界線，可以看出以下三個重要信息。第一，民主轉型傾向於發生於國家能力已經開始下降的年份——無論是財政能力、強制能力或者行政能力，轉型啟動年傾向於出現在谷底或者接近於谷底的位置上。這一點與上一章的發現相類似：民主轉型傾向於發生在經濟出現經濟危機或衰退的時刻。這一點對於我們理解「轉型亂象」或者說「轉型陣痛」非常重要。

第二，國家能力的不同維度變化趨勢呈現出相當的一致性——大體而言，無論是財政能力、強制能力或者行政能力，都在轉型啟動之後大體呈現上升趨勢。這一點對於「強制能力」這個維度格外令人感到意外——如前所述，在橫向比較中，我們發現1974–2018年間，民主轉型國家似乎出現了顯著的強制能力下降。如何理解橫向比較和縱向比較的

「矛盾」？一個可能的解釋就是橫向比較中國家覆蓋面的不斷變化——隨著越來越多具有割據性特點的「弱國家」加入民主轉型，民主轉型國家的「平均強制能力」會出現下降趨勢，但就這些國家內部而言，轉型後其「強制能力」又可能出現上升趨勢，從而使得橫向和縱向比較中的這兩個看似「矛盾」的變化趨勢同時為真。

第三，儘管民主轉型之後，國家能力的不同維度都出現上升趨勢，但是這一趨勢在轉型後20年左右出現平台化或甚至重新下降的趨勢，換言之，沒有理由認為，民主轉型的時間長度和國家能力之間具有一種線性關係——甚至，二者之間的正向關係或許存在一種「蜜月效應」。這一蜜月效應或許來自於經濟或軍事外援的大量湧入，或許來自於轉型初期各方政治勢力以及民眾的觀望心理，當然，也可能來自於制度變革造成政府價值排序以及行為激勵機制的調整。這一蜜月效應的回落，則可能來自於民主質量的下滑，各方政治勢力以及民眾觀望耐心的磨損，或國際和地區形勢的變化。

圖4-4：第三波國家轉型前後國家財政能力變化趨勢 (1974-2018)

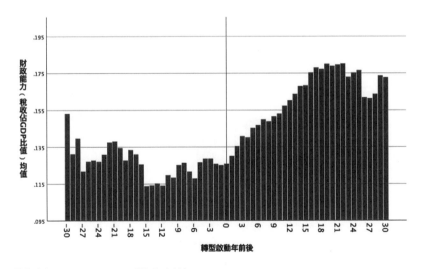

數據來源：Polity V；IMF（作者自繪）。

圖4-5：第三波國家轉型前後國家強制能力變化趨勢 (1974-2018)

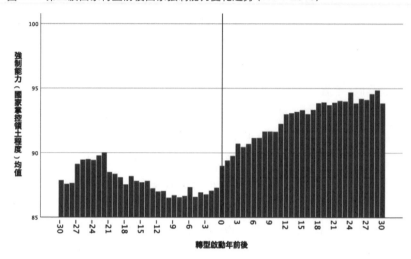

數據來源：Polity V；V-Dem（作者自繪）。

圖4-6：第三波國家轉型前後國家行政能力變化趨勢 (1974-2018)

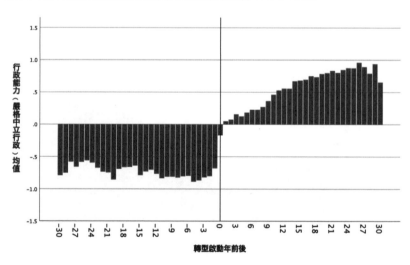

數據來源：Polity V；V-Dem（作者自繪）。

2. 不同變化趨勢的比例

　　儘管圍繞着轉型年份展開分析給我們帶來新的信息，但是總體趨勢比較的仍然是各國間均值，各國之間的差異性無法從中體現，不同趨勢之間的比例也無從知曉。為了發現此類信息，有必要提取每一個國家每一輪民主轉型前後國家能力的變化，並根據其變化趨勢分類。由於前述分析指向某些維度上短期和長期變化趨勢的差異，本章仍然和之前的章節一樣，區分「轉型後（短期）」和「轉型後（長期）」。其中，「轉型前」仍指該國轉型啟動年之前10年（含轉型啟動年）；[8]「轉型後（短期）」也仍取轉型啟動到第12年（如不滿12年則終點為民主崩潰年或2018年）；「轉型後（長期）」指轉型第12年後到2018年或民主崩潰年。民主轉型後不到3年即民主崩潰，民主崩潰年經濟數據設為缺失值。多輪轉型則分別計算。

　　由於不同章節所用數據庫信息缺失值不同，本節縱向比較的分析對象分別為：74國家的80輪民主轉型（財政能力）、85國家的92輪民主轉型（強制能力）以及88國家的95輪民主轉型（行政能力）。由於信息過長，筆者將具體數據及其變化置於附錄4-2中。

　　圖4-7展示第三波國家財政能力上升、下降以及大體不變的比例。其中財政能力「基本不變」的定義標準為稅收佔GDP比例上下浮動2%（即總共4%）之間，大於2%的變化被標識為上升，大於-2%的變化被標識為下降。表4-1將具體國家按上述標準歸類。如圖所示，在第三波轉型浪潮中，就財政能力而言，轉型後短期內，絕大多數輪次的民主轉型後（48/80）財政能力不變，但是在剩下的32輪民主轉型後，財政能力增長的輪次（20次）超過財政能力下降的輪次（12次）。長期而言，在有數據可比的56輪民主轉型中，財政能力上升的輪次佔相對多數（25輪），不變的為19輪，下降為相對最少（12輪）。可見，就描述性數據而言，民主轉型並沒有帶來財政能力的普遍下降，應該說財政能力上升的情況

8　當轉型前年數不滿10年時，起點為1974年或上一輪民主轉型終結年。

比下降的情況更常見。不過,觀察轉型後短期和長期的變化趨勢會發現,財政能力並非持續、線性上升,在67輪有可比數據的案例中,「轉型蜜月期」過後財政能力停滯不前的為絕大多數(39/67),當然,「折返」下行的也並非多數(8輪),而繼續上行的則有20輪。

圖4-7:第三波國家財政能力(稅收/GDP比值)的變化類型比例(1974-2018)

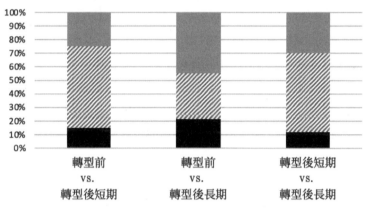

數據來源:Polity V;IMF(作者自繪)。

表4-1:第三波國家轉型前後財政能力的變化趨勢分類(1974-2018)

財政能力	轉型前 vs. 轉型後(短期)	轉型前 vs. 轉型後(長期)	轉型後(短期) vs. 轉型後(長期)
下降	阿爾巴尼亞 蒙古 保加利亞 波蘭 匈牙利 尼加拉瓜 多米尼加 捷克 剛果共和國 尼日利亞【2】 中國台灣 薩爾瓦多	保加利亞 波蘭 阿爾巴尼亞 匈牙利 蒙古 阿爾及利亞 尼日利亞【2】 中國台灣 贊比亞 捷克 尼加拉瓜 智利	阿爾及利亞 巴布亞新幾內亞 波蘭 斯洛伐克 保加利亞 贊比亞 立陶宛 馬其頓

財政能力	轉型前 vs. 轉型後（短期）	轉型前 vs. 轉型後（長期）	轉型後（短期） vs. 轉型後（長期）
基本不變	尼日利亞【1】	立陶宛	匈牙利
	中非	巴拿馬	中國台灣
	贊比亞	多米尼加	尼日利亞【2】
	智利	薩爾瓦多	智利
	巴拿馬	厄瓜多爾	羅馬尼亞
	厄瓜多爾	東帝汶	菲律賓
	布隆迪	克羅地亞	愛沙尼亞
	秘魯【1】	巴布亞新幾內亞	波斯尼亞
	東帝汶	馬里	塞爾維亞
	馬拉維	肯尼亞	捷克
	克羅地亞	墨西哥	巴拿馬
	肯尼亞	印度尼西亞	克羅地亞
	墨西哥	韓國	馬里
	幾內亞比紹	塞拉利昂	印度尼西亞
	馬達加斯加	羅馬尼亞	塞拉利昂
	亞美尼亞	幾內亞比紹	烏克蘭
	加納、	馬達加斯加	韓國
	土耳其	孟加拉國	巴拉圭
	玻利維亞	菲律賓	東帝汶
	科特迪瓦		厄瓜多爾
	伊拉克		肯尼亞
	尼泊爾【1】		墨西哥
	巴基斯坦【1】		孟加拉國
	立陶宛		秘魯【2】
	阿爾及利亞		南非
	馬里		塞內加爾
	孟加拉國		拉脫維亞
	危地馬拉		斯洛文尼亞
	阿根廷		薩爾瓦多
	海地【1】		洪都拉斯
	伊朗		烏拉圭
	印度尼西亞		泰國
	韓國		俄羅斯
	洪都拉斯		幾內亞比紹
	烏拉圭		馬達加斯加
	巴基斯坦【2】		危地馬拉
	塞拉利昂		尼日爾
	秘魯【2】		納米比亞
	貝擻		摩爾多瓦
	希臘		

財政能力	轉型前 vs. 轉型後（短期）	轉型前 vs. 轉型後（長期）	轉型後（短期） vs. 轉型後（長期）
基本不變	加蓬 巴拉圭 莫桑比克 埃塞俄比亞 海地【2】 南非 泰國		
上升	羅馬尼亞 塞內加爾 葡萄牙 菲律賓 巴西 尼日爾 愛沙尼亞 幾內亞 尼泊爾【2】 巴布亞新幾內亞 西班牙 委內瑞拉 納米比亞 剛果民主共和國 吉爾吉斯斯坦 利比里亞 萊索托 格魯吉亞 津巴布韋【2】 津巴布韋【1】	亞美尼亞 加納 危地馬拉 洪都拉斯 烏拉圭 秘魯【2】 巴拉圭 愛沙尼亞 南非 泰國 塞內加爾 貝擰 馬拉維 土耳其 希臘 尼日爾 葡萄牙 納米比亞 玻利維亞 巴西 莫桑比克 阿根廷 西班牙 萊索托 格魯吉亞	蒙古 亞美尼亞 加納 貝擰 多米尼加 柬埔寨 尼加拉瓜 希臘 葡萄牙 阿爾巴尼亞 土耳其 巴西 西班牙 馬拉維 萊索托 莫桑比克 玻利維亞 阿根廷 格魯吉亞 剛果共和國

　　圖4-8展示第三波國家強制能力上升、下降以及大體不變的比例。其中強制能力「基本不變」的定義標準為領土控制程度上下浮動2分之間（即總共4分，也就是4%之內的領土控制變化），大於2的變化被標識

為上升，大於-2的變化被標識為下降。表4-2將具體國家按上述標準歸類。

　　如圖表所示，無論是轉型後短期與轉型前相比，轉型後長期與轉型前相比，或者轉型後長期和轉型後短期相比，強制能力大體不變的都是大多數（分別為52/92、35/65和48/68）。與財政能力長期多數上升的相對樂觀情形不同，強制能力哪怕是轉型後長期而言，也只有約1/3（22/65）出現上升，說明面對「暴力散沙化」現象，民主轉型未必能提供一個有效解決方案。不過，鑒於只有8輪民主轉型後出現了強制能力的顯著下降，斷定民主轉型必然會帶來強制能力的下降，也不合乎事實。強制能力下降的案例（8輪）遠遠少於上升的案例（22輪），說明橫向比較中的發現──「民主轉型國家出現強制能力的下降趨勢」──很可能是由於部分國家強制能力大幅下滑造成的「均值」下滑，而當我們把分析對象從「國家年均值」轉為「國家轉型輪次」，其分析結果則顯著不同。應該說，此處的發現與本節前半部分圍繞着「轉型啟動年」展開的分析更加吻合、相互支持。

圖4-8：第三波國家強制能力的變化類型比例（1974-2018）

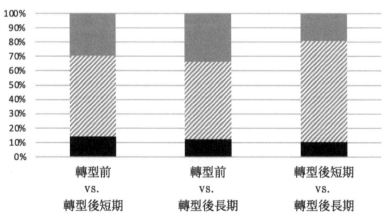

數據來源：Polity V；V-Dem（作者自繪）。

表4-2：第三波國家轉型前後強制能力的變化趨勢分類(1974-2018)

強制能力	轉型前 vs. 轉型後 (短期)	轉型前 vs. 轉型後 (長期)	轉型後 (短期) vs. 轉型後 (長期)
下降	摩爾多瓦	摩爾多瓦	巴布亞新幾內亞
	秘魯【1】	尼日爾	烏克蘭
	俄羅斯	墨西哥	尼日爾
	阿爾巴尼亞	烏克蘭	墨西哥
	伊拉克	幾內亞比紹	幾內亞比紹
	尼泊爾【1】	巴拉圭	厄瓜多爾
	布基納法索	厄瓜多爾	巴拉圭
	尼日爾	阿爾巴尼亞	
	墨西哥		
	薩爾瓦多		
	幾內亞		
	委內瑞拉		
	巴拉圭		
基本不變	拉脫維亞	馬里	莫桑比克
	中非	波蘭	馬里
	加蓬	拉脫維亞	摩爾多瓦
	烏克蘭	肯尼亞	加納
	波蘭	塞內加爾	塞內加爾
	洪都拉斯	贊比亞	贊比亞
	肯尼亞	多米尼加	多米尼加
	土耳其	尼日利亞【2】	南非
	西班牙	西班牙	肯尼亞
	巴基斯坦【2】	中國台灣	格魯吉亞
	伊朗	納米比亞	波蘭
	津巴布韋【2】	俄羅斯	波斯尼亞
	馬其頓	巴西	中國台灣
	尼日利亞【2】	智利	納米比亞
	厄瓜多爾	孟加拉國	尼日利亞【2】
	馬里	保加利亞	巴西
	塞內加爾	捷克	智利
	贊比亞	希臘	孟加拉國
	多米尼加	葡萄牙	蒙古
	中國台灣	羅馬尼亞	西班牙
	納米比亞	斯洛伐克	保加利亞
	巴西	韓國	捷克
	智利	烏拉圭	希臘
	孟加拉國	格魯吉亞	葡萄牙
	保加利亞	阿根廷	羅馬尼亞
	捷克	萊索托	斯洛伐克

強制能力	轉型前 vs. 轉型後（短期）	轉型前 vs. 轉型後（長期）	轉型後（短期） vs. 轉型後（長期）
基本不變 （續）	希臘 葡萄牙 羅馬尼亞 斯洛伐克 韓國 烏拉圭 萊索托 貝攤 尼日利亞【1】 吉爾吉斯斯坦 幾內亞比紹 阿根廷 菲律賓 格魯吉亞 塞爾維亞 匈牙利 巴基斯坦【1】 馬達加斯加 坦桑尼亞 剛果共和國 海地【3】 布隆迪 巴拿馬 加納 蒙古 印度尼西亞	貝攤 加納 匈牙利 菲律賓 土耳其 洪都拉斯 吉爾吉斯斯坦 蒙古 馬達加斯加	韓國 烏拉圭 阿根廷 匈牙利 亞美尼亞 克羅地亞 斯洛文尼亞 立陶宛 馬拉維 萊索托 菲律賓 秘魯【2】 貝攤 愛沙尼亞 東帝汶 拉脫維亞 馬達加斯加 泰國 吉爾吉斯斯坦 印度尼西亞 尼加拉瓜 土耳其
上升	突尼斯 海地【1】 立陶宛 東帝汶 海地【2】 秘魯【2】 泰國 亞美尼亞 緬甸 危地馬拉 馬拉維 玻利維亞 愛沙尼亞	薩爾瓦多 立陶宛 印度尼西亞 秘魯【2】 東帝汶 塞爾維亞 亞美尼亞 泰國 馬拉維 馬其頓 愛沙尼亞 巴拿馬 伊拉克	洪都拉斯 塞爾維亞 危地馬拉 薩爾瓦多 玻利維亞 阿爾及利亞 巴拿馬 塞拉利昂 馬其頓 阿爾巴尼亞 柬埔寨 俄羅斯 伊拉克

強制能力	轉型前 vs. 轉型後（短期）	轉型前 vs. 轉型後（長期）	轉型後（短期） vs. 轉型後（長期）
上升（續）	埃塞俄比亞	南非	
	南非	危地馬拉	
	剛果民主共和國	克羅地亞	
	克羅地亞	玻利維亞	
	利比里亞	阿爾及利亞	
	阿爾及利亞	尼加拉瓜	
	索馬里	束埔寨	
	束埔寨	莫桑比克	
	尼泊爾【2】	塞拉利昂	
	津巴布韋【1】		
	科特迪瓦		
	尼加拉瓜		
	莫桑比克		
	塞拉利昂		

圖4-9展示第三波國家行政能力上升、下降以及大體不變的比例。其中行政能力「基本不變」的定義標準為領土控制程度上下浮動0.5分（即總共1分）之間，大於0.5的變化被標識為上升，大於-0.5的變化被標識為下降。之所以各個維度「基本不變」的定義標準有所不同，是因為其尺度和平均變化幅度不同，因而所需要的精細度不同。表4-3將具體國家按上述標準歸類。

如圖所示，其變化趨勢中財政能力和強制能力都有所不同：大多數轉型國家的財政能力在轉型後長期的時段內實現上升，強制能力則無論短期長期都沒有出現整體性的上升，但是行政能力則是從轉型後短期開始，上升即為主流趨勢（51/95），而且這一趨勢出現長期的持續性（41/68）。不過，對比短期和長期，行政能力的上升顯然是邊際遞減的，以至於「基本不變」成為短期到長期變化趨勢的絕對主流（50/70）。

圖4-9：第三波國家行政能力的變化類型比例（1974-2018）

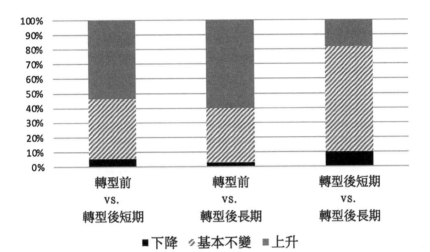

轉型前 vs. 轉型後短期　轉型前 vs. 轉型後長期　轉型後短期 vs. 轉型後長期

■下降　◎基本不變　■上升

數據來源：Polity V；V-Dem（作者自繪）。

表4-3：第三波國家轉型前後行政能力的變化趨勢分類（1974-2018）

行政能力	轉型前 vs. 轉型後（短期）	轉型前 vs. 轉型後（長期）	轉型後（短期） vs. 轉型後（長期）
下降	海地【2】 加蓬 馬其頓 布隆迪 亞美尼亞	布基納法索 馬其頓	匈牙利 贊比亞 尼加拉瓜 布基納法索 塞爾維亞 南非
基本不變	中非 委內瑞拉 巴基斯坦【1】 莫桑比克 布基納法索 烏克蘭 柬埔寨 東帝汶 巴基斯坦【2】 幾內亞比紹 塞內加爾	塞爾維亞 亞美尼亞 幾內亞比紹 尼加拉瓜 柬埔寨 贊比亞 莫桑比克 馬達加斯加 東帝汶 孟加拉國 巴布亞新幾內亞	孟加拉國 馬達加斯加 葡萄牙 蒙古 幾內亞比紹 中國台灣 西班牙 墨西哥 韓國 柬埔寨 智利

行政能力	轉型前 vs. 轉型後（短期）	轉型前 vs. 轉型後（長期）	轉型後（短期） vs. 轉型後（長期）
基本不變 （續）	馬里	馬里	萊索托
	巴布亞新幾內亞	加納	馬其頓
	伊拉克	塞內加爾	秘魯【2】
	坦桑尼亞	伊拉克	巴布亞新幾內亞
	捷克	蒙古	泰國
	海地【3】	立陶宛	波斯尼亞
	立陶宛	阿爾及利亞	東帝汶
	加納	洪都拉斯	加納
	塞爾維亞	捷克	斯洛伐克
	阿爾及利亞	俄羅斯	洪都拉斯
	摩爾多瓦	納米比亞	菲律賓
	幾內亞	墨西哥	克羅地亞
	貝攏	馬拉維	塞拉利昂
	俄羅斯	烏克蘭	馬里
	馬拉維		烏拉圭
	馬達加斯加		納米比亞
	洪都拉斯		斯洛文尼亞
	拉脱維亞		莫桑比克
	剛果民主共和國		保加利亞
	津巴布韋【2】		亞美尼亞
	埃塞俄比亞		俄羅斯
	孟加拉國		波蘭
	尼加拉瓜		馬拉維
	納米比亞		阿根廷
	索馬里		阿爾及利亞
	吉爾吉斯斯坦		玻利維亞
	尼日利亞【1】		多米尼加
	土耳其		塞內加爾
			伊拉克
			尼日利亞【2】
			印度尼西亞
			巴拉圭
			立陶宛
			巴拿馬
			羅馬尼亞
			捷克
			希臘
			摩爾多瓦
			阿爾巴尼亞

行政能力	轉型前 vs. 轉型後（短期）	轉型前 vs. 轉型後（長期）	轉型後（短期） vs. 轉型後（長期）
上升	贊比亞	摩爾多瓦	厄瓜多爾
	墨西哥	斯洛伐克	尼日爾
	多米尼加	多米尼加	巴西
	斯洛伐克	葡萄牙	吉爾吉斯斯坦
	尼泊爾【2】	泰國	烏克蘭
	薩爾瓦多	克羅地亞	土耳其
	尼日爾	波蘭	拉脫維亞
	蒙古	萊索托	危地馬拉
	尼日利亞【2】	尼日利亞【2】	肯尼亞
	波蘭	吉爾吉斯斯坦	貝攏
	克羅地亞	拉脫維亞	愛沙尼亞
	泰國	保加利亞	薩爾瓦多
	保加利亞	中國台灣	格魯吉亞
	愛沙尼亞	匈牙利	
	萊索托	斯洛文尼亞	
	格魯吉亞	貝攏	
	厄瓜多爾	尼日爾	
	斯洛文尼亞	秘魯【2】	
	肯尼亞	土耳其	
	伊朗	南非	
	科特迪瓦	厄瓜多爾	
	秘魯【1】	希臘	
	尼泊爾【1】	薩爾瓦多	
	葡萄牙	羅馬尼亞	
	希臘	肯尼亞	
	秘魯【2】	愛沙尼亞	
	中國台灣	菲律賓	
	羅馬尼亞	印度尼西亞	
	利比里亞	玻利維亞	
	突尼斯	巴西	
	巴西	韓國	
	危地馬拉	阿爾巴尼亞	
	緬甸	西班牙	
	阿爾巴尼亞	智利	
	印度尼西亞	危地馬拉	
	剛果共和國	巴拉圭	
	南非	阿根廷	
	玻利維亞	塞拉利昂	
	菲律賓	格魯吉亞	

行政能力	轉型前 vs. 轉型後（短期）	轉型前 vs. 轉型後（長期）	轉型後（短期） vs. 轉型後（長期）
上升（續）	匈牙利 韓國 巴拉圭 西班牙 智利 阿根廷 津巴布韋【1】 塞拉利昂 巴拿馬 海地【1】 烏拉圭	巴拿馬 烏拉圭	

　　總體而言，縱向比較的結果顯示，無論是財政維度還是行政維度，甚至是強制維度，民主轉型後國家能力平均而言出現上升，但是這一趨勢是有邊際遞減態勢。不過，三個維度的變化趨勢不盡相同。大體而言，行政能力的變化最為樂觀：無論是短期（1/2以上）還是長期（3/5以上），多數轉型國家都實現國家能力的提升。財政能力的變化則更加微弱：短期而言，絕大多數國家的財政能力沒有因為轉型而發生明顯變化，只有1/4短期內實現提升；但是長期而言，超過2/5長期實現提升，構成有數據國家的相對多數。強制能力的變化則不容樂觀：無論長期短期，強制能力不變的案例都構成相對多數，說明暴力壟斷意義上的「弱國家」具有相當的韌性，大多不隨政體變化而變化。不過，無論就均值水平而言，還是就國家數量的比例而言，或是就國家能力的某個具體維度而言，縱向比較的結論並不支持「轉型國家大多出現國家能力的下滑」這一結論。

四 第三波民主轉型與國家能力變化的因果分析

上述描述性分析給我們提供了一個轉型國家之國家能力變遷的大致圖景，但是無法解釋民主轉型本身如何影響了國家能力。依照前兩章慣例，本節試圖在控制相關變量的基礎上，對這一因果關係進行探究。具體而言，本節將分析兩個問題。第一，在第三波國家中，民主轉型如何影響了該案例的財政能力、強制能力和行政能力？第二，這種影響是否隨着民主穩固——時間上的存續或民主程度上的深化——而不同？

參照根據相關研究，本節的分析將控制以下變量：1，經濟水平：經濟水平高的國家傾向於有更高的國家能力，因此有必要對此進行控制；該變量以2015年真實人均GDP取log值為測量方式，數據來自於世界銀行。2，族群多樣性：族群多樣往往意味着一個國家的文化和組織凝聚力更弱，也就是「國家建構」更加困難，所以族群多樣性是一個必要的控制變量；和第二章一樣，該變量以Historical Index of Ethnic Fractionalization數據庫為測量指標。3，國家大小：與族群多樣性相似，大國的國家建構更加困難，因為整合一個大國所需要的資源、文化和技術手段往往要求更高，故需要控制國家大小來判斷國家能力的走向；此處以人口取log值為測量方式。4，石油收入：石油國家往往擁有大量的石油租金，其政府對稅收的依賴性因此降低，以稅收為指標的財政能力很可能受其影響；同時，石油收入可能提高政府的鎮壓能力，故本分析也將控制這一變量。5，戰爭狀態與否：戰爭往往意味着國家需要動員更多的資源，因此，控制戰爭與否一定程度上是區隔了動員「能力」和動員「意願」因素。6，貿易開放度：對全球經濟的依賴性有可能「倒逼」一個國家提高行政能力，從而使得各國的行政能力起點不同。

由於本章將分析國家能力的三個維度（財政能力、強制能力和行政能力），因變量較為繁複，為避免信息過於龐雜，將減少模型報告的數量，在每個因變量下，除非回歸結果出現重大差異，都將只報告四個模型：基礎模型、動態模型、國家和年份固定效應模型以及以V-Dem為自變量的校驗模型。其中，動態模型控制因變量的前三年水平。此外，除非特別説明，所有模型以「穩定威權」狀態為基線水平。

表4-4：第三波國家的政體狀態與財政能力 (1974-2018)

	基礎模型	動態模型	國家固定 年份固定	V-Dem 國家固定 動態模型
民主轉型	-.008** (.003)	.002 (.001)	-.003 (.003)	
威權轉型	-.002 (.004)	.002 (.002)	.000 (.003)	
穩定民主	.000 (.004)	.004** (.002)	.009* (.004)	
經濟水平 LogGDPpc	.046*** (.003)	.005*** (.001)	.074*** (.011)	.019*** (.005)
人口規模	.005*** (.001)	.000 (.000)	.037*** (.008)	.000 (.002)
族群多樣性	-.004 (.005)	.001 (.002)	.139*** (.030)	.016 (.018)
石油收入	-.002*** (.000)	.000** (.000)	.001* (.000)	.000 (.000)
戰爭與否	-.020*** (.003)	-.002 (.001)	-.015*** (.002)	-.003 (.001)
貿易開放度	.001*** (.000)	4.457E-5** (.000)	-9.501E-6 (5.563E-5)	4.063E-5 (3.248E-5)
財政能力 滯後一年		.889*** (.021)		.807*** (.021)
財政能力 滯後兩年		-.029 (.028)		-.024 (.027)
財政能力 滯後三年		.038 (.020)		-.046* (.020)
V-Dem民主 轉型				.001 (.001)
V-Dem威權 轉型				.001 (.002)
V-Dem穩定 民主				.004 (.002)
Constant	-.088*** (.014)	-.008 (.006)	-.433*** (.098)	-.013 (.025)
N	2116	2034	2116	2123
	.364	.904	.781	.912

註：*p < 0.05; **p < 0.01; ***p < 0.001. 括號內為標準誤差。

　　表4-4報告第三波國家的政體狀態如何影響其財政能力。如表所示，不同模型給出的結果不盡相同。就我們主要的分析對象——「民主轉型」這個狀態而言，以穩定威權為基線水平，4個模型裏，有1個顯示民主轉型降低財政能力（基礎模型），其他三個都沒有顯示顯著的相關性。考慮到基礎模型既沒有控制歷史上的財政能力，也沒有控制國家效應，它所包含的信息量相對有限。只有一個政體狀態在動態模型和國家固定效應模型中顯示出顯著相關性：「穩定民主」提高財政能力——但即使這個發現，也沒有在V-Dem中得到印證。因此，總體而言，可以認為政體狀態對於第三波國家的財政能力沒有顯著影響。

　　關於控制變量，只有一個顯示出一致的顯著相關性：經濟水平顯著提高財政能力。其他的變量影響的顯著性則時有時無，或結果相互矛盾。總體而言，當顯著性出現且一致時，戰爭狀態傾向於降低國家財政能力，而人口規模和貿易開放度增加財政能力。需要指出的是，動態模型都顯著提高模型的解釋力，也就是說，一個國家過去的財政能力顯著影響當下的財政能力，並且這種影響力遠遠高於政體狀態的變化。一旦控制一個國家過去的財政能力，民主轉型對財政能力的影響無一顯著。

　　表4-5報告第三波國家的政體狀態如何影響其強制能力。如表所示，就民主轉型對強制能力的影響而言，與穩定威權的基線水平相比，不同模型的結果儘管有所「矛盾」，但是無一顯著。也就是說，沒有任何一個模型支持「民主轉型顯著增加或降低第三波轉型國家的國土控制能力」的觀點。即使是「穩定民主」，也沒有顯著促進或削弱暴力壟斷能力。唯一出現顯著性的政體狀態是「威權轉型」：在威權轉型的過程中，有兩個模型（基礎模型與polity固定效應模型）顯示負相關——也就是說，與一些人的直覺相反，威權化轉型並不顯著提高政府的暴力壟斷能力，反而惡化它。當然，這一觀點並不為兩個動態模型支持——在控制歷史上的強制能力之後，威權轉型也並沒有顯著影響強制能力。換言之，在第三波轉型浪潮中，與財政能力相似，總體而言，政體狀態的變化並不深刻地影響第三波國家的強制能力。

表4-5：第三波國家的政體狀態與強制能力 (1974–2018)

	基礎模型	動態模型	國家固定 年份固定	V-Dem 國家固定 動態模型
民主轉型	-.390 (.418)	.198 (.115)	-.301 (.305)	
威權轉型	-1.145* (.544)	-.003 (.150)	-1.472*** (.349)	
穩定民主	-.497 (.493)	.105 (.136)	-.008 (.428)	
經濟水平 LogGDPpc	5.946*** (.372)	.202 (.109)	.025 (1.189)	.545 (.445)
人口規模	.751*** (.138)	.047 (.038)	1.811* (.867)	-.051 (.203)
族群多樣性	-5.160*** (.598)	-.221 (.168)	1.370 (3.392)	.703 (1.577)
石油收入	-.206*** (.019)	-.014** (.005)	-.167*** (.027)	-.009 (.011)
戰爭與否	-3.853*** (.405)	-.402*** (.114)	-4.389*** (.277)	-.914*** (.132)
貿易開放度	.010 (.005)	.000 (.001)	.020*** (.006)	-.006* (.003)
強制能力 滯後一年		.964*** (.023)		.910*** (.022)
強制能力 滯後兩年		.048 (.032)		.027 (.029)
強制能力 滯後三年		-.048* (.022)		-.058** (.021)
V-Dem民主 轉型				.196 (.118)
V-Dem威權 轉型				.212 (.159)
V-Dem穩定 民主				.162 (.165)
Constant	67.196*** (1.799)	2.255*** (.641)	80.472*** (10.502)	11.304*** (2.277)
N	2175	2142	2175	2231
	.319	.949	.812	.959

*p < 0.05; **p < 0.01; ***p < 0.001. 括號內為標準誤差。

　　在控制變量中，比較清晰影響國家強制能力的是戰爭狀態和石油收入。四個模型都顯示戰爭狀態負面影響政府的強制能力——顯然，這與戰爭往往是割據勢力挑戰中央政府有關，正相關性意味着這種挑戰常常成功。與此類似，石油收入比例越高，國家強制能力越弱——這一點似乎有點奇怪：石油收入越高，政府更有錢購買軍隊和武器，難道不應具有更高的鎮壓能力？但是，仔細推敲又並不奇怪：石油收入高不僅僅意味着中央政府可能收入高，也很可能意味着地方割據勢力容易獲得資源，一旦叛軍掌握油田，他們可以有效地實現對中央政府的挑戰。與戰爭狀態和石油收入相比，其他變量則並沒有顯示出高度一致的、顯著的影響力。

　　表4-6展示政體狀態對第三波國家行政能力的影響。與前面兩個國家能力維度不同，民主轉型對第三波國家行政能力的影響是最為顯著與一致的：與穩定威權的基線水平相比，民主轉型和穩定民主都顯著提高行政能力，而威權轉型在四個模型中的兩個中降低行政能力。[9]其他控制變量的影響雖然顯著性時有時無，但是顯著性存在時，其方向大體一致：經濟水平和貿易開放度提高行政能力，人口規模、石油收入削弱行政能力。

9　這一點並不意外，如前所述，V-Dem中「嚴格和中立的公共行政」內在地包含了「去威權化」的邏輯，從這個角度而言，民主與以這種方式測量的行政能力之間具有較強的內生性關係。

表4-6：第三波國家的政體狀態與行政能力 (1974-2018)

	基礎模型	動態模型	國家固定 年份固定	V-Dcm 國家固定 動態模型
民主轉型	.494***	.106***	.649***	
	(.062)	(.018)	(.050)	
威權轉型	-.310***	-.037	-.067	
	(.081)	(.023)	(.058)	
穩定民主	.612***	.047*	.925***	
	(.073)	(.021)	(.070)	
經濟水平	1.238***	.093***	.112	.054
LogGDPpc	(.055)	(.017)	(.196)	(.074)
人口規模	-.048*	-.014*	-1.154***	-.025
	(.020)	(.006)	(.143)	(.034)
族群多樣性	.394***	.057*	-3.437***	-.635*
	(.089)	(.025)	(.559)	(.260)
石油收入	-.031***	-.002*	-.004	.000
	(.003)	(.001)	(.004)	(.002)
貿易開放度	.002**	.000	-5.278E-5	.000
	(.001)	(.000)	(.001)	(.000)
行政能力 滯後一年		1.064*** (.022)		.981*** (.022)
行政能力 滯後兩年		-.151*** (.032)		-.128*** (.030)
行政能力 滯後三年		.028 (.021)		.006 (.021)
V-Dem 民主轉型				.158*** (.020)
V-Dem 威權轉型				-.058* (.026)
V-Dem 穩定民主				.144*** (.028)
Constant	-4.181***	-.196**	11.526***	.255
	(.266)	(.079)	(1.734)	(.346)
N	2172	2142	2172	2231
	.433	.956	.807	.958

*p < 0.05; **p < 0.01; ***p < 0.001. 括號內為標準誤差。

綜上所述，當我們把第三波民主轉型國家作為單獨的分析對象，並以「12年觀察期」區分民主轉型狀態和穩定民主狀態，會發現就財政能力而言，一旦控制歷史水平和國家固定效應，「民主轉型」狀態並不顯著提高或降低財政能力，但是「穩定民主」狀態可能(四個模型中有兩個)提高財政能力。就強制能力而言，無論「民主轉型」還是「穩定民主」，都沒有對強制能力產生顯著影響。就行政能力而言，則無論是「民主轉型」還是「穩定民主」，都顯著提高行政能力。這是第三波民主轉型對國家能力因果影響的大致圖景。

由於前述分析中的「民主轉型」以及「穩定民主」都是0或1的虛擬變量，我們無法觀察國家能力如何隨着民主的深化或長期化而變化。如前所述，Back和Hadenius發現民主深度和行政能力之間存在一種「J型關係」(Back and Hadenius 2008)；Leipziger發現民主經驗的積澱與國家能力正相關(Leipeziger 2016)；Carbone和Memoli (2015)則論證民主程度和民主存續時間都會對國家能力產生正面影響(Carbone and Memoli 2015)。在此，筆者試圖在第三波民主化浪潮的背景下校驗上述觀點。

依照前面章節的慣例，在此筆者仍然取「民主程度」(以轉型之後polity分值衡量)和「轉型後年數」為自變量來獲取民主深化與長期化的信息。此處仍然控制前述6個變量，使用國家和年份雙向固定效應模式，分別以財政能力、強制能力和行政能力為因變量進行回歸。為節約篇幅，不一一匯報相關數據，但是值得強調的結果為：就民主程度而言，民主程度的提高對財政能力和強制能力都沒有顯著影響，只是對行政能力具有顯著正面影響。[10]就「民主的長期化」而言，「轉型後年數」對財政能力有顯著正面影響，[11]對強制能力有顯著負面影響，[12]對行政能力則沒有顯著影響。其中最醒目的新信息，是民主的延續時間對強制能力可能具有負面影響。

10　$p < 0.001$，影響係數0.099。

11　$p < 0.001$，影響係數為0.002。

12　$p = 0.001$，影響係數為0.168。

五　簡要分析

　　本章試圖就第三波民主轉型和國家能力建構的關係進行實證分析。毋庸置疑，在政治學分析中「重新帶回國家」十分重要 —— 國家能力視角的缺失令很多新興民主的治理問題顯得不可理喻：明明一個國家「已經很民主」了，為什麼它在某些治理維度上仍然一塌糊塗？以本章開頭提及的墨西哥為例，它既沒有查韋斯式的政治強人，也沒有伊拉克式的宗教極端主義，甚至，墨西哥的經濟水平也並不特別低下 —— 2018年墨西哥的人均GDP是9,673美元（當年中國是9,770美元），屬中等收入國家。然而，轉型二十多年，墨西哥的治安問題每況愈下，每年死於毒品衝突中的人數甚至超過許多國家的戰亂死亡人數，而在政府發動的「緝毒戰爭」中，當局不但沒有速戰速決，而且節節敗退，令墨西哥很多地方淪陷為事實上的毒販卡特爾控制區。

　　墨西哥並非孤例。正如福山所指出，新興民主中，國家能力低下問題非常普遍，無論是基礎設施的落後，還是公共醫療教育的不足，都是這一問題的症狀，暴力的分散與失控只是其中最直觀的表現。正是因此，近年關於國家能力的研究出現熱潮。人們逐漸形成共識，任何一個國家的政治現代化都是「國家能力」和「民主問責」相互平衡的結果，靠「一條腿」走路，不管是哪條腿，都很難走遠。

　　問題在於，這種平衡是否需要通過一個「國家優先，民主其次」的「順序」來達至？如前所述，關於這個問題，爭論雙方都有其理據。理論的爭論需要以實證分析為基礎，否則容易流於空對空的辯論。可以說，「順序論」暗含着兩個實證方面的假定：第一，民主的發展會損害國家能力，因此它必須「等一等」，等國家能力發展到一定程度再逐漸引入；第二，專制國家通常國家能力很強大，因此民主轉型往往意味着國家能力從高位的跌落。不過，就第三波轉型國家而言，本章的實證分析並不支持這兩個假定。

1. 第三波轉型浪潮與順序論

首先來看「民主轉型危害國家能力」的假定。從本章第二到第四部分，筆者從橫向比較、縱向比較以及因果分析三個角度考察了第三波民主化浪潮和國家能力的關係。在橫向比較中，分析的結果是，1974–2018年間，在財政能力和行政能力兩個維度上，儘管穩定民主國家具有明顯優勢，但是民主轉型國家的表現平均而言優於穩定威權國家──尤其值得一提的是，在這個階段，二者的差距總體來說是在不斷拉大的。但與此同時，也需要看到，就強制能力而言，穩定威權國家總體而言處於攀升狀態（直至2010年之後），而民主轉型國家平均而言處於跌落狀態──二者相交，穩定威權國家強制能力一度甩開民主轉型國家並且持續多年領先。

在縱向比較中，我們聚焦於第三波民主轉型國家，分析其國家能力的變化軌跡。數據顯示，就總體趨勢而言，民主轉型傾向於在國家能力跌落到谷底附近時發生──這一點有助於我們理解「轉型陣痛」的緣起。具體到不同維度，就財政能力而言，短期內上升、不變、下降的比例為20:48:12，長期為25:19:12。就強制能力而言，短期內上升、不變、下降的比例為27:52:13，長期為22:35:8。就行政能力而言，短期內上升、不變、下降的比例為51:39:5，長期為41:25:2。無論是那個維度，無論是短期長期，都難以得出「大多數轉型國家的國家能力出現下跌」的結論──事實上，就財政能力和行政能力而言，長期而言，第三波國家的相對多數國家能力都出現了上升；即使是強制能力，也只是「情況不變」成為相對多數，而上升者顯著超過下降者。

在因果分析中，筆者控制經濟水平、戰爭狀態、人口規模、族群多樣性、石油收入和貿易開放度，以不同模型分析第三波轉型浪潮中，民主轉型如何影響國家能力的不同維度。我們的發現是，就第三波轉型國家而言，民主轉型清晰地提高行政能力，對強制能力沒有顯著影響。對財政能力的影響則相對模糊──短期而言（12年以內），只有一個模型

（基礎模型）顯示民主轉型降低財政能力——一旦控制財政能力的歷史水平和國家固定效應，這一影響消失；長期而言（12 年之後），動態模型和固定效應模型都發現穩固民主有利於財政能力。

上述發現並不支持「民主的發展會損害國家能力」的觀點。無論橫向比較、縱向比較還是因果分析，除了強制能力維度上有矛盾信息，總體而言數據都給這一觀點打上了問號。如果民主發展對國家能力的發展並無清晰的顯著影響（強制能力），甚至促進行政能力（短期和長期）和財政能力（長期），轉型需要「靜候」國家能力「大功告成」才能啟動就顯得理據不足。

再來看順序論的「強專制國家」假定。專制國家一定是國家能力強大的國家嗎？事實是，威權政體並不能等同於國家能力。本章的橫向比較部分顯示，除了強制能力維度的某些時段，在財政能力和行政能力方面，穩定威權國家幾乎始終落後於穩定民主國家和民主轉型國家。此外，分析還顯示轉型前夕國家能力不同維度普遍下滑的趨勢，說明威權政體不能保障國家能力的持續穩定——某種程度上，恰恰是國家能力的下降激發了民主轉型的動力。

之所以出現「威權政體＝國家能力」的誤解，可能存在以下原因。第一，混淆強制能力、財政能力和行政能力。本章的分析顯示，國家能力的不同維度未必同步發展，甚至，不同維度可能在一定階段裏反方向發展。顯然，威權政體之所以構成威權政體，是因為它能在一定範圍內維持暴力壟斷——即使割據勢力存在，它也沒有強大到足以推翻中央政府。但是，有鎮壓武裝叛亂的能力，未必意味着提供公共服務的能力或者公正司法的能力，如果一個政府將盡可能多的資源向鎮壓能力傾斜，就可能造就一個「高強制能力、低財政能力和行政能力」的局面。

第二，混淆相對能力和絕對能力。這一點與上一點有異曲同工之處：一個威權政體要維繫自身的存在，未必需要其絕對實力十分強大，而只需要比自己的對手強大即可。比如，在各個意義上，清王朝末期的國家都不能說強大，但是，只要比太平天國強大、比捻軍強大、比叛亂

回民強大，它就能繼續維繫相當長的時間。因此，如果一個政府能夠成功地瓦解「社會能力」，即使其自身是一個「弱國家」，面對一個更弱的社會，它依然可能維繫威權政體。

鑒於國家能力不同維度轉型後往往失衡發展，在第三波轉型浪潮中，更普遍的情況與其說是民主轉型造成了國家能力普遍下降，不如說是引發了其國家能力結構的變化：行政能力和財政能力得到強化，而強制能力相對弱化。其機制不難理解：民主轉型後，選票壓力帶來了政府開支結構排序的調整——執政者越來越難以忽視教育、醫療、養老等民生要求，「無拘無束」地籠絡軍隊警察。這一結構的調整一定程度上解釋為什麼一批新興民主出現暴力「四處開花」的局面。雖然一個國家有可能在三個國家能力維度上都很強，但是對於許多資源有限的發展中國家，不同維度的國家能力可能存在一種替代性和相互的「擠出效應」。

不過，強制能力被抑制未必一定是壞事。顯然，暴力四處開花對於任何國家都是災難，但它也意味着相當一批政府失去了任意鎮壓民眾的能力，這是強制能力下降可能帶來的「雙刃劍」後果。尤其需要指出的是，民主轉型對國家強制能力建構的阻礙性作用是或然性的——它有可能發生，也有可能不發生，但是威權政體下強大的強制能力對民主轉型的阻礙性作用則幾乎是必然的——既然強制能力已經強大到所向披靡，為什麼要允許民主轉型發生？所以，在強制能力的維度上，「先國家，後民主」相當於與虎謀皮，這種情況下的「國家優先論」最終結果往往是「國家唯一論」。

或許順序論最大的問題在於，它忽略了政治發展往往不是「人為設計」的結果，而是各種歷史因素相互作用形成的路徑。民主轉型往往具有種難以預測、亦難以駕馭的爆發力。一個學者或許能說服另一個學者「國家優先」的必要性，但當數百萬菲律賓民眾1986年湧上街頭要求馬科斯下台，或者1998年印度尼西亞民眾衝上街頭挑戰蘇哈托政權，或者2011年埃及民眾要求穆巴拉克下台，學者很難這樣去說服民眾：「請先回家去，等國家能力建設好了再等通知上街。」民主化往往是「人心

思變」的結果，而不是「頂層設計」的落地，正如國家能力常常是千百年鐵血征戰的結果，而鮮有速成的配方。在21世紀的今天，當我們談論國家能力時，或許不得不尋找與民主更兼容的路徑。

2. 民主轉型未必提升國家能力

雖然民主轉型未必損害第三波國家的國家能力，但論斷其有益於國家能力也需極其謹慎。這不僅僅因為在控制變量的因果分析中，幾乎沒有可以被不同數據庫（Polity和V-Dem）相互驗證的結論，而且因為國家能力的測量方式存在着巨大的爭議。與此同時，在有限的發現裏，如何詮釋這些發現也存在着巨大的張力。

首先，測量方式不同帶來不同的結論。關於因果分析中Polity和V-Dem並不相互驗證，前文已做說明，不再贅述。在此試舉另外一例。如前所述，以V-Dem中的「有效領土控制」作為強制能力的衡量指標，第三波民主轉型並未對強制能力產生顯著影響，但是，當我們以強制能力另一個常見的測量指標——「軍費佔GDP比值」——為因變量時，即使我們控制同樣的變量，民主轉型和穩定民主都顯著降低強制能力；反而是威權轉型——在「有效領土控制」為因變量的模型中唯一顯著降低強制能力的狀態——顯著增加強制能力。[13]可見，不同的測量指標不但結果不同，甚至可能相反。表面上，這種測量結果的錯位是一個技術問題，但其本質仍然是學界就國家能力這個概念到底指向什麼難以達成共識。

其次，對同一個發現，可以進行非常不同的解讀。比如，本章的分析發現，多數第三波國家的財政能力轉型後出現了提升。我們是否能想當然地將這種提升視為「好事」？未必。本章的財政能力以「稅收/

13　筆者僅以基礎模型作為對比參照，在該模型中，當使用「軍費/GDP比值」為因變量，不但民主轉型降低第三波國家的強制能力（係數-0.178, p < 0.05），穩定民主也降低其強制能力（係數-0.524，p < 0.001），而「威權轉型」增加強制能力（係數0.422，p < 0.001）。

GDP比值」為測量方式。不過，眾所周知，對於一個國家來說，稅率並非越高越好。事實上，諸多研究顯示，財稅能力和經濟發展之間有可能存在一種「倒U形」關係（這一點在第七章筆者還將討論）——儘管每個國家在具體情境下的「最優點」不盡相同，但過大或過小的政府都可能是經濟發展的障礙。

在有數據的案例中，財稅能力顯著下降的案例傾向於是那些前蘇東陣營國家或其衛星國，而這些國家中的許多——比如中歐四國、波羅的海三國，恰恰是新興民主中經濟發展的「明星」，而那些國家財政能力上升的國家，有些是非洲小國（通常轉型前的財稅起點極低），或當下具有經濟民粹主義傾向並因此經濟發展受抑的國家（比如突尼斯），其經濟成就並不突出。正如一個國家的強制能力並非越高越好，財稅能力也未必是越高越好。

至於行政能力，通常而言，人們認為「行政能力」越高越好——畢竟，沒有理由認為一個清廉、高效、中立的公共行政組織會「過剩」。但問題在於，如前所述，常見的行政能力數據庫對行政能力的理解不夠「薄」，其定義的內涵與當代自由式民主的定義存在着交叉之處（法治、尊重自由、政治中立等等），因此，不能排除我們所發現的因果關係相當程度上是一種定義上的親緣關係。這種潛在的混淆再次說明，對同一個結果可能出現不同的詮釋方式。

再次，即使「主流趨勢」是國家能力轉型後出現提升或不變，但是不能忽略「少數國家」的不同經歷——尤其如果這些國家傾向於是戰略性大國的話。這一點，在強制能力方面最為突出。本章的縱向分析顯示，數個戰略性大國（比如俄羅斯、伊拉克、委內瑞拉、墨西哥等）轉型後短期都出現了強制能力的下降——如果以「軍費/GDP比值」為測量方式，這種下降的覆蓋面和幅度還將大得多。

強制能力的下降，可能給各種分離主義者、恐怖分子、匪徒黑幫、毒販集團可乘之機，造成社會動盪甚至戰爭。以利比亞為例，1969年革命之後，卡扎菲嚴格控制着軍隊，前後六次鎮壓政變的企圖，其政府具有高度強制能力，利比亞得以維繫一種有效的威權秩序。但是，這一

秩序在民主轉型到來之際被瓦解，利比亞徹底無政府化。2011年的革命風暴降臨之後，不但群龍無首的軍隊立刻碎片化，散佈在大街小巷的遊勇散兵們也紛紛成立自己的「遊擊隊」，結果就是成百上千個武裝組織湧現出來，利比亞內戰延續至今。當然，某種意義上，利比亞轉型失敗正是因為卡扎菲之前在壟斷暴力方面「太成功」了——他把國家完全個人化了，以至於離開了他個人，利比亞的運轉失去了政治支撐。

綜上所述，就第三波民主轉型和國家能力的關係而言，「政體有限論」是一種相對公允的結論。正如第二章所論述，人們常常高估政體變化對暴力衝突水平的影響，類似的分析也適用於國家能力的變化。至少就當代世界而言，「先國家，後民主」的順序論缺乏論據，但是「先民主，後國家」的順序論也可能是另一種教條主義。

3. 相互嵌入的政治發展

如果任何一種「順序論」都可能成為教條主義，這是否意味着在這一問題是只能陷入認知上的虛無主義？未必。或許回顧歷史能帶給我們一些啟示。正如阿齊默魯等所指出，歷史上最為成功的政治發展，往往是一個「被縛的利維坦」形象——利維坦象徵強大的國家能力，鐐銬則象徵着國家能力被更廣泛的社會力量馴服（Acemoglu and Robinson 2020）。政治發展不大可能「等一條腿到達目的地，再抬起另一隻腿」，而往往是一種相互嵌入式的同步發展：一層國家能力的發展伴隨一層對國家的約束，如此循環往覆，這種「千層蛋糕」式的關係才可能形成國家能力和民主問責的平衡發展。

觀察政治發展較完善的國家，相當一部分的歷史經驗支持這一看法。以英國為例，這既不是一個「國家優先」的故事，亦非一個「民主優先」的故事。認同「國家優先」的人可能會把英國的政治發展敘述為一個「先國家、後民主」的故事：從金雀花王朝開始，王室的巡迴法庭成為英國最初中央權力的起點，其普通法體系也成為英國作為一個國家向心力的來源之一，威廉征服所強化的封建體系與英國式的「郡縣制」並駕

齊驅。這是英國「國家建構」的基礎。之後，16世紀左右開始加劇的歐洲戰爭，對英國「財政集中」施加了壓力，後果之一是財稅和軍事體系慢慢走向專業化和集中化。光榮革命在這個基礎上發生，普選權的擴散則是19世紀、20世紀的進展。

但是，這只是故事的一面。雖然全民民主在英國是20世紀初以後才有的現象，但是，在大憲章的推動下，英國從1264年開始就有了議會，從一開始議會就有按地區產生的名額，並在14世紀就發展出成員大多為鄉村騎士和士紳階層的「普通人議院」（即下議院）。這是英國走向民主的重要台階。歐洲16世紀左右開始的「利維坦」建構競賽，正是因為有了這個「鐐銬」，才不至於發展為無法刹車的絕對專制。

可以說，從一開始，「問責壓力」和「集權壓力」就同時是英國政治的基因。從早期金雀花王朝和都鐸王朝開始，國王和貴族士紳、教會、商業力量之間存在着一種此消彼長的關係，強有力的國王與相對贏弱的國王也往往交替出現，使得英國的國家建構具有「一張一弛」的特點，而這一特點深深影響了英國後來的政治發展軌跡。

英國的國家建構並非在民主問責體系出現之前就已經完成。事實上，其國家建構恰恰是在通過了「政治問責」這個關卡之後才開始加速。英國內戰和光榮革命之後，也就是王權被「關進籠子」之後，英國才建立穩定強大的常備軍，現代國家才得以奠基。英國的「財政革命」也是發生在光榮革命之後——議會主權原則不但大大擴充了政府財源，而且成為英格蘭銀行得以吸引投資者的根本原因。反過來，國家建構的成功又緩衝了普選權擴大帶來的政治衝擊——有了一定財源、一定的官僚機構和一定的強制能力，不斷膨脹的社會離心力量不至於衝垮秩序。也就是說，就英國而言，這是一個精英問責嵌入國家建構、國家建構又嵌入民主擴展、民主擴展進一步助推國家建構的進程。

就長線歷史而言，「一條腿走路」很難走遠。國家能力發展大大超前於問責機制的典型，莫過於古代中國。正如福山所指出，秦朝開始，古代中國就建成了歷史上空前強大的官僚制國家——英國國王直到17世紀還在為貴族不肯納稅而焦頭爛額，中國從秦朝開始就可以直接對全

體國民徵收人頭稅、土地稅、實施徭役勞役制度。英國國王查理一世被砍頭，很大程度上與其沒有強大的常備軍有關，而此時中國的強制兵役歷史已有千年歷史。英國直到19世紀初公務員系統還幾乎一片空白，以至於一開始需要一個公司（東印度公司）去管理印度這樣一片巨大的土地，而在中國，天下英才前仆後繼地奔赴科舉以效勞朝廷的傳統已延續數百年……凡此種種，都顯示古代中國超凡的「國家能力」。

這種超強的國家能力的確曾經給中華民族帶來諸多成就——無論是千年景觀長城兵馬俑、鄭和下西洋的傳奇，或是高效的官僚系統、以文制武的政治傳統，都是這種國家能力的成果與遺產。但是，失衡的國家能力發展有其沉重經濟和社會代價，甚至，過強的國家能力壓垮王朝自身。恰恰是由於國家能力過於強大，政治體系缺乏「反饋—調整」的改良機制，結果是王朝更替常常只能是衝撞式的硬着陸。這種硬着陸的生命代價極其慘重，在其他國家非常罕見，比如西漢末年的戰亂後人口從6,000萬銳減至3,500萬，隋唐人口從巔峰的7,000萬跌至2,500萬，明朝從鼎盛時期的2億跌至1.5億，清朝從頂峰的4.3億左右減至末期的3.6億（秦暉，2015：54）。[14]大起與大落相伴，成為國家能力「一條腿走路」模式的經典特徵。

同樣，那些問責機制遠遠超前於國家能力發展的國家，也無法通過「一條腿」走遠。福山曾分析匈牙利、波蘭何以在歷史上錯失發展的良機。中世紀時期，匈牙利、波蘭地帶並不缺乏「貴族民主」——就在英國《大憲章》發佈不久，匈牙利也於1222年出台了世界上最早的憲章式文件之一：國王安德魯二世簽署的《金璽詔書》。和英國《大憲章》一樣，《金璽詔書》的根本用意是限制王權。此後，議會經常召開，有效監督國王，到15世紀，匈牙利議會已經每年召開，甚至有權選擇國王。然而，被抑制的王權沒有帶來匈牙利的發展與強大，原因恰恰是貴族過於

14　此處數據為秦暉根據《中國人口史》（葛劍雄主編）中的資料整理形成。儘管這其中可能有兵荒馬亂年代人口普查失真這一因素，王朝更替中超大規模的生命代價卻沒有爭議。

強大，以至於「官僚制國家」始終難以形成，貴族把控的議會處處抑制國家軍隊和稅收體系的發展，結果是匈牙利最後敗於蘇萊曼一世，成為奧斯曼帝國附屬。

在當代新興民主中，這兩種危險都真實存在。墨西哥式的緝毒戰爭、利比亞的無政府化、也門的內戰、阿富汗的塔利班復蘇、巴西的黑幫泛濫……都提醒着我們國家能力羸弱的後果；但是普京的俄羅斯、埃爾多安的土耳其、查韋斯的委內瑞拉、杜特爾特的菲律賓、穆加貝的津巴布韋……也提醒着我們國家能力過度拉伸或結構失衡的後果。國家能力不足是某些新興民主的「阿喀琉斯之踵」，但在另一些轉型國家，問題常常是國家能力對社會能力的碾壓。重要的是承認兩種危險都可能存在，而不是以一個藥方來治療所有疾病。

或許合理的政治發展正是一個「水多了加麵、麵多了加水」的調適過程，指望在某一個政治發展維度上「畢其功於一役」，然後再從頭開始建設另一個維度，不但倫理上難以自洽，操作上也往往不切實際。其道理很簡單：當一個維度的發展造就一批強大的既得利益集團，並培育與之相適應的價值觀念體系時，這些利益集團和觀念體系就會阻礙另一個維度的政治發展，從而使「第一」變成「唯一」。錯過了限權與問責環節，無限膨脹的「發展型國家」將成為「掠奪型國家」，而沒有國家能力的支撐，來自四面八方的「問責」終將使政治體系因不堪重負而陷於動盪。

更有益，也更合乎歷史經驗教訓的，是國家能力與民主問責相互嵌入式的政治發展。之所以「嵌入性」很重要，是因為國家能力與民主問責這兩個政治發展維度，具有不同的功能：民主問責本質上是一個政治問題，而國家能力根本而言是一個行政問題。用一個比喻來表達，政治問題有如一個國家的「方向盤」，而國家能力則是一個國家的「發動機」。難以想像一輛車只有良好的方向盤或者發動機能夠長期安全行駛，也正是在這個意義上，國家能力發展與民主問責體制發展之間既存在着張力，又在張力中相互維繫。

第二部分

觀念的力量

第五章

兩種民主的觀念

本書的前半部分對第三波民主化浪潮及其後果進行了一個概覽式的梳理，以呈現新興民主「巨變第二天」的現實圖景。分析結果顯示，與許多民主樂觀主義者曾經期盼的不同，民主轉型未必意味着「從此以後過上了幸福的生活」，但也與許多民主悲觀主義者所斷定的不同，它也不意味着「末日降臨」。如果放在一個大跨度的時間尺度裏觀察這場劇變，和早先的民主轉型相比，甚至可以說它的「水花」壓得比較小——和法國大革命所激起的狂熱戰爭相比，蘇聯這樣一個龐大「帝國」的解體和轉型幾乎無聲無息；和20世紀30年代慘烈的西班牙內戰相比，西班牙70年代末的這次民主轉型也是相當平穩；和日本歷史上脫軌的民主化道路相比，東亞數國的民主轉型也算是和平過渡；相比美國的獨立戰爭和內戰，巴西、智利、阿根廷80年代以來的轉型都沒有引發戰爭……而如果和歷史上的「權威轉型」相比，無論是蘇聯從沙皇體制向斯大林體制的過渡，或是蘇哈托在印度尼西亞的奪權，抑或中國古代的改朝換代，它更是顯得相當平穩。就經濟發展維度而言，少部分國家經歷了經濟的「陣痛」，但是絕大多數恢復了經濟增長，並且平均而言增長速度並不亞於成熟民主國家或穩定威權國家。民主化損害國家能力的論斷也與實證發現不符，多數新興民主經歷的並非國家能力的下降，而是國家能力結構的變化。人們傾向於因為當下的戰亂而遺忘其歷史更慘重的戰亂，傾向於把具有「悲劇偏見」的新聞當作歷史全域，傾向於把民主化未能解決的問題當作民主化引發的問題，但是在一個更長線的歷

史坐標系中，與其說新興民主的境況在變糟，不如說是文明的進步使我們的及格線越來越高。

　　然而，無數第三波國家的民主走向衰退乃至崩潰是事實，正如許多新興民主國家的確在轉型後爆發了內戰。蘇東地區巨變後階段性的經濟衰退記憶猶新，突尼斯、南非等地「革命後」失業率也的確居高不下。沒有多少人懷疑多數拉美國家民主的真實性，但是其黑幫橫行、治安敗壞、腐敗叢生似乎沒有因為民主的深化而弱化。非洲地區終於艱難地踏進了民主轉型浪潮，但是「政治部落主義」所激發的選舉暴力依然觸目驚心。正如本書前半部分所展示，無論是暴力衝突、經濟發展或國家能力，的確有相當一批國家在轉型後出現了階段性甚至持續性倒退。此外，本書前半部分一個可能令很多人意外的發現，是在各個治理維度上民主轉型所帶來的變化如此之少：在很多指標上，政體狀態根本不是關鍵性指標；即使它能帶來一些進步，其進步如此之微弱，與民主這個詞語所包含的期待相比，民眾的「相對剝奪感」甚至可能有所強化。

　　如果說本書的前半部分是試圖分析「巨變第二天」到底「發生了什麼」，後半部分則將轉換視角，試圖理解「何以如何」。具體而言，試圖分析下述問題：巨變之後，為什麼有些新興民主走向了相對穩固並且治理績效良好，而另一些則陷入失序、衰退甚至成為「失敗國家」？如何理解新興民主國家「巨變」之後表現出來的差異性？剖析這其中的機制，才能理解並培育民主成為「好東西」的條件，盡可能迴避那些激發民主成為「壞東西」的陷阱。

一　民主何以穩固？

1. 概念與問題

　　本書下半部分的分析焦點是「民主穩固」問題。儘管無數學者使用「民主穩固」這個概念，對其做出清晰界定的卻不多。在各種界定的企圖中，林茲和斯捷潘的表述最有影響力：「通過穩固的民主，我們意指

一種政體，在其中民主作為一套制度、規則和模式化的行為取捨傾向已經成為『唯一的遊戲規則』。」(Linz & Stepan 1996) 為了解釋「唯一的遊戲規則」之含義，他們又進一步從行為、態度和憲政角度説明了「民主穩固」的標誌：「行為上而言，民主成為唯一遊戲規則的標誌，是不再有重大政治力量真正規劃推翻民主政體，或為分離主義運動訴諸暴力……態度上而言，民主成為唯一遊戲規則的標誌是，即使面對重大政治和經濟危機，絕大多數人相信政體變革必須由民主程序的框架中產生。憲政上而言，民主成為唯一遊戲規則的標誌，是所有政治主體習慣於根據既定規則來解決國內政治衝突，而違反這些規則通常是無效且代價慘重的。簡言之，當民主常態化，內化於社會和心理，內化於達至成功的政治計算，它就走向了穩固。」顯然，他們試圖説明，民主穩固不僅僅要求民主的存活，而且要求民主的常態化和深化——這種深化不僅意味着民主從政治層面滲透進心理層面，從行為層面滲透進價值層面，而且意味着這種滲透是如此之廣泛，以至於作為「另類」存在的其他「遊戲規則」(比如暴力革命、政變、武裝叛亂) 很難有成功的機會。

換言之，民主穩固既是指民主政體時間上的存續，也是指一定質量水平上的存續。不過，林茲並沒有提供如何將這一概念操作化的路徑。[1] 在本書的上半部分，筆者採用「12年」作為民主穩固的標準 (原因在第一章中做出了解釋)，並以「polity > 5」作為高質量民主的分界線 (直接採用 Polity 自身的政體分類標準)。顯然，這種分類有其武斷性，是一種為展開量化分析而採用的權宜之計。不過，鑑於本書後半部分並不做系統的定量分析，而以案例和理論分析為主，因此此後筆者對「民主穩固」的界定並不依賴於一個清晰的量化標準——當不得不進行一定的量化分析時，筆者將仍然借助於上述標準：在第三波民主化浪潮中，在 polity > 5 的水平上，民主存續了12年以上，該政體被視為走向了民主穩固。

儘管「民主穩固」與「治理績效」無法等同，但是，正如本書上半部分所揭示的，民主轉型是否緩和衝突、是否促進增長、是否有利於國家

---

[1] 或許正是因為操作化的困難，多數研究相關問題的學者往往着力於「民主倒退」、「民主崩潰」等易於操作化的概念。

能力，相當程度上取決於民主穩固。如前所述，在政體狀態和暴力衝突水平的分析中，「穩定民主」比其他三種政體狀態都有利於減少衝突爆發概率和衝突水平、更有利於經濟自由的提升；而民主程度的深化則或多或少有利於經濟增長和國家能力提升。因此，儘管本書的下半部分主要着力於分析民主穩固問題，但是，由於民主穩固是理解第三波國家治理績效的一個橋樑，本書的後半部分也可以説是同時在試圖理解不同新興民主國家治理績效的分叉。

民主何以穩固？如前所述，或許存在偶然的民主轉型，卻不存在偶然的民主穩固。[2]民主穩固往往需要諸多條件的支撐：經濟、社會、文化、歷史、國際格局的因素都在其間發揮作用。然而，辨識具體哪些條件並對其進行排序卻絕非易事，事實上，這種辨識激發了學者們曠日持久的爭論，並提供了五花八門的答案，筆者也試圖在本書的下半部分闡釋自己的觀點。

但是，在展開這些分析之前，或許可以先邀請讀者做兩道「猜謎題」。第一道題涉及兩個新興民主國家20世紀90年代中期的狀況。表5-1列出這兩個國家90年代中期的經濟水平、財富不平等程度、宗族衝突狀況、分離主義運動狀況、近期歷史上的暴力衝突狀況。在這一時期，這兩個國家都面臨着新的民主選舉。現在的問題是：這兩個國家，哪個更有可能走向民主穩固？

表5-1：20世紀90年代兩個發展中民主國家的狀況

	國家 A	國家 B
人均購買力 GDP	10,981美元	6,493美元
基尼指數	0.48	0.63
種族極化衝突	無	有
活躍的武裝分離主義	無	有
近期歷史上的政治暴力衝突	無	有

數據來源：The World Bank, World Development Indicators.

2　之所以説存在「偶然的民主轉型」，是因為某個獨裁者的死亡或者一場意外戰爭的失敗都可能啟動民主化轉型。

第二個題目與第一個類似。表5-2中對比兩個新興民主國家2000年左右的情況。問題同樣是：這兩個國家，哪個更容易走向民主穩固？

表5-2：2000年左右兩個新興民主國家的狀況

	國家A	國家B
人均購買力GDP	7,650美元	4,308美元
穆斯林為主的國家	否	是
廣泛激烈的族群衝突歷史	否	是
近期歷史上的分離主義戰爭	否	是

數據來源：The World Bank, World Development Indicators.

請允許筆者在此設一個懸疑，把這幾個國家的名稱及其民主穩固的結果暫時擱置，放在本章稍後公佈答案。在此之前，首先回顧一下比較政治學界關於民主穩固的最常見解釋。

2. 對民主穩固的既有解釋

某種意義上，民主穩固比民主轉型更重要。如果說民主轉型的啟動是朝着天塹的另一邊縱身一躍，民主穩固才是在天塹的另一邊雙腳安全落地。為什麼有些新興民主走向民主穩固、有些則走向倒退甚至失敗？對此不同學者提出諸多解釋，最常見的是以下幾種。

首先是「經濟基礎論」。民主穩固並「運轉起來」的根本條件是經濟發展——這是關於民主穩固的解釋中爭議較小的一個。根據這個觀點，經濟發展帶來社會結構的改變（中產階級的興起）、降低寬容的成本（資源豐富使「你死我活」不再必要）、提高教育水平（提高人的理性與溝通能力）、促進技術變革（大大加快觀念傳播和公民社會組織動員的效率）等等，而這一切都可以成為民主穩固的推動力。普澤沃斯基等曾經在《民主與發展》一書中對此有過經典描述（Przeworski et al. 2000）。根據對1950–1990年民主政體的研究，他發現，「人均收入對於民主的存活具有重大影響⋯⋯在人均GDP 1,000美元以下的國家⋯⋯民主的預期壽

命是八年。在1,001–2,000美元⋯⋯是十八年。當一個國家人均收入超過4,000美元時，民主崩潰的可能性接近0。事實上，人均GDP超過阿根廷1975年的水平(6,055美元)後，民主還沒有被推翻過」(Przeworski et al. 2000：98)。雖然其觀點的細節精確性未必經得起後來的歷史檢驗，[3]但這一結論的總體邏輯在諸多的相關研究中都得到了證實(Svolik 2008; Ulfelder 2010; Gassebner 2013)。事實上，如果觀察新興民主中那些「落後分子」，也常常是經濟發展水平較低的國家。比如，幾內亞比紹、海地、尼日爾是第三波國家中「政變率」非常高的幾個國家，而這幾個國家人均GDP都很低，2018年分別為778美元、868美元和414美元。

「社會結構論」則強調，當一個社會在結構上存在嚴重對立時(尤其是二元對立) ── 無論是貧富懸殊導致的階級對立，還是族群對立、宗教對立，或者地區對立、城鄉對立 ── 民主就很難實現穩固，更談不上治理績效。這是因為，如第二章所述，訴諸已有的社會裂痕進行政治動員，是投機主義政治精英贏得選票最便捷的方式。威權體制更可能通過暴力壓制來掩蓋社會矛盾，民主內在的動員機制則意味着要激活社會群體的派系認同，從而惡化社會裂痕。丹尼和沃爾特分析了族群結構清晰的社會何以更容易產生衝突的三種機制：政治家的偏倚性行為、族群的聚居性特徵以及族群認同的剛性特徵(Denny & Walter 2014)。斯奈德和曼斯菲爾德也集中論述過新生的民主制度如何惡化社會矛盾(Snyder & Mansfield 2000; Mansfield & Snyder 2007)。戈德斯通等則發現，過於活躍的派系政治會增加暴力衝突的可能性(Goldstone et al. 2010)。在《民主崩潰的政治學》中，包剛升(2014)也將選民的政治分裂作為民主崩潰的核心解釋之一。

布瓦則強調結構對立中的貧富懸殊因素，他指出，「總體而言，只有在勝方和輸方，即所有的選民和他們的代表，在相對平等的條件下生活時，民主才是可能的。當選民的財富不存在過度差異時，選舉中就沒

3　比如俄羅斯、委內瑞拉、土耳其後來民主的倒退，都很難用這個框架去解釋。

有太多可以爭奪的，民主就會是一個安靜的遊戲，沒有幾個人會害怕它，多數人會歡迎它。反之……多數人會將選舉看作一個大刀闊斧再分配的事件」（Boix 2006：6）。阿齊默魯和魯賓遜在《專制和民主的經濟起源》中表達了類似的觀點（Acemoglue & Robinson 2006）。雷夫金和謝米金娜則通過一個非常有趣的實驗研究方法，證實了人們對民主的偏好會隨着不平等的加劇而減少，並且經濟不平等的解釋力比經濟水平的解釋力要強得多（Ryvkin & Semykina 2015）。

如第四章所述，「國家能力論」是近年興起的另一個研究視角。根據這一觀點，任何政府——民主也好、威權也好——在提供公共服務、激勵經濟增長、維持秩序方面有所建樹，就必須有強大的國家能力，即政府必須在財稅、警察和軍隊、官僚機構建構等方面具有強大掌控力，才能維繫民主並使之「發揮作用」。對此第四章已做詳細闡釋，不再贅述。

「政治制度論」則強調正式制度選擇的重要性。這方面的典型代表人物是林茨以及利普哈特。在其經典論文《總統制的危險》中，林茨強調議會制相對於總統制的優越性。總統制內在的二元合法性（總統和議會各自有自己的合法性基礎）和非贏即輸的結果（議會制可以局部輸贏）埋下了政治衝突的伏筆，並且，總統制缺乏彈性的制度設計又很難為衝突的化解提供台階（Linz 1990）。利普哈特則把民主的制度設計分為兩種：協作式的（consociational）和多數式的（majoritarian）。協作式的民主制度大體上包括議會制、比例代表制、聯邦制、行政權力共享等要素，而多數式的民主則傾向於總統制、單一選區制、單一制和行政權力一黨獨享等元素。在他看來，協作式民主比多數式民主更有助於民主的穩固（Lijphart 2004）。胡貝爾也論證比例代表制降低族群結構的政治化程度（Huber 2012）。

「政治文化論」則強調民主運行需要文化基礎。帕特南強調「社會資本」對民主運行的重要性——在他看來，密集的、水平維度的、有組織的社會交往培育民主運行所需要的參與意識和參與能力，即，民主的「習性」，因此，一個缺乏「自發結社」習性的社會，其民主注定也是脆

弱的 (Putnam 1994)。英格爾哈特和韋爾策爾則強調制度與文化的「匹配」程度──當制度明顯超前於或者落後於文化發展時，制度都是不穩定的。在《經濟發展、文化變化和民主》(Inglehart & Welzel 2005)以及《自由上升》(Welzel 2013)兩本書中，他們通過幾十年的「世界觀念調查」數據得出上述結論。具體而言，韋爾策爾將有關平等、寬容、參與、自主性四個方面的觀念表現總結為「解放的價值」──當「解放的價值」水平高時，民主就傾向於穩固，否則，政體的水平將跌回一個國家政治文化所能支撐的程度。

「國際環境論」則認為民主的傳播與穩固很大程度上取決於國際環境。根據這種觀點，當國際秩序由民主國家主導時，民主更容易擴散和穩固，而當威權國家主導國際秩序時，民主則更可能衰落。卡根曾經這樣概括：「第三波中最值得注意的是民主和獨裁之間的這種輪替被打斷了。很多國家進入了一個民主階段並且保持了下去，這是為什麼？答案與世界實力與觀念的格局有關。20世紀70年代中期以後的國際環境對民主更有利，而對獨裁政府的挑戰卻比從前更大。」(Kagan 2012：37)布瓦則用統計模型論證了同一個觀點，即，「民主霸權」的國際環境下，民主轉型更容易發生和存活 (Boix 2011)。這一點與我們的直觀經驗非常相符：蘇聯霸權的衰落和消失，不僅僅意味着其庇護下的許多威權政體失去了保護傘(東歐，乃至亞非拉的很多衛星國)，同樣也意味着美國開始改變外交策略，收回對很多獨裁者的支持(中國台灣、韓國、菲律賓、印度尼西亞，等等)。

與「國際環境論」一脈相承，也有不少學者論證「地區環境」對於民主穩固的影響。布林克斯與科皮奇在《擴散並非幻覺》一文中指出，一個國家的政體水平傾向於向其周邊鄰國的「平均水平」靠近 (Brinks & Coppedge 2006)；巴德等則用案例分析闡釋了為什麼威權國家傾向於在周圍「栽培」更多威權國家 (Bader et al. 2010)。梅因沃林和佩雷斯-利南則具體討論了拉美地區的情況：20世紀60年代和70年代，拉美民主政體多米諾骨式地倒塌，而80年代和90年代，重新民主化又傳染性地擴散 (Mainwaring & Perez-Linan 2013)。民主轉型和穩固的這種地區擴散

性，不僅僅因為在同一個地區價值觀具有相互的傳染性、民主動員的「技術」可以相互學習，也是因為相近的政治制度減少經濟交往的制度摩擦力，從而使得相互學習也變得更加「理性」。

3. 既有解釋的不足

儘管這些視角都極富洞察力，在特定情境下甚至可能成為民主穩固的主要解釋因素。但是，它們分別有其不足，各自都受到一些批評。

「經濟基礎論」是各種解釋中爭議較小的因素，但也不是沒有受到挑戰。梅因沃林和佩雷斯-利南對拉美六十年的數據分析顯示，經濟水平不能解釋民主崩潰的概率。不少人均真實 GDP 較高的國家（阿根廷在1951年、1962年、1966年和1973年，智利在1973年以及烏拉圭在1973年）都經歷了民主崩潰，而那些經濟水平明顯更低的國家（比如1949年之後的哥斯達迪加）民主卻存活了下來（Mainwaring & Perez-Linan 2013：133）。雷夫金和謝米金娜等發現，如果控制不平等因素，經濟對民主的存活沒有預測力（Ryvkin & Semykina 2015）。如果直接觀察案例，也會發現很多新興民主的民主崩潰或動盪難以用經濟水平來解釋，尤其是其中的大國。比如，轉型之初，俄羅斯的人均購買力 GDP 高於波蘭、立陶宛、保加利亞等國，[4] 但這幾個國家都實現了民主的相對穩固，俄羅斯卻沒有。非洲來說，尼日利亞的民主也始終搖搖晃晃，但是從人均購買力 GDP 來看，尼日利亞明顯高於贊比亞和加納（以2010年為例，尼日利亞是5,230美元，加納和贊比亞分別是3,430美元和3,381美元）——兩個民主相對穩固的非洲國家。亞洲的許多窮國，比如印度尼西亞、蒙古，更不用說1947年的印度，也都是在經濟水平非常低下的情況下走向了民主穩固。哪怕「阿拉伯之春」，從人均GDP來看，2011年突尼斯和利比亞非常接近，如果從經濟水平預測，兩個國家民主穩固的成功率

4　根據世行數據，俄羅斯1991年人均購買力 GDP 近8,000美元，其他幾個國家都在6,000美元左右。

應該相似，但結果卻並非如此。如果經濟水平對這麼多的國家（尤其是全球戰略性大國）民主穩固的預測力不可靠，或許很難主要依靠它來做出判斷。

社會結構論也遭受了很多批評。費倫和萊廷指出，控制經濟水平，族群或者宗教的多樣化乃至兩極化，對於衝突爆發沒有顯著影響力（Fearon & Laitin 2003）。[5]而菲什和布魯克斯則在「多樣性傷害民主嗎」一文中論證，不但族群多樣性不一定傷害民主穩固的概率，甚至有可能促進開放政治的形成（Fish & Brooks 2004）。至於貧富懸殊的政治後果，儘管霍爾的研究發現不平等損害民主穩固的概率（Houle 2009），但是哈格德和考夫曼的研究發現，在第三波國家的民主崩潰中，能夠用貧富懸殊因素來解釋的不到1/3（Haggard & Kaufman 2012）；斯萊特亦論證新興民主的崩潰往往與經濟再分配因素關係不顯著（Slater 2014）。固然，無論是族群對立，還是貧富懸殊，清晰的社會裂痕為民主動盪準備了條件，但是，族群裂痕並非一個靜態的社會結構，而是一個動態的政治過程，這個裂痕的擴大往往是精英動員的結果。因此，族群結構是否影響民主穩固，很大程度上取決於其「政治化程度」，而非任何「先天條件」。這一點，從中國台灣、伊拉克、埃及、烏克蘭等地不斷變化的局勢都可以看出。換言之，「仇恨」是可以被製造的，也是可以被淡化的，特定社會結構下的選民分裂與其說是民主崩潰的原因，不如說是其臨床表現。

「國家能力論」的局限性在於其片面性。以「國家能力不足論」去解釋阿富汗、海地這類國家的民主化困境或許有其洞見，但是在俄羅斯、委內瑞拉、匈牙利、土耳其之類「政治強人崛起」的國家，或者民主轉型後威權很快復辟的白俄羅斯、阿塞拜疆、伊朗等國家，很難說其民主

5　當然，費倫和萊廷的這一觀點本身也受到種種批評。比如，錢德拉和威爾金森等認為他們之所以得出族群結構與內戰爆發無關的結論，是因為他們沒有區分「族群分佈」與「族群實踐」，從而導致了對族群結構的不當測量（Chandra & Wilkinson 2008）。唐世平也指出，忽略「族群動員」過程、僅僅聚焦於靜態的結構性因素實際上是一種研究中的「可測量性偏見」，會影響研究結論的可靠性（Tang 2015）。

倒退是因為「國家能力不足」。事實可能恰恰相反，恰恰因其「國家能力過於強大」，以至於公民社會被其碾壓，才導致民主衰退。一個更恰當的思路，是對國家能力視角和社會權力的整合，即，只有當國家能力和公民社會都很強大──國家強大到能夠在其疆域內「合法壟斷暴力」，而社會強大到能夠「馴服」國家權力，民主轉型才可能走向民主穩固。

政治制度論也遭遇很多批評。儘管林茨和利普哈特的政治制度論邏輯上有其道理，但是經驗研究卻很難達成共識。一方面，格爾林等人的研究的確發現議會制比總統制更可能帶來「良治」(Gerring et al. 2009)，黑爾也發現正式制度選擇的確會影響真實的民主能否形成 (Hale 2011)。另一方面，塞爾韋和坦普爾曼則通過對101個國家的研究發現，與利普哈特的預計相反，當社會族群結構分裂時，所謂「協作式的民主」(比如代表制以及議會制)實際上會惡化衝突，而不是緩解它 (Selwyn & Templeman 2012)。勒馬爾尚通過盧旺達、剛果和布隆迪的比較分析指出，制度化的「分權」對於防止衝突常常失靈 (Lemarchand 2007)。從實踐來看，似乎很難找到一個清晰的規律。阿富汗和伊拉克在民主穩固的道路上都舉步維艱，但是一個是總統制 (阿富汗)，一個是議會制 (伊拉克)。議會制的泰國政治持續動盪，但是總統制的印尼卻是民主相對穩固。採取混合式選舉制度的中國台灣、韓國民主相對穩固，但是同樣採取混合式選舉制度的俄羅斯、委內瑞拉民主卻難以穩固。或許，當政治衝突激化到一定程度，政治制度的選擇很難對政治進程起到決定性的作用。

傳統的「政治文化論」也受到質疑。毫無疑問，政治文化對一個國家的政治走向具有重大影響力，但是文化作為一種相對穩定的政治因素，很難解釋轉型過程的一波三折。2011年埃及人民風起雲湧地走上街頭推翻穆巴拉克統治，但是2013年卻接受了軍人獨裁的回歸──很難說一個國家的政治文化在兩年間會有根本性的變化，變化更多地發生在政治形勢與力量對比之上。同樣，政治文化論也難以解釋為什麼在大體相似的文化圈裏，民主穩固的程度卻可能千差萬別，智利和委內瑞拉同屬西班牙語天主教文化圈，波蘭和烏克蘭同樣脫胎於「社會主義」傳

統⋯⋯但是它們的民主表現卻十分不同。某種意義上説，政治文化通過定義政治行動者的「理性內涵」縮小其行動選項，但是在既有的選項庫中，到底一個國家的政治行動者會如何選擇，卻可能有其他因素左右。

「國際環境論」面臨類似的問題。儘管它對於民主化的全球性或地區性整體趨勢具有相當解釋力，卻很難解釋同一個大環境下，不同國家在民主表現方面的差異。冷戰結束後, 全球範圍內自由霸權崛起，但如前所述，一部分新興民主最終走向了民主穩固，另一部分則出現倒退。「國際環境論」顯然不足以解釋這種國家間的差異。哪怕在同一個地區，差異也非常明顯：民主相對穩固的智利與不穩固的委內瑞拉，民主相對穩固的印度尼西亞和不穩固的泰國，波蘭對烏克蘭，南非對津巴布韋，埃及對突尼斯⋯⋯此類對比可以説不勝枚舉。因此，國際格局或地區環境也許可以幫助預測一個時代整體的政體變動方向，但很難用來解釋一個具體國家的民主表現。

筆者無意於否定上述解釋，更不否認在特定國家或特定階段，這些因素或其之一可能構成對民主表現的主要解釋。但是，上述視角——即使組合起來——也存在着一個重大盲點，那就是政治行動者及其觀念的缺失。正如梅因沃林等在分析拉美民主時所指出的，「諸如結構性力量和大眾文化理論之類的遠程因果解釋無法解釋拉美的政體前景⋯⋯這些解釋無法幫助我們理解行動者的政策或者政體偏好⋯⋯而對政體前景的解釋必須通過行動者的行為呈現」(Mainwaring & Perez-Linan 2013：132)。米爾等在分析兩次世界大戰之間的「歐洲民主危機」時也指出，「最重要的是，我們認為兩次世界大戰之間的歐洲危機性質上是政治危機。它們當然有其經濟和社會的『根源』，但是，將這些不同的源頭和危機結果連接起來的本質上則是政治決策⋯⋯通過中間群體以及個人的行動，通過這些人和群體的特定選擇，包括特定關鍵時刻新聯盟的形成，這些總體性的因素與特定的結果相聯繫」(Muer 1996：336)。觀念、以及觀念所推動的政治選擇和政治行動，正是本書後半部分致力於論證的視角。

二　觀念的力量

在展開論述筆者的觀點之前，先回到本章開頭提出的兩個「猜謎題」，在此公佈其答案。在第一個表格中，「國家A」是1999年的委內瑞拉，「國家B」則是1994年的南非。1999年的委內瑞拉，即將開始總統查韋斯的統治；而1994年的南非，即將開始曼德拉時代。如表所示，就經濟水平而言，委內瑞拉遠好於南非（人均購買力GDP 10,981美元 vs 6,492美元），基尼指數雖然也很高（0.48），但仍然小於南非舉世無雙的0.63，也就是說，南非的不平等程度遠遠高於委內瑞拉。此外，不同於南非當時所面臨的種族對立、分離主義運動以及「漫山遍野」的政治暴力事件，委內瑞拉在其近期歷史上相對和平。然而，二十年後，是委內瑞拉而不是南非走向了民主崩潰。固然，南非仍然有種種治理問題，尤其是近年，曼德拉的政治遺產逐漸被侵蝕之後，問題有越來越嚴重之趨勢，但是，相比通貨膨脹率百分之幾萬、陷於饑荒和無休止的街頭騷亂的委內瑞拉，南非仍然是一個相對成功的轉型故事。

第二個表格中，「國家A」是2001年的泰國（他信即將上台），國家B則是1998年的蘇哈托（民主轉型即將開始）。與前面相類似，從表格信息來看，泰國比印度尼西亞更有民主穩固的基礎：其人均購買力GDP遠高出印度尼西亞（7,650美元 vs 4,308美元），相比印度尼西亞以伊斯蘭教徒為主的人口結構，在很多人眼中，泰國以佛教徒為主的人口結構似乎更加預示着「和平轉型」，與印度尼西亞四面八方的分離主義運動相比，泰國的族群宗教裂痕問題要可控得多。然而，眾所周知，2001年之後的泰國政治如過山車般上上下下，而印度尼西亞在經歷最初的轉型動盪之後，逐漸走向了相對平穩，成為今天穆斯林世界罕見的民主國家。

筆者選擇這樣兩組案例，並非偶然。對於民主穩固和績效的解釋，長期被各種「結構主義」視角主導：經濟水平、貧富差距、社會結構、文化裂痕、國家能力……然而，上述兩組案例顯示，在面對具體國家時，這些解釋有可能「失靈」。事實上，這種「失靈」如此經常出現，

幾乎達到一種系統性的地步：人均真實GDP 5,310美元的土耳其（1983年）走向了民主轉型，但當人均真實GDP達到14,062美元——也就是上升近三倍後（2016年）卻出現民主崩潰。東歐劇變後的俄羅斯經濟、國家能力等各方面顯然比蒙古、保加利亞這樣的國家「條件更好」，但是其民主倒退卻是有目共睹，反而是蒙古、保加利亞這樣「默默無聞」的小國、弱國走向了民主穩固。同樣是走出內戰，起點非常貧困，秘魯經濟能夠在2000–2018年顯著改善，人均GDP從1,955美元升至6,941美元，何以尼加拉瓜卻仍然像蝸牛一樣爬行（從1,007美元到2,020美元）？如果社會結構注定引發族群衝突，為什麼肯尼亞2007年的選舉之後發生了重大的族群暴力衝突、而之後的歷次選舉這種暴力衝突卻顯著緩和？

往更早看去，透過結構主義視角，會奇怪印度這樣的國家「憑什麼」實現民主穩固——1947年的印度，經濟、社會結構、文化基礎、國家能力……可以說「要什麼沒什麼」；事實上，談及印度，為什麼同一個政體下，20世紀90年代之前經濟始終沒有真正起色、而之後卻能夠逐漸實現良好的增長？而哥斯達黎加這樣的國家，和諸多貧窮落後的中美洲小國擠在相似的地緣位置，連軍隊都沒有，談何國家能力，為什麼能夠一枝獨秀地實現人均真實GDP 9,892美元（2018年），並且其民主體制從19世紀末維持至今？……此類結構主義視角難以解釋的現象可以說層出不窮，以至於我們需要去深思：是否還有什麼重要的「剩餘變量」被遺漏？

1. 觀念的意義

筆者認為，那個常常被忽略的視角，是民主的觀念及其推動的政治、經濟、社會選擇。在此，筆者並不試圖否認經濟水平、貧富差距／社會結構裂痕、國家能力乃至政治文化等解釋的重要性，而是試圖指出，這些結構性變量原本就不是靜態的「給定條件」，在一個更漫長的因果鏈條上，它們是人為選擇的結果。一旦一個國家在政治選擇上「換

錯軌」，正如查韋斯和穆加貝的統治所示，原本良好的經濟狀況可以一落千丈，如果「換對軌」，正如秘魯和印度的案例顯示，「抓一手爛牌」仍然可能改善處境。社會和族群結構看似是一個靜態變量，但是對潛在的社會和族群矛盾是煽風點火還是潑冷水，決定它被「激活」或被「緩和」，正如當代史上大體和平共處的前南地區各族群，在米洛舍維奇等人的指揮棒下打成一團漿糊，而曼德拉以其「和解政治」將撕裂的南非社會慢慢聚攏到一起。甚至政治文化這樣貌似穩定的因素，背後固然有成百上千年的根基，但是它也可能在政治煽動下變得面目全非：以溫良恭儉讓聞名的日本文化，在武官階層的煽動下，短短幾十年內變得面目猙獰；而伊斯蘭極端分子走火入魔式的殘暴，也並非伊斯蘭文明天生的「胎記」——很大程度上，蘇軍入侵阿富汗及其在伊斯蘭世界所激起的宗教民族主義，是其在當代世界的搖籃。觀念決定行動，行動決定狀態。在我們所置身的動態世界之中，觀念是旋渦的中心，它的方向決定整個「氣流」的方向，而它的轉向，有可能帶來整個氣流的轉向。

當然，政治選擇很大程度上存在着時機問題。清廷到了1911年已經幾乎沒有了選擇，但是在1840年、1860年甚至1898年都還存在一定的選擇餘地。希特勒到1945年已經幾乎沒有了選擇餘地，但是在1932年、1939年，哪怕1941年都存在相當的選擇餘地。鑒於民主轉型之初是一個破舊立新的階段，它恰恰是一個政治行動者政治選擇空間相對較大的時機。阿齊默魯等強調歷史的「關鍵時刻」（criticial juncture）之意義，[6]政治轉型期恰恰是這樣一個「關鍵時刻」。在這種時刻，政治行動者相當程度上有機會擺脫既定思維和權力結構、各種意識形態和政策的可能性湧現，但是，一旦關鍵行動者做出方向性選擇，路徑依賴慢慢開始呈現，退出成本越來越高，良性或惡性後果開始形成均衡。

6　他們認為，不同國家在歷史「關鍵時刻」的微小差異往往會慢慢演化為難以逆轉的巨大差異。比如，東西歐在地主實力、城鎮實力方面的微小差異在黑死病之後逐漸演化為巨大的社會結構差異，從而影響了兩個地區政治制度的發展軌跡。

一種純粹的理性主義觀否認觀念的意義。根據這一論點，「經濟基礎決定上層建築」，或者「政治位置決定政治理性」，一切觀念不過是利益的包裝而已。這一觀點對於理解政治之複雜與變遷遠遠不夠，原因在於所謂「理性」和「利益」朝無數詮釋開放——一個行動者如何理解政治正義，深深影響着他們對「利益」和「理性」的理解。同樣，同一個政治位置或階級地位並不存在純粹的「客觀利益」：同屬大清王朝的統治者，光緒和慈禧觀念存在明顯觀念分歧；同屬蘇聯官僚體系的頂層，勃列日涅夫和戈爾巴喬夫觀念不同；同屬美國精英階層的「開國之父」，聯邦黨人和反聯邦黨人政治理念相差頗大；同屬中國共產黨的領導精英，華國鋒和鄧小平的治國理念也存在重大分歧。正如經濟社會條件不會「釘」死一個國家的政治路徑，一個行動者的政治和經濟地位也不會「釘」死其觀念傾向。

固然，行動者在很大程度上被經濟和社會條件塑造，但是，在此，「塑造」的含義是指經濟和社會因素大大縮小行動者進行政治選擇時的「選項範圍」，而不是指這些因素會將一個政治行動者「釘」在某個唯一選項上。比如，美國開國之初，其社會和文化因素使得「恢復君主制」這個選項被徹底排除在任何現實的政治選擇之外，但是，到底美國應該向加強中央權力的「聯邦主義」靠近，還是向捍衛州權的「反聯邦主義」靠近，則很大程度上取決於政治行動者的博弈。同理，在今天諸多新興民主國家中，經濟與社會條件會大大縮小政治家的行動範圍，但是，鑒於觀念之不確定性，在轉型之初鮮有什麼政策選擇是「必然而且只能如此」。

2. 民主的觀念

本書強調「民主的觀念」對政治選擇的塑造，以及這些選擇如何影響民主穩固的前景。何為「民主的觀念」？簡單來說，就是人們如何詮釋民主的內涵，如何理解民主所包含的承諾。正是由於強調「觀念」的意義，本書的後半部分可以被納入廣義的「政治文化」研究，不過，本研

究的視角又有別於既有的政治文化研究——既有的政治文化文獻主要強調的是人們的「民主習性」——比如政治信任、參與精神、平等意識、社會資本等等，筆者無意否認這些「心理習性」對於民主運行的重要性，但是，本書格外強調的是各種觀念中的一種、同時往往也被大多政治文化研究所忽略的一種——「民主的觀念」。

為什麼「民主觀」，即「如何理解民主」，對於民主穩固如此重要？因為如何理解「民主到底是什麼」，決定着民主構想的目標，而目標不但決定着行動的方向和速度，其可行性也決定着行動的成敗。對於一個普通人，如果把徒手舉重的目標設定為300千克，或者把百米跑的目標設定為8秒，不但幾乎不可能達到目標，而且極有可能造成錯誤的訓練方式，導致健康受損。「民主觀」影響着政治行動者所推動的權力構架、所制定的經濟政策、所採取的行動模式，影響着民主討論中的議題設定和答案邊界，乃至影響着人們如何理解自己的權利與責任。一句話，「藍圖」的磁場影響着指南針的指向。

民主的觀念指誰的觀念？顯然，觀念有其階層性。不過，鑒於本書的研究主題是跨國比較性質的，因此並不打算着力於各國內部的觀念差異，而更多地着力於國家之間的差異，也就是說，本書關注的是各國內部精英與民眾共享的主流觀念。顯然，強調這種共通性會錯失各國內部很多觀念的色差，但是，正如Inglehart/Wetzel所言，觀念不但具有「下滲性」，也具有「上滲性」——在一個民主社會尤其如此：即使政治家並不真誠地信奉一個社會的主流觀念，他們也不得不在相當程度上受到其約束。[7]哪怕是半民主、準民主社會，一個毫無「群眾基礎」的政治家也不大可能成為政治強人——他往往需要通過喚起觀念的共鳴來贏得選票。事實上，本書的研究結論之一（參見第六章），就是政治精英

7　比如，Inglehart/Wetzel就發現，一個國家不同階層之間的觀念距離往往小於不同國家同一階層的觀念差距，說明國家作為一個「文化容器」的顯著意義（Inglehart and Wetzel 2005）。

和民眾往往會通過一定的觀念紐帶結盟，相互裹挾，彼此借力。[8]

筆者將民主觀念大體分為「自由式民主觀」與「民粹式民主觀」，並試圖論證這兩種民主觀念及其推動的政治模式、經濟政策、公民行動模式深刻影響着新興民主的穩固前景和治理表現：那些陷入「民粹式民主觀」的新興民主傾向於駛向政治衝突、經濟衰退和社會撕裂——雖然這一切後果往往在民粹主義的「蜜月期」之後出現；而那些踐行「自由式民主觀」的國家，雖然也會遭遇發展中的坎坷與挫敗，但恰恰由於對民主自身的節制，其民主往往具有更持久的生命力，以細水長流的方式滋養更好的治理績效。

換言之，與很多政治觀察者的看法不同，筆者認為，諸多新興民主的民主失敗相當程度上並非僅僅因為「貪污腐敗的政治家」、「源遠流長的專制傳統」、「落後的經濟水平」或「結構上的族群或階級對立」，也是因為從一開始，其政治社會自上而下對民主這個理念所包含的「政治承諾」存在不當的理解，其民主轉型的挫敗正是這種不當理解的展開。委內瑞拉21世紀初觸目驚心的治理失敗，不僅僅因為——甚至主要不是因為——查韋斯個人「對權力的貪戀」，而是因其政策選擇，而這些政策選擇可以直接追溯到他（及其支持者）對「民主」乃至「正義」的理解。近年土耳其民主的倒退也未必是因為「伊斯蘭文明與民主注定不兼容」，而更多的是因為埃爾多安政府對民主的理解是「多數主義」式的，從而推動民選機構對一切非民選機構的吞噬。泰國的政體震盪同樣未必是因為泰國「經濟太落後，所以無法適用民主」，而是因為無論紅衫軍還是黃衫軍，對民主的理解都缺乏「分權」維度……在「人人都自稱是民主主義者」之後，僅憑人們「是否支持民主」已經難以預測一個新興民主能否走向穩固並「運轉起來」，更重要的是人們支持的是何種民主。

8　當然，即使是在民主社會，政治精英和積極政治行動者影響力會遠遠大於大眾。正如切諾韋思和斯蒂芬的研究所發現，哪怕只有3.5%左右的「關鍵少數」，因其組織性和激情，就可能發起改變社會的政治運動（Chenoweth & Stephan 2011）。

如何區分兩種民主觀？兩種民主觀的根本差異在於政治承諾的「厚度」：在民粹式民主觀中，政治所能帶來的改變是「聖誕老人」式的，似乎只要政府官員足夠清廉，民眾的「許願」總能變魔術般一一實現，而不面臨資源成本約束或價值衝突約束，而在自由式民主觀中，政治所能驅動的改變是有限的，它的核心承諾是政治權利平等和公民自由，令每個人都有為改善自身處境而進行公共發言與行動的機會，但是對於每一個具體的人而言，卻難以保證「骰子」在何處落下。「政治承諾厚度」的不同，體現於民主觀念的方方面面——無論是對民主的目的、民主的主體、民主的邊界、民主的標準或民主的手段，兩種民主觀都有不同的理解。筆者將嘗試後文中做出詳細解讀，但在此之前，有必要回顧思想史上兩種民主觀的分野。

三 兩種民主的觀念：思想史上的分野

存在兩種不同的民主觀，絕非筆者的創見，而是民主理論史的一個源遠流長的傳統，本書的努力，只是試圖將這一規範性的分野運用到當代新興民主的民主穩固分析當中而已。因此，有必要首先介紹這一傳統，以期本書的分析能夠匯入思想史的論爭中去。雖然一些學者對民主制度做出描述性分類，[9]本節試圖追溯的，則是一個更深遠的分類傳統，它所涉及不僅是對當代民主體系的描述性分類，更是涉及「民主何為」的規範性分叉。不同學者所使用的概念不盡相同、內容也不完全重合，但是，這兩種民主觀大體可以被總結為「厚的民主觀」和「薄的民主觀」。

熊彼特在《資本主義、社會主義和民主》中較早系統地闡釋了兩種民主觀 (Schumpeter 2008)。在初版於 1942 年的這一經典著作中，熊彼特區分了「古典的民主觀念」和「另一種民主觀」(被後人廣泛地稱為「精

9　比如利普哈特的「多數式民主」vs「協作性民主」之分；V-Dem 中的五種民主類型之分。

英民主觀」）。「古典的民主觀念」是這樣認識民主的：「民主方式是這樣一種政治決策的制度安排，它旨在讓人民自身決定事務以實現公共利益——人民選舉代議人，代議人聚集起來執行人民的意願」（Schumpeter 2008：250）。在這個定義中，兩個關鍵詞是「讓人民自身決定事務」以及「公共利益」。這樣定義民主，在熊彼特看來，既非可行的，也非可欲的。或者說，它既不是對現實的真實描述，也不是一種值得我們去追求的理想。首先，並不存在所有人都能接受的「公共利益」——即使所有人都是理性的、善意的，他們也很難就什麼是「公共利益」達成共識。因此，所謂「人民意志」的政治指南針意義大大削弱。

更重要的是，根據熊彼特，這種「人民意志論」假定了政治個體的理性與獨立性，而這是不現實的假定。「我們仍然處於一種實際需要之中——賦予個體意志一種獨立和理性的特徵，而這是不切實際的。但如果我們試圖論證公民的意志本身就是一種值得尊重的政治元素，那麼這種獨立和理性的特徵就必須存在。」（Schumpeter 2008：253）熊彼特並不試圖說明個體是不理性、不獨立的，但是他試圖論證政治中的人性不同於私域或半私域中的人性。在他看來，在直接關涉個人或其家庭、生意或其活躍參與的社團時，個人往往是非常理性的。但是，隨着議題和領域的擴大，人們的「現實感」和「責任感」往往逐步流失，其獨立性也往往由此流失。「一旦進入政治領域，一個典型公民的思維能力會下降。他論辯分析的能力會被真實利益領域的自己視為嬰兒的水平。他重新成為一個原始人。他的思維方式變成人際性的和感受性的。」（Schumpeter 2008：262）

因此，熊彼特試圖以一種「現實的民主觀」來替代那種「古典民主觀」。他指出，古典民主觀將「人民決定事務」視為目的，而「選舉政治家」只是實現這一目的的手段，而他的「現實民主觀」則將「選舉政治家」作為民主的第一要務。據此，他重新定義了民主：「民主方式是這樣一種政治決策的制度安排，在這一制度中，個體通過競爭人們的選票而獲得決策權。」（Schumpeter 2008：269）正是因為將「選舉政治家」作為民主的核心要旨，熊彼特被後人視為「精英民主論」的奠基人。在這一定

義中，民主的雄心比「古典民主觀」要低——由於賦予政治領導者極大的決策自由度，民主並不保障在所有政策領域「人民」(或「多數」)能夠「說了算」，並在這個意義上解構了「人民意志論」。但另一方面，它又不同於「所有的雞蛋放在一個籃子裏」的威權體系——儘管民主制度下，民眾只能選擇政治家卻不能在所有領域隨時控制政治家的言行，但是其選擇權為政治運行設定了一個最後的剎車機制。如果把後來一些學者關於政策與民意對應性的研究納入考慮，[10]在很多情況下(比如媒體曝光度比較高的議題)，這道防線甚至離「人民意志」的「圓心」(以民調主流意見為尺度的話)也並不遙遠。

在熊彼特看來，「現實的民主觀」尊重選民和政治家的不同分工，而「古典民主觀」則賦予民眾在每個政策領域干涉、指揮政治家的權利。「重要的是，在大型和複雜社會中，成功的民主實踐毫無例外地反對政治上的後座駕駛——為此甚至可能訴諸秘密外交和就意圖與承諾進行撒謊，而對於民眾來說，他們也需要極大的自制力來克制後座駕駛的願望。」(Schumpeter 2008：295)

塔爾蒙在《極權民主的起源》中則對「人民民主觀」進行了更深的質疑 (Talmon 1970)。針對20世紀中葉冷戰的興起，塔爾蒙將民主區分為「自由的民主」與「極權的民主」。在他看來，法國革命以來的歷史，很大程度上就是為這兩種民主觀念爭奪政治合法性的歷史。當然，或許有人會質疑，塔爾蒙筆下的「極權式民主」(法國大革命中的紅色恐怖或者斯大林式的民主)根本就不是民主，但是，在塔爾蒙看來，它的確是特定民主觀的必然產物。這一邏輯的極端表現形式或許會暫時消失，但是只要這個邏輯本身仍然成立，它就始終蘊含着「極權式民主」的種子。

什麼是「自由的民主」，什麼是「極權的民主」？「自由的路徑認為政治是一個試錯的過程，政治系統則是一個體現人類創造性和自發性的實

10　比如菲奧里納的「回顧性投票」(retrospective voting) 觀點認為，民眾往往根據政治家或者政黨「過去的」表現(而非「承諾」)進行投票，而投票的這種「回顧性」也能夠對政治家構成真實的約束力 (Fiorina 1981)。

用裝置。它同時承認，許多層面的個人和集體活動是在政治領域之外的。而極權的路徑，則假定政治中有一個，而且是唯一的真理。或許可以稱之為政治救世主義，因為它假定一個宿命的、和諧並且完美的事物秩序，人們難以抵禦其誘惑，並且終將抵達它。它最終只承認一種存在，那就是政治的存在。它拓展政治的尺度去吸納人類世界的全部。」(Talmon 1970：1–2)「極權」和「民主」貌似觀念的兩極，何以融合到一起？塔爾蒙認為，源頭在18世紀下半葉形成的觀念思潮，尤其是當時興起的所謂「自然秩序觀」。作為法國式啟蒙思潮的思想武器，這種「自然秩序觀」認為，在當時的歷史秩序之外，存在着一個更理性、更自由的「自然秩序」，這種「自然秩序」揭示「事物的客觀模式」，因此革命只是拂去歷史的泡沫、呈現事物的客觀規律而已。

盧梭的「公意」(general will) 概念，在塔爾蒙看來，是這種「自然秩序」觀的典型代表。在一個公正的社會，一方面，人應該是自由的，另一方面，人又應該服從一定的秩序。何以化解這個矛盾？眾所周知，盧梭訴諸了「公意」概念。「公意」不同於「眾意」，它不是自利的個人不同偏好的簡單疊加，而是一種「公共善」——當每個人過濾掉其偏狹的利益、成見、偏好、認同，一個更好更高的自我就會浮現，而所有這樣的「自我」的匯合過程中，一種「公民精神的共同底色」就構成了「公意」。可以看出，盧梭試圖以「公意」概念化解自由與強制之間的矛盾。當人們服從公意，他實際上實在服從一個更好更高的自我，因而實現了自由。「即使是被迫服從一個外在的標準，人們也不能抱怨被強制了，因為他僅僅是被迫去服從那個真實的自我。他不但因此獲得了自由，而且比之前更加自由⋯⋯公意的每一次實踐，都構成對人的自由的重新肯定。」(Talmon 1970：40)

但在塔爾蒙看來，恰恰是這種看似美妙的公意觀念，埋下了極權的種子，因為在這種公意觀念下，「人們不被邀請去表達其個人偏好，也不被邀請去批准某項主張。他只應該去追問某項主張是否合乎公意。」(Talmon 1970：41) 事實上，根據這種主張，人們只有擺脫了個人 (或團體的) 偏好才能獲得自由，因為個體的偏狹蒙蔽了「公意」。這種對善之

「客觀性」的強調，實際上取消了政治多元主義的正當性，為強權取消自由、集體主義吞噬個人主義鋪平了道路，也給那些聲稱掌握了「歷史真理」的人或政黨一張空白支票。或者說，危險的並非「公意」本身，而是「公意」的單數形式。

在《民主理論的前言》中，達爾對民主做了類似的區分（Dahl 2006：1）。他以「麥迪遜式民主」vs「平民式民主」來組織兩種不同的民主觀。他認為，麥迪遜式民主要旨是平衡——多數人和少數人之間的權力平衡、政治平等與主權制約之間的平衡。之所以強調平衡，是因為麥迪遜們的政治觀念包含這樣的預設：如果權力聚集到同一群人手中且不受約束，任何人都將對他人施加暴政——如果壟斷權力的是精英，那麼精英可能實施暴政；如果壟斷權力的是平民，那麼平民同樣可能實施暴政。在這個預設中，格外醒目的是對「多數暴政」警覺。這一點並不難理解，歷史上，民主一詞往往被等同於希臘式的直接民主，聲譽並不美好，而美國作為現代化進程中第一個實踐代議民主制的國家，開國之父們大多對民主懷有一種「對未知的恐懼」。「選舉式專制主義，並不是我們為之奮鬥的統治方式」（Hamilton et al. 2003：No. 48）。一輛新車在上路之前，如何設計好它的剎車系統，是這些政治設計師們的焦慮所在。

正是麥迪遜式的「平衡觀」，主導了美國憲法的設計原則——不能將所有的權力放在同一群人手中，不管他們是一個家族、一個團體，還是「多數」。一方面，美國憲法加入了「平民選舉」要素，這是對君主或貴族專制的一個強有力制衡——這一制度設置的革命性無論如何都不能低估。但另一方面，美國憲法也通過一系列元素（三權分立、兩院制、選舉人團、司法獨立、聯邦制、人權法案等等）去限制所謂「多數暴政」的可能性。「防止把某些權力逐漸集中於同一部門的最可靠方法，就是給予各部門的主管人抵制其他部門侵犯的必要法定手段和個人動機……野心必須用野心來對抗。」（Hamilton et al. 2003：No.51）與麥迪遜式民主中「暴政最小化」的原則不同，平民主義民主的最高政治原則是「人民主權最大化」。根據這一原則，選民和政治代表的偏好一致是公共決策的根本目標，即，政治應該鏡像式地反映民意或至少是多數民意。

達爾對兩種民主觀都提出了批評。在他看來，前者成為精英主義的辯護詞，「麥迪遜式的觀點為財富、地位和權力方面的少數派提供了一種滿意的、有說服力的、具有保護性的意識形態，他們信任而且害怕他們的敵人，即在財富、地位和權力方面低下的工匠和農夫。」(Dahl 2006：39-40) 後者則由於完全忽略偏好強度問題而可能導致系統僵局：當一個在某政策議題上冷漠的多數與一個偏好極其強烈的少數發生對峙時，憑什麼認為滿足多數偏好是「正義」的呢？[11] 在他看來，充分的「社會制衡」(某種意義上可以理解為發達的公民社會)，是走出這兩種民主觀念困境的重要出路。[12]

如果說前面幾位作者都是對「人民意志」無條件的正當性表示質疑，賴克則是對「人民意志」的存在本身打上了問號。在其著作《自由主義反對民粹主義》中，賴克援引社會選擇理論來解構「人民意志」(或「多數意志」) 的概念 (Riker 1988)。區分兩種民主觀時，他使用的概念是「投票的自由詮釋」vs「投票的民粹詮釋」，他也把這種對比稱為「麥迪遜觀」vs「盧梭觀」。自由式民主將投票看作一種通過定期選舉控制官員的方式 (「投票的功能就是控制官員，並且沒有更多功能」[Riker 1988：9])，而民粹式民主將投票看作民眾直接控制立法、以立法體現「公共意志」的方式。和熊彼特一樣，賴克將自由式民主看作更可行和更可欲的民主觀念，但是，熊彼特主要訴諸於「政治人性」的不可靠，而賴克則訴諸於社會選擇理論。

賴克論證，如果存在三個或以上選項，由於「選擇循環」的存在，不同的選擇方式可能推出不同的最優選項，而我們沒有什麼道德理由判斷一種選擇方式一定好於另一種選擇方式，在這個意義上，清晰地界定

11　比如，兩個飯後想吃甜點的人，和一個快要餓死的人，面對同一塊蛋糕，難以認為滿足前兩個人的「吃蛋糕」的偏好比滿足後一個人「吃蛋糕」的偏好更加正義。

12　一方面，公民社會尊重「偏好強度」這個維度，從而平衡投票的「數量邏輯」；另一方面，光有麥迪遜式的政治制衡是不夠的，它仍然可能導致僵局甚至不義，而社會制衡構成對政治制衡的必要補充。

「人民意志」是不可能的。極端而言，如果一個群體大多數人偏好A甚於B，B甚於C，但是C又甚於A，也就是A > B > C > A的情況。這種情況下，我們不知道什麼是「最佳選項」，因為每個選項之上都有更好的選項。這不僅僅是一個理論上的可能性。賴克通過許多現實中的案例分析顯示，在選民偏好完全一致的情況下，如果運用不同的選舉規則和程序，選舉會產生完全不同的結果。對不同選項的「日程操控」以及「策略性投票」則進一步模糊所謂「人民意志」的存在。這一點並不難理解。儘管兩個選項之間的選擇並不存在選項循環的問題，但是鑒於真實世界諸多問題上往往有三個或以上選項，如何將多個選項縮小為兩個選項就存在着巨大的「日程操控」空間。[13]同樣，策略性投票的普遍存在也會使得選擇結果偏離真實民意。比如，在2016年美國大選中，假定某個選民極度厭惡特朗普，那麼即使他本來支持桑德斯，也完全可能「策略性」地改投克林頓，因為民主黨裏她更有希望擊敗特朗普。

　　鑒於難以在不同的投票程序中做出一個道德判斷，投票很難「加總」成一個沒有爭議的「人民意志」或者「多數意志」。這種難度未必是因為某個或某些精英的「貪腐」，而可以僅僅因為投票方式上的相對主義。[14]《經濟學人》2015年的一篇文章就對當年某些國家舉行的選舉制度做出分析並得出結論：如果當年阿根廷的總統大選採用美國的選舉方式，那麼勝出的就不是右翼政治家馬克里，而是左翼政治家肖利（Daniel Scioli）；而如果土耳其不採用比例代表制，轉而採用英國式選舉方式，那麼執政的正義和發展黨在議會的席位就會從275/552變成412/550（The Economist, Dec. 28, 2015）。同樣的「人民意志」，不同的選舉制度帶來非常不同的結果。

13　比如，世界足球錦標賽中，小組如何分配大大影響着比賽的最後名次，小組分配的「藝術」就可以成為「日程操控」的方式。

14　當然，後來麥凱批評賴克在投票技術的相對主義方面走得太遠，以至於構成了實際上的民主虛無主義——從其結論，幾乎可以推出民主無論在政治家的選擇、還是政策的選擇上，結果優劣等同於隨意的抓鬮，而這種虛無主義，在麥凱看來，不合乎事實（Machie 2004）。

那麼，是否可以因此推斷民主投票本身的「虛偽」呢？賴克並不這麼認為。他認為，上述分析只能推導出「民粹式民主」的無意義。「民粹主義作為一種道德律令，取決於投票能夠發現公眾意志。但是，如果投票並不能發現這樣的意志，其道德律令就煙消雲散了……民粹主義的失敗，並非因為它在道德上是錯誤的，而僅僅因為它是空洞無物的。」（Riker 1988：239）而自由式民主，恰恰因其對民主的要求沒有那麼高——它並不要求在所有公共政策上體現「多數民意」，反而能夠經受社會選擇理論的考驗。當然，通過社會選擇理論的考驗之後，它也將民主的理想急劇收縮，使其變得更加單薄。「存活下來的這種民主不再是什麼民眾統治，而是一種間歇性的、有時偶然的，甚至怪異的民眾否決權……自由民主制僅僅意味着有時用以約束官僚暴政的否決權」（Riker 1988：244）。然而，這種極簡的民主理想仍然是有意義的，因為它約束官員不去肆無忌憚地冒犯可能將其驅逐的民眾，從而有助於保護自由。

還有其他學者都用不同方式表達過類似的區分，但是鑒於篇幅，不再一一列舉。上述回顧應該已大體呈現出兩種民主觀的差異——儘管這些作者的價值取向、論證路徑和術語系統未必一致，但是他們對民主類型所做出的區分大同小異。很大程度上，他們的兩種民主分類可以被歸結為「厚的民主觀」（不同情況下可能被命名為「理想主義民主觀」、「古典民主觀」、「盧梭式民主」、「民粹式民主」）和「薄的民主觀」（也被稱為「現實主義民主觀」、「精英民主觀」、「麥迪遜式民主」、「自由式民主」）之分，前者強調「人民意志」道義上的至高無上性，並由此強調它對政治決策的統領地位，而後者或者解構「人民意志」的存在本身或懷疑它的道義合理性。換言之，前者是一種「人民意志決定論」，而後者是一種「多元主義制衡論」。

四 兩種民主觀與民主穩固的分叉：一個分析框架

本書的後半部分的基本觀點是，約束「薄的民主觀」向「厚的民主觀」無限滑動，防止「現實主義民主傳統」被「理想主義民主傳統」淹沒，對於民主穩固乃至民主的治理表現至關重要。這一觀點既是規範性的——基於對於民主理念的價值指向之理解，也是經驗性的——基於對新興民主困境的情境性診斷。為了更直觀地表述這兩種民主觀的意涵，在本書中，筆者在前述各種分類標籤中選擇「民粹式民主觀」vs「自由式民主觀」作為分類標籤。

何以守「自由式民主觀」對於民主表現和穩固至關重要？這是因為「民粹式民主觀」最終指向「過度承諾」，將政治難以解決之事務不斷吸納進政治領域，導致理想和現實之間不斷擴大的落差，而這種落差造就的「相對剝奪感」將成為民主脆弱性永恒的源泉。換言之，民粹式民主觀是「自我擊敗」的：它越成功，就越靠近失敗，因為無節制的政治承諾下，每一步成功都激發更高的承諾，直至政體因政治供給能力與民眾預期之間張力過大而崩潰。相比之下，「自由式民主觀」基於對政治本身之有限性的認識，進行「有節制的承諾」——它承諾政治權利的平等，而非政治影響力的平等；它釐清「權利」與「善」的邊界，而不是將一切「善」納入為政府必須保障的「應得」；它避免在道德上神聖化任何主體——無論是柏拉圖式「哲學王」，或所謂「賢能之士」，或所謂「人民」，而主張任何主體都需要政治約束才能保持政治對話的理性與可持續性。政治承諾的差異會體現在民主觀念的方方面面。在此，筆者試圖從民主的目的、民主的主體、民主的邊界、民主的標準和民主的手段等五個方面進行分析。

1. 民主的目的

　　兩種民主觀的不同，首先體現在對「民主之目的」的理解。民主何為？「民粹式民主觀」認為民主的目的是「人民主權」（或以俗語來說，「人民當家做主」），而「自由式民主觀」將民主的目的理解為「防止暴政」。這一區別或許是通向其他一切區別的起點。「人民主權」和「防止暴政」自然有極大的交叉面：在反對獨裁方面，二者目標一致——無論是民粹式或自由式民主觀，都反對君主專制、貴族寡頭專制（或所謂「賢能治國」、「專家治國」）、以財產或種族為投票權條件的階級或種族專制等等。但是，二者並不完全重合，前者比後者要目標「高」得多，這不僅僅是因為前者對民眾知識與品德具有極高的假定——如果「人民」不是全知全能、公正無私，似乎就難以論證為何他們應該主導一切公共決策，更因為在一個多元社會中「人民」如此難以界定、「主權被誰掌握」如此難以確認，以至於「人民主權是否實現」幾乎必然成為政治家所操控的「話術」。

　　即使暫時擱置界定「人民」的難度（下一小節將討論該問題），假定我們能夠確定誰是人民、誰不是人民，確定「人民主權是否實現」也是極其困難之事。到底什麼是「人民當家做主已經實現」的標準？民眾成功地選舉了符合「多數」偏好的政治家？顯然，很多人會挑戰這一說法——民選政治家上任後可能而且經常「背叛」民眾這一事實，使得選舉政治家與事實上「當家做主」不完全是一碼事。一個更公平的標準或許是「公共政策鏡像式地反映多數民意」——這似乎是一個足夠清晰的標準，然而在現實中，即使我們能確定「完美」的選舉制度（不妨回顧賴克對這一困難的分析），即使選民能選出「絕不背叛民眾」的道德完美政治家，根據「政策的鏡像性」來確定「人民主權」是否達成仍然十分困難。試想以下情境：

　　情境一：如果不同議題的權重對於民眾來說非常不同，民眾的選擇有可能主要由單一議題（比如經濟議題）決定。這就意味着民眾有可能因為喜歡某個候選人的「經濟政策」而接受某候選人，哪怕反感或不關

心該候選人的所有其他政策——宗教政策、移民政策、環境政策、教育政策、勞工政策等等。這種情況下，即使選舉完全公平，政治家也完全忠實於自己的選舉綱領，不存在任何「背叛」，民眾仍然可能選舉出一個在多數政策上違反多數意志的候選人。這時候民主是否實現了「人民主權」？

　　情境二：民意不斷流變。以英國退歐為例，眾所周知，2016年英國民眾在一場公投中選擇了退歐。但是，根據一些民意調查，如果2019年重新公投，大部分民眾會選擇不退歐。[15]那麼，對於2019年的英國民眾來說，遵守2016年的退歐決定是否代表了「人民主權」？又比如，越戰剛開始時美國民意支持度比較高，但是隨着傷亡人數的增加，支持度變得越來越低。那麼，約翰遜政府到底民主還是不民主？的確，他捲入越南有違後來的民意，但是並不違背起初的民意。那麼，當我們說決策應當合乎民意時，指的是哪個片刻的民意？事實上，由於情境或媒體聚焦點變化等原因帶來的民意驟變並非偶然情況，在歷史上非常常見：一場恐襲可能飛快影響民眾的移民政策傾向，一次經濟危機也很快扭轉民眾的金融政策偏好，一個調查報告可能飛快改變民眾的環保意識……根據民粹式民主觀，政府應當不斷奮力追逐民意的變化，但是已經施行的政策未必容易掉頭，後果很可能也已經產生，更重要的是，恐襲、危機、報道……過去之後，民意很可能又重新轉向，對於的確在奮力追趕、只是沒能趕上民意變化的政府而言，它到底是否代表了「人民主權」？畢竟，民意翻轉可能是一夜之間的事，但是加入或退出一場戰爭、加入或退出一個國際組織並非一場「說走就走的旅行」。

　　情境三：民意有不同的範圍。比如，美國參議員都是某個州選民選舉產生，而某個州的主流民意未必和全國民眾的主流民意吻合——汽車工業州可能贊成汽車貿易保護，而其他多數州都反對，那麼，對於

15　比如，根據一個民調機構YouGov的2019年1月抽樣調查，如果舉行第二次公投，不但「留歐派」會贏，而且會以9個百分點贏（Edwards 2019）。當然，不同機構、不同時間的調查結果有所不同。

來自那個州的議員來說，他到底是應該因為「家鄉人民」選舉了他而聽從家鄉人民，還是應該因為自己的「全國人民」的議員聽從全國人民？當我們說決策應該反映民意時，又指的是反映哪個範圍的民意？

情境四：民意可能是模糊的。要了解在每一個具體政策上「多數民意」到底是什麼並不容易：歷史上並沒有大規模的民意調查，即使當代有了民意調查，不同的政治派別調查的結果也往往很不同——尤其在那些對立陣營勢均力敵的議題上。同一個議題，可能《紐約時報》和《福克斯新聞頻道》的調查結果不同，而3個百分點的「民調誤差」就能影響到底「誰是多數」的結論。因此，即使一個政治家非常願意「服從多數」，在很多關鍵問題上，他仍然未必知道多數在某一刻站在「哪一邊」，自己應該怎麼做。

由此可見，即使選舉非常公正、即使政治代表們對民意忠心耿耿，很多時候仍然無法保證公共政策反映主流民意，因為忠實於誰的民意、什麼時間點的民意、哪個議題上的民意、哪個信息來源的民意未必一目了然。在這個意義上，將民主理解為對「人民當家做主」的承諾，以所有政策是否總反映主流民意為衡量標準，是一個極高的、幾乎必然帶來失望的承諾。表面上，這一目標似乎是表達對「人民」的無條件敬意，但它實際上對民意的穩定性、統一性、和板塊化程度提出高到不切實際的要求——更不用說它對民眾知識、政治熱情、政治品格所做的種種烏托邦假定。

自由式民主則只將「防止暴政」作為民主的目標。這一目標並不依賴於某個特定個體或群體——君主也好，精英也好，民眾也好——道德的至善或者知識的完美，更不要求民意的穩定性和統一性，它只要求權力的分散化——要求每一個群體都擁有參與政治對話的強大籌碼，以至於其它力量無法對其任意關閉對話：富人擁有財富，底層擁有選票，知識分子擁有話語權，普通人擁有街頭，精英擁有「關係」……具體這一權力結構應該如何平衡是一個需要無數細緻討論的問題，但有一點顯而易見：「防止暴政」的核心在於制衡，在於所有對話參與者都能夠構成一定程度的決策否決點。

這一目標將民主從「公共政策應當處處時時合乎多數民意」這一不切實際的要求中解放了出來——因為很多情況下，如前所述，我們既找不到「人民」，也不知道如何確定「人民是否實現了主權」。自由式民主的理想畫面並非一個「解放場景」：一群深受壓迫的底層民眾衝向某個道德高地，將歷史上的權貴精英踩到腳底，而是一個「開放的圓形劇場」：所有人都可以隨時進出，聆聽並加入一場無盡的對話。

在這個意義上，「民主」這個詞本身幾乎是一個錯誤，或者說一個陷阱——對於描述實際運轉中的選舉代議制，實證上它不準確，對於描述理想的政體，倫理上則帶來不必要的負擔，把民主的「及格線」架到了一個難以企及的高度。歷史上，人們用「民主」一詞形容直接民主制，而「選舉代議制」則相當程度上被視為一種制衡式的「混合政體」，但是在當代，我們卻用「民主」一詞來形容一種本質上為「混合政體」的制度，這種「名實之別」成為政治怨恨的永恆源泉——正如當消費者發現一瓶標註為「純度100%」的水事實上含有雜質時，他們和賣家之間勢必衝突不斷一樣。事實是，更重要的問題並非這瓶水是否真的「純度100%」，而是一瓶水是否真的需要「純度100%」——也就是說，更重要的問題不應該是「人民是否完全實現了主權」，而是「權力的制衡是否有效防止了暴政」。

2. 民主的主體

民粹式民主觀與自由式民主觀的第二個不同，在於對民主主體的認識。將民主的目標理解為「人民主權」，勢必要求民主政體尋找、定位一個實心化的「人民」群體，並由此界定誰是「敵人」。也就是說，在民粹式民主觀下，「分清敵我」是民主政治運轉起來的前提，而在自由式民主觀中，「誰來統治」不應成為政治問題的核心，真正的問題是「如何統治」。

「人民主權」要求確定「誰是人民」，但問題是，在一個利益和觀念多元甚至對立的社會，定義「人民」極其困難。有房子的人希望房價不

斷上漲、沒有房子的人希望房價不斷下跌：「有房者」和「無房者」，誰是「人民」？農民希望農產品價格上漲，城市居民希望農產品價格下跌，農民和市民之間，誰是「人民」？環保分子希望去工業化，工人希望保住工作，環保分子和工人之間，誰是「人民」？在英國，幾乎恰好一半的民眾支持脫歐，另一半民眾支持留在歐盟，誰不是「人民」？在烏克蘭，東部居民希望烏克蘭加強與俄羅斯的聯繫，西部民眾希望加強與歐盟的聯繫，哪一方是「特殊利益集團」？在埃及，政治世俗派希望政教徹底分離，而穆兄會的廣大民眾認為宗教應當影響法律，誰又不是「老百姓」？……在上述情形下，當我們說「人民主權」是民主的目的時，是指房價上升還是房價下跌？農產品漲價還是跌價？工廠關閉還是不關閉？脫歐還是入歐？倒向俄羅斯還是倒向歐盟？政治世俗化還是宗教化？……現實中一個常見的情形是：各自陣營都認為自己是「人民」，而對方是危害國家的「特殊利益集團」、「特權階層」甚至「敵人」。

可能有人會說，這並非問題：在政策議題上「多數即人民」，通過投票或者民調，不就發現「人民」了嗎？即使我們對這種策略的道德意涵不做評價，以「多數」來確定人民，其必然後果就是：一些人在這個問題上是「人民」，在那個問題上就不是「人民」了——除非我們假定「多數」在所有問題上觀點一致，連改變想法的時候都同時「拐彎」，而這顯然是一個不切實際的假定。比如，對於一個都市無房青年，他可能在房價問題上是「人民」（如果這個國家買不起房子的人是多數），但是在農副產品價格問題就不是「人民」了（如果這個國家農民是多數），他在關閉工廠保護藍天的問題上是「人民」（如果該國工業化程度很低），但是當政府提出加徵燃油稅以控制尾氣時，他又突然不是「人民」了（多數人不關心油價）。那麼，到底這個青年是不是「人民」？難道他有時候是、有時候不是「人民」？

然而，從民主穩固的角度而言，將「人民」實體化，真正的危險還不在於它的徒勞無益，而在於它容易激化矛盾、導致衝突。正如曼在《民主的黑暗面》中所指出，歷史上對民主之「民」的界定鬥爭曾經引發無數腥風血雨（Mann 2005）。這種鬥爭通常表現為兩種形式：一種是階

級話語，一種是族群話語。階級話語將「無產階級」視為「人民」，而一切「地富反壞右」則是敵人；族群話語則將「優等族群」視為「人民」，「劣等族群」則不配成為「人民」。歷史上的左翼激進主義——無論法國革命中對貴族的屠殺，西班牙內戰中對教堂的燒毀，或是蘇聯對富農的流放，往往充斥着「人民 vs 敵人」的話語。為了「保衛人民」，必須「消滅敵人」，革命動員如此依賴這種話語，以至於尋找「敵人」的努力最後往往成為想像力的競賽——一個錯字可以成為「現行反革命」的證據，一部收音機暴露「收聽敵台」的跡象，幾個海外親戚即構成無法洗清的「原罪」。歷史上的極右運動同樣恐怖：諸多國家的種族隔離制度即這種「制度性羞辱」的體現，而在納粹德國，在「生物進步主義」的口號下，無論是老弱病殘、還是「劣等民族」，被視為文明的「污點」，成為政治屠殺的對象。

　　儘管這兩種話語在當代的表現形式不像歷史上那樣極端，其「溫和」版本至今依然盛行，即使是發達國家也未能幸免——無論是左翼民粹主義中的「我們是99%」口號，或是沉渣泛起的極右種族主義，都是這種「敵我觀」的體現。在新興民主，「分清敵我」的鬥爭更是方興未艾。尤其是，隨着「新部落主義」的崛起，宗教、民族或種族成為「劃分敵我」的通行標準，在諸多國家引發巨大衝突。在20世紀90年代初的塞爾維亞人眼中，克羅地亞 / 波斯尼亞人是「裏應外合迫害塞爾維亞的敵人」；在1993年種族屠殺中，圖西族和胡圖族視彼此為「蟑螂」；在塔利班這樣的原教旨主義眼中，「異教徒」或者「叛教者」是墮落的象徵；在緬甸的極端主義佛教徒眼中，羅興亞人是「多餘的」的存在；在匈牙利，穆斯林是歐洲文明的腐化劑；在穆加貝的津巴布韋，反對黨是「新殖民主義者」……而在左翼民粹主義 中，經濟乃至社會關係被描述為一種「富人受益、窮人受害」的零和博弈，政治則被視為「錢權聯盟」的陰謀，不同政策之間的價值互換性困境成為正義與邪惡之間的決鬥，一切差序格局都是「結構性壓迫」的體現。

　　問題在於，當「人民」沉浸於自己的「人民」角色，憤怒聲討「敵人」以實現「人民當家做主」時，「敵人」並不會束手就擒，原因很簡單；他

們並不認為自己是危害國家和社會的「敵人」。事實是，所謂「劣等族群」也有自己豐富多彩、令人驕傲的文明成果，而「精英富人」也認為自己通過增加投資、促進就業對社會亦有貢獻。於是，族群衝突或者階級衝突爆發。歷史上此類衝突從未停息，但是在民主制下，它格外具有悲劇色彩，因為它通過選舉、通過「社會運動」、通過「解放話語」賦予此類狹隘情感以政治合法性。然而，此類衝突又幾乎是民粹式民主觀的必然結果：只要「人民主權」是民主的目標，確定「誰是人民」即是民主的前提，一旦「人民」被定義為一個邊界清晰的實體，「敵人」也隨之產生，結果就是衝突與動盪。

與此相對，自由式民主觀試圖擺脫尋找一個排他的「主權者」的努力，轉而以一種流動、多元的對話結構來理解民主的「主體」。寄望於特定個體或群體帶來善治是一場巨大的賭博，因為導致統治者墮落的，往往既非其階級成份，更非其膚色民族，而是不受約束的權力本身。多少非洲獨裁者出身「底層」，但這不意味着他們上台後必然服務於「底層」；無數知識卓越的科學家和專家與權力結合後突然變得愚不可及，因為只有在「免於恐懼的自由」下，知識才能真正舒展；從納粹運動到盧旺達屠殺，都顯示普通人一旦藏身於群體的洪流，再插上權力的翅膀，也可以成為「暴民」。正因為不受約束的權力容易走向腐化，所以在自由式民主觀中，民主的要旨在於約束權力，而不是尋找「好人」。

正如波普爾所指出，將民主理論聚焦於「誰來統治」是一種錯位。「從柏拉圖到馬克思還有其他人，人們始終在問的問題是：誰應該統治國家？⋯⋯柏拉圖的回答簡單而天真：『最好的人』應該統治。如果可能，所有人中最好的那個人獨自統治即可。退而求其次的話：最好的那些人，貴族們。但無論如何，不應該是許多人，烏合之眾們、普通人⋯⋯在中世紀，『誰應該統治國家』這個問題的答案變成一個原則：上帝是統治者，他通過他在人間的代言人統治⋯⋯卡爾‧馬克思也被這個古老的柏拉圖問題所佔據，他的詮釋是：『誰應該統治？好人或是壞人——工人還是資本家？』⋯⋯我則建議，一個合理的政治理論應當以一個全新的問題為根本問題，這個新問題——完全不同於『誰應該統

治』這個舊問題 —— 提法如下：應當如何建構國家，使得移除壞的統治者無須暴力和流血？」(Popper 1988)

顯然，波普爾將民主的核心目標理解為「防止暴政」，而非「人民主權」。如果「防止暴政」是民主的核心目標，那麼民主就應該「去主體化」，唯此它才能展開為一個開放的對話結構。在這一結構中，「主權」是分散的、流動的、分享的、碰撞的，如同一個麥克風在不同的發言者之間不斷被移交。如果一定要指出誰是「主權者」，那就是所有那些在這個對話過程中「舉手發言」的人，或者，以哈貝馬斯的話來說 ——「溝通理性」的實踐者 (Habermas 1996)。在此，與民粹式民主觀不同，一個人（或一群人）的主權者地位並非附屬於某種特定屬性（階層、種族、民族、宗教等）的「固定資產」，也並非「免費午餐」，每個人必須通過「溝通實踐」去「激活」其主權者的身份，也會因放棄其「溝通實踐」而擱置其主權者身份。在自由式民主觀中，一個公民的政治權利和責任是對等的 —— 要將自身的政治權利轉化為政治權力，必須「繳納」政治對話中的協商理性。

與民主的「共和主義傳統」不同，自由式民主觀甚至不依賴於所謂「人人積極參與公共生活」的積極公民文化 —— 畢竟，政治冷漠是普遍而常見的現象，要求每個人都具有政治參與的熱情既不現實，也未必合理。如果一個公民願意將「發言機會」讓渡給其政治代表，或承擔其沉默的後果，那麼在自由主義民主觀中，這是無可厚非的選擇。

自由主義民主觀也未必依賴「協商民主」論者所信奉的「協商共識」——「溝通增進共識」需要太多的社會條件，寄望於溝通達成共識常常是一種奢侈。事實上，開放流動的政治對話，更重要的目的不在於達成「共識」，而在於通過對不同群體發出對話邀請去表達對每個公民道德與理性的「制度性承認」。固然，某些人會拒絕或浪費這種「邀請」，還有一些人會在對話過程中證明自己並不「匹配」這種承認，但是，「制度性承認」必須作為一個政治假定存在 —— 哪怕是一個可被證偽的假定，因為這事關政治穩定（不被承認者常常會反抗），但更重要的是，這事關道義 —— 在每個人通過「溝通實踐」揭開自己面前的「無知之幕」之前，

這是唯一公正的假定。這與民粹式民主觀中所內置的「敵我觀」不同，後者在神聖化「人民」的同時，必然包含對「敵人」的「羞辱性假定」。

雖然並不依賴於「公民素質」或「協商共識」這些過於苛刻的條件，但自由式民主也有其政治條件：它依賴於充分的政治自由和平等的政治權利。唯有充分的政治自由，才能讓不同的聲音「免於恐懼」地發出；也只有政治權利的平等，「麥克風」才能傳遞到所有群體手中。如果將民主理解為一場開放的、無盡的對話，政治的自由和平等就是這場政治對話之開放性和持續性的必要條件。

當然，對話的開放性和可持續性，並不是指每一個具體議題都需要展開無休止的辯論協商——畢竟，現實常常要求人們就某個迫切的問題給出及時的解決方案。在自由式民主觀中，對話之開放性與可持續性是指，當我們就某個議題「不得不」根據多數原則出台某個政策時，我們所畫上的是一個「逗號」，而非「句號」——1980年的醫保政策可以根據2000年的新情境或者新觀念進行調整，2000年的能源政策又可以根據2020年的情境與觀念進行修正……「無盡的對話」意義恰恰在於，允許每一代人不斷更新其知識信息乃至價值排序，並據之重新訂立流動的「社會契約」。

強調政治對話的開放，並不意味着在自由式民主中，完全不存在「敵我之分」——顯然，那過於理想主義。自由式民主亦有其「敵人」——試圖壓制、顛覆這場「無盡對話」的人即為其「敵人」。寬容不能延伸至「不寬容的人」，正如自由不能延伸為「奴役的自由」。無論歷史上或者現實的新興民主中，這樣的「敵人」並不少見：不肯放棄權力壟斷的統治者，在民主框架內拒絕放下武器的武裝力量，堅持以一己之信仰為憲法依據的宗教勢力，拒絕承認公正選舉結果的社會群體……面對這些政治力量，政治甚至軍事鬥爭成為迫不得已的選擇。在這個意義上，自由式民主並非基於對人性的烏托邦幻想。但是，與民粹式民主觀嗅覺過度靈敏的「敵我觀」相比，這是一種儘量保守和節制的「敵我觀」，它在政治對話的盡頭而非起點出現，它不是民主政治的前提，而是它鞭長莫及時的救濟。

3. 民主的邊界

　　兩種民主觀差異的第三個維度，在於對民主之邊界的不同理解。在自由式民主觀中，民主政治亦政治，而政治作為集體決策之機制有其邊界，它既不能也不應取代個體、家庭、社群或市場的力量，事實上，好的政治應以能激活而不是抑制這些力量為其根本之標準。而在民粹式民主觀中，「權利」的泛化成為一個趨勢，政府成為一個職能不斷延伸的「保姆」，它不再僅僅是個體、家庭、社群或市場的補充性力量，而逐步成為其替代性力量。

　　民粹式民主觀中，「人民」被神聖化，因而「人民」的需求也被神聖化，具有高於理性審查的豁免權，其結果就是「權利」的不斷泛化，直至它與一切「利益」、「需求」或「善」的界限徹底模糊。最初，「權利」意味着言論自由、結社自由、宗教自由、選舉權利等政治權利；然後，貧困救濟、失業救濟、養老保障等「扶弱濟貧」的措施成為權利；再然後，基礎教育、健康醫療等「讓起跑線變得更公平」的政策也成為權利；再之後就業、住房、環境、最低收入等「保障一定生活水平」的政策也成為權利；再之後補貼、免費高等教育、度假、「經濟平等」乃至「不被冒犯」都成了權利……越來越多的偏好無須論證就成為「權利」，似乎「幸福生活」的全部要素都應當逐步成為「權利」，而「人民」這個主語本身已經完成了其正當性論證。民主成為一種ATM式的機器：人們輸入指令，從中可以隨時提取自己的需求。

　　以補貼為例，在大多數情況下，補貼既扭曲市場，也不公平。弗蘭克爾的研究以埃及為例，發現少於20%的食品補助是落入窮人手裏，少於0.1%的農村汽油補貼落入窮人手裏，而52.6%落入富人手裏（Frankel 2014）。然而，當人們將補貼視為「權利」，任何試圖削減補貼的改革都結局悲慘。僅以「燃油補貼騷亂」而言，在尼日利亞，2012年一項削減油價補貼的政策引發全國罷工和騷亂，數百人在對抗中受傷，數人喪生；在印度尼西亞，2013年同樣是油價補貼改革引發了大規模抗議，抗議演變成騷亂；在海地（2018年），削減油價補貼導致的抗議

致使至少7人喪生以及總理辭職；在厄瓜多爾（2019年），抗議削減油價補貼的大遊行導致全國癱瘓。此類騷亂在新興民主甚至發達民主國家不勝枚舉，其結局大同小異：在抗議聲中政府灰溜溜收回改革，抗議者旗開得勝，實現「當家做主」。一旦民眾對其「權利」被侵犯表達抗議並且聲勢浩大，沒有政治家敢於站出來質疑。政治問題不再是分析論證某些主張是否合理，而只能是如何滿足「人民的需要」──「人民」成為新的上帝。

問題不在於住房、就業、高等教育、醫療保障、養老保障、補貼……是否是「好東西」（當然是「好東西」），也不在於政府是否應當「盡力」去提供這些「好東西」（顯然，政府應當儘量為此努力），問題在於能否將「好東西」都列為「權利」。何為「權利」？權利是政府必須保障的「應得」；它不但是政府有義務保障的「應得」，而且應平等地賦予所有人──既然是「天賦人權」，沒有理由一部分人「有權」擁有而另一部分人「無權」擁有；不但應平等地賦予所有人，而且不應有任何時效性──既然是「天賦人權」，沒有理由認為今天我們「有權」、明天就不再「有權」擁有。某種意義上，權利應當是一種「超驗之物」。正因為權利需要強制性保障、需要平等分配、需要即時且永恒的供給，將一種需求納入「權利」話語應是慎之又慎之事，不幸的是，這種審慎正在瓦解。取而代之的是政治家的承諾競賽，以及「拿來主義」的天經地義。

然而，當越來越多的「美好生活的要素」都被列為權利，實際上是在要求政府成為「永動機」，在資源有限的世界供給無限的超驗之物，仿佛「好東西」的供給不受資源與政治約束。最簡單而言，當孟加拉國政府的年收入僅200多億美元時，它應當如何「保障」其1.6億國民同時享有教育、健康醫療、養老、就業、住房、環境、失業救濟等「基本人權」？美國政府年入3萬億多美元尚難以做到這一點，一個年入200多億美元的政府如何完成這道不可能的數學題？然而，在不斷泛化的「權利」話語裏，它必須提供這一切。如果不能，抗議、示威、動盪就源源不斷及至民主崩潰。

由此，民粹式民主陷入一種幾乎是必敗的承諾旋渦──如前所述，它越成功就會越失敗，因為能成功兌現的「免費ATM」必然引發更多擠兌狂潮，直至這個機器被榨乾。即使這一民主崩壞尚未發生，隨着「權利」的通貨膨脹，其崩壞也「指日可待」。畢竟，人們對幸福生活的定義永遠在水漲船高，而資源供給上漲的速度則難以追趕「夢想的翅膀」。在查韋斯的委內瑞拉，1999年新憲法將健康、教育、住房、環境、就業、工資……以及你所能想到的一切「好東西」都列為權利──事實上，其憲法是世界上最長的憲法。但是，畫餅不能替代做餅，這無限慷慨的承諾下，最後發生的是超級通貨膨脹、大規模人口流亡、80%人口陷入貧困，以及委內瑞拉民主的崩潰。正如哈耶克所言，「當人們認為，民主之下權利即多數人所確立的東西，這就是民主向民粹墮落的時刻」(Hayek 2011：172)。

權利泛化的惡果不僅僅是民主的脆弱，也包括其人性後果：如果說專制是以壓迫的方式取消個人，民粹式民主則是以「包辦」的方式取消個人。通過不斷將私域之事吸納為公域，它在某種意義上使民眾趨於「兒童化」。當越來越多的「好東西」成為政府義不容辭的責任，市場、社群、家庭、個體的責任開始萎縮。在這種「權利泛化」的話語催眠下，民眾不但像兒童一樣外化責任──既然是「權利」，為什麼要奮鬥？而且逐漸失去「延遲滿足」的意識──既然是「權利」，為什麼要等待？於是，在民粹式民主社會，逐漸升起一種缺乏義務對應物的權利意識，沒有成本概念的需求意識，以及對生產問題保持緘默的分配正義感。[16]換言之，過於膨脹的權利邏輯對責任意識具有一種擠出效應，作為「拯救者」的國家淹沒了作為「自救者」的個人、市場與社會。

在自由式民主觀中，民主的要義是「自治」而非「分配」，因此「能力最大化」而不是「權利最大化」應該是民主成敗的「鑒定標準」：最成功的民主應當是最大程度激發每個人的潛能，而未必是每個人手裏得到的東

---

16 有研究認為，福利依賴塑造一種「反工作」的個性與文化，導致「貧窮」與「貧窮心理」之間的惡性循環 (Perkins 2015)。

西最多。固然，能力的提升依賴於一定的資源，因此政府在其財力範圍內以及可持續的前景下應盡可能為普通民眾（尤其是弱勢群體）提供援助。然而，這種援助應當是情境性的——尊重量入為出的樸素常識，還應當是協商性的——沒有哪個群體可以站在道德制高點上要求社會為自己的美好生活買單。

不過，最終而言，在自由式民主觀中，人的尊嚴來自自主性的綻放而非被「照顧」的程度。日常生活經驗告訴我們，除非一個人通過自主的努力「贏得」幸福，否則這種幸福就難以令人驕傲，正如一個球隊的勝利如果不是因為「踢得好」、而是因為「裁判偏心」，其球隊隊員多半不會因此而歡欣鼓舞。一種觀點將「能力培養」主要歸因於初始資源，即，人們有成就主要是因為其出生階層富有，而失敗則是因為其出生階層貧窮，儘管這一解釋有相當的道理，但是它難以解釋某些群體乃至某些國家為什麼能在困境中「逆襲」—— 1978年的中國人均GDP只有300多美元，如果過去的貧窮必將傳遞給其後代並將其永久困住，就難以解釋為什麼四十年後中國的人均GDP能夠升至9,000多美元。沒有哪個國家或族群天生富有，它們幾乎都需要穿越貧窮實現富有——助推這個「起飛」過程的，制度變革很重要，但同樣重要的是文化變遷——確切地說，「依附文化」向「責任文化」的變遷、「兒童心理」向「成人心理」的變遷。

也就是說，「能力培養」除了基礎性的資源，還需要甚至更需要一種鼓勵責任感的社會文化。當韋伯以新教的「工作倫理」來解釋西北歐的資本主義興起時，恰恰是指出特定文化屬性對於發展的根本意義。同樣，東亞國家的經濟起飛固然有種種原因，但是其勤能補拙、笨鳥先飛、業精於勤的儒教倫理，一旦遭遇和平環境與全球化機遇，所產生的化學反應也是重要原因。將能力發展問題僅僅簡化為初始資源問題，是對真實世界中個體如何實現卓越過程的過度簡化。如果說在絕對貧困的狀態下，初始資源可能是能力培養的最關鍵變量，隨着社會總體財富的增加，貧困的概念變得越來越「相對」，注重個體責任的文化之重要性很可能邊際遞增。

4. 民主的標準

民粹式民主觀與自由式民主觀的另一個不同，在於對民主標準的不同要求。理論上而言，無論是自由式民主還是民粹式民主，都要求「政治平等」，這是任何民主觀念不同於傳統「精英治國論」之處。但是，何為政治平等？這是一個具有巨大詮釋彈性的問題。自由主義民主觀主張「政權權利」的平等——既然民主的理想情境是一場開放和可持續的對話，那麼人人都應有參與對話的權利，但是，由於人們運用各自權利的意願和能力不同、資源稟賦的不同，平等的參與權並不必然保障政治影響力平等。但是，民粹式民主觀承諾「政治影響力」的平等。

何以政治權利的平等並不必然導致政治影響力平等？究其根本，在於「代議」二字。與直接民主不同，現代國家的規模和政治的複雜程度決定了政治代議的必然性。然而，如筆者在第三章所論述，理應作為民意傳聲筒的政治代表，卻往往不僅受制於其選民。除了選民，其他政治主體——街頭政治、游說集團、智庫、股市、國內外投資者、知識群體、媒體⋯⋯更不用說代議者本人的個人偏好都將影響代議者。[17] 在各種力量相互角逐影響代議者的博弈當中，那些擁有資源、組織乃至知識優勢的群體很可能獲得不成比例的政治影響力。簡單而言，比爾・蓋茨的政治影響力肯定遠大於一個普通消費者，工會的影響力肯定大於一群沒有組織起來的工人，紐約時報專欄作家政治影響力肯定也大於其一個普通讀者。

這或許也是為什麼達爾建議以「多元政體」一詞取代「民主」的原因：「民主」一詞無法描述代議民主制的真實機制，它忽視現實中民主所具

17　不同階層投票率的不同也直接影響政治影響力的分佈。選民並不直接等同於人民，並不是所有具有選民資格的人都會去投票。比如，近年美國總統選舉的民眾投票率只有60%左右，而議員選舉、地方議員選舉，尤其是非選舉年的地方性選舉，投票可以低至10%–20%左右。一般而言，投票率高的人群傾向於相對富裕、受教育程度比較高，而投票率低的人群則傾向於出現於底層，投票率的這一階層性差異很可能傳導成政治影響力的差異。

有的精英主義色彩。但是，代議民主制不能保證「平等的影響力」，是否一定是「壞事」？是否意味着它只是一個「披着民主外衣」的寡頭專制？這樣的說法屢見不鮮。有趣的是，達爾並不這樣認為。他認為，在「多元政體」中，正如不存在一個穩定的、邊界清晰的、在所有重大政策上看法都一致的所謂「多數」，也並不存在一個穩定的「少數統治者集團」。真實的代議民主制既不是「多數統治」（rule by majority），也不是「少數統治」（rule by minority），而是「少數們」的統治（rule by minorities）。「少數們的統治」是什麼意思？其含義是：代議民主制下很多政策都是「少數」在起主導作用，但是不同政策領域的「少數」卻未必是重合的，甚至可能非常不同。比如，現在美國農民只佔人口總數的1%左右，但是他們可能成為決定美國農業政策的「關鍵少數」。猶太人佔人口總數的2%左右，但是他們可能成為決定美國中東政策的「關鍵少數」。教師工會可能對教育政策的影響遠大於普通民眾；華爾街對金融政策的影響遠大於普通股民；環保組織對環境政策的影響力大於普通民眾，等等。那麼，如何精確地描述這種「不同少數影響不同決策」的現象？於是，達爾發明了「多元政體」這個概念。這個概念既不同於「民主」，也不同於專制——它比「民主」更少，但比「專制」更多。

民粹式民主觀和自由式民主觀之區別，在於如何看待代議民主制中難以避免的精英主義色彩：前者視其為必須儘量抹去的「污點」，否則「民主」只是一個謊言，而後者承認代議制為民主帶來不可避免的精英主義色彩，只是試圖為其增加限定語？什麼限定語？開放性與多元性。開放性意味着自由式民主中的精英主義不同於傳統社會中封閉的甚至世襲的精英主義，而多元性則意味着沒有任何一個「少數群體」可以在所有議題上「一言堂」。在自由式民主觀中，具有開放性和多元性的精英主義，包含了更加恰如其分的政治承諾。

何以如此？簡單而言，除非我們認為通過選舉反映出來的多數偏好如上帝般「永遠並最唯一正確」，那麼其意志與偏好就應該允許「被協商」、「被平衡」——那些滲入代議層面的「其他」政治力量（街頭示威、游說集團、智庫、股市、國內外投資者、工會、知識群體、媒體……）並非顛

覆民主的「陰謀」力量，而恰恰是一場偉大對話的共同參與者。事實上，即使普通選民自身也並不認為自己「永遠並唯一正確」——這正是為什麼他們經常改變偏好，調整觀念。

「一人一票」的確最嚴格地體現政治平等原則，但是投票不是民主中的唯一「溝通行動」，「溝通行動」可以以各種形式出現——一個專欄作者的一篇評論是溝通行動，一個示威者舉起的拳頭是溝通行動，一個行業協會的游說行為是溝通行動，即使是一個投資者因為不滿某國的稅收政策而遠走他國，這也是在表達一種政治信號，也是一種「溝通行動」。一旦我們對民主的理解「去主體化」、對「人民」這一虛無縹緲的概念「去神聖化」，或許就能接受民主的樣態很可能是一個人們「各自練攤」、「營銷」策略多樣、熱鬧紛呈的「集市」，而非僅僅是一個冷冰冰的選票計算器。而一旦引入這些「其他」溝通行動，由於它並不遵循嚴格的「一人一票」式平等原則——一些人比另一些人更善於寫作，一些人比另一些人更熱衷於上街，一些人比另一些人更有組織，一些人比另一些人擁有更大資本……勢必將政治權利平等的起點引向政治影響力的不平等這一結果——正如每個人都可以在「集市」上開店，但不是每個店鋪銷量都相等一樣。

固然，並非所有的「影響力不平等」都是公正的，比如，腐敗導致的公共政策傾斜就是絕對不公正的。有些「影響力不平等」則屬倫理的模糊地帶，應當受到法律的規範，比如游說組織造成的政治影響力不平等。[18]但是，有些影響力不均等則在道義上可能被論證，比如，相對於一個完全沒有參政意願、在公共議題上不進行任何自我教育、並在公共領域不採取任何行動的人，一個積極自我教育和主動行動的人具有更大的政治影響力，未必違反正義原則。具體哪種政策影響力的不平等應被杜絕、哪種應被規範以及哪種道義上可被接受，並非筆者此處的研究主題，但是，只要存在着道義上可能被論證的影響力不平等，以「影響力

18　但是，除非取締結社自由，否則只能規範而不是禁止游說集團和壓力集團的存在。

的均等」來要求民主的結果，就是不合理的。甚至可以說，必須首先破壞政治權利的平等，才可能實現政治影響力的平等。正如「集市」上如果有一個賣甜水果的攤位A和一個賣苦水果的攤位B，人們多半更願意在A攤位而不是B攤位消費，如果一定要實現「銷量平等」，就必須或者強制消費者買B攤位的水果，或者強制A停止銷售。

如果「一人一票」中所體現出的「影響力平等」是唯一可以接受的政治原則，或許最好的民主只能是「直接民主」——將所有公共政策一概交付「公投」，繞開所有「其他政治力量」可能產生影響的渠道：「公投」決定如何應對全球變暖，「公投」決定財政預算，「公投」決定如何對待移民，「公投」決定如何處置分離主義，「公投」決定所有稅率，「公投」決定藥價的升降，「公投」決定銀行利率⋯⋯在當代社會，技術上或許能做到「事事公投」，但是，我們真的願意將所有公共政策交付公投嗎？如果我們對此隱隱感到不安，或許是因為我們隱隱知道，好的公共政策不僅僅是關乎人數，而且是關於知識、理性能力和道義感——而知識、理性能力和道義感在人群中分佈是不均等的。更重要的是，我們隱隱知道，不被質疑、不受挑戰、無法約束的「意見」極有可能墮落為暴政——多數對少數的暴政、當下對未來的暴政、偏好對理性的暴政，哪怕這一意見來自所謂「人民」。這或許也是為什麼舒伯特等在《民主的反諷》一書中指出：民主不但與一定的精英主義兼容，而且它需要一定的精英主義維持其健康運行——政治自由下精英主義對民粹主義的平衡，恰恰是代議民主制在許多國家能夠運轉起來的「秘密」(Schubert et al. 2015)。[19]

然而，在現實世界中，這一「秘密」越來越被視為「醜聞」，越來越多的人在用「影響力平等」與否來「鑒定」民主的真偽。比如，吉倫斯通過追蹤和比對不同階層的民意變化與公共政策的變化，發現在美國富人和受教育水平高的人，比窮人和受教育水平低的人擁有更大的政治影響

19　比如其研究發現，如果公共政策完全依照多數意見制定，而不朝向精英階層傾斜，公共政策會更加排外、更反市場、更反科學。

力，對公共政策的影響權重顯著得多，於是，直接推論這證實了美國是
「貴族制」和「寡頭制」(Gilens 2012)。且不說其研究本身受到諸多質
疑，[20] 即使其研究結果是真實可信的，這種以「政治影響力是否平等」而
不是「政治權利是否平等」來鑒定民主真偽的方式是可疑，它設定了一
個現實中不可能實現也不應該追求的民主目標——所有「攤位」的「銷量
平等」，不管其銷售產品和服務質量如何。正如薩布爾所指出，民主的
「實證研究者」和「規範研究者」對民主的理解存在着一個巨大的裂痕，
當「規範研究者」幾乎異口同聲地拒絕以「鏡像式對應性」來界定民主的
核心內涵時，「實證研究者」常常不由分說地使用這一標準 (Sabl 2015)。

顯然，民主社會應當盡力阻止社會不平等以一種不道德的方式（比
如腐敗）轉化為政治不平等。但是，那種「除非起跑線完全平等，否則
政治平等空洞無物」的説法貌似透徹，實則危險。將所有財產收歸國
有，然後均等分配（只有先收歸國有才可能完全均等分配）的極左實驗
的確實現了「起跑線上的平等」，但這一實驗的結果眾人皆知。更重要
的是，對於實現「起跑線上的平等」，邏輯上而言，即使歷史上的極左
實驗也走得遠遠不夠，因為決定一個人成功與否、幸福與否的，不僅僅
是初始物質資源，還包括天賦、外形、機遇、性格、意志力乃至成功慾
等「軟資源」，而這些稟賦的分配也都具有代際遺傳性和道德任意性。
因此，為了保證「起跑線上的平等」，這些因素的不公平「分配」是否也
應該被糾正？為什麼在所有具有「道德任意性的稟賦不平等」中，只有

20　比如，「富人/教育程度高的階層」和「貧窮/教育程度低的階層」政治偏好相似
　　度實際上高得驚人。研究發現，富裕階層和中產階級在近90%的議案上觀點一
　　致，即使是觀點不同的那10%議案，其觀念差距也並不大，只在10.9%左右。
　　更重要的是，在這10%的議案中，「富人」只在53%的情況下得其所願，而中產
　　階級47%情況下得其所願，也就是說，雙方政治影響力相差不大。即使把最窮
　　的10%人口當作「底層」另外計算，富人、中產階級和底層相互同意的議案高
　　達80%。即使相互不同意時，在「只有富人支持的議題」上，富人38%的情況下
　　「得逞」，在「只有中產階級支持的議題」上，中產階級37%的情況下如願以償，
　　但是在「只有底層支持的議題」上，窮人有18%的機會得勝。窮人的確得其所願
　　的概率低於富人和中產階級，但是富人佔上風的概率並不高於中產階級 (Enns
　　2015；Bashir 2015)。

物質資源應該嚴格均等？天賦不平等似乎也應被補償——為什麼智商180的人和智商90的人高考分數線一樣？一個人天生性激素極其旺盛，有更強的性犯罪傾向，他在性犯罪審判中是否應該因此被輕判一些？長相呢？一個女孩因為外形出眾而更容易找到工作，另一個女孩因外形普通而得到更少的就業機會，是否也是一種需要被補償的「不公」？……如果消滅一切「起跑線上的不公」是一個「公正社會」的前提，那麼這個「公正社會」的前提則是一個能精確稱量並換算一切不公的「上帝」般的政府。「平等」不是人類所追求的唯一價值，它與自由、秩序、效率等之間只能相互平衡。

民主制度能做到的，或許僅僅是政治權利的平等，而權利平等的意義不應被忽視。那種認為除非初始資源完全均等，政治權利平等空洞無物的看法，是基於對整個20世紀以來歷史的無視。如果民主制度下一切政治資源的分配都是「有錢人說了算」，那麼福利國家、平權行動、公共服務開支史無前例的增長、市場監管等現象就會顯得不可理喻——「有錢人」為什麼要將自己收入的40%（OECD國家平均的最高邊際收入稅）交出來用於再分配？[21] 政府為什麼要鼓勵大學招收更多窮人和有色人種？最低工資法怎麼會出台？法院怎麼會判決麥當勞給燙傷的客戶賠償數百萬元？……顯然，政治權利的平等有着真實而巨大的影響。民主制下，富有階層的資源是「錢」，但普通人絕非「一無所有」：他們擁有人數眾多的選票（或許是其最顯著的優勢）、擁有可以自組織的「公民社會」、擁有自己的媒體話語陣地、擁有通過街頭運動癱瘓秩序的能力、擁有通過罷工中斷生產的能力……當然，即使擁有所有這些資源，他們也未必糾正了所有不平等，然而，普通民眾已經並將繼續運用「政治權利」的杠杆去爭取更平等的影響力，這是普選權擴散之後大眾民主不斷加速的歷史趨勢。

21　參見OECD 2018年的數據：https://stats.oecd.org/IndeX.aspX?DataSetCode=TABLE_I7。

5. 民主的手段

兩種民主觀的最後一個顯著不同，在於對民主手段的不同判斷。民主轉型常常由革命而來，對於許多國家，革命是民主之母。問題在於，在新生的民主制度框架落地之後，是「繼續革命」、「不斷革命」、「永久革命」，還是逐步放下你死我活的「革命觀」，以協商與妥協來推動民主政治的常態運行？民粹式民主觀傾向於不斷訴諸超級動員式的「革命政治」，而自由式民主觀更傾向於訴諸機構協商式的「常態政治」。

觀察歷史與現實，會發現民主轉型的成敗往往並不取決於誰的「革命更徹底」，而恰恰在於誰的「革命能剎住車」。過去兩百多年，革命被更激進的革命所吞噬的故事屢見不鮮。在第一波民主化浪潮中，法國革命比美國革命「更徹底」，然而眾所周知，美國革命比法國革命更穩固。第二波民主化浪潮中的西班牙革命比瑞典的「改良」激進得多，但是西班牙第二共和國終結於內戰，而瑞典則通過「改良」走向民主化。第三波民主化中，烏克蘭頗熱衷於「革命」——民主革命、橙色革命、第二次橙色革命……但是不那麼熱衷於革命的波蘭反而民主更加穩固。儘管民主崩潰最後常常以軍人當政（拿破崙、佛朗哥、埃及的塞西）的形式出現，但這與其說是原因，不如說是結果——白熱化的政治動員與曠日持久的對抗導致不可收拾的政治局面，不但給了鐵腕軍人可乘之機，甚至某種程度上也給他們走上歷史舞台以合法性。反諷的是，在所有這些故事中，民主的崩潰不是因為革命民眾反對民主，而恰恰是因為他們的「民主」行動過於充滿激情。

顯然，過度的激情常常是政治精英煽動的結果。委內瑞拉民眾的政治激情相當程度上被查韋斯的話語點燃，用查韋斯自己的話來說，「我們正在遭受政治無能，我們需要政治偉哥」（Gupta 2013）。在俄羅斯，為了維持民族主義的「高溫狀態」，普京政府也是每隔幾年就找到一個新的「激情增長點」：從車臣到格魯吉亞，從克里米亞到敘利亞，普京投入一場又一場戰鬥，每當民眾陷入倦怠，一場新的戰鬥又將「受害者」警報重新拉響。在土耳其，埃爾多安同樣擅長尋找和製造敵人：先

是打擊軍方，其次是打擊親西方的「激進世俗主義者」，然後槍口指向其前政治夥伴居倫，接着是庫爾德恐怖主義，當然敵人從來少不了歐盟以及美國……在民粹式民主中，過長時間的「安靜」是致命的，因為它所依賴的意識形態激情可能因「缺氧」而熄滅。

但是，這種「煽動」的有效性，相當程度上來源於煽動者與被煽動者所共享的政治觀念。[22] 正是民粹主義民主觀下那種將所有社會經濟問題政治化、又將所有政治問題道德化的思維創造了二者之間的紐帶。如果沒有道德主義的「敵我」話語，政治妥協或許不會如此困難。如果沒有「有問題找政府」的普遍意識以及不斷增長的「權利清單」，街頭民眾的憤怒也不會如此理直氣壯。也就是說，民粹式民主觀在承諾「無邊權利」的同時，也就給政府攬上了「無邊責任」。沒有政府能承擔「無邊責任」，更何況在常常是國家能力不足、經濟危機未了、衝突尚未熄火的新生民主。一邊是能力有限，一邊是責任無窮，結果往往是持續的動盪。

何以持續的超級動員容易導致民主崩壞？首先，超級動員往往製造兩極化、加劇衝突。革命者傾向於以「墮落的政治家」和「被欺騙的民眾」這個話語框架來講述其革命緣起，但事實是，衝突常常不是在政府和民眾之間，而是在「一方民眾」與「另一方民眾」之間，因此，一方的超級抗議常常演變為兩方的「超級對壘」。政治激情具有極強的傳染性——憤怒喚醒憤怒、排他激發排他、強硬升級強硬。在一個多元化的社會，那種斬釘截鐵、絕不妥協、不達目的決不罷休的「戰鬥精神」往往導致社會的徹底兩極化，而技術進步，尤其是社交媒體的興起，通過極大壓縮動員成本，進一步加速這種「兩軍對壘」格局。在泰國，黃衫軍的超大規模遊行激發紅衫軍的超大規模遊行；在烏克蘭，親西方的極端分子

22　當然，煽動的有效性不僅僅來自於觀念共識，也往往依賴政府控制的大量資源。不奇怪的是，資源經濟國家（比石油國家）更容易成就民粹式民主，因為政府更有能力「收買人心」。委內瑞拉的左翼革命很大程度上正是其石油經濟所支撐；普京上台初期也適逢國際油價高漲；即使貧窮如津巴布韋，穆加貝總統也始終擠出大量資源優待軍人和退伍軍人。

喚起其「鏡中倒影」——親俄羅斯的極端分子；在土耳其，愛戴埃爾多安的人和憎惡他的人一樣怒不可遏……當社會在超級動員中充分兩極化，政治妥協將變得極其困難，因為任何妥協都可能被各自的中堅力量視為「背叛」，於是政治議題設定權常常滑落到最極端的人手中。隨着溫和力量逐漸退出或被擠出舞台，堅持戰鬥到最後的人通常也是最激進的人，這是自法國大革命以來革命總是傾向於「不斷激進化」的不幸原理。

更糟的是，當一個國家政治失序，其經濟也往往隨之陷入危機，而經濟的萎縮又會造成稅收降低、軍警力量渙散，也就是國家能力的流失。反過來，國家能力的流失又加劇政治失序，從而形成惡性循環。可以說，超級動員狀態下，民眾的憤慨形成不斷強化的自我實現的預期：長期對壘造成秩序癱瘓，秩序癱瘓又惡化經濟社會狀況，從而進一步論證超級動員的合理性。

此外，超級動員帶來的壓力極易迫使政府採取飲鴆止渴式的危機解決方案，從而為更大的危機埋下伏筆。在癱瘓都市乃至整個國家級別的抗議壓力下，為緩解壓力，政府很容易「妥協」：你們呼籲解決就業，那我擴大公共部門；你們抗議撤銷補貼，那我重新恢復補貼；你們抗議生活困難，那我提高最低工資水平；你們要求公共交通降價，那我加徵稅收；你們抗議「宗教褻瀆」，那我嚴判被指控者；你們要求提高退休金，那我提高退休金……這種救急式的「政治創口貼」或許能短期平息怒火、恢復秩序，但卻可能因為跳過充分審慎的論證而導致政策「誤診」，最終預埋更大的經濟和政治危機。事實上，這種近於「政治賄賂」式的「塞糖法」鮮能長期奏效，因為在「無邊權利觀」下，政府必須立刻解決的清單只會越來越長。這邊的人群退去，那邊的人群登場。

革命者傾向於用「革命尚未成功」來為「繼續革命」辯護，然而，歷史事實是，民主轉型很少通過「不斷革命」取得成功，而往往是通過一次跳躍性的革命和漫長的「修修補補」走向完善。英國內戰和光榮革命在1689年只實現了議會主權原則，普選權的實現則是經過1832年選舉改革、1867年選舉改革、1884年選舉改革、1918年選舉改革、1928年

選舉改革才最終達成。北美的定居者們通過美國革命趕跑了王權，但其福利主義起始於兩百多年後的20世紀。在第三波民主化浪潮中，相對穩固的民主轉型同樣傾向於發生在不那麼「急於求成」的國家：南非1994年轉型後，德克勒克仍然任副總統數年，而其領導的國民黨亦與非國大行政分權多年；皮諾切特1989年輸掉智利選舉，但是仍以「終身參議員」的身份影響智利政壇多年。某種意義上，民主革命的目的正是提供非暴力的參政渠道，讓革命的必要性降低。堅持「不斷革命」，更可能的結果不是讓「1」變成「10」，而是在激烈衝突中重新跌回「0」。

民主制度需要依靠耐心來運轉，恰恰因為它是不斷重複的博弈——當下選舉結果未能實現的政策目標有可能通過此後的政治對話實現。民主的優勢從來不是它的政策一定更「正確」——事實上民主體制下「選錯人」或者「制定錯誤政策」是常見之事，民主的制度優勢只是它為糾錯提供了更制度化的途徑。遺憾的是，民粹式民主觀中的「過度承諾」，卻往往把長期的重複博弈壓縮成短期的、甚至一次性的政治博弈：「此時此刻」沒有得到令人滿意的結果，就可以即刻掀翻棋盤。在當代社會，「掀翻棋盤」未必以「上山打遊擊」為方式，而可能是不承認投票結果、不承認司法判決結果、以無休止的超級動員來癱瘓施政、堅持讓民選政府下台等，也就是「事實上」作廢選舉結果。

超級動員作為政治策略一旦常態化，將把民主政治的性質從「理性對話」改造為「音量較量」：人數越多的運動、越能癱瘓秩序的聲音，就越可能轉化為實際政策。「音量政治」最大的問題不僅僅在於對政治秩序的威脅，而且在於對民主自身的威脅，因其後果是「會哭的孩子有奶吃」，最能綁架秩序的群體得到最高的政策優先權——而他們既未必代表「多數人的最大利益」，也未必代表「合理的公共政策」。「沉默的大多數」則可能因為地處偏遠、組織能力有限或僅僅因為政治激情有限而成為犧牲品。比如，諸多研究顯示，公共政策中存在着所謂「城市偏見（urban bias）」，而這正是與城市居民（尤其是都市居民）組織成本低、威脅秩序能力強相關。即使按照民粹式民主自身對民主的理解（「人民主權」），這也並非理想的民主。

　　自由式民主觀則主張，在民主的基本制度框架落地之後，儘量以制度化的方式推進政治參與：選舉、議會辯論、媒體討論、壓力集團的游說、法團主義協商、智庫的政策建議、司法審查以及有限目標的和平街頭行動……這是因為，制度化的協商給更加深入、理性、從容的辯論留下空間，也給妥協提供台階。鮮有廚師能在顧客拼命砸廚房門的情形下把飯做好，同樣，鮮有政治家能夠在百萬民眾的吶喊聲中理性決策。

　　當然，健康的民主體制下，人們時常通過街頭示威去表達意見，有時候甚至也會形成一種超級動員的狀態。正如阿克曼所指出，民主的歷史往往是「革命政治」與「常態政治」之間的周期性循環（Ackerman 2008）。這一點對於爭取「政治權利平等」的鬥爭格外重要——歷史上黑人爭取投票權、女性爭取普選權的鬥爭，都屬這種爭取「政治權利平等」的鬥爭——如果只有超級動員才能實現這種平等，其手段情有可原。但是，在當下的新興民主，鮮有超級動員是關於基本政治權利的平等，大多是關於具體的利益訴求——燃油補貼、公車票價、退休年齡、最低工資、貿易協定等，不一而足。這種具體議題的鬥爭通常具有較高的「技術含量」，本應更多地交給專家去論證分析，但是，超級動員使這種「理性分析」變得奢侈。於是，鬥爭手段失去與議題本身對應的「比例感」，成為「波瀾壯闊地要求補貼油價」、「史詩般地要求早兩年退休」、「氣吞山河地要求降低藥價」……當然，鮮有利益主張者認為自己的主張「僅僅是關於這一件事」，人們自然會將自己的具體利益訴求上升為更高的正義，但事實是，幾乎每一個利益主張都可以「上綱上線」，於是，每一個政策細節的進退都成為民主制度「生死攸關」的時刻，成為萬眾登場的劇場。

　　在自由式民主觀中，民主制下的政治行動，制度對政策具有優先性——政策可以不斷改善，而民主制度一旦被顛覆，一切政治對話的通道都將被關閉。因此，為了具體的政策意圖去撼動制度的根基，無異於買櫝還珠。即使當街頭動員甚至超級動員成為必要手段，它歸根結底也應是一種施壓手段以推動設定議題和協商對話，而在協商對話成為可能之後，音量原則應當讓位於協商原則。層層加碼、不斷升級，甚至訴

諸暴力的超級動員或許能達至特定群體的政策目標，卻毀壞民主自身的
協商邏輯。

關於這一點，或許沒有誰比政治文化學者阿爾蒙德和韋爾巴理解得
更加透徹。在其經典著作《公民社會》中，他們指出，就民主的健康運
轉而言，政治參與未必越多越好，「參與文化」、「臣民文化」和「偏遠文
化」的混合體才構成真正的「公民文化」。[23]「在公民文化中，參與性政治
傾向與臣民傾向和偏安傾向相結合，但並不取而代之……非參與性
的、更傳統的政治傾向往往約束個體的政治投入、並使這一投入更加溫
和……這些傳統態度的維繫及其與參與傾向的融合帶來一種更平衡的
政治文化，在這種文化中，政治活動、參與和理性存在，但是被傳統、
被動性和對地方性價值認同所平衡。」（Almond & Verba 1963：30）也就
是說，一定程度的政治動員和參與是民主運轉的必要條件，因其傳達政
治信息並對權力施加壓力，但一定的秩序感、自律精神、服從意識甚至
政治冷漠則是政治必要的降溫劑。

本章從一個簡單然而重要的問題開始：在「巨變第二天」，為什麼
有些新興民主國家走向民主穩固，並且治理績效良好，而有些則走向民
主衰敗？顯然，無數學者對此進行過分析論證，有的認為問題出在「經
濟落後」，有的認為問題是「社會和經濟結構」，有的訴諸於「根深蒂固
的傳統文化」，有的則把目光投向「憲制設計」……在各種解釋中，筆者
認為，「觀念的力量」被大大低估。在此，觀念指「民主觀」，即人們如
何理解「何為民主、民主何為」。人們對民主內涵的詮釋與想像，將直
接影響他們會主導構建什麼樣的權力結構、推出什麼樣的經濟政策、採
取什麼樣的公民行動，從而影響民主的績效與穩固。這不是說「經濟水
平」、「社會結構」或「政治文化」等因素不重要，而是說它們並非靜態變
量，常常是被「觀念」所塑造的動態後果。

23　偏遠文化（parochial culture）是指人們只關心自己眼前「一畝三分地」的地方性意
　　識，對宏觀的、中央的、都市政治漠不關心的心態。

　　思想史上，一直存在着對民主進行「厚的解讀」和「薄的解讀」兩種傳統，在本章中，筆者將其概括為「民粹主義民主觀」和「自由主義民主觀」，並對這兩種民主觀的差異進行了闡釋，表5-3試圖歸納這些差異。

表5-3：兩種民主觀

	民粹式民主 「厚的民主觀」 「理想主義民主」	自由式民主 「薄的民主觀」 「現實主義民主」
民主的目標	「人民主權」	防止暴政
民主的主體	實體化的「人民」	開放的「溝通結構」
民主的邊界	無邊權利觀	有限政治半徑
民主的條件	政治影響力的平等	政治權利的平等
民主的手段	「不斷革命」	常態政治

　　兩種民主觀對民主穩固產生不同的後果。表面上看，民粹主義民主觀「更民主」：它從人民主權的思想原點出發，強調人民當家做主、人民的呼聲萬歲、滿足人民的物質和精神需要、不斷革命、推翻一切不平等，似乎更接近民主的核心價值。但是，它道德化的敵我話語加劇社會撕裂、過度的經濟承諾損害經濟績效、超級政治動員的態勢阻礙政治妥協。因此，反諷的是，這種更民主的民主反而更易走向政治動盪和經濟失序，導致民主衰敗。

　　相比之下，自由主義民主觀所包含的政治承諾顯然更「吝嗇」：它只把目標設定為「防止暴政」，而不是「人民主權」，事實上，它將「人民」這個概念中所隱藏的「敵我觀」視為一種危險，因其道德主義話語為黨同伐異提供了合法性。同時，自由式民主觀認為民主最核心的問題不應是「誰來統治」，而是「如何統治」。它重視政治的邊界，認為民主成敗的「鑒定」標準是它所推動的個人、社群、市場發展，而不是其「呵護」社會的程度。它承諾政治權利的平等，但不保障政治影響力的平等。它反對在具體政策問題上動輒訴諸超級動員，因為以「音量較量」取代「理性協商」是對民主自身邏輯的扭曲。

　　本章的最後，需要對本書後半部分的方法論做一個說明。由於缺乏成熟的觀念數據庫可以「抓取」兩種民主觀的分野，本書的後半部分將放棄定量方法，主要依據理論分析和案例知識來展開。就既有數據庫而言，從1981年開始的「世界觀念調查」最接近本研究的要求。但是，該調查每隔5年左右展開一次，其中有關「不同民主觀」的問卷從第五輪（也就是2005）才開始，這大大限制了可獲的「國家年」數。在所覆蓋國家上，即使是最新一期（2017年開始的第七輪調查）也只與本書的98個案例重疊了38個，更早的調查不但缺失更嚴重，並且所覆蓋國家不同。[24]加上控制變量可能存在的缺失，這使得基於面板數據分析變得幾乎不可能。此外，由於筆者對兩種民主觀的區分涉及五個維度，即使WVS中有些調查問題有相關性，往往也只是抓取上述五個維度中的某一個，並且覆蓋時間長度有限，因而不能完整地支撐筆者的理論問題。

　　因此，本書的後半部分將主要依靠理論分析和案例知識展開。不過，在具體問題上，由於世界觀念調查的部分問題能夠反映兩種民主觀分野的某個維度，筆者仍將援引它作為局部性論證的依據。此外，筆者還將借助於新興民主的憲法、政府政綱與政策、政治人物的言論等實證材料來表現新興民主各國不同的民主觀念及其後果。

24　此外，有些國家後來成為轉型國家，但是在調查展開時尚未轉型。由於本研究後半部分是針對「民主穩固」問題，即，民主何以倒退或崩潰，因而只有轉型後的數據才構成研究基礎。

第六章

新興民主的政治選擇

2019年11月的一天，塞拉諾，一個21歲的委內瑞拉女孩，帶着她重病的女嬰四處求醫，三個醫院都拒絕接收，理由都是「沒有醫生，沒有藥品」，最後終於有一個急診室接收了她——前提是塞拉諾自己提供白紙，因為醫院早就沒有了任何可以記錄病情的紙張。不過，醫院很快把塞拉諾母女打發回家了，反正他們也沒有什麼藥品和醫生。當天晚上，塞拉諾發現女兒停止呼吸時，趕緊撥打了急救電話——「11個小時後」，終於來了一輛急救車，直接拉走了女嬰早已冷卻的屍體。不幸的是，塞拉諾的經歷並非個案。斷水斷電、人去樓空已是委內瑞拉醫院的常態——也是許多工廠、公司、商店的常態。截至2019年，委內瑞拉所遭遇的是「全世界過去四十五年來非戰爭引起的最大經濟崩潰」，2013–2019年GDP縮水62%，許多人重回「採集社會」——靠摘果子、到河邊取水甚至翻找垃圾為生，1/10的人口逃亡他國，其中很多是靠徒步翻山越嶺——這也是拉美地區歷史上最大的難民危機。[1] 巨型通貨膨脹則連年攀升——2019年為1000萬%，一個高到令人麻木的數字——有報道稱，在委內瑞拉直接用錢當廁紙也比買廁紙便宜，IMF已將其認定為「歷史上最持久的」超級通貨膨脹 (Kurmanaev 2019)。

1　上述故事來自《紐約時報》的報道 (Kurmanaev 2019)。

在土耳其，2017年2月的一天，安卡拉大學的一個學者烏茲格爾 (Uzgel) 在回家的路上收到一個助手的電話，助手告訴他：「你也在名單上。」他很平靜，立刻明白了這句話的含義 —— 作為在安卡拉大學工作了三十年的學者，他被解僱了。這句話之所以含義如此清晰，是因為在此前和此後，大約兩年左右的時間裏，已經有6000多個學者因為「與恐怖組織的關聯」而被解僱，其中包括烏茲格爾的妻子和很多同事 —— 至於什麼叫「與恐怖組織的關聯」，則是一個「什麼都可以往裏裝」的籮筐 —— 有時候意味着「庫爾德同情者」、有時候意味着「居倫分子」、有時候意味着「政變陰謀參與者」……在烏茲格爾的個案中，理由則是他曾參與簽名反對迫害庫爾德人。在這個「籮筐罪名」下，有15萬公務系統的人被解僱 —— 其規模之大之廣，烏茲格爾收到電話時，幾乎為「另一隻靴子」落地而如釋重負。[2]儘管人到中年夫妻雙雙失業，一家立刻陷入困窘，烏茲格爾仍然算是「幸運」的 —— 至少他還沒有「進去」。成百上千的學者目前正被審判，土耳其在2017年被列為「關押記者最多的國家」(CPJ 2017)，5000多個親庫爾德的反對黨成員被監禁 —— 包括9個前議員和50個市長 (Gall 2018)。

2009年7月15日早上，俄羅斯人權活動家埃斯蒂米洛娃 (Natalya Estemirova) 被從其車臣的家中綁架 —— 據目擊者稱，她一邊求救一邊被兩個人推至一輛車中。當天下午，她的屍體在郊外被發現，頭部和胸部均有彈痕。和很多類似的刺殺案一樣，埃斯蒂米洛娃的死神秘莫測，從未真正破案，但是有一點非常清楚：在被綁架前，她一直致力於車臣地區的人權狀況調查和報道，並因此獲得過數個國際獎項。如果這種與俄羅斯有關的「神秘」刺殺事件聽上去有點耳熟，那是因為類似事件的確並非新聞 —— 2006年著名記者波利特科夫斯卡婭在其公寓電梯裏被槍殺 —— 她也做過很多關於車臣問題的報道，並曾激烈批評俄羅斯政府的車臣政策；2011年，另一個新聞人卡馬洛夫 (Gadzhimurat Kamalov)

2　該故事來自《紐約時報》的報道 (Hansen 2019)。

在其辦公室門口被槍殺，殺手從未被抓獲；2015年，一個著名的反對派政治家涅姆佐夫（Boris Nemtsov）在克里姆林宮附近的一座大橋上被槍殺，被刺殺之前，他已經數度因為參加反政府遊行被逮捕，並向朋友表達過自己可能被刺殺；2019年8月，一個流亡德國的前車臣分離主義者在柏林的大街上被槍殺，德國政府的調查顯示這很可能是俄羅斯情報部門所為（Morris & Dixon 2019）。

這三組人物看上去似乎毫無關係——他們生活在不同的國家，經歷着不同的悲劇，然而，他們的背景卻有一個共同點：他們都生活在一個民主正在倒退甚至可以説崩潰的新興民主國家。越來越多的人意識到民主轉型的艱難，然而，上面幾個小故事所呈現的，卻是「威權轉型」的代價。民主轉型常常需要赴湯蹈火，但政治強人到來時也絕非「簞食壺漿、以迎王師」的畫面。正如上述三組人物的命運所展示，無論委內瑞拉和平年代出現的饑荒，還是土耳其的大規模政治清洗，或是俄羅斯針對反對派的政治壓制，都説明民主倒退的沉重代價。

這幾個國家的共同特點不僅僅是「民主倒退」，而且是「民主倒退」的方式：其民主倒退的一個重要特點，是政治強人的崛起——在委內瑞拉，查韋斯及其繼承者馬杜羅的崛起與委內瑞拉民主的崩潰亦步亦趨；在土耳其，埃爾多安在任20年恰恰是土耳其從中東的「民主之星」滑落為「民主倒退之星」的階段；在俄羅斯，普京的權力穩固化也伴隨着其國內的反對者持續被壓制。事實上，政治強人崛起不僅僅是這幾個國家的經歷，而是一批新興民主的遭遇。

何以如何？為什麼明明「民主化」了，威權式人物會重新贏得權力？如果説此類政治強人只是在個別國家、個別時期上台，似乎還可以説是選民不慎「看走眼」了，但是這個現象如此普遍、並且此類人物往往通過選票不斷深化權力，卻需要更多的思考。

如前所述，僅訴諸經濟水平、歷史傳統或者社會結構等相對靜態的結構性因素是不完整的，甚至是誤導性的——委內瑞拉、俄羅斯、土耳其這樣的國家，無論是相對於其他新興民主國家，或是相對於發達民主國家歷史上的轉型時期，經濟文化並不落後，甚至，其民主倒退/崩

潰恰恰發生於其經濟文化向前發展的時期。普澤沃斯基等在2000年曾有「民主在人均GDP 6,055美元之上從未崩潰過」的著名論述（Przeworski et al. 2000），然而1999年查韋斯當選總統時委內瑞拉人均GDP 11,739美元，2016年土耳其被視為民主崩潰時人均GDP 14,063美元，即使是2000年的俄羅斯——也就是普京成為總統那一年，在經歷轉型的「十年陣痛」之後，人均GDP也有6,491美元。[3]

在許多新興民主，民主的倒退和崩潰並非「貧窮落後」所注定，而是政治行動者一系列「選擇」的結果。許多人似乎對各國發展軌跡有一種「後見之明」，然而，如果能夠穿越時光回到2000年，似乎沒有什麼理由預測拉美經濟會全面崩潰的是委內瑞拉，而不是巴西或者阿根廷；也沒有什麼理由推斷土耳其的民主化能夠維繫到1990年、2000年、2010年，但偏偏不能跨越2015-2020年；如果閱讀2000年的全球媒體或專家言論，似乎也沒有誰肯定普京的上台必然意味着威權主義的回歸——事實上，諸多媒體將其解讀為改革者。即使經濟水平、社會結構、政治文化等因素深深影響着其民主穩固的前景，這些因素也常常作為「中間變量」而發生作用——換言之，政治選擇影響經濟水平的變化、社會結構的政治化程度、文化變遷的方向……進而影響民主的穩固。

在政治轉型這樣一個罕見的歷史「原點性」時刻，參與「選擇」的不僅僅是執政者，也包括所有重大的政治行動者——在朝或在野的政黨、前統治者集團、有組織的公民團體或街頭行動者、媒體和知識分子、投資者或宗教勢力，乃至普通選民……這些力量相互作用，塑造新生民主的走向。有時候，一個重要力量變成「遊戲破壞者」就可能改變整個遊戲的走向，使其從良性循環進入惡性循環。「選擇」也包括不同維度——既是民主模式上的政治選擇，也是經濟政策的選擇，還是公民社會行動方式的選擇。由於各國歷史和國情不同，危及民主穩固的

3　參見世界銀行人均GDP（2010年固定美元值）數據。

關鍵維度在各個國家必然有所不同。本書的後三章致力於從政治權力構架、經濟政策選擇以及公民行動模式三個角度去分析新興民主的成敗。

本章的聚焦點是民主的不同政治模式。確切地説，本章將分析兩種民主觀如何導向兩種不同的民主權力結構，從而影響其穩固前景。具體論述將分為四個部分：第一個部分試圖討論新興民主國家的一個常見現象：「不自由的民主」——什麼是「不自由的民主」？其表現和特點是什麼？第二個部分則試圖追溯這種民主模式的觀念來源。在此，筆者試圖闡釋，僅僅從「威權政體的遺產」或者「政治強人的個人野心」出發去解釋「不自由的民主」是不夠的，必須從民主觀念的內部去理解它的發生機制。相當程度上，過「厚」的民主觀是「不自由民主」崛起的根本動力。第三個部分則試圖分析「不自由民主」的後果：與很多人的「政治強人救國論」想像相反，民主一旦「去自由化」，不但往往導致民主本身的倒退和崩潰，而且社會穩定程度和治理績效也常常大打折扣。最後一部分則以津巴布韋和南非兩個案例來進一步闡釋上述觀點。

一　問題：「不自由的民主」

不妨從一個貌似簡單的問題開始本章的討論：前述三個新興民主大國——俄羅斯、土耳其和委內瑞拉，在2018年左右，是否仍然是民主國家？

問題似乎清晰，答案卻非常模糊。關於這一點，國際政體評估機構本身的「矛盾」足以説明問題：根據V-Dem數據庫，這三個國家在2018年都不是民主國家；但是在同年的Polity IV中，2018年俄羅斯仍然是民主國家（雖然民主分值只有4分），但是土耳其和委內瑞拉不是；而在「經濟學人智庫」同年的民主指數中，2018年俄羅斯和委內瑞拉都不被視為民主政體，但土耳其卻被視為「混合政體」（EIU 2018）。

也就是説，這三個重要的政體評估機構無法就土耳其和俄羅斯2018年的「政體位置」達成共識，唯一的共識是2018年委內瑞拉的位置

（「非民主政體」）。但即使是委內瑞拉，我們從其Polity Ⅳ分值變化軌跡也可以看出評估機構的「躊躇」：查韋斯1999年上台後，其民主分值「穩步下降」，到2009年降為負分 (-3)，但是2013年查韋斯去世後，Polity Ⅳ一度將其民主分值重新調回正分 (4分)，但是沒過幾年，到2017年又重新將其調為負分 (-3)。這種搖擺不定說明，即使是最權威的政體數據庫，對於委內瑞拉的位置也頗為猶疑。

為什麼會出現這樣矛盾和猶疑？難道一個國家是否民主不應該一目了然？事實是，在大量第三波國家，民主與否從來不是「非黑即白之事」，「中間政體」廣泛存在。如第一章所談及，不同的學者使用不同的名稱形容「中間政體」──「不自由的民主」、「競爭性威權體制」、「混合政體」、「半民主政體」、「委任式民主」……其中，「不自由的民主」這一概念流通性最強且含義最清晰，筆者在此選擇使用這一概念進行分析。

1.「不自由民主」之「民主」

何為「不自由的民主」？一方面，它不同於經典的威權政體──它周期性地舉行選舉，並且選舉具有一定的競爭性和開放性，以至於評估機構很難異口同聲斷定其為威權政體；但另一方面，它又不同於經典的民主政體，執政者打壓政治反對派、限制新聞、出版和結社等政治自由，結果就是其選舉的競爭性又非常不充分，很大程度上是「傾斜擂台」上的「比武」。在民主的「大躍進時代」，對於很多新興民主，更有意義的區分不再是「民主與否」，而是「什麼樣的民主」，更確切地說，是其民主與政治自由的兼容程度。

以上述三個國家為例，從是否存在周期性、有一定競爭性的選舉這個角度而言，它們可以說都是民主國家。就俄羅斯而言，1991年以來已經舉行過7次總統大選和7次立法機構選舉，2018年總統大選中，普京以近77%的得票率當選──這已經是他第四次當選俄羅斯總統。就土耳其而言，自1983年最近一次民主化以來，它已經舉行了11次大選，最近一次大選同樣發生於2018年，其中正義與發展黨和民族運動

黨組成的聯盟贏得大選——當然，因為土耳其在2017年修憲中改議會制為總統制，2018年更為世人矚目的是其總統大選，埃爾多安以52.6%的選票當選——如果從他2003年就任總理算起，埃爾多安已經擔任土耳其國家領導人近20年。委內瑞拉則有更長的民主選舉記錄——1958年開始就有了周期性選舉，即使是查韋斯總統上台後開展其「21世紀的社會主義革命」，也從未以「革命」的名義取消選舉——1998年以來，委內瑞拉組織過6次總統大選，在2018年的總統大選中，馬杜羅以67.8%的得票率當選。

不但這幾個國家存在着周期性選舉，而且其選舉也有一定的競爭性——這一點從其當選總統最後的得票率即可看出。儘管普京在2018年的總統大選中得票率高達77%，這一數字仍然意味着有一批選民並未投票給他——事實上，有近12%的選票投給了俄羅斯共產黨候選人，有近6%的選票投給了自由民主黨候選人。同樣，土耳其2018年的總統大選中，反對黨「民族聯盟」候選人因傑（Muharrem İnce）贏得了近31%的選票，而同年的議會大選中，兩大反對黨的得票率加起來近45%。在委內瑞拉2018年的大選中，即使有一批反對黨被禁止參選，另一些反對黨主動罷選，一半以上國民沒有投票，仍然有31%的選票投給了「進步聯盟」或「希望改變黨」的兩個候選人。

不但有周期性選舉，這些國家還善用「公投」——也就是民主的最直接形式。俄羅斯2014年「吞併」克里米亞時，並非僅僅通過軍事佔領，而且通過一場公投——在這場公投中，近97%的克里米亞人選擇「加入俄羅斯」。儘管這一公投存在操控跡象，但即使是根據來自西方的皮尤調查中心，也有88%的克里米亞居民認為烏克蘭政府應當尊重公投結果（Pew Research Center 2014）。同樣，俄羅斯的車臣地區也是2007年通過一場公投修改了當地憲法，確保莫斯科的親信卡德羅夫能夠長期把控車臣。在土耳其，由於長期實行議會制，總統大體而言是個虛職，這對於2014年後就任總統職位的埃爾多安來説捉襟見肘，於是執政黨推動改議會制為總統制。同樣，這一改革是通過修憲公投（2017年）實現。委內瑞拉對公投的運用更是「遊刃有餘」。1999年的新憲法專門訂

立一系列「公投條款」：無論是總統、議會，還是一定比例的選民，都有權發起公投，並且可以進入公投議題的包括政策諮詢、總統去留、法律批准和廢除，幾乎是無所不包。[4]2004年查韋斯通過一場「總統召回公投」穩固了自己的政治地位；當2007年的公投沒能取得查韋斯所希望的結果（廢除總統任期限制、廢除央行獨立性等提案），他又於2009年推動了另一次公投──這次得到了他想要的結果。[5]

2.「不自由民主」之「不自由」

以上跡象表明，這幾個國家顯然不是傳統意義上的威權政體──它們有周期性的選舉、選舉有一定的競爭性、就重大政治議題甚至舉行公投。但是，另一方面，這三個國家在2018年左右又具有一個共同特點，就是「限制自由」。這種限制最直觀的表現，是對政治反對派的打壓。禁止或者限制反對黨或其候選人參選是這種打壓的常見表現。[6]在俄羅斯，納瓦爾尼──一個以揭露腐敗聞名的反對派人士──在2013年莫斯科市長選舉中贏得過高達27%的選票，但是，隨着其影響力的擴大和批評尺度的升級，政府開始以各種方式禁止其參選。他數度入獄、被軟禁、被罰款，自然也被禁止參選2018年的總統大選。另一個活動家亞申（Ilya Yashin），截至2019年夏天已經三次入獄，罪狀都是「煽動非法遊行」，也被禁止參加莫斯科的地方選舉。事實上，2019年夏天莫斯科爆發了一場罕見的大遊行，緣由就是無數反對派政治家被禁止參選。

4　無論是總統、議會還是10%–20%的登記選民都可以發起公投（Wilpert 2003）。

5　不過，2016年馬杜羅阻截了一場「總統召回公投」，因為這次公投的「風險」實在太大。

6　打壓反對派政治家只是「不自由」的最直觀表現。這些國家政治自由的缺乏表現在整個政治生活的方方面面：從選舉延伸至對新聞、出版、結社、集會之控制；從立法、行政之權力壟斷延伸至對司法獨立的取消；從政治控制延伸至對經濟的控制。

在委內瑞拉，許多反對派領袖同樣是要麼被關押要麼被禁止參選：卡普萊斯 (Hentique Capriles)，一個律師以及前州長，也是馬杜羅政府最著名的反對派之一，在 2018 年以「不當使用政治捐款」為由，被判決不得參選任何公職十五年。另一個著名反對派洛佩斯 (Leopoldo López) 早在 2014 年就以「煽動暴力」為由被判十五年，後轉為軟禁。雷澤馬 (Antonio Ledezma)，另一個反對派人士，乾脆從軟禁中逃跑，先是逃至哥倫比亞，後又轉移到西班牙。

土耳其的反對派處境同樣危險。居倫 (Fethullah Gülen)——埃爾多安的一個個人政敵，被土耳其政府指控為 2016 年未遂政變的「幕後黑手」。由於他流亡美國，政府鞭長莫及，但是大規模抓捕「居倫分子」則成為土耳其的政治日常。親庫爾德的人民民主黨領袖德米爾塔什 (Selahattin Demirtas) 從 2016 年起就被捕入獄，他一直致力於和平解決庫爾德衝突，一度和埃爾多安攜手將衝突推至和平邊緣，卻成為 2016 年未遂政變的犧牲品。神奇的是，即使在獄中，他仍然在 2018 年的總統大選中贏得了 8.4% 的選票，成為名列第三的候選人。另一個反對黨共和人民黨的前領袖卡夫坦吉奧盧 (Canan Kaftancioglu) 則因其推特言論「侮辱總統和散佈恐怖主義」被判近十年。

限制自由不僅僅是針對反對黨，而且是針對整個公民社會。以媒體自由為例，幾乎所有的民粹式強人看上去像是同一個「媒體馴服學院」畢業：吊銷營業執照，收購不聽話的媒體，查稅罰款，切斷公共資源，以「誹謗罪」起訴⋯⋯都是其常見做法。在委內瑞拉，政府 2007 年拒絕更新本國歷史最久的一個電視台 RCTV 的執照，而另一個批評性電視台環球電台 (Globovision) 則不斷被政府起訴，此類打壓媒體的行為被美其名曰為「將媒體民主化」。在俄羅斯，幾乎是唯一的批判性媒體《新報》(Novaya Gazeta)，其記者不斷被騷擾、被監禁甚至被謀殺，而其建設「主權互聯網」的改革被諸多批評者視為建設「信息柏林牆」。在土耳其，2017 年公投前的三個月，土耳其最大的 17 個電視台報道執政黨時長為 470 個小時，而報道其他三個反對黨的時間加起來也不過 60 個小時 (Cagaptay 2018)。事實上，隨着土耳其最大媒體集團多安 (Dogan) 公司

的股權被親政府公司購買，土耳其90%的媒體市場被政府掌控（*The Economist*, Mar. 27, 2018）。[7]在匈牙利，歐爾班賦予了自己任命新聞管制機構領導人的權力，同時增加了新聞管制機構對新聞機構處罰的權力。大約三分之一的公共頻道雇員被解僱（Kingsley 2018）。在菲律賓，批評政府的媒體拉普勒（Rappler）被取消營業執照，其管理層人員反覆被捕。

不但政治自由縮小，經濟自由也隨之收縮。對企業國有化改造、財產和土地充公、管理層改造是民粹式政府「教訓敵人」的另一個常見手段。查韋斯上台不久，就因為本國最大的石油公司PDVSA「不聽話」而對其管理層進行大規模清洗——2002年委內瑞拉的未遂政變背景正是這次清洗。不過，政變失敗，查韋斯的清洗成功，從此PDVSA成為政府的提款機。在俄羅斯，普京針對財閥的戰爭也可謂是一舉兩得，一方面因「打擊權貴集團」而贏得了無數民心，另一方面又「順便」收繳了許多企業財產——儘管批評者指控普京自己才是俄羅斯最大的「財閥」，其個人資產高得驚人（Aslund 2019）。在土耳其，政府收繳了950個「與居倫分子」有聯繫的企業、共計110億美元的資產，當被問及這種做法對投資可能的影響時，政府官員的回答是：「這種收繳有利於市場，因為我們從經濟中清洗罪犯」（Segal 2017）。

由於政治和經濟自由的萎縮，在許多民粹式民主中，選舉舞弊甚至變得不必要——捂住對手的嘴巴或壓低其音量造成的選舉優勢已經足夠明顯，再在選舉中「做手腳」實屬畫蛇添足。因此，在此類國家，不考慮選舉之前的政治經濟操控的話，就投票過程本身而言，往往相當「公正透明」。美國前總統卡特退休後成立卡特中心，致力於在全球各地觀察監督選舉，在觀察委內瑞拉2012年的總統大選後，卡特感慨：「在我們觀察過的92場大選中，委內瑞拉的選舉過程是世界上最好的」（Cardenas 2013）。津巴布韋2002年的大選邀請了諸多國際觀察者，其

7　多安媒體集團曾被視為土耳其世俗派媒體最後的堡壘。儘管近年不斷加大自我審查力度，仍被政府視為異議力量，最後不堪埃爾多安政府的各種壓力和威脅，賣給了親政府公司。

中相當一部觀察者認為選舉「滴水不漏，沒有任何作假空間」(BBC News, Nov. 3, 2003)。同樣，在土耳其，2017年的修憲公投中投票率高達86%，並且反對派贏得了近一半的支持，顯示對投票本身的操控即使存在，其效力也可疑。無疑，選舉舞弊的確在「不自由的民主」中時常發生，但是，通常只有「笨拙」的執政者才會訴諸於赤裸裸的選舉舞弊——因其失去了對法院、議會、媒體、地方政府和非政府組織等渠道的控制力，才需要訴諸選舉舞弊這種最「露骨」的政治操控方式。

正因為注意到「民選的獨裁者」這個悖論，著名記者扎卡利亞早在上世紀末就在《外交事務》中發表《不自由民主的崛起》一文，系統闡述新興民主中的這個奇特現象 (Zakaria 1997：30)。他認為，這一現象之所以被忽略，是因為在西方的傳統中，民主即「自由式民主」——民主與「憲政自由主義」密不可分。但是，當大量發展中國家進入民主化進程，這一「想當然」的關聯不再想當然，因為理論上而言，自由和民主的價值指向和意涵並不相同，前者指向權力的邊界，後者則指向權力的來源，其「聯姻」具有歷史的情境性，但並沒有邏輯上的必然性。

當扎卡利亞哀歎「不自由民主的崛起」時，當時不過是這一現象的萌芽階段。此後，隨着更多新興民主國家的出現以及這些新興民主「蜜月期」的結束，「不自由的民主」現象成為一個浩浩蕩蕩的潮流，俄羅斯、委內瑞拉和土耳其也只是這個潮流中最為顯著的案例而已。在津巴布韋，前總統穆加貝一邊組織選舉、一邊打壓反對派，並以這種方式壟斷了權力三十多年。在匈牙利，近年歐爾班政府對「索羅斯勢力」的打壓令整個國際社會側目。在菲律賓，杜特爾特政府訴諸過度警察暴力的「緝毒戰爭」讓菲律賓的政治自由越來越可疑。在亞努科維奇統治時期的烏克蘭，政府對反對派的排擠激起了第一次和第二次橙色革命，而烏克蘭民族主義者的「排俄」也同樣令人憂慮。在埃及短暫的民主實驗中，莫西政府對伊斯蘭勢力一邊倒的傾斜為其民主倒台埋下伏筆。在阿爾及利亞，布特弗利卡 (Abdelaziz Bouteflika) 政府對政治自由的限制成為該國的「維穩」機制。轉型啟動後的緬甸，政府利用其佛教徒的人數優勢

對羅興亞穆斯林的打壓，同樣構成經典的「不自由民主」症候……[8]顯然，不是所有此類國家「不自由」的程度都可以一概而論，但是其發展機制的相似性，足以令我們將其作為新興民主中的一類流行病來分析。

二　從民主觀念到政治模式

1. 民主何以不自由：常見解釋

為什麼會出現大量「不自由的民主」？一個顯然的原因是威權制度的慣性：新興民主脫胎於威權制度，它無法很快擺脫其母體中的政治積習。某些民主轉型「自上而下」而發生（比如戈爾巴喬夫所推動的蘇聯轉型），這種變革往往因為缺乏對權力結構的重組而「換湯不換藥」。以俄羅斯為例，葉利欽本身就是舊制度的既得利益者，轉型後因與杜馬的矛盾而「炮轟冬宮」，彰顯其從舊制度所繼承的遺風，而普京這樣的前官僚得以上台掌權，也顯示舊政權的「基因」很可能暗渡陳倉。又以緬甸為例，軍隊允許有限民主化發生的前提，就是對軍方的赦免承諾、保障軍方25%的議會席位、製造業由國防部門接管等措施。即使那些「自下而上」發生的變革，比如長期被打壓的穆兄會轉身成為執政黨，或者長期被壓制的胡圖族「翻身」成為統治階層，也可能因復仇心態或贏者通吃心態而打壓異己者的政治權利。

另一些情況下，甚至根本沒有出現過真正意義上的變革——既沒有真誠的上層改革者，也沒有過廣泛的群眾運動，革命是「被發生」的：那些因蘇聯解體而一夜之間「被民主化」的中亞各國，或者急需國際援助而承諾「以選舉換援助」的非洲小國，或者因國際軍事力量介入而政

8　即使是在那些相對穩固的新興民主，比如南非、馬來西亞、巴西、阿根廷、波蘭、捷克……其政治家也時有威脅政治自由的言論或行動，也有民主脫軌的可能性。

權垮台的阿富汗和伊拉克，很難想像此類國家會在短期內實現真正的政治轉軌。制度改寫易，移風易俗難，政治文化的變化很難跟上政治制度的更新，在這個意義上，「不自由的民主」正是制度與文化脫節的產物。

然而，「歷史慣性」的解釋是不夠的。以此來解釋「不自由民主」的崛起，最大的困境是許多「不自由民主」發展的「倒U形」軌跡。通常而言，「慣性」是減速度的，也就是說，一開始舊制度的衝擊巨大，但是隨着時間的流逝，舊制度的力量逐漸削弱。但是，在許多新興民主中，「不自由民主」出現的軌跡卻恰好相反——一開始走向了相對平穩的民主轉型，體現在Polity分值上，就是轉型後民主分值頗高，並且這種相對高質量的民主得以維繫相當長的時間，然後才出現了民主的倒退。這一變化軌跡暗示着，很可能存在着一種蘊含於新生民主內部的、不完全由威權歷史所能解釋的力量在民主運行一段時間之後開始發生作用。

土耳其是典型的例子。土耳其1983年啟動最新一輪轉型以來，至今已經近四十年。1983年之前，它幾乎每一次民主轉型都在十年左右的時間內被軍事政變所逆轉，因此，當土耳其成功克服1997年的「後現代政變」、[9]站穩民主的腳跟後，人們開始相信，土耳其不再是一個「民主—威權」之間的搖擺國。埃爾多安2002年上台後，儘管有擴大行政權力的傾向，但是在前十年左右，其權力受到議會、媒體、國際社會等各方力量的有效牽制，庫爾德衝突逐漸從武裝鬥爭走向議會鬥爭，土耳其有望成為歐盟國家並為此積極準備。正是因此，國際社會逐漸將土耳其視為穩固化的民主，甚至可以說是伊斯蘭世界的民主之星。1983–2013年的30年時間裏，土耳其的Polity分值始終在7分之上。

然而，2014年之後，埃爾多安作為總理本該下台，卻登上總統位置，並推動土耳其改議會制為總統制，土耳其的民主評分大大下降（4

9　1997年，由於對當時具有伊斯蘭傾向的埃爾巴坎政府不滿，土耳其軍方以「通牒」的方式迫使埃爾巴坎辭職。由於沒有像以往的政變一樣擱置憲法、發生流血衝突，被稱為「後現代政變」。2018年，在埃爾多安政府壓力之下，法院判處參與了1997年政變的21個人無期徒刑，可謂君子報仇，二十年不晚。

分）。2016年未遂政變引發的政治清洗則為土耳其的民主畫上了句號──此後，Polity 將其政體分值降為負分 (-4)。可見，土耳其的轉型走了一個漫長的「倒U形」道路──如果「歷史慣性」是土耳其走向「不自由民主」的核心解釋，就很難理解這樣一個「先升後降」的軌跡。事實上，不僅僅土耳其，還有相當一批國家──比如俄羅斯、委內瑞拉、津巴布韋、尼加拉瓜、近年的菲律賓、南非、匈牙利甚至印度等或多或少正經歷或經歷過此類「倒U形」變化。

「不自由的民主」另一個很自然的解釋是執政者的個人野心。不難觀察到，在「不自由的民主」中，常常有一個超級政治強人的崛起──普京、埃爾多安、穆加貝、查韋斯、歐爾班等等，他們一旦上台，往往能夠把控一個國家十幾年甚至幾十年。這些人不但政治上雄心勃勃，而且通常也極具「政治技藝」：他們善於「發動群眾」，善於分化瓦解反對派，善於為自己的治理失敗尋找各種「替罪羊」……於是，無數分析家將這些國家的民主倒退歸罪於這些領袖個人，似乎僅僅是因為這些貪戀權力的政治家「一粒屎壞了一鍋粥」，斷送了新興民主的前程。

這一解釋不是完全沒有道理──在這些國家，如果不是此類政治家，而是曼德拉式人物上台，其政治發展的軌跡可能非常不同。然而，這種「個人權力慾」的解釋，其困境在於：權力慾絕大多數政治家都有，何以這些人能獲得如此巨大的「成功」？在新興民主，無數政治家都試圖競選連任卻敗下陣來，何以這些政治家卻能夠「化險為夷」？在洪都拉斯，當塞拉亞總統2009年被一場軍方和法院的聯合政變推翻時，他並沒有查韋斯2002年或者埃爾多安2016年的好運氣──沒有成千上萬民眾群情激奮地「誓死捍衛」總統。當過渡政府開始組織新的大選時，塞拉亞號召民眾罷選，卻並沒有多少人響應他的號召，人們安之若素地選出了一個新總統。在玻利維亞，莫拉萊斯總統也在本國發動左翼運動、不斷贏得大選、甚至贏得了2018年的總統召回公投，然而，2019年一場大規模街頭抗議之後，警察軍隊紛紛倒戈，他被迫辭職，顯示查韋斯的成功「難以複製」。至於巴西的前總統盧拉、韓國的前總統朴槿惠、南非的前總統祖馬、以色列的內塔尼亞胡等一長串受審的政治領袖，

他們誰不希望法院是自己的囊中之物？但他們卻沒能「馴服」整個國家
機器。

2. 民主何以不自由：民意基礎

「不自由的民主」之所以能夠「茁壯成長」，不僅僅因為「專制歷史的
慣性」，也不僅僅因為政治強人的權力慾，而且因為他們的話語能夠與
相當一部分民意呼應，因而政治操控能夠包裝得「合理合法」，政治鎮
壓得到無數人的默許，而他們一波又一波的政治動員，總是能將昏昏欲
睡的人群從政治冷漠中搖醒。換言之，新興民主中的政治強人成為政治
強人，是因為他們善於利用民主的話語、民主的程序、民主的手段、民
主的動員……卻最後抵達民主的廢墟。「不自由」是結果，手段卻恰恰
是民主——只不過，他們所訴諸的民主理念是民粹式民主。

政治強人「寄居」於民主的能力，從其民意支持率可見一斑。以普
京為例，儘管其權力相當程度上依賴對反對派的打壓，他在俄羅斯頗受
歡迎也是很難否認的事實。根據相對獨立的民調，普京上台後民眾支持
率從未低於60%，甚至一度高達89%（Greene & Robertson 2019），這與
許多成熟民主國家領導人時常低至20–30%的支持率形成鮮明對比。這
一支持率在相當範圍內浮動本身說明不能完全用「恐懼」來解釋其支持
率——事實上，有研究顯示，恐懼只能解釋普京支持率中6–9%（Frye et
al. 2017）。[10]

又以匈牙利的歐爾班為例，他的一切反自由措施，同樣是乘坐着
「民意」前進。2010年，他在一場被公認為公平自由的選舉中當選。隨
着打壓反對派的措施愈演愈烈，其政治地位卻似乎越來越穩固：2014
和2018年，歐爾班所在的青民盟（Fidesz）都輕鬆贏得匈牙利大選；2019
年5月的歐盟選舉中，歐爾班的青民盟贏得了本國52%的選票——雖然

10　事實上，該研究發現，民調甚至有可能低估了普京的支持率。

聽上去並不驚人，但是得票第二的政黨聯盟得票率才16%，顯示青民盟遙遙領先的程度。儘管這一結果有政治操控的因素，但其解釋力有限——畢竟，每次大選都有近一半左右的匈牙利選民投給了其他政黨。2019年10月的地方選舉中，青民盟也在諸多城市遭受重大挫折，顯示其政治操控力的限度。應該説，歐爾班的支持率很大程度上是來自真實民意——蓋洛普民調顯示，在整個歐洲，匈牙利人對移民的接受程度最低 (Ray 2018)，在這一背景下，歐爾班堅定的反穆斯林移民政策不足為奇。

查韋斯受人擁戴的程度恐怕也令無數政治家艷羨不已。他在委內瑞拉成為選舉「常勝將軍」的成就自不待言，2002年的未遂政變後，成千上萬人擁向街頭要求恢復其職位——如果不是自發的大規模抗議 (60人在衝突中喪生)，政變極有可能獲得成功。2004年的「總統召回公投」中，58%的民眾選擇了支持查韋斯，並為此發動了「委內瑞拉歷史上最大的遊行」。2009年的修憲公投中，55%的選民支持廢除總統任期限制，以便查韋斯繼續連任。2013年他去世之際，上百萬民眾深夜守候十幾個小時，無數人聲淚俱下，只為「十里長街送總統」。即使到了2017年，委內瑞拉已經深陷危機，查韋斯的遺產已經千瘡百孔，仍有79%的委內瑞拉民眾選擇查韋斯為其「最喜愛的總統」 (Boothroyd-Rojas 2017)。在贏得這種愛戴的同時，他對反對派的各種打壓——無論是對媒體的管控、對司法獨立的侵蝕、對NGO的打壓或是對石油公司的清洗——都絕非秘密。可以説，是「人民」為其行為一路打開了綠燈。

杜特爾特則是民粹式強人中的「後起之秀」。其問題同樣不是「不夠民主」——1986年以來，菲律賓已經舉行過6次總統大選，正是在2016年的大選中，杜特爾特通過自由選舉上台。但是，他上台後，菲律賓卻有陷入「不自由的民主」之趨勢。最大的爭議是其發動的「毒品戰爭」——緝毒從原則上來說當然是好事，問題是警察訴諸「過度非法殺戮」的程度。根據官方數據，截至2019年底，已有6,000多人在這一「戰爭」中喪生，而人權組織的估計是兩萬多人 (Cabato 2019)——其中大部分人是未經任何審訊、也不受任何問責地「當街處決」。在自由之家2019年的

報告中，菲律賓關於犯罪的「正當程序」一項被評為零分 (Freedom House 2019)，而大赦國際將這場運動稱為「杜特爾特的大規模殺戮工廠」 (Ellis-Peterson 2019)。然而，杜特爾特政府「大開殺戒」式的緝毒戰爭不但沒有損耗其支持率，反而使其不斷走高。2019年底的一項民調顯示，79%的民眾對杜特爾特的「毒品戰爭」很滿意，只有15%的民眾表示不滿 (Valente 2019)。2019年的中期和地方選舉中，杜特爾特所支持的候選人幾乎都大獲全勝，其中包括他自己的三個子女。顯然，在無數菲律賓人的心中，或許司法程序、權力制衡很重要，但是迅雷不及掩耳地「清除社會渣滓」更重要——而杜特爾特政府，正如普京、查韋斯、歐爾班等政府，最大的成功或許就在於將政治發展塑造成了一種「非此即彼」的選擇題。

所有這些案例表明，不僅是威權歷史的遺產或統治者的個人野心，而且是，甚至可能更主要是，民主的機制在瓦解它自身。只不過，在此，是民主的民粹維度在瓦解民主的自由維度。在此類國家，問題常常不是「不夠民主」，而是「太過民主」——對民主之「民」有過於實體化從而具有排他性的理解、對民主之「主」有太絕對的追求，於是以民主的名義「收繳」自由成為理所當然的選擇。用普京的話來說，「自由的觀念已經過時，它與絕大多數民眾的利益相衝突」。[11]

3. 從民主觀到民主模式：敵我話語

新興民主中，政治強人得以用民主的手段破壞民主，在民意的基上構建準威權主義，恰恰是因為在此類新興民主國家，流行的民主概念是民粹式民主 。如前所述，在「民粹式民主觀」中，民主的主體被視為一個整體的、統一的、邊界清晰的、同時也是道德和智識不容置疑的實體，在筆者看來，這種民主主體觀中已經埋下了通向「不自由民主」的

11　普京在G20的一次採訪中如是表達，可以說與歐爾班的說法不謀而合 (Barber et al. 2019)。

種子。這是因為，一種實體化因而具有排他性、道德化因而帶來優劣論的民主主體觀，必然導致一種「敵我鬥爭」的政治話語，打壓政治自由只是這種政治話語的後果而已。

對「人民」的神聖化需要不斷構建乃至想像作為反襯者的「敵人」。「敵人」有時候是有產階層，有時候是「劣等種族」，有時候是「異教徒」，有時候「賣國賊」，有時候是「陰謀叛亂分子」，有時候是「少數族裔」，有時候是「全球主義者」，有時候是「政治不正確的人」……總之，在「敵我」政治話語中，政治是一場永恒的「鬥爭」，其成敗就在於能否及時地發現並壓制「敵人」，將「人民」從「敵人」的壓迫和欺騙中拯救出來。

這也是政治強人贏得民心的基礎。在民主政治中，鮮有選民會無條件地將所有權力拱手交給一個政治強人，權力壟斷往往依靠一套「善惡之爭」的政治話語來實現。因此，民主的「去自由化」往往伴隨着政治話語的「黑白分明化」：一端是正義的高地，另一端則是各種阻礙歷史進步的「牛鬼蛇神」。因此，民粹式民主話語往往用「鋸木頭總會有木屑飛出」、「煎雞蛋總需要打碎蛋殼」或「歷史前進的滾滾車輪總會碾壓小花小草」之類功利主義的話語來為其政治壓迫辯護。[12]

以俄羅斯為例，普京政府如何做到一邊壓制政治自由、一邊贏得如此之高的支持率？經濟因素並非解釋：十年的經濟停滯、五年的真實收入降低很難為其贏得多少人心（BNE IntelliNews 2019）；此外，俄羅斯的經濟高度不平等，1%的人口掌握了47%的財富（2020年）。[13]答案的核心或許是其民族主義話語所包含的「敵我」結構。普京將自己打造為將俄羅斯從西方打壓中拯救出來、重振俄羅斯「舊日榮光」的民族英雄，這一話語為其贏得了大量人心——至於打壓「親西方勢力」或「恐怖分子」，顯然是支持「愛國主義」勢力的必要代價。

12　在21世紀，這一「敵我話語」較少以赤裸裸的直白方式呈現，但哪怕是隱晦的表述，輔以權力的乘數效應，仍然可能很快演變成系統的壓制、迫害甚至種族清洗。

13　數據來自於World Inequality Dataset，參見：https://wid.world/country/russian-federation/。

　　民族主義話語對普京政府的關鍵意義，可以從普京數次軍事行動及其個人支持率不謀而合的高漲看出。普京民意支持率的四次高峰，恰好與其四次軍事行動吻合 (Foy & Seddon 2019)。第一次高峰期出現在第二次車臣戰爭之後 —— [14]普京不但贏得了第二次車臣戰爭，他所扶持的卡迪羅夫地方政權又以高壓維繫了車臣此後的「穩定」。儘管這場戰爭及其後續過程中的人權記錄受到廣泛批評，但給反對派扣上「恐怖分子」或「恐怖分子同情者」的帽子即可合法化政治鎮壓。第二次高峰期發生於 2008 年左右，普京對格魯吉亞阿布哈茲和南奧塞梯分離主義勢力的軍事支持，很大程度上是對烏克蘭克里米亞問題的預演，而軍事上的成功又為其在國內贏得了巨大聲譽。2011 年左右，車臣和格魯吉亞帶來的政治資本一度失去光環，當年出現了普京上台以來最大的抗議示威，其民意支持率也明顯下跌，但是，2014 年的烏克蘭危機再次為普京「雪中送炭」。他將烏克蘭 2014 年的廣場革命描畫為「烏克蘭法西斯分子對俄羅斯族裔的迫害」，而他則是拯救俄羅斯人的民族英雄，吞併克里米亞後其支持率一度從 60% 升至近 90% (Nardelli et al. 2015)。這是其支持率的第三次高峰。第四次高峰則出現於 2022 年發動俄烏戰爭後，普京一度跌至 60% 多的支持率再次升至 80% 以上，即使戰爭陷入僵局、俄羅斯軍隊表現不佳，這一支持率也居高不下。

　　在匈牙利，「區分敵我」的標準不是「民族情感」，而是「文明救亡」。2015 年歐洲難民危機以來，總理歐爾班逐漸將自己視為「西方基督教文明」的最後捍衛者，中東難民及其同情者則是攜帶「伊斯蘭病毒」的敵對勢力。他聲稱西歐的「多元文化主義」為基督教文明的衰落鋪平了道路，而匈牙利則成為抵禦歐洲伊斯蘭化的「最後堡壘」。他公然宣佈匈牙利的民主正是「不自由的民主」：「讓我們自信地宣佈基督教民主不是自由的。自由式民主是自由的，但是基督教民主根據定義即不自由的……

14　第一次車臣戰爭在葉利欽時代發動 (1994–1996)，第二次車臣戰爭 (1999–2000) 才是普京主政的「成果」，儘管一開始他只是俄羅斯總理和代理總統。

自由式民主主張多元文化主義，但是基督教民主將優先權給予基督教文明，這是一個不自由的概念。自由式民主歡迎移民，而基督教民主反對移民，這又是一個不自由的概念。此外，自由式民主接受各種變形的家庭模式，而基督教民主建基於基督教的家庭模式，而這又不是自由的」。(Orban 2018)

正是為了保衛他心目中的「基督教文明」，不但有必要拒收中東難民，[15] 而且有必要清除一切主張文化多元主義的聲音——在匈牙利，這一聲音的代表就是「索羅斯勢力」。眾所周知，索羅斯是一個匈牙利裔金融家，他所創辦的「開放社會」基金大量資助全球尤其是中東歐國家的公民社會，但是由於「開放社會」的自由派傾向，它成為歐爾班政府的打壓對象：所有接受其資助的組織被要求登記為「外國代理」，「開放社會」基金總部被迫從布達佩斯遷往柏林，索羅斯資助創辦的中歐大學被迫遷往維也納，索羅斯的頭像在匈牙利境內被四處張貼，上面寫着「不要讓他笑到最後」，下面的一行字則是「99%的人反對非法移民」(Beauchamp 2018)。

同樣，查韋斯的「成功」不僅僅因為馬基雅維利式的權術，而且因其政治話語的核心是「打倒權貴、扶弱濟貧」。他當政期間展開各種「扶弱濟貧」項目：通過補貼為窮人提供廉價食品、廉價社區醫療和廉價住房，在貧困社區掃盲，幫助輟學學生重返校園，開展土改再分配土地，成立各種地方「自治機構」以便底層能夠「參與經濟決策」……用一個普通委內瑞拉人的話來說，「他是我們的父親」(Gupta 2013)。用查韋斯自己的話來說：「你們並不是真的在重新選舉查韋斯，你們是在重新選舉你們自己——人民再次選舉人民，查韋斯除了是人民的工具，什麼都不是。」(Moffitt 2013) 至於反對派，則是「美國走狗」、「革命的資產階級敵人」甚至「劣等的豬」(Wilson 2012)。

---

15 相比許多歐盟國家上萬，甚至幾十萬的難民接納人數，匈牙利每年的難民接受人數只是數以百計。

沒有理由認為查韋斯的此類話語和政策只是虛偽的表演，目的僅僅是擴大個人的權力，情況可能恰恰相反——他擴大並延長個人的權力，是為了能夠更加「徹底」地施行其政綱。所以，問題不在於其理念是否「真誠」與「正義」，而在於為了「真誠」的「正義理念」而打壓「敵對勢力」是否正當——在民粹式民主觀中，這種打壓顯然正當，因為「敵人的自由」就是「人民的不自由」。查韋斯頻繁地將自己的政敵稱為「彼拉多」——聖經中迫害耶穌的羅馬總督，那些離開「查韋斯運動」的人則是「猶大」，「我們生活在一個末日審判的時代，你不可能同時站在邪惡的一邊和神的一邊」（Moffitt 2013），在這樣一種非黑即白、我善你惡的政治觀中，你死我活的鬥爭成為捍衛正義的必由之路。

因為對「人民」的一元化理解，民粹式民主話語尤其強調「團結」、「統一」和「純潔性」等同質性的元素。在土耳其，哪怕是民主化後，相當長一段時間內，庫爾德語被禁止，庫爾德被土耳其化，庫爾德學生每天的誓詞以此結束：「我的存在應當奉獻給土耳其的存在」（Burc 2019）。在匈牙利，歐爾班公開表示：「我不希望我們國家變成一個多種族國家」（Miles 2018）。

在涉及「敵對勢力」時，民粹式民主話語則常常帶有一種陰謀論的色彩。在土耳其，根據埃爾多安政府，整個國家深陷居倫分子的顛覆陰謀——不僅僅2016年的未遂政變是其陰謀，[16]政變爆發前居倫分子已經在宗教運動的掩護下，悄悄將自己的人馬源源不斷輸送到警察、官僚、司法、軍隊系統，為這場政變做了十多年的準備，因此，從公務系統清洗數萬「居倫分子」就合情合理。在匈牙利歐爾班的話語中，索羅斯在針對匈牙利開展一個「索羅斯計劃」，目的是「強迫匈牙利接受成千上萬個移民、拆除其邊境圍欄、削弱歐洲語言文化的重要性」。根據馬杜羅，委內瑞拉處於「永不停歇的政變」中，因此不但鎮壓反對派是必須的，甚至清洗他自己的軍隊也是緊迫的，因此他不斷將自己的將士投入

16　流亡美國的居倫不但否認這一指控，而且反控埃爾多安自己親手操控了這一「政變」，目的是為自己的政治清洗提供藉口（Gulen 2016）。

獄中。[17]甚至經濟危機——本來應該是選民懲罰執政者的理由，也被塑造成「敵對勢力的陰謀」從而成為進一步擁戴執政者的原因：無論是委內瑞拉、土耳其或俄羅斯，政府都將經濟危機說成「帝國主義」的後果。

此類陰謀論很少完全是無中生有——它通常需要一些事實基礎，但是將這些事實與大量的聳人聽聞的誇張、激情四射的修辭相互「攪拌」，再持之以恒地佐以一邊倒的媒體傳播，往往就能達至大規模、可持續的動員效果。土耳其2016年的未遂政變確有其事，但是發生未遂政變的何止土耳其，[18]卻只在土耳其引發了針對十幾萬人的清洗。車臣也的確存在恐怖分子——正如許多國家都存在恐怖分子，但只在俄羅斯才演化為對記者和異議分子持續不斷的迫害甚至謀殺。經濟高度不平等也的確存在，委內瑞拉也的確是重災區，但只有委內瑞拉才搞成了轟轟烈烈的「21世紀社會主義」。難民可能的確帶來文化衝突的問題，但是在匈牙利，區區數百的中東難民遠遠無法構成對本國「基督教文明」的威脅，但在歐爾班的話語中，哪怕對難民少量人道主義的援助也是導致基督教文明自殺的危險……將多元社會正常的政治爭論誇大成生死存亡的鬥爭，將自由社會難以避免的批評形容成對社會秩序的顛覆，將本可以訴諸司法程序的衝突描述為「緊急狀態」，政治話語因此獲得巨大的情感勢能。[19]

自由式民主觀念則反對將「人民」神聖化，因而也反對將「對立面」妖魔化。在自由式民主觀中，不存在一個具有道德先天優勢的、排他性的、內部利益一致的「人民」實體。如前所述，鑑別這樣一個實體在技術上不可能，在道義上則不正當。「民主」當中的「民」只能是一個多元、

17　據報道，有217個軍官（其中12個將軍）在獄中，其中很多人慘遭酷刑（Kurmanaev & Herrara 2019a）。

18　比如西班牙1981年有一次未遂政變、阿根廷1988年和1990年有兩次未遂政變、2003年菲律賓一次未遂政變，都未引起如此劇烈的政治打壓。

19　作為這一「生死鬥爭」話語的一個象徵性表現，一批民粹式民主中的領袖——比如埃爾多安、杜特爾特、穆加貝、巴西的博爾索納羅，都積極推動在本國恢復死刑。

中性和流動的概念，其成員資格來源於參與公共對話的意願與努力，而非其特定的「政治部落」身份。即使「多數原則」作為一個決策技術有其必要性，但這只是民主理念的一個權宜之計，必須依靠其他策略來緩解這一原 可能的危害（比如在憲政體制中引入稀釋多數原則的元素），並寄希望於選舉作為一種可重複博弈，最終將「多數原則」引向「平等原則」。

因此，自由式民主中，政治話語是協商式的，而非你死我活的。顯然，自由式民主中也充滿辯論、競爭、對抗——在這個意義上，它也充滿政治鬥爭，但是這種鬥爭不以取消對手的論辯資格為目標，不以羞辱對手的道德或知識主體性為方式，這種鬥爭的本質，是在對更豐富、更有力的論辯發出邀請。因此，它避免對鬥爭之「生死攸關」程度的渲染，遠離那種「生死存亡在此一搏」的「刻不容緩」感。這不是說自由式民主中不存在真正的「敵我鬥爭」。正如第五章所述，寬容不能延伸為「對不寬容的寬容」，否則寬容將自我擊敗。但是，這種「敵我鬥爭」是防禦性的，守衛的是遊戲規則本身，而非遊戲的某方參與者。它是底線驅動的，而非目標驅動的。正是因此，它在政治對話的盡頭出現，而不是政治生活的開端。

4. 從民主觀到民主模式：「人民萬歲」

民粹式民主觀的另一個維度，其「人民當家做主」的民主目的論也為「不自由民主」埋下了伏筆。顯然，這種目的論和和前述民主主體論是一脈相承的：既然「人民」是神聖的，那麼其意志應當所向披靡。任何政治主張一旦被定義為「人民的需要」，就具有了不可質疑的神聖屬性。如何確認和抬高「人民的需要」？最直接的方式莫過於公投；當公投不適用時，不斷擴大選舉授權、以民選機構吸納非民選機構就成了常規做法。

與經典的威權政體不同，民粹式民主觀並不通向「黑箱政治」，它通向的是大眾政治。其中一個表現，就是民粹式領袖往往熱衷於組織、

並善於贏得公投，而公投是最直接、最純粹的「人民當家作主」形式。在土耳其、津巴布韋、俄羅斯等國家，總統權力的強化和任期的延長都是通過公投修憲完成。查韋斯尤其熱愛公投——他推動的1999年新憲法甚至把「總統彈劾權」改成了「總統召回權」，直接交給全民公投，而不是由議員決定。

當然，把所有的事務都交給公投不現實。於是，不斷擴大選舉授權，打破民選機構和非民選機構的分工、以民選機構「淹沒」非民選機構，就成了抬高民意之神聖性的更常見做法。固然，民主以自由公正的選舉為標誌——在這個意義上，民選機構的權威性毋庸置疑。但是，自由式民主之所以不同於民粹式民主，就在於在前者，為了保衛自由之邊界，民選機構周圍往往佈滿了非民選機構，其功能往往是民意的「冷卻劑」，比如，獨立的法院、中央銀行、選舉委員會、軍隊等等，即使是立法機構——雖然也是民選，但由於其中既有執政黨也有在野黨，也可以充當「多數民意」的緩衝劑。

但是，在民粹式民主觀中，「人民的需要」被賦予了一種神聖色彩，以至於民選機構可以理所當然地「吞噬」非民選機構。也就是說，在民粹式民主觀中，值得重視的只是垂直的制衡（「對多數人民負責」），而水平的多元制衡則被視為「精英主義的殘渣」，應被儘量拆除。在委內瑞拉，忠於總統的國會多數黨主動數度通過「授權法」，允許查韋斯總統未經議會批准進行「政令統治」，目的就是繞開「礙手礙腳」的議會反對黨。在匈牙利，執政黨被賦予最高法院大法官的任命權，八年後，大法官清一色來自執政黨陣營。在津巴布韋，當白人訴諸法院表達對土地強徵的不滿時，穆加貝說：「我，羅伯特·穆加貝，不可能被殖民者拽到法庭上去」（Meredith, 2011：632）。在土耳其，埃爾多安以未遂政變為由清洗議會，將諸多反對黨議員或驅逐或抓捕，同時，有至少3000多個法官在政變後被清洗，有些甚至在開庭後僅僅因為「不聽話」而被撤職，「恐懼」成為土耳其司法界的流行病。

很多人注意到「不自由民主」中的「行政權獨大」現象，而其本質就是「民選機構」對「非民選機構」的碾壓。在民粹式民主中，總統或首相，

作為「人民」的化身、民意的「牧師」，具有至高無上的政治乃至道德權威。專業性機構缺乏約束行政權力的民意「底氣」自不待言，哪怕最高法院大法官，由於大多並非直選產生，也沒有民選官員的合法性資源。即使是立法機構的議員，雖然也是民選產生，但其選舉的地方性特點決定了他們難以抗衡最高行政官員的「全民代表性」優勢。因此，在很多新興民主國家，行政首腦常常打着「忠於人民」的口號拆除這些礙手礙腳的權力制衡機制。

為矮化其他權力機構，民粹式領袖往往強調自己「孤膽英雄」的形象，宣稱自己與人民站在一起反抗官僚主義、寡頭財閥、「深層國家」等「建制精英」，並一再聲稱自己的「非黨派屬性」。美國總統特朗普聲稱自己的使命是「抽乾沼澤」，顯示即使是成熟民主國家，此類話語也頗有市場。杜特爾特在一次採訪中對記者說：「我在向自己的政府開戰」(Westcott 2019)。埃爾多安則被形容為「舊制度的唯一抵抗者」，其政治清洗被詮釋為向「深層國家」(deep state) 開戰 (Kingsley 2017)。普京上台伊始就展開了針對經濟和政治精英的「兩大戰役」：一是「打擊經濟寡頭」，[20] 一是「削弱地方封建王國」，將地方長官從選舉改成中央任命，以此確立自己「不惜與權貴決裂」的「外來者形象」。

當然，這種「行政權獨大」現象之所以可能，起點仍然是選舉的勝利。對於信奉民粹式民主觀的人而言，選舉是「民權神授」的加冕儀式。完成了這種「加冕」，勝利者的意志就應在政治系統中暢通無阻。任何這一意志的絆腳石都成為「寡頭統治」的證明。因此，在民粹式民主中，選舉往往具有生死攸關的意義，民主也由此被壓縮為一個「時刻」，一個「君臨天下」的時刻。

20　俄羅斯在市場化轉軌過程中，由於政治過程不透明公正，導致大量蘇聯時期的國有資產落入少量寡頭手中，形成了經濟寡頭制。普京上台伊始即對此開刀，抓捕了一批經濟寡頭並沒收其財產，但是同時也以此為名打壓異己，尤其是打壓那些與批評性媒體有聯繫的公司與商人 (BBC News, Jul. 11, 2000)。

　　在討論兩種「民主觀」的歷史傳統時，筆者曾提及熊彼特對選舉重要性的強調，但是，熊彼特對選舉的強調，與民粹式民主觀對選舉的強調，立意完全不同，從而制度意涵也南轅北轍。對熊彼特這樣的「精英民主論」者而言，選舉之所以重要，恰恰因為它是民意表達的階段性終點，從而構成多數主義的堤壩，而對「民粹式民主論」者而言，選舉之所以重要，則是因為它僅僅是民意表達的起點，是多數民意「湧入」其它權力機構的入口。

　　經由這個「入口」，公投和選舉成為政治強人將自由式民主改造民粹式民主的「制度抓手」。選舉帶來了議會多數席位，於是行政首腦得以與議會多數黨聯手打壓反對派；立法機構的「授權令」擴大了行政權限，於是總統獲得了最高法院大法官、選舉委員會、中央銀行等本應中立的機構的任命權，這些機構迅速黨派化；修憲公投延長總統任期，於是民粹式民主成為一個不斷自我強化的循環……在這一「制度滑坡」的過程中，每一步都合乎法理，都很「民主」，最後結果卻是民主制度的「自殺」。換言之，在自由式民主蛻變為民粹式民主的過程中，「選舉」是多米諾骨牌的第一張，如果沒有堅固的制衡機構和文化，所有非民選機構都將被民選機構吞噬。

　　而在「熊彼特式」民主觀裏，選舉之重要性，恰恰在於它構成一個守衛自由的屏障。在民選機構之外，獨立的中央銀行、非直選的法官、批評性媒體、獨立的非政府組織、智庫、工會或商會等待也很重要，因為它們構成了不同聲音的「政治保留地」。允許這些「保留地」的存在，就是允許政治對話本身存在，而對於「自由式民主觀」而言，民主的真諦就在於維繫一場「無盡的對話」。如果說選舉有特殊的重大意義，其意義恰恰在於，它重新確認政治對話的開放性，或者說定期將「句號」重新恢復成「問號」，而非給「此時此刻」的民意進行神聖化加冕。某種意義上，自由式民主觀更多地將選舉視為一個化學而非數學過程——其功能不僅在於通過選票計算決定一次性的勝負，而在於帶動選舉前後的政治辯論和協商，並成為這種辯論和協商持續的發動機。

三 從民主模式到民主穩固前景

嚴格地說，一旦「不自由的民主」形成均衡，根據定義它就構成民主的倒退或甚至崩潰。如第一章所述，大多比較政治學者將「自由且公正的選舉」視為當代代議民主制的程序性標識，這意味着「自由」已被視為民主的內在要素。當政治自由被侵蝕，民意被操控與扭曲，「主權者」就不再是真實的「人民」，而只是「人民」軀殼當中的權力意志。

所以，本節的目的與其說是分析「不自由的民主」如何「導致」了民主倒退，不如說是對「不自由的民主」從啟動到均衡的這一過程展開分析。之所以需要展開分析，是因為從「自由式民主」到「不自由的民主」往往不是一夜之間的驟變——這是一個「滑坡」，並且，這一滑坡常常如此漫長、模糊甚至意外，以至於人們——哪怕政體評估機構——對於如何定性這一變化往往頗為躊躇。歷史上那種「炮轟總統府」式的武裝政變易辨識，而「溫水煮青蛙」式的蛻變則更令人迷惑。因此，有必要對這個「慢動作的民主自殺」過程進行解析，以透視其中的政治邏輯。

稱這一過程「漫長、模糊甚至意外」，是因為「不自由的民主」之形成，很少是某個政治強人上台伊始就「有計劃、有步驟」追求獨攬大權的結果。事實上，這些政治強人往往懷有某種真誠的理想——無論是查韋斯的平等主義、普京的民族主義、埃爾多安的宗教情懷、歐爾班的拯救西方文明雄心或杜特爾特的恢復社會秩序願望，不但代表了一種濟世救民的「善」，而且這種「善意」也構成他們與其民眾基礎之間的情感紐帶。

然而，這種「善」最終滑向了黨同伐異之「惡」。為便於梳理「不自由民主」的生成邏輯，筆者在此試圖描述一個其形成過程的「理想類型」。這固然是出於提煉歸納之研究需要，但同時也是因為，儘管文化、歷史、經濟水平等背景大相徑庭，各國「不自由民主」的生成過程卻有着高度的同構性。正是基於這種同構性，筆者將這一過程總結為幾個階段：自由式民主-「改革者」當選-為「改革」而集權-政治反彈-社會兩極化-權力壟斷-不自由的民主。

1.「循序漸退」的過程

不自由民主的起點往往是「自由式民主」或「準自由式民主」。如前所述，不自由的民主常常並非威權遺產的「自然產物」——在抵達它之前，新興民主常常會經歷一個「充滿希望」的階段。1999年查韋斯上台之前，委內瑞拉的民主是拉美地區最成熟的之一——與其諸多鄰居不同，它甚至沒有經歷20世紀6、70年代席捲整個拉美地區的軍事政變浪潮。土耳其在淪為民主衰退的標誌性國家之前，一度是穆斯林世界的民主之星；匈牙利在成為典型的右翼民粹主義國家之前，也曾被視為前蘇東陣營的轉型典範。

當然，作為轉型社會和發展中國家，這些國家往往面臨着艱巨挑戰：經濟危機、貧富懸殊、族群對立、社會失序、宗教極端主義等是常見的挑戰。90年代俄羅斯的經濟衰退成為一代人的心理陰影；90年代末的委內瑞拉深陷經濟危機和通貨膨脹；軍方代表的激進世俗主義對政治穆斯林的壓制，在無數土耳其人心中堆積了強烈的不滿；本土出生率的大幅下降和難民移民的湧入引發了歐洲多國民眾的「文明焦慮」……正是這些挑戰，喚起了民眾對「變革者」的渴望，一些政治人物以其「大刀闊斧」的改革綱領迎合了這種渴望，同時他們也常常具有某種克里斯馬型的人格，由此，這些政治人物以「進步的改革者」的形象贏得選舉。

事實上，這些人物往往也的確一上台就展開大刀闊斧的改革，以完成其對選民的承諾。普京一上台就開展「打擊寡頭」的改革，對於剛剛經歷90年代「權貴私有化」的俄羅斯人民，這個舉措深得人心。查韋斯則是剛上台就馬不停蹄地推出各種「扶弱濟貧」的項目，贏得國際國內的一片讚譽。因此，這些政治強人上台之初，往往會有一個與本國民眾乃至與國際社會的「蜜月期」。他們被視為是民意的化身，大力改革是其「言必行、行必果」的證明。

不過，也正是從此時開始，為實施「大刀闊斧的改革」，這些政治人物往往會開始最初的集權努力。普京上台伊始，一個重大的改革就是回收地方權力，他把全國89個地區劃分為7個行政大區，每個大區由總

統指派的官員負責監管，同時立法規定聯邦法對地方法的優先性，以確保中央政府政令通行，扭轉葉利欽時期的政府散沙化傾向。查韋斯一上台則開始推動修憲公投，將立法機構的兩院制改為一院制，取消了國會的總統彈劾權和法官任命權，以減少立法機構對總統的掣肘。穆爾西2012年5月贏得埃及總統選舉後，很快宣佈在制憲過程中議院和制憲會議可以不受法院裁決的影響，使反對派失去了任何抗衡穆兄會的機構抓手。

這時候的集權大多仍然是採取「民主」和「法治」的方式，也一定程度上可逆。查韋斯主導通過的新憲法規定了更多的、而不是更少的人權——免費教育、免費醫療、清潔環境、少數族群的文化遺產等等都成為憲法保障的權利。雖然國會失去了彈劾總統的權利，但是只要到達一定的請願人數，民眾可以發起「召回總統」的公投，也就是說，精英手裏的權力被「還給了人民」。亞努科維奇2010年上台後，通過憲法法院「合理合法」地廢除了2004年的「強議會」憲法，恢復了1996年的「強總統」憲法。

然而，「改革者」的集權措施不是沒有代價——代價就是反對者被不斷邊緣化。政治權力不像是經濟資源，後者可以是一個「越做越大的餅」，而前者則往往是一個零和博弈：「你的」權力增加往往意味着「我的」權力減少。在尚有抗爭空間的時期，這些被削弱的勢力顯然不會束手就擒——他們會在議會駁回總統的法案，會向法院上訴總統政令違憲，會在街頭組織抗議，會在媒體展開激烈批評……總之，他們對其眼中的「激進改革」和背後的政治集權趨勢開始反擊。

這往往不僅僅是權力之爭，也是理念之爭。正如當權者捍衛的不僅僅是權力，而且是他們心中的正義，反對者所抗爭的也不僅僅是權力，也同時是他們的理念。查韋斯認為自己捍衛的「扶弱濟貧」的正義，其反對派認為自己捍衛的是「市場自由」的正義；埃爾多安認為自己保衛的是本國的傳統文化，其反對者認為自己捍衛的是政教分離；普京認為自己是在車臣守衛的是國家主權，其反對者則認為比國家主權更重要的是個人或民族權利。

這種狹路相逢的時刻，正是決定「自由式民主」是否走向「不自由民主」的拐點。一邊是改革者的「偉大理想」，一邊是開始湧動的反對聲音，改革者何去何從？如何面對反對黨議員對議案的駁回、法官的對政府法令的違憲判決、媒體的批評和街頭的抗議？是將這些反對的聲音視為必須打倒的「敵人」還是「另一部分人民」？是堅持一種改天換地的「徹底改革」和贏者通吃式的權力結構改造，還是以協商妥協的方式來接受改革的點滴漸進性？正是在這個十字路口，不同的民主觀將發生致命影響。當政治家及其支持者堅持一元化的正義觀，將異議者視為正義的「敵人」，追求權力結構的贏者通吃，該民主政體往往就踏上了民粹化的「不歸路」。[21]

之所以說「不歸路」，是因為「敵我鬥爭」的話語一旦啟動，民選機構對非民選機構的吞噬一旦開始，它往往有一種不斷自我強化的趨勢。對於被邊緣化的政治力量來說，失去一次選舉或許沒有那麼可怕，可怕是之後的權力結構改造。一次輸球可以通過下次踢好而「扳回來」，但是，如果在一次輸贏後，勝方得以改變遊戲規則本身，那麼輸方就可能永遠不再有贏球機會了。因此，集權引起反彈，反彈引發更大的集權，更大的集權引起更大的反彈……如此循環往覆，社會越來越兩極化。

在諸多國家「不自由民主」的形成過程中，往往都能觀察到一個社會越來越極化的過程。注意：這種兩極化往往並非——或主要並非——這些國家的「先天條件」，而是在轉型啟動後由某些政治力量的激進話語和改革點燃，並在高度動員過程中越演越烈。這種對峙起初可能是在政治家和政治家之間、政黨和政黨之間，但最終往往會蔓延成整個社會的「勢不兩立」。對峙的形式最初可能只是議會辯論、媒體論戰，但常常會發展成曠日持久的街頭對峙或甚至暴力衝突。在烏克蘭，亞努科維奇建立「超級總統制」的企圖引發了2014年的橙色革命；在埃及，穆爾西試圖將三權集中到一黨手裏，後果是數百萬人經久不息的抗議；

---

21 當然，反對者在這個十字路口的所作所為也很重要，畢竟，「一個巴掌拍不響」。關於這一點，第八章還會涉及。

在委內瑞拉，查韋斯試圖完全掌控石油企業的舉措最後導致了一場失敗政變；土耳其2016年的未遂政變，同樣是社會不斷兩極化的後果。

也正是為了打破這種曠日持久的政治對峙，當權者往往在「不得不」訴諸某種非常手段來破解僵局，而此類非常手段往往構成對新生民主的致命一擊。回想中國歷史上辛亥革命的失敗，其中一個關鍵節點，就是袁世凱面對處處試圖限制其權力的國民黨，1913年末宣佈解散國民黨並武裝包圍國會。葉利欽1993炮轟白宮，也是其試圖擺脫「府院之爭」的情急之舉。當然，更多的時候，這種致命一擊未必如此戲劇化。修憲延長任期、抓捕反對派人士、立法限制媒體和結社自由是更「細水長流」的方式。

至此，「不自由的民主」走向均衡。之所以說走向均衡，是因為雙方權力已經變得如此不對稱，反對者失去了能夠抗衡政治強人的資源、空間和制度路徑，而當權者已經製造了無數他們可以用以輕鬆對付反對者的「合法工具」。由於反對派的政治和經濟自由被限制，在任者能夠擁有更多競選資源，因而更容易當選。再次當選則意味着他們擁有了更多的「合法性」，可以更理直氣壯地鎮壓反對派。於是，此後形成了一個「選舉霸權」與「自由侵蝕」之間的惡性循環。

這種循環關係顯示，強人政治的局面往往並非一步到位，而是沿着一個不斷加速的旋渦逐漸形成。這個過程之漫長，從各種政體評估分值的下降軌跡可見一斑：埃爾多安2003年上台，土耳其的民主分值甚至一度上升（從7分到9分），直到2014年——埃爾多安上台十年之後，polity分值才從9分跌至3分，兩年後跌至-4分。而對俄羅斯，直到2007年，也就是普京上台8年之後，polity才略微將其分值從6分降為4分。委內瑞拉的polity分值直到2009年——也就是查韋斯上台十年之後，才由正(5)轉負(-3)。

這個過程的漫長也說明，這些政治強人即使是獨裁者，也是猶疑的「獨裁者」，權力壟斷往往並非其「初心」，相當程度上，他們是被反對者一步步「逼」成了「獨裁者」。最初，只是一個充滿濟世救民情懷的政治家試圖推動改革，而贏得選舉相當於民眾對其「改革綱領」加蓋了公

章。但是，要「大刀闊斧」改革就要集權，要集權就會引發反彈，於是，社會在高度動員中走向兩極化，最終，權力壟斷反諷地成為一個「破解僵局」的出口，理想主義改革者反諷地成為大權獨攬的政治強人。不自由的民主就這樣作為一個「意外結果」出現。這個「意外」的悲劇性在於，它很大程度上不是政治強人及其追隨者「反民主」的產物，而恰恰是他們熱切地「實踐民主」的產物。

以埃爾多安為例，儘管他被視為「伊斯蘭保守派」，但是他2002年剛上台時，為爭取加入歐盟，推動的改革是自由化方向的。[22]直到2008年，即其第二個任期內，埃爾多安推動的最「激進」伊斯蘭化改革，也只是推動廢除頭巾禁令——注意，這項法令不是強迫女性戴頭巾，而是允許想戴頭巾的女性在特定場所戴頭巾，所以談不上有多激進。[23]但是，在與反對派不斷摩擦的過程中，埃爾多安派的集權傾向變得越來越明顯。深知軍方是世俗派力量的後盾，埃爾多安以各種方式打壓軍方力量，針對2003年一場莫須有的「政變密謀」，數百軍方高層被起訴，審判過程延續十多年，最後卻被發現關鍵證據造假。2013年，面對一場大型抗議之後，埃爾多安一度試圖關閉社交媒體。與此同時，沒有緊跟正義和發展黨的公訴人、警察、法官被以各種理由解僱和起訴。2015年，由於兩屆總理任期已滿，為了繼續當權，埃爾多安競選總統，並在上台之後推動總統權限的擴大。直到2016年夏天，一場未遂的政變給了埃爾多安充分的藉口進行政治清洗，至此，土耳其民主的「去自由化」過程才形成均衡。

可以看出，從「自由式民主」到「不自由的民主」，一個最關鍵的邏輯拐點是「如何對待反對派」。在這個問題上的選擇，本質上源於政治行動者如何理解民主。是將民主詮釋為正義的人民對邪惡的敵人進行

22　比如，廢除死刑，放寬言論限制、允許公共頻道上的庫爾德語節目等等。

23　此前，根據土耳其的法律，女性在某些公共機構（比如公立大學）不得佩戴頭巾，而埃爾多安一方認為，此類禁令涉嫌宗教歧視，應予廢除——客觀地說，這一舉措並不算激進，甚至可以說是平權之舉。

「專政」，還是接受一個社會的多元性乃至善本身的多元性，從而將民主理解為一種權力共享機制？當一個社會就某個重大議題產生根本性分歧，是在一個相對長的時間地平線上培育共識，還是強行「闖關」，從而造成巨大的社會撕裂？查韋斯1998年當選總統時，只贏得了56%的選票，其主要對手贏得了近40%的選票，當一個國家40%的民眾被視為「敵人」，其政治如何穩定運轉？土耳其2017年擴大總統權力的公投中，48%的選民投下了反對票，當近一半人「說不」，又如何將「一意孤行」宣稱為「人民當家做主」？面對巨大的不同聲音，不借助於超強的政治壓制就不可能將其從政治上「消音」。

2. 不自由民主：從歷史到現在

當扎卡利亞對比西方民主和新興民主，並認為對於西方而言「民主」和「自由」向來兼容，而後者卻出現民主對自由的「排異」反應時，他顯然忘記了法國大革命、西班牙第二共和國或者魏瑪共和國的悲劇。事實上，即使在西方，從一開始就存在「自由的民主」和「不自由的民主」之爭。「因民主，反自由，終專制」，是民主這一制度實踐自誕生以來就如影隨形的危險。[24]

法國大革命以民主始，以暴政終，同樣不僅僅是因為「路易十四的專制遺產」或者「羅伯斯庇爾的權力慾」，相當程度上是民粹式民主走向了極致。與其說是羅伯斯庇爾以其激進的政治觀念裹挾了法國，不如說是衝向巴士底獄、衝進凡爾賽宮、衝向巴黎王宮的「無套褲漢」們裹挾了羅伯斯庇爾，使其意識到為了維繫「人民」的支持，必須實施越來越激進的政策。事實上，最初羅伯斯庇爾甚至反對死刑，反諷的是，到最後斷頭台成了法國大革命的象徵。

24　這一點在古希臘的直接民主中就已經隱約可見──無論是蘇格拉底之死，還是伯利克里被罰，都存在着以眾暴寡的反自由傾向。

「無套褲漢」們的激進顯然有其正義性：平等、自由、博愛、理性、愛國……問題不在於這些理念本身，而在於政治家或群體聲稱自己壟斷這些理念、是其「真正的」的代言人，而國王、貴族、僧侶、有產者、外國勢力……則是這些國家的敵人。革命一開始尚有一個聲音多元的國民議會，但是，為了實現「萬眾一心」，當貴族和僧侶表示對政治激進化的不滿時，他們被殺死；當吉倫特黨人對政治激進化不滿時，他們也被殺死；哪怕丹東這樣的雅各賓溫和派對政治激進化表示疑慮時，他也被殺死……吵鬧的議會派系、漫長的審判程序、封建的地方勢力等分權制衡機制統統成為「民意」的絆腳石被一掃而光。可以說，法國大革命走向了經典的「不自由民主」，其旗幟是最激進的民主，其後果則是斷頭台政治。

如果說法國大革命是「因民主、反自由、終專制」的左翼鼻祖，希特勒時期的魏瑪德國則是其右翼集大成者。眾所周知，納粹黨1932年以33%的選票成為德國議會第一大黨，迫使興登堡總統任命希特勒為首相。但是，此後，他從一個普通的首相演變為整個世界的噩夢，形式上同樣是沿着「民主」的軌跡。1933年的「授權法」由議會投票通過，允許首相不經議會討論頒佈法令。[25] 議會當時排除了德國共產黨投票，但是即使假設當時所有共產黨議員都投了反對票，該法案仍會以78.7%的支持率通過 (Wheaton 1968：269)。同樣，1933年的「議會縱火法案」由當時尚在世的興登堡總統發佈，「暫停」新聞、言論、集會等政治自由，希特勒只是對這一法案大肆濫用而已。此後的黨禁言禁、對共產黨和猶太人的迫害，乃至發動戰爭，很大程度上只是權力一元化改造的後果。不得不承認的是，當希特勒舉行群眾集會時，他確實能喚起千千萬萬人的政治激情，而當他大舉迫害共產黨人和猶太人時，絕大多數德國人如果不是積極參與，也只是扭過了頭去。

25　事實上，1933年的授權法通過只是第一次。由於這次授權只有四年，之後議會又通過了兩次授權法。

在這樣兩場原型級的「民粹式民主」運動面前，我們今天在新興民主看到的民粹式民主幾乎是「小巫見大巫」了。然而，無論這一實踐的規模和程度如何，其邏輯有其相似性：某種形態的「理想主義者」乘坐着「民意」登上政治舞台，為實踐其理想而對權力進行威權化改造，但是，不受約束的權力不但意味着民主的隕落，其「理想」也往往因現實感的喪失而流產。

遺憾的是，即使歷史上有過如此慘痛的悲劇，到21世紀，民粹式民主的誘惑依然盛行，甚至隨着民主政體的急劇擴大而「遍地開花」。這或許因為，威權和民主的結合具有穿越時空的誘惑力。啟蒙時代以來，赤裸裸的專制已經越來越不得人心，因此「民主」成為承載威權統治的特洛伊木馬。對於政治強人來說，「民心」是其力量的源泉，而對於支持他們的民眾來說，強權所帶來的效率也充滿吸引力。雙方通過「會師」實現對政治自由的夾擊。

3.「不自由的民主」與治理績效

很多人於認為政治強人帶來政治穩定，至少在新興民主的民主倒退階段，這常常是一種嚴重誤解。委內瑞拉的街頭衝突和騷亂過去二十年幾乎沒未停止，津巴布韋在穆加貝治下的暴力衝突周期性爆發，米洛舍維奇的「族群民粹主義」帶來近十年的巴爾幹戰火，埃爾多安對庫爾德人的排擠使得本來幾乎熄滅的庫爾德戰火重新燃起，俄羅斯的民族主義熱情助燃了格魯吉亞、克里米亞、頓巴斯等地區的戰火，即使在俄羅斯國內，普京也無法完全抑制異議者的抗議。民主倒退的過程中，衝突往往頻繁爆發甚至失控。

認為「不自由的民主」比「自由式民主」更能帶來經濟增長也是一種錯覺。或許存在「不自由民主」下增長的案例，但很難將其視為一種規律。事實上，經濟失敗往往是「不自由民主」自我強化的一種機制：越是治理失敗，越需要「敵我話語」來為失敗尋找替罪羊，也越需要集中權力來捍衛「政體安全」。

在拉美——一個絕大多數國家已經民主化的地區，2018年自由之家的政治自由度到達最高分(1分)的三個民主國家是：智利、哥斯達黎加和烏拉圭，最低的三個則是委內瑞拉、海地和尼加拉瓜，前者2018/2017年人均購買力GDP分別為22,874美元、15,680美元以及20,916美元；後者則分別為9,402美元、1,656美元、4,910美元，兩相比較高下立現。[26]

在中東歐的新興民主中，2018年政治自由度到達最高分的國家是克羅地亞(2018年人均購買力GDP23,664美元)、捷克(33,436美元)、立陶宛(31,178美元)、愛沙尼亞(31,035美元)、波蘭(28,786美元)、斯洛伐克(31,226美元)、斯洛文尼亞(32,728美元)；最低的幾個國家則是亞美尼亞(9,178美元)、吉爾吉斯斯坦(3,447美元)和俄羅斯(24,791美元)。。「自由的民主」比「不自由的民主」經濟表現明顯更好。以俄羅斯為例，政治自由的喪失並沒有帶來東亞式威權發展。1989年時俄羅斯的人均GDP與波羅的海地區、波蘭、匈牙利不相上下，但是到2019年，曾經的「老大」已經落後於這些鄰國，2013年以來的六年裏，有五年真實收入下跌，2019年的真實收入比2013年下跌10%。這正是為什麼諸多分析家稱俄羅斯經濟遭遇了「失去的十年」。

在東南亞地區的新興民主中(此處指2018年仍然停留在民主政體的國家)，自由度相對高的是印度尼西亞，最低的則是柬埔寨和緬甸，前者的人均購買力GDP 2018年分別為11,606美元，後者則為3,869美元和5,922美元，傳達的信息與前面類似。即使在那些民主倒退的國家，其民主更自由的時期往往比民主更不自由的時期發展速度更好——比如普京在任早期比後期、埃爾多安在任早期比後期、查韋斯在任早期比後期經濟發展都更顯著，這其中固然是因為民粹主義經濟政策「先甜後苦」的邏輯，但同樣也有政治制衡崩潰的惡果往往需要假以時日才會浮現這一因素。

---

26 某些國家缺2018年數據，故以其2017年數據替代。

　　令人不安的不僅僅是民粹式民主的普遍性，而且是它在治理失敗面前的韌性。迄今為止，普京已上台二十餘年，埃爾多安在台上也有二十年，而查韋斯及其繼承者馬杜羅在任加起來二十餘年，穆加貝在任三十七年……神奇的是，這些「中間政體」的「長壽」常常出現在嚴重經濟危機或社會衝突的背景下，換言之，治理績效的乏善可陳似乎無法動搖其政治地位。

　　以馬杜羅政權為例，難以想像的是，一個將整個國家搞到崩潰至1/10人口逃亡他國、百分之幾萬通貨膨脹率、80% 貧困率的總統，居然仍然能夠一定程度上依靠選票維繫權力，並且迄今為止在位近十年。[27] 2015年反對派聯盟贏得議會多數席位時，很多人都認為這將是委內瑞拉的拐點，然而，馬杜羅神奇地實現了「逆襲」：通過早已黨派化的最高法院，他宣佈剝奪新議會的權力，然後又在其操控下另起爐灶，「選」出了一個聽話的「憲法議會」；當反對派發動其針對總統的「召回公投」，早已黨派化的選舉委員會則非常「順手」地阻礙了公投；並且，通過一個廣泛的恩惠網絡，他攏住了軍隊，使其成為自己的權力堡壘。

　　正因為「不自由民主」是民主和威權的結合體，它具有經典威權政體正在喪失的韌性。在當代世界，穆巴拉克或卡扎菲這樣的「傳統威權強人」常常幾乎一夜之間倒台，卻難以看到普京、埃爾多安、查韋斯這樣的「民主強人」迅疾垮台——除了暴力的武器，他們還有情感的武器、認同的武器、社會正義的武器。也正是因為民粹式民主這種驚人的頑固性，對於新興民主它成為一種「流行病」。觀念的力量如此強大，它常常超越歷史的情境，跨過文化的差異，推出不同的演員，卻導演出相似的劇情。

27　某種意義上，極度貧困成為他保住權力的「秘訣」。政治恩惠主義通過扭曲經濟結構來製造經濟上的「國家依賴」，而極度貧困則降低「恩惠」的價格。這也部分程度解釋了為什麼經濟崩潰之後仍然有相當一批民眾給馬杜羅投票——唯有給他投票才能得到微薄的食品配給。

四 案例分析

為了進一步說明本章的核心觀點，本節將詳細分析兩個案例：穆加貝治下的津巴布韋和轉型後的南非。這兩個國家的可比性顯而易見：它們是鄰國，也就是說，地緣環境高度相似；歷史經歷相似——它們都是黑人佔人口絕大多數，曾被少數白人長期統治，黑人經過漫長而艱難的反種族主義鬥爭取得了平等公民權——津巴布韋1980年推翻了白人政權，南非1994年推翻了種族隔離制度。事實上，兩國的「開國元勳」們很多曾經共同戰鬥，南非後來的總統祖馬稱自己和穆加貝是「肩並肩的自由戰士」(Smith 2012)。民主轉型後，兩國的第一次大選都是黑人的政黨取得了壓倒性勝利——在津巴布韋，1980年大選中穆加貝領導的 ZANU 黨成為第一大黨，而南非1994年大選中非國大也成為第一大黨。轉型後，兩國的領導人——穆加貝和曼德拉——都是「克里斯馬型領袖」，被本國民眾視為英雄和「國父」，而且兩個人上台伊始都發出了種族和解的信號：穆加貝在1980年的大選演說中對本國的白人表示，「如果昨天我曾經將你當作敵人去鬥爭，今天你已經成為朋友和同盟，你和我現在有同樣的國家利益、忠誠、權利與責任。過去的錯誤應該被遺忘和寬恕……如果過去你憎恨我，現在，你無法迴避將你我連接的愛」(Chitagu 2019)，這段話可以說和曼德拉的風格別無二致。

當然，兩國在轉型起點經濟水平有一定差距：1994年南非的人均 GDP 為3,500美元左右，而津巴布韋1980年的人均 GDP 只有1,000美元左右，但是，兩國都是相對落後的國家——尤其考慮到南非的不平等狀況為「世界之最」，其相對高的「人均」GDP 下面掩蓋着絕大多數人的極度貧困。[28] 此外，南非1994年人口大約4,000萬，津巴布韋1980年的人口約730萬，前者大得多。但是，「船小好掉頭」，本書上半部分的分

---

28 不少轉型起點處經濟水平還不如津巴布韋的非洲國家（比如贊比亞、加納、肯尼亞）走向了民主的相對穩固，可見後來的極度貧困與其說是津巴布韋民主崩潰的原因，不如說是其結果。

析顯示，小國轉型的風浪常常更小。總之，由於高度的相似性，似乎有理由相信，這兩個國家轉型後的命運即使不雷同，也應該大同小異。

然而，「解放」之後，兩個國家的故事卻大相徑庭。族群關係上，南非族群關係大致走向了和解——儘管不無矛盾和衝突，但無論和津巴布韋比還是和轉型前的南非自身比，彌漫性的大規模暴力衝突已顯著緩解，以因卡塔黨為主力的分離主義運動也逐漸降溫。而在津巴布韋，轉型後不久就發生了紹納族 (Shona) 針對恩德貝萊族 (Ndebele) 的大規模屠殺，黑人白人關係的惡化則可以從一個簡單的事實窺見一斑：津巴布韋的白人數量已從人口5%左右降至現在「可以忽略不計」。[29]

就民主穩固程度而言，南非1994年政體分值從5分上升到9分之後，就一直停留在9分 (截至2018年)，也就是説南非基本上實現了民主穩固。而津巴布韋，儘管其轉型起點處的政體分值是4，1983年就降至1，1987年起則降至-6，此後雖有波動，但是直到2009年實現聯合政府才勉強回升至正值1，截至2018年 (穆加貝下台之後) 回升至4，可見其津巴布韋的民主穩固之路走了一個巨大的倒U形，至今也只能説是低質量民主。

經濟上，南非雖然絕非發展的明星，但是轉型後也沒有過山車般的大起大落——尤其是轉型後早期 (也就是曼德拉和姆貝基在任時)，經濟發展態勢良好，GDP年均增長率在3.4%左右；而在津巴布韋，其面值100萬億的紙幣已經成為人類通貨膨脹史上的「傳奇」，貧困率一度高達80%、失業率80%、艾滋病的成年人感染率高達1/4、人均預期壽命 (2006年女性34歲、男性37歲) 一度全球墊底，具有一個「失敗國家」的各種經典特徵。[30]

29　根據津巴布韋2012年的人口調查數據，在其1,300萬人口中，歐洲裔的為2.8萬，也就是佔人口總數的2，故人口調查報告中如此表述：「幾乎所有的津巴布韋人口為非洲後裔，歐洲裔、亞裔和混合族群構成一個可以忽略不計的比例。」(Zimbabwe Population Census Office 2012：17)。

30　通脹信息參見Frisby 2016；貧困率、失業率、艾滋病感染率信息來自Meldrum 2005。當然，上述數據都是指其經濟危機最嚴重的階段，並非一直如此。

　　轉型條件的相似性，使得民主穩固結果的不同令人費解。政治歷史、社會結構、經濟結構、國際環境和社會文化的相似性，使我們能夠大體「控制」這些因素對於兩個國家民主能否穩固的解釋，從而集中於本章的核心變量——政治行動者的政治選擇。筆者認為，基於穆加貝式的民粹式民主觀，津巴布韋走向了「不自由的民主」，最後導致了民主和治理的雙重崩潰，而南非的民主建立於曼德拉式的自由式民主觀之上，走向了階段性的民主穩固。

1. 津巴布韋

　　如果你是一個津巴布韋公民，生活在21世紀開端的津巴布韋意味着什麼？政治上，你的總統穆加貝已經在位二十餘年，還將在位十多年——直至其副總統在2017年一場「委婉的政變」中將其推翻。[31] 如果你是當時津巴布韋境內僅剩的白人，説明你很可能是老弱病殘——因為但凡有些許技能和體力，你應該已經移民了。但即使你是一個黑人，卻不是佔人口70%的紹納族 (Shona)，而是恩德貝萊族，茨瓦納族 (Tswana)、索托族 (Sotho) 等等……你仍然可能是二等、三等公民，你可能有親屬在1983–1984年的族群衝突中被屠殺，而現在如果你「膽敢」參加反對黨MDC的集會，執政者ZANU的打手會拿着槍支棍棒來驅散你們的集會，並衝到你所在的社區去警告給反對黨投票的後果。如果你「幸運地」屬於穆加貝總統所在的紹納族，並且政治上對政府保持忠誠，你的生活其實也好不了多少，因為津巴布韋此時的通貨膨脹率是百分之幾萬，失業率幾乎覆蓋全民，停水停電是家常便飯，事實上，除非你是穆加貝集團的「親友團」，你很可能在打包行李，準備背井離鄉去南非或者贊比亞打工，儘管你在這些國家也並不受歡迎。[32]

31　2017年11月，被撤職的副總統姆南吉加瓦 (Emmerson Mnangagwa) 聯合軍方佔領首都的一些核心機構，迫使在任三十七年的穆加貝總統辭職，但是無論是軍方、上台的副總統還是穆加貝本人都沒有承認這是一場「政變」。

32　比如，相當一部分津巴布韋人去南非打工，但是南非已經數度爆發反移民騷亂 (Burke 2019)。

這是一個噩夢般的情境——在這個國家，無論你如何「投胎」，過上幸福生活的概率都極低，卻是當時津巴布韋人生活的真實狀態。即使和非洲其他貧窮國家相比，津巴布韋的經濟困境也幾乎是「一枝獨秀」的。1990年津巴布韋人均購買力GDP與撒哈拉以南非洲大體相當（2,705國際元vs 2,931國際元），但是到2018年，津巴布韋已經明顯低於撒哈拉以南國家平均水平（2,400國際元vs 3,823國際元），而這還是它從2008年左右的谷底「復蘇」之後的情形。[33]

如前所述，從「自由式民主」到「不自由的民主」，這個政治滑坡的過程得以發生，往往是因為主要的政治力量信奉一種過度的、不加節制的民主觀——它將通過選舉反映出來的多數民意神聖化，並因此碾壓一切「少數群體」。這常常是一個「上下合力」的結果：光有政治家的個人野心而沒有民意的呼應，政治家最終只能是「孤家寡人」，但如果只有狹隘的民眾而沒有「克里斯馬型領袖」去激活他們，「烏合之眾」也往往處於休眠狀態。但是，當二者相遇，其「化學反應」則是爆炸性的。津巴布韋的悲劇正是這樣一個例子。

從政治話語來看，穆加貝可以說各種民粹主義話語的「集大成者」，經典地體現了民粹式民主主體觀：他既熱衷於區分種族敵我，又熱衷於區分部落敵我，同時還疊加階級仇恨，於是，幾種鬥爭話語相互強化，彼此火上澆油，將獨立後的津巴布韋推至深淵。不過，恨如此有市場，恰恰是因為它往往以愛的面目出現——愛國主義、愛自己的族群、愛自己的種族、愛這片土地……穆加貝的感召力，正是來自他「愛非洲」和「愛津巴布韋」的「反殖民」話語。

在其政治生涯的開端，穆加貝的形象絕非後來的「獨裁者穆加貝」。事實上，20世紀70年代末80年代初，他被廣泛視為一個「解放者」——不但津巴布韋民眾如此看待他，連國際社會很多觀察者也如是觀之。與許多其他的非洲反殖民主義英雄相似，穆加貝從60年代開始就投身於津巴布韋的黑人民權運動，組黨、辦報、加入恩科莫（Joshua Nkomo）領導的「津巴布韋非洲人民聯盟」組織（ZAPU），之後雖與ZAPU分道揚

33　此處選擇「購買力GDP」指標是因為它更具有橫向的可比性。

鑣，但是成立了自己的組織「津巴布韋非洲民族聯盟」(ZANU) 繼續反殖民鬥爭。也和曼德拉一樣，他曾經被白人統治者投入獄中，被關押多年。1974年出獄後，他又加入了武裝鬥爭，經過多年浴血奮戰，加上英國政府調停，終於打垮了伊恩‧史密斯 (Ian Smith) 領導的白人政權。

穆加貝反種族主義少數統治的事跡當然值得肯定，問題在於，即使是白人統治已經結束五年、十年、二十年、三十年後，津巴布韋的白人數量已經縮小到「可以忽略不計」，穆加貝的核心政治話語仍然是「反殖民主義」或「反新殖民主義」，事實上，其話語中的「殖民主義」是如此之大的一個「筐」，一切國內外反對者都可以往裏裝。

1980年津巴布韋剛剛建國之際，穆加貝對白人曾採用「和解話語」，他表示：「留下來吧，和我們在一起，留在這個國家，在團結的基礎上建設這個國家」，他甚至明確表示：「我們不會從任何耕種者手裏搶奪土地。」[34] 但是，二十年之後，對津巴布韋所剩無幾的白人，他的話語卻變成了：「我們黨必須繼續在白人心目中製造恐懼，白人是我們真正的敵人」，[35]「你們現在是我們的敵人，因為你們就像津巴布韋的敵人那樣行事。我們充滿憤怒，我們整個社群都非常憤怒，這正是為什麼我們讓退伍老兵們去搶奪土地」，「對他們，我們只想說，他們是我們的敵人，回英國去吧」(Davies 2017)。[36] 這個180度轉變的原因，根本而言，是其民粹主義經濟政策20世紀90年代逐漸破產後，他急需重舉「反殖民主義」大旗來重塑其政權合法性。

當布萊爾政府批評穆加貝政府打壓反對派時，穆加貝的反應是「布萊爾去死吧」，因為「英國人有什麼權利來決定我們的選舉？」2008年的

34　這是穆加貝剛從國外流亡回國時在一場群眾集會中的講話 (BBC News, Jan. 27, 1980)。

35　這是穆加貝在2000年土改高峰時期的動員講話，儘管當時白人已經只構成津巴布韋人口的1%，並且發生了多起襲擊白人農場主致死的慘劇 (CBC News, Dec. 14, 2000)。

36　在其個人回憶錄中，一個津巴布韋白人記錄了他全家如何一開始因為穆加貝的和解話語而決定留下，最後又由於其仇恨話語而走向幻滅的過程 (Rogers 2019)。

一次集會中，穆加貝憤怒地譴責英國是「竊賊式的新殖民主義者」，他對着上萬聽眾高喊：「打倒英國人！打倒想偷盜我們國家的竊賊！」在已經獨立28年之後，面對經濟的全面崩潰，他仍然認為津巴布韋的主要問題是「英國竊賊」，可見他對這一套話語的上癮程度。

如果英國是「殖民主義者」，反對黨MDC則是被「殖民主義者」收買的傀儡。在ZANU的一次政治集會上，主席台上的大標語是「津巴布韋絕不會再次成為殖民地」，而觀眾席上一個巨大的標語則寫着：「MDC：布萊爾的走狗。」[37]穆加貝在演講中表示，「今天他們（殖民主義者）使用一種更微妙精湛的策略，用金錢來收買一些人來反對政府，我們就像牲口一樣被買賣着」。[38]至於他自己，「我絕對、絕對不會出賣我的國家，我絕對、絕對、絕對不會妥協。津巴布韋是我的，我是一個津巴布韋人，津巴布韋屬津巴布韋人」（Cowell 2019）。在另一次演講中，他輕蔑地表示，「茨萬吉拉伊和他的MDC，那些英國傀儡，他們想從我們手中奪取，然後去完成英國佈置的計劃。但是他們不會得逞的，因為我們有人民的支持」。[39]

問題不僅是穆加貝如此沉迷於這一套話語，而且是這一套話語始終具有相當的魔力。即使是在2008年津巴布韋的通貨膨脹率已經高達百分之幾百萬、穆加貝的打手在全國各地毆打甚至打死反對派之際，居然還有40%多的民眾給他投票。事實上，即使穆加貝在位最後五年，其支持率仍然未低於40%——平均而言，高於美國的奧巴馬總統。[40]哪怕其副總統2017年將其推翻，也始終「不好意思」承認這是政變。2019年

---

37 該信息來自穆加貝的一次演講視頻，視頻取自：https://www.youtube.com/watch?v= 0uwVZH5138M。

38 從20世紀90年代中後期開始，由於英國政府對其政策的批評態度，穆加貝發展出一套狂熱的反英話語（Tran 2008）。

39 隨着經濟危機加劇以及穆加貝任期期滿的臨近，穆加貝加大了打壓反對派的力度，包括在大選前禁止MDC舉行競選活動（News24 2007）。

40 這五年穆加貝的平均支持率為54%，而奧巴馬總統的平均支持率為48%左右。穆加貝的支持率數據參見Plecher 2018。

穆加貝去世之際，親手推翻他的新總統在悼詞中稱穆加貝為「解放的象徵，將其一生獻給了人民的解放與強大」。

部分因為這套話語的魔力，穆加貝成為津巴布韋選舉戰場上的「常勝將軍」——除了2000年的公投和2008年的第一輪總統大選，他在政壇上的三十七年從未丟掉任何選舉。其勝利固然有極大政治操控和暴力威脅的成份，但是他會偶爾輸掉選舉這一事實，說明其操控和威脅並不總是有效，也並非其勝利的唯一解釋。事實上，如果穆加貝僅僅依靠暴力統治，他完全可以像個真正的威權強人一樣放棄選舉，但他並沒有這樣做。原因或許是，與許多民粹式領導人一樣，穆加貝總統不僅僅在意權力本身，而且在意權力的「合法性」。因此，他在任三十七年，其中一黨治國三十年，但是從未取消過任何選舉。這些選舉和公投並非完全是「花瓶式的」——反對黨在1987年之前和2000年之後相當比例的得票率正是這些選舉有一定競爭性的說明。

在1980年的第一次大選中——同時也是津巴布韋歷史上相對自由公平的一次選舉，穆加貝就取得了壓倒性勝利，他領導的ZANU贏得了57個議會席位，而他從前的「老大哥」恩科莫所領導的ZAPU只贏得了20個席位。然而，這是一次不祥的勝利，因為各自政黨的得票比率和其所在族群人口比例如此接近，昭示着「政治部落主義」的幽靈已被喚醒——紹納族人給紹納候選人投票，恩德貝萊人給恩德貝萊候選人投票，相比認同，治理政綱成為次要的投票因素。在與穆加貝鬥爭的過程中，恩科莫始終表現出更大的政治彈性和妥協精神，接受「被貶」的政治位置，強調政治的「去部落化」，號召民眾「不遺餘力地打擊部落主義和派系主義」。[41] 然而，紹納為多數的津巴布韋民眾在第一次大選中就選擇了穆加貝，從此揭開了政治部落主義的帷幕。

41　作為津巴布韋反殖民鬥爭的元老，很多人原本認為恩科莫至少應該和穆加貝在權力上平分秋色，但是，僅僅因為他來自恩德貝萊族——也就是人口比例較小的部落，其在選舉政治中的前途就此暗淡 (Thatcher 1980)。

當然，更重要的不是穆加貝的當選，而是他當選之後將選舉授權無限拉伸，以民選機構吞噬非民選機構，將多元的權力結構改造成一元的權力結構。1980年大選之後，雖然穆加貝大獲全勝，但津巴布韋完全有機會發展出多元制衡式的民主。當時，穆加貝的ZANU黨贏得了57個議會席位，恩科莫的ZAPU 20個，白人根據之前的和談約定保留了20個席位。[42]這個三分天下的情形本可以是多元政治格局的基礎。即使是白人勢力由於人數和軍事劣勢很快被摧毀，ZANU和ZAPU也可以成為「兩黨政治」的天然基礎。然而，兩黨沒有成為議會中的辯論對手，而是很快成為戰場上勢不兩立的敵人。究其原因，在於穆加貝及其支持者試圖「贏者通吃」。

很多人沒有意識到的是，穆加貝20世紀80年代的族群動員並非指向白人，而是其黑人競爭對手恩科莫及其政黨ZAPU——由於白人顯然的人數劣勢，選舉政治上他們不能構成真實的挑戰，ZAPU才是真正有實力的競爭對手。早在1980年第一次大選後，穆加貝就不將恩科莫領導的ZAPU視為「忠誠的反對派」——正如曼德拉對待德克勒克領導的南非國民黨那樣，而是將其視為敵人。他迅速收編其部隊，[43]拒絕給恩科莫任何實權部門的要職，後來乾脆將其解職，表示「ZAPU和它的領導人恩科莫博士就像房子裏的毒蛇，對待它唯一有效的辦法就是主動出擊並摧毀它的腦袋」(Ndlovu-Gatsheni 2017：332)。他的確很快「出擊」了。在聲稱恩科莫密謀政變之後，其軍隊在恩科莫的家鄉馬塔貝萊蘭(Matabeleland)對恩德貝萊人進行了屠殺——據估計，這場屠殺中有上萬個恩德貝萊平民被殺，恩科莫被迫流亡他國(McNeil 1999)。雖然1987年恩科莫「被邀請」回國擔任「第二副總統」，但是其組織ZAPU已

42　儘管為特定族群保留席位有所不公，但是正如南非後來的經驗所揭示的，前執政集團的部分權力保留地不但對於政治和解非常重要，對於維繫統治的專業性和連續性非常重要——畢竟，遊擊隊出身的ZANU和ZAPU缺乏技術官僚的治理經驗。

43　獨立之前，ZANU和ZAPU是兩支各自為政的「反殖民主義」力量，各有各的軍隊——事實上，ZAPU的鬥爭甚至更久。

被執政黨吞併，[44]其職位也不過是個象徵性職位，無法代表任何真實的制衡力量。合併後ZANU-PF在1987年議會選舉中贏得了150個席位中的147個——短短七年之後，津巴布韋的政治格局與1980年大選後的多元主義格局已經大相徑庭，穆加貝完成了政治權力的一元化改造。

但是，權力 固從來無法一勞永逸，它需要反覆的政治動員來為其注入活力。穆加貝的政治動員既訴諸於族群認同，也訴諸於階級認同，有時候則合二為一。馴服壓制住了ZAPU勢力後，穆加貝展開了他的「社會主義運動」：他大量投入教育——其教育開支是鄰國的8倍，好处是後來津巴布韋的識字率成為非洲最高的之一（Winter 2017）；他提供免費醫療，建立了成百上千個免費診所，兒童疫苗接種率從1980年的25%上升至1988年的67%（Makaye & Munhande 2013）；他提高工資、縮小貧富差距；為安撫抗議老兵，1997年決定一次性一人發放5萬津幣（相當於當時的6,000多美元）……[45]這些「義舉」為津巴布韋財政埋下了定時炸彈，卻為穆加貝個人贏得了廣泛的人心。

20世紀90年代末期，入不敷出的財政開始捉襟見肘，「定時炸彈」開始「爆雷」，經濟大幅滑坡，大街小巷中開始充滿抗議人群。但是沒關係，新的運動可以拯救舊的運動帶來的危機，這就是舉世聞名的「快速通道土改」。當時穆加貝急需找到一個「替罪羊」群體，既能解決當時的財政危機，又能重啟運轉其「敵我鬥爭」話語——這時，穆加貝才真正把視線轉向了白人群體。一場由退位老兵和年輕民兵發動的「打土豪分田地」運動由此開始。

44　1987年後，在恩科莫的同意下，ZAPU與執政黨ZANU合併，成為執政黨的一部分，但是鑒於ZANU的強大以及穆加貝無可匹敵的地位，實際上是ZAPU被ZANU吞併。恩科莫自稱，他之所以同意這麼做是為了阻止穆加貝對恩德貝萊族更多的迫害和屠殺，但是很多恩德貝萊人自此將恩科莫視為「叛徒」。

45　除了一次性5萬津幣（當時的6,250美元），穆加貝還承諾給老兵每個月2,000津幣的收入，這是津巴布韋經濟危機進入不可逆階段的一個拐點。可以説，穆加貝「成也老兵，敗也老兵」（Raath 2016）。

當然，「大刀闊斧」改革的前提，往往是權力的急劇集中和對制衡力量的拆除。當一批法官裁決這種暴力土改違憲時，穆加貝的反應是剝奪他們的權力，並稱「首席大法官有種新殖民主義的態度，他把自己當作英國的津巴布韋最後一任總督」（Rozenburg 2001）。之後，議會通過了一項針對最高法院的不信任案，一大批法官被迫辭職。政府不但重新任命了一批新法官，而且不失時機地給新法官分配了大量土地，[46]之後，法官裁定穆加貝的土改合憲顯然就不足為奇。短短幾年內，1700萬英畝土地被「再分配」，4500多個白人農場主被驅逐，上百萬黑人得到了土地。[47]只不過，其後續不是津巴布韋人的「經濟解放」，而是震驚世界的經濟崩潰。[48]

在任何國家，經濟滑坡和崩潰都會引起巨大的不滿，津巴布韋也不例外。從20世紀90年代末來時，反對派的力量逐漸匯聚成新的反對黨——茨萬吉拉伊領導的「爭取民主變革運動」組織（MDC）。這是80年代後期ZAPU被ZANU吞併後，穆加貝第一次遭遇真正有組織的挑戰，也給津巴布韋建立多元制衡式民主帶來第二次機會。在2000年的一場公投中，反對派力量甚至成功阻截了一場穆加貝組織的修憲公投，[49]並在2000年的議會大選中贏得了120個席位中的57個。此後多次選舉中，MDC表現皆不俗。

---

46 據一項研究，得到了「強制徵收」土地的法官人數可能高達95%（HRW 2008：15）。

47 許多人不曾關注的是，30萬黑人也因此失去農場工作。也就是說，黑人的底層也是此類政策的受害者。

48 由於缺乏農場經營、生產、管理的技能，無數被分配的土地陷入拋荒狀態，農業生產急劇下跌，不但糧食供給出現困難，而且靠農業生產和出口維繫的財政和外匯也陷入窘境，結果是經濟崩潰。參見 DW News, May 19, 2015。

49 2000年，為了給其「快速土改」開綠燈，穆加貝推動了修憲公投，其中最富爭議的條款就是「無償徵收土地用以土改」的內容，意外的是，公投結果居然是反對派勝利，修憲沒有通過。這是反對派組織MDC在津巴布韋上嶄露頭角的標誌，但是也是其被嚴重打壓的開端。不過，儘管修憲沒有通過，穆加貝政府仍然一意孤行地展開了「快速通道」土改。

　　然而，MDC越成功，就越被穆加貝政府視為「眼中釘」。穆加貝對政治自由的壓制，反對派茨萬吉拉伊的個人遭遇是最好的說明。[50]2000年，茨萬吉拉伊以叛國罪被起訴，之後，這種「貓捉老鼠」的遊戲成為茨萬吉拉伊的生活常態。2007年又一次被捕後，他在獄中被毆打至昏迷。當一個記者將其在醫院急救室搶救的照片悄悄傳出後，國際輿論嘩然，而該記者很快被綁架，其屍體在首都的郊外被發現。茨萬吉拉伊出獄後出於安全考慮僱用了專職保鏢，然而，其保鏢也很快被毆打至死。2008年總統大選之際，針對MDC支持者的暴力如此之廣泛，以至於茨萬吉拉伊雖然贏得了第一輪選舉，最後居然宣佈退出第二輪選舉——因為其勝利很可能意味着內戰爆發——為了和平，他不得不選擇放棄。2009年，在國際社會的斡旋之下，ZANU和MDC組織了聯合政府，茨萬吉拉伊被任命為「總理」。但是，他的權力非常有限，而且他上台後不久，又遭遇了一場神秘車禍——雖然他自己保住了性命，其妻子則在車禍中喪生。[51]

　　茨萬吉拉伊的遭遇只是津巴布韋反對派命運的一個縮寫。由於缺乏同等的國際關注，MDC其他成員被毆打、騷擾、威脅、逮捕、綁架更是家常便飯。當記者試圖對此做出報道，或者律師試圖代表其維權，其遭遇則好不了太多。2016年的一次電視採訪中，當記者問起其退休計劃時，92歲高齡的穆加貝認為這個問題太「粗魯」了，他回答道：「你是希望我把你一拳打趴下，才會意識到我還在這裏嗎？」（Mutsaka & Torchia 2019）反對派和公民社會的力量被打擊得如此無力，並不奇怪的是，最後推翻穆加貝的並非任何真正的反對派，而是他自己的副總統和軍隊。[52]

50　在穆加貝的政治生涯中，茨萬吉拉伊是唯一用選票擊敗過他的對手——2000年茨萬吉拉伊組織反對派成功狙擊了穆加貝的公投議案，2008年的第一輪總統選舉中，茨萬吉拉伊以47.8%對43.2%的優勢勝出，他對茨萬吉拉伊懷恨在心也「情有可原」。

51　2009–2013年，作為首相的茨萬吉拉伊對政府政策只能施加非常有限的影響力，在2013年又一場被操控的大選之後，茨萬吉拉伊連這個名不符實的職位也沒有保住。

52　正因為是舊勢力推翻舊勢力，津巴布韋2017年的變革很大程度上「換湯不換藥」。

與無數民粹式民主的命運相似，穆加貝治下的津巴布韋經歷了短暫的「解放欣快症」和之後漫長的黑暗之旅。20世紀80年代，免費教育和醫療讓津巴布韋成為「發展典範」。因此，1983–1984年的種族屠殺似乎只是一個「不和諧的音符」，整個國際社會對此選擇性失明。然而，民粹式民主的邏輯一旦開始運轉，它從不會止於「從此過上了幸福的生活」，越迅速的成功意味着越高的政治和經濟賬單等着支付。

20世紀90年代中後期之後，這個「賬單」開始沿着一個熟悉的邏輯鏈條顯現：民粹主義經濟政策導致財政困難，財政困難引發政治危機，為轉移政治危機政府開始製造敵人、政治開始兩極化……此後，政治衝突與經濟崩潰相互強化，直至整個社會車毀人亡。2000–2007年，津巴布韋經濟縮水50%，曾經的「非洲糧倉」農業產量下跌60%；2000–2001一年間，商業農場的產值下跌3/4，那一年的農業損失超過世界銀行過去二十年對津巴布韋援助的總和。隨着農業生產的崩潰，與農業生產相關的工業和出口也因此崩盤，緊接着外匯儲備崩盤，依靠外匯購買的大量生產生活物資陷入短缺，物價因此失控——在通貨膨脹的高峰期，津巴布韋每天早上起來時就比前一天晚上睡下時物價上漲一倍（Hammond & Tupy 2018）。

「不自由的民主」或許能帶來一時的「效率」，但是當權力失去了制衡機制，「效率」可能意味着整個社會的自由落體。並非僅僅是巧合的是，當2009年穆加貝開始與茨萬吉拉伊分權，哪怕只是一小部分權力，其經濟政策走向相對的理性化，作為這種理性化的後果之一，是津巴布韋的經濟開始復蘇。2009–2013年，津巴布韋的人均GDP增長率高達11.2%。2013年選舉再次被嚴重操控，分權政府垮台，穆加貝又一次獨掌大局，此後——也就是穆加貝在位的最後四年，津巴布韋人均GDP增長率降至0.77%。失去制衡的穆加貝政府又一次犯了寅吃卯糧的「毒癮」，將其公共部門一舉擴大了一倍，國庫再次陷入窘境，而在衝向街頭的抗議人群中，公務員首當其衝。

如前所述，當民眾把某個政治強人選上台去的時候，他們所熱愛的很少是其「威權傾向」，更多的是其「正義話語」。在這種「正義話語」中，政治強人總是承諾「更真實的民主」，更多的「權利」，更多的「福利」，

更偉大的「崛起」，更快速的「解放」——當然，為了實現這些理想，不可避免地，政府需要「打破蛋殼」，滌蕩那些「精英主義殘餘勢力」。問題在於，當承諾過於厚重，其兌現必然捉襟見肘。於是，無法兌現承諾的政治強人轉而尋找政治上的替罪羊，由此，自由式民主退化為「不自由的民主」，這正是津巴布韋所走過的道路。某種意義上，政治強人自身也成為「民粹式民主觀」的犧牲品，他們被自己的承諾綁架，發現這是「不可能的任務」後騎虎難下，只能繼續在自己所製造的旋渦中打轉，直至曾經真誠的信念變成心知肚明的謊言，曾經的情感動員變成赤裸裸的暴力威脅。當然，更大的犧牲品是民眾，在「人民萬歲」的話語中，他們是等待被加冕的群眾，最後得到的，卻往往是滿目瘡痍和空空如也的王冠。

2. 南非

和津巴布韋一樣，南非的轉型條件並不優越：黑白二元種族社會結構潛藏着巨大的社會裂痕，而人口少數族群長期壓迫多數族群的歷史又可能意味着轉型後的復仇契機。某種意義上，這正是津巴布韋、伊拉克和布隆迪所發生的事情。更糟的是，種族裂痕和階級差異相互疊加——在有數據可考的國家裏，南非的貧富懸殊(以基尼指數衡量)是「世界之最」，這一點在轉型前即是如此，至今仍未改變。[53] 如果説「民主可能成為國家暴力支持下的劫富濟貧」這一擔憂有其道理的話，南非似乎是最天然的適用對象。

種族與階級裂痕還不是南非僅有的結構性問題。與許多新興民主國家一樣，南非面臨着少數民族的分離主義威脅。南非最著名的分離主義運動，是夸祖魯-納塔爾省(Kwazulu-Natal)的自治運動。種族隔離時期，該部落在分治的名義下曾經獲得過「獨立」地位，解除種族隔離意

53　數據顯示，南非最富裕的10%人口擁有本國71%的財富，而60%的底層人口只擁有7%的財富，即使與其他貧富懸殊嚴重的國家相比，這一數據仍然驚人(Scott 2019)。

味着他們不得不「回到祖國的懷抱」，因此出現一個頗為奇怪的情形：
同為黑人的祖魯族，甚至比很多白人更反對「非國大」的領導權。20世
紀90年代初非國大的政治崛起勢不可擋時，祖魯族就在因卡塔自由黨
(Inkatha Freedom Party) 帶領下，致力於和非國大鬥爭，其中不乏武裝鬥
爭。直到1994年大選前最後一刻，因卡塔自由黨才放下武器，以政黨
身份參與大選。可以想像，當時這種妥協是非常脆弱的，祖魯人隨時可
能重新走上武裝分離主義的道路。

南非還有一個轉型的不利條件，即曼德拉上台之前整個社會的暴力
化傾向。眾所周知，暴力往往具有歷史慣性。轉型之前，白人統治者
利用國家機器對黑人實施的制度化暴力是生活日常：政府針對民權活動
家的逮捕、鎮壓乃至暗殺層出不窮，民間的極右勢力也自發武裝起來四
處出擊。非國大自身包括曼德拉本人也並未承諾過停止暴力反抗 (南非
國民黨聲稱這是不能釋放曼德拉的主要原因)。從20世紀80年代初開
始，非國大加大了針對國家機構的暴力襲擊力度，同時還發起了「人
民戰爭」和「人民法庭」，對公職人員以及與公職人員合作的「奸細」進行
襲擊。其中的一個標誌性暴力行為，就是所謂的「項煉處決」：在一個
輪胎裏灌滿汽油，掛到「敵人」脖子上，然後點燃輪胎。加上非國大和
因卡塔自由黨之間的衝突，各方混戰的結果是，從1990年非國大解禁
到1994年大選，南非至少有1.3萬人死於分散的政治暴力。即使是選舉
過程中，暴力襲擊也沒有停止。[54] 可以說，南非1994年是坐在一個火山
口上。

但是，正是在這樣不利的轉型條件下，南非沒有像津巴布韋那樣走
向民主崩潰，而是階段性地實現了民主穩固。當然，今天的南非還存在
種種問題，其中不乏嚴重的經濟和社會問題。[55] 但至少在20世紀90年代

---

54 選舉過程中發生了4起炸彈襲擊，導致21人死亡。在夸祖魯-納塔爾省，13人
被殺害。

55 就政治上而言，從曼德拉到姆貝基、再到祖馬，領導層似乎是「一代不如一
代」。時至今日，腐敗、公共服務水平低下已經成為南非的頑疾。經濟上而
言，祖馬上台以來經濟政策越來越民粹化，也使南非出現了種種經濟困難，失
業始終居高不下。

中後期，南非在民主轉型最危險的階段，成功避免了內戰和民主崩潰——這本身已是巨大成績。到2019年，南非已成功舉行了6次大選，換了4任總統，並且早期的選舉暴力逐漸消退，極端主義的政治勢力逐漸失去市場。南非出現了一個黑人中產階級階層，根據世行數據，貧困人口從1993年的31.7%下降到了2014年的18.9%，人均GDP從3,345美元（1994）上升為6,374美元（2018）。雖然增長不算高速且有下降趨勢，但並沒有出現津巴布韋式的大起大落。

為什麼南非能夠「逆水行舟」實現民主穩固？維護了民主政體的自由維度起到了根本性作用——就在津巴布韋上下合力構建了一種贏者通吃式民主的同時，南非的政治家們和公民社會則共同推動了一種多元制衡式的民主。在這種多元制衡式民主中，政治話語是和解式的，權力是分散的，政治從革命動員走向常態法治，反對派的政治自由也始終受到尊重。可以說，南非的民主模式是自由式民主觀的產物。

轉型後，南非的政治話語是和解式的。在這個問題上，曼德拉總統的個人領導力功不可沒。很多人將曼德拉視為推動南非民主化的英雄，事實上，他在民主穩固方面的功勞更為難能可貴——很多非洲領導人都曾經推動本國的民主化，都曾具有巨大的道德感召力，穆加貝也是其中之一，但是一旦上台，在權力的腐蝕和錯誤觀念的指引下，往往「不知不覺」淪為獨裁者。曼德拉能夠急流勇退，並留下了一個多元制衡式民主的政治遺產，非常難能可貴。

曼德拉通過諸多象徵性行為建構和解式的文化。經過二十七年的牢獄之災，曼德拉沒有將仇恨注入新的政治框架中。擔任總統後，他拜訪過前總統維沃爾德（種族隔離制度的締造者）的遺孀；他出現在英式橄欖球賽的賽場觀賽——這項運動在南非被視為白人的運動；他學習並經常使用阿非利卡語（Afrikaner，荷蘭裔白人的語言）和公務員交流；他主持定期的「和解午餐」——將隔離時期的當權者和受害者或其家屬組織到一起聚會；他的政府甚至沒有發起過「修改路名、推倒雕塑、鏟除紀念碑」之類的城市面貌更新運動（比如維沃爾德大道依然叫作維沃爾德大道），而此類運動在很多轉型國家都發生過。或許正是因為曼德

拉的這種和解話語和做法,穆加貝曾經不無諷刺地說:「曼德拉在為非黑人群體做好事方面走得太遠了,有時候是以犧牲黑人為代價……他也太聖人、太好好先生了」(Myre 2017)。

新政府也從來沒有發起過復仇式的起訴與審判。為在撫平創傷和政治和解之間找到平衡,新政府發起了舉世聞名的「南非真相與和解委員會」,由圖圖大主教擔任主席,其基本原則是「以坦白換大赦」。可貴的是,該委員會不僅僅調查白人種族隔離當局的種種暴行,同時也調查黑人反抗組織的恐怖暴力活動。當副總統姆貝基不得不給該委員會提供關於非國大暴力活動的報告時,他憤怒地抱怨,將捍衛與反抗邪惡制度的暴力相提並論是「不道德和非法的」。當然,三次被傳喚的德克勒克也抱怨真相與和解委員會「拉偏架」。然而,恰恰是這種令各方都不滿的情況,說明南非沒有出現贏者通吃的局面。

作為前執政黨的領袖,德克勒克及其領導的國民黨,在轉型過程中能夠始終和平參與,不「掀翻棋盤」,也是南非民主得以穩固的一個關鍵因素。很多情況下,決定轉型成敗的不是勝利者,而是失敗者。失敗者能否接受失敗,往往是轉型能否穩固的分水嶺。無數前獨裁者都在這一測試中敗下陣來。通過1990年釋放曼德拉和解禁非國大,德克勒克不但啟動了南非的民主化轉型,而且在國民黨敗選後的表現也令人欽佩。他和國民黨不但接受了敗選,而且在敗選後仍然以副總統和第二大黨的身份積極參與政府事務。雖然在合作過程中不免與非國大磕磕碰碰,並且幾年後最終退出了聯合政府,但在轉軌最脆弱時刻的合作是維持局勢穩定的重要因素。此外,國民黨手把手將其治理經驗(尤其是經濟政策上)傳授給非國大,將其精幹的公務員體系遺留給新政府,也是南非民主走向穩固的重要條件。

由於種族人口優勢和歷史原因,1994年至今,非國大贏得了所有的大選。事實上,對白人而言(以及其他有色人種——南非還存在大量的印裔和混血人種),面對黑人人口的絕對優勢,除了在個別省份,想要通過選舉奪回政權希望極其渺茫。因此,要保證南非的民主不走向津巴布韋式的「多數暴政」,重要的是為「選舉授權」劃定一個半徑,從而

保障少數群體的權利。如何劃定這個半徑？與津巴布韋「民選總統獨大」的模式相反，南非實踐的是保持議會多黨格局、聯邦制、比例代表制、獨立司法獨立等「水平制衡」的機制，以此「稀釋」內置於選舉的「多數主義」。

由於單一選區選舉制度「放大大黨、縮小小黨」的效果，南非從一開始就採取了比例代表制原則。1994年大選，儘管非國大以63%的選票贏得了議會的絕對多數席位，但是國民黨也贏得了20%的席位，加上因卡塔自由黨等其他小黨的席位，代表少數群體的其他黨派也贏得了1/3左右的席位，從而避免了國會裏的贏者通吃。第一次大選後，國民黨德克勒克繼續擔任副總統，很多原民族黨官員繼續留在新政府內閣中，一定程度上保持了南非政治的連續性。

如前所述，穆加貝在1983–1984年清洗恩科莫勢力並屠殺其族人恩德貝萊之後，執政黨ZANU於1987年正式吞併了當時唯一有力量的反對黨ZAPU，完成了津巴布韋的一黨化轉型，此後津巴布韋始終是ZANU一黨壟斷權力。南非卻始終維持着1994年所確立的「一大二小」的三黨格局。1994年的議會三大黨為非國大（63%選票）、國民黨（27%）和因卡塔自由黨（10%），2019年的三大黨則為非國大（57%）、民主聯盟（21%）和自由戰士（11%）。某種意義上，南非2019年的政黨格局比1994年更「進步」了，因為1994年的三大黨幾乎完全沿着族群裂痕組織起來：非國大是「黑人的政黨」，國民黨是「白人的政黨」，而因卡塔自由黨則是「祖魯人的政黨」；但是2019年的三大黨則更多地沿着意識形態組織：非國大是「中間黨」，自由戰士是「極左政黨」，而由原國民黨和自由主義的民主黨合併而來的「民主聯盟」則是「中右政黨」——2015年，民主聯盟第一次選出了一個黑人政黨領袖，昭示着其「白人政黨」標籤正在淡去。三大政黨從族群認同式的政黨走向意識形態為分野的政黨，是南非政治生活走向成熟的表現。

聯邦制對於緩解衝突也起到了巨大的作用。如前所述，由於白人和祖魯人的絕對人口劣勢，民主轉型後，他們極難從全國性的選舉中得勝，這時候為他們提供一個「政治保留地」就至關重要，而這正是聯邦

制的意義。在新南非的制憲過程中，各方力量充分考慮到這一因素，為省級政府保留了較大的自主權。1994年以來，在白人聚居度比較高的西開普敦省，除了2004年大選，地方議會中一直是被視為傾向於保護「白人利益」的國民黨或者民主聯盟獲勝；而在祖魯人聚居的夸祖魯省，其得票比率也明顯高於全國的得票比率，從而使其在「自己的地盤」獲得了更大的發言權。這種「權力保留地」安排對於南非的和平過渡起到了關鍵作用。

就權力的水平制衡而言，從一開始，新南非就注重司法獨立的原則。與津巴布韋的法院最後成了穆加貝的「內閣」不同，民主化以來，南非憲法法院有一個長長的「反執政黨」記錄。曼德拉在台上時，憲法法院就通過裁決迫使政府不情願地接受了廢除死刑和同性戀婚姻合法化。曼德拉對司法獨立的尊重深深影響了新南非的政治傳統。2001年，當姆貝基總統出於古怪的反主流醫學心理，對泛濫成災的艾滋病消極應對時，最高法院裁決政府必須為HIV陽性的孕婦提供藥物，預防母嬰傳染。

或許最能彰顯南非司法獨立性的，是法院對前總統祖馬腐敗案持續的調查和審判。2001年，一項與武器進出口有關的腐敗案浮出水面。隨着調查的展開，越來越多的跡象表明，時任副總統的祖馬很可能從中收受了賄賂。當時的總統姆貝基迫於壓力將祖馬從副總統職位上解職。儘管後來由於種種原因，這一指控2009年被放棄，祖馬當選總統。但是2017年，法院宣佈2009年放棄對祖馬的調查是「非理性的」，一時間輿論再起，連非國大都感到無法繼續為其「背鍋」，在議會發起不信任案動議，祖馬總統壓力之下終於在2018年初辭職。2021年，祖瑪因「藐視法庭」而被判入獄，刑期為15個月。南非的法院能夠公開調查、審理在任總統的腐敗案並迫使其辭職，這與津巴布韋的法官在接受穆加貝的「土地賄賂」後紛紛成為其「戰士」形成鮮明對比。與很多「不自由民主」中「行政獨大」的權力格局不同，南非存在着真實的水平制衡。

與穆加貝的「運動治國」不同，南非逐步從轉型前的「運動政治」走向轉型後的「常態政治」。以曼德拉本身而言，與新興民主國家的很多

領導人以「革命尚未成功、同志仍需努力」的邏輯不同，曼德拉從未尋求修憲以延長總統任期或者擴大總統權限。事實上，到1999年，曼德拉幾乎是「迫不及待」地交出了總統位置。儘管年齡是一個因素（1999年曼德拉已經81歲），但是考慮到非洲有太多八、九十歲仍然拒絕退休的領導人（穆加貝93歲還在台上，喀麥隆的比亞總統也已經83歲，馬拉維的「國父」班達92歲時才被趕下台去），曼德拉的舉動仍然可欽可敬。在他締造的這種傳統下，之後的領導人也遵循了「到期退位」的原則。

曼德拉的經濟政策也與穆加貝的「羅賓俠主義」南轅北轍。儘管非國大歷史上與南非共產黨有着千絲萬縷的聯繫，並且曼德拉是個共產主義的深切同情者，[56] 但是上台之後，新政府本着經濟務實主義的態度，拋棄了之前的經濟國有化立場，也沒有推動經濟的急劇左轉。相反，新政府推出的經濟政策倡導減少貿易壁壘、外匯去管制化、減少預算赤字和控制通貨膨脹，甚至局部的私有化（比如私有化航空公司、廣播公司以及部分通信公司），哪怕這些舉措得罪其「盟友」南非共產黨和南非總工會。面對風起雲湧的街頭政治文化，曼德拉並沒有鼓勵「會哭的孩子有奶吃」，反而是直言不諱地潑冷水：「政府並沒有錢滿足所有被提出的要求。集體行動不會創造政府並沒有的資源。我們所有人必須擺脫政府在哪藏着一大袋子錢的觀念。政府沒有這樣的錢財。我們必須擺脫授權文化（culture of entitlement），這種文化帶來政府應該立即無條件提供一切的預期」（Meredith 2011：657）。

因此，與很多人擔憂的不同，民主化之後的南非並沒有出現「黑人利用選票打劫白人」這種情況。事實上，南非的問題是相反的：始終沒有解決貧富懸殊問題。作為務實政策的結果，與很多新興民主國家不同，南非經濟在20世紀90年代中後期政治「換軌」過程中表現良好，出現了連年增長；通貨膨脹率也沒有因為「民主帶來的再分配壓力」而飆

56　研究顯示，曼德拉早年（20世紀60年代初期）可能加入過共產黨，但很快退出。後來非國大和共產黨在與種族隔離鬥爭方面，一直是並肩作戰。在其政治生涯中，他一直視卡斯特羅甚至卡扎菲為朋友。

升，90年代末始終保持在個位數。政府赤字則處於下降狀態。當然，由於種族隔離政策下黑人人力資本的極度匱乏，新政府在教育政策上的失敗，以及鄰國大量技術型人才的流入（以津巴布韋難民為主），南非始終沒有解決高失業率的問題。

反對派的政治自由也沒有像「不自由的民主」國家一樣被剝奪，曼德拉時代的政治自由傳統延續至今。2013年，一份周刊《郵衛報》(Mail & Guardian) 爆料，大約有2.1億蘭特公共資金被用於總統祖瑪老家私宅的「保安」，而「保安」措施包括一個游泳池、一個農場和一個家庭影院。當南非政府試圖禁止媒體曝光其私宅照片時，媒體的反應則是將其鋪滿了報紙的頭版頭條。一份報紙可以坦然批評總統而不被打壓，這是南非的常態，但在津巴布韋這樣的國家卻是一種奢侈。

政治反對派的結社和組黨自由也沒有受損。更傾向自由主義（也被視為白人利益代表）的民主聯盟能夠不受干擾地自由競選，而且能夠贏得某些地方選舉的勝利。新生激進左翼政黨「經濟自由戰士」(Economic Freedom Fighters) 也能在大選中分得一杯羹，並且向非國大的經濟政策施壓。這與津巴布韋的反對黨ZAPU領袖恩科莫20世紀80年代被迫逃亡、21世紀的反對黨民革運領袖茨萬吉拉伊不斷被抓捕和虐待同樣形成鮮明對比。

從上面的分析可以看出，在新生民主發展的各個維度，南非的做法都和津巴布韋迥異：其話語是和解式的，而不是敵我式的。雖然全國性選舉中非國大總是勝出，但是通過聯邦制、司法獨立、議會黨派鬥爭等方式，南非的民主給少數族裔留出了權力的「保留地」。其政治生活是常態式的，而非運動式的。南非政府對反對派的態度是寬容與協商——或者說，由於一個多元制衡式的權力結構，執政黨對不同意見不得不寬容和協商。正是因此，在津巴布韋的民主走向崩潰之際，南非的民主卻階段性地走向了穩固。

需要強調的是，南非和津巴布韋新生民主的不同走向，並非是各自的「歷史必然」——相似的轉型條件，意味着即使存在着所謂的「歷史必然」，這種「歷史必然」的結果也應當是相似的。轉型的不同走向，是兩

國政治家在歷史的「關鍵時刻」所做的一系列選擇的結果，而其選擇的方向又相當程度上取決於他們如何理解「何為民主、民主何為」。很難說在「解放」之初穆加貝就是一個「壞人」，但是，他信奉着民粹式的民主觀，認為民主的成敗取決於一場曠日持久的「敵我鬥爭」，由此衍生了一種「你死我活」的政治鬥爭模式，最後導致了「不自由民主」的民主模式。由於這一模式拆除了所有政策的「剎車點」，津巴布韋後來的治理悲劇就顯得不足為奇。

當然，隨着轉型後第一代政治家逐漸退出歷史舞台，南非政治家也出現了「退化」，尤其是2009年祖馬總統上台以及民粹主義政黨「經濟自由戰士」崛起後，南非的民主能否依然穩固被打上了問號。「經濟自由戰士」的政治話語是鬥爭式的，其標誌性的政策主張是「無償把白人的土地分給黑人」，並且將企業和銀行都國有化——用其領導人馬萊馬（Julius Malema）自己的話來說就是，「白人們，我們只是想和你們坐在一個餐桌上和你們一起吃飯，如果你不想這樣，那我們別無選擇，只能把飯桌砸爛」（Magome 2019）。甚至，馬萊馬在政治集會上帶領其支持者高唱「射殺布爾人」。[57] 重要的不僅僅是「經濟自由戰士」短短數年內的迅速崛起（2019年贏得近11%的選票），而且是它成功迫使執政黨本身也越來越左傾——各種過度的「平權行動」政策推出有逆向種族主義之嫌，白人的大量人才外流進一步惡化經濟，而近年推動的「無償徵地」修憲更是令人想起穆加貝的「快速通道土改」。[58] 過去十年（2009–2018），南非的經濟增長率平均只有1.5%，與曼德拉和姆貝基在任十四年（1995–2008）的平均經濟增長率3.5%存在顯著差距。

或許，南非的案例恰恰說明，沒有任何新興民主國家的民主穩固是一勞永逸的，即使是在六輪選舉之後，民粹化的民主觀仍然可能使民主

57　布爾人是指南非的白人，多為荷蘭人後裔。事實上，「經濟自由戰士」的經典穿着打扮就是紅色T恤加紅色貝雷帽的「戰士」風格。

58　轉型後，南非土改進展較慢，只有非常有限的土地被再分配（截至2019年，9%的人口仍然佔有70%的土地），以至不滿者哀嘆其民主轉型徒有其表。

脫軌。但通過南非的案例我們也看到，即使一個國家民主轉型的結構和歷史條件不利，如果主要政治勢力尊重自由、強調制衡，民主穩固仍然是可能的，而津巴布韋的案例則說明，相似的土壤上可以開出完全不同的花朵——如果政治行動者們沉溺於「敵我話語」和過度承諾，民主和專制一樣可以成為通向噩夢之途。

民主在啟航之後退化為「不自由的民主」，是新興民主中的一個常見現象，也是新興民主發展過程中最大的陷阱之一，其後果不僅僅是民主自身的倒退，往往也帶來治理的衰敗、社會的極化和衝突的加劇。與許多既有分析不同，筆者認為這一現象不能僅僅歸咎於「威權歷史的慣性」或者「統治者個人的野心」，其發生發展的根本動力來自民主內部，或者說，來自於一種特定的民主觀念——對民主的民粹式理解。民粹式民主觀傾向於神聖化「民意」，實體化「人民」，並對任何政治差異進行道德化的解讀，其結果幾乎必然是對政治自由的碾壓。這並非是非西方國家或落後國家的獨有現象——事實上，從法國大革命到魏瑪共和國，從俄羅斯到委內瑞拉，從菲律賓到津巴布韋，從基督教世界到伊斯蘭世界，從儒家文明到佛教文明，古今中外，只要人們對民主的根本追問是「誰來統治」，而不是「如何統治」，一個國家就有可能通過民主的話語、運用民主的手段、在民主的框架下實現民主的「自殺」。

然而，民主從「自由」走向「不自由」並非必然。歷史和現實中大量「自由式民主」的存在顯示，民主走向自由或不自由，往往是政治選擇和行動的結果，而非內置於特定的經濟水平、結構、文化基因或正式制度選擇。筆者從政治過程的角度出發，分析「不自由的民主」和自由式民主在實踐上如何展開。很大程度上，民粹式民主是以「選舉」為支點，撬動整個政治體系的傾斜，完成民選機構對非民選機構的吞噬，而自由式民主則試圖將「雞蛋」放在不同的籃子裏，因對道德真理的遲疑而保護政治權力的分散性。

因為強調「人民萬歲」，似乎民粹式民主模式更接近於民主的核心價值，但是，它對「人民」的一元化理解否定了「人民」本身的多元性和成長性，它對「民意」的神聖化詮釋妨礙了民主對話的可持續前景，而

它對政治自由的打壓，是以民主的當下性去摧毀民主的實驗性。然而，「人民萬歲」最終帶來的，常常不是「人民」、而是政治巨人的崛起 —— 這些政治巨人以正義的名義迫害，以愛的名義恨，以保護的名義弱化個體。當人們有一天驚恐地意識到，承諾中的解放並沒有出現，甚至原有的權利也分崩離析，他們卻發現自己難以進行反抗，不但因為所有反抗的政治武器早已被繳械一空，而且因為人們已經交出自己的頭腦而陷入失語 ——「正義」已被權力壟斷，不滿只能是對「進步」的怨恨。因此，民粹式民主所製造的絕境，與其說起源於一個人對權力的壟斷慾，不如說起源於一種觀念壟斷真理的企圖。

第七章

新興民主的經濟選擇

1973年9月11日，智利民選總統阿連德在其總統府自殺身亡。應該說，他不是主動自殺，而是「被自殺」的。當天早上，以皮諾切特為首的智利軍隊發動政變，將其困在總統府中。面對軍隊轟炸總統府的威脅，阿連德拒絕辭職。發表了最後的廣播演說之後，在總統府護衛隊與軍方交火的過程中，阿連德選擇了自殺。據說自殺所用的手槍，是其摯友古巴領袖卡斯特羅送給他的AK-47。

阿連德為什麼會自殺？智利軍方又何以採用軍事政變這種極端的方式來推翻阿連德？要知道，相比很多鄰國，在此之前智利並沒有深厚的軍人干政傳統。[1] 事實上，此前智利已經維繫了四十年左右的民主體制，可以說其民主傳統歷史悠久，是整個拉美地區的異類。

不妨從一個問題開始本章的討論：智利1973年的民主崩潰是否必然？回到具體歷史情境——阿連德「被自殺」的歷史背景，是智利當時的政治僵局。1970年，以阿連德為首的左翼政治力量贏得了總統大選，發起了一系列左轉的政策改革，而中右翼政黨則掌控了國會、法院和軍隊。不斷升級的對峙中，右翼失去耐心，發動了軍事政變。這場政變與其說體現了民主體制本身的失敗，不如說體現了智利右翼和軍方

1　在1973年的軍事政變之前，智利最後的軍事政變發生在1932年，也就是四十餘年之前。

的蠻橫——事實上，即使他們不發動政變，由於當時蔓延的經濟危機和廣泛的民眾抗議，左翼政府也很可能在下一次選舉中失利，但是迫不及待的軍方一舉推翻了民選政府。

固然，右翼與軍方要為1973年智利的民主崩潰負直接責任，但是，要追究這一結局的全部邏輯，則不得不檢視阿連德政府自身的政策。阿連德總統是一個「帝王總統」嗎？或者說，他是20世紀70年代版本的查韋斯嗎？並非如此。和查韋斯一樣，阿連德通過民主選舉上台。1970年，他領導的人民團結 (Popular Unity) 聯盟以36%的選票贏得總統大選。雖然這並不是一個很高的得票率，但是，由於當時中間派政黨基督教民主黨 (Christian Democrats) 和右翼政黨國家黨 (National Party) 之間的分裂，阿連德仍然代表了相對多數。上台後，阿連德卻並沒有像查韋斯那樣拆毀智利的憲政體制，將其改造成一個「不自由的民主」政體。智利權力機構的多元制衡依然有效存在：中右翼掌控的國會絕不是阿連德的橡皮圖章，阿連德一上台，為防止他將智利「古巴化」，反對派立刻迫使他簽署了一個「憲法保證書」，承諾保障智利的言論和新聞自由；最高法院也始終保持了對行政權力的獨立性；反對派的政治自由也並沒有被抹殺，無論是媒體還是街頭，到處充滿了反對阿連德的聲音。阿連德本人也沒有發起修憲尋求擴大總統職權或者延長總統任期——雖然是個改革者，但用他自己的話來說，他始終試圖「以合憲的方式改革」。事實上，當其執政聯盟內更激進的左翼政黨試圖發動「武裝革命」來推行政策時，阿連德明確表示反對。甚至在其臨死前的最後演說中，他還提到了對憲法的忠誠。

那麼，問題出在哪裏？作為一個並沒有獨裁野心的民選政治家，為什麼上台僅僅三年後，不但他本人自殺了，而且經濟失序、社會動盪，最後維繫了近半個世紀的智利民主體制也功虧一簣？很大程度上，問題出在他激進的經濟理念與政策。作為一個激進左翼政治家，為了將智利帶上「通向社會主義的道路」，阿連德上台後推行了一系列「好心辦壞事」的經濟政策。首先，展開對工業和銀行業大規模的國有化改造：不但傳統的支柱行業銅礦業被國有化，不少跨國公司 (比如福特) 也被國有化。

有些企業，儘管政府沒有明令國有化，但是由於工會佔領而被「事實國有化」。國有化的過程常常缺乏適當的補償，而這是激化智利與跨國公司和國際經濟組織矛盾的一個重要原因。其次，左翼政府急劇擴大公共開支、增加公共服務。一時間，各種免費教育項目、住房項目、食品項目、醫療項目、公共交通項目紛紛出台，大有一夜之間實現共產主義的氣象。此外，他還推動激進的土改——將土地從大地主手裏收回（80畝以上的土地所有權一律被徵收），向小農場主和「農民公社」分配，而理論上的贖買政策往往被現實中激進的「強徵」所替代。

這些激進的經濟政策當然不是沒有後果。在最初一兩年的經濟增長之後，各種「左翼病」症狀開始出現。不斷寬鬆化的財政政策帶來持續的通貨膨脹，到1972年通貨膨脹率已經高達180%，為智利歷史上的最高點；進口變得越來越「貴」，黑市交易開始蔓延；強制或半強制的國有化給投資者造成恐慌，於是出現了私人投資的萎縮和國際資本的外逃，進一步惡化經濟局面。對土地的「社會主義改造」，像許多國家一樣，並沒有帶來農業生產率的提高，而是由於農民缺乏在「合作社」勞動的積極性，造成農業生產的明顯下降。

應該指出，阿連德並非一意孤行地推動這些經濟政策，事實上，在開始的階段，國會也曾給其政策提案一路開了綠燈。「左轉」是當時智利的整體性潮流，而非僅僅個人的意志。在阿連德上台前，前執政黨基督教民主黨——中間勢力的代表——已經開始推行一定的企業國有化和土改政策，只不過阿連德上台後將這些政策迅速激進化了而已。但是，不管這些改革最開始有哪些支持力量，當改革越來越激進、引發「古巴化」恐慌時，尤其是當這些改革的後果——通貨膨脹、物資短缺、黑市盛行、本幣貶值等等開始呈現時，曾經的支持力量開始瓦解。到1973年，通貨膨脹率已經高達600%，中間派離阿連德而去，與右翼勢力結盟在國會抵制阿連德政府的種種政策，甚至以阿連德違憲的名義要求軍方出面干預。「府院之爭」使智利政治徹底陷入僵局。與此同時，1972年開始，城市中產階級的抗議開始高漲，人們敲鑼打鼓地走上街頭，抗議高漲的物價和短缺的物資；甚至，連工人們都加入抗議，要求

增加工資。為了預防軍事政變，阿連德甚至邀請了三個軍方人士加盟其內閣，以安撫其激進勢力。

另一方面，左翼力量也為了「保衛革命」而進一步激進化。他們也發起了自己的對抗性示威，有些甚至開始武裝自己，要求推動更徹底的國有化和土改措施。總之，惡化的經濟形勢加速了整個國家的兩極化，而兩極化的情勢下，雙方都感到民主憲政體制成了自己實現政治目標的障礙：左翼為自己不得不在民主體制內做各種政策妥協而憤怒，而右翼則為自己在國會中的議席數量不足以彈劾總統而憤怒。

正是在這個背景下，發生了前述的1973年軍事政變。皮諾切特掌權後發動了政治清洗，數千個政治反對派被殺害，數萬人被捕、被虐待和「被消失」，還有幾十萬人流亡海外。皮諾切特帶領着他的「芝加哥小子」開啟了極富爭議的經濟改革。

1973年智利的民主崩潰並非一個偶然或個別現象。它發生在第三波民主化的前夜，卻一定程度上構成對很多第三波國家的「預言」。在民主難以穩固的各種機制中，一個機制即經濟民粹主義引發的多米諾骨牌效應，而智利1973年是這一效應的縮影。在這個機制下，左翼政治力量通過民主選舉上台，他們並未企圖（或無力）改造權力結構，但是其激進經濟政策或造成政治兩極化或經濟危機，最後政治僵局只能靠某種鐵腕措施破解，從而導致民主倒退。

當經濟民粹主義引發政治兩極化，這是民主倒退的「政治反彈路徑」。歷史上，西班牙第二共和國的崩潰也是這種路徑：左翼政府的激進土改政策和宗教政策造成了保守派的恐慌，急劇兩極化為西班牙內戰鋪平了道路。在當代新興民主中，泰國民主的覆滅邏輯相似：他信兄妹的經濟民粹主義並未帶來嚴重經濟危機，[2]但是嚴重激化了城鄉矛盾，黃衫軍紅衫軍的對峙最終葬送了泰國民主。玻利維亞近年的情形類似，莫

2　他信在任期間，經濟增長率在5%左右，其妹妹英拉當政期間由於政局過於動盪，經濟起落則較大，但是平均而言，也有3%左右，沒有出現委內瑞拉或者津巴布韋式的經濟災難。

拉爾斯的「社群社會主義」沒有造成經濟危機,但是他一再違背承諾和憲法尋求連任,並反對地區自主分權的做法讓其反對者看不到其突圍的可能性,最後以準政變的方式將其趕下台去。[3]

當經濟民粹主義引發經濟危機,繼而引發政治動盪,則是民主倒退的「經濟危機路徑」。如果「反動」勢力缺乏軍隊後台或大規模群眾支持,又沒有足夠的力量通過「體制內方式」去阻截經濟民粹主義,民粹主義者得以「盡情揮灑」其經濟藍圖,其結果卻未必比「政治反彈路徑」更美妙。歷史上的激進左翼革命自不待言,當代的津巴布韋和委內瑞拉則是更近的例證:外部力量無法阻擋「歷史的滾滾車輪」,但「滾滾車輪」卻可能因為「撞南牆」而毀滅自身。在這一過程中,民主制度本身可能成為其殉葬品。很多情況下,上述兩個邏輯同時展開,問題不過是「誰先趕到」而已。

在經濟民粹主義政策下,民主衰敗未必某個政治強人主導的結果,而往往是「政策」對「政體」的「倒推效應」:為了實現大規模的「再分配」,左翼往往「不得不」集中政治權力;同樣,在洶湧澎湃的再分配壓力下,右翼也往往「不得不」集中權力來捍衛其保守的經濟主張。這種衝突在相對貧窮、貧富懸殊的國家往往格外嚴重——當經濟發展到一定水平,人們或許會「自願」交出部分財產來換取和平或者追求正義,但在「粥少僧多」時,強制則往往成為大規模再分配之必需手段,因為無論對於富人窮人,此時的鬥爭都更可能涉及生死存亡。

在新興民主中,經濟民粹主義的後果未必像冷戰時代那麼極端——它更像是一種慢性病,其程度未必會把經濟搞垮,卻足以讓經濟長期萎靡,它帶來的政治兩極化也未必會導致民主崩潰,卻足以釀成反覆的政治危機。在巴西,盧拉以及羅塞夫的「溫和經濟民粹主義」沒有造成經濟崩潰,但造成了巴西轉型以來最大的蕭條;沒有帶來民主崩

3　事實上,莫拉爾斯當政期間,玻利維亞經濟態勢良好,年增長率在5%左右。針對莫拉爾斯政府的大規模抗議主要是由於他不斷延長總統任期、強化中央集權的政治行為,而非其經濟失敗。

潰，卻釀成彈劾羅塞夫的憲政危機。同樣，在南非，「溫和經濟民粹主義」沒有造成津巴布韋式的經濟過山車效應，但是經濟發展陷入持續的「減速度」，非國大的合法性因此受損，結果就是兩極的政黨都在崛起。在突尼斯，「溫和民粹主義」一開始沒有逆轉民主本身，但居高不下的失業率給民主的意義打上了問號，而持續的抗議騷亂最後還是給政治強人開闢了道路。[4] 某個角度而言，「溫水煮青蛙」式的經濟民粹主義比「急性發作」的版本更危險，因為它模糊因果機制，導致政策糾偏難以展開——事實上，它經常顛倒因果機制，將民粹的惡果顯示成它還不夠深入的惡果。

邏輯上而言，「智利1973」推至極致，展示的是政治民主與經濟自由之間的潛在緊張關係。正是基於對這種緊張關係的認識，很多人認為，要推行經濟自由化改革，就必須仰賴於威權政治；要推行民主政治，就需要容忍經濟民粹主義。如第三章所述，這成為諸多人反對民主化的重要理由之一。但是，如第三章所揭示，絕大多數轉型國家民主化後並沒有出現經濟自由度的下降，哪怕是智利這樣的「右翼威權國家」，也沒有因為民主化而逆轉其經濟自由化的成果。所以，政治民主和經濟自由的關係並不存在着「必然性」，轉型後的經濟政策是一個選擇題，而如何選擇，則很大程度上是一個觀念問題。

當然，選擇在一定的約束下進行，政治家不可能擁有無限的政策自由度，比如，貧富懸殊的初始條件往往帶來強大的再分配壓力，高失業率會帶來擴張國有部門和國有企業的衝動，民族主義情緒可能會阻礙經濟的對外開放意願……但是，如前所述，在轉型期這樣的「關鍵時刻」，往往存在着一個時間窗口，在此期間政策選擇存在着相當的機動性，政治家如何凝聚共識、凝聚什麼樣的共識，就成為一個關鍵變量。

本章試圖分析新興民主的經濟政策選擇對於民主穩固的意義。正如兩種民主觀念帶來不同的政治模式，它們也帶來不同的經濟政策傾

---

4 2019年薩義德總統的當選給突尼斯的民主拉響了警報：他強化總統權力、抓捕批評者、操控選舉，以至於其反對者稱其當選為一場「政變」。

向，而不同經濟政策有其政治後果。民粹主義經濟政策常常給經濟與社會帶來短期的「興奮劑」效應，但長期而言腐蝕經濟發展的動力，並通過加劇政治兩極化而動搖民主穩固的根基；溫和的自由主義經濟政策雖然「承諾」得更少，但以細水長流的方式滋養經濟長期發展，並因維繫經濟發展給民主穩固提供基礎性支撐。

本章的主體分為三個部分。第一部分觀察分析新興民主國家的經濟政策取向，分析其中一批國家的經濟民粹化風險；第二部分分析這種經濟民粹主義的觀念緣起：特定的民主觀念如何導向民粹化的經濟政策取向；第三部分則分析經濟政策選擇的後果，並從經濟後果延伸到政治後果。第四部分則將選取轉型後的委內瑞拉與智利兩個國家作為案例，具體説明經濟政策選擇的政治後果。

一　問題：經濟民粹化的風險

思想史上，「市場失敗派」和「政府失敗派」之爭經久不衰。筆者無意於從規範的角度去釐清二者的是非，而是試圖在新興民主國家的背景中以實證材料去辨析二者成敗及其政治後果。強調實證分析，是因為關於經濟政策的論爭不應僅取決於價值排序的不同，亦應立足於對現實狀況的判斷，正如抽象討論「吃多一點好還是吃少一點好」意義有限，重要的是先診斷對象的胖瘦，在此基礎上討論「多吃或少吃」才有意義。

何謂經濟自由主義？何謂經濟民粹主義？本章和第三章一樣，借用弗雷澤研究所的經濟自由指數為衡量的尺度（Gwartney et al. 2019）。如前所述，該數據庫中經濟自由概念涵蓋以下五個維度：政府規模、產權保護程度、貨幣穩健、貿易自由以及市場管控程度。也就是說，當一個國家政府規模相對小、產權保護得力、貨幣供給穩健、貿易開放並且政府對市場的管控程度輕，該國經濟自由度高，反之則否。

第三章的分析顯示，就均值而言，第三波國家轉型後經濟自由度出現了提升。但是，「平均」的狀態並不意味着新興民主沒有經濟政策民

粹化的風險。事實上，縱觀第三波國家的轉型歷程，這種風險在很多情況下非常現實，這或許是由於以下幾個原因；第一，新興民主轉型後出現的經濟自由度顯著提升，往往是因其經濟自由度的起點很低，也就是說，各種意義上的政府管控和保護主義是其經濟政策的「傳統」；第二，經濟自由度的提升在不同地區之間有高有低——由於第三章分析的是均值，一些「改革開放」積極的國家可能會掩蓋另一些變化消極的國家；第三，經濟自由度不同維度的變化並不平衡，很多新興民主國家推行了「選擇性經濟自由化」策略——某些維度的進展可能掩蓋另一些維度的僵局甚至倒退；第四，如第三章所示，民主轉型和經濟自由的關係可能存在一個「先升後平」、甚至「先升後降」的趨勢——一旦納入長期趨勢，民主轉型和經濟自由的關係會變得更加模糊。由於上述因素，在相當一批新興民主國家事實上存在着政府角色過大、經濟自由欠缺的現象。下面就這幾點略作分析。

1. 轉型起點的經濟管控主義

　　大多數新興民主國家在轉型起點處經濟自由度較低。以EFW為依據，比較新興民主轉型啟動年的經濟自由度水平和同年度世界平均水平，可以看出這一點。表7-1裏國名後所加年份信息為轉型啟動年，[5]如表所示，新興民主國家中，除去信息缺失的國家，71個中只有12個經濟自由度水平高於或約等於當時世界平均水平，59個低於當時世界平均水平。[6]

5　民主崩潰情況在本表中未標註。

6　由於EFW在2000年之前每5年才公佈一組數據，因此，如果轉型啟動年該國缺乏數據，就以該國轉型前五年內最近一次數據為依據。前蘇聯成員國以蘇聯1990年的數據為轉型啟動年數據。當經濟自由度與世界平均水平的差異在0.1以內，被視為「約等於」。

表7-1：新興民主轉型起點年經濟自由度與當年世界平均水平比較

轉型啟動年經濟自由度 低於當年世界平均水平	轉型啟動年經濟自由度 高於當年世界平均水平
阿爾巴尼亞（1990）	智利（1989）
阿爾及利亞（2004）	厄瓜多爾（1979）
亞美尼亞（1991）	希臘（1975）
阿根廷（1983）	洪都拉斯（1982）
孟加拉國（1991）	印度尼西亞（1999）
貝擃（1991）	墨西哥（1994）
玻利維亞（1982）	巴拿馬（1989）
巴西（1985）	韓國（1988）
保加利亞（1989）	西班牙（1977）
布基納法索（2015）	中國台灣（1992）
布隆迪（2005）	泰國（1978）
中非（1993）	烏拉圭（1985）
剛果民主共和國（2006）	
剛果共和國（1992）	
科特迪瓦（2011）	
克羅地亞（2000）	
多米尼加（1978）	
薩爾瓦多（1984）	
愛沙尼亞（1991）	
加蓬（2009）	
加納（1996）	
格魯吉亞（1995）	
危地馬拉（1986）	
畿內亞比紹（1994）	
匈牙利（1990）	
伊朗（1997）	
肯尼亞（1997）	
吉爾吉斯斯坦（2005）	
拉脱維亞（1991）	
立陶宛（1991）	
馬達加斯加（1992）	
馬拉維（1994）	
馬里（1992）	
摩爾多瓦（1991）	
緬甸（2015）	
納米比亞（1990）	
尼泊爾（1990，2006）	
尼加拉瓜（1990）	

轉型啟動年經濟自由度 低於當年世界平均水平	轉型啟動年經濟自由度 高於當年世界平均水平
尼日爾（1999）	
尼日利亞（1979，1999）	
巴布亞新畿內亞（1975）	
巴基斯坦（1988，2007）	
巴拉圭（1989）	
秘魯（1980，2001）	
菲律賓（1987）	
波蘭（1989）	
葡萄牙（1974）	
俄羅斯（1992）	
羅馬尼亞（1989）	
塞內加爾（2000）	
塞拉利昂（2001）	
南非（1994）	
坦桑尼亞（2015）	
突尼斯（2011）	
土耳其（1983）	
烏克蘭（1991）	
委內瑞拉（1958，2013）	
贊比亞（1991）	
津巴布韋（1980，2009）	

數據來源：Economic Freedom Index, Fraser Institute.

　　這種情況並不奇怪。畢竟，新興民主中相當一批轉型前是蘇東陣營國家或其勢力範圍，而蘇東陣營轉型前採用不同程度的計劃經濟模式。即使是某些「右翼威權國家」，比如西班牙、印度尼西亞和韓國，雖然其經濟自由度在轉型之際高於當時世界平均水平，但這也只是相對而言——就其經濟自由度的絕對水平而言，總體也並不很高（西班牙5.6，印度尼西亞6.3，韓國5.5），因此才會出現此類國家轉型後經濟自由度繼續顯著提升的現象。

　　轉型前大多數第三波國家經濟發展水平有限，與這種缺乏經濟自由的狀況不無關係。諸多蘇東陣營國家陷於短缺經濟困境，是其缺乏市場自由的後果，而大多亞非拉國家經濟難以起飛，與其冷戰階段不

同程度地學習蘇聯模式相關。並非偶然的是，儘管右翼威權主義國家在政治壓迫上未必比左翼威權主義更溫和，但其經濟績效卻總體而言更好——西班牙、中國台灣、韓國、印度尼西亞轉型前都被視為右翼威權政體，而其經濟起飛卻起始於右翼威權時代。換言之，同樣是威權政體，經濟自由度更高的國家經濟表現總體而言更好。

2. 經濟自由提升的地區不均衡

　　像全球多數國家一樣，新興民主國家在1974–2018年實現了經濟自由度的顯著提升，但這種提升在地區分佈上是不均勻的。如圖7-1所示，提升幅度最顯著的是中東歐地區。[7]中東歐地區因為轉型前處於計劃經濟體系，其經濟自由度的起點格外低 (3.6)，因而其上升幅度格外顯著 (上升3.85)，而其他地區——尤其是東亞和東南亞地區，轉型前經濟自由度相對較高，反而轉型後變化並不明顯——除去中東歐地區，其他新興民主的上升幅度均值為1.29。

圖7-1：不同地區新興民主經濟自由度的提升幅度

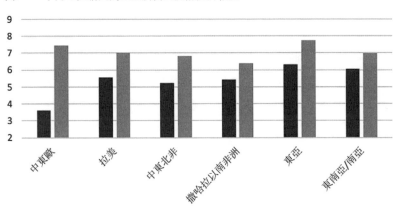

■ 轉型前　■ 轉型後25年

數據來源：Polity V；EFW（作者自繪）。

7　在此，「轉型前」數據為轉型前最近的三組數據均值，「轉型後25年」是指第24、25、26三年的均值。

也就是説，新興民主國家經濟自由度的顯著提升，相當程度上是中東歐陣營的變化拉動。事實上，如果將中東歐地區從新興民主中去除，比較民主轉型國家與非轉型國家（包括穩定民主國家與穩定威權國家）大致同時期的經濟自由度提升幅度均值，[8]其經濟自由度的上升幅度（1.15）甚至略低於非轉型國家平均水平（1.32）。可見，新興民主中某些地區的經濟自由化趨勢可能會掩蓋另一些地區改革的遲滯。

3. 選擇性自由化

鑒於轉型起點處的經濟管控傳統，對於大多數轉型國家，經濟自由化改革成為必要。事實上，新興民主大多也的確或多或少進行了自由化經濟改革。但是，這與其説是基於「新自由主義」的「信條」，不如説主要是基於多數轉型國家在轉型前後經濟衰退、停滯、短缺的實際經濟狀況。許多針對「新自由主義」的批評似乎把這種改革描述成哈耶克、弗里德曼信徒們一意孤行的結果，卻忽視這些改革起點處人們所面臨的真實經濟困境。

然而，新興民主國家的經濟自由化往往是選擇性的。第三波民主轉型與第一波、第二波的不同在於，它發端於一個「經濟與社會權利」觀念已深入人心的時代。早發民主國家或許可以沿着一個「經濟發展──福利轉型」的先後順序演化，後發民主國家所面臨的觀念約束使這種「順序論」不得人心：它們從一開始就面臨着同時發展經濟和提供社會保障的雙重任務。面對雙重任務，經濟自由化改革呈現出選擇性──大體而言，貿易和金融自由化改革幅度比較大，但是在政府規模和市場管控方面，改革力度則較小，甚至時有逆轉趨勢。

8　這裏，非轉型國家均值起點指的是穩定威權國家和穩定民主國家1975、1980、1985三個年份的均值（也是EFW最早可獲的三組數據），終點指的是2016、2017和2018三個年份的均值。轉型之所以説「大致同時期」是因為，新興民主國家的轉型年份各不相同，並不都起始於1974年，所以儘管終點也是指2016–2018年的均值，嚴格來説，二者可比性有限，此處信息只是一個參考。

不妨對比貿易開放度和政府規模的變化。表7-2展示新興民主國家中的10個大國在貿易自由度和政府規模方面經濟自由度的變化趨勢。[9] 起點為1970–1980年間的均值，終點為2016–18年的均值。[10] 如表所示，貿易自由度方面，幾乎所有大國都經歷了上升，[11] 並且上升幅度顯著——8個國家的提升幅度超過兩個分值，平均提升2.91個分值。但是，在政府規模維度，變化趨勢則模糊得多：[12]10個大國的平均提升幅度為1.45個分值，不到貿易自由度的一半；其中兩個國家在這個維度上的自由度發生了倒退，兩個國家只有微弱（不到1個分值）的提升，只有三個國家存在兩個分值以上的提升。

由此可見，第三波國家的經濟自由化改革是一個不均衡的過程。相當程度上，我們所觀察到的新興民主經濟自由度均值的提升由某些維度、某些地區的變化所拉動，掩蓋了另一些維度的停滯甚至逆轉。

表7-2：十個新興民主大國的貿易自由度和政府規模變化

	貿易自由		變化幅度	政府規模		變化幅度
	1970–1980	2016–2018		1970–1985	2016–2018	
印尼	5.67	9.69	4.02	6.95	8.51	1.56
巴基斯坦	1.8	5.59	3.79	5.62	7.96	2.34
巴西	3.21	6.88	3.67	6.48	6.8	0.32

9 本章中「大國」選擇標準：五個地區（拉美，非洲，中東北非、歐洲和亞洲）的第三波國家中，各選一個人口最多和經濟規模最大（以購買力GDP總量為標準）的國家。如兩個標準產生同一個國家，則選擇人口最多和經濟規模第二的國家。據此確定以下十個國家：巴西和墨西哥（拉美）、印度尼西亞和韓國（亞洲）、巴基斯坦和土耳其（中東）、尼日利亞和南非（非洲）、俄羅斯和西班牙（歐洲）。

10 為避免極值干擾，此處取均值。由於EFW2000年之前每五年更新一次數據，因此1970–1980年間只有三組數據：1970、1975和1980。終點處則為2016–2018年三年的均值。

11 俄羅斯因數據缺失而信息不明，南非幾乎不變

12 EFW中的政府規模包含四個要素：政府消費、轉移補貼、國有和投資、最高收入稅率。

	貿易自由		變化幅度	政府規模		變化幅度
	1970–1980	2016–2018		1970–1985	2016–2018	
尼日利亞	2.11	5.81	3.7	5.85	8.5	2.65
墨西哥	5.49	7.5	2.01	6.88	8.17	1.29
俄羅斯	X	7.02	X	1.21	6.42	5.21
西班牙	6.38	8.38	2	6.51	6.36	-0.15
韓國	5.56	7.97	2.41	7.22	6.87	-0.35
南非	6.5	6.46	-0.04	5.84	6.43	0.59
土耳其	2.23	7.14	4.91	6.12	7.17	1.05
總	4.33	7.24	2.91	5.87	7.32	1.45

數據來源：Economic Freedom Index, Fraser Institute.

政府規模的擴大未必是壞事。諸多研究顯示，一定的社會支出對於經濟增長至關重要，許多發達國家的政府規模都較大。問題在於如何把握「度」。許多研究發現，政府支出規模和經濟發展之間可能存在一個倒U形關係，即一定政府支出有利於經濟發展，但是到達一定程度之後，該正向效果開始逆轉。這一倒U形關係被稱為Armey曲線，該曲線被諸多研究所證實 (Armey 1995；Christie 2014；Hajamini & Falahi 2014)。這一點不難理解：教育醫療的投入促進人力資本發展，一定的經濟平等拉動市場有效需求；但另一方面，過大的政府支出意味着沉重的稅負或赤字──稅負可能抑制投資，而赤字則常常引發不可持續的債務。

那麼，在這個曲線上拐點何時出現？是否存在一個「理想的社會支出」水平？在這個問題上，不同研究結論往往大相徑庭，針對不同國家的研究結果也很不同。比如，一項研究顯示，「理想的政府支出」(政府支出佔真實GDP比例) 是12.58% (Alimi 2014)；另一項研究則發現這一水平應該是25% (Chibanov & Mladenova 2009)。新興民主國家的傾向如何？表7-3展示新興民主國家中十個大國政府支出佔GDP的比例。如表所示，其中只有尼日利亞和印度尼西亞兩個國家的數據低於20%，巴基斯坦和韓國的數據略高於20%，其他6國皆顯著高於20%。

表7-3：2018年若干新興民主國家的政府支出佔GDP比例(%)

國家	佔比 (%)
巴西	38.15
巴基斯坦	21.77
印度尼西亞	16.64
墨西哥	25.76
尼日利亞	12.52
俄羅斯	33.05
西班牙	41.42
韓國	21.52
南非	33.56
土耳其	34.83

數據來源：Government Finance Statistics, IMF.

　　當然，各國情況不同，沒有一個放之四海而皆準的「標準數字」，但是已經有諸多針對發展中國家的案例研究顯示，其政府規模大於適應該國的理想規模。一項針對巴基斯坦的研究認為，本國政府支出超過的理想支出水平 (Zareen & Qayyum 2014)；另一項針對土耳其、羅馬尼亞、保加利亞的研究得出類似結論 (Altunc 2013)；一項針對波蘭公共部門規模的研究發現，其公共部門規模超出理想水平 (Pater 2019)；另一項針對印度尼西亞的研究也認為，近十年印度尼西亞的政府支出已經超出該國理想範圍 (Sriyana 2016)；針對尼日利亞的研究結論一致 (Alimi 2014)；而一項針對南非的研究結論，是政府開支的增長顯著地給經濟發展帶來負面效應 (Chipaumire et al. 2014)。可見，過大的公共部門或超前的福利主義在轉型國家是一個常見現象。

　　這當然不是說，這些國家的社會支出絕對數額已經過多——顯然，在諸多發展中國家，醫療教育等社會性開支的絕對水平遠遠不足，但是，其政府支出相對於其經濟水平卻很可能存在着超前性。以阿根廷為例，2001年經濟危機之後，2003年庇隆主義者基什內爾夫婦上台，從2007年到2015年，不到十年的時間，阿根廷得到政府養老金、工資

和福利的人數增加了一倍，政府開支從佔GDP佔比14%升到25%（*The Economist*, Aug. 1, 2015）。僅就水電補貼一項，就佔10%的政府開支，佔財政赤字的一半。據調查，布宜諾斯艾利斯居民的電費是巴西或烏拉圭都市居民的1/10（Martinez 2018）。不奇怪的是，如此超前的支出難以為繼，短暫的經濟復甦之後是連年的經濟萎縮（*The Economist*, Oct. 24, 2015）。2014年，阿根廷的通貨膨脹率成為世界上最高之一，同年，阿根廷政府再次宣佈主權債務違約。

4. 減速化趨勢

如第三章所示，新興民主經濟自由度的提升並非線性的 —— 第三波早期的一個顯著提升後，大體進入了一個平台期 —— 有些國家在某些維度上甚至出現倒退。不妨以巴西和突尼斯為例，展示這種「減速化趨勢」。巴西1985年民主轉型以來，從起點和終點的經濟自由度而言，出現了經濟自由度的顯著提升：1985年（含1985）之前的三個EFW分值均值為3.79，而2016–2018年的均值為6.59 —— 顯然，經濟自由度不但上升，而且上升幅度非常顯著。

但是，這種起點到終點的比較掩蓋了變化過程中的曲折，也掩蓋了經濟自由度不同維度的差異。事實上，巴西經濟自由度的提升主要是在2002年之前完成的 —— 從1985年當年的3.13提升到2002年的6.33，上升幅度高達3.2，之後基本就處於停滯甚至有所倒退 —— 其峰值在2011年出現（6.75），然後降至2015年的6.28，之後雖然略有反彈，但也沒有到達轉型後的峰值。

同樣重要的是，其經濟自由不同維度的變化是不均衡的。其中，與世界各國的全球化趨勢相似，貿易自由度的變化非常顯著：從轉型前的2.10左右升至2016–2018年的6.88，[13] 升幅兩倍有餘，但是政府的市場干預這個維度，從起點到終點處沒有變化，甚至略有下跌（從4.65到4.64），峰值則在2010年出現（5.25）。

13　轉型前數據為1975、1980和1985年均值。

如果説巴西搭乘着經濟全球化的便車，尚出現了一個經濟自由度先升後降的趨勢，轉型較晚的突尼斯則體現了經濟自由度停滯的趨勢。如表7-4所示，從2011年 (突尼斯轉型年份) 到2018年，無論經濟自由度的整體水平還是其各個具體維度，除了貿易自由度，都出現了全面的倒退。

表7-4：突尼斯經濟自由度的變化 (2011–2018)

	政府規模	產權保護	貨幣穩健	貿易自由	市場干預	總分
2011	5.9	5.89	6.8	6.59	7.41	6.52
2018	5.4	5.03	6.63	6.67	6.6	6.07

數據來源：Economic Freedom Index, Fraser Institute.

突尼斯是阿拉伯之春中維繫時間最長的民主政體，但是，在政治取得進展的同時，突尼斯的經濟發展卻乏善可陳。經濟增長率從2000–2010年的年均4.22%降至2011–2019年的1.77%，失業率從2010年的13.05%反而升至2018年的15.49% (青年失業率則接近1/3)。眾所周知，突尼斯革命的導火索是青年的失業問題，革命後的這種情形不得不説充滿諷刺。經濟增長的乏力甚至倒退，不得不説，與其經濟自由度的倒退緊密相關。可以想像，這一經濟局面如果無法改進，其民主穩固也終將受到威脅。

二 從民主觀念到經濟政策

較低的經濟自由度起點、改革在不同地區和維度上的不均衡以及經濟改革的減速化乃至倒退趨勢，後果是一批新興民主國家出現經濟民粹化的趨勢，而這個趨勢又使其難以走出經濟困境，從而影響其民主穩固的前景。顯然，經濟政策的民粹化有其意識形態根源 —— 如何理解「民主的承諾」，自然會影響政府的經濟政策。與此同時，新興民主國家特定的背景性特徵 —— 相對貧困、常常高度不平等、常常在經濟危機中

啟動轉型以及民主制度自身的孱弱則傾向於強化這種經濟民粹主義的情形。更糟的是，經濟民粹主義傾向一旦形成，由於它所製造的利益集團和觀念團體，往往具有一種「覆水難收」的特點。本節從觀念起源、初始條件和自我強化三個方面分析新興民主中經濟民粹主義的形成機制。

1. 觀念的驅動

在「兩種民主觀」各個維度的差異中，對「民主邊界」和「民主標準」的過度詮釋往往是經濟民粹主義的源頭。如第五章所述，自由式民主觀傾向於設立半徑有限的「民主邊界」，而民粹式民主觀傾向於混淆「權利」與「善」，從而造成一種「無邊權利觀」，其表現就是權利內涵的不斷泛化，從政治權利蔓延到社會權利、經濟權利、環境權利、文化權利等等，乃至「幸福生活」的基本元素幾乎都被命名為「權利」。此外，民粹式民主觀傾向於將民主的「驗收標準」設定為結果的平等——畢竟，沒有結果平等，就很難說在「下一輪比賽」中存在真正的「起跑線平等」，這種觀念往往會強化經濟民粹主義傾向。

顯然，一個好的政治體系應當盡力去幫助其成員實現幸福，滿足其經濟、健康、教育、環境、文化等各個維度的需求，但是，理想並非「權利」，把只能水滴石穿達至的理想當作必須即日兌現的「權利」，後果就是不斷增厚的政治承諾和無限加重的公共負擔。「權利」和「善」的區別，在於前者是政府應予以即刻保障的「應得」——當政府確實有足夠的資源、社會有足夠的共識來實現這些「權利」時，顯然，越多的「善」被保障越好，一個民主國家也越可能走向民主穩固。問題在於，許多情境下，尤其是在新興民主中，國家往往缺乏足夠的經濟資源和社會共識來實現這些「權利」。於是，民眾感到「幻滅」，而「幻滅」造就的反體制力量不但否認點滴改良的成果，最終可能損毀通向理想的民主階梯本身。

對「民主邊界」的不同認識會反映到經濟相關的政策當中——認定民主應當保障琳琅滿目的「權利」，勢必意味着大政府、強政府、對市場的強節制、對社會的強吸取、寬鬆的貨幣政策或借貸傾向，保護主義

和福利主義，而一種「薄的權利觀」則更傾向於導向小政府和更自由的市場。反諷的是，很多時候，越是權利承諾豐厚的國家，越有民主倒退乃至崩潰的風險。

如何發現一個國家的權利觀念？顯然，如果有長時段的、覆蓋面廣的相關跨國觀念調查，這將成為一個最好的測量方式。但如前所述，即使是著名的「世界觀念調查」，也只是起始於80年代，並且早期覆蓋的國家非常有限——第一期只覆蓋了11個國家，即使到了最近一期（第七期），其覆蓋國家與本研究重合的部分也不超過40個。因此，筆者借用新興民主國家憲法中的「權利條款」作為權利觀念的「代理器」。這是一個相對合理的「代理器」，因為在新興民主，憲法往往是一個各黨派的共識性文件，能相對準確地表達一個社會的「主流觀念」。

事實上，即使在「第一波民主化浪潮」中，兩種權利觀念的分野就已經出現——可以說，美國革命承載的是一種自由式的權利觀，而法國革命體現的更接近一種民粹式的權利觀。這種差異，在兩個國家最初的「權利法案」中即有體現。美國1791年的「權利法案」只有短短十條，不到500字，除了一兩條涉及政府間的權力分割，幾乎都只涉及個體的政治自由和司法公正，可以說，代表了一種很「薄」的權利承諾。相比之下，法國的「權利承諾」則慷慨的多——它不但包括政治和司法權利，還包括教育、貧困救濟等社會經濟權利，不但包括個體的政治自由，也包括集體的公共事物決策權，不但捍衛自由，而且捍衛平等，甚至規定「讓自由人把篡奪主權的人立刻處死」。[14]總之，法國的《人權宣言》代表了一種更加「慷慨」的權利承諾。不過，眾所周知，在美法革命中，是美國革命通向了民主穩固——儘管是一種有限的、但也是逐步深入的民主，而法國革命則通向了斷頭台政治和拿破崙戰爭。考慮到法國革命更徹底、更「民主」，這種「少通向多、多通向少」的結果令人深思。

14　法國人權宣言有若干版本。上述內容來自於1793的版本，也就是說法國革命最高峰期的版本。

委內瑞拉是當代民主如何被「無邊權利觀」摧毀的例子。查韋斯上台後，採用了左翼民粹經濟政策的「標準配方」：大量企業被國有化，對市場的監管迅速強化，大量的扶貧和福利項目，推動諸多企業的「經濟民主」，對工會的積極組織和保護等等。這些激進政策核心，都是為了保衛民眾的「經濟和社會權利」。關於這一點，委內瑞拉1999年通過的新憲法有鮮明體現。在這部70餘頁的憲法中，關於權利的條款佔據了20餘頁，其中，除了它國常見的政治和公民權利以外，包括專門的「社會和家庭權利」章節、「經濟權利」、「文化權利」、「環境權利」和「土著權利」章節。表7-5列舉其中部分條款。

表7-5：委內瑞拉1999年憲法中部分權利條款

住房權	第82條	每個人都有權獲得足夠的、安全的、舒適的和衛生的住房，其中應有合理的基本服務和讓家庭、鄰里以及社區關係更加人性化的居住環境……國家應保障家庭，尤其是那些貧困家庭，獲得建造、購買和擴大住所的社會政策和資金。
健康權	第83–85條	健康是一種基本的社會權利和國家的責任，國家應將其作為生命權的一部分來保障……為了保障健康權，國家創建、指導和運行一個……國家公共健康系統，該系統的原則是公益、普遍、完整、公正、社會融合以及團結……公共健康資產和服務是國家的財產，不得私有化……為公共健康系統提供資金是國家的責任，國家應融合財政收入、強制性的社會保障繳納和其他法律規定的融資途徑。國家保障能夠達成健康政策目標的健康預算。
工作權	第87條	所有人都有權利和義務工作。國家保證採取必要措施促使每個人都能獲得有生產力的工作，以使其得以過上有尊嚴和體面的生活。
勞工權利	第90–93條	工作時長不得超過一天8個小時或一周44個小時……雇主無權要求雇員加班……每個工人都有權獲得足以使其有尊嚴、覆蓋其個人或家庭基本物質、社會和知識需求的工資……國家保障無論公共或私營部門工作人員的最低工資，並且這一工資水平隨基本市場生活成本而逐年調整……法律保障穩定的就業，並限制不恰當的解僱。
反壟斷權	第113條	壟斷不被允許……同樣違反憲法原則的是對市場主導地位的濫用，無論個體、群體、企業或企業聯盟在市場中如何獲得這種主導地位……國家必須採取必要措施防止壟斷的有害後果、對市場主導地位的濫用和需求的集中化，以保護消費者。

信息來源：委內瑞拉1999年憲法。

　　從這些條款來看，委內瑞拉政府在權利承諾方面不可謂不慷慨。如果能實現上述權利——更不用說篇幅所限未能列舉的其他權利——國家和社會將皆大歡喜。問題在於，上述「權利」是有成本的：無論是「安全舒適的住房」，還是「普遍、完整的健康權」，都意味着巨大的財政成本。與此同時，上述「權利」也需要高度的社會共識——就「雇主無權要求雇員加班」條款而言，雇主和雇員可能就難以達成共識，甚至一部分雇員也未必能和另一部分雇員達成共識；就「打擊企業對市場主導地位的濫用」條款而言，企業和政府對「濫用」的理解也可能發生分歧，同樣，一部分企業和另一部分企業也很可能不存在共識。正是這種「成本約束」和「價值衝突」約束，使得上述權利承諾逐漸成為空中樓閣，甚至引發無數政治衝突。

　　在當代世界，這種缺乏邊界意識的民主觀不僅存在於查韋斯時代的委內瑞拉，而是新興民主的一個廣泛特點。在津巴布韋穆加貝時代的憲法中，不但就業權是政府的保障，「國家和每一級政府機構都必須努力確保充分就業」，而且憲法格外強調這一權利的平等維度，「國家的每一級政府機構都必須通過合理、透明、公正的平權行動來壯大所有邊緣個體、群體和社區的力量」；甚至，憲法中還多處提及國家必須努力提供育兒服務，「以使女性享有真正的工作機會」。[15]事實上，憲法中關於女性、兒童、青年、老人、退伍軍人和殘疾人分別都有獨立的權利保障條款。此外，在津巴布韋憲法中，每個人不但有「充足的食品權」，也有權獲得「安全、清潔和可移動水」；不但有權獲得基本的醫療服務，對慢性病、生育、急診的醫療服務也有額外的強調。國家對土地的強制剝奪也以「土地權」的名義出現——憲法規定，為了「公共目的」，政府可以強制剝奪私人土地，不但不予賠償，而且被剝奪土地的人「不得申請法院來決定賠償事項」，因為「津巴布韋人民必須被賦權去重申其權利和奪回土地所有權」。在此背景下，政府在經濟領域各種「大刀闊斧」的政策——包含其舉世聞名的「快速土改」——也就不足為奇。

15　津巴布韋憲法文稿來自於「憲法項目」（Constitute Project）網站，具體參見：
　　https://www.constituteproject.org/constitution/Zimbabwe_2017?lang=en。

　　並非所有國家的權利承諾都像委內瑞拉或者津巴布韋這樣激進，但是，在一個福利國家觀念已經深入人心的時代，脫離實際的權利承諾已經成為諸多新興民主國家的常態。在巴西憲法中，「社會權利」有專門的章節，其中包括「教育、健康、營養、勞動、住房、交通、閒暇、安全、社會保障、母親和兒童的保護、貧困救助」等等權利。因此，除了常見的養老保險、失業保險、集體談判權等等條款，法定最低工資必須滿足「一個工人及其家庭對住房、營養、教育、交通、健康、衛生……和社會保障的基本需要」，「除非通過集體談判，不得降工資」，「城鄉工人得到十三個月的工資」，「工作時長不得超過一天8小時或一周44個小時」，「低收入工人的經濟依附者有權獲得家庭補助」，工人必須有「年度帶薪休假權，休假期間薪資至少要高於正常收入的三分之一」，產婦享有「120天的產假」，5歲以下的兒童享有「在育兒所和學前班的免費補助」，工人享有「由自動化引發的保護」等等。[16]當這一切「善」都被理解為政府必須保障的基本人權，可以想像，一個干預主義的大政府幾乎不可避免。

　　如果說威權體制下，憲法體現的更可能是統治者的個體意志，在新興民主中——尤其是在最初的制憲時刻，[17]這些權利條款體現的往往是各主流黨派的基本共識。「無邊權利觀」的流行蔓延，恰恰是民粹主義經濟政策的土壤。某種意義上，相比早期的民主轉型國家，新興民主國家的轉型時機是「不幸」的，因其民主轉型發生在一個「權利清單」已經大大拓展的時代。早期轉型國家還可能按「先後順序」發展公共服務的不同成份，新興民主則需要「同時」滿足來自四面八方的訴求。政府不但需要承諾個體言論、結社、選舉等基本政治權利，而且要承諾就業、醫療、教育、住房、環境等「經濟社會和文化」權利；不但承諾保障這些權利，而且需要承諾這些權利的平等分配；不但要平等分配，而且要

16　巴西憲法文稿來自於「憲法項目」（Constitute Project）網站，具體參見：https://www.constituteproject.org/constitution/Brazil_2017.pdf?lang=en。

17　這時候，政治強人往往還沒有崛起或尚未有效壟斷權力。

即時分配；不但承諾平等而即時的分配，而且需要承諾其供給水平不斷上升。當「及格線」如此之高，「不及格」將成為常態。

2. 初始條件的制約

時代塑造觀念，但是，新興民主常見的背景性特點往往會擴大經濟民粹主義的市場。首先，相對於成熟民主國家，新興民主國家往往相對貧困，並且隨着第三波民主化浪潮的深入，進入轉型陣營的國家傾向於越來越貧困；其次，許多新興民主國家具有高度不平等的經濟結構；再次，如第三章所述，民主轉型傾向於在經濟走入低谷的時期出現，或者說，經濟危機常常是民主轉型的導火索。這三個背景相疊加，加上民主轉型造成政治行動空間急劇擴大，勢必造成要求政府加強市場干預和擴大再分配的高度動員狀態。為平息民怨，政府常常採取飲鴆止渴式的民粹主義經濟政策，這些政策在帶來短期政治收益的同時，往往會惡化長期經濟表現，形成一個壞政策和壞績效之間的惡性循環。

第三章已顯示，隨着第三波民主化浪潮的深入，轉型的經濟「門檻」變得越來越低。第三章的相關信息是轉型國家在轉型啟動年的人均GDP均值，下方圖7-2則轉換了一個視角，以第三波以來每年轉型啟動國家的人均GDP均值與當年世界人均GDP的比值來呈現相似的信息。如圖所示，總體而言，轉型國家在啟動轉型時，經濟水平與世界平均水平的差距越來越大，從1974年左右的大致與世界平均水平持平（甚至略高）慢慢降至世界平均水平的20%以下。貧窮意味着許多基本生活需求難以得到滿足，儘管訴諸於市場和社會是一種長期的脫貧之道，但是訴諸於政府的再分配短時期內更可能「立竿見影」——昨天還屬於A的土地今天就能屬於B；在通貨膨脹到來之前，「第13個月」的工資也看得見摸得着。因此，對於貧困人群，民粹主義經濟政策具有格外強大的誘惑力。

圖7-2：新興民主轉型啟動年人均GDP（2015年固定美元值）與當年世界人均GDP
比值（1974-2018）

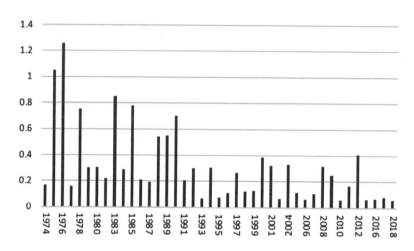

數據來源：Polity V；World bank（作者自繪）。

　　高度不平等是新興民主另一個常見特徵，它所激發的怨恨往往成為
民眾支持民粹主義經濟政策的另一個動因（Lawson et al. 2018）。在此，
筆者借助於第七輪世界觀念調查數據來展示不同地區的經濟觀念。該輪
調查中有一組問題大致可以測量民眾的經濟觀念，其中包括「收入是否
應當更加平等」、「是否應該增加國有企業數量」、「政府是否應該承擔更
多責任」以及「競爭是否有害」。針對這四個問題，答案從1到10分佈，
筆者從中選取了每個國家回答最接近民粹主義的人口比例（回答1或者
10的比例，也就是最激烈的民粹主義傾向），[18] 即，比例越高，該國經濟
民粹主義傾向越顯著。遺憾的是，由於調查覆蓋國家有限（比如，其中
不包括中東歐新興民主，亞洲國家也很少），筆者能選取的案例有限，
表中南歐國家包括阿爾巴尼亞、波斯尼亞、摩爾多瓦、塞爾維亞和西班

18　由於答案設置的不同，有些問題上「1」代表了民粹主義方向，而另一些問題上
　　「10」是民粹主義方向。不過，從答案內涵而言，都是選擇答案最接近民粹主義
　　大那一欄比例。

牙；亞洲國家包括韓國和印尼；拉美國家包括阿根廷、智利、墨西哥、秘魯和委內瑞拉。為簡化信息，表格只展示了各地區的均值，具體各國信息參見附錄7-1。

表7-6顯示不同地區新興民主不平等程度、經濟觀念和經濟政策的相關性。如表所示，拉美國家的經濟不平等狀況最嚴重，GINI指數均值高達43.9。不奇怪的是，其民眾也表現出最強烈的民粹主義經濟觀念：除了「政府應承擔更多責任」這一欄與其他兩個地區相差不大，其他問題上都展現出顯著差距；其中，對收入平等有強烈渴望的人，比例是南歐地區的兩倍多，亞洲地區的4倍多；強烈認定「競爭有害」的人口比例，也是其他兩個地區的近4倍。

經濟觀念與經濟自由度的相關性也清晰可見，與拉美地區高度民粹主義的經濟觀念相伴隨的，是其相對低的經濟自由度（6.31）。南歐和亞洲新興民主的經濟自由度則相差無幾（分別為7.36和7.5），或許與其經濟相對平等（分別為32.4和34.7）的土壤培育相對自由的經濟觀念有關。需要特別指出的是，在5個拉美國家裏，智利和秘魯並不更加平等，但其經濟觀念更自由主義，同時，其經濟自由度也在拉美國家中最高。這顯示，雖然經濟不平等狀況會影響經濟觀念，但未必是經濟觀念的決定性因素，而在民主國家，特定的經濟觀念一旦形成，很可能對經濟政策構成較強的約束。

表7-6：若干地區經濟不平等狀況、經濟觀念和經濟自由指數（2017–2021）

地區	基尼指數 2017–2018	世界觀念調查（2017–2021）				經濟自由指數 2017–2019
		收入應當更平等	國有企業應該增加	政府承擔更多責任	競爭有害	
南歐均值	32.4	9.9	9	23	2.88	7.36
亞洲均值	34.7	5.45	8.2	24.65	2.8	7.5
拉美均值	43.9	24.5	18.8	26.72	10.42	6.31

數據來源：世界銀行；EFW（2017–2019年）；世界觀念調查第七輪（2017-2021）。
註：表中基尼指數信息大多為2017–2018年。但是，由於世界銀行的基尼指數信息缺失嚴重，其中委內瑞拉基尼指數數據為2006年；波斯尼亞為2011年；韓國為2016年。

相對貧困的經濟水平、常見的不平等狀況和轉型前後的經濟困境，[19]往往造成民眾對大政府的渴望和對自由市場的排斥心理，也就意味着新興民主的政府在經濟政策選擇上往往只有較小的選擇半徑。此外，新生民主中各政黨缺乏「信用紀錄」，迫使它們陷入一種「承諾的競賽」以爭取選票，甚至由此演化為「政治賄賂」式的恩惠—庇護主義：為民眾提供某些短期的、看得見的小恩小惠換取其選票。這種「恩惠—庇護主義」民主的一個表現，就是「政治預算周期」現象，即，政治家選舉前擴大開支以增加勝選概率，但是選舉後開支回落。艾特等的研究不但證實選舉帶來政治「機會主義行為」，而且發現對於在任政治家來說，機會主義的幅度與勝選的幅度成正比（Aidt et al. 2011）。

不幸的是，研究表明，政治機會主義在發展中國家比發達國家嚴重得多（Shi & Svensson 2006），「新興民主國家」也比在成熟民主國家更加嚴重（Brender 2005）。也就是說，越是在相對落後的新興民主國家，政府越傾向於在選舉年利用擴張性財政來爭取選票。針對俄羅斯的一項研究顯示，政治家經常在選舉前增加「機會主義支出」——比如直接的現金支付，並且「機會主義支出」的確會增加政治家當選的概率（Akhmedov & Zhuravskaya 2004）。一個針對肯尼亞的研究顯示，政治家響應民意更傾向於表現在「可見可感」的領域，而不是信息模糊的領域——相比改善教育質量，政府更願意「免除學費」，因為前者的「可感性」不如後者那麼明顯（Harding & Stasavage 2014）。一項關於希臘的研究則顯示選民自己的「理性行為」：一旦發現政黨對其「針對性」的恩惠有所減少，他們對其的支持率就會明顯下降（Matakos & Xefetris 2016）。埃姆斯針對拉美的研究（Ames 1987）、布洛克針對非洲的研究（Block 2002）以及諸多個案研究結論相似（Drazen & Eslava；Sakurai & Menezes-Filho 2011）。[20]

---

19 關於轉型前後的經濟危機和困境，第三章中已有較多表述，在此不予贅述。
20 印度這樣的「老牌民主國家」，由於經濟水平落後，政治機會主義也很普遍。一項有趣的研究顯示，在印度某州，「偷電」現象往往在選舉前夕達到頂峰，而平時則逐漸回落，顯示政治家為了贏得席位，或者刻意將電力導入沒有支付能力的人群，或者在選舉前放鬆相關執法（Min & Golden 2014）。

因此，理解新興民主走向穩固的困境，需要理解它與成熟民主不同的經濟背景。

轉型後的突尼斯經濟，是一個壞政策和壞績效之間惡性循環的典型。轉型八年後，突尼斯實現「民主穩固」了嗎？沒有。革命之後，經濟困難引發的抗議乃至騷亂此起彼伏，幾乎從未停止，2018年底記者佐爾格伊 (Zorgui) 的自焚，則似乎是八年前那場著名自焚的回音。何以如此？經濟困境的重要原因是經濟政策的民粹傾向——過重的稅收、過多的公共開支、過大的公共部門、過重的補貼政策、過度的市場管制是其經濟政策主要特點。

轉型後，為平息失業引發的民怨，突尼斯政府決定用擴大公共部門和國企的方式來「提高就業」。2011年以來，公共部門多吸收的冗員多達35萬人 (全國人口不過1100萬)；一個國有化工公司從2010年到2014年，雇員從8000人膨脹到3萬人，而其產量在同一時期從825萬噸降至450萬噸 (Serrano 2019)。與此同時，2014年公共部門工資支出比2010年翻了一倍，僅公共部門工資支出就佔GDP的14.6% (2016年)，佔全國政府預算的45% (2018年)。相對於其經濟水平，突尼斯也維持着較高的福利水準。其養老金替代率高於絕大多數OECD國家——其中，公共雇員的養老金替代率僅次於荷蘭，而私有部門的雇員也僅低於4個國家，高於其他所有OECD國家。各種補貼也很嚴重，佔GDP的3.4% (2015年)，事實上，大量政府補貼的食品被走私出境，顯示補貼政策對於市場的扭曲 (OECD 2018)。

為維持這些支出，政府必然要依賴於重稅或赤字。根據OECD，在突尼斯，稅收佔GDP 30%左右(2015年)，比大多數發展中國家要高(同年拉美國家平均23%，非洲平均19%)，這是突尼斯投資不振的主要原因之一。與此同時，突尼斯公共債務水平從2010年GDP的41%升至2016年的62%，政府支出佔GDP比例從2010年的24.5%升至2017年的29.5%。各種市場准入、許可證、審批程序、價格限制等措施也極大地打擊投資積極性並增加腐敗。在OECD發佈的「商品市場管制指數」(Indicator of Product Market Regulation) 中，突尼斯的管制指數在50個國家中名列第一，遠遠高於OECD國家平均水平，也高於其他發展中國

家。就政府對企業的管控而言，不但國企在諸多領域具有主導性優勢，
而且國家對企業的直接干預程度也非常高，僅次於印度等三個國家，高
於其他46個國家。強大的工會和嚴格的勞工保護措施，則導致了正式
和非正式的「雙軌」勞動力市場，更加劇青年失業問題。

突尼斯式「溫和經濟民粹主義」並非個案。從希臘到南非、巴西，
伊拉克到泰國，各種溫和經濟民粹主義十分普遍。這種經濟政策取向的
形成邏輯大同小異：相對的貧困和高度不平等使民眾渴望一種「立竿見
影」式的經濟救世方案，政府或者迫於壓力、或者出於政治投機主義推
動民粹化的經濟政策，這些政策的短期結果可能是「皆大歡喜」——政
治家贏得選票，民眾贏得「恩惠」，長期而言則往往是飲鴆止渴。相關研
究揭示，人們的確會因為短期福利而忽視政府長期的經濟表現 (Park
2017)，而針對委內瑞拉的個案分析更是顯示，福利恩惠成為查韋斯籠
絡人心的重要原因 (Penfold-Becerra 2007)。

3. 自我強化的漩渦

由於政治動盪和選舉懲罰的可能性，福利主義與保護主義一旦形
成，往往覆水難收，具有不斷自我強化的傾向。關於這一點，即使是在
民主相對成熟的歐美國家也難以避免，[21] 在新興民主國家就更是如此。
為何收縮福利和保護主義極其困難？第一，可能引發政治動盪；第二，
可能帶來選舉懲罰。這兩個機制使執政黨很少主動去削減福利或補貼、
縮小公共部門、削減公共部門工資、增加勞動力市場彈性等等。即使在
經濟困境中不得不這樣做，其步伐也往往儘量謹小慎微，並常常在抗議
聲中有所退縮甚至逆轉。

21　儘管里根和撒切爾等曾掀起所謂「新自由主義革命」，全球化也一度被視為
　　福利國家的終結者，但是，正如皮爾遜的研究顯示，西方國家並未因此出
　　現顯著的、總體性的福利開支削減 (Pierson 2011)。某些局部福利要素的確
　　出現了收縮，但是局部收縮往往伴着局部擴張，總體而言，所謂「朝着
　　底部的賽跑」至多是福利主義的「平台期」。

　　縮小公共開支易引發政治動盪，在歷史和現實中屢見不鮮。公共開支往往具有靶向性，削減它意味着特定人群利益受損，而這些群體可能通過大規模的政治動員來阻截改革。蓬蒂切利和福特研究了1919–2008年歐洲財政縮減和社會動盪的關係，發現二者之間存在顯著關聯，其中增稅的政治後果相對較小，而政府開支縮減則「後果很嚴重」，並且，一旦緊縮政策引發動盪，緊縮政策常常很快被逆轉。（Ponticelli & Voth 2012）。此類「緊縮—動盪」的故事情節大同小異：由於財政困難，外債到期或者失控的通貨膨脹，政府試圖縮減某些福利、補貼或公共部門，或修改某些勞工法律，憤怒的民眾擁上街頭，輕則示威，重則暴亂，政府被迫在一些關鍵問題上妥協，甚至直接下台。

　　希臘債務危機即一個例子。希臘是第三波民主化浪潮中的第一批轉型國家，其民主政體相對成熟，經濟也相對發達，但希臘緊縮改革之艱難舉世皆知。2001年加入歐盟後，希臘得以借債度日，債務掩蓋了希臘公共部門過大、私有經濟缺乏活力等結構性問題。2008年金融危機後，主權債務問題開始凸顯——2010年希臘的債務/GDP比例高達170%，是歐元區平均值的兩倍，而世行研究顯示77%是一個警戒線。國際風險評級機構拉響警報，借貸者紛紛撤退。此前希臘政府通過滾動的借貸借新還舊，危機的爆發意味着這一模式難以為繼。以養老金為例，危機爆發之際，希臘的養老金支出佔GDP 17.5%，為歐洲最高；養老金的代替率為平均收入的96%，為歐洲第二；55-63歲的就業者在希臘只有36%，在德國為63%（Grennes et al. 2010）。

　　為解決債務問題，IMF和EU對希臘進行1100億歐元貸款，條件是希臘必須緊縮財政，勒緊褲腰帶過日子。當議會於2010年5月初通過緊縮決議時，抗議隨即爆發。抗議者衝進議會，大喊「IMF滾出去！」、「竊賊！竊賊！」議會外面則有上百名示威者追打一個議員（Kitsontonis 2010），最後防暴警察用催淚彈將人群驅散。另一些人則走上街頭打砸搶燒，縱火焚燒財政部的一座大樓，又用汽油彈點燃了一座銀行，三個銀行職員在火災中喪生。第二天人們走出家門時，發現大街上一片狼藉、烟火彌漫，「雅典好像變成了巴格達」。

希臘並非例外。福利和保護收縮引發政治動盪，在新興民主國家中司空見慣。在尼日利亞，2012年一項削減油價補貼的政策引發全國罷工，數百人在對抗中受傷；在印度尼西亞，2013年同樣是油價補貼改革引發了大規模抗議，抗議演變成騷亂；在突尼斯，反對緊縮政策的抗議已經爆發數輪，最近一次 (2018) 席捲了數十個地區，一座猶太學校被燒毀；在羅馬尼亞，2011年底一項削減醫療福利的改革引起軒然大波，觸發了長達半年的全國性抗議，幾屆政府接連垮台；在巴西，2017年特默 (Michel Temer) 政府提案提高退休年齡和增加僱用彈性，工會立刻組織全國性抗議，警民衝突升級為暴力；在海地 (2018年)，削減油價補貼導致的抗議致使至少7人喪生以及總理辭職；甚至在以經濟自由著稱的智利，2011–2013年，要求大學教育免費的學生運動醞釀了巨大抗議，而2019年公共交通車票的溫和漲價則引發了全國性騷亂……此類抗議不勝枚舉，隨着人們的「福利權」意識強化而變得越來越頻繁。

福利主義覆水難收的第二個原因是「選舉懲罰」——選民傾向於獎勵那些「發糖」的政黨，懲罰那些「收回糖」的政黨。或許正是因為被懲罰的威脅，研究發現，傳統上左翼政黨主導的國家，即使是右翼政黨上台，迫於政治競爭壓力，他們也會用擴大的福利開支來爭取政治信任，結果就是在此類國家，右翼政黨有時甚至比左翼政黨更熱衷於福利開支 (Jensen 2010)。另一項研究則發現一種「不對稱的影響機制」，即，當議會中的反對黨是左翼政黨時，它們往往能成功約束右翼執政黨的福利政策，而當議會中的反對黨是右翼政黨時，它們卻無力成功約束左翼執政黨的福利政策 (Jensen 2015)。不過，是否在所有情境下選民都會懲罰實施緊縮性改革的政黨，也存在爭議。有研究顯示，選民會懲罰那些進行緊縮性改革的政府 (Klomp & De Haan 2013; Schumacher et al. 2013; Nyman 2014; Hübscher et al. 2018)，而另一些研究則發現選民未必會這樣做 (Brender & Drazen 2008; Alsesian et al. 2011)，還有一些研究指向「有條件的懲罰」 (Giger 2012; Larson 2018)。這說明公眾的經濟理性和利益

受損群體的經濟理性未必能畫上等號，但由於利益受損群體的政治動員力量，他們動搖社會秩序的能力足以阻截很多緊縮性改革。

　　儘管緊縮性改革未必總是帶來選舉懲罰，選舉懲罰的確十分常見。以歐債危機為例，危機爆發後數個高債務國家不得不開始推行緊縮政策，許多執政黨都因此失去權力。2015年，希臘選民將推行緊縮政策的執政黨「新民主黨」選下台去，激進左派「激左盟」成為最大贏家。「激左盟」上台後，組織了針對緊縮政策的全民公投，結果是否決緊縮政策。在葡萄牙，總理科埃略制訂了財政緊縮方案，通過四年努力，在降低失業率、恢復增長和吸引投資方面帶來起色，但執政黨在2015年選舉中仍然失去多數席位，科埃略第二個任期剛開始就被迫辭職。同年的西班牙選舉中，執政黨雖然保住了相對多數席位，但只贏得了28.7%的選票，席位大跌，而2014年剛成立的反緊縮左翼政黨「我們可以」則成為一匹黑馬，贏得20.7%的選票，成為第三大黨。2012年羅馬尼亞的緊縮政策提案觸發了議會的不信任投票，中右翼政府上台兩個月後就垮台了。

　　有趣的是，即使改革經濟上成功，改革者仍然可能政治上被懲罰。如前所述，葡萄牙2011–2015年的緊縮改革初見成效，但仍然在2015年選舉中失去多數黨席位，總理也最終辭職。又比如，德國2003–2005年的勞工法改革「哈茨方案」在經濟上被很多人認為相當成功，因為改革後德國的失業率從11%（2005年）降至5.5%（2012年），甚至有人認為這場改革將德國從「歐洲病夫」重新變成了「經濟發電廠」（Krebs & Scheffel 2013），但是，由於改革顯著減少長期失業補助，遭遇巨大抗議，推動此次改革的施羅德及其社會民主黨也在2005年大選中敗北，甚至直到2013年德國大選，沒有任何主要政黨敢於表態支持哈茨改革，連社會民主黨自己都宣稱他們將逆轉改革。

　　政治動盪和選舉懲罰的雙重威脅下，鮮有政府敢於冒天下之大不韙縮減公共部門或福利。最後能夠突破政治阻力實現此類改革的，往往不是居安思危的政治家，而是已經到來或迫在眉睫的經濟危機本身。也就

是說，只有「撞南牆」才可能帶來政策上「回頭」。在巴西，2017年養老金改革的背景是2014–2016年巴西經歷了轉型後最嚴重的經濟衰退；阿根廷2016年緊縮改革的背景，是2014年的主權債務違約（十三年中的第二次）和借貸者們的恐慌性逃離。在希臘，緊縮改革的原因是希臘政府債務佔GDP比例已是歐元區均值的兩倍，借新還舊的模式已難以為繼。

令人驚奇的是，在另一些地方，甚至嚴重的經濟危機本身也難以推動改革。比如委內瑞拉，GDP從2013年左右開始跳水，1/10的人口因饑荒和失業逃離自己的國家（Carmody 2019），但神奇的馬杜羅政府依然不放棄其政策路線。在穆加貝治下的津巴布韋，民粹主義經濟政策讓經濟自由落體，通貨膨脹率一度高達百分之數億，穆加貝的解決辦法？宣佈漲價非法。

當削減開支的改革真的開始推行，為避免犯眾怒，改革往往謹小慎微。比如，面對嚴重財政困難，巴西的養老金改革提議把法定退休年齡從60歲提高到65歲。據報道，巴西實際平均退休年齡為54歲，比發達得多的OECD國家平均早十年，加上真實養老金水平在過去十年中提高了90%，結果就是養老金額度達到GDP的12%（Marcello & Marcelino 2017），這一比例比嚴重老齡化的日本都高。可以想像，即使法定退休年齡提高到65歲，實際退休年齡很可能只是提高到60歲左右。這似乎是一個溫和方案，但結果仍然是「保護勞工權利」口號下憤怒的抗議浪潮，至今養老金改革仍舉步維艱。

即使是相對溫和的改革，面對抗議也常常不得不縮水甚至逆轉。2012年，尼日利亞對削減油價補貼的抗議導致經濟幾乎癱瘓，政府只好宣佈重新補貼油價。面對激烈抗議，巴西一度上漲的公共交通費用重新回調，提高退休年齡的改革則一再縮水，女性、警察、教師的退休年齡重新降低。在阿根廷，改革派的馬克里政府執政後期開始逆轉其市場化改革的方向，重新引入價格管制、重新提高出口稅、提高最低工資、給200萬人稅收減免、給失業家庭發放現金補貼。在智利，政府為平衡財政而略微上漲公車費用，但是面對一場發展為騷亂的抗議，政府不但將車票降回原價，還同時承諾提高稅收、提高最高工資並且提供更多養

老金補助。削減公共部門和福利供給的改革不得不如此走走停停，以至於當改革失敗時，常常難以區分是改革本身還是改革不足所致。

民眾的憤怒和抗議當然可以理解。當危機降臨時，受到最嚴重衝擊的往往是中下層民眾，進一步削減福利和保障很可能將中產階級推向貧困、將貧困階層推向赤貧。在希臘債務危機的頂峰期，希臘失業率高達25%，青年失業率則升至50%，這種情形下，恐慌和憤怒在情理之中。所以，問題不在於民眾在經濟危機中的「政治覺悟」，而在於導致民眾對政府形成系統性依賴的政治條件和經濟政策。避免緊縮財政傷害民眾最重要的措施，不是無限推遲緊縮，而是避免經濟民粹主義給經濟埋下定時炸彈。換言之，重要的是在尚有選擇餘地的時候避免經濟走向懸崖，而不是斟酌以何種姿勢墜落。

除了政治阻力，遲到的自由化改革往往也經濟代價慘重，因為一旦民粹化的經濟系統形成均衡，抽掉底部的一根火柴可能導致整個「火柴積木」的坍塌，而形成新的均衡需要極大的耐心與時間。以阿根廷為例，2015年阿根廷在長期庇隆主義者的統治後，終於迎來了一個改革派總統，然而，四年後，馬克里總統的改革失敗了。究其原因，除了因政治阻力幾乎完全無法改動阿根廷的勞工法和稅法以外，在其能改動的部分（削減補貼），出現了「牽一髮而動全身」的多米諾骨牌效應。

馬克里2017年開始大力削減補貼，將阿根廷的能源補貼額從2015年的172億美元降至2018年的69億美元，這似乎是平衡赤字的最有力措施（Gillespie 2019）。但是，削減如此巨額的補貼之後，水電、能源、交通價格及其下游消費品價格飆升，通貨膨脹出現。為了平衡通貨膨脹的壓力，政府人為提高利率控制流動性，於是投資萎縮。許多依賴補貼實現盈利的企業公司也因此關停或轉移，進一步損害經濟。為平息通脹帶來的政治壓力，政府將工資與養老金和通貨膨脹掛鈎，結果就是這裏按下了葫蘆，那裏又浮起了瓢，本來試圖削減的養老金反而攀升。於是，政府不得不向外求助於IMF解決財政問題，政府債務再次飆升。到最後，為了贏得選票，馬克里政府後期逆轉了很多改革措施，加入「承諾的競賽」，但最後還是被選下了去。

　　由於政治動盪和選舉懲罰機制，加上啟動改革的陣痛，除非嚴重經濟危機已經發生，政府通常不敢輕易啟動改革削減公共部門和福利，即使啟動，其規模也常常杯水車薪，並在抗議中收回改革，這幾點綜合起來，構成福利主義的「覆水難收定律」。正是因為福利體系「增肥」和「減肥」政治難易度的這種不對稱性，觀念上對福利擴張保持更高的警覺成為必要。這並非因為「骨瘦如柴」是好的，而是當一個人的「自然傾向」是越吃越多、不斷發胖，談論如何減肥顯然比談論如何增肥更加務實。對諸多新興民主國家，更現實的風險不是「放任自流資本主義」的再現，而是激進左翼政策的誘惑。

三　從經濟政策到民主穩固

　　民粹主義經濟政策威脅民主穩固。圖7-3概括這一危害展開的兩個邏輯：第一，損害經濟績效，使民主的穩固失去經濟支撐；第二，其階級仇恨話語引發社會撕裂，造成政治動盪。在現實中，政治兩極化和經濟失序化的邏輯並非相互割裂，而往往相互強化。

圖7-3：經濟民粹主義與民主穩固危機

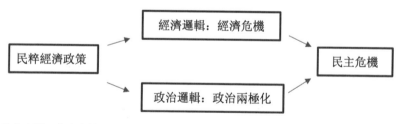

信息來源：作者自繪。

1. 經濟政策取向與經濟績效

　　兩種經濟政策取向往往導致兩種經濟表現。通常而言，對於缺乏經濟自由基礎的發展中國家，有策略的經濟自由化改革有利於經濟績

效，有諸多案例和研究的支持。中國和印度——儘管政治體制不同——都通過市場化改革取得了顯著改善的經濟績效，直觀地展示了自由化經濟改革和經濟績效的關係。

相關的研究也已有相當積累。格沃特尼通過1975–1995年的跨國研究發現，經濟自由度顯著推動經濟增長（Gwartney et al. 1999），施圖爾姆（Sturm and De Haan 2001）、阿茲曼-桑尼（Azman-Saini et al. 2010）和布奇克等（Brkic et al. 2020）的研究結論類似。拉普斯克維休斯等人則強調，經濟自由和經濟發展之間可能存在一個倒U型的關係，也就是說，存在一個經濟自由的「最優點」（Rapsikevicius et al. 2021）。本戈瓦和桑切斯-羅布爾斯對拉美的研究發現經濟自由度有利於吸引外資，從而有利於經濟增長（Bengoa & Sanchez-Robles 2003）；埃科諾穆對南歐的研究結論類似（Economou 2019）；埃斯科蘇拉對OECD國家的長線研究（1850–2007年）認為，在經濟自由的各個維度中，產權保護對於經濟增長具有最重要影響（Escosura 2014）。帕爾丹的研究則得出結論，儘管東亞國家的經濟奇蹟經常被歸功於政府角色，但是與更欠發達的國家相比，其經濟自由度仍然顯著更高（Paldam 2003）。本書第三章的回歸分析也發現，在第三波國家，就經濟增長而言，經濟自由度的影響比政體狀態更加顯著，事實上，「唯一在所有模型中顯示出顯著正面影響的控制變量是經濟自由度」，因此，對此不再贅述，本章只是以一些案例來支撐上述觀點。

觀察哪些新興民主國家經濟表現良好，而哪些增長乏力，然後觀察那些表現良好（或不良）國家間的政策共性，或許能夠說明問題。由於同一個地區的國家更具有可比性，不妨從拉美、非洲、亞洲和歐洲分別選出正負兩個案例。表7-7選取了四個地區的四組國家，圖7-4展示並對比了其中三組國家的人均GDP的變化——由於委內瑞拉2014年之後不再公佈其GDP數據，而2014年正是其經濟開始走向崩潰之年，故難以找到展示對比的數據，因而數據缺失一組。為體現可比性，此處選用的是真實購買力GDP（2017年國際元）。

表7-7：四個地區的四組新興民主國家

拉美	歐洲	非洲	亞洲
秘魯	波蘭	博茨瓦納	印度尼西亞
委內瑞拉	希臘	津巴布韋	尼泊爾

圖7-4：三個地區人均真實購買力GDP變化圖（1990-2020）

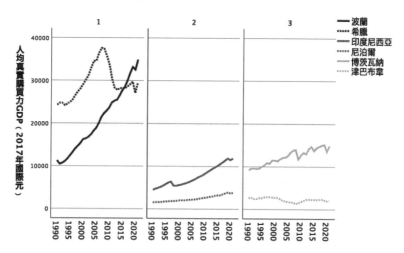

數據來源：世界銀行（作者自繪）。
註：圖中1為歐洲，2為亞洲，3為非洲。

　　世界銀行數據顯示，波蘭1990年轉型之初人均真實購買力GDP為11,259國際元，是當時希臘水平（24,262國際元）的一半左右，但是到2020年，波蘭人均購買力GDP已反超希臘。津巴布韋經濟水平一直顯著低於博茨瓦納，但1990年其人均購買力GDP是博茨瓦納的1/3左右，但到2020年，已降至1/7左右。印度尼西亞在1998年政治轉型後，其人均購買力GDP大體呈平穩上升態勢，而尼泊爾的經濟增長卻要微弱得多——經濟水平越低的國家理應越有潛力實現高速增長，但事實正好相反。雖然委內瑞拉政府2014年後不再公佈其GDP相關數據，但據估測，委內瑞拉2017年人均購買力GDP大約只有2013年的60%（Hausmann 2017）——這意味着委內瑞拉人均購買力GDP在2017

年是10,969美元，秘魯同年是13,434美元，而在1999年查韋斯上台時，委內瑞拉的人均購買力GDP是秘魯的兩倍，現在卻只有秘魯的80%。

這些國家經濟水平所發生的顯著變化顯示，發展中國家的貧困狀況既非注定，亦非不可改變，一個國家既可以從高處跌落，也可以從低處上升，其中經濟政策的選擇是其中一個重大因素。當然，本文所論及的成敗只是相對而言，像秘魯、博茨瓦納、印度尼西亞這樣的國家，經濟發展才剛剛開始，其發展成果也可能因將來的政策選擇而逆轉，但是，相比委內瑞拉、津巴布韋、尼泊爾、希臘這樣的國家，其近年的經濟發展可以說相對成功。

那麼，在經濟政策選擇上，秘魯、波蘭、印度尼西亞、博茨瓦納這樣的國家有什麼共同點？委內瑞拉、希臘、尼泊爾、津巴布韋這樣的國家又有什麼共同點？簡單而言，前者選擇溫和的自由化改革，而後者選擇不同形式的左翼經濟民粹主義。不妨對比四組國家2018年「經濟自由指數」的排名——如表7-8所示，那些經濟表現較好的國家與同地區經濟表現不佳的國家相比，經濟自由度明顯更高；事實上，秘魯、波蘭、博茨瓦納和印度尼西亞2018年都被列為經濟「溫和自由」的國家，相比之下，希臘和尼泊爾被列為經濟「基本不自由」，而委內瑞拉和津巴布韋則被標為經濟「自由被抑制」。

表7-8：四組國家經濟自由度排名變化 (1995 vs 2018)

國家	1995年經濟自由度排名	2018年經濟自由度排名
秘魯	55	43
委內瑞拉	47	179
波蘭	76	45
希臘	42	115
博茨瓦納	57	35
津巴布韋	81	174
印度尼西亞	65	69
尼泊爾	152	133

數據來源：Index of Economic Freedom, Heritage Foundation.

　　同樣值得注意的是變化的方向。可以看出，經濟表現良好的國家從1995到2018年大體朝着經濟更自由的方向移動：秘魯從排名55升至43，波蘭從76升至45，博茨瓦納從57升至35，印度尼西亞略有下降，但是降幅不大（65到69，都在「溫和自由」範圍內），更重要的是，印度尼西亞的轉型發生在1998年，而印度尼西亞政治轉型之後，經濟自由度經歷了一個先降後升的過程（2004年為轉折點），如果從2004年開始觀察印度尼西亞，其經濟自由度也出現了顯著上升，而這恰恰也是其經濟表現開始顯著上升的階段。

　　與之相對，經濟表現不佳的國家，同一時期經濟自由度則經歷了明顯倒退：委內瑞拉的經濟自由度排名從47跌至179，希臘從42跌至115，津巴布韋從81降至174，尼泊爾雖略微上升（152到133），但仍然停留在「基本上不自由」範圍，而且，可能與經濟自由度有微弱改善相關，尼泊爾並沒有出現其他幾個國家那種戲劇化的經濟崩潰，甚至近年出現了經濟起步的勢頭。

　　以秘魯為例，近年成為整個拉美地區經濟增長最快的國家，貧困率也大幅下降，從2001年的55%降至2017年的22%（*The Economist*, May 10, 2018）。固然，初級產品國際價格的上漲是秘魯經濟改善的重要原因之一，但很多依賴初級產品出口的拉美國家都出現經濟的嚴重衰退，秘魯卻表現出超群的抗壓力。究其原因，在於相比走向經濟民粹主義的諸多鄰國，它選擇了更自由的經濟政策。

　　秘魯在20世紀80、90年代也曾經歷和委內瑞拉類似的經濟崩潰，通貨膨脹一度高達百分之幾萬。1990年藤森上台後推行經濟改革，結束價格管制、降低貿易保護主義和外資管制、私有化一批國企，結束了秘魯的超級通貨膨脹。儘管藤森因貪腐和獨裁而下台，他之後的數任秘魯總統，不管來自哪個政黨，都小心翼翼維繫着溫和自由化的經濟改革方向，使得「中右」經濟政策成為秘魯的新常態。2001年當選的托萊多（Alejandro Toledo）總統推動了一系列的私有化改革；2006年加西亞（Alan Garcia）當選，修正了自己20世紀80年代當政時的民粹主義傾向；2011年當選的烏馬拉（Ollanta Humala）總統放棄了競選期間的國有化計劃，

推動了礦業的進一步去管制化，並降低了對外國投資者的資本盈利稅；[22] 2016年庫琴斯基 (Pedro Pablo Kuczynski) 當選總統，大幅度減稅以換取龐大的地下經濟走向「地上」，2018年3月接替他的副總統比斯卡拉 (Martin Vizcarra) 延續了其政策。

這些改革的方向，可以從財政、貿易、管制等方面看出。堅持審慎財政的結果，是秘魯在經濟發展的同時，政府債務明顯低於周邊國家。根據世行數據，2016年秘魯的中央政府債務佔GDP比例23%，不但遠低於委內瑞拉，也明顯低於周邊鄰國，巴西同年的比例是74%，哥倫比亞是58%。低通貨膨脹率則是秘魯穩健金融政策的另一表現，2008–2017年秘魯的通脹率平均為2.9%，同期阿根廷是26.2%。貿易開放度則可以從平均關稅率看出，2015年秘魯是1.8%，阿根廷是7.4%，巴西是10%，委內瑞拉是9.7%。又以投資環境的友好度而言，2017年它在全球各國中排名58，而巴西排名125，阿根廷117，委內瑞拉更是排在188。正是這些溫和自由主義的經濟改革，不但促進經濟發展，而且使秘魯在國際市場大幅波動時展現出非凡的抗壓韌性。[23]

南非的經濟發展則經歷了「失去的十年」。轉型之初，由於曼德拉政府的溫和自由主義經濟政策，南非經濟增長雖不醒目，但也良好，1995–2008年GDP年均增長率為3.6%。遺憾的是，南非政府選擇了越來越民粹主義傾向的經濟政策。1995年，也就是非國大剛上台之際，南非的經濟自由度排名在全世界是第67位，居中等水平。2000年，也就曼德拉下台之際，升至52位。之後卻開始下降，到2018年已經降至全世界排名第110位。不奇怪的是，經濟增長也隨之放緩，2009–2018年增長率平均僅為1.5%，且近年數度出現負增長。同時，失業率高達25%左右，18-24歲年輕人的失業率則接近50%；反諷的是，南非的經

22　由於烏馬拉之前的左翼政治記錄，人們一度擔心他會成為新的查韋斯，但上台後其實用主義的一面逐漸凸顯 (Schipani & Rodrigues 2014)。

23　上述數據全部來自世界銀行數據庫。當然秘魯經濟也存在很多問題：落後的教育、龐大的地下經濟、對初級產品的依賴等。

濟頑疾 —— 經濟不平等 —— 也沒有明顯改善。儘管南非轉型過程中的政治和解故事舉世稱道，經濟表現的平庸令這個轉型故事失色不少。

　　顯然，轉型前的種族隔離要為今天南非經濟的低迷負相當責任 —— 制度性歧視導致黑人受教育水平低下，人力資本匱乏成為南非經濟增長的瓶頸。但是，經濟政策也是重要原因，其表現主要是族群關係背景下的過度保護主義與市場管控。轉型前，南非經濟最大的問題是失業率與貧富懸殊，但是，為解決這些頑疾，近年南非政府不是訴諸市場驅動的經濟發展，而是過於相信行政干預的力量，不斷推出「平等就業法案」、「黑人經濟振興」、「優先採購框架」、「南非增長加速與共享計劃」等平權經濟法案干預市場。比如，規定一定規模的企業必須按照一定種族比例僱用員工，股權也需要符合一定的種族比例；又比如，給企業按照「種族表現」打分 —— 高分者才更有機會得到政府資助和政府採購。大學錄取方面的種族優先政策自不待言，甚至連國家運動隊都要求球員符合一定的種族比例。[24] 這些舉措或許初衷良好，但是1/4個世紀過去，不但沒有解決失業率和貧富懸殊問題，而且適得其反。一些企業不得不僱用一些「裝飾性」的黑人，或者將產權「掛」在黑人名下，以求得到政府平等對待。此外，此類政策也毒化本已走向族群和解的政治文化，重新撕開族群裂痕，導致南非大量人才外流，[25] 進一步削弱南非本已薄弱的人才儲備。[26]

24　政府規定，如果橄欖球、足球、板球等協會不實行種族比例政策，將失去政府資金的扶持或甚至失去諸多賽事的參賽資格。當然，該政策目前也在法庭上受到挑戰，最後走向不明（BusinessTech 2017）。

25　據報道，2002–2017年7%的南非白人外流，加上生育率低，白人在總人口中的佔比持續下降。事實上，由於經濟困難，大量黑人人才也出現外流，最嚴重的包括信息技術人才、工程師、金融人才等。

26　於是，一個奇特的南非景觀是，一方面失業率居高不下，另一方面是大量的技術和專業領域招不到人。以教育領域來說，有研究者發現，每年南非有2.5萬教師離職，但是只有7,000人進入這個行業（*The Economist*, Sep. 25, 2008）。

　　土地問題更是南非經濟的傷疤。轉型之初，南非政府承諾二十年內要將30%的耕地從白人農場主轉移到黑人手裏，但是，到近年為止也就轉移了10%左右，主要原因卻未必是政府不關心黑人農民。由於黑人歷史積累的經營管理能力有限，已經轉移的那些土地大多經營不善或閒置，很多黑人甚至直接把土地重新賣給白人，以至於政府「不敢」再把屯在手中的土地隨意分配給黑人（*The Economist*, Jan. 25, 2018）。為解決這一問題，政府再次訴諸民粹主義式的拔苗助長。南非議會2018年初通過「無償徵地」決議，即，政府可以修憲無償沒收私人土地。儘管最終政策細則還不明瞭，但自發的暴力佔領已經開始出現，白人外流浪潮可能加速。一個產權不被法律保護的國家，能在多大程度上吸引投資和人才，前景堪憂。事實上，各大投資評級機構都在2010年左右開始給南非投機信用嚴重降級（BusinessTech 2019）。

　　南非還染上了經濟民粹主義的一些通病：為解決失業問題擴張公共部門；過於強大的工會造就了一個「雇員特權階層」——當南非經濟在2009年這一年負增長1.5%時，工會通過強大的談判能力使工資平均增長9.3%；不切實際的「最低工資法」削弱勞動力市場的彈性，反而加劇失業和貧困問題；[27]不斷擴大的公共開支導致政府債務顯著增加，從2008年的27%（佔GDP比例）升至2018年的58%（BusinessTech 2019）。

2. 短期績效與長期績效

　　民粹主義經濟政策的經濟後果因政策的「劑量」而異。實行「超級經濟民粹主義」的國家（比如委內瑞拉），經濟的崩潰往往是自由落體式的；實行「中度經濟民粹主義」的國家（比如阿根廷），經濟的衰敗持續而長期；實行「溫和經濟民粹主義」的國家（比如突尼斯），其表現可能只是經濟增長乏力、失業率居高不下、持續通貨膨脹等「慢性病」症狀。那些一度恪守經濟自由，但是慢慢染上經濟民粹病的國家（比如南非），

27　政府因為工廠「不遵守最低工資法規」而關閉一批工廠，導致一大批工人失業（Dugger 2010）。

其經濟衰退往往也指日可待,而那些一度陷於經濟民粹主義但政策逐步拐彎的國家(比如印度),其經濟增長也能開始逆襲。陷入經濟民粹主義時間越長、程度越深,由於它所塑造的民粹文化以及利益集團的阻力,改革也越難。

但是,經濟民粹主義對經濟的危害未必是立竿見影式的。事實上,短期來看,經濟民粹主義常常能夠對經濟增長起到一個「興奮劑」的作用。阿連德的經濟政策引起災難性通貨膨脹之前,智利也出現了短期的經濟增長。津巴布韋在上世紀80年代一度被視為發展的楷模。國際油價下跌前,委內瑞拉經濟也一度欣欣向榮,貧困率甚至一度明顯改善。

埃雷拉一個有趣的研究發現,在新興市場國家,金融危機更傾向於發生在政府的支持率提高之後,如圖7-5所示,當一個政府受歡迎的程度顯著提高時(往往與擴大政府開支與福利、實行寬鬆貨幣政策相關),後面更可能緊跟着一次金融危機(Herrera et al. 2019)。他們還發現,這一結論只適用於新興市場,說明相比發達國家,發展中國家更容易掉入經濟民粹主義的陷阱。蕭勒的研究發現類似:政府傾向於借債來刺激經濟短期增長、增加其再次當選的概率,而這種借債為債務危機埋下伏筆(Scholl 2017)。

圖7-5:新興經濟體:嚴重經濟危機前後的政府受歡迎度

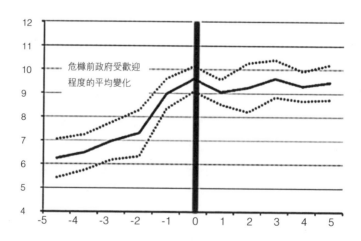

圖片來源:Herrera et al., "Political Booms, Financial Crises," 2019.

21世紀初的巴西經濟就經歷了這樣的先起後落。20世紀90年代卡多佐總統的自由化改革之後，巴西經濟形勢良好，但貧富懸殊始終是其經濟頑疾。2002年，工會領袖出身的盧拉帶領勞工黨贏得大選。他創立了「社會發展和消除饑餓部」，推動一系列扶弱濟貧項目，其中最著名的是家庭補助 (Bolsa Familia) 項目，基本內容為「以子女上學換現金補助」。截至2011年，該項目覆蓋了26%巴西人口 (Provost 2011)。2010年之後盧拉無法繼續連任，其嫡系羅塞夫總統上台，繼續深化這一路線：進一步提高「家庭補助」項目投入；大幅提高最低工資——在OECD國家， 最低工資為平均工資的45-50%， 在巴西則為70% (Tokarnia 2018)；與此同時，推動激進的大學「平權法案」——規定公立大學一半的錄取位置留給非裔後代；建立「科學無國界」項目資助大學生出國留學；「更多醫生」項目針對貧民開展醫療服務，等等。

這些項目一度刺激了經濟發展。相當一段時間內，巴西經濟表現良好，年增長率平均4%左右，3000萬人脫貧，經濟不平等程度也開始下降，政府甚至提前還清了IMF的貸款。一方面，盧拉任期適逢國際商品市場價格上揚，巴西的主要出口商品水漲船高，政府財力大增。另一方面，盧拉政府也受益於前任卡多索政府的經濟改革，得以在一個財政穩健、貿易開放的基礎上發展經濟。

但好景不長，受全球經濟放緩影響，國際商品價格下行，巴西政府的財政開始捉襟見肘。年均4%左右的經濟增長率 (2003–2010) 變成了2%左右 (2011–2014)， 接着又變成了近-4%左右的負增長率 (2015–2016)，中位收入下降14.3%，[28] 失業率從最低點的7.3% (2008) 一路升至12.8% (2017)，許多一度擺脫貧困、進入中產階級的民眾重新返貧。與此同時，赤字開始飛升，從2012年佔GDP的2%升至2015年的10%，這意味着諸多社會項目難以為繼。[29] 為掩蓋財政問題，羅塞夫總統從國

28　2015–2016年左右的經濟危機被認為是巴西歷史上最嚴重的經濟危機 (Leahy & Schipani 2018)。

29　到2018年降至8%，但仍然高於拉美平均水平3個百分點 (Romei 2018)。

有銀行借錢填補赤字，而這又違反了巴西的財政法，反對黨正好借機彈劾她，於是經濟危機又變成了政治危機。

這當然並不是說盧拉和羅塞夫政府的一切再分配政策都是錯的。事實上，家庭補助項目緩解了巴西的貧困，把福利收入與兒童教育和健康掛鈎，也改善了巴西的可持續發展前景，至今很多觀察者仍認為這是一個成功的項目。問題在於，巴西政府未利用經濟上行期的好運氣來改善經濟的結構問題，在不斷增加新的社會支出的同時，維繫舊的、低效的福利補貼，造成越來越沉重的財政負擔。同時，各種針對投資、勞動力、創業、教育的管制規定越來越多，嚴重抑制投資和就業。到2014年，巴西的社會性支出佔GDP比例為拉美地區最高，赤字佔GDP比為拉美地區第二，而其養老金系統負擔之沉重更是舉世聞名——巴西、秘魯、智利、墨西哥65歲以上人口的比例大致相當，但是，其他國家只將其GDP的2%用於養老金系統，巴西這一比例為12%（Romei 2018）。

巴西的情況並非個案，很多民粹經濟政策盛行的國家故事類似：政治家傾向於將自己的好運氣（查韋斯時代油價的上漲、庇隆初期世界農產品價格的上漲、阿連德初期的銅價的上漲、21世紀初原材料價格的上漲）當作政府的政策績效，經濟上行時不是居安思危，而是寅吃卯糧。問題在於，好運氣不會永遠持續，而「糖果」一旦制度化就覆水難收。於是，一旦國際市場出現波動，經濟的脆弱性開始暴露，但形成糖果依賴的利益群體無法理解為什麼突然「糖」斷供了，於是經濟危機演變成政治危機，民主開始動搖甚至崩潰。

正如民粹主義經濟政策的危害未必立竿見影，自由化改革的經濟收益也未必立刻有效，事實上，其短期效果常常是陣痛甚至經濟蕭條。正如甘斯-摩斯等人針對拉美的研究所揭示，自由化的經濟改革和民主穩固的關係往往是「J型」的（Gan-Morse and Nichter 2007）。「陣痛」有其經濟邏輯——公共開支減少意味着社會整體的消費能力下降；拆除層層疊疊的保護主義屏障，直接傷害某些弱勢群體；私有化短期內意味着失業風險⋯⋯但是，如果政府能夠克服政治阻力建立可持續的財政紀律並提高企業和勞動力的競爭力，陣痛後的經濟體常常能夠獲得新生。中

歐四國(波蘭、捷克、斯洛伐克、匈牙利)就是這樣的例子。它們在20世紀90年代初都採取了經典的「新自由主義」經濟改革──國企私有化、價格自由化、貿易自由化、勞動力市場去管制化等。這些革命性的改革措施也帶來陣痛──四國都出現了經濟的短期下滑,但一段時間後,經濟開始觸底反彈,到21世紀初,四國則都躋身於「高收入國家」之列。

　　需要指出的是,儘管這些國家20世紀90年代初開始推行改革,但其經濟自由化改革並非局限於90年代初那幾年,而是一個持續過程。以波蘭為例,其經濟改革至少有「三波」。第一波改革是在轉型伊始。1989年政府就啟動了被稱為休克療法的巴爾采羅維奇計劃(Balcerowicz Plan),結束了對國有企業的政策優待、降低了私企的創業門檻、杜絕用銀行資金來補充國庫……國企失去政府支持後大量倒閉,一時間出現經濟產出驟降、失業率攀升、通貨膨脹等現象,抗議浪潮也隨之而起。但是,政府頂住了壓力,改革所帶來的宏觀經濟穩定為後來的經濟發展奠定了基礎。第二波改革在90年代末布澤克(Jerzy Buzek)政府任期中展開,主要是推動地方分權、醫療和養老系統的資金多元化、將養老金與貢獻率掛鈎。以養老金而言,改革後波蘭人的實際退休年齡推遲了平均五年,緩解了政府的財政壓力(Lehmann 2012)。

　　2004年加入歐盟前後,波蘭又在勞動力市場、稅收、金融等方面推動了第三波改革,令波蘭經濟變得更加有彈性。比如,就僱用保護而言,OCED的保護指數顯示,波蘭的僱用保護程度低於歐盟國家平均水平(尤其是非正式雇員)(Lehmann 2012);2006年波蘭的工會密度是16%,而歐盟平均為39%;以稅收而言,儘管波蘭稅收佔GDP比例在OECD國家中居中,但其稅收結構比較鼓勵企業和企業家──其個人收入稅和企業收入稅都明顯偏低(個人所得稅佔政府財稅收入15%,而OECD國家平均為24%),只有社會保障繳納額度明顯偏高。儘管這些改革在波蘭也不無爭議,改革後波蘭經濟的增長卻有目共睹。格外令波蘭人驕傲的是,波蘭是歐盟國家中唯一在2008年金融危機中避免了經濟衰退的國家。

　　波蘭的經濟改革呈現出方向上的一致性，最終跨越陣痛重獲新生。雖然大多數改革由中右政府推行，但即使是中左政黨上台，也傾向於維繫之前的經濟改革成果。某種意義上，轉型以來波蘭只有「改革友好型政府」和「改革中立型政府」，但是沒有「反對改革型政府」。觀察拉美國家甚至歐美國家的經濟改革，一屆政府推翻上一屆政府的改革或在街頭抗議聲中取消改革，是司空見慣之事，而經濟政策一旦陷入拉鋸戰，不斷中斷或逆轉，當經濟危機降臨時，對於危機緣由，人們只能是「一個危機，兩種表述」。

3. 經濟政策取向與民主動盪

　　民粹主義經濟政策引發經濟困境，而經濟困境動搖民主，其邏輯顯而易見。從「需求方」來說，經濟困境中人們常常渴望鐵腕人物快刀斬亂麻地濟世救民，因而給了威權式人物可乘之機，歷史上最經典的案例大約就是希特勒在德國的崛起。從「供給方」來說，經濟危機激發街頭抗議甚至騷亂，本來可能還相對溫和的當權者轉而訴諸高壓統治；葉利欽即是一例，他本來是俄羅斯的民主推動者，但上台後撲面而來的經濟危機惡化了府院之爭，面對反對派動員，葉利欽轉而以炮轟國會的手段來解決沖突，成為一個準威權型政治家。

　　經濟危機轉化為民主危機，相關研究並不少見。芬克等人通過1870–2014年的研究發現，金融危機往往顯著地縮小「中間勢力」，造成政治極化，尤其是容易造成排外主義的極右上台（Funke et al. 2016）。克爾對歐洲各國的研究顯示，經濟危機會破壞「公民精神」，強化民眾的競爭意識，磨損其合作意識，從而損害民主運轉的文化基礎（Kerr 2013）。值得再次強調的是，新興民主國家與成熟民主國家對經濟危機的承受力不同，博赫斯勒和黑尼的研究顯示，新興民主政體在經濟危機面前往往更加脆弱——這或許是由於在新興民主政體中，民眾尚未培養出充分的「程序合法性」意識，更注重於以「績效合法性」來決定其政治忠誠（Bochsler & Hänni 2018）。伯恩哈德的研究結論類似：新興民主比成熟民主更難承受糟糕的經濟表現，更容易被經濟危機擊垮（Bernhard 2003）。

　　經濟危機誘發民主危機，即使在成熟民主國家也很常見。歐債危機中，發達國家激進右翼和左翼的得票率顯著提高。即使在「全球幸福指數」排第4名的冰島，2008年經濟危機來襲，一夜之間童話王國就出現了暴力騷亂。[30]新興民主國家中，經濟危機轉化為民主危機更比比皆是。

　　以阿根廷為例，其現代史可以說就是一部經濟危機引發民主危機的歷史。阿根廷原本屬於第一波、第二波民主國家，但是，此起彼伏的經濟危機成為其民主穩固的詛咒——過去一百年裏，阿根廷分別於1920年、1929年、1949年、1965年、1972年、1975年、1982年、1989年、2002年、2014年、2019年爆發經濟危機，使其成為世界經濟史上罕見的從「發達國家」退至「發展中國家」的案例。[31]頻繁的經濟危機導致阿根廷現代史上頻繁的軍事政變和政治危機，使得阿根廷的民主穩固舉步維艱。

　　阿根廷經濟何以「穩步倒退」？顯然，阿根廷根深蒂固的庇隆主義經濟傳統難辭其咎。從1946年庇隆主義黨被允許參選以來，庇隆主義者在阿根廷贏得了九次選舉，只輸了三次。哪怕到了21世紀，庇隆主義仍然深受愛戴。2003年，信奉庇隆主義的正義黨人內斯托爾·基什內爾（Nestor Kirchner）贏得大選；他去世後，他的妻子克里斯蒂娜·基什內爾（Cristina Kirchner）又從2007年開始執政，直到2015年底。短暫四年的間隙之後，2019年庇隆主義者再次被推上台去。2016–2020年的馬克里總統成為阿根廷1928年以來第一個完成任期的非庇隆主義總統。[32]即使在野時，由於對議會席位和街頭政治的非凡掌控力，庇隆黨也能夠

30　受2008年全球金融危機影響，冰島幾大銀行崩潰，引發抗議狂潮，抗議過程中，不但政府垮台（此次經濟危機中第一個垮台的歐洲政府），而且出現各種暴力衝突（Treanor 2010）。

31　阿根廷曾是一個「發達國家」——不僅僅在拉美地區相對富裕，在整個世界也是如此。由於相對寬鬆的經濟環境和大量歐洲移民湧入，19世紀末20世紀初阿根廷經濟快速發展，到20世紀初，已成為世界上第七富裕的國家，識字率在一百年前就達到了65%（其鄰國大多數五十年後才達到這一水平）。

32　馬克里也沒能逆轉阿根廷的經濟危機，因為一旦民粹主義的市場扭曲形成，糾正它不但存在着巨大的政治阻力，而且拆除這個盤根錯節經濟結構的任何一個支柱都可能導致經濟崩塌，使改革難以為繼。

呼風喚雨。可以說，過去大半個世紀，庇隆主義者掌控着阿根廷的命運，並對其興衰負有直接責任。即使是其競爭者，也很大程度上染上了庇隆主義的色彩，某種意義上成為弱版本的庇隆主義黨。

庇隆主義是什麼？它是一種經濟民族主義和勞工至上主義的結合體，其政策表現是：財政上的寬鬆化、企業國有化、經濟上的排外傾向和對經濟過度的管制。但是，長期的民粹主義經濟政策已經很大程度上改造了阿根廷的社會結構與政治模式，使庇隆主義不再僅僅是一套經濟政策。由於長期將勞工集團和企業集團「吸納」到國家主導的「合作主義」政治框架當中，阿根廷社會早已演化成了「國家主導型社會」。[33] 根據「經濟自由度」排名，2016年阿根廷的經濟自由度在全球排在第160位，屬「最不自由」的國家之一。如果說「智利1973」經典地反映了經濟民粹與民主穩固之間的聯繫，阿根廷的當代史則是對這一故事的反覆重演。不同在於，智利的歷史上只有一個阿連德，而阿根廷的歷史上，庇隆的幽靈則反覆變形、涅槃重生，結果就是阿根廷民主的反覆動盪以及阿根廷經濟「跨越百年的衰敗」。

1998–2002年經濟危機是其中一例。20世紀90年代末，受國際金融危機影響，阿根廷長期積累的債務問題爆發，1998–2002年阿根廷經濟收縮了28%，失業率和通貨膨脹同時驟升。為得到貸款，德拉魯阿（Fernando de la Rua）政府不得不接受國際借貸組織的緊縮方案，削減公務員工資、削減養老金，可想而知，舉國上下掀起抗議巨浪。2001年底，為應對踩踏式提款，政府決定凍結銀行取款一年，憤怒的民眾敲鑼打鼓地上街，示威迅速暴力化，遍地打砸搶燒，多人喪生。激烈對抗中，德拉魯阿政府宣佈緊急狀態和軍事戒嚴，得到的回應是民眾將總統府包圍。總統狼狽辭職——事實上，最後他不得不通過直升機逃走，看守政府則決定宣佈主權債務違約。這次經濟危機雖然沒有導致民主崩

---

33 所謂「國家主導型社會」，是指國家通過政府—商會—工會的「三角關係」）吸納了整個社會，使真正的政治反對派難以形成氣候。有人指出，不同於其他國家的「左右之爭」，在阿根廷的現代史上，幾乎只有「兩種民粹主義」之爭（激進主義和庇隆主義）（*The Economist*, Jun. 5, 2004）。

潰，但阿根廷民主元氣大傷。2001年議會大選中，20%的選民投了空白票，在某省，贏得最多選票的「候選人」為「以上都不是」。[34]

巴西2015–2016年經濟危機也引發了彈劾總統的政治危機。羅塞夫被彈劾的正式理由，是她用270億美元的國有銀行貸款來掩蓋財政赤字——根據巴西憲法，這種做法違憲。但是，羅塞夫之所以這樣做，是因為政府財政難以為繼，由此經濟危機才傳導成了憲政危機。在這場危機中，巴西同樣經歷了社會急劇兩極化的過程——2015年12月，數百萬人湧上各大城市的街頭，要求羅塞夫下台，幾天之後，羅塞夫的支持者發起規模同樣浩大的遊行，將彈劾斥為政變。此後，右翼左翼街頭對峙成為巴西常態，直到今天巴西仍然深陷於兩極政治結構中，2018年極右翼博索納羅當選總統，正是這種極化政治的結果。

有時候，民粹主義經濟政策甚至無須等到經濟危機爆發，其「我善你惡」的道德主義話語本身就足以造成巨大的政治撕裂，從而動搖民主穩固。在委內瑞拉，嚴重的經濟危機起始於2010年之後，但民主危機早在2001年左右就已經開始。2001年，上台不久的查韋斯動用「授權法」制定再分配土地和財富的系列法案，引發企業家和有產者的恐慌，自此，拉開委內瑞拉近二十年不斷升級的政治對抗序幕。2002年，為獲得實現其革命理想的「取款機」，查韋斯更換委內瑞拉最大石油公司的董事會成員，實現對該公司的控制權，政治對抗因此到達白熱化程度，軍人發動了一次失敗的政變。2005年，查韋斯簽署土改方案，將大地主的土地轉移給農村貧民，再次激化「階級矛盾」，引發大規模抗議。2007年，在「授權法案」的庇護下，查韋斯進一步國有化能源和通信公司，並強行沒收外資石油公司的資產，委內瑞拉的政治撕裂進一步加深。2009年，查韋斯最終贏得了延長任期的公投，反對派更加憤怒。2013年查韋斯去世，他留給其繼任者馬杜羅的，是一個隨時可能爆炸的經濟定時炸彈以及一個早已水火不容的兩極化社會。

34　由於阿根廷投票是法定義務，所以民眾不能選擇不投票，只能選擇空白投票表達不滿（Arie 2001）。

在泰國，黃衫軍反覆發動超大規模抗議，致使泰國最後民主崩潰，同樣很大程度上是對經濟民粹主義的政治反彈。他信、英拉兄妹的經濟政策可以被稱為農村民粹主義：各種貸款、投資、補貼、醫保和交通項目向農村傾斜，而城市居民則被忽視——畢竟，農村是泰國最大的選票票倉。比如，英拉政府以市場價兩倍的價格收購農民糧食，結果是農民不管市場需求瘋狂投入，甚至出現走私商從外國進口糧食賣給政府等離奇現象，[35] 這種堪稱政治賄賂的補貼項目給泰國財政造成沉重負擔，而其中相當部分又為城市中產承擔，政治對壘由此形成。

無論是通過造成經濟困境，還是通過擴大政治裂痕，民粹主義經濟政策對民主穩固構成巨大威脅。一代人甚至幾代人通過艱難鬥爭獲得的民主，可能因為一屆政府的民粹主義實踐而灰飛烟滅。遺憾的是，民粹主義政策往往積重難返。庇隆主義在阿根廷已經不僅是一系列政策，而且是一種經濟結構，還是一種政治文化與傳統。他信早已從泰國政治舞台上消失，但是其幽靈——農村民粹主義——不斷變形，盤旋在泰國的上空。查韋斯已經去世數年，他所締造的權力結構依然牢牢把控着委內瑞拉政治。突尼斯用了不到十年時間大規模擴張公共部門，但要裁減它卻可能需要幾十年的時間……民粹主義政策可能碰壁，但是其遺產對民主政體的傷害常常持久而深遠。

四　案例分析：委內瑞拉與智利

委內瑞拉和智利，是兩個具有相當可比性的國家。它們同屬南美洲，委內瑞拉人口大約3,000萬人，智利約1,800萬人。兩國歷史上都曾經是西班牙殖民地，並都於19世紀早期獲得獨立，同屬天主教文化圈。經濟上，兩國都以資源經濟為支柱——委內瑞拉以石油為經濟支

35　後來國際行情變動，泰國大米出口崩潰，種糧農民本身也成為受害者。

柱，智利經濟則高度依賴銅、鋰等金屬礦產。制度上，兩國在民主化之後都選擇了總統制。

如果站在20世紀90年代預測兩個國家民主穩固和經濟發展的前景，委內瑞拉甚至有相當優勢。就經濟水平而言，1990年委內瑞拉人均購買力GDP為16,425美元，而智利則為9,522美元，前者顯著更高。就社會結構而言，委內瑞拉1989年的GINI指數是0.45，而智利1987年是0.56，智利比委內瑞拉更不平等。就近期的政治歷史而言，委內瑞拉的民主根基似乎更深——在查韋斯上台之前，委內瑞拉最近一次民主化發生在1958年，是少數幾個20世紀60、70年代民主政體沒有崩潰的拉美國家之一，而智利則剛剛走出皮諾切特的軍人威權政體，政治裂痕深刻，白色恐怖的記憶近在眼前，軍人干政的陰影也觸手可及。

然而，查韋斯上台後的二十年，兩個國家的故事卻與「結構主義者」可能做出的預測截然相反。就民主穩固自身而言，智利的Polity IV民主分值自1989年由負轉正後，不但一直維持在正值，而且呈持續上升趨勢，自2006年開始（截至2018）一直處於10分，也就是最高分值。委內瑞拉的政體分值1998年（8分）以來卻持續下降，截至2009年已降至負分（-3分）。雖然2013年查韋斯去世後，尤其是2015年國會大選後左右一度回升至正分，馬杜羅很快露出了其威權本色，委內瑞拉政體分值從2017年開始重新回到負分（-3分）。就經濟發展而言，如圖7-6所示，智利所呈現的是一條相對平穩的增長之路，而委內瑞拉則是一條大起大落之路。1990年智利的人均真實購買力GDP不到委內瑞拉的2/3，但是到2018年不但關係顛倒，委內瑞拉的人均購買力GDP跌成智利的2/5。[36] 短短二十年間如此劇烈的變化，彰顯政治對於改變一個國家命運的巨大力量。

---

36 由於委內瑞拉政府2014年後不再發佈GDP數據，委內瑞拉2010年後數據為IMF專家估值。

圖7-6：委內瑞拉和智利的人均真實購買力GDP（國際元）（1980–2020）

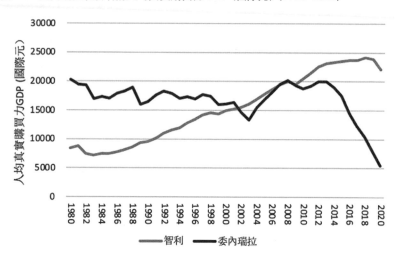

數據來源：International Monetary Fund, World Economic Outlook Database（作者
自繪）。

　　兩國民主穩固不同的表現，根本上而言，源自兩國經濟政策的不同
選擇。智利選擇了一種溫和的經濟自由主義，而委內瑞拉則在經濟民粹
主義的道路上越走越遠。溫和的經濟自由主義給智利帶來經濟增長的同
時也緩和了政治衝突，與此相對，委內瑞拉的經濟民粹主義在不斷引發
政治危機的同時也帶來經濟的崩潰。圖7-7顯示兩個國家1990年以來經
濟自由度的變化趨勢。

　　表面上，委內瑞拉的民主和治理崩潰是因為查韋斯和馬杜羅的「個
人獨裁化」，但是，如前所述，查韋斯和馬杜羅的「個人獨裁化」與其說
是領導人「權慾熏心」使然，不如說是其經濟政策「倒推」的結果——要
實現激進的經濟改革，只能訴諸高度的權力集中，否則「革命」難以深
入。經濟危機越深重，就越需要依賴「獨裁化」才能把不切實際的經濟
政策變成現實。因此，本質上而言，激進的再分配經濟政策與高度集權
化的專制傾向是一個因果鏈條上的不同齒輪，只有其一而不出現其二，
往往是一種烏托邦理想而已。

圖7-7：智利和委內瑞拉的經濟自由度變化趨勢 (1970–2020)

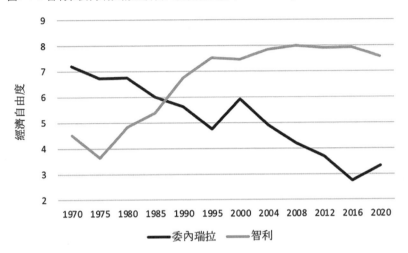

數據來源：Economic Freedom of the World（作者自繪）

1. 委內瑞拉

　　21世紀初委內瑞拉的經濟衰退如此之戲劇化，幾乎像一個希臘式的悲劇——它展現的與其說是「邪惡」如何摧毀「正義」，不但說是對「至善」的迷戀如何摧毀「次善」，對「真民主」的幻想如何摧毀「精英民主」。何以如此？儘管委內瑞拉走向「失敗國家」後，很多媒體熱衷於將查韋斯描述為一個梟雄，但是，查韋斯真的是一個「壞人」嗎？事實上，他很可能是一個極富同情心的人，用他自己的話來說，「當我看到不正義的時候、看到孩子因饑餓而死去的時候，我會哭」（CNN 2009）。無論是其話語或政策，都充滿了對「社會正義」的追求，也正是因此，他能贏得無數人的愛戴。

　　可以明確的是，在相當長時間裏，查韋斯不但是民主的擁躉，而且在很多方面比一般的民選領導人「更民主」。首先，他非常善於贏得選舉。除了2007年修憲公投和2010年執政黨失去了議會多數席位，查韋斯上台後幾乎贏得了所有選舉或公投。1998年的選舉，查韋斯以16個百分點的領先優勢贏得總統選舉；2000年大選，領先優勢提升到了22

個百分點；2006年，則領先了反對黨領袖26個百分點。2012年的選舉雖然只領先11個百分點，但這是2011年他公佈了癌症消息後仍然得到的選舉結果，可以說「成績斐然」。2013年他指定的繼承人馬杜羅同樣是通過選舉上台。不但擅長贏得選舉，查韋斯還熱愛組織和發動公投：以公投來決定修憲；以公投來決定總統去留——事實上，讓「人民」而不是議員來決定「彈劾總統」與否，是查韋斯的「制度創新」；用公投的方式來進行「政策諮詢」，同樣為查韋斯所喜愛。

其次，他所有的破壞民主的做法幾乎都是經過民主程序發生的——大大擴大總統權限的1999年新憲法是公投的結果，延長總統任期的修憲是2009年公投的結果，對最高法院的「清洗改造」通過民選議會完成，數次「政令統治」(rule by decree) 也是議會授權的結果，即，議會主動放棄自身的權力，以成全總統獨掌大權。此外，架空常規議會的兩個「制憲議會」——一次發生在查韋斯任內 (1999年)，一次在馬杜羅任內 (2017年)，也都是由民選產生。

再次，除了國家層面，查韋斯還力推「基層民主」和「經濟民主」。為了推進「基層民主」，查韋斯推動了「社區委員會」(commune councils) 制度，以繞開「建制精英」們所掌控的地方政府。在城市，大約每150–400個家庭組成一個「社區委員會」；在農村，大約10–20個家庭組成一個「社區委員會」，用來商討社區內的各種公共事務，政府撥給地方的財政中30–50%直接撥給「社區委員會」。截至2010年，全國成立了大約兩萬個這樣的「社區委員會」(Wilde 2017)。

針對大公司，他提高工會的談判權，並推動成立一個全國性的「工業綜合體」(Industrial Complex) 以平衡商會，表示「公司必須由工人來控制，事情本應如此」，「你們在一個工廠工作、卻不知道公司怎麼運轉的，這是不對的！生產計劃是什麼？如何管理的？資源如何分配的？從誰那買原材料、付多少錢？產品賣給誰、怎麼賣的？所有這一切，整個的生產過程……都應該由工人來控制！事情必須是這樣！」[37]他熱衷於

37　在一次與工人代表進行的「社會主義轉型研討會」上，查韋斯表示僅僅靠企業國有化是不夠的，還需要企業管理本身「民主化」(Albrecht 2009)。

大公司的國有化，也是因為國有化的公司有利於「工人民主」。「每一個
工廠都應該是一個學校，正如切（格瓦拉）所說，工廠不僅僅是生產煤
塊、紡織品、鋼鐵或者鋁，更重要的是生產全新的男人女人，一個新的
社會，一個社會主義社會。」(Albrecht 2009)

不但熱愛「真正的民主」，查韋斯還熱愛扶弱濟貧，堪稱「羅賓俠」
的現代版本。世界各國憲法都有「權利條款」，但是鮮有國家像委內瑞
拉一樣將「社會、經濟、文化權利」統統列為憲法保障的權利。寫入委
內瑞拉1999年新憲法的「權利」包括：免費教育權、免費醫療保險權、
清潔環境權、土著的文化權、就業權、住房權、醫療保險權……關於
「醫療保險權」的條款寫道：「健康是一項基本的社會權利和國家的責
任，國家應該把健康作為生命權的一部分來保障。」然後詳細描述了國
家應該如何「保障醫療權」。關於最低工資權，憲法寫道：「每個工人都
有權得到足夠的工資以有尊嚴地生活、保障他自己及其家庭基本的物
資、社會和知識需求。」然後又是一份詳細論述，闡釋政府如何保障人
民的物資、社會和知識需求。

對「人民」的熱愛和對「精英」的敵視是對稱的，對「社會主義」的熱
愛和對「資本主義」的仇視也是對稱的。在查韋斯的意識形態中，資產
階級vs無產階級、精英vs人民、財閥vs窮人、資本主義vs社會主義等二
分法無處不在，這一點從他為「玻利瓦爾革命」所設計的口號中就可以看
出──「祖國、社會主義或死亡」(「Fatherland, Socialism or Death」)。[38]
在位期間，查韋斯反覆重申「要把權力交給窮人」，至於富人，「我們必
須挑戰那些特權精英，因為他們摧毀了這個世界的一大部分」。到其執
政後期，他對「資本主義」的仇恨已經到達了離奇的地步：「我說過、聽
說過一種一點也不奇怪的看法，火星上有過文明，但是也許資本主義抵
達了那裏，帝國主義抵達了那裏，然後摧毀了那個星球。」(Minaya
2011)

38　這不僅僅是一個口號，而且成為查韋斯期間委內瑞拉的教育準則，教師要接受
　　「玻利瓦爾式教育系統」的培訓，學生則要學習「玻利瓦爾式的課程表」，教育的
　　目的是「創造社會主義新人」(*The Economist*, Oct. 11, 2007)。

查韋斯的經濟政策正是建立於這套話語之上。在1998年的大選中，查韋斯以一套「反新自由主義」的政綱贏得大選。他承諾石油企業的國有化、收回對國際石油公司的優惠政策、將石油收入再分配給窮人和「社會項目」、打擊富人的逃稅漏稅、提高最低工資、增加養老和貧困補助……儘管之前的幾任領導人也曾做出過類似承諾，但是面對財政入不敷出的現實狀況，他們紛紛「叛變」了，只有查韋斯上台「言必信、行必果」，大刀闊斧地展開了這一系列「反新自由主義」的經濟政策。

1999年上台後，查韋斯開始推行其「21世紀社會主義」計劃，其中包括大量福利項目和公共部門的擴張。表7-9列舉了其任下一些社會福利項目名稱及宗旨(不完全記錄)。顯然，這些項目可謂用心良苦，體現了查韋斯「扶弱濟貧」的決心。任何簡單地將查韋斯視為一個「壞人」或「獨裁者」的分析，在如此「富有同情心」的社會項目面前，似乎都難以成立。

對窮人的補助和對私有企業的打壓亦步亦趨，因為私有企業是資本主義的象徵。一方面，政府大量「徵收」包括跨國公司在內的私有企業：2002–2012年政府徵收了1168個企業或農場(Hidalgo 2018)。顯然，被看上的企業中肯定有「不服」的，比如美國的兩大石油公司埃克森美孚(Exxon Mobil)和康菲公司(ConocoPhilips)拒絕轉移控股權，但是，趕跑「帝國主義企業」不過是一個法令的事，最後政府以遠遠低於市場價的價格「強徵」了這兩個石油公司(Garside 2012)。另一方面，政府對私有企業出台各種充滿敵意的政策，導致企業紛紛破產或主動關門。此類政策包括強行要求企業低價出售商品，不斷提高最低工資，要求企業「民主化管理」，要求銀行必須提供「社會性貸款」……徵收加歧視，私企的生存空間越來越窄。據報道(Fiola 2019)，1999年委內瑞拉有49萬個私人公司，但到2018年，只有28萬個。

表7-9：查韋斯的「玻利瓦爾項目」一覽（節選）（1999–2013）

項目	內容
Mission Mercal	針對窮人提供政府補助的廉價食品，全國1.6萬個商店加入該計劃，高峰期僱用了8萬多人，1000多萬窮人受益於該項目
Mission Barrio Adentro	針對窮人提供的社區醫療保健服務，數千個醫療診所被建立起來，高峰期有3萬多個醫生在其中工作，包括1萬多個古巴醫生
Mission Robinson	針對200萬成人的掃盲教育運動，政府動員士兵深入偏遠地帶，挨家挨戶去普及識字
Mission Ribas	針對高中輟學生進行的教育項目
Mission Sucre	針對成人進行的免費高等教育項目
Mission Habitat	針對窮人的住房建設項目，政府承諾建造15萬個房屋滿足民眾的住房需求
Mission Zamora	土地改革和土地再分配項目，不但農村的土地大量再分配，城市貧民窟的「臨時搭建」住房也都統統被追認了產權
Mission Arbol	保護森林、發展可持續農業的項目
Mission Ciencia	針對大學的科技人才培養項目
Mission Vuelvan Caras	給弱勢群體賦權參與到經濟決策的項目
Mission Guaicaipuro	幫助土著社區獲得土地權益的項目
Mission Simoncito	給0–6歲的兒童提供免費看管和教育

　　如此激烈的經濟變革，必然需要高度政治集權才能完成，否則「反革命勢力」隨時可能利用各種制度「否決點」進行「反撲」。因此，查韋斯上台伊始就開始了權力結構的改造。第一步，通過新憲法擴大總統權力——要大刀闊斧地改革就必須擴大總統權限，要擴大總統權限就必須修憲，要修憲就必須成立新的「制憲議會」。因此，查韋斯1999年一上台就推動成立新的「制憲議會」，啟動修憲。新憲法顯著擴大了總統權限：改兩院制為一院制，從而減少一個可以制衡總統的機構；總統從只能一任改成可以連任一次，並且任期延長；總統獲得了一定條件下解散國會的權力、宣佈戒嚴的權力；總統不但可以任免各部行政長官，而且可以任免軍事將領。修憲成功後，查韋斯如虎添翼。

　　由於 2000 年議會選舉中親查韋斯的政黨超過議會席位的 2/3，這意味着議會也成為查韋斯的囊中之物。在查韋斯當政期間，國會曾經四次（1999 年、2000 年、2007 年、2010 年）授權總統實行「政令統治」，即總統可以在廣泛的政策領域，無須經過立法機構的批准就制定公共政策。尤其是 2010 年，由於反對黨贏得了相當數量的席位，為避免新國會給查韋斯「搗亂」，即將結束任期的舊國會緊急「午夜立法」，一次性給查韋斯授權 18 個月的「政令統治」。

　　對法院的「馴服」則略微費了些工夫。首先，查韋斯政府對司法系統進行「大換血」。早在「制憲議會」階段，「制憲議會」就賦予了總統解僱大法官和「調查腐敗法官」的權力。新憲法通過後，查韋斯成立「司法重構委員會」來審查所有法官的「資格」，並以「腐敗」等理由為名解職了一大批法官——僅僅 2000 年一年，全國 80% 的法官被解職（Wilpert 2003）。即使如此，新的最高法院一開始仍然不完全「聽話」，其中一個表現，就是 2002 年的未遂政變後決定不起訴某些軍方人員。於是，查韋斯政府決定繼續「改造法院」。一個辦法就是將大法官從 20 個增加到 32 個，另一個辦法則是解職某些大法官，以保證大法官的政治忠誠。[39] 此後，查韋斯面對司法系統「如履平地」。一項研究顯示，從 2005 年開始，最高法院做出的 45,474 項裁決中，沒有一項是不利於政府的（Corrales 2015）。因此，當因批評總統而被罰款的環球電視台試圖從法院找回公正，或者當反對黨 2013 年試圖通過法院起訴來挑戰選舉結果時，法院的反應就不難想像了。一個象徵性的畫面，是 2006 年新一屆最高法院的就職典禮上，大法官們齊聲高喊：「哦啊！查韋斯不會離開！」而查韋斯則在掌聲中對法官們表示感謝。[40]

　　架空聯邦制也成為必要之舉。儘管受到各種打壓，反對力量仍然能夠贏得一些地方性選舉勝利。當反對黨在地方選舉中取得相當份額的

39　由於議會已是查韋斯的囊中之物，而大法官的任命權主要由議會掌握，所以查韋斯政府得以間接掌控大法官人選和人數。

40　由於法官經過「政治遴選」產生，因此法庭對查韋斯高度忠誠，據調查，40% 的刑事法官是查韋斯社會主義運動中的活躍分子（Poliszuk & Cardona 2017）。

勝利時(比如反對派的領袖萊德茲馬當選首都加拉加斯市市長),為了「抵消」選舉結果,查韋斯的無數個「公社委員會」開始發揮作用:它們直接收到政府撥款,直接決定預算開支,從而繞開可能被反對派「把持」的地方政府。根據委內瑞拉市長協會主席卡洛斯‧奧卡里斯(Carlos Ocariz)的說法,委內瑞拉2012年以來當選的78個反對派市長中,有33個因為各種原因面臨法律訴訟。

限制公民社會的自由當然也自不待言。查韋斯上台後,不斷推出限制媒體言論自由的法律。比如,2000年的《通訊組織法》(Organic Laws of Telecommunication),允許政府收回廣電公司的經營許可證,如果「國家利益、公共秩序和安全需要的話」。2004年的《社會責任法》(Law for Social Responsibility)禁止可能「煽動仇恨和暴力的言論」,2010年後又將該法律適用於互聯網。2005年刑法典進一步縮減了「批評官員的尺度」和示威遊行的空間。對付不聽話的市場媒體,政府拒絕續發經營許可證(比如2007年針對RCTV電視台)、罰款(比如針對環球電視台)、起訴、禁止國有部門向其發放廣告、拒絕它們報道政府的重大活動等等。為了形成政府主導的「信息霸權」,政府還創辦很多免費的「公共媒體」,主導輿論方向。查韋斯本人還自我賦予了可以隨時「衝進」任何電視頻道、對全國民眾「即興講話」的權力。也就是說,本來坐在電視前看節目的普通人,可能會在毫無防備的情況下看見總統「空降」屏幕,開始發表慷慨激昂的演說。

議會和法院都成為橡皮圖章,地方政府和公民社會失去了抵抗力,查韋斯由此獲得了「大刀闊斧改革」的自由。由經濟和社會改革的雄心「倒推」權力結構的改造,這是查韋斯「不得不」集權的根本原因。雖然集中了巨大權力,但查韋斯並非將這一權力用於個人「貪腐享樂」,而是快馬加鞭啟動改革:2000年上台伊始他就迅雷不及掩耳地推動了「49項法令」。之後,上千個企業國有化改革、各種「玻利瓦爾社會項目」的展開、幾十萬套住房的建設、數千個學校和社區診所的建立、數萬士兵去農村掃盲、遍及城鄉的土改、幾萬個「社區委員會」的建立……無不是因為查韋斯獲得了高度集中的權力。可以說,如果不把自由式民主改

造為「不自由的民主」，就不可能展開查韋斯的「玻利瓦爾革命」。委內瑞拉民主的倒退乃至崩潰，是民粹主義經濟政策的必然邏輯。

如前所述，短期而言，民粹主義經濟政策常常具有一種正面的「興奮劑效應」——尤其「幸運」的查韋斯上台後剛好趕上了國際油價大漲。一個智庫分析，2004–2013年委內瑞拉的GDP年均增速是4.3%，遠遠高於1999–2003年查韋斯上台但是尚未掌控最大的國有石油企業PDVSA時 (3.2%)，更高於查韋斯上台前的1.4% (Johnston & Kozameh 2013)。世行數據也顯示，委內瑞拉的人均購買力GDP 2003年大約為12,000美元，2008年則升至近19,000美元，增速可謂喜人。相當長一段時間內，委內瑞拉的貧困率下降受到許多國際組織的肯定，極端貧困的家庭從23.4%降至8.5%。[41] 連著名經濟學家、諾貝爾經濟學獎獲得者斯蒂格利茨都對委內瑞拉的發展成就表示肯定 (Janicke 2007)。儘管不到十年後陡然升至近87%的貧困率讓上述數據看起來像個笑話，但是經濟民粹主義「先甜後苦」的邏輯在此展露無遺。

比經濟崩潰更快出現的，是政治兩極化及其帶來的無盡衝突——也就是說，經濟民粹主義的「政治反彈」邏輯比「經濟危機」邏輯更早展開。2000年第一次「政令統治」期間，查韋斯推出的連珠炮式的新政策（所謂「49項政令」），令許多恐懼「古巴化」的委內瑞拉人深陷不安，反對派開始動員。第一次大規模街頭對抗出現於2002年初，導火索是查韋斯對本國最大石油公司PDVSA的人事清洗。儘管PDVSA已經是國有企業，但是它長期享有經營自主權，直到查韋斯想把它變成政府的ATM機。政府和PDVSA對抗的過程中，PDVSA的管理層組織了一場大罷工——成千上萬人擁上街頭表達抗議，而查韋斯的支持者也很快聞聲趕到，一時間各大城市的大街小巷上充滿了同樣狂熱、但勢不兩立的示威者陣營，混亂之中發生了槍戰，雙方示威者都有傷亡。

41　從2010年左右往回看，與1999年（查韋斯上台）相比，不僅僅是貧困率顯著下降，失業率、嬰兒死亡率、謀殺率都大大降低 (The Guardian, Oct. 4, 2012)。

這次超級對抗的戲劇化頂點是4月9號的未遂政變。軍方的反對派綁架了查韋斯,宣佈查韋斯「辭職」,並宣佈商會主席佩德羅·卡爾莫納 (Pedro Carmona) 擔任過渡總統,「過渡總統」立刻宣佈廢除新憲法、解除石油的價格管制、廢除查韋斯的新政令。但是,查韋斯的軍方支持者火速趕到總統府,趕跑了「過渡總統」,解救了查韋斯,而查韋斯支持者們身着紅色T恤,把委內瑞拉的大街小巷染成了紅色的海洋。

第二次超級街頭對抗很快再次到來。2002年底,委內瑞拉商會再次發動罷工,罷工一度幾乎讓委內瑞拉的石油生產癱瘓,許多私營企業也加入其中,街頭再次充滿互相嘶吼的對立陣營。為了恢復石油生產,政府一口氣解僱了近兩萬PDVSA的工人(該公司40%員工),直到2003年4月,生產才得以恢復。

第三場超級對抗則圍繞2004年的「總統召回公投」展開。從2003年末開始,反對派開始組織「召回總統」運動。根據1999年新憲法,在徵集到一定數量的簽名後,民眾可以就總統的去留進行公投。這一動員過程進一步撕裂社會——查韋斯的反對派指控,簽名者因其簽名而受到政府威脅,查韋斯支持者則指控其雇主要挾他們簽名,對抗之中又是數次大規模暴力衝突和騷亂。公投的結果卻並不意外:查韋斯獲得了近60%的民眾支持,反對派只獲得了40%支持——事實上,簽名運動的一批發起者被以叛國罪起訴。經此一役,查韋斯的反對派或許終於意識到:用民主方式去擊敗經濟民粹主義者幾乎是不可能的,因為當一個人向民眾承諾免費午餐,並且享受這一免費午餐是在成就「社會正義」,沒有多少人能抗拒這種精神催眠。終結經濟民粹主義的最有效辦法,或許是等它自己「電池耗盡」。

然而,反對派並沒有「消沉」太久,因為查韋斯總統總有辦法點燃新的激情。這次的事由,則是查韋斯為延長總統任期而發起的公投。他已經在新憲法下第二次當選總統,再次競選就需要修憲。於是,2007年查韋斯又開始推動修憲,廢除總統任期限制,同時「打包」進入修憲日程的,還包括限制中央銀行的獨立性,擴大政府對儲備油田的所有權,擴大政府的企業徵收權。於是,第四次兩極對抗拉開帷幕。雙

方街頭對抗中暴力四起，查韋斯稱反對派為「法西斯主義者」，反對派則指控警察過度使用暴力。這次查韋斯居然輸了公投，但是他很快捲土重來，在將「打包項目」解綁後，2009年新的公投終於給了查韋斯想要的「廢除連任限制」。

經濟危機在反覆的政治衝突之後逐漸浮現。查韋斯在位的最後幾年，由於國際油價下跌、全球金融危機，經濟模式難以為繼。查韋斯的標誌性政策之一，是通過價格管制保證窮人買到廉價食品，但是到2011年，也就是查韋斯的第三任任期內，委內瑞拉的食品價格已經是2003年的9倍，而平均工資只增長了不到40%（*The Economist*, Aug. 20, 2011）。不過，風暴剛剛浮現，2013年癌症就奪去了查韋斯的生命。某種意義上，查韋斯是「幸運」的，因為命運沒有「殘忍」地讓他親眼看到他的「玻利瓦爾革命」全面破產。

不幸的是「接盤俠」馬杜羅。他既沒有查韋斯的個人魅力，又沒有趕上油價上漲的運氣，卻堅持把經濟民粹的「擊鼓傳花」遊戲玩下去。很多人聲稱他們反對馬杜羅卻深愛查韋斯，仿佛他們是截然相反的統治者，這實在是一種自欺而已。當馬杜羅2017年利用最高法院來取消新當選國會的立法權，人們指責他「個人獨裁」，卻忘了他不過是在「收穫」查韋斯十幾年前種下的種子而已──正是因為當年查韋斯對司法系統的馴服，委內瑞拉早已沒有了作為制衡機構的最高法院。當馬杜羅面對反對派掌控的議會「急中生智」另立「制憲議會」時，人們抗議他破壞民主，卻忘了這不過是對查韋斯1999年做法的「東施效顰」。當馬杜羅2014年利用價格管制來實施「經濟戰爭」，人們嘲笑他的愚蠢，卻忘了這正是查韋斯2003年、2011年的政策。無論就施政方式還是經濟政策，馬杜羅都是嚴格的查韋斯主義者，不存在什麼原則性的背叛，他的「倒霉」之處不過是在菜快燒糊了的時候接過了炒勺而已。

經濟崩潰的速度和後果已經無須贅述，本書前文多次提及。一個聯合國官員哀嘆，委內瑞拉的局勢是「西半球前所未有的絕對災難」（DW News, Mar. 13, 2018）。在經濟學家斯蒂格勒茲不久前讚美過的委內瑞拉「教育系統」裏，小學生們因饑餓而頻繁暈倒，救護車不斷在學

校進進出出。[42]一度為本國是「拉美首富」而驕傲的委內瑞拉人,現在卻發現鄰國「大街上到處都是乞討的委內瑞拉人」(Faiola 2019)。暴力犯罪率如此之高,以至於某些年份在委內瑞拉死於暴力謀殺的人遠超處於戰爭狀態的伊拉克。[43]

因長期經濟危機而引發的政治危機也無須更多描述。馬杜羅上台以來,街頭抗議首尾相連,如縷不絕。一個觀察組織的統計顯示,僅就2014年這一年的上半年,委內瑞拉就發生了大大小小6,369場抗議——平均每天35場抗議(Lapatilla News 2014)。令人驚異的不是經濟危機的駭人程度,而是在如此駭人危機面前威權政府的韌性:2015年反對派勝選的議會被架空了、2016年的總統召回公投失敗了、2017年府院之爭帶來的憲政危機沒能將馬杜羅趕下台去、2018年總統連任引發的抗議也沒能將他趕下台去,而2019年的準政變終究沒能獲得軍方足夠的支持……委內瑞拉人似乎陷入了一場無論如何都無法醒來的噩夢中,而這場噩夢的起點並非所謂「壞人」的權力野心,而是無數好人在「更好的民主」感召下的道德激情。

2. 智利

在拉美地區的第三波民主化浪潮中,智利的民主穩固相對順利。如前所述,1989年轉型後,其Polity政體分值始終處於上升狀態,2006年則抵達最高分值10。民主穩固的表現之一,是智利的政黨輪替始終和平有序——到2020年為止,已完成六次權力更替。更重要的是,與鄰國動輒左右民粹主義政黨上台相比,在智利執掌權力的始終是溫和的中左或中右政黨——左翼政黨也珍視市場經濟,右翼政黨也重視社會

---

42 據報道,饑荒如此之嚴重,許多學生在學校門口首先問學校是否提供食物,然後再決定是否進去。教師們也因為收入失去意義而紛紛曠工(Kurmanaev 2019b)。

43 比如,2009年伊拉克死於戰爭的平民人數是4,644人,而委內瑞拉死於謀殺的人數是1.6萬人(Romero 2010)。

平等。同時,與周邊國家永不落幕的街頭政治相比,智利鮮有發展成暴力騷亂的巨型抗議——2019年的大規模抗議是例外而非常態。即使是2019年末的大規模抗議,也由於政府的妥協而較快走向平息,而不像委內瑞拉、玻利維亞同期的局勢一樣,由於雙方持續對壘而不斷升級。

經濟上而言,轉型後智利的人均收入從拉美的第六位升至第一位,貧困率從45%降至8.6%,800萬智利人脫貧——對於一個總人口才1,800萬人的國家,這是一個了不起的成就。智利的經濟發展成就還伴隨着貧富懸殊的溫和緩解:基尼指數從1990年的0.57降至2017年的0.46——儘管仍然很高,但是一個國家在經濟快速發展的同時能夠實現不平等程度的下降,實屬難得。即使是最貧困的10%人口,其收入從1990年到2015年也增加了439%,[44]這顯然比「委內瑞拉式平等」(共同的貧窮)更可接受。此外,智利具有相當高的社會流動性:23%的出身於底部1/4的人最終收入升至頂部1/4,在OECD國家中名列前茅(OECD 2018)。治理方面的其他成績同樣顯著:國際透明組織的腐敗排名中,2018年智利排在第27位,在整個拉美地區僅次於烏拉圭(巴西同年排在105位,阿根廷排在85位,委內瑞拉則排在168位),人均預期壽命從1990年的73歲增至2017年的80歲,嬰兒死亡率從16降至6,均顯著好於同一地區其他國家。

何以在同一個時期,智利在各方面走了一條上升的道路,而委內瑞拉卻急轉直下?如前所述,常見的經濟水平論、社會結構論、歷史文化論、國際環境論和制度選擇論,都不足以解釋這些差異。如前所述,如果說兩國的「民主條件」存在優劣的話,那也是智利的初始條件不如委內瑞拉。能夠解釋這種分岔的最大變量,是兩國經濟政策方面的不同選擇。在委內瑞拉,民粹主義經濟政策讓委內瑞拉政治經濟雙重自由落體,而在智利,溫和的自由主義經濟政策不但促進了經濟發展,也為其民主穩固奠定了經濟基礎。

44　貧困率從69%降至8.6%,800萬人走出貧困(Pinera 2019)。

　　智利並非沒有經濟民粹主義的傳統。本章開頭講述的「智利1973」的故事，就展示了左翼政治家阿連德曾經的政治號召力。儘管某種意義上阿連德只是一個「被打斷的查韋斯」，但直到今天，在智利乃至全世界，他仍然被很多人視為一個「社會主義英雄」。從20世紀70年代末、80年代初的情況來看，整個拉美地區的故事大同小異：強大的激進左翼被更加強大的右翼軍方鎮壓，或陷於內戰，或進入右翼高壓統治——在這個意義上，智利不過是「又一個拉美國家」而已。那麼，智利何以能夠掙脫這個傳統？哪怕在21世紀初一大半拉美地區出現「粉紅色革命」時，智利又何以維繫經濟自由主義取向？

　　一個很多人可能不願意承認的原因，是皮諾切特當政期間的「新自由主義經濟改革」對經濟績效乃至政治文化的重塑。儘管皮諾切特毫無疑問是一個政治上的獨裁者，其統治的人道主義代價慘重，但他也留下了一些自由經濟制度的遺產。1973年，皮諾切特通過政變上台，當時他面對的是一個患有典型「經濟民粹病」的智利：債台高築、通貨膨脹、失業率居高不下……在著名的「芝加哥小子」的協助下，皮諾切特政府開啟了經濟自由化改革，措施包括削減政府開支、對外開放（1973年進口稅率平均為120%，到1975年降為67%，1977年降為20%，1979年降為10%，並且解除了進口審批制度）、私有化等等。

　　改革的結果是1977年經濟開始增長。然而，改革並不順利。增長維持到1981年，智利改革遭遇了它的「買單時刻」。正如許多類似國家的做法，為了控制之前民粹經濟政策帶來的高通貨膨脹率，1979年政府採取了比索與美元的聯繫匯率制。但是，人為抬高的匯率既滋生貿易逆差，又吸引熱錢，而外債的高企使得智利在資本外逃面前極其脆弱。當國際投資者在因人為抬高的信心而進行投資和借貸時，問題被遮蔽，甚至會出現暫時的繁榮，但是當國際資本對智利債務規模開始擔憂、並開始撤資時，1982年危機爆發。智利比索貶值一半，經濟一年之間收縮了14%，失業率高達20%。

　　這是一個艱難抉擇的時刻，也是智利與很多發展中國家的經濟選擇開始分岔的時刻。在很多國家，比如阿根廷，每次改革引發報復性陣

痛，或者改革策略失誤引發危機之後，阿根廷人就選擇回到經濟民粹主義，將沒有及時治好病症的藥方當作病因本身，於是阿根廷就進入下一個經濟民粹主義循環。而在智利，由於智利政府改革的意識更加堅定，1982年經濟危機之後智利堅持了經濟改革的路線：產權保護的立法進一步強化，中央銀行被賦予超脫政黨政治的獨立性，養老金體系私有化等等。兩年後，智利經濟開始復蘇。1984–1989年，智利經濟增長率平均達到7%。有學者認為，這項成就的了不起之處在於，由於東亞人對儲蓄的偏好，亞洲四小龍的高速增長與高投資率很有關係（在此期間，智利投資佔GDP比例是18%，而東亞四小龍是30%），但智利的高速增長則更多地依賴於生產效率的提高（Edwards 2012）。[45]

更難能可貴的，是智利民主化之後的發展軌跡。一些人預言的「民主化必然導致經濟自由倒退」並沒有出現。無論是基督教民主黨總統艾爾文政府和弗雷政府，還是社會主義黨總統拉戈斯或巴切萊特政府，都堅持了市場經濟思維。2016年弗雷澤研究所的「經濟自由度」排名中，智利在全球排在15位，在所有拉美國家中遙遙領先。轉型後，智利很多官員都曾是被皮諾切特迫害的政治異議分子，這個背景使他們堅持自由化經濟政策顯得尤為可貴。

智利的經濟自由主義路線，表現在許多維度。財政紀律方面，吸取歷史上和周邊國家債務危機的教訓，2001年以來，智利政府就建立了所謂「結構性平衡規則」（structural balance rule），即政府不僅僅根據當下的財政收入，而且根據可預測的將來收入來決定財政支出，從而將國際市場的周期性風險納入財政政策考慮。[46]因此，與阿根廷、委內瑞拉那種「富時大手大腳、窮時外債高築」的做法不同，智利實行的是「反周

45　根據世行數據，智利在皮諾切特統治後期，也就是1984–1989年，全要素生產率的增幅是拉美歷史上的峰值（Edwards 2012：111–112）。

46　參見Daban 2011。某種意義上，智利2019年的政治危機與此相關，這一制度安排將財政平衡視為公共開支的基本準則，因此調整公共產品價格以保證未雨綢繆（公車票價是這一調整的一個技術細節），但是這一財政審慎的做法卻意外地造成了危機。

期財政政策」。正如阿根廷經濟高度依賴國際農產品價格、委內瑞拉高度依賴國際油價，智利經濟高度依賴銅價，但是，智利政府並沒有將21世紀初國際初級產品價格上漲的好運氣轉化為「四處撒糖」的闊綽，而是成立了一個獨立委員會，每年評估國際銅價下跌的風險，並據此制定「居安思危」的財政政策。[47]結果就是當周邊國家頻繁陷入債務危機，智利政府債務佔GDP的比例在很長時間內呈下降趨勢，從1990年的37.5%降至最低點3.9%（2007年），到2013年皮涅拉第一次下台之際，也只有12.7%。巴西2006年的政府債務佔GDP比例已經高達55.4%，到2018年則增至77.2%；阿根廷的同一數據21世紀的最低點也有38.9%，最近的數據（2018年）則為86.2%。[48]

智利的貨幣政策也相當穩健，由於中央銀行的獨立性始終受到尊重，銀行沒有成為政府的印鈔機。1999年以來央行以3%的目標為導向（1%的浮動彈性），結果是智利的通貨膨脹率總體呈持續下降趨勢：從1990年的26%降至2018年的2.4%；事實上，21世紀以來，除了2008年到達8.7%，智利的通脹率水平從未超過5%，與委內瑞拉的天文數字形成鮮明對比（Valdes 2007）。

對外開放方面，智利是全球化的積極參與者，平均稅率總體持續降低，從1992年的10.99%降至2017年的1.04%。1990年以來，智利與23個國家或地區簽訂了廣泛的自由貿易協定，其中，與中國的自由貿易協定於2006年簽訂，此後中國成為智利的最大貿易夥伴國——智利2017年25%的進出口與中國發生，中國成為智利經濟增長的重要動力。

對待私營企業的態度方面，智利不但沒有像委內瑞拉那樣道德上污名化私營企業、強行控制價格、強行推動「公司民主」、展開「徵收」甚至「強徵」，而且相當友好。無論是在企業創辦、僱用彈性、企業稅率

47　經濟學家弗蘭克爾將這一實踐視為發展中國家避免財政危機的一個模式，值得推廣（Frankel 2011）。

48　上述債務數據都來自經濟指標（Trading Economics）網站的政府債務佔GDP比例（Government Debt to GDP）數據庫。

等方面都明顯好於地區平均水平。表7-10是從世界銀行「經商容易度」
2020年報告中所截取的部分指數信息，從中可以看出，與周邊鄰國相
比，無論哪個方面，智利對企業都最為友善。

表7-10：拉美數國的「經商容易度」比較 (2020)

	智利	阿根廷	巴西	玻利維亞
創建一個企業所需的天數	4天	11.5天	17天	39.5天
創業花費佔人均收入的比例	2.7%	5%	4. 2%	37.3%
稅費佔利潤比例	34%	106.3%	65%	83.7%
通過法庭執行契約的天數	519	995	801	591
最低工資佔每個工人附加值比例	30%	70%	40%	70%

數據來源：世界銀行，「經商2020」報告。

由於這一系列穩健的自由主義經濟路線，在21世紀初，大多數拉
美國家被所謂「粉紅色革命」席捲時，智利則置身於這場「粉紅色革命」
風暴之外，也因此得以避免這場「革命」所造成的經濟破壞。在委內瑞
拉，國際油價下跌後，經濟成為一片廢墟；巴西遭遇轉型以來最大的經
濟危機，2015–2016年出現負增長；阿根廷財政入不敷出，不得不主權
債務違約……但是智利哪怕在2008年金融危機之後，也只是經濟「打
了一個趔趄」之後恢復了增長。[49] 從1990年到2018年，智利的經濟增長
率平均維持在4.7%左右，並且沒有纏繞諸多拉美國家的高通貨膨脹
率。圖7-8展示拉美幾個大國的人均購買力GDP (2010年固定美元值)
的變化情況，可以看出，1990年(也就是智利的轉型起點處)智利的經
濟水平是最落後的，但是三十年之後，它已經成為最發達的。並不奇怪
的，巴西、阿根廷、委內瑞拉都是「粉紅色革命」的重鎮之地。

49　智利只經歷了2009年一年的衰退(負增長1.5%)，到2010年就恢復到增長率
　　5.8%。

圖7-8：拉美四個國家的人均真實購買力GDP（國際元）（1980-2020）

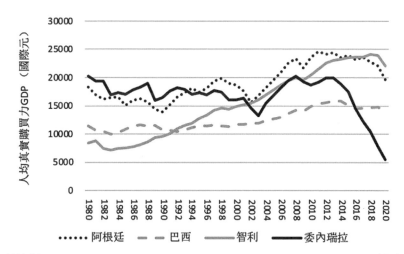

數據來源：International Monetary Fund, World Economic Outlook Database（作者自繪）。

　　當然，轉型後的智利也並沒有追求教科書式的自由放任主義，而是採取務實主義的態度。比如，吸取1982年經濟危機的教訓，1991年智利採取一定的資本管制措施，規定20%的國際流入資本需要在中央銀行無息存儲一年，以這種隱形資本稅的方式鼓勵國際資本的長期行為、抑制短期投機活動。儘管後來這一舉措幾經變遷，最終廢除，但在轉型的關鍵時刻，它對於維持宏觀經濟穩定性起到了相當作用。又比如，近年在稅收、養老金、勞工保護方面也頻繁改革，讓經濟發展具有更大的社會包容性。

　　相對平穩的經濟發展促進了智利的民主穩固。如前所述，民粹主義經濟政策可能通過「政治反彈」和「經濟危機」兩個路徑導致民主倒退，在智利，自由主義經濟政策則是通過「政治包容」和「經濟發展」兩個路徑穩固民主。反過來，健康的民主制度又促進了經濟政策的穩健，構成一個良性循環。

　　就「政治包容」而言，由於轉型後的智利政治演進是基於民意反饋的點滴改良，所以政府無須為迅速集中資源進而集中權力，更無須訴諸

於「我善你惡」的敵我話語。從左翼而言，儘管巴切萊特總統的父親在皮諾切特的獄中被虐待致死，她自己也曾被關押，但其政治話語並非「復仇主義」的。她上台伊始適逢皮諾切特去世，雖然拒絕了給予皮諾切特一個「國家葬禮」，但仍允許軍方給予他一個官方葬禮，並降半旗致意。在經濟上，其政策是「改革，但不撕裂」（reform, not rupture）。就市場經濟，她的態度是：「我們不打算逆轉之前的成就。我們仍然相信公私合作以及自由市場，我們將仍然對外資和自由貿易協定開放。這些都不會改變。」（The Economist, May 23, 2014）

從右翼而言，皮涅特總統也並非一個極端右翼。在2019年的大規模抗議中，右翼總統皮涅拉的反應並非「善惡不兩立」的「敵我話語」，而是表示，「許多人感覺自己被甩在了後面，是一種合理的不公正感觸發了街頭的抗議浪潮，為響應這些呼聲，我們需要推動一個更積極的社會議程，保持經濟增長，在廣泛和包容性參與的基礎上就新憲法達成共識……以凝結一個更自由公正和繁榮的社會。」[50]這種話語與查韋斯「社會主義或死亡」的政治口號形成鮮明對比，與查韋斯動輒將反對派斥為迫害耶穌的「皮多拉」、「猶大」乃至「劣等的豬」也不可同日而語。當巴西新崛起的極右翼總統博索納羅在社交媒體上表達對皮諾切特的讚美時，皮涅拉並沒有迎合他，而是刻意拉開距離：「我並不同意博索納羅總統關於智利前總統的說法。」（Nebechay 2019）

經濟發展對民主穩固的意義就更不待言。發展帶來的資源令政府在解決社會矛盾時更「從容」，智利政府不必像巴西的盧塞夫總統那樣「拆東牆補西牆」從而引發憲政危機，也不必像阿根廷的德拉魯阿總統那樣面對民眾圍攻坐直升機逃離，更不需要像查韋斯或者馬杜羅那樣靠瘋狂印鈔來為經濟「止血」。由於政府量入為出，尊重財政紀律，實行

50　此言論來自皮涅拉總統在《紐約時報》上發表的評論文章（Pinera 2019）。當然，皮涅拉在這次政治危機中的表現也受到爭議（尤其是在他個人多大程度上為警察暴力負責這一問題），為此反對黨發起對他的彈劾，不過最後彈劾未獲成功。

「反周期財政」，所以政府不至於深陷債務，因而在社會動盪時拿得出一系列政策工具。

由於政治包容和經濟發展對民主的穩固作用，智利走向了自由式民主，而不是新興民主中極其常見的「不自由民主」。選舉成為民主生活中的軸心性事件，但民選機構並沒有吞噬非民選機構，法院、中央銀行、選舉委員會等機構獨立性始終受到尊重，議會則存在着激烈但健康的多黨辯論，行政權力獨大的權力結構沒有出現。在委內瑞拉，查韋斯通過1999年新憲法將總統「不可連任」改為「可以連任一次」，再通過2009年公投將「連任一次」改為「無限期連任」，但是在智利，總統至今不能連任，而且任期始終是短短4年——因為這個規則，巴切萊特總統第一個任期結束時，儘管支持率非常高，也只能再等四年重新選舉上台。事實上，根據《經濟學人》的一個統計，1990年以來所有尋求總統任期變化的拉美國家中，只有智利的變化是收縮性的，其他國家的變化都是擴張性的（*The Economist*, Oct. 1, 2015）。

公民的政治自由也受到尊重。在2019年的巨型抗議中，發生了嚴重的警民衝突，數十人喪生，反對派指控皮涅拉政府（Sebastián Piñera）濫用警權。如果是委內瑞拉，面對如此指控，查韋斯或者馬杜羅的反應很可能是指責抗議者是「帝國主義代理」，事後將組織以「煽動暴力」罪抓捕。皮涅拉總統的做法則是邀請聯合國人權專員和「人權觀察」等國際組織實地監控、考察情況，准許公訴機構的獨立調查和司法獨立審判。事實上，不是其反對者、而是他自己險些因指控而「受審」——反對黨在議會以「警察濫用暴力」為由發起對總統的彈劾，最後皮涅拉只因79對73票的微弱優勢才保住了職位。

當然，智利現在也面臨着經濟政策民粹化的危險。2011年底，一場學生示威爆發，抗議私立大學高昂的學費，要求政府強化對公立大學的資助、減免學費、讓學生參與學校管理等等，抗議持續了兩年，議題也逐漸從教育擴展到更多經濟社會領域。作為對這場抗議的反應，2014年第二次上台的巴切萊特政府發起了一系列改革，其中包括加稅以資助免費教育、結束盈利性教育、憲法改革以納入更多公民參與、勞

工法改革強化工會力量、增加公共養老金等等。然而，這一系列「美好」的改革不是沒有代價：政府債務佔GDP比例2012年尚為11.9%，到2018年已升至25.6%，[51] 外資流入大大下降，在世界銀行的「經商容易度」排行榜上，智利2012年全球排名34，但是2014年的左轉改革後立刻降至48，到2019年已降至全球59。

2019年10月，政府為平衡財政宣佈公共交通的車票費上漲，這個貌似無關痛癢的決定意外地觸發了一場曠日持久的全國性抗議，抗議的目標從上漲的車票逐漸擴散到物價、養老金、貧富懸殊、醫保、最低工資等等。絕大多數示威者是和平抗議者，但抗議過程中也出現了打砸搶燒，對抗中數十人身亡，迫使皮涅拉總統宣佈國家進入緊急狀態。為緩解局勢，政府不但很快宣佈廢止車票漲價政策，而且同時承諾加徵富人收入稅、提高養老金、提高最低工資、降低藥價、擴大公共醫療系統、更多水電補貼等等。

智利社會當然有權在生活水平上升、政治觀念變遷之後不斷更新其「社會契約」，調整其經濟政策，但是，如果上述「抗議—福利—更大的抗議—更多的福利」成為一個智利政治未來的模式，那麼，智利會不會成為另一個巴西、另一個阿根廷，甚至另一個委內瑞拉則未可知。事實上，巴切萊特第二個任期開始一系列「福利主義」和「干預主義」改革後，智利經濟增長已經明顯放緩，2014–2017年平均增速只有1.75%，遠低於皮涅拉在任期間（2010–2013）的5.3%。智利經濟能否承受更進一步的左翼改革則令人懷疑。

儘管觸發巨型示威的相當程度上是智利的貧富懸殊問題，但是，很多人沒有意識到的是，智利並沒有開始這些左翼改革之前，其GINI指數已經從0.57（1990年）降至0.47（2013年），而巴西在著名的左翼政治家盧拉和羅塞夫的治理下，GINI指數也只是從0.57（2003年）降至0.54（2016年）。可見，社會平等未必要靠大規模的政府再分配實現，經濟

---

51 數據來自經濟指標網站的政府債務佔GDP比例數據庫。

發展本身有可能就是路徑之一。[52]正如上一章提及的南非案例，智利近年的各種變化跡象顯示，民主穩固從來不是一勞永逸之事，需要每一代人重新做自己的「選擇題」。

本章試圖分析新興民主的經濟觀念、經濟政策選擇和民主穩固的關係。民粹主義觀念之所以具有難以磨滅的生命力，是因為它往往訴諸人類某種最深刻、最本能、最具魅惑力的情感，它可能是宗教文明，可能是民族主義，可能是以「生物進步主義」面目出現的種族主義……在本章中，則是經濟領域的平等主義和保護主義。筆者的觀點是，經濟民粹主義政策一旦落地生根，往往對民主穩固形成重大威脅。一方面，它往往在刺激經濟的短期增長後造成經濟困難，損害民主的績效合法性；另一方面，它所帶動的敵我話語造成政治撕裂，摧毀民主運轉的文化與社會基礎。

這一觀點基於對新興民主國家的實證觀察。轉型之初，新興民主往往繼承了經濟管控主義的政治遺產，而不均衡的經濟自由化以及改革開放的減速化趨勢，則是諸多轉型國家的共同處境。不斷泛化的權利觀往往無視一個國家的財政能力和價值多元衝突，成為一個「越畫越大的餅」。不斷膨脹的「民主承諾」不但難以兌現，也因為承諾和現實之間的落差成為政治怨恨的源泉。新興民主國家獨特的處境——較低的經濟水平、廣泛的不平等和常見的經濟危機則使這種矛盾雪上加霜。福利與保護覆水難收的特點，進一步將新興民主推入壞政策和壞績效之間的惡性循環。最終，經濟困境和政治衝突常常會危及民主的存續本身。

本章的分析是情境性的而非原則性的，也就是說，筆者並不主張無論何時何地，自由化改革越徹底越好。顯然，並非所有的自由化改革都帶來經濟收益——有益的改革往往需要政府小心翼翼地控制其時間窗口、程度、速度以及改革的社會和政治成本。無論是經濟學上的Armey Curve還是Scully Curve，都顯示政府和公有部門既非越大越好，也非越

52　街頭抗議固然舉世矚目，卻未必真的代表「沉默的大多數」。智利選民2010年打破其「左翼有選必勝」的傳統，將皮涅拉選上台去，2014年第二次將其選上台去。

小越好，而可能存在一個最優的中間地帶。近年，關於經濟自由化改革的策略，出現諸多懸而未決的爭論，比如，財政平衡固然重要，但是經濟衰退時是否是財政緊縮的合適時機？[53]對於缺乏經濟自由度的國家，經濟自由化改革固然重要，但是何種要素的自由化比另一些要素的自由化更重要？[54]過於臃腫的政府固然危險，但特定領域的政府支出(比如教育和醫療)是否比另一些領域更值得保護？……所有這些問題在不同情境下未必有統一答案，因此經濟自由化改革需要仔細辨析時機、順序、速度以及政治成本。

儘管經濟極左和極右的經濟主張都存在嚴重危害，之所以筆者仍然願意把更多的關注投入到左翼經濟民粹主義的風險，是因為現實的「情境」：在諸多新興民主國家，迅速擴大公共部門、增加福利分配、提供就業保護，無論是對政治家還是民眾，具有致命的吸引力，而增強財政自律、拆除過度保護、引入競爭的改革則是「逆水行舟」。畢竟，前者具有強大的道德感召力、利益誘惑和政治回報，而後者則要求政治家與民眾具有居安思危、未雨綢繆的先見之明。正因為經濟民粹主義這種「來如山倒、去如抽絲」的特點，面向它的警覺比面向「放任自流的市場」的警覺更加現實。

以拉美為例，儘管這一地區現代以來一直深受左翼民粹主義之害，民調仍然顯示，幾乎所有拉美國家的大多數民眾都自稱是「社會主義者」，同時都認為自己的國家「還不夠社會主義」，[55]也就是說，如果完全

53　一些凱恩斯主義學者認為經濟衰退時應當擴張而不是緊縮財政，比如阿馬蒂亞·森 (Sen 2015)。

54　有研究認為貿易自由化總體而言有益於經濟發展，但是金融自由化則危險得多。

55　甚至包括智利——在智利，支持社會主義的人與不支持它的人，比例是1.69：1，認為自己國家已經是社會主義的比例和不這麼認為的人比例是0.76：1。當然，這一比例的落差相比絕大多數拉美國家是溫和的。在阿根廷，支持社會主義的人與不支持它的人，比例是2.45：1，認為自己國家已經是社會主義的比例和不這麼認為的人比例是0.4：1。

由「公投」來決定經濟政策方向，幾乎所有拉美國家還會繼續左轉。[56]因此，當我們談論委內瑞拉時，不僅僅是在談論委內瑞拉；當我們談論歷史時，也不僅僅是在談論歷史。查韋斯去世時，成千上萬民眾為其送行，好萊塢演員西恩‧潘寫道：「全世界的窮人失去了他們的領路人」；著名導演奧利弗‧斯通表示：「我為一個真正的英雄哀悼」；美國政治家桑德斯曾表示：「現在是委內瑞拉更可能實現美國夢」；而英國工黨領袖科爾賓稱查韋斯「展示了一種不同的、更好的道路，它叫作社會主義、叫作社會正義。」(Follett 2019) 當然，這一切都發生在「查韋斯夢」的災難性代價完全浮現之前。遺憾的是，對於過於美好的事物，收穫總是出現在代價浮現之前。

---

56 只有墨西哥和巴拿馬的民眾自稱信奉資本主義的人超過社會主義信奉者
    (Crabtree & Ríos 2009)。

第八章

新興民主的公民社會選擇

　　2013年6月30日是埃及時任總統穆爾西就職一周年。當日，埃及爆發大規模的抗議要求總統下台。事實上，針對穆爾西總統「獨斷專行」和「伊斯蘭化埃及」的跡象，此前各種抗議示威已經持續了半年左右。但是，到6月底的這一天，抗議規模急劇擴大。據稱，大約有1,400萬埃及人走上街頭，成為「埃及歷史上最大的抗議示威」。7月3日，對局勢失去耐心的軍方發動政變，將穆爾西總統趕下台去。得知穆爾西下台的消息，開羅解放廣場上一片沸騰，人們燃放烟花，高呼「真主萬能！」以及「埃及萬歲！」並將手中的綠色激光燈指向天空，將開羅的夜空染成綠色。許多年輕的革命者、宗教領袖、民間組織領導人發表熱情洋溢的講話，表達對軍隊的支持。成千上萬個埃及人將社交媒體上的頭像換成軍隊領袖塞西的照片，以示感激。

　　2014年5月7日，泰國的憲法法院宣佈，由於總理英拉在一個官員任免的問題上「濫用權力」，解除其總理職務。這是2006年以來，第三位紅衫軍的總理被法院解除職務。對於泰國的黃衫軍來說，這是又一次「民主的勝利」——此前，從2013年底開始，他們已經在曼谷街頭持續抗議了英拉政府半年。在此期間，英拉宣佈解散議會、2月提前組織大選、引入第三方談判，都未能平息黃衫軍的怒火。他們2013年11月佔領財政部、外交部等「各大部委」，2014年1月「佔領曼谷」，2月四處阻撓新大選，並通過法院成功作廢了進行中的選舉。雖然憲法法院解除了

英拉職務，為了「保衛勝利果實」，他們又發起了「最後的鬥爭」，一鼓作氣佔領了諸多電視台、看守政府總部，直到5月20日軍隊政變，確保了紅衫軍勢力在可見的未來再也不能「翻身」。

2014年2月22日，在歷經數月的抗議示威之後，烏克蘭總統亞努科維奇「逃跑」了。顯然，這是烏克蘭街頭抗議者的勝利。自從2013年11月亞努科維奇政府宣佈擱置與歐盟的聯繫協議之後，烏克蘭的親歐盟勢力就開始了抗議。長達數月的警民對抗甚至流血騷亂之後，亞努科維奇發現自己在控制局勢方面已經黔驢技窮，甚至自身安危也失去保障，於是逃向了俄羅斯。他逃跑之後，基輔街頭洋溢着勝利的喜悦。一個抗議領袖宣稱，這次示威的成功「證明橙色革命不是一次性的傳説，而是烏克蘭的特色，公民社會是真實存在的」(Way 2014)。

上述三場抗議運動都是民間自發，其運動目標都是將「背叛人民」的民選領導人趕下台。並且，就這一點而言，都取得了勝利。這也是為什麼政府倒台後，抗議者一片歡呼。也就是說，在2013年6月的埃及、2014年5月的泰國以及2014年2月的烏克蘭，公民社會的集體行動都「取得了勝利」。

然而，公民社會的勝利未必是民主的勝利。這三個國家的民眾在廣場上取得勝利之後，很快發現本國的政治形勢不是從糟糕變成了美好，而是從糟糕變成了更糟。在埃及，穆爾西被趕跑之後，埃及的形勢急轉直下。新上台的軍方領袖塞西很快證明了自己是個穆巴拉克式的獨裁者——甚至比穆巴拉克更穆巴拉克。當抗議政變的力量組織和平示威時，軍方進行了無情鎮壓——1,000多個示威者在鎮壓中喪生，數千個被捕。在禁止自由與正義黨（穆兄會的政黨）參選後，他以96%的高票率「當選」埃及總統。上台後，他又以反恐的名義，對真正的恐怖分子和和平的伊斯蘭政黨不加區分地進行鎮壓，幾乎所有的穆兄會領導層都被扔進了監獄，穆爾西本人也死在了獄中。世俗派的革命者們命運也並沒有好多少——法院、大學、媒體被嚴格控制，異議者不斷地「消失」，集會自由被禁止。毫無懸念地，議會和法院成了政府的橡皮圖章。

在泰國，黃衫軍的「人民民主改革委員會」成功趕跑英拉政府後，

似乎再也沒能推動什麼「民主改革」。軍方以國家和平與秩序委員會的名義接管了泰國，反對派紛紛被逮捕，政治集會被禁止，媒體被禁言。軍方掌控的議會「選舉」巴育將軍為總理後，連在臉書上給異議言行「點讚」都可能入罪。可以說，黃衫軍以一種與紅衫軍同歸於盡的方式迎來了泰國政治的「新時代」。

在烏克蘭，亞努科維奇的逃跑也並沒有帶來「從此以後幸福的生活」。不到一個月，俄羅斯入侵克里米亞地區，並通過公投完成了對克里米亞的吞併。此後，在烏克蘭的東部頓巴斯地區，親俄勢力和烏克蘭政府軍之間爆發內戰。儘管數次簽訂停火協議，但是雙方的違規交火都屢見不鮮，上萬人在衝突中喪生。儘管後來烏克蘭舉行了新的總統和議會選舉，但是由於叛軍佔領，選舉無法在大面積的國土上舉行，民主的回歸由於戰爭的陰影而黯然失色。

為什麼？難道街頭的聲音不就是「人民」的聲音、街頭的勝利不就是民主本身的勝利？為什麼「人民」在取得街頭勝利之後，反而民主的前景急轉直下？一個解釋是：因為政治強人「竊取了」革命成果，背叛了人民，所以「人民」失去了本已唾手可得的「勝利」。這一說法過於輕鬆，它不但忽視了政治強人強大的「民間後盾」，而且很大程度上顛倒了其中的因果關係：在很多情況下，是民眾經久不息的、超大規模的、癱瘓秩序的抗議示威「邀請」了政治強人干預，而不是後者一意孤行地鎮壓民眾。這一點從「趕跑民選領袖」之後，前述幾個國家民眾歡欣鼓舞的情形即可看出。

很大程度上，在上述幾個國家的上述情形中，國家和社會之間的衝突是表層衝突，社會內部不同陣營之間的衝突才是根本衝突——當然，施政者也往往利用並惡化這種衝突。問題在於，對立陣營往往利用兩種不同的「武器」——選票與街頭——相互對抗，造成上述僵局。由於這兩種「武器」都是民主的內在要素，所以本質而言，導致民主僵局的並非民主與強權之間的衝突，而是民主內部兩種機制的衝突。

應該說，民主有兩個機制：選票機制和街頭機制。某種意義上，也可以被視為數量機制和強度機制。遺憾的是，這兩個機制有可能相互

衝突：那些在選票數量上處於劣勢地位的群體，可能具有強烈的政治偏好和極強的動員組織能力，因為無法接受選舉結果而走上街頭，推翻被其視為「獨裁者」的民選領袖。而這些被視為「獨裁者」的民選領袖，在另外一些人眼裏，則是「人民」的化身：對於埃及的穆斯林派而言穆爾西代表了他們，對於泰國的紅衫軍而言他信和英拉兄妹代表了他們，對於烏克蘭的東部與南部民眾而言亞努科維奇是他們的代表。對於這部分民眾而言，他們以其人數和選票優勢將其「代言人」推選上台。對於他們而言，贏得選舉當然是不折不扣的民主，但是與此同時，當幾百萬人擁上街頭、發出民眾的怒吼，誰又能說這不是民主？那麼，街頭的民眾和手持選票的民眾，誰是「人民」？當民主的街頭邏輯和民主的選票邏輯相互衝突，即，當「人民反對人民」，什麼樣的結果才叫「民主的勝利」？

正是在這個背景下，格外需要思考公民社會及其行動模式對於民主穩固的影響。是否越「積極」、越「大聲」、越有「戰鬥性」的公民社會越有利於民主穩固？當民主的「街頭邏輯」壓過「選票邏輯」，會帶來什麼樣的政治局面？公民社會的積極行動成為一種有益於民主穩固的力量，是否需要一定的條件？什麼樣的條件？本章試圖分析探討這些問題。筆者認為，正如兩種不同的民主觀帶來不同的政治選擇、經濟選擇，它也帶來不同的公民社會行為模式：民粹式民主觀塑造一種剛性的公民社會，而自由式民主觀塑造一種彈性的公民社會。前者不利於民主的穩固與表現，後者則為民主穩固提供一個社會基礎。

本章將分為四個部分。第一部分將簡述相關問題的理論背景與爭論；第二部分將展開論述不同的民主觀如何帶來不同的公民社會行動模式，即民粹式民主觀何以塑造剛性公民社會，而自由式民主觀何以塑造彈性公民社會；第三部分則將闡述兩種公民社會又如何影響民主穩固的前景；第四部分則將對泰國和印度尼西亞兩個案例進行分析。

一　問題：「好的」與「壞的」公民社會

無論是在現實中還是知識界，「公民社會」似乎已經成為一個天然政治正確的概念。尤其是在「社會資本」這個概念出現並普及之後，無數人相信，公民社會發達與否，社會資本豐富與否，是民主能否穩固的關鍵。正如帕特南所指出的，公民社會能夠培養公民的參與精神、協商精神並形成組織資源，而這些文化或者組織「儲備」滋養民主的生長（Putnam 1994）。功能上而言，發達的公民社會可以說是克服「集體行動邏輯」的重要機制——如果人人都是個體利益最大化的理性人，「各掃自家門前雪，哪管他人瓦上霜」，那麼維護、改善民主制度的集體行動就很難產生，民主就很難運轉起來。但是，如果人們有「社區精神」、「公共關懷」和「自治的責任感」，並通過社會生活中的結社實踐培養這些精神，那麼，民主作為一種政治體系才有了社會基礎。這一觀念經由托克維爾對美國民主的描述、再經由著名新托克維爾主義者帕特南對意大利的研究，幾乎成為「常識」。

然而，仔細觀察被大多數人接受的「公民社會」的定義，會意識到，這其實是一個中性概念。什麼叫「公民社會」？雖然有各種不同的定義，但是大體而言，公民社會被理解為「一種自願和自主的組織與機構形成的網絡，這個網絡存在於國家、市場和家庭之外」（Way 2014：36），「它涉及公民在一個公共領域集體行動，表達其利益、激情、偏好和觀念，交換信息，實現集體目標，要求國家實現其訴求，改變國家的結構與功能，迫使國家官員對民眾負責」（Diamond 1999：221）。一般來說，自發性、組織性、公共性和獨立性被視為公民社會的基本特點。至於其表現形式，非政府組織（NGO）、獨立媒體、集體行動、抗議示威等都是常見的公民社會表現形式。

如果自發性、公共性、組織性和獨立性是公民社會的最基本特徵，似乎沒有理由認為公民社會一定代表了「正義」。一個社會中自發的、獨立的組織未必是健康的政治力量——比如，3K黨就是一個自發的、有組織的、獨立於政府的力量，日本的奧姆真理教也是，巴西的黑幫組

織也是，甚至很多伊斯蘭極端組織也是。如果有人認為此類「有暴力傾向」的社會組織不能被稱為「公民社會」，顯然，這只是在玩一個概念遊戲而已——通過將一個事物定義成「好的」，我們就無須去論證它是「好的」。但在現實中，我們還是要去面對自發民間力量可能具有暴力破壞性這個問題。毫無疑問，有無數自發的、獨立的、有組織的團體代表了積極的或中性的社會力量，但似乎沒有理由認為它們天然是穩固民主的力量。

即使是原則上積極或中性的民間組織，也未必一定會鞏固民主。正如亨廷頓曾經指出的，高度政治動員的社會，如果置身於制度化程度很低的政治體系，結果往往是失序甚至暴力（Huntington 2006）——上述埃及、泰國和烏克蘭的情況似乎佐證了這一點。恩卡納西翁通過對西班牙和巴西的對比發現，西班牙的轉型過程中公民社會並不發達，但它的轉型過程卻相對順利，與之相對，巴西的公民團體生活非常發達，但它所建成的民主質量卻不如西班牙（Encarnación 2003）。而伯曼通過對魏瑪共和國的分析發現，魏瑪共和國的民主崩潰絕不是因為「公民社會不夠發達」，而恰恰是公民社會過於發達——遍佈社會的各種草根團體，成了納粹主義的傳播和動員網絡（Berman 1997）。福特等學者則通過對魏瑪德國的定量研究證實了這一點——他們發現，越是「社會資本」密集的地方，納粹黨的黨員就越多（Voth et al. 2013）。

這當然不是說，公民社會越發達，民主就越傾向於不穩固。事實上，也有許多研究顯示公民社會對於民主穩固的重要性。除了托克維爾和帕特南早期的研究，布魯斯特等人的研究顯示，是否存在強有力的民眾抗議活動，能夠很大程度上解釋中東歐陣營轉型後的制度分野，即，為什麼有些走向了民主，有些返回了威權（Bruszt et al. 2010）。而盧西爾和菲什對印尼的研究則致力於解釋，為什麼印尼——作為一個貧窮的、族群多元的、專制傳統深厚的伊斯蘭國家——能夠走向民主穩固，他們找到的解釋是印尼具有發達的社會資本（Lussier & Fish 2012）。

也就是說，在鞏固民主方面，發達的公民社會有時候是一個正面力量、有時候卻是一個破壞性力量。事實上，學者們早就認識到不是所有

的公民社會組織都有利於民主運行，因而試圖區分「好的」和「壞的」公民社會組織。即使是被視為新托克維爾主義者的帕特南，在其名著《讓民主運行起來》中，也區分了兩種公民社會組織結構：垂直的 vs 水平的。在他看來，組織結構呈水平形態的公民社會組織——由於滋生平等互惠觀念——有利於民主穩固，相比之下，垂直結構的民間交往——因其助長等級觀念——則可能惡化民主發展的條件。據此，他將政黨、組織化的教會（至少是天主教教會）和工會排除出了「公民團體」的範圍 (Putnam 1994：106)。

另外一些學者則強調「紐帶型 vs 橋樑型」(Bonding vs Bridging) 社會組織的不同。根據這一觀點，如果社會組織將不同的群體「混合」起來，那麼它將產生正面的社會資本，但是如果人們的結社行為只發生在「和自己一樣」的人群中，那麼這樣的社會資本未必有利，甚至可能有害。施托勒和羅尚通過跨國社會組織的研究發現，社會組織的多樣性與包容性對於它能否產生正面的社會資本起到決定性作用 (Stolle & Rochon 1998)，而帕克斯頓則發現，如果公民社團傾向於自我封閉、與其他公民團體聯繫稀薄，它可能會削弱而不是增強其成員的社會信任程度 (Paxton 2007)。穆茨通過實驗性的研究方法，發現「異質性的網絡與交流」容易滋生更多的政治寬容 (Mutz 2002)。瓦爾什尼則通過對1950–1995年印度宗教衝突的研究發現，密集的公民社會網絡本身並不能防止宗教衝突，只有當這些組織網絡呈現出「跨族群」的特徵時，才能夠緩解衝突 (Varshney 2001：392)。

另一個引起關注的分類標準，是公民網絡的組織程度——儘管不同學者使用的分類語言不同，但是大體而言，根據這個標準，或許可以將公民社會區分為「組織化的 vs 揮發性的」。上述瓦爾什尼的研究就注意到，公民交往可以區分為「有組織的 vs 日常生活的」(organized vs quotidian) (Varshney 2001：363)，雖然「日常生活型」的公民社團也有利於緩解衝突，但是「有組織的」社團更能經受族群衝突的考驗。通過觀察烏克蘭抗議，盧肯·韋表達了對烏克蘭式公民社會的擔心，他發現，那些走上街頭表達抗議的組織，大多是一陣風一樣形成、又一陣風一樣

散去，缺乏一個真正的組織所具有的結構性、穩定性和長期性，因而很難構成穩定局勢的力量 (Way 2014)。

對公民社會做出的這些區分，當然都非常具有啟發性。但是，就對民主穩固的影響而言，從公民社團的組織結構、組織成份或者組織程度進行劃分，難以預測和分析民主能否穩固。比如，就「垂直vs水平」的組織結構而言，如果觀察 2013-2014 年埃及、泰國和烏克蘭的抗議者，很難說他們具有垂直的、嚴密的等級結構。事實上，抗議者往往是由社交媒體臨時聚集起來，交往結構非常水平，「誰也不聽誰的」，但其行動恰恰加速了民主體制在這些國家的坍塌或倒退。同樣，就組織是否具有「橋樑性」而言，根據伯曼對魏瑪德國社團的研究，他發現魏瑪時期充滿了大量「交叉型」的社團，但是，根據伯曼的研究，納粹黨之所以成功，恰恰在於其「橋樑性」，而同時期其他溫和的德國政黨都過於自我封閉，自我限定在一個身份單一的圈子裏 (Berman 1997：424)。此外，就組織程度的「揮發性」而言，針對帕特南在《獨自打保齡球》中的對美國社會資本下降的哀嘆，英格爾哈特和韋爾策爾通過研究指出，由於社交媒體和互聯網的興起，公民社會的組織形式正在經歷一個轉型——從正式的結構化組織轉型為鬆散的流動性網絡，但這並不意味着社會資本的流失，而只是其形式發生了變化 (Inglehart & Welzel 2005)。事實上，與這一變化相伴隨的，是民眾民主價值的普遍上升。基蒂爾森和道爾頓也發現，互聯網公民社會儘管缺乏傳統公民社會的組織化水平，同樣能夠激發公民精神與政治參與感 (Kittilson & Dalton 2011)。

因此，從公民社會的「組織特徵」入手去區分「有益的」或「有害的」公民社會，這個視角存在缺陷。尤其在一個社交媒體的時代，政治動員越來越「去組織化」，集體行動常常不再依賴於邊界清晰的社團組織，聚焦於「組織特點」很可能導致一種視覺錯位。在筆者看來，就民主穩固而言，區分公民社會「質量」更有意義的標準，是公民集體行動的模式——具體而言，根據其行動模式，公民社會可以被分為「剛性公民社會」vs「彈性公民社會」。如果一個新興民主充滿前者，民主鞏固的概率增加；而如果一個社會充滿後者，民主的維繫則岌岌可危。

在展開討論之前，需要説明一點。本章所指的公民社會是相對廣義的——既包括非政治性的民間組織或網絡，也包括政治性的反對黨力量。這是因為在現實的公民社會中，很難清晰區分政治性與非政治性組織的力量。反對派政黨和反對派公民群體往往協同行動、相互配合甚至相互轉化。比如烏克蘭2014年革命，廣場上的街頭抗議者往往與重大的反對黨（比如季莫申科的「祖國黨」、民族主義「自由黨」、親歐盟的「烏克蘭民主改革聯盟」）相互配合和聲援。又比如在泰國，代表黃衫軍勢力的人民民主聯盟（People's Alliance for Democracy）和人民民主改革委員會（People's Democratic Reform Committee）成份非常複雜，其中既包括反對黨民主黨（Democratic Party）成員及其支持者，也包括無數媒體和公民組織。素貼（Suthep Thaugsuban），反英拉的黃衫軍領袖，2013年底乾脆從反對黨議員職位辭職，來到街頭領導反政府運動。而在埃及，穆兄會「進」則組成一個政黨（自由與正義黨），「退」則是一個社會組織，甚至在政治條件不允許的情況下（比如塞西治下），連組織都不是，只是一個鬆散的信念網絡，因此很難將其政黨特性與民間網絡特性強行切割。正是因為反對黨與公民團體之間這種千絲萬縷、相互轉化的關係，有不少學者將反對黨也納入了公民社會的討論當中。[1]

二　從民主觀念到公民社會模式

民主政體可能會自下而上被推翻，似乎是一種「政治不正確」的看法。人們傾向於將民主倒退或崩潰歸咎於政治強人、腐敗的官僚或者「特殊利益集團」的腐蝕，也就是自上而下地被摧毀。的確，如第六章所述，新興民主倒退的一個重要環節是政治強人對公民社會的打壓。一些政治家最初之所以接受民主選舉，本來就是為了擺脱經濟或政治危機的權宜之計，一旦危機過去就開始「原形畢露」；另一些政治家則發現自

1　比如韋對烏克蘭2014年公民社會運動的分析，就既包含了公民團體，也包含了政黨（Way 2014）。

己可以劫持民主，通過建構「不自由的民主」，將民主改造成運輸專制的特洛伊木馬。這些情況下，一個警覺、活躍、甚至「吹毛求疵」的公民社會往往成為新專制者的重要阻截力量。直到今天，在俄羅斯、匈牙利、土耳其、委內瑞拉這樣的地方，其準威權政府之所以無法完全「一統天下」，很大程度上正是因為頑強的公民社會成為抵禦強人統治的最後堡壘。

然而，正如政治家可能因為「一己之私」而顛覆民主，社會群體同樣可能因為「一群之私」而顛覆民主——這種「群私」可能是宗教的、地方的、階層的、行業的、觀念的或甚至是某個政策上的利益或觀念聯盟。縱觀新興民主的倒退與崩潰案例，會發現在其中許多案例中，即使「社會」不是民主崩塌的主要推動力，也是其中重要推動力，導致一種上下合力摧毀民主的結果。如前所述，幾乎「每選必輸」的黃衫軍經久不息的街頭行動成為泰國民主崩潰的主要動力；「不達目的誓不罷休」的埃及抗議者無法接受穆兄會的選舉勝利，最後不惜歡迎軍事政變以趕跑民選的穆爾西；烏克蘭一撥又一撥熱情洋溢的廣場革命者並沒有帶來烏克蘭民主的穩固，反而使其陷入周期性的動盪；在委內瑞拉，查韋斯對反對派的打壓被千千萬萬「底層民眾」默許，他甚至由此成為無數人心目中「打擊權貴」的英雄；在玻利維亞，面對選舉舞弊的指控，莫拉爾斯總統已經表示同意接受第二輪選舉，但是反對派仍然不依不饒，發起超級動員，結果是玻利維亞的憲政危機。

因此，一個不得不承認的事實是，民主不僅僅可能傾覆於「國家對社會的碾壓」，也可能傾覆於「社會對國家的超載」。當社會各種訴求的密度、強度以及即時性要求超過國家的承載能力，仿佛一艘只能承載100人的船被強行塞進200人、400人、1000人，結果很可能就是船的沉沒。如前所述，縱觀民主的歷史，會發現民主轉型的成敗常常並不取決於「誰的革命更徹底」，而恰恰在於「誰的革命能剎車」。吞沒「革命果實」的常常不是「威權強人」，而是「更徹底的革命」、「不斷革命」、「永久革命」，因此，一個社會能否及時將「革命政治」轉化為「常態政治」、「運動政治」轉化為「制度政治」，往往成為民主轉型成敗的關鍵因素。

依據公民社會集體行動的模式，筆者將新興民主的公民社會分為「剛性公民社會」vs「彈性公民社會」。所謂剛性公民行動，意味着公民群體為了具體政策訴求而頻繁訴諸超級動員、將其訴求的即時滿足視為最高目標、「不達目的誓不罷休」的集體行動模式；而彈性公民行動則是指在既定民主渠道當中表達其訴求，當制度化渠道無法達成（或暫時無法達成）其訴求，他們或有所妥協，或組織和動員新的資源爭取在下一輪努力中達成偏好——即使現有憲政規則本身存在問題，亦是「有規則地」改變規則。當然，這種區分的一個重要前提，是基本的民主框架已經落地，選舉的自由和公正性大體不被質疑——未經民眾同意的規則顯然難以要求民眾去遵守，只約束民眾而不約束政府的規則更不是真正的民主。

一個社會的集體行為模式顯然受各種因素影響：歷史、傳統、文化、經濟、社會結構……但是，在各種因素中，不同的民主觀也有其深刻的影響。如第五章所述，民粹式民主觀傾向於將「人民」神聖化，將「人民當家做主」這一模糊而不切實際的說法作為民主的根本目標，並建構一種「無邊權利觀」，承諾「影響力的平等」。在這樣一種民主觀下，「民眾的呼聲」佔據天然的道德高地，政治只是滿足這一「呼聲」的行政過程，一旦政府因為資源或政治約束無法實現這種供給，即被視為「民主的背叛者」，因而可以被推翻。這樣一種民主觀顯然傾向於推導出剛性的公民行動模式：道德主義點燃的政治激情、不斷擴大的超級動員、絕不妥協的鬥爭精神、對制度化協商的蔑視、陷入僵局的街頭對壘……總之，它將民主從理性之競賽改造成音量之較量。

自由式民主觀則隱含着更具彈性的公民行動模式。顯然，自由式民主中也存在政治動員——選舉動員顯然是民主的題中之義，常態政治也需要政治動員來確定議題或加速問題解決。但是，在自由式民主中，政治動員本質上是一種信號機制，不是一種施政方式。就執政者施政而言，它更多地訴諸制度化的互動和機構化的協商：議會不同黨派的辯論、議會—官僚機構—壓力集團的「政策三角」溝通、官僚機構的政策落實、司法對立法機構的法律審查、地方政府對地方問題的自主解決等

等，而不是訴諸大規模的群眾動員。所以，在自由式民主中，政治往往是「乏味」的，缺乏民粹式民主中的「激情」——職業政治家和「建制精英」就具體政策進行日復一日的技術性討論，不似「運動政治」那樣充滿不斷翻轉的「劇情」，牢牢抓住觀眾的注意力。事實上，在極端的民粹式民主中，是不存在「觀眾」的，所有的觀眾最後都會加入舞台上的歡騰。

在彈性化的公民社會中，民主是一種多元對話機制，沒有一個聲音天然正義，沒有任何群體可以壟斷「人民」之身份，政治承諾更有節制，因此，其公民社會視制度高於政策，即，對話本身的可持續性高於具體訴求的即時達成。在這樣一種民主觀下，公民社會形成一種有彈性的行為模式：尋求訴求的制度化表達和協商、避免過度道德主義的話語、在政治僵局中保留妥協的可能、未必追求畢其功於一役，等等。當然，它並不排斥、甚至在相當程度上依賴政治動員來搜集政治信號、調整政治議程，但歸根結底，從政治功能上而言，它將大規模動員視為政治對話的撬動工具和「敲門磚」，而不是直接將最響亮的「呼聲」當作施政依據本身，正如音樂廳演出前的鈴聲是為了集中所有人的注意力，但這個鈴聲絕非演出本身。

具體而言，筆者從訴求性質、參政方式和策略彈性三個維度分析兩種民主觀何以帶來兩種公民行動模式。當然，這三個方面往往相互貫通，之所以做一個劃分，只是試圖用一個「放大鏡」機制去更清晰地展示兩種社會行動的觀念源頭。這種區分更多的是一種「理想類型」的區分，現實中特定的公民社會行動往往具有某種傾向，但並不必然牢固地附着於這個連續譜的某一端，也並不一定體現某個類型的全部特點。

1. 訴求性質

兩種民主觀傾向於塑造不同類型的公民訴求。由於民粹式民主觀將過多、過雜的事物命名為「權利」，必然「邀請」各種五花八門、不斷膨脹的訴求表達，其中不可避免地充斥著各種「特殊主義」的利益或價值需求。當「經濟平等」成為一種「權利」，貧富懸殊自然點燃無數政治

運動；當「工作」成為一種「權利」，要求擴大公共部門解決就業的運動也就合情合理；當「最低工資」成為一種「權利」，要求提高工資的人群將在街上此起彼伏；當「油價補貼」成為一種「權利」，取消補貼則頻繁引發暴動……越多的政治承諾意味着越多的支票需要兌現，也意味着更多的手臂高高舉起。自由式民主觀的權利觀則相對狹窄與節制，它所「鼓勵」的政治表達更傾向於限定在普遍性的政治權利訴求──「黑人權利運動」、「保護言論自由的抗議」、「捍衛宗教自由」、「嫌犯的法律援助權」主張等是典型的普遍主義訴求。

特殊主義訴求往往表現在經濟社會領域：行業保護、貿易保護、壟斷利益、針對特定人群的福利補貼等。比如，當印度尼西亞總統佐科·維多多2014年底宣佈削減油價補貼時，印度尼西亞立刻爆發了大規模的抗議。根據佐科，油價補貼每年花費印度尼西亞政府200億美元的預算，而補貼的卻並非真正的窮人，因為真正的窮人很少開車，但是對於習慣了油價補貼的人來說，上漲的油價不可忍受。又比如，2015年10月，針對上漲的學費，南非的大學生發起了洶湧的抗議，其中很多人要求大學教育免費──對於一個連中小學教育都難以保障的國家來說，這種要求顯然過於超前。當希臘政府2015年11月推出公務員養老金改革方案時（推後退休年齡、提高繳費比例等），迎來的是風起雲湧的抗議──哪怕本國養老金系統已經由於嚴重債務而搖搖欲墜。在「權利」觀念泛化的趨勢下，此類社會群體往往將其群體性的利益主張宣稱為「權利」，但是，鑒於此類訴求往往只是針對特定群體的特殊待遇，很難將其真正列為「普遍權利」的訴求。

特殊主義訴求不僅僅體現於經濟領域，也體現於政治和社會領域。比如尼日利亞東北部的極端伊斯蘭組織「博科聖地」，自從2009年開始，就試圖通過軍事行動將伊斯蘭法強加於其佔領區，而他們版本的伊斯蘭法禁止任何「西化」的行為──包括投票，穿T恤和長褲，以及接受非宗教教育。具有類似宗教訴求的伊斯蘭極端組織，在世界各地還有很多──伊拉克和敘利亞邊境的ISIS，索馬里的青年黨（Al-Shabaab）組織，至今活躍在阿富汗的塔利班，利比亞的伊斯蘭教法虔信者（Ansar

Al-Sharia），分散在馬里、也門等地的基地組織，印度尼西亞的伊斯蘭祈禱團等都是如此。

當然，不是所有的特殊主義訴求都如此極端。有些社會組織未必公然宣揚暴力強制，但是其政策偏好相當偏狹。比如印度的「民族志工組織」不斷向政府施壓，要求強化教育和文化系統中的「印度教」元素，並敦促立法限制印度教教徒改宗退教──對於那些低種姓成員來說，難以退教就意味着難以擺脫其社會階層屬性。在巴基斯坦，也並不是只有「極端組織」成員才有極端的宗教觀念。2011年，一個虔誠的穆斯林信徒卡德里（Mumtaz Qadri），刺殺了旁遮普省省長塔西爾（Salman Taseer）──一個對「褻瀆法」表示不滿的世俗派政治家。隨後，500個宗教領袖發表聲明，「我們向卡德里的勇敢、無畏和信仰致敬」。當卡德里被帶到法庭接受審訊時，門口圍滿了歡呼的人群，他們向這位「英雄」撒去玫瑰花瓣；在其被處決後，有超過10萬人參加其葬禮表達哀悼。[2] 在馬來西亞的吉隆坡，2015年9月爆發了一場大約有5萬人參加的反華遊行，遊行中的口號包括「捍衛馬來人的權利」、「馬來西亞是馬來人的馬來西亞」等，甚至有人向華人記者高喊「中國豬滾回中國去」（Su-Lyn 2015）。此類政治訴求，都是「公民社會」名義下典型的「一群之私」。

2. 參政方式

兩種民主觀也激勵不同的參政方式。民粹式民主觀下，公民社會往往不斷訴諸「動員式參與」甚至「超級動員式參與」；而自由式民主觀更傾向於鼓勵「制度化參與」。所謂「動員式參與」是指通過大規模街頭運動甚至發動「革命」來影響政治議程；而「制度式參與」則是指優先通過制

2　卡德里假扮成保安，刺殺了反對褻瀆法的塔西爾。卡德里的同情者不僅僅是個別極端分子，而是有相當的社會基礎。500個代表巴基斯坦主流巴雷爾維（Barelvi）教派的伊斯蘭學者聯合聲明，不應對塔西爾之死表達任何同情，而卡德里的行為則代表了「勇氣和宗教榮譽」（Mackey 2011）。最後卡德里被判處死刑，2016年執行，大規模的抗議由此爆發。（Taseer 2016）。

度化渠道——選舉、政治捐款、成為社團成員、成為政黨積極分子、參與社區自治治理、與地方議員或官員溝通、司法訴訟等「常態渠道」來影響政治。顯然，任何民主國家都會存在着這兩種政治參與方式，差別在於二者的比例與權重。正如政府運作存在一個「制度化」的問題，公民社會同樣存在「制度化」程度高低之分。從亨廷頓（Huntington 2006）到斯奈德（Snyder 2000），無數的政治學家都論證過政治制度化的重要性——通過提高政治的組織化程度和規則的可預期性，制度化使得人們獲得長期規劃的信心。

相比制度化參與，大規模街頭運動顯然更容易導致剛性行為。由於最執着、最激進的力量傾向於在街頭停留最久、聲音最大，這些最「執着」的聲音往往成了一場社會運動最後的代表，而事實上他們可能既不代表一場運動中的多數人，更未必代表它最理性的聲音。比如，2009年當泰國黃衫軍憤怒地佔領政府大樓時，一項曼谷大學的民調顯示，70%的人不贊成這種做法（Wehrfritz 2008）。

由於街頭運動的「劇場效應」，它也很難成為一個達成妥協的場所。很多心理學研究都顯示，相比私下或半公開的行動，公開的行為往往具有「凍結效應」——即，人們很難收回或者弱化自己在公開場合的表態，越公開越是如此。[3]由於街頭運動實際上是邀請全世界的鎂光燈來到自己的舞台，巨大的圍觀群體往往急劇縮小對抗雙方的回旋餘地和政治彈性。因此，在街頭運動中，我們很難看到議會辯論或者機構協商中的「討價還價」和策略性妥協。對抗雙方往往開價很高，並且「一口價」，絕不讓步。

人群的聚集效應也很容易導致秩序失控或暴力化。烏克蘭2014年的抗議示威本來是和平的，但是很快，反對派這邊湧現出了右翼黨的民兵組織以及「天堂百人團」與警察武力對抗，而親政府派中出現了「僱傭打手」專門騷擾示威者。到了5月，親俄派和烏克蘭民族主義者在敖德

3　這是「認知衝突理論」的一個核心觀點，為諸多心理學實驗所證實（Festinger 1957）。

薩發生武裝衝突，導致30人喪生。其中一個畫面，是烏克蘭右翼武裝分子將親俄派圍困在工會大樓，高喊「榮耀屬烏克蘭！打死敵人！」並縱火燒樓。又比如，泰國2013年抗議英拉的遊行示威本來也是和平的，但是，在大學生攻擊了紅衫軍方的出租車司機後，混亂中爆發槍戰，導致數人死亡。

「動員式參與」過度密集的危害還不僅僅在於它對政治秩序的威脅，而且在於它對民主邏輯的扭曲：公共資源不再是「按協商理性分配」，而是「按劫持秩序的能力分配」。當數百萬人聚焦在都市中心，包圍議會或總統府、攻佔機場、攻佔電視台、堵塞公共交通，很少有政府可以做到「不屈服」。然而，這種分配邏輯本質而言是歧視性的——相比那些聚居程度高、組織資源豐富、充滿道德激情的人群，遠離政治中心的地區、人口稀疏的地帶、缺乏道德激情的人群、不善使用社交媒體的人群則更容易出現「政治失語」，因此被推至「政治生物鏈」的底端。[4]某種意義上，巨型街頭政治構成一種傾斜的直接民主：暴風驟雨般的壓力之下，政府往往選擇「屈服」，但這種屈服繞過了一切代議民主制中的投票、協商、妥協、辯論過程。某種意義上，它還不如直接民主，因為它未必回應「多數」，未必回應「底層」，未必回應「選民」，它只是回應「劫持秩序的能力」而已。也就是說，過度的街頭政治不但影響民主的穩定性，也影響其公平性。

然而，對於新興民主中的很多公民，街頭吶喊又是最「便捷」的一種參政方式，因為它接近於一種「搭便車行為」，並不需要普通參與者作為個體主動發起，也不需要他們對集體運動的後果直接負責，亦很少需要經年累月的努力。相比之下，「制度化參與」則困難得多：無論是成為政黨競選的志願者，還是政治社團的積極成員，或者是加入自治社

4　本書前文中曾提到公共政策中的「都市傾斜」現象，即是這種這種政治歧視的一個表現。這種歧視或許有諸多原因，但是，都市居民由高度聚居和媒體聚焦所帶來的秩序劫持能力無疑是其中一個原因，畢竟，對於邊遠農民而言，「佔領國會」、「癱瘓高速」並非易事——從法國大革命開始的「巴黎無套褲漢」到泰國佔領機場的黃衫軍，對此都有展示。

區服務……往往需要個體的主動性和長期的付出，哪怕是投票這個貌似簡單的行為，也暗含着長期跟蹤時政新聞的求知負擔。何況，相比「動員式參與」中的道德激情，「制度化參與」也乏味瑣碎得多，並不具有強烈的情感號召力。

因此，新興民主國家常見的一個現象是，民眾平時普遍對公共生活非常冷漠——無論是從選舉投票率、社區生活的參與度或者政治知識積累來看，民眾普遍缺乏參與公共事務的熱情，但是，當街頭運動興起時，激情四射的人群突然大量湧現。比如，盧肯·韋發現，在2014年巨型街頭動員之前，烏克蘭社會對亞努科維奇的許多不合理政策反應非常冷淡（Way 2014）。無論是與俄羅斯的黑海艦隊協議，還是對憲法的非法變更，或是對反對派領袖的抓捕，都沒有激發烏克蘭公民社會的積極關注，但是，當街頭運動興起，突然成千上萬人擁上街頭。反諷的是，在諸多國家，廣場上激情四射的革命者與廣場外對政府行為「睜一隻眼閉一隻眼」的「事不關己」者，常常是同一群人。

顯然，街頭政治對於民主政治非常重要。作為一種信息傳遞機制和施壓機制，它是民主運行的一個重要元素，尤其是在那些「不自由的民主」，政治強人的崛起令許多常規性的政治參與渠道變得形同虛設，頑強的街頭抗爭甚至成為捍衛民主的唯一陣地。所以，問題不是街頭政治是否必要，而是當制度化參政渠道依然開放的情況下，它是否應該成為民主參與的優先方式。當司法依然獨立、議會反對黨依然活躍、聯邦制依然健全、媒體依然活躍——也就是「制度化參與」渠道依然在運行時，頻繁的超級街頭動員未必是在「捍衛民主」，而可能在擠壓它展開對話的餘地。

在整個「阿拉伯之春」中，突尼斯的新生民主之所以更富韌性，很重要的一個原因，就是突尼斯的反對派在關鍵時刻能夠將街頭力量轉化為制度性的對話力量。在轉型之初，突尼斯的政治衝突與埃及十分相似：2011年，有組織的伊斯蘭派贏得了大選（在埃及是穆兄會，在突尼斯是伊斯蘭復興運動黨），引發政治世俗派的警覺與不滿。在一觸即發的政治對峙中，某些政治焦點事件（在埃及是新憲法公投，在突尼斯是

著名世俗左派政治家貝萊德〔Chokri Belaid〕和布拉米〔Mohamed Brahmi〕連續被刺殺）導致了反對派的大規模示威遊行，示威者都強烈要求政府下台。不同在於，突尼斯的執政黨更具有妥協精神，[5] 公民社會的行動方式也更溫和。突尼斯總工會、商會、律師協會和人權聯盟共同組成「突尼斯全國對話四方團」，在「火山」即將爆發之際，推動了突尼斯各個政黨、主要反對派團體坐到一起協商談判，並最終在各方有所讓步的基礎上，就突尼斯的民主轉型達成共識。眾所周知，「四方團」也正是因其在推動對話的過程中的角色，獲得了2015年諾貝爾和平獎。

3. 策略彈性

兩種民主觀還體現於公民社會在面對僵局時的策略彈性。民粹式民主觀下，「人民」的道義光輝使得妥協等同於「背叛」，拒絕妥協成為英雄主義的標誌，而非危險的信號。有時候，這種「不達目的誓不罷休」的決絕到達一種與事件本身規模喪失比例的程度。以印度尼西亞鍾萬學案為例，作為雅加達前基督徒市長，他在2016年的一次競選活動中說，「一些選民不敢給我投票，不過是因為某些人濫用《古蘭經》段落威脅他們」，然後引用了幾句《古蘭經》。這幾句貌似無傷大雅的話，卻引發了印度尼西亞眾多保守穆斯林群體的「極大憤慨」，認為這是對其宗教的褻瀆。儘管鍾萬學一再為其言論道歉，卻沒有阻止成千上萬保守派數次上街抗議，要求法院對其定罪。最後，鍾萬學不但沒能競選成功，而且以褻瀆罪被判刑。在這一案件的發展過程中，並沒有任何政府施壓的跡象——事實上，佐科總統是鍾萬學的政治同盟，但是，部分群體的「社會運動」以一己之力將一個溫和的異己者送進了監獄。

又以巴西前總統盧拉的腐敗案為例，即使是歷經數年反對派主導的審判和顯微鏡下的「雞蛋裏挑骨頭」，也只發現盧拉一家在某房地產商提供的海邊公寓裏度過幾次假。儘管盧拉一家並不擁有該公寓的產權，

5　比如，當時議會最大黨伊斯蘭復興運動黨一改過去的主張，同意將「世俗國家」、「宗教自由」等原則寫入憲法。

法院仍然認定盧拉這種行為犯了「洗錢罪」——洗錢數額即房子的裝修金額，盧拉因此被判決入獄十二年（Darlington 2019）。盧拉一家的行為顯然有其問題，但是這場審判的政治色彩也清晰可見，其背景就是反對派風起雲湧的巨型抗議。一輪又一輪的示威顯示出「盧拉不入獄絕不收場」的決心，反過來，判決又激發了盧拉支持者的抗議巨浪，政治兩極化由此加劇。2018年，即使在獄中，當盧拉宣佈參選總統後，他仍然在民調中遙遙領先。[6]不意外的是，選舉委員會宣佈其參選違法，取消其參選資格。某種意義上，反對派正是因為難以通過「選票機制」戰勝盧拉，便以街頭行動將其送入獄中，以此「預防」其贏得大選。

不但拒絕妥協，訴求不斷「加價」也是剛性公民行動的特點。2019年的智利抗議即是這樣一個不斷「加碼」的政治運動。10月初，政府出於預算平衡規則而宣佈略微抬高公交車票價（10–30比索不等），最初是一群中學生佔領公交車站，然後是更多人開始打砸燒公交系統，再後來是上百萬人擁上街頭。面對徹底癱瘓的城市，總統皮涅拉自然宣佈放棄漲價。但是，當100萬人擁上街頭的時候，「放棄漲價」顯然是不夠的，各種訴求魚貫而出：學生要求大學免費，老人要求提高養老金，工人要求提高最低工資，平民要求「經濟平等」，所有抗議者都要求更多醫保，反對黨要求總統辭職……為了平息局勢，政府反覆道歉、替換一批內閣成員之後，對民眾要求幾乎是照單全收：給富人加稅、提高最低工資、更多政府醫療養老扶助、彈劾總統程序啟動……事實上，皮涅拉總統允諾2020年就修憲公投。短短兩個月左右時間，訴求從最初的「4%公車票價」升級為了「重新修憲」。

此類問題本身與社會動員規模不成比例的情形並非孤例，而是越來越頻繁地出現在諸多新興民主中：油價補貼的削減在多國引發暴動、退休年齡推遲兩年引發波瀾壯闊的抗議、調整水電價格引發憲政危機、閨蜜改稿引發數月全國動員……固然，抗議者往往會論證這些技術性議

6　2018年的一個民調顯示，39% 的民眾表示願意給盧拉投票，而同一個民調中，後來當選的博索納羅只獲得了19%的民意支持度。如果盧拉能夠參選，選舉結果不難想像（Darlington 2018）。

題背後的「深層問題」——經濟平等、貧困、腐敗……問題在於，沒有哪個「深層問題」容易找到短平快的答案，所有短平快的「答案」都可能是飲鴆止渴。因此，期待政府「畢其功於一役」地解決所有「深層問題」，否則就「絕不退縮」，實際上是將民主系於一個搖搖欲墜的前提。事實是，民主的進步往往來自就事論事帶來的點滴改良，而非從一個問題滑向所有問題。

當然，無論是印度尼西亞、巴西還是智利，其民主都沒有因其政治危機而崩潰，但是一旦這種「社會超級動員—政府有求必應」的民主運轉方式成為模式，即使「這次」民主制度本身沒有成為犧牲品，三次、五次、十次類似的運動之後，民主的命運則未可知。這不僅僅是因為超級動員本身威脅政治秩序，而且因為「會哭的孩子有奶吃」並非良治的基礎。事實上，強硬保守派對印度尼西亞政治的劫持能力已經開始侵蝕印度尼西亞民主的質量，巴西的政治兩極化在盧拉入獄後日益加深，而智利經濟政策近年的「左轉」已經開始使其經濟績效出現下降。

相比之下，由於自由式民主觀更注重政治對話的開放性和可持續性，因而更能接受妥協與漸進：在這輪抗爭中未能解決的問題，或許可以留待下一輪抗爭。土耳其在1983年的轉型之初，民主存在重大缺陷——軍方通過「國家安全委員會」等設置為自己保留了相當大的政治權力，而這一「保留地」通過之後二三十年的努力才慢慢拆除。智利、印尼、南非的改革路徑類似——為舊統治集團保留一定的「特權」，以實現民主的「軟着陸」。儘管這些做法在很大程度上與徹底的民主原則背道而馳，但是，民主很難一蹴而就，往往需要漫長的時間才能落地生根。如果這些國家的公民社會缺乏耐心，為了克服這些缺陷，轉型伊始就數百萬人擁上街頭，「宜將剩勇追窮寇」，可能這些國家的民主體制在新生階段就走向了夭折。[7]

7　土耳其的民主後來的確出現了大倒退，但不是因為對軍方的妥協，而是因為埃爾多安及其「群眾基礎」的崛起。事實上，某種意義上，正是軍方勢力的式微，才使得埃爾多安變得肆無忌憚。

三 從公民社會模式到民主穩固

公民行動的強度與民主穩固之間很可能存在着一個倒U形的關係，過於消極或過於充滿激情的公民社會都不利於民主穩定性。當公民社會完全鴉雀無聲時，這意味着民眾對政府的警覺性很低，政府行為不受社會監督的約束，這顯然不利於民主運行，但是一旦政治運動的頻度和烈度超過一定的節點，民主的穩定性也可能反而開始下降。這種倒U形關係也合乎阿爾蒙德和韋爾巴在其經典《公民文化》中所論述的，理想的公民文化並非是一種「參與至上」的文化，而是一種「混合文化」，即在參與性、服從性和政治冷漠之間的混合與平衡 (Almond & Verba 1963)。

過於原子化的社會不利於民主運行，這一點易於理解，也被廣泛接受，但是，在連續譜的另一端，過於激情四射、鬥志昂揚的公民社會也可能威脅民主的存亡，卻未必被廣泛認識。然而，「剛烈」的公民社會卻可能通過兩個機制導致民主崩潰或治理倒退：政治僵局與政治超載。前者是指超級動員所引發的政治兩極化，後者則是指目不暇接的訴求有可能壓垮政府的輸出能力。當然，現實中二者常常合二為一。

值得強調的是，除了某些極端主義組織，很少有公民社會主動要求「推翻民主」。事實上，幾乎所有激情四射的公民行動都宣稱是在「捍衛民主」——埃及解放廣場上的民眾，極少有人初衷是呼喚「穆巴拉克式專制」回歸；烏克蘭廣場上的年輕人，恐怕也很少有人樂見以內戰來解決衝突；即使是泰國黃衫軍，也自命為「人民民主聯盟」。但是，在這些國家最後發生的，卻恰恰是「事與願違」的民主的倒退。因此，對於「捍衛民主」而言，一個社會僅僅有對民主的價值認同是不夠的，還需有行動策略——正如對於一個家庭的穩定而言，僅有愛是不夠的，還需要學習「如何愛」的技藝。

1. 政治僵局

剛性行動引發政治僵局的機制不難理解：一個群體的激烈行為喚醒對立群體的激烈行為，社會的激烈行為刺激政府的激烈行為，政府的激烈反應引發更激烈的社會反應……最後，無須哪個群體「希望」民主崩潰，剛性行動引發的連鎖反應即可達至這一結果。這個鏈條中的一個關鍵節點，常常是公民社會面對新生民主中的某些具體政策或人事問題，立即視其為「民主危在旦夕」的時刻，超級動員，決不妥協，從而推動政治對壘，及至政治僵局。事實是，政治生活中永遠充滿矛盾和衝突，如果每一個衝突和矛盾都是「民主危在旦夕的時刻」，都成為超級動員的理由，那麼民主制度就將處永恆的憲政危機中。

以埃及為例，其2012–2013年的憲政危機是否只能以民主崩潰為出口？未必。2012年11月22日，穆爾西宣佈制憲會議可以不受法院裁決的影響，這成為大規模街頭抗議的導火索。顯然，穆爾西的目的是防止被世俗派掌握的法院解散制憲會議或者宣佈憲法無效。客觀地說，穆西力主民選機構而不是法院來決定制憲方向，本身並非「無理取鬧」——世界各國法院的工作通常是詮釋憲法，而不是制定憲法，只不過穆爾西作為一個政治家，12月在抗議浪潮中強行推動「憲法公投」，在政治上極不明智。

然而，即使對新憲法不滿，只有「戰鬥到底、推翻穆爾西」才能達到修憲的目的嗎？同樣未必。事實上，從短短兩年內穆斯林勢力的選票一跌再跌的趨勢來看，通過憲政框架、而非街頭革命的方式把穆兄會選下來，逐步建立世俗化民主政權完全有可能。突尼斯的第一次大選，穆斯林政黨勝選，第二次就降為第二大黨了——如果埃及政治世俗派有一定耐心，或許他們也可能在第二次大選中取得同樣的成績。即使第二次大選不行，那麼第三次、第四次？而且，有研究發現，伊斯蘭政黨上台後常常會走向溫和化。[8]更重要的是，面對抗議，穆爾西也並非毫不

8　內特斯特倫指出，突尼斯的伊斯蘭復興黨領袖加努希 (Ghannouchi) 在上台前，公然主張將伊斯蘭法作為憲法的前提來對待，但是上台後，卻同意了在憲法中不加入「伊斯蘭法」字樣 (Netterstron 2015)。

妥協，而是對修改憲法表達了開放的態度，並邀請民族拯救陣線(NSF，一個世俗派聯合組織)來參與對話。但是，經過兩年街頭革命的「洗禮」，埃及激昂的革命者們已經進入了「街頭即正義」、「正義在當下」的思維方式，毫不退讓，堅持要讓穆爾西立刻下台、作廢憲法以及解散議會，否則絕不收兵，結果就是政治僵局，最後只能以軍隊介入來化解僵局。可以說，無力將「街頭政治」轉化為「政黨政治」，從抗議模式轉入協商模式，從「革命者」變成「忠誠的反對派」，是埃及民主崩潰的重要原因之一。

再比如烏克蘭，2014年的憲政危機始於亞努科維奇暫停與歐盟的「聯繫協議」。固然，靠近歐盟對烏克蘭的發展和進步很重要，但是是否值得為了一個具體政策而動搖憲政體制本身？畢竟，逆轉這一政策完全可能「從長計議」，而未必需要推翻一個民選政府。一個民主國家的憲政框架只有一個，政策議題有千千萬萬個，如果社會群體願意為了某個政策主張而動搖憲政規則，實際上就是為憲政體制的動搖創造了千千萬萬個「入口」。

某種意義上，這種「民主危在旦夕」的預言往往會成為一個「自我實現的預期」：不是議題本身的分量，而恰恰是反對派將某個議題的重要性無限放大，並借此實現了超級社會動員，民主就的確危在旦夕了。換言之，恰恰是對「此時此刻、全款支付」的執着，導致行為缺乏彈性，最終造就了民主危機。因此，關鍵的問題是當公民群體的某些具體訴求無法得到即刻滿足時，如何詮釋這種「失敗」？是「就事論事」，還是無限上綱上線？前者意味着政治鬥爭的「有限目標」以及在有限目標達成後鳴金收兵；而後者則往往意味着拒絕接受「討價還價」，堅持「直搗黃龍府」和「痛打落水狗」。[9]

9　某種意義上，1913年中華民國新生民主的崩潰，也是執政者和反對派都不肯做出任何妥協的結果。袁世凱自身的狹隘自不待言，國民黨「決不妥協」的做法對民主崩潰亦有貢獻。在政體問題上堅持以內閣制剝奪總統制衡議會的權力、在善後大借款問題上堅持否認事先已被臨時參議院批准協議的合法性、在外蒙古問題上與政府的處處掣肘等，可以說都起到了惡化事態的作用。即使是宋教仁被殺，本也可能通過司法解決，開創一個以憲政框架解決政治衝突的先例——如果司法解決不了，事後再發動「二次革命」也不遲，但是急匆匆地發動「二次革命」，實際上是在還有一線生機的情況下直接宣判了新生民主的死刑。

美國在其民主的新生階段，也出現過亞當斯總統為了打擊反聯邦黨人，而推動出台《煽動顛覆法》(Alien and Sedition Acts)、扼殺言論自由的危險。不妨假想，如果美國當年的反聯邦黨人和2013年的埃及人一樣，面對亞當斯總統的《煽動顛覆法》，發動「二次革命」，堅持要亞當斯總統提前下台，甚至鼓動軍事政變，那麼18世紀末19世紀初美國的民主恐怕已經崩潰。事實是，傑斐遜的確展開了鬥爭，但是是在民主規則中鬥爭——將「煽動顛覆法」的議題納入下一次選舉的動員過程，最後取得1799年總統大選的勝利。如果遭遇衝突立刻甩開民主的選舉邏輯，以街頭邏輯取代選票邏輯，以美國政治在過去二百多年中所面臨過的考驗而言，美國的民主可能已經崩潰無數次了。

2. 政治超載

剛性行動引發政治超載的機制同樣清晰。如前所述，當民主被理解為取之不盡的ATM，政治超載幾乎是必然結局，因為「會哭的孩子有奶吃」之邏輯，引發的往往是矛盾的暫時平息和更多「哭聲」的長期蔓延。當汽車工人因為「抗爭」而得到更好的醫療保障和更多的養老金，紡織工人、電器工人、建築工人……很可能競相模仿；當「這次抗爭」迫使政府放棄漲公車票價，之後政府因為預算平衡需要提高水電價格、提高退休年齡、削減糧食補貼時一定會激發一輪又一輪「正義抗爭」；當5萬人上街無法達成目標時，那麼發動50萬人……政治生活由此淪為一場音量競賽——誰哭得響亮，誰得到「照顧」。也正在這個意義上，以有求必應的政治恩惠來使社會「止哭」的做法是「搬起石頭砸自己的腳」，因為在暫緩政治危機的同時往往埋下更大危機的種子。

巨型政治動員往往有巨大的黏性和慣性。每一次「革命運動」都培養一個分工細密的「革命家網絡」、普及大量「革命經驗」，因此每次政治動員都使得下次政治動員變得更容易，革命由此走向「不斷革命」。這也是為什麼一個新興民主的公民社會一旦進入「革命模式」，它傾向於使革命成為一種「社會習俗」。自東歐劇變以來，烏克蘭民眾已經四

次取得街頭革命的「勝利」：1990年成功趕跑了蘇聯時代的領導人馬索，1993年迫使當時的總統克拉夫丘克接受了提前選舉，2004年橙色革命趕跑了亞努科維奇，2014年則再次趕跑了他。2011–2013年，埃及人則幾乎沒有離開過街頭，「一氣呵成」地趕跑了穆巴拉克、推動了議會選舉和總統選舉、趕跑了穆爾西政府。同樣，2004–2014年，泰國的黃衫軍和紅衫軍可以說輪番「駐扎」在曼谷街頭，使得佔領運動成為泰國政治的「常態」。菲律賓從1986年以來，第一次「人民力量」運動，第二次「人民力量」運動，第三次「人民力量」運動……每隔幾年就有數百萬人上街遊行，試圖通過「波瀾壯闊」的街頭運動解決一切政治問題。這些例子顯示，街頭運動一旦成為政治參與的主流模式，往往對其他制度化、機構化的參與方式具有一種「擠出效應」。

政治超載的本質是將民主視為利益或政策目標的「工具」，而非一種具有內在價值的對話體系。當民主僅僅被視為實現「保障就業」、「社會福利」、「生活水平」、「免費看病」……的工具，其脆弱性顯而易見，因為目標會不斷水漲船高，而工具總有一天會捉襟見肘，屆時人們「換個工具」來實現其目標就不足為奇。固然，民主化與「生活水平」、「社會福利」、「就業保障」等政策目標並不矛盾，民主政體也應該不遺餘力地追求這些目標，但是，民主並非「聖誕老人」，並不能保證這些成就能夠迅速普及每一個人。社會進步必然的累積性和漸進性由此成為民主脆弱性的源泉。

不妨將對民主內在價值的認同視為一種「耐心儲備」。固然，對民主內在價值的認同，很少會有人到達「原教旨主義」的高度，但是，對其內在價值的認同越高，在政策偏好無法即時滿足的情況下，民主體制就越經得住「磨損」與「消耗」。通過對拉美國家1944–2010年的研究，梅因沃林和佩雷斯-利南發現，當一個國家的主要政治力量對民主具有「規範性」而非僅僅「工具性」認同，其民主崩潰的概率會大大下降（Mainwaring & Perez-Linan 2013）。

大規模政治動員也常常迫使政府採取飲鴆止渴式的公共政策，為更大的危機埋下伏筆。以泰國為例，紅衫軍的街頭運動為其爭取到了很多

利益，其中之一是政府對農民的補貼。通過補貼，英拉政府人為地抬高了泰國大米的市場價格，農民雖然暫時高興了，但是由於世界大米價格下跌，這個補貼項目就變得難以為繼，不但導致了政府數百億美元的財政損失，而且成為英拉政府倒台的直接原因 (Sim 2015)。在反對派看來，這種諂媚農民的「豬肉桶政治」構成了事實上的腐敗，他們的憤怒也成為泰國街頭運動的動力之一。

剛性集體行動也敗壞一個社會的政治文化，令其政治品格越來越「兒童化」：所有訴求必須即刻達成的特徵，類似於尚未培養出「延遲滿足」能力的兒童，動輒「波瀾壯闊」的鬥爭方式也令人想起以嘹亮哭鬧迫使家長屈服的孩子，而密密麻麻的特殊主義訴求又類似「不當家不知柴米貴」的未成年人。日常生活中，我們很少認為「任性」是美好的品質，但是在「民主」的加持下，很多人卻似乎認定「集體任性」必然意味着正義的吶喊。

「延遲滿足」能力的缺乏，最典型地反映於對選舉結果的「願賭不服輸」。在很多新興民主國家，失敗者在選舉失利後不認輸。有時候「耍賴」的是執政者，但另一些時候，「耍賴的」則是反對派。當布隆迪 1993 年選出一個胡圖族總統時，反對者的反應是將其刺殺，從而引發了 1993 年布隆迪內戰。在科特迪瓦，2010 年的總統選舉競爭時，當代表南部勢力的時任總統巴博輸給代表北部勢力的瓦塔拉時，巴博支持者的反應是拒絕承認選舉結果，後果是 2010–2011 年的科特迪瓦內戰。在尼日利亞，當 2011 年總統大選中代表北部穆斯林勢力的布哈里輸給代表南部勢力的喬納森時，北部各州的反應是暴力騷亂。顯然，對於許多「革命者」來說，「四年」或「六年」太久，革命只爭朝夕。選舉的周期性本是民主的優勢，因其開放式結局為所有群體留有機會，但是對於缺乏「延遲滿足」能力的社會卻成了劣勢，每一次選舉都成了政治危機的燃點。

不奇怪的是，新興民主國家中轉型相對成功的國家，往往是街頭相對「安靜」的國家。相對於街頭運動永不落幕的埃及，我們較少在新聞媒體的頭條中看到哥斯達黎加；相比黃衫軍紅衫軍輪番上場的泰國，我

們也似乎很少聽說波羅的海三國人民佔領機場；相比熱鬧非凡的尼日利亞，博茨瓦納這種的國家也很少出現於我們的視線中⋯⋯當然，那些相對「安靜」的國家並非沒有重大社會矛盾和問題，它們也並非沒有政治動員和街頭抗爭，而是面對社會矛盾，在民主框架下，其政治動員通常目標有限、適可而止。

在波蘭，民主轉型的過程中團結工會領導的政治運動曾風雲一時，1989年轉型之後，儘管波蘭政治也始終貫穿着左右之爭，卻鮮有經久不息的大規模政治動員，政治鬥爭的「戰場」主要是競選過程和議會辯論，而這種相對平靜的政治局勢又為經濟發展提供了良好的土壤。[10]在捷克，1989年的天鵝絨革命也是一場聲勢浩大的「革命行動」，但是轉型之後，街頭對抗不再是其政治生活的常態，左右勢力以政黨輪替的方式組織捷克的政治對話。[11]在2019年票價調整引爆的全國性抗議之前，智利幾乎是拉美地區最風平浪靜的國家，20世紀70年代的政治激情逐漸淡去，但是激情的消退卻成了智利民主的福祉，使其成為新興民主中經濟增長和民主穩固的良好範例。「跌宕起伏」或許是戲劇觀眾的福音，「味同嚼蠟」卻常常是政治生活的幸運。

四　案例分析

泰國和印度尼西亞這兩個國家具有一定的可比性。它們都是東南亞國家，都屬收入中等偏下國家，都有軍人干政傳統，最新一次民主轉

10　這當然不是説波蘭沒有大規模街頭動員。事實上，近年波蘭始終存在着圍繞着特定議題的街頭動員，比如2016年抗議「禁止墮胎法」的女權運動、2017年抗議執政黨將「司法政治化」的運動，但無論就訴求的性質還是策略彈性而言，都更合乎「自由式民主」的理念。

11　同樣，這不是説捷克不存在大規模政治抗議——2019年捷克爆發轉型以來最大的抗議，要求總理巴比什（Andrej Babiš）下台，但是抗議緣起是巴比什的腐敗嫌疑和政治威權化嫌疑，並且以司法起訴為其根本訴求，沒有出現行動剛性化跡象。

型都發生於20世紀90年代末或21世紀初。但是，兩國的轉型卻命運不同：印度尼西亞的民主走向了相對穩固，泰國卻在此階段歷經了數次民主崩潰。根據Polity V，印度尼西亞的政體分值1999年從-5升至6，2004年又升至8，2014年則升至9，這顯然是一個民主穩固和深化的過程。相比之下，泰國的民主穩固卻似乎坎坷得多——1974年以來，泰國有過四次民主化（1974、1978、1992、2008）和四次民主崩潰（1976、1991、2006、2014），其政體分值一直在正負值之間反覆彈跳。觀察兩國在20世紀末21世紀初的轉型表現，有助於我們從公民社會的視角理解民主穩固的機制。

顯然，導致兩國民主命運不同的因素很多，兩國的人口結構、文化傳統、政治傳統有很大差異。但是，如果時光倒退至1998年（印度尼西亞的轉型之年），回到對未來的「無知之幕」背後，兩國民主轉型誰成誰敗並不容易判斷。事實上，如果一定要「賭」哪個更容易實現民主穩固，泰國的優勢更加明顯。從經濟上而言，根據世行數據，1998–2002年印度尼西亞人均購買力GDP平均為4,621美元，而泰國則是7,329美元，泰國的經濟水平超過印度尼西亞。從文化傳統來說，印度尼西亞擁有世界上最多的穆斯林人口（87%的人口是穆斯林），而伊斯蘭教常常被認為與民主兼容性較差，這是印度尼西亞民主轉型比泰國多出來的「額外」挑戰；而泰國則是一個佛教為主的國家，佛教通常被視為更為溫和的宗教。從專制的政治遺產來說，印度尼西亞在蘇哈托時期的專制更「深」，而且暴力衝突的記錄也更血腥；相比之下，泰國的威權統治記錄則更溫和。二戰結束以來泰國領土上真正的大規模暴力衝突，只有60年代末到80年代初的「毛派起義」，死亡人數約以千計；而在印度尼西亞，無論是蘇哈托剛上台時的大清洗，還是後來針對東帝汶的殺戮，死亡人數都在數十萬之上。也就是說，無論是經濟、文化還是歷史，對於民主穩固，印度尼西亞比泰國更加「先天不足」。

但是，這種情況下，居然是印度尼西亞實現了民主的階段性穩固，而泰國卻始終處於政體動盪狀態。何以如此？原因肯定是多重的，但是筆者認為，一個非常重大的原因是兩國公民社會行為模式的不同。簡單

而言，泰國的公民社會在民粹式民主觀下走向了剛性行為模式，而印度尼西亞的公民社會則走向了彈性行為模式。

1. 泰國

泰國的民主表現並非從21世紀初一開始就不及格。2001年，他信帶領泰愛泰黨贏得大選，到2005年，他成為泰國歷史上第一個完整地完成一個任期的民選領袖──這一年，他以壓倒性優勢重新當選，似乎泰國民主終於步入正軌。然而，2005年後，泰國民主的命運急轉直下，其政治進入過山車模式，歷經數次民主危機。展開分析之前，有必要簡略回顧一下這幾次重大民主危機。

首先是2005–2006年憲政危機。這次危機的根本原因是他信的經濟政策──大量扶持農業和農村的政策導致城市民眾的不滿；私有化國有部門和對外開放策略，則進一步侵犯了許多城市精英的既得利益。抗議的導火索，是他信前盟友媒體大亨林明達 (Sondhi Limthongkul)。在一項涉及林明達公司和政府的合同糾紛之後，林明達從他信支持者變成了反對者。通過一系列議題──尤其是他信家族企業賣給一個新加坡公司事件，反對勢力逐步發酵成了一場社會運動。此後，「人民民主聯盟」構成了反對他信的主要力量，即著名的黃衫軍。黃衫軍近一年的抗議示威，最終導致了2006年9月的軍事政變，他信流亡國外。不過，政變也催生了支持他信的力量組織起來，形成了「民主反對專制聯合陣線」，即紅衫軍。

緊接着是2008年9月憲政危機。在解散泰愛泰黨並禁止其領袖五年內參選之後，軍方重新組織大選。這次，儘管他信和泰愛泰黨沒有機會參選，但在其民意基礎上重組的人民力量黨再次當選，他信的盟友沙馬 (Samak Sundaravej) 當選總理。黃衫軍勢力又不幹了──2008年9月，憲法法院以沙馬非法參與一個廚藝電視節目為由，解除了他的權力。但是，人民力量黨佔多數席位的議會又將頌猜──他信的妹夫──選上了總理職位。

於是出現了2008年12月憲政危機，這次以就任不到三個月的頌猜（Somchai Wongsawat）被解職為結局。頌猜2008年9月上台後，再一次，黃衫軍無法接受他信勢力的上台，他們發起了聲勢浩大的抗議示威，圍困了國家議會，將幾百名議員變成人質，頌猜本人不得不從議會的後門逃跑。最終，憲法法院解散了人民力量黨，頌猜被迫辭職。

然後是2009–2010年憲政危機。解散人民力量黨之後，黃衫軍終於在2008年12月「選出」了他們自己的總理阿披實（Abhisit Vejjajiva）。但是黃衫軍高興了，紅衫軍又憤怒了。目睹了有利於自己的選舉結果一再被宣佈無效，紅衫軍也挑起了抗議的大旗，轟轟烈烈的抗議導致阿披實不得不宣佈戒嚴。4月的一次衝突中，阿披實本人的汽車直接被紅衫軍攻擊，差點未能逃生。2009年沒有把阿披實政府趕跑，2010年3月紅衫軍捲土重來，要求重新組織大選。4月示威升級，最後衝突導致近百人喪生和數千人受傷——這也是數次政治危機中傷亡最慘重的一次。這次危機以軍方暴力鎮壓、導致紅衫軍在傷亡中撤退為結局。當然，紅衫軍也成功迫使阿披實政府同意提前大選。

新大選沒有結束泰國的政治戲劇，2013年底再次爆發憲政危機。2011年大選中，他信的妹妹帶領為泰黨贏得大選。歷史再一次開始循環。2013年11月黃衫軍又開始抗議示威，要求英拉下台——這次找到的理由是英拉在國家大米政策委員會中失職，以及「非法更換」國家安全部部長。英拉政府被迫於2013年12月解散議會，並宣佈提前大選。儘管如此，2014年5月，在持續不斷的黃衫軍壓力下，憲法法院還是迫不及待解除了英拉作為看守總理的權力，軍方控制的「國家和平與秩序委員會」開始執政。

泰國的局勢典型地反映了兩種民主邏輯——選票邏輯與街頭邏輯，或者說數量邏輯和強度邏輯之間的衝突。每當紅衫軍通過人數優勢贏得選票，黃衫軍就憤怒地衝上街頭，以其吶喊聲淹沒選舉結果。軍方的介入與其說是泰國民主失敗的原因，不如說是其結果。然而，民主的這兩種邏輯必然相互衝突、其衝突必然無法調解嗎？顯然並非如此。在許多國家，人們一邊走向投票箱並最終接受選舉結果，一邊走上街頭表

達各種訴求。那麼，泰國的獨特性何在？只有引入泰國反對派團體的行為方式（尤其是黃衫軍的行為模式），才能夠更好地理解泰國民主穩固的困境。

顯然，他信家族存在許多問題。就他信自己來說，他被指控的問題包括轉賣其家族企業的時候沒有繳稅（不過他信堅稱這是合法的，因為泰國法律規定資本收益不繳稅）、實施農村民粹主義經濟政策、經濟私有化計劃侵犯了勞工利益、緝毒戰爭中的過度殺戮等。甚至，他主持一個佈施宗教儀式，也被批評為僭越國王權力。就英拉來說，她則被指控任人唯親（2011年以一個親屬替換當時的安全部部長）、推動一攬子大赦法案、在國家大米政策委員會中瀆職等。正是這些指控，凝聚了公民社會中的諸多反對派力量，構成了成份複雜的黃衫軍。

但是，他信兄妹的問題是否嚴重到不可能通過制度化渠道解決？未必。且不說對他信勢力的很多指控有「雞蛋裏挑骨頭」之嫌——諸如他不該主持佈施儀式、沙馬不該參加廚藝節目等，即使是更嚴重的指控，也完全可能訴諸憲政程序去解決。比如，針對他信轉賣公司過程中是否有偷稅漏稅問題，泰國證券交易委員會經過調查認為他信並沒有過錯。針對反對派議員發起的他信彈劾程序，連親黃衫軍的憲法法院都不得不指出，該指控並沒有足夠的事實依據。

經濟政策上而言，儘管他信兄妹被指控為經濟民粹主義，但仔細觀察其政策，卻只能發現混雜的經濟主張。一方面他信經濟學的確具有一定的民粹主義色彩——全民公費醫療體系、給農村大量項目撥款、針對農民的低息貸款等，都被黃衫軍指控為政治賄賂。但另一方面，在推動國企私有化、推動貿易自由和投資開放方面，他信兄妹其實又很「資本主義」。這也是為什麼黃衫軍中有相當一部分是國有部門雇員和工會成員。事實上，黃衫軍攻擊他信的一項重要指控，就是他將大量泰國公司賣給了外國公司——包括其家族企業賣給了新加坡投資者，所以很難說他信兄妹奉行高度激進的民粹主義經濟政策。

更重要的是，他信或英拉並非查韋斯式的威權主義者。當反對派發起各種抗議示威時，他信家族執政者表現出了相當的政治彈性。面對

抗議風潮，2006年2月他信同意解散國會和提前大選──這是議會制下解決政治危機的一個常見方式，但反對派沒有利用這個「體制內鬥爭機會」，卻抵制了新選舉。選舉結果出來後，反對派領袖查姆龍（Chamlong Srimuang）明確表示不承認選舉結果，並且一再要求國王介入衝突，「指定一個新總理」──而這是違反憲法的。當他信表示他可以辭職──如果一個獨立的和解委員會要求他這麼做的話，查姆龍的回答是：「現在說和解太晚了。」於是他信表示，當新議會重新召集時他將不接受新總理職位，只臨時擔任看守總理，同時將權力移交給副總理，並且搬出政府住宅，但人民民主聯盟仍然繼續抗議。壓力之下，憲法法院宣佈選舉結果無效。10月再次組織大選，這次雖然反對派沒有抵制選舉，軍方卻先發制人，於9月發動政變。政變之後，一直在大聲疾呼「爭取民主」的黃衫軍竟然迅速自我解散了，宣稱其政治目標已經達成。

同樣，英拉2011年上台後也是如履薄冰。為了安撫黃衫軍，她刻意沒有在內閣中安排任何紅衫軍的抗議領袖。2013年她推動的大赦法案也並不只是針對赦免他信，而是一攬子計劃，既赦免她哥哥他信，也赦免黃衫軍代表人物阿披實（阿披實被指控對紅衫軍示威者的開槍負責）。當該法案2013年10月在下議院通過時，不但沒有起到和解的作用，反而激起各方抗議，面對這種情況，英拉政府也沒有一意孤行，而是表示如果參議院否決該議案，他們將不會重新發起對該議案的投票或任何關於大赦的議案。事實上參議院也的確於11月否決了該議案。這時候黃衫軍目標已經達成，應該可以「得勝回朝」了，然而，他們仍然繼續甚至升級抗議，佔領各政府部門，導致各級政府幾近癱瘓。顯然，這時候他們的靶子從大赦法案移向了英拉政府本身。

面對升級抗議，英拉政府進一步退讓：2013年12月解散議會，並宣佈2014年2月提前大選。反對派的回應卻是在2014年1月發起了「佔領曼谷行動」，號召切斷水電與交通，「讓曼谷停止運轉」。新大選來臨時，黃衫軍四處阻止人們進入投票站。他們要求政府把權力交給一個非選舉產生的「人民委員會」，先改革再大選。最後，幾乎成為黃衫軍「地

盤」的憲法法院宣佈大選結果無效（歷史與2006年驚人相似），並解除了英拉的職權，理由是2011年英拉曾經任命了一名親屬為國家安全部部長。

從事情發展的經過可以看出，他信兄妹並非不可救藥的獨裁者，而是具有相當的妥協精神。如果反對派團體能夠表現出同樣的政治彈性，泰國憲政危機或許可以在憲政框架內得以解決。遺憾的是，黃衫軍不但堅持「不達目的誓不罷休」，而且其鬥爭目標本身也不斷變化和升級，令政府退讓的腳步難以跟上其「抬價」的速度。

目標不斷升級的同時，抗議手段也越來越踐踏法治。黃衫軍一個常見的抗議形式是佔領政府大樓、電視台、機場等公共設施，以一己訴求劫持整個社會運轉。比如2008年抗議頌猜的示威中，示威者衝進政府大樓，迫使頌猜把辦公地點移到一個秘密空軍基地。當頌猜按憲法規定，在入職十五天內前往議會進行政策報告時，示威者又堵住議會入口，不讓他完成其憲法職責。為了最大程度地達成其政治訴求，黃衫軍乾脆佔領了數個機場，導致數萬人旅行行程被耽誤。並不意外的是，持續的街頭運動引發了衝突的暴力升級。儘管黃衫軍的官方組織者強調「非暴力抗爭」，但是激烈對抗下的衝突升級勢所難免，極端分子在雙方陣營都不斷出現——2006年8月，在他信家附近發現汽車炸彈，2009年，黃衫軍領袖林明達則在一個加油站遭到武裝分子伏擊。

顯然，泰國反對派具有剛性公民社會的典型特徵：勇於發起抗爭，卻不善於收縮戰略；充滿了反抗精神，卻沒有把握反抗的尺度。結果就是為某個具體的政策訴求——或者權力訴求本身——而踐踏憲政規則。腐敗調查、大米政策、大赦政策等固然重要，但是為了政策調整而不惜推翻民主制度本身，則是因小失大。

正如當權者可能因為一種贏者通吃的思維而破壞民主，公民社會同樣可能由於「畢其功於一役」的剛性而斷送民主。如果按照自由式民主觀，將民主理解為一種多元制衡的權力安排，那麼即使沒能贏得選舉勝利，黃衫軍勢力仍然有可能通過議會反對黨席位、行政分權、聯邦制、司法系統、公民社會等機制參與到政治對話當中，預防多數暴政。事實

上，除了議會和內閣多數席位，黃衫軍很大程度上掌握了泰國政治的其他機構：軍隊、憲法法院、部分媒體（林明達就是一個媒體大亨）、國有部門、相當一部分佛教勢力、許多地方選舉（比如曼谷）、諸多精英大學、經濟優勢地位等。他們完全可能通過這些機構平衡泰國的政策走向，事實上這種平衡也的確解釋了為什麼他信兄妹政府難以像查韋斯或者普京那樣大權獨攬。但令人遺憾的是，黃衫軍勢力沒有着力於這些「制度化參與」渠道，而是執拗地專注於「動員式參與」，一定要以街頭邏輯壓倒選票邏輯，並拒絕任何妥協。於是，政治被打成死結，並在同一個邏輯裏循環往覆。

2. 印度尼西亞

如前所述，印度尼西亞的民主轉型條件非常不利。就經濟而言，印尼經濟明顯比泰國落後，轉型之初又處於20世紀90年代末金融危機的「風暴眼」中。艱難爬出危機之後，在轉型最關鍵的時刻（2004年第一次總統直選），又發生了一場舉世矚目的大海嘯——這次海嘯席捲了印尼近20萬個生命，導致50萬人無家可歸。就族群關係而言，印度尼西亞比泰國所面臨的挑戰要艱巨得多，分離主義和宗教極端主義始終困擾印度尼西亞。轉型後，東帝汶作為一個殖民地的分離主義自然毫無懸念，而亞齊特區和巴布亞省兩個地區的分離主義火焰也開始熊熊燃燒，伊斯蘭極端分子的恐怖襲擊則此起彼伏。[12] 2016年以來針對雅加達省長所謂「褻瀆」言論的大規模抗議，則是對印度尼西亞敏感族群關係的一個最新註腳。

正是因為文化、歷史和經濟的不利條件，很多人將近年印度尼西亞民主的階段性穩固化視為一個「奇蹟」。無論是與諸多東南亞鄰國相比，

12　極端組織伊斯蘭祈禱團2002年和2005年分別在巴里島製造了爆炸案；2011年又出現遜尼派教徒襲擊艾哈邁迪耶（Ahmadis，穆斯林的一個少數教派）清真寺的事件；「孤狼」式的恐怖襲擊也屢見不鮮。

還是與其它伊斯蘭國家相比，印度尼西亞的民主穩固都顯得非常「另類」。這當然不是說印度尼西亞今天的民主制度已經完善或能夠「江山永固」——事實上，今天印度尼西亞的民主仍然面臨着腐敗叢生、宗教極端主義等諸多挑戰，但是，2004年以來三輪自由與公正的總統選舉（議會選舉則更早），軍人勢力從政治生活中的消退，相對獨立的司法，逐漸平息的分離主義浪潮，良好的經濟增長，都顯示印度尼西亞的民主已具有了相當的韌性。

為什麼印度尼西亞能夠實現這個「奇蹟」？許多解釋都有相當的道理：經濟的良好增長紀錄是一個關鍵因素。1998–2014年，印度尼西亞的人均GDP從464美元增長至3,500美元，翻了7.5倍。儘管經濟水平仍然很低，但是只要是在持續增長，人們就會感覺到希望，從而削弱反體制勢力。人口和社會結構是另一個重要因素。社會族群的多元常常被視為民主穩固的障礙，但是「兩極化的多元」和「碎片化的多元」政治意義又有不同。印度尼西亞的人口和族群成份是如此複雜，可能反而制約了社會兩極化的形成——宗教的凝聚力被地區主義所切割，地區主義的凝聚力又被種族多樣性所切割，種族凝聚力又被語言的多樣性所切割……在一個社會結構碎片化的國家，兩極化的社會動員反而不容易形成。制度選擇也是一個原因。霍羅威茨認為，印度尼西亞新憲法中的制度選擇——非多數主義的政黨提名式比例代表制，對總統選票的地區分佈要求等——成為印度尼西亞民主穩固的關鍵因素（Horowitz 2013）。

具有彈性的公民社會則是一個補充性的視角。在此，筆者並非強調印度尼西亞的公民社會有多麼活躍、動員能力多麼強大、或其「鬥爭精神」有多麼頑強，而恰恰試圖強調它在「參與、服從和漠然」之間的動態平衡。相比泰國黃衫軍紅衫軍的高度政治化、超級動員和鬥爭精神，印度尼西亞的公民社會更「稀疏」、更制度化、更容易妥協。這當然不是說印度尼西亞民眾中沒有極端分子，但是，迄今為止這些極端分子沒有成為印度尼西亞社會的主流。

　　首先需要指出，印度尼西亞的公民社會並不孱弱。如前所述，一個動輒超級動員的社會是危險的，但是一個一潭死水的原子化社會也不可能「讓民主運轉起來」。盧西爾和菲什認為，印度尼西亞民主的成功，「大體上是其非同尋常地活躍的團體生活的結果」（Lussier & Fish 2012：70）。他們發現，與東南亞鄰國相比，甚至與世界平均水平相比，印度尼西亞人都更熱衷於社團生活。「世界觀念調查」的數據顯示，調查對象「至少屬一個組織」的比例世界平均是62.6%，馬來西亞是60.8%，泰國是50.5%，但是印度尼西亞高達83.8%；每個調查對象所屬的組織數量，世界平均是1.69，馬來西亞是1.72，泰國是1.96，而印度尼西亞是2.55（Lussier & Fish 2012：74）。同時，他們還根據問卷中關於「與同事、朋友、社團成員互動密度」的數據建構了一個「社交指數」，發現在64個有數據的國家中，印度尼西亞居然是最高的（Lussier & Fish 2012：76）。

　　公民社會的力量不僅僅體現於社團生活的豐富，也體現為集體行動的能力。轉型以來，工會、學生、社區居民等都頻繁訴諸集體行動來追求其目標。比如2001年修憲時，非直選產生的時任總統梅加瓦蒂試圖阻止新憲法中加入總統直選條款，但是在民眾抗議壓力下，議會得以保留這一修改。又比如，2008年，當法庭將南蘇拉威西省的省級選舉結果作廢時，該省民眾大規模抗議，導致總統發起選票的重新計算，使勝選者得以就職。再比如2005年和2012年分別出現了勞工大罷工，對於推動勞工條件的改善起到了很大作用。此類集體行動對於阻止權力機構的獨斷專行起到了很大的作用。

　　然而，儘管印度尼西亞的公民社會具有相當的力量，社會能力和國家能力之間並沒有失去平衡，而這一平衡對於轉型的成功至為重要。儘管蘇哈托政權是被街頭運動推翻的，但是蘇哈托下台後，印度尼西亞的民主穩固卻很大程度上是自上而下主導的，大規模街頭運動則很大程度上「退居二線」，通常只作為「救濟手段」出現。也就是說，印度尼西亞「民主轉型」本身是自下而上發生的，但「民主穩固」卻主要依靠自上而下的力量實現。這種「自上而下」的特點，是理解印度尼西亞民主穩固的一個關鍵。

　　1998年5月，蘇哈托在抗議中下台，但是新體制中還保留了很多舊勢力。過渡時期，蘇哈托自己的副總統哈比比就任總統，得以主導轉型的方向，在開放黨禁言禁、舉行議會選舉的同時避免了轉型中容易出現的復仇主義情緒。1999年10月，瓦希德在議會選舉中成為總統。但是，瓦希德及其領導的遜尼穆斯林組織「伊斯蘭教士聯合會」(Nahdlatul Ulama，簡稱NU) 在蘇哈托時期與其說是一個堅定的反對派力量，不如說是一支被蘇哈托政權吸納的力量——它曾經是蘇哈托時期第二大黨聯合發展黨的核心力量，20世紀80年代退出政治後，又作為印度尼西亞最大的宗教組織在蘇哈托政權下依靠「互不拆台」的默契存活。正是因此，瓦希德及其民族覺醒黨 (由NU轉型成立) 執政後，並沒有致力於清除「舊勢力」，其內閣是個新舊勢力的大拼盤——除了瓦希德自己的民族覺醒黨、梅加瓦蒂 (蘇加諾女兒) 的印度尼西亞鬥爭民主黨 (Partai Demokrasi Indonesia Perjuangan, 簡稱 PDI-P) 和一系列小黨外，蘇哈托的專業集團黨也是其中組成部分，軍人代表也躋身其中，形成一種「拼盤式」權力格局。

　　但是，這一多元權力格局為動盪的轉型政治維持了某種政治連續性，也穩住了隨時可能「掀棋盤」的各方政治勢力。2001年7月，由於政治信任的破裂，瓦希德被議會彈劾，梅加瓦蒂成為新總統。作為蘇加諾的女兒，她也並沒有帶着復仇主義的情緒去打破瓦希德締造的這種「新舊拼盤」格局，而是維持現狀。2004年，印度尼西亞修憲完成，舉行了轉型後第一次總統直選，梅加瓦蒂敗選，曾在蘇哈托手下擔任過軍中高官、也曾服務於瓦希德和梅加瓦蒂政府的蘇西洛上台，而蘇哈托的專業集團則成為議會最大黨。2009年，蘇西洛實現連任。在其任期，蘇西洛成功平息了地區分離主義，政局逐步穩定，經濟顯著發展。2014年，由於印度尼西亞憲法的總統任期限制，蘇西洛下台，佐科·維多多贏得總統選舉。自此，印度尼西亞民主進入了常態化時代。

　　以上對印度尼西亞轉型史的極簡描述顯示，印度尼西亞的民主穩固很大程度上是依靠政治平衡實現的，其結果是既有政治力量根據新的遊戲規則不斷重組，而非政治血液的徹底更新。正是因此，斯萊特對印度

尼西亞的民主化表示失望，認為它實際上是一個「政黨卡特爾化」的過程，很難帶來責任政府 (Slater 2004)。固然，如果期待「畢其功於一役」，這是一個糟糕的局面——這種政黨拼盤對「保守勢力」過於包容、對舊統治集團過於寬大。然而，一定程度的妥協和保守卻可能起到了「丟車保帥」的作用，換取了民主穩固所需要的時間和基本政治聯盟。事實上，印度尼西亞轉型以來 Polity 分值一直在穩步上升，近年則一直停留在 9 分，並且，儘管仍有諸多問題，隨着民主穩固的發生，印度尼西亞政府對底層需求表現出了上升的回應性。[13]

不過，印度尼西亞的民主穩固得以實現，很大程度上也要歸功於公民社會給予政治家和政黨這個相互平衡的空間。如果沒有民眾以一定的耐心和距離感配合這個過程，如果印度尼西亞反對派動輒因為「權力分配不公」或具體政策而發起超級動員，其民主很可能像泰國、埃及一樣自下而上被顛覆，或至少像諸多拉美國家一樣，動輒陷入憲政危機。轉型以來，印度尼西亞鮮有全國性的超級動員。2019 年秋季的雅加達大遊行被視為印度尼西亞轉型以來最大的街頭抗議，但是其目標相對有限，並且涉及的是普遍性權利而非特殊主義的利益：反對把婚外性、同性戀和墮胎列入刑事犯罪，反對以褻瀆法來限制言論自由，反對政府侵害反貪委員會的獨立性等。即使是這樣一場為基本政治權利而鬥爭的抗議，在政府做出一系列妥協之後，也並沒有「不依不饒」或無限升級，而是適時鳴金收兵。

在這個過程中，就印度尼西亞的公民社會而言，重要的不僅僅是他們做了什麼，而且是他們沒做什麼。事實上，印度尼西亞民主轉型後，也經歷過無數政治乃至憲政危機，在很多時間節點上，如果印度尼西亞公民社會像泰國那樣發起超大規模的政治動員，不斷將「有限目標」升

13　學者阿斯皮諾爾反對印度尼西亞民主已經「寡頭化」的論斷，認為選舉和公民運動已經形成真實壓力，改變了印度尼西亞的公共政策，一個表現就是扶持底層的「社會項目」明顯增加，其中包括全民醫療保障體系的建立——這一點在地方選舉和地方政策中尤其明顯 (Aspinall 2013)。

級為「無限目標」，並抱着「痛打落水狗」的鬥爭精神盤踞街頭，恐怕印度尼西亞民主也早已傾覆。

比如，印度尼西亞轉型過程中的一個「易燃易爆」時刻，是2001年瓦希德被彈劾之際。由於經濟失序、腐敗傳聞和各黨派之間的權力之爭，瓦希德剛上台不久，議會就開始了和總統的「府院之爭」。為了對付議會，瓦希德威脅要宣佈「緊急狀態」，也就是賦予他自己解散議會和進行軍管的權力，這進一步激怒了議會。於是，當年7月議會投票彈劾了瓦希德。由於瓦希德是當時最大的穆斯林政黨（民族覺醒黨）的領袖，而該組織在轉化為政黨前又是印度尼西亞最大的穆斯林組織，可想而知議會的這一舉措會激怒多少瓦希德的追隨者。事實上，隨着瓦希德被迫下台，印度尼西亞也的確發生了大型抗議示威，尤其是在雅加達和瓦希德的家鄉東爪哇。但是，示威並沒有無限升級，瓦希德的支持者最終選擇了接受現實。

又比如，印度尼西亞的修憲過程也是一個易燃易爆點，但是在這一過程中，印尼民眾並沒有表現出埃及民眾那種「寸步不讓」的鬥志。如前所述，埃及短暫民主實驗的崩潰，很大程度上源於制憲過程帶來的衝突。一方面，穆爾西總統試圖在憲法中加入更多的伊斯蘭元素；另一方面，反對派對憲法和制憲過程任何瑕疵進行不依不饒的巨型抗議，最終兩方面共同「促成了」埃及民主的坍塌。相比之下，印度尼西亞的修憲過程， 用霍羅威茨的話來説， 是「內部人主導的」 以及「漸進的」（Horowitz 2013）。「內部人主導」是指這一過程很大程度上由議會中既有的政黨推動，而沒有選舉出一個另外的制憲會議（像埃及或者委內瑞拉那樣）；「漸進的」則是指這是一個漫長的過程：它基於對舊憲法的修改而非徹底推翻，而且修憲過程從1998年持續到2002年（埃及的制憲過程則只有數月）。在這一過程中，各方政治力量在制度框架內進行了漫長的協商對話。如果印度尼西亞的公民社會對這兩個特點中的任何一個失去耐心，恐怕印度尼西亞的轉型就會前功盡棄。某種意義上，埃及和印度尼西亞這兩個國家就像是「龜兔賽跑」中的兔子和烏龜，埃及試圖

一步到位地變革，結果卻是民主的傾覆，而印度尼西亞則像那隻跑得慢但是跑得遠的烏龜。

2014年大選是另一個印尼民主的「危險時刻」。決戰在相對溫和的、平民的佐科和民族主義、權貴的普拉博沃之間展開，競爭非常激烈。某種意義上，佐科代表的勢力有點像泰國的紅衫軍，而普拉博沃依靠城市精英和排外的話語體系，則令人想起黃衫軍。結果是佐科勝選。儘管普拉博沃一度否認選舉結果，其支持者最終也並沒有「黃衫軍化」，在憲法法院裁決選舉結果有效後，他們接受了佐科的勝利。

耐心與妥協並非意味着政治無為，只是意味着參與形式和目標具有彈性。與泰國黃衫軍動輒訴諸大規模街頭運動不同，印度尼西亞的民眾更多地訴諸──用阿斯皮諾爾的話來說──「碎片化的行動主義」和「選舉中的平民主義」。當然，如前所述，轉型後印度尼西亞也不乏街頭政治，但是這些街頭政治往往是議題主導的、「見好就收的」，而不具有泰國街頭政治那種「波瀾壯闊」和「經久不息」的特點。碎片化的公民行動意味着它形成超級動員的能力有限，但可能在各個政策領域推動「零敲碎打」的改進。比如，就勞工保護而言，截至2012年為止，印度尼西亞有6個大型勞聯（confederations）和91個勞工聯盟（federations），卻沒有一個大型的勞工政黨。儘管如此，碎片化的勞工組織仍然顯著推進了印度尼西亞的勞工保護：女性勞工地位提高，解僱金明顯提高、合同工減少等等。即使是沒有高度組織化的民眾，通過選舉這一制度化參與途徑，也能夠通過選票壓力在相當程度上改變公共政策。有學者論證，競選邏輯大大推動了印尼各地免費醫療體系的出現──到2012年，公費醫療制度已經覆蓋了7,600萬人口（Aspinall 2013：109–114）。

綜上所述，或許印度尼西亞的民主穩固有各種各樣的解釋，但是公民社會行為方式的彈性，在參與和服從、熱情和耐心、鬥爭和妥協之間的張弛平衡，對於這一「奇蹟」的實現起到了相當的作用。在印度尼西亞轉型的一系列時間節點上（尤其是轉型之初），如果其民眾也像埃及、泰國、烏克蘭的民眾一樣，將所有矛盾衝突視為「民主生死攸關的時刻」，由此發起超級動員，不斷升級鬥爭目標，不達目的決不罷休，結

果可能也是新生民主的傾覆。某種意義上，泰國公民社會試圖以「街頭邏輯」壓倒「選票邏輯」，最後既失去了選票也失去了街頭；而印度尼西亞公民社會更耐心地接納了「選票邏輯」的重複與演進性，既維持了選票機制也保留了街頭行動的空間。

無數研究和觀察發現，發達的公民社會是民主「運轉起來」的前提。一個有自組織能力的社會有助於培養「公共生活」的習性，而一個能夠動員起來的社會才能有效抗衡獨斷專行的政府。沒有媒體的曝光、非政府組織的監督、街頭民眾的壓力，執政者往往有濫用權力的天然趨勢。即使有三權分立等權力制衡機制，沒有來自公民社會的監督，所謂權力制衡也很容易演變為寡頭之間的利益交換。

然而，無論是歷史上還是當代，諸多新生民主出現了超級政治動員下民主崩潰的情形，從而給「公民社會越強大越有利於民主」的論斷打上了問號。正是因此，許多學者從社會組織的特點出發，區分「有益的」和「有害的」公民社會。但是，在一個社交媒體時代，也就是社會動員越來越「去組織化」的時代，僅以組織特徵去識別不同的公民社會顯得越來越捉襟見肘。在本章中，筆者從公民行動的模式區分「剛性公民社會」和「彈性公民社會」，並試圖論證前者不利於民主穩固，後者更有益於民主的維繫。

儘管每個國家的公民行動模式受其傳統文化、社會結構、經濟狀況等因素的影響，不同的民主觀是塑造公民行為模式的重要因素。民粹式民主觀所蘊含的「神聖人民觀」、「無邊權利意識」以及道德主義話語往往造就剛性的公民行動，不但帶來政治動員爆炸性的增長，亦使得政治妥協與協商成為一種「背叛」。與之相對，自由式民主觀對民主主體的多元化理解、有限權利意識以及道德中性話語為公民社會的行動彈性留下了空間。不同的公民行動模式對民主穩固的前景造成不同的影響，剛性公民行動為政治僵局和政治超載推波助瀾，而彈性公民行動則可能通過「縫縫補補」令新興民主更加細水長流。

一個不得不面對的事實是，民主的倒退並非總是由於威權力量壓倒民主力量，而是由於民主的一種邏輯壓倒另一種邏輯，即，「街頭邏輯」

壓倒「選票邏輯」。當任何政治衝突都成為「民主生死攸關的時刻」，當所有政策訴求都造就萬眾登場的劇場，理性讓位於音量，制度讓位於政策，民主作為一種多元對話的機制被關閉，集體理性演進的可能性被堵塞。在這一過程中，最具悲劇色彩之處，是民主的崩塌無須任何群體具有摧毀民主的意圖，甚至可能源於某些群體捍衛民主的決心。但是，當這一決心不斷升溫，從熱情走向激情，從激情走向狂熱，最致命的是，當一個群體的狂熱遭遇另一個群體的狂熱，對民主的捍衛卻可能反諷地成為對它的掘墓。但這並不奇怪，它合乎「過猶不及」以及「寧靜致遠」的樸素道理。

自由的重負與民主的未來

一 「烏克蘭陷阱」

當代民主制正陷入一場合法性危機。要理解這場危機，或許可以從「世界觀念調查」中的兩個問題說起。在2010–2014年的「世界觀念調查」中，有兩個問題的調查結果頗令人困惑。這兩個問題分別是這樣的：1.「擁有一個強大的領導人，不去搞什麼議會和選舉，你認為這是統治一個國家好的方式嗎？」2.「擁有一個民主的政治體系，你認為這是統治一個國家好的方式嗎？」顯然，這兩個問題是相互矛盾的——理論上，選擇「強人政治」的民眾應該並不認同「民主的政治體系」，選擇「民主的政治體系」的民眾也不應該選擇「強人政治」，但有趣的是，在諸多國家——尤其是新興民主國家，選擇這兩個選項的民眾都是多數。也就是說，許多國家的民眾既選擇了強人政治，又選擇了民主政治。

在烏克蘭，認為強人政治「非常好」或「比較好」的比例加起來是71.3%（選擇「比較壞」或「非常壞」的比例加起來才28.7%），但是與此同時，認為民主政治體系「非常好」或「比較好」的比例加起來則是85.3%。在巴西，在強人政治下選擇「非常好」或者「比較好」的比例總和為64.8%，但是與此同時，認同民主體系的總和為79.6%。在印度，認同強人政治的比例總和是70.4%，同時，認同民主體系者為72%。在南

非，認可強人政治者是56.1%，而認同民主體系者為68.3%。此類情況廣泛存在，不勝枚舉。

這種「矛盾」如此廣泛地存在於不同國家，並非誤差所能解釋。它說明在許多新興民主中，無數民眾對民主政體抱有一種「既愛又恨」的矛盾心理。一方面，在啟蒙運動已經展開三百多年後，人們對於包含「平等承認」的民主制度已產生難以撼動的認同；另一方面，許多人又對民主轉型的結果感到深深的失望，甚至感到幻滅。

這種普遍的矛盾心理有其政治後果。事實上，其後果已經在現實世界中反覆上演。一方面，各國民眾前仆後繼地推動民主轉型：當專制政府拒絕分享權力，當統治者操控選舉，當執政者壓制反對派的言論、結社或宗教自由，當某些群體被政治歧視，當統治者利用各種手段實現終身制，當政府的關鍵政策明顯違背主流民意……民眾感到被深深冒犯，他們走上街頭，憤怒抗議，甚至發動革命，推翻專制政府。

另一方面，對民主的幻滅感則威脅着民主穩固的前景。人們發現，「巨變第二天」，各路抗議者輪番上陣相互對壘，政治陷於動盪——而這還是「好的」，更糟的情形則是抗議發展成騷亂，騷亂發展成內戰。人們還發現，治理績效也未必顯著提升，許多新興民主生活水平沒有明顯的提高，就業依然困難，貧困失業補助少得可憐。此外，媒體「扒糞」的自由並沒有真正消滅腐敗，政治家和利益集團的交易仍然在進行——事實上，媒體自身也常常成為「利益鏈條」的一部分，參與「背叛民主」的共謀……於是，憤怒的人們再次走上街頭，這次不再是為「推翻獨裁」，而是為「抗議腐敗無能的政府」。如果說「推翻獨裁」的政治運動還有一個明確的政治目標，有種道義上的明晰感，而轉型後的抗議示威則潛藏着一種政治上的迷惘，因為對立常常不是在「國與民之間」，而是在「一部分民眾」與「另一部分民眾」之間，而且推翻「這個政府」又怎樣？下一個政府很可能「一個樣」。

於是，在21世紀初，我們看到一個奇特的政治景觀：在諸多國家，尤其是新興民主，出於對民主觀念的信奉，人們不斷推動政體走向民主化；同時，又出於對民主表現的失望，人們不斷撼動甚至推翻新生

的民主政體。筆者將這種不斷推動民主轉型、又不斷陷入民主危機的政治狀態命名為「烏克蘭陷阱」。

之所以如此命名，是因為烏克蘭過去三十年左右的政治狀態典型地反映了這種困境。1989年東歐劇變曾經給烏克蘭民眾帶來希望，然而，對民主表現的幻滅導致了2004年的橙色革命。雖然尤先科最後贏得了總統選舉，但是他被政治對手毀容的故事整個世界記憶猶新。但是，橙色革命並沒有成為故事的拐點，民眾很快對尤先科也感到了幻滅——2010年尤先科下台之際，其支持率只有9%（Ray 2015），他在2010年大選中只得到了5.5%的選票，甚至沒能進入複選。反諷的是，2010年人們重新把2004年趕跑的亞努科維奇選上台來。但是，這同樣不是故事的拐點，民眾很快再次幻滅——眾所周知，2014年亞努科維奇又被新的街頭運動趕跑，這次運動被很多人視為「第二次橙色革命」。革命不但趕跑了亞努科維奇，而且也直接導致了烏克蘭內戰。然而，「二次革命」是否就實現了人們對民主的預期？同樣沒有。「第二次橙色革命」之後，新上台的波羅申科政府支持率從最初的47%不斷下跌，到2019年大選前又跌至9%左右，是蓋洛普各國同一數據「世界之最」（Bikus 2019）。總之，走向民主轉型以來，烏克蘭民眾始終在希望以及迅速的幻滅中徘徊，但不滿不是促進了政治改良，而是帶來新的政治動盪。

烏克蘭的情形雖然典型，卻絕非孤案。從拉美到中東，從東南亞到中東歐，這種民眾一邊熱切地擁抱民主、一邊又不斷對其幻滅的狀態廣泛存在，並構成當代民主政體的一個根本困境——在新興民主國家尤其如此。「阿拉伯之春」逆轉為「阿拉伯之冬」的故事眾人皆知，但即使是中東歐地區，也就是民主轉型相對成功的地區，幻滅感也很普遍。一個表現就是中東歐的選民明顯比西歐選民更加頻繁地將在任政府選下台去。據統計，1990–2014年，11個進入歐盟的中東歐國家總共換過144個內閣，也就是說，1990年以來，大約每2個中東歐國家中就有1個每年都在更替政府。[1]「歐洲價值調查」的一個數據顯示，在10個中東

1　另外的表現包括投票率的降低、政黨凝聚力的明顯下降、極端主義政黨的興起等（Balazs 2015）。

歐國家，對民主的表現滿意的人口比例僅僅是30%–40%，而對政治機構保持信心的人口比例大約只有20%（Balazs 2015）。

如果這一困境繼續擴大和蔓延，那麼在越來越多的國家，民主的未來將陷入持續的動盪，其政體將在民主和威權政體之間反覆搖擺。處於威權狀態時，民眾將因對民主觀念的認同而不斷推動民主化；處於民主政體時，民眾又將因對民主的幻滅而不斷動搖民主秩序。各種跡象表明，在某些國家這已經成為一個政治現實，而在另一些國家，這一邏輯正在展開。無論是阿根廷、巴西、海地，或者是泰國、巴基斯坦、伊拉克，或者是尼日利亞、南非、尼日爾……這種「民主轉型—民主動盪」的反覆已成為政治常態，並有可能向更多國家蔓延。

如何擺脫這一困境？如何防止越來越多的國家陷入「烏克蘭陷阱」？提升新興民主的治理績效是一個顯然的答案。儘管本書前半部分已展示，斷定民主轉型必然帶來經濟社會失序缺乏實證依據，甚至在許多方面與事實相反——更多的新興民主國家在轉型後經歷暴力衝突減少而非增加、經濟發展而非經濟倒退、國家財政和行政能力增強而非削弱，但是毫無疑問，在新興民主國家，民主表現的改善空間巨大。無論是經濟發展、腐敗、政治秩序還是公共服務，許多國家的治理績效乏善可陳，因此，改善治理績效是緩解「民主赤字」的最根本機制。

但是，提高治理績效真的能消除「民主幻滅」嗎？在當今世界，就經濟發展水平、暴力衝突水平、公共服務水平、政治腐敗等各方面而言，歐美可以說是治理績效最好的地區。但是，歐美世界正在經歷政治信任的急劇下降。根據皮尤中心的調查，1958年相信聯邦政府「總是或者大多數時候能夠做對的事情」的美國人比例是73%，而2015年是19%；1985年的時候，美國人仍有67%的人對國會持有「正面印象」，但是到2015年，這一比例下降為27%。

美國並非這一趨勢的孤例，政治信任的流失廣泛發生於發達民主國家。根據一項歐洲的跨國調查，2013年表示「信任議會」和「信任政府」的人口比例，在英國分別為24%和23%，在法國也分別是24%和23%，不到人口的1/4；而在受到歐債危機衝擊較為嚴重的南歐，情況

則更糟，希臘分別為10%和10%，意大利分別為12%和11%，西班牙則僅有7%和8%（Mungiu-Pippidi 2015）。除了幾個北歐國家到達50%左右，絕大多數發達國家的民眾對本國的政治體系表達了強烈的不信任。事實上，一項研究顯示，OECD國家的政治信任明顯低於金磚四國這樣的新興經濟體（OECD 2013：26）。

政治信任的急劇下跌是因為治理績效本身出現大幅下降嗎？並非如此。根據OECD，以美國為例，其人均購買力GDP從1970年的23,305美元上升至2015年51,450美元，人均預期壽命從1960年的73歲上升至2015年的81歲，同一時期嬰兒死亡率從每1,000人26個下降至每1,000人6個，基礎教育的入學率從1971年的88%升至2013年的99%，而其他發達國家的情況大同小異，似乎沒有理由認為政治信任的大幅下降是由於治理績效的大幅下降所致。至於基本政治和公民權利，正如斯蒂芬·平克在《人性中的善良天使》一書中所記錄，在西方發達國家，二戰之後普遍發生了一場「權利革命」，大幅提高了女性、有色人種、同性戀、兒童甚至動物的權利（Pinker 2011）。因此，也沒有理由認為，政治信任的大幅下降緣由在於基本人權的普遍下降。

經濟不平等程度的加劇被認為是政治信任下降的主要原因，這或許有一定道理，但是，把這一解釋作為一個孤立的因素也非常成問題。首先，經濟相對富足基礎上的不平等和極端貧困基礎上的不平等，其政治效應不應同日而語。或許也正是因此，有研究顯示，儘管美國的經濟貧富加劇，但是美國人幸福感的「貧富懸殊」卻在下降（Stevenson & Wolfers 2008）。其次，如果經濟不平等能用來解釋流失的政治信任，那麼就難以解釋為什麼許多經濟相當平等的國家也出現政治信任的顯著下降，比如即使在瑞典、法國、東歐等國——這些國家經濟相當平等，但民粹主義等「反體制」的政治勢力同樣崛起，政治信任同樣下降。再次，即使經濟不平等的上升能夠部分地解釋政治信任的流失，相對於我們所觀察到的政治信任變化之劇烈，其解釋力可以說不成比例。

因此，「最好的時代」卻遭遇了政治信任的急劇滑坡，原因或許不是治理績效自身的「惡化」，而是人們對「民主承諾」的預期在急劇上

升——預期與現實之間落差的不斷擴大導致了越來越強烈的「相對剝奪感」，而這種「相對剝奪感」成為政治信任流失的重要原因。「預期」何以急劇上升？預期來自觀念。政治力量之間的「承諾競賽」導致民主承諾的「超級通脹」以及一切改良進步的急劇「貶值」。

某種意義上，自由民主制正在成為自身成功的受害者。深入人心的民主話語與持續的繁榮帶來不斷膨脹的政治承諾和不斷上升的心理期待，而不斷上升的期待一旦超過政治經濟進步本身的速度，則會強化普遍的「相對剝奪感」，造成繁榮與幻滅同步發生的反諷景象。顯然，預期上升未必是壞事——不滿是一切進步的動力。問題在於，當預期上升的速度遠超過進步本身的速度時，它可能通過對憤怒的動員引發動盪，瓦解進步自身的意義。

發達國家的經歷意味着，即使所有新興國家的治理績效都提高至當今發達國家的水平——人類歷史上前所未有的經濟繁榮、相對清廉的政治、發達的公共服務，它們仍然難逃政治信任的急劇滑坡。當「相對剝奪感」成為政治信任流失的根本原因，只要民主的承諾加速膨脹，無論治理績效如何改善，民主的現實表現仍然難以追上預期持續的「通貨膨脹」。

問題在於，當治理績效與政治怨恨同時上升，這一矛盾將通向何處？當民眾對政府的信任從70%跌至30%時，民主還可能運轉，但是，當它跌至20%、10%甚至5%時呢？民主制度還能繼續運轉嗎？這一點非常可疑，因為極低的政治信任不僅反映對現實的不滿，也加劇現實的問題——它滋生「反體制」傾向、成為政治激進主義乃至暴力衝突的土壤。

理論上而言，另一個可能的出口是放棄自由式民主本身，恢復不同形式的威權制。既然自由式民主滋生預期和現實之間不斷加深的矛盾，何不推動放棄這一制度？且不討論這種看法的政治倫理問題，其根本困難在於它「不現實」——因為這一觀點忽略了民主觀念與實踐深入人心的程度。同樣是來自「世界觀念調查」的數據顯示，幾乎所有國家——哪怕那些觀念上也同時「擁抱強人」的國家——都有80%、90%左右的

人口表示生活在民主制度下對他們「比較重要」或者「很重要」，並且，如第一章所述，這一看法相當程度上展示的是對民主的「程序性」而非「工具性」理解。

這是啟蒙運動展開三百多年的結果，其中伴隨着無數血雨腥風的鬥爭。從法國大革命到黑人民權運動，從美國制憲會議到埃及街頭運動，都是這場鬥爭的軌跡。要抹去這樣一個根深蒂固的觀念事實，恐怕需要另外數百年的血雨腥風。這一觀點在當下不切實際的程度，幾乎相當於把一個已經長大的孩子塞回母親的子宮裏去。當我們談論「政治現實主義」，這是一個不容迴避的「社會事實」。

或許，上述困境的一個重要緩解機制是校正對民主的理解，即，從民粹式民主觀走向自由式民主觀，也就是以一種節制性的民主話語取代一種不斷膨脹的民主話語。只有把民主從一個不斷擴大和加速的「承諾旋渦」中解放出來，它與政治現實之間的裂縫才可能縮小。或者說，更有限的民主才構成更可信的民主。這種調整並非指向對民主的否定，而是指向對民主更現實的理解——在一個更有限但也更堅固的基礎上重構對民主的理解，「烏克蘭陷阱」才不至於成為吞噬當代民主的深淵。

歸根結底，兩種民主觀體現為對民主的兩種理解：「自治式理解」或「分配式理解」——前者將其理解為一種自下而上的自治機制，個體、社群、市場潛能的綻放是其根本目的，民主轉型只是為這種綻放打開空間；後者則將民主理解為一種自上而下的分配機制，以政府供給最大化為其成敗關鍵，民主轉型似乎一夜之間能將政府改造成一個「袖子裏藏着無盡彩綢」的魔術師。

對民主的「ATM」式想像注定了它失敗的前景，因為它導致政治家脫離責任承諾權利，脫離資源承諾利益，脫離社會承諾政治，其本質是一種「政治萬能觀」。正如極左思潮是一種政治萬能論，無限承諾的民主浪漫主義是政治萬能論的另一種表現形式。然而，眾所周知，政治並非萬能，即使是最清廉的政府也並非萬能，它難以在有限資源的約束下滿足所有人的需求——在經濟相對落後、國家能力薄弱的新興民主尤其如此。事實上，即使資源是無限的，它也仍然難以滿足所有人的需

求，因為民眾的價值往往是多元甚至對立的：當一部分人要求政治世俗化，而另一部分人要求以宗教信仰為立法原則；當一部分人要求增加核能源，而另一部分人認為核能源危害人類安全；當一部分人要求引入更多移民，而另一部分人認為移民破壞「本國文化」……同時滿足所有人需求的困境就不僅僅是一個資源問題，也是一個「諸善之爭」的問題。

然而，通過將多元的「公眾」詮釋為一元的「人民」，將「善」等同於「權利」，民粹式民主觀製造一種「人民意志」無往不利的幻象，這種幻象注定的「破滅」帶來政治信任持續的下降，及至民主的崩潰。熊彼特曾在批評「古典的民主理論」時指出，「民主革命意味着自由與體面的到來，民主教義意味着理性與進步的福音。可以肯定的是，這一優勢注定會失去，民主的觀念與實踐之間的裂痕注定會被發現，但是，黎明的曙光會消逝得很緩慢」（Schumpeter 2008：267）。或許，我們正生活在一個「黎明的曙光」緩慢消逝的時代——除非我們確立一種更合理的民主話語。

二 「群體的智慧」？

有兩句中國諺語持久地影響着我對民主的看法，一句是「三個臭皮匠，抵得上一個諸葛亮」，一句是「三個和尚沒水喝」。顯然，這兩句話很大程度上是矛盾的：前者表達對公眾智慧的信心，後者表達集體決策的困境。然而，或許有點奇怪的是，我認為它們同時是對的。

在《群體的智慧》一書中，索羅維基曾寫下過這樣一段話：「想想如果你讓100個人跑百米賽的話，會發生什麼，平均他們的跑步時間，這個平均值不可能好於那個跑得最快的人……但是如果讓100個人一起來回答或解決一個問題，他們答案的均值則常常好過這100個人裏最聰明的人的答案，或至少與之不相上下。在大多數事情上，平均值是平庸的，但是在決策問題上，它則往往意味着優異水平。你可以說，我們人類就是被設計成了具有群體的智慧。」（Surowiechi 2005：11）

　　為了說明這個「三個臭皮匠，抵得上一個諸葛亮」的觀點，索羅維基在書中列舉了無數例證。比如在「誰想成為百萬富翁」這個問答遊戲電視節目中，嘉賓可以選擇「問觀眾」這個幫助選項，而觀眾的答案91%的時候都是對的。比如統計學家高爾頓記錄的一個事件：一次農貿集市上有一個有獎競猜一頭牛重量的活動，800多個人下注，高爾頓的統計發現，這些人下注的平均值是1,197磅，而這頭牛的實際重量是1,198磅重，就是說，在這件事上，「群體的智慧」幾乎是完美的——800多個臭皮匠，構成了一個諸葛亮。另一個類似的例子，則是對大海上失蹤潛艇的搜索——1968年5月，美國的「天蝎號」潛艇失蹤，當時一個海軍軍官突發奇想，召集不同背景的專業人士，讓他們以各自下注的方式判斷潛艇的失蹤方式與地點，並將其意見匯總計算，最後，令人驚嘆的是，找到潛艇的地方與這個團體綜合出來的判斷只差220碼——而這個團體中的任何個體（哪怕其中最聰明的人）所做出的判斷，都與潛艇實際失事地點相差甚遠。

　　說群體充滿智慧，許多人未必同意。專制者出於壟斷權力的需要而鄙視民意不足為奇，但是鄙視民意的並非僅僅是專制者。許多偉大的頭腦都表示過對「人民群眾」的懷疑，很可能不同意「三個臭皮匠，抵得上一個諸葛亮」這個說法的包括：柏拉圖、美國國父麥迪遜和漢密爾頓、托克維爾、密爾、尼采、哈耶克、著名記者李普曼、布坎南……一本在中國廣為流傳的書籍《烏合之眾》寫道：「到目前為止，創造和引領文明的，一直是少數的知識精英貴族，從來都不是群體。群體的力量，只是摧毀。他們佔主導的時候，必是混亂的時期……由於只擁有摧毀的力量，他們就像細菌，加速病體或屍體的化解。當一種文明的建築千瘡百孔，群體使之轟然倒下。他們的角色在這種時候呈現。」（勒龐2018：51）而麥迪遜那句話更加經典：「即使雅典的每個人都是蘇格拉底，當他們聚到一起時，仍然會是暴民。」（Hamilton et al. 2003：No. 55）換言之，別說「三個臭皮匠」抵不上「一個諸葛亮」，即使是「三個諸葛亮」湊到一起，有可能還不如「一個臭皮匠」，因為問題的根本不在於群體中的個體智慧水平，而在於決策的群體性本身敗壞人的智識與德性。

　　此類說法有無數歷史案例可以援引。當勒龐寫下《烏合之眾》時，腦中浮現的很可能是法國大革命中「暴民狂歡」的景象。二戰中屠殺猶太人的罪惡顯然應該主要歸咎於納粹集團，但是當時德國無數普通的警察、醫生、法官、公務員、教師……以及其他「普普通通的德國人」以其行動或沉默也成為共謀。當盧旺達大屠殺抹去50–100萬生命時，參與屠殺的不僅僅是軍人，很大程度上是鄰居A在屠殺鄰居B，村莊E在屠殺村莊F……所有這些歷史上的慘劇都有「群眾」的身影，正是因此，我們的字典裏才有「暴民」、「群氓」、「庸眾」等詞語。

　　何以如此？為什麼有時候群體能夠如此精準地做出判斷——像猜測牛的重量、定位失蹤潛艇時那樣——以至於他們的「集體智慧」遠遠超出該集體中最智慧的人；而另一些時候他們表現得如此蒙昧，乃至成為暴政的打手甚至成為暴政本身的始作俑者？某種意義上，不搞清楚「三個臭皮匠」和「一個諸葛亮」的關係，民主制度的道義基礎就值得懷疑。也只有搞清楚「三個臭皮匠」變成「一個諸葛亮」的機制與條件，對民主的理解才能找到必要的限定語。

　　顯然，群體並非聚到一起就會產生智慧。群體的智慧需要一定的條件，而這個條件，正如索羅維基所論證，在於群體成員的多樣性與獨立性——無論是「誰能成為百萬富翁」中的觀眾，或是集市上猜牛重量的下注者，或是分析潛艇位置的分析者，他們的背景往往多種多樣、智力水平和道德傾向也多種多樣，同樣重要的是，他們做出判斷的時候都是「獨立判斷」，並不或很少相互影響，更不相互施加壓力——正是這些多樣和獨立的個體匯聚到一起時，最可能產生「群體的智慧」。一旦背景、意見、觀念的多樣性消失，或個體的判斷在各種意義上的壓力之下做出，其決策的質量就會大大下降。

　　在一個有趣的實驗中，學者洪和佩奇發現，一個混雜着「聰明人」和「不那麼聰明的人」組成的團體做出來的決策，居然比「單純由聰明人」組成的團體決策更合理——原因在於「單純的聰明人」頭腦相似，反而失去了多樣性，失去了「不那麼聰明的人」在面對一個問題時的「異想天

開的能力」(Hong & Page 2004)。[2]而獨立性之所以重要，則是因為人們一旦陷入一種「從眾心理」，並不真正獨立思考，只是從他人、團體或者權威那裏尋求問題的答案，「錯誤」就會相互傳染，群體也因此產生卡普蘭所言的「系統性偏見」(Caplan 2011)，從而使得「群體的智慧」變成「群體的愚昧」。

索羅維基的思路啟發我們思考民主──作為一種公共決策機制──在何種條件下相對可靠。個體的多樣性和獨立性對於「群體的決策」如此重要，它從何而來？答案是自由──無論是政治自由、經濟自由或者體現為社會寬容的文化自由。唯有充分的自由能保護政治觀念的多樣性與獨立性，進而激發民主的「智慧」。一旦失去這些自由，民主就極有可能淪為「群氓的暴政」，並如勒龐在《烏合之眾》中所哀嘆的那樣「只能在摧毀中釋放力量」。

要理解「自由」之於「民主」的根本意義，或許可以先退一步，思考另外一個貌似無關的問題：為什麼商品市場大部分時候有效？[3]簡單而言，為什麼小區附近那個總賣爛水果、蔫蔬菜的小超市倒閉了，而那個賣新鮮果蔬的超市則生意越來越好？為什麼《蕭申克的救贖》(港譯《月黑高飛》)的票房比大多電影票房更好？為什麼托爾斯泰的書能夠長銷，而與他同時代的托爾斯甲、托爾斯乙則已經銷聲匿跡？為什麼很多父母寧可萬里迢迢地海淘奶粉， 也不買便宜得多的「三聚氰胺奶粉」？……總之，為什麼大體來說好的商品和服務能夠淘汰壞的商品和服務？人們對「民主失靈」的困惑往往也正是在此──如果民主構成一種「政治競爭市場」，為什麼它不像商品市場那樣，往往能夠實現優勝劣汰、將「好的政治家」推上台去、推動「好的公共政策」、從而實現「好的治理績效」？

2　當然，在其實驗中，這一結果依賴於一系列的條件，比如問題具有一定的複雜性、觀念認知的多樣性、參與人數需要一定規模等 (Hong & Page 2004；Page 2014)。

3　在此暫不討論市場經濟當中常見的外部性問題。

不妨分析為什麼「海淘奶粉」比「三聚氰胺奶粉」更有吸引力。消費者購買「好奶粉」而不是「毒奶粉」，這個看似「本應如此」的局面，其實需要一系列條件。首先，必須要有充分的信息自由，我們才會知道「毒奶粉」是「毒奶粉」——如果毒奶粉廠商利用大量打手堵住了所有受害者的嘴，或者屏蔽了所有「負面新聞」，那麼人們就很難知道毒奶粉的存在，更談不上通過「不買」懲罰廠商。其次，必須要有對消費選擇的社會寬容——如果整個社會充斥着一種「買外國奶粉就是不愛國」、甚至「毒奶粉其實是外國的陰謀」之類的極端民族主義觀點，那麼即使信息在流通意義上充分自由，但是每個消費者卻感到了來自同類的「道義壓力」或甚至迸發出強烈的「道義激情」，這種壓力或激情同樣可能扭曲理性選擇，使得毒奶粉戰勝好奶粉。再次，無論是對奶粉廠商還是對奶粉消費者來說，責權的清晰也非常重要——如果一個廠商辛辛苦苦研製生產的好奶粉會被毒奶粉廠商貼上他家品牌的標籤，那麼劣幣驅逐良幣，市場上慢慢就不會再有好奶粉的供應；同理，對於消費者而言，選擇奶粉的家庭的確是吃奶粉的家庭非常重要——假設一個家庭的孩子吃什麼奶粉不是由自家決定，而是由「整個小區」的人投票決定，結果很可能就是「整個小區」隨便選擇一個「便宜的奶粉」，卻無所謂質量——畢竟，一個社區有嬰兒的家庭很可能是少數。

儘管商品市場和政治市場存在諸多不同，上述分析框架還是對理解「自由」之於「民主」的意義有所幫助，並展示為什麼政治自由、文化自由和經濟自由對於民主的運行至關重要。首先，正如「好奶粉」打敗「毒奶粉」需要關於毒奶粉的信息自由，「讓民主運轉起來」也需要充分的政治自由，即所謂「批評的自由」——只有人們可以在「政治競爭市場」上充分交流政治家、政黨、政策的信息，人們才可能識別「壞的政治家」和「好的政治家」；只有反對派可以不受威脅地參與到政治競爭中，人們才能看到「不同的供應商」；同樣，也只有人們可以以選票、抗議、起訴等方式懲罰「壞的政治家」，優勝劣汰機制才得以啟動。也就是說，政治自由保護政治力量的多樣性，而多樣性是群體智慧的前提。這也是為什麼民主走向暴政往往都是從將政治自由抽走開始——希特勒需要取

消國會立法權、取消組黨和新聞自由才能完成納粹的權力壟斷；法國大革命走向恐怖，其邏輯「拐點」也正是人們以「正義」之名取消政治自由；甚至，蘇格拉底被審判——這個民主的「原罪」事件——也是因為雅典的宗教自由被限制。當人們指控民主通向暴政時，他們實際上指出的，是「不自由的民主」通向暴政。

其次，民主需要體現為社會寬容的「文化自由」。對觀念多樣性的壓制未必都來自政府，也完全可能來自社會本身。甚至，人作為一種社會性生物，最深的壓迫感有可能來自自己的「同類」。有時候，這種壓制以一種威脅恐嚇的面目出現——當巴基斯坦的某些極端分子僅僅因為親友中的女性穿戴暴露而對其進行「榮譽謀殺」時，或者當歐美極右分子以「捍衛本國文化」的名義掃射穆斯林時，這是對「異己者」的一種公然暴力威脅。另一些時候，甚至更多時候，這種壓制可能僅僅以一種「裹挾」的方式出現——「積極行動者」未必武力威脅「消極沉默者」，但是人們為了「溫暖的合群」、為了「集體的歸屬感」、為了「保住工作」或者「提升機會」、為了「顯得像個好人/聰明人」，甚至僅僅為了「追趕思想的時尚」而主動放棄思考的獨立性。一句話，為了「認同」或「自我認同」而放棄獨立思考。

展示這種「從眾」心態最著名的實驗之一，是阿希的「繩子長度」實驗 (Asch 1951)。[4] 在這個實驗中，心理學家阿希將一個實驗對象和一組假實驗對象放在一起 (但真正的實驗對象以為其他人也是普通實驗參與者)，讓他們去判斷兩根繩子是否一樣長，組織者刻意讓假參與者把明顯不一樣長的繩子異口同聲說成一樣長，結果發現，每一輪實驗中，大約1/3的實驗對象會跟着選擇錯誤答案，而12輪實驗下來，大約3/4實驗對象至少有一次「隨大流」犯錯，只有1/4的人自始至終沒有「隨大流」。

4　當然，也有一些後來的心理實驗得出不同的結論，顯示此類研究的結論很大程度上受到實驗規模、實驗設計方式甚至「時代文化」的影響。

從這個以及此類實驗可以看出，許多人在群體壓力面前幾乎是「情不自禁」地放棄思考的獨立性，而採用「集體」的觀點——在這一過程中，並沒有人暴力逼迫他，甚至也沒有人用利益誘惑他，許多被實驗者可能僅僅為了「不被孤立」或者「顯得不那麼傻」而選擇從眾。這種「從眾心理」相當程度上能夠解釋為什麼「好人也會作惡」、本來正常甚至聰明的人會在一場運動中變成「群氓」。在一個「萬眾一心」的情境中，做一個「不一樣的人」的心理成本實在太高。一個有趣的研究顯示，在俄羅斯，最支持普京的人並非那些「保守的民族主義者」，而是那些「性格最宜人的」人群，即那些不願冒犯他人、不願與他人發生衝突的人（Greene & Robertson 2019）。

此類研究或許令人沮喪。畢竟，追求「社會認同」或「自我認同」是人的基本屬性之一。如果人不能擺脱對認同的需要，是否意味着理性不可能戰勝「對孤獨的恐懼」，從而證明「獨立思考」之永恆的稀缺性？如果「獨立思考」如此之稀少，而它又是群體智慧的前提，建立於「群體理性」假定基礎上的民主制度是否只是空中樓閣？未必。阿希的心理實驗揭示的，不僅僅是理性的脆弱，而且同時也是恐懼本身的脆弱。其「調整版」的實驗顯示，在那組假實驗對象中，只要安排一個人説真話，實驗對象「隨大流」犯錯的概率就會不成比例地驟降80%（Asch 1956），這就仿佛人群中只要有一個孩子大聲喊出「皇帝沒有穿衣服」，之前的「集體共識」往往就會很快崩塌。也就是説，哪怕一個群體只存在有限的寬容（對一個「皇帝沒有穿衣服」聲音的寬容）、存留一定的多樣性，群體做出正確判斷的可能性就會大大上升。這正是為什麼寬容——不僅僅是自上而下的政治寬容，而且是水平鋪開的社會寬容——對於民主的健康運行至關重要。

如果説政治自由體現於不以國家暴力機器威脅反對派，社會寬容則體現於公共領域裏「溝通行動」的「教養」（civility）。[5]「教養」並不意味着

5　羅爾斯將「教養」視為政治自由主義的一種義務（duty of civility）（Rawls 1993：224）。

拒絕就公共議題展開激烈而尖銳的辯論——顯然，這種辯論的廣度和深度應儘量拓展；「教養」意味着在公共對話中表達與傾聽的對稱性，而這種對稱性很大程度上依賴於對「對方」平等對話資格的假定。當公共對話中充滿對「不同意見者」智力與德性的羞辱，它所激發的仇恨往往迅速升溫，結果不但是「溝通行動」本身難以為繼，那個本可能說出「皇帝沒有穿衣服」的孩子出於對狂熱的恐懼而不再發聲。事實上，在狂熱情緒的籠罩下，他甚至可能不再有形成「皇帝沒有穿衣服」之獨立判斷的膽識，所謂「沉默的旋渦」由此加速形成。[6]固然，要求人人都以一種「有教養的」的方式參與公共溝通並不現實，然而，這樣的教養越稀少，在「主流意見」之中「自我審查」者越多，「群體的智慧」也將越被稀釋。

除了政治自由和文化自由，民主的運轉還相當程度上依賴於經濟自由。一個顯然的原因，正如弗里德曼所論述，是當人們在資源上全方位依賴政府，他們往往失去政治自由的「底氣」，正如一個經濟不獨立的女性在父權或夫權面前更傾向於「忍氣吞聲」——在這個意義上，經濟自由是政治自由的前提。但是，即使經濟自由未必是政治自由的前提，它依然是重要的，原因在於，即使民主決策可以通過成員的獨立性和多樣性克服集體決策的「智識問題」，它也很難保證克服集體決策的「德性問題」——所謂「德性問題」，即集體決策中成本和收益不對稱造成的「不負責任」，也就是「三個和尚沒水喝」的問題。簡單來說，如果「我吃飯，你買單」，那麼大量的「亂點菜行為」就難以避免。「搭便車」的一個常見表現，是福利國家的不斷膨脹傾向；另一個表現則是利益集團對政治的綁架——正如奧爾森在《集體行動的邏輯》中所指出，當承擔政策成本者分散、而享受政策受益者集中時，不合理的政策就可能因為小團體的組織化推動而不斷出台 (Olson 1971)。

6　所謂「沉默的旋渦」，指人們往往根據一個意見的「社會接受度」去決定是否表達看法。在這一過程中，媒體的「主流意見」起到決定風向的巨大作用。參見 Noelle-Neumann 1974。該理論誕生以來，在諸多社會情境的研究中得到證實，包括社交媒體。

　　有趣的是，「搭便車」不僅是「利益便車」，也可能是「道義便車」。很多人的政治行動未必是出於利益計算，可能僅僅是為了「表達道義立場」——無論是「戰勝了邪惡勢力」的社會正義感，還是表達了對特定族群的「政治忠誠」，都會給人帶來極大的道義滿足。問題在於，儘管這種「道義表態」所促成的政策後果可能很嚴重，實現這種滿足感的「價格」卻通常相當「便宜」——[7]可能只是花上半天時間去投票、或簽個名、或網上轉帖幾篇文章……正因其「成本小」，人們有可能濫用這種「小成本」行為去促成後果嚴重的公共政策。換言之，就算某些政治行動是表達一種「無私的情感」，基於「道義便車」的集體行動可能和基於「利益便車」的集體決策一樣不負責任。

　　此外，集體決策也往往意味着責任的模糊，使「調適性學習」變得困難。在商品市場上，當我們拿到一個商品時，看到品牌標籤，我們知道廠商是誰，因此一旦發現它質量低下，我們也知道應該懲罰誰。但是，在「政治市場」中，面對一個公共政策的失敗時，我們卻常常不知道應該懲罰誰，因為集體決策當中的「歸責機制」極其複雜。當一場經濟危機降臨，到底應當歸咎於總統，還是和總統「作對」的國會，抑或是有獨立決策權的中央銀行，甚至國際經濟體系？到底歸咎於這一屆政府，還是上一屆政府，甚至二十年前的某一屆政府「種下的禍根」？美國2008年出現次貸危機後，這種「民主黨責怪共和黨、共和黨指責民主黨」情況就出現了，雙方都認為對方是這場危機的罪魁禍首。又比如20世紀90年代初俄羅斯實現過半年左右的休克療法，同時整個90年代出現了明顯的經濟衰退。這種衰退可能是因為：1. 休克療法；2. 休克療法進行得不徹底；3. 與休克療法與否沒有關係，是計劃經濟本身積重難返。經歷了經濟衰退的俄羅斯人也許非常想懲罰相關政治家，但是應該懲罰

7　雖然把道義標上「價碼」可能令人不適，但這也符合我們生活中的經驗常識——我們在路邊看到一個小孩摔倒，很多人可能願意過去扶他；但是如果一個小孩掉進一個水庫，願意跳下水去救他的人數肯定會大大減少。也就是說，我們為了「道義感」所願意付出的成本明顯有個限度。

主張休克療法的政府呢，還是阻撓休克療法的杜馬呢，還是其實兩者都無須懲罰因為無論休克不休克，任何療法都無法改變計劃經濟解體引起的震盪？歸責的模糊使得識別政治市場上的「好產品」和「壞產品」極其困難。

正因為集體決策中「集體性」帶來的這兩個難以克服的問題 ——「搭便車」行為以及「歸因困難」，在多數情況下（當然不是所有情況下），[8]分散的個體決策相對於集體決策具有優先性。當麥迪遜憂慮「即使所有雅典人都是蘇格拉底，他們聚集到一起仍然會是暴民」，熊彼特表示「一個成年人一旦進入政治領域，其分析能力會退化到嬰兒水平」時，或者當勒龐哀歎「群體的力量僅僅在於摧枯拉朽」時，他們所懷疑的，顯然不是集體當中每個個體的智識，而是集體決策中的責任感流失問題。

這正是經濟自由對民主的必要性所在 —— 更多的經濟自由意味着更少的「集體決策」，更多成本和收益對稱的個體行為空間。也就是說，即使在一定條件下（成員的多樣性和獨立性），集體決策可能具有1+1＞2的智慧，但是除非是在私域行為具有明顯外部性的領域，責任清晰的個體決策相對於責任模糊的集體決策，多數時候仍然應當具有優先性。本書第七章曾展開論述經濟自由的欠缺如何影響一系列新興民主的經濟發展和政治穩定，在此不再贅述。

本質上，強調經濟自由的重要性，與其說說承認民主的有限性，不如說是承認政治本身的有限性。如果不限定政治的半徑，也就是集體決策的範圍，試圖從政治中找到一切社會問題、經濟問題乃至生活問題的答案，無論何種政體都難以克服集體決策的「德性問題」——在民主政體下，「不負責任」可能體現為「A點菜，B買單」；而在威權體制下，「不負責任」則體現為「皇上點菜，百姓買單」。在這個意義上，好的政治恰恰是反政治的政治。正如塔爾蒙所說：「相比那些政治裏挾一切、人民在永久集會的國家，在那些人們不那麼重視政治、充滿多層次非政治的、私人或團體活動的國家，自由更安全一些。」(Talmon 1970：47)

8　當然，對於具有明顯外部性的情形，很難依靠個體決策達至最優結果。

三　自由的重負

民主的未來，取決於它能否承受自由的重負。當民主能夠在政治、經濟和社會等各個維度上包容自由時，它呈現出最強的生命力，培育繁榮與秩序，滋養「群體的智慧」；而當民主成為逃避自由的通道，它則可能走向「烏合之眾」的狂熱，成為腐敗的另一種形式。

人們在日常生活中談論「自由」時，自由的含義似乎就是輕鬆——事實上，人們常常將自由等同於「為所欲為」的愜意。然而，托克維爾寫道：「沒有什麼比自由的藝術更能導致才華的湧現，然而也沒有什麼比學習自由更加艱難。專制卻並非如此：專制常常承諾一掃過去的積患，它扶弱濟良，維持秩序，整個國家被它所製造的短暫繁榮給迷住，直至在災難中醒來。與之相反，自由往往在風暴中艱難誕生，在社會紛爭中完善，而它的成效只在其暮年被賞識。」(Tocqueville 2003：106)

何以如此？如果自由輕鬆而愜意，為什麼托克維爾說自由需要「學習」，而世上沒有比「學習自由」更艱難的事？或許是因為在日常語言中，自由意味着飛出牢籠、向着海闊天空的「縱身一躍」，而在托克維爾的理解中，自由則是「縱身一躍」之後的振翅飛翔——它需要力量、技能、耐力以及穿越無限不確定性的勇氣。很多新興民主國家難以走向民主穩固，無數政治家「不知不覺」蛻變為他們自己恐怕都感到陌生的「獨裁者」，而民眾在一波又一波的「革命」中漸漸感到幻滅，或許正是因為他們低估了「學習自由」的難度。

自由的重負，首先是「寬容的重負」。

自由之艱難，首先在於真正接受社會的多元性——生活在一個多元世界，自上而下人人都要承受「寬容的重負」。政府是承擔這一重負的「前鋒」：在一個一元社會，政府無須面對批評，或能將這種批評的音量「擰」到最小；而在一個自由社會，政府必須生活在批評的「槍林彈雨」中。當朴槿惠因為「閨蜜干政」而受審，當巴西前總統盧拉因為免費使用一個海邊公寓被判「受賄」，當美國總統特朗普的頭像被印在廁紙上銷售，當英國議員因為過度使用住房補貼而被審判……可以說，他們

都是在承受「自由的代價」。對於新興民主的執政者而言，「寬容的重負」可能格外難以承受——畢竟，在可見的過去，權力意味着「任性」，成為統治者意味着可以「作威作福」。

面對批評的「槍林彈雨」，相比威權社會，自由社會的統治者所能動用的「政治工具」少而又少。威權政府往往能夠通過審查將負面新聞屏蔽，而自由社會的媒體則能夠將政府告上法庭。威權政府能夠在經濟危急時刻通過強制性的稅收、勞工或者金融手段來緩和危機，而自由國家的民眾則常常通過風起雲湧的抗議阻截政府的任何經濟改革，事實上，他們完全可能把政府選下台去。面對恐怖襲擊，威權國家可能迅速收集民眾的私人信息、監控人口的流動並限制他們的行動，而在自由國家，哪怕政府試圖了解民眾的圖書館借閱記錄，圖書館都可以以「隱私」的名義將政府拒之門外。總之，自由社會的政府只能戴着重重枷鎖跳舞。或許正是因此，正如本書第六章所示，民選統治者常常因「不堪重負」將自由式民主改造為「不自由的民主」。

但是，需要承受「寬容的重負」的，還不僅僅是執政者，也包括民眾。在自由社會，不僅僅統治者常常厭倦多元主義帶來的吵鬧、紛爭、混亂，很多民眾也對此不堪忍受。當很多新興民主國家的民眾表達對民主的幻滅時，其中很重要一部分，是表達對自由社會之喧鬧紛爭缺乏心理準備：居然「敵人」也可以如此「囂張」，他們居然可以舉起喇叭對着你大喊大叫，居然可以贏得選舉推行其「愚不可及」的政綱。於是，人們開始懷念威權時代的效率——畢竟，沒有了反對派的聲音，決策往往大刀闊斧；人們開始追憶威權社會的穩定——畢竟，當人們不被允許抗議示威，窗外的風景永遠是那麼「歲月靜好」。

某種意義上，一個多元社會幾乎注定人人都有所「怨恨」。一個威權國家可能會有50%的人不滿意，但是那50%支持統治者的人非常滿意，因為他們的意見幾乎可以暢行無阻。但是在一個自由因而多元的社會，幾乎注定100%的人都會不滿意，因為它將妥協嵌入其機理：人人都必須「忍受」不同意見、必須允許「敵人」存在、並眼睜睜看着其意志轉化為一部分公共政策而「無能為力」。將妥協制度化，意味着各方都

難以實現自己的全部訴求 —— 即使在這一屆政府下，某一群人非常高興，在下一屆政府下，他們則可能非常痛苦；即使在這個政策領域，某些人是「勝利者」，在另一些領域，他們則可能是「失敗者」。

因此，民主制下自由的淪陷很少是統治者「孤軍奮戰」的結果，它往往擁有相當一部分民意的支持。如前所述，即使根據蓋洛普民調，普京 2012–2017 年的支持率平均高達 73%（Ray & Esipova 2017），而查韋斯去世時，幾百萬民眾上街聲淚俱下地為其送行。強人「操控輿論」固然重要，但是「輿論操控」是否成功，相當程度上取決於民眾是否接受「被操控」。很多情形下，出於對「政治部落」的忠誠、出於失去節制感的道德激情或僅僅出於對「效率」的嚮往，民眾不但忍受被操控，他們常常以擁護「真民主」歡迎這種操控。

這正是自由的最艱難之處 —— 如果威權社會要求一個「可遇而不可求」的「明君」，而自由社會則要求各方政治力量都盡到羅爾斯所言的「教養的義務」（duty of civility）—— 要求被傾聽者必須傾聽，要求發聲者必須承受爭辯，表達政策偏好者必須接受妥協，發出吶喊的同時保持自我懷疑……很大程度上，政治自由不過是社會寬容的制度化表現而已。當宗教極端分子要求「嚴懲叛教者」、當極端民族主義者要求「嚴懲奸細」、當種族主義者要求防止「種族污染」、當「窮人」要求階級復仇……並且這一切偏狹都被正義的話語加持，政治自由如風中之燭，隨時可能被激情的暴風雨熄滅。

「寬容的重負」不僅僅磨損統治者和民眾的耐心，更重要的是，它很可能磨損民主本身的合法性。正如諾里斯指出，自由社會鼓勵「批判性公民」出現（Norris 2003）—— 人們虎視眈眈地盯着政治家的一舉一動、公共政策的點點滴滴，頻繁地「拉響警報」。這種「警報頻響」的狀況可能成為政治改良的動力，但也可能導致政治信任的不斷流失，甚至危及民主自身的合法性。相比之下，威權國家 —— 至少是國家能力強大的威權國家 —— 反而可能因為對言論的成功操控而「一片安詳」，並因此在與自由社會的制度競爭中處於優勢位置。這就像兩種品牌的電腦競爭銷量：電腦 A 允許被打差評、電腦 B 不被允許打差評，久而久之，

電腦A下面充滿良莠不齊的評論，而電腦B下面讚聲一片，於是消費者可能真的認為電腦A不如電腦B。

一個有趣的對比是不同制度下人們對該國政府的信心。世界觀念調查2010–2014年的數據顯示，在此輪調查的各國當中，對中央政府「很有信心」或者「比較有信心」的人口比例在被調查人口60%以上的國家包括：烏茲別克斯坦95.2%、卡塔爾82.9%、新加坡79.8%、阿塞拜疆77.1%、馬來西亞75.1%、哈薩克斯坦74.8%、布哈林72.1%、盧旺達63.5%、加納60.8%、科威特60.5%等，而這期調查中所涉的發達民主國家，同一指標的比例則顯著更低（比如美國32.6%，德國44.4%，澳大利亞30%，日本24.3%），新興民主則更是如此（西班牙20.7%，波蘭16%，烏克蘭25.4%）。當雷維爾表示「一個以持續批判為基本特徵的社會，是唯一一種適於生活的社會，但也是最為脆弱的社會」(Revel 1983：17)，或許正是因為他認識到自由社會潛藏着自我瓦解的可能性。

自由的重負不僅是「寬容的重負」，也是「責任的重負」。

正如人們常常將自由理解為「輕鬆」，自由也常常被簡單地理解為「權利」。權利當然是自由的根本立足點──歷史上，自由主義脫胎於君主專制，因而需要強調個人權利以防止隨時可能「復辟」的專制。在基本政治權利沒有實現或岌岌可危之處，無論如何強調權利的意義都不為過。然而，權利只是自由的一面，責任則是其另一面──可以說，每一項「自由人的權利」都對應着一種「自由人的責任」：參與制定規則的權利對應着按規則行事的責任，參與競爭的權利對應着接受競爭失敗的責任，免受干預的權利對應着自我實現的責任，自由思考的權利對應着自我反思的責任，言論的權利對應着提供論據和邏輯的責任，享受福利的權利意味着繳稅的責任，受教育的權利對應着學習的責任，工作的權利對應着面對職場壓力的責任⋯⋯一句話，「飛翔」的權利對應着「拍打翅膀」的責任。

在一個威權社會，民眾是談不上公共責任的──他們或者被壓迫，或者被「照看」，有如兒童，在不享受權利的同時也無須盡到義務，茫然而被動地接受「家長」所編織的政治命運。很大程度上，這正是威

權制度的問題所在，它在剝奪民眾權利的同時剝奪其責任感，使其成為永久的兒童——即使是其幸福，也只是「被幸福」而已。

自由社會則在將權利分散的同時將責任分散，要求每個人都成為「成年人」。杜威在「民主的倫理」中論述：「民主……並非從外部施加於人，它必須從一個人自身開始……個人責任，個體主動性，這些是民主的基調……民主中有一種貴族制中所沒有的個人主義，但這是一種倫理的而非數量意義上的個人主義，是自由的個人主義，責任的個人主義，為倫理目標而服務的個人主義，而非混亂失序的個人主義。」(Dewey 1993：61) 如果我們將人的「自主性」視為人性最核心的部分，視其為人性之區別於動物性、植物性根本之處，那麼，對個體責任的強調就是自由話語最艱難，但同時也是最核心的要素，否則民主化不過是將專制制度下「被驅使的兒童」轉化為民主制度下「被呵護的兒童」而已。

然而，責任是沉重的。正如「寬容」是自由社會獨特的重負，「責任感」亦是自由社會格外沉重的十字架。「自由人的責任」首先意味着獨立思考的責任——不再有絕對權威告訴每一個人什麼是「正確」、什麼是「錯誤」，個體必須在「觀念的市場」中根據自主思考來自行判斷選擇。在不同觀念間反覆穿梭徘徊，意味着頭腦永恒的「顛沛流離」：不僅僅失去「政府的懷抱」，也可能遠離「群體的溫暖」，個體往往需要突破民族主義、種族主義、階級話語、宗教團體乃至「回音壁式的」小觀念團體才能找到自己的聲音。尼采曾以「上帝死了」描述現代人的絕境，然而對於一個自由人，「死了」的何止是上帝，還有各種各樣的「集體」。這當然不是説自由社會中的人都只能是原子式的個體，而是説他必須披荊斬棘「尋找」自己的「精神家園」，並且這個「家園」可能是流動的、脆弱的、交叉的、需要反覆驗證的，而不再有一勞永逸的安營扎寨。換言之，成為「自由人」，意味着在不確定性的荒原中無盡的流放。

自由人最沉重的責任是自我塑造。在威權社會中，一個人很大程度上不用為自己的命運負責——因為他的命運很大程度上是被施加的，正如包辦婚姻中一個人不用為自己婚姻不幸負責、傳統社會中女性不必為經濟依附性負責一樣。但是，在一個自由社會中，一個人將承擔

自己的命運。他必須肩負自身的各種可能性，如同從石頭喚醒一個雕塑、從木頭中喚醒一個家具那樣，從各種可能性中喚醒其中更好的可能。這種責任是美好的，因其激發每個人的創造力和耐心；但它也是沉重的，因其要求每個人自我創造的能力與恒心。

這種責任不但將一個人交給他自己，而且將人人都暴露在競爭和競爭失敗的風險之中。這也是自由社會的殘酷之處。由於人人家庭背景、出生地、才幹、性格、外形、運氣等稟賦參差不齊，自由意味着這些差異將反映為各人成就的差異，「佼佼者」終歸只是少數，「泯然」的則是眾人——在這個意義上，自由天然地通向精英主義。顯然，一個良好社會應儘量為每個人的自我實現提供良好條件，盡可能扶弱濟貧，但是，正如第五章所試圖闡釋的，除非存在一個上帝般全知全能且至善的政府，絕對意義上的「起跑線平等」不但不可能，而且是在對極權發出邀請。

自由不但帶來差序，由於自由社會中努力的分散性與自發性，其「見效」也必然是緩慢的——用托克維爾的話來說，自由的價值「只在其暮年被賞識」。這與我們常常賦予自由的「解放性光輝」存在着出入——「解放」往往意味着一個時刻，一個「從此過上了幸福生活」的時刻，但現實是，在自由社會，每個人只是得到了一個「駕駛證」而已，得到了「駕駛證」之後，一輛車將要駛向何方、是否安全、窗外的風景如何、終點在哪，則很大程度上取決於每個「駕駛員」自身。與自由式民主相比，威權政府或民粹式民主的確往往「見效很快」，因為政府行動往往「大刀闊斧」，更有可能「立竿見影」。但是，正如第三章所揭示，威權國家傾向於製造發展的明星，也傾向於製造發展的噩夢。大刀闊斧的另一面是失去節制，立竿見影的後果常常曇花一現。

或許正因為自由社會中，人們要承受「寬容的重負」以及「責任的重負」，「逃避自由」成為現代社會一個普遍的心理現象，其歷史幾乎和自由本身一樣長。為了思想的確定性及其帶來的道德激情，為了秩序和安全，為了「一滴水跌入一片海」的溫暖，為了「立竿見影」的變化，人們時常放棄個人自由，逃向各種威權主義。弗洛姆正是以此來解釋納粹主

義以及斯大林主義的興起。他視「擺脫外部的束縛」為「消極自由」,「個體能力的發展」為「積極自由」,並認為逃避自由的心理來自積極自由遠遠落後於消極自由的境況:「前個人主義的社會紐帶給人以安全,但同時也約束着人,現代人從中解放出來之後,卻沒能贏得個人自我實現的積極自由⋯⋯儘管自由帶給其獨立與理性,卻使之孤單、焦慮並產生無力感。這種孤單令人不堪忍受,其替代方案要麼是從自由逃向新的依附與臣服關係,要麼是向着積極自由前進,而這種積極自由只能基於人的個體性與獨特性。」(Fromm 2001:4)換言之,如果個體的自我發展能力無法匹配自由的空曠舞台,人很可能會選擇逃避自由。

在當代世界,對自由的逃避未必是一步邁向極權主義,而更可能是逃向溫水煮青蛙式的「民粹式民主」。以民主的名義逃避自由更具合法性,其危險也更隱蔽。或許現代社會「上帝已死」,或許現代人已「無君無父」,但是面目模糊卻光芒萬丈的「人民」卻可以是新的「上帝」、新的「君與父」。在這種觀念中,民主不再是追求自由的人走下「五月花號」在荒原中開拓自己的命運,而是逃避自由的人衝到政府門口捶門砸窗、讓其交出各種各樣的資源和「權利」。然而,政治並非萬能,它只是為個體追求美好生活提供規則,但並不保障美好生活本身 —— 再好的裁判都不可能保證球賽的精彩:球賽是否精彩,除了規則,還取決於球員們的技藝自身。

那麼,自由如此之沉重,它對觀念確定性、對道德激情、對認同政治、對集體溫暖⋯⋯的警覺幾乎到達一種反人性的程度,而它對獨立思考和自我塑造之責任的強調則近乎苛刻,何以仍然需要捍衛它?或許是因為,自由的代價很沉重,而「逃避自由」的代價更加沉重。我們明知「包辦婚姻」更「省心」,但仍然嚮往婚姻自由;明知「包分配」更能帶來就業的安全感,但是仍然希望有「找工作」的自由;明知宗教給我們的心靈一個棲息之所,仍然希望有「信教」或「不信教」的自由;我們甚至明知抽烟、吃垃圾食品、打電子遊戲的自由有害人類健康,卻仍然對禁止此類自由心存猶疑。人類對自由的嚮往,植根於我們對人性最核心部分 —— 自主性 —— 近乎本能的擁抱。一個三歲的兒童即知從一桌

飯菜中挑選自己最愛吃的食品，一個少女更是希望在不同品牌衣服之間「挑三揀四」，任何家庭都不希望「他人」命令自己買什麼房子……逃避自由是人的本能，擁抱自由則是人更強烈的本能。

研究顯示，人的幸福感與自由度密切相關 (Inglehart et al. 2008；Verme 2009；Rahman & Veenhoven 2018)。大概鮮有人會質疑追求幸福是人的天性，也正是在這個意義上，人類無法放棄其自由本能。也正是因為自由與幸福的天然聯繫，自由社會也最能激發人的潛能，我們今天所享受的現代文明成果，從手機電腦到汽車飛機，從特效大片到醫療技術……幾乎都是人類在擁有創作、創業和生產自由前提下的產物。或許政府在組織資源方面有其獨特優勢，但即使是造橋蓋樓、修路發電這種巨大的工程，其微觀細節往往仍然要「借用」自由秩序的發展成果，而在政府所能提供的各種「公共服務」中，通過捍衛法治與秩序來保衛自由恰恰是其最大的成就。「開明專制」或許能使社會受益於一個人的智慧，但是自由社會則受惠於千千萬萬人的綻放。

人類已目睹20世紀兩場轟轟烈烈的「逃避自由」之政治運動——極右與極左方案——如何帶來深重的災難，其教訓是：自由可能意味着社會的喧鬧、混亂、對抗以及個體精神世界的「流離失所」，但是交出自由則是將命運交付一場「俄羅斯輪盤賭」。在當代世界，自由的消失很少以獨裁者「用槍頂住民眾胸口」的方式出現，它往往始於一場盛大的催眠——人們在道德或集體溫暖的誘惑下緩緩步入智性的昏迷。也正是因此，在合唱團中保持智性的警覺更加重要，頭腦的流離失所是現代人的不幸，但同時也恰恰是其幸運。

四　承認的政治

自由如此重要，為什麼要將之「寄存」於民主？事實上，如果像無數先人所憂慮的那樣，民主自身也可能是通往奴役的道路，繞開民主「直達」自由的制度豈不是更具正當性？除非我們對自由進行極其單薄

的詮釋，這是一種幻象。如果對人性之自主性的尊重能夠推導出對自由「迫不得已」的接受，那麼，對人性之自主性的尊重同樣能夠推導出對民主「迫不得已」的接受。

原因並不複雜：人的「自主性」需求不僅僅會反映到「私域」，也會反映到「公域」。簡單而言，人們希望在自己與誰結婚、找什麼工作、生不生孩子、信什麼宗教、如何裝修房子等私域問題上有「人之為人的自主性」，同樣希望自己在能否被強制服兵役徭役、應該交多少稅、能不能被警察隨意抓走、會不會受到法官公平對待等公域問題上也有發言權。人們不希望自己被任意抓走去當戰場上的「炮灰」，不希望自己收入的50%被拿走時無處追問用在了哪裏，不希望創業時不得不向官員行賄，即使有一天鋃鐺入獄也不希望受到刑訊逼供……在所有這些情形中，「人之為人的自主性」都要求民眾成為「談判桌」上的一員。事實上，公域常常比私域更加影響人的命運——個體之於政治，不過是「汪洋中的一條船」，如果我們試圖把握船的沉浮，必須首先馴服汪洋中的巨浪。

儘管一個古典的自由主義者——由於集體決策中棘手的「歸因困難」和「搭便車問題」——會主張將公域的「半徑」畫得儘量小，主張在諸多社會經濟問題上「私域」優先於「公域」，然而，即使是一個自由放任主義者，也很難否認國防、治安、司法等「公共領域」的必要性。也就是說，公共領域再小，也是一個客觀存在。一個社會不僅有成千上萬的「我」，還有即使相互憎惡、也不得不相互面對的「我們」。公域的客觀存在決定了民主的必要性。事實上，如亞里士多德所說，參與公共事務是人的本能，民主的缺失必然意味着一部分人性的雕零。

或許有人會說，前文不是剛剛論證民主作為一種集體決策機制可能帶來「歸因困難」與「搭便車困境」嗎？專制作為一種「個人決策機制」，不恰恰解決了這兩個集體決策的根本困境？事實是，就算獨裁的確解決了歸因困難，也不存在搭便車現象，但問題是，獨裁使得懲罰機制失靈——如果我們能夠找到「毒奶粉」的廠家，卻不能使「毒奶粉」下架，歸因再明確也沒有意義。更何況由於複雜的官僚科層制，威權體制也未必能解決「歸因困難」或「搭便車」的問題。換言之，僅有「批評的自由」也是不夠的，必須要有作為問責機制的民主，因為僅有批評的自由而沒

有懲罰的手段，統治者只需裝聾作啞就能夠繼續「歲月靜好」，而民主正是民眾可以給統治者們戴上的緊箍咒。

或許還有人說，如果「群體的智慧」有如此之多的限定條件，而這些條件如此之苛刻，豈不是訴諸強人統治更省事？問題在於，正如「群體的智慧」需要諸多條件，「獨裁者的智慧」同樣需要諸多條件——事實上，後者的條件更加苛刻，因為「群體的智慧」的條件還可能通過權力制衡與政策試錯達至，而「獨裁者的智慧」卻只能靠「等」與「碰」——畢竟，秦始皇或朱元璋會生出什麼樣的兒子，一個社會完全無法把控。

那麼，「賢人統治」、「專家統治」或所謂「哲學王統治」呢？這貌似比獨裁更「道德」，但是比民主更有「效率」？即使我們已經發現一種機制，能夠準確無誤地發現「賢人」、「專家」或「哲學王」、並能夠暢通無阻地將其放置到政治決策的位置中去（兩個強假定），這仍然是有重大缺陷的。這是因為，正如不能對「皇帝」做無私假定，不能對民眾做「無私」假定，亦很難對「智識精英」做無私假定——房地產商肯定比民眾更懂房地產市場，但這並不妨礙其推動自私自利的決策；知識分子肯定比民眾更懂高等教育，但這也並不妨礙其推動對高等教育不成比例的撥款；科學家比民眾更懂人工智能，但是他們仍然有可能為了「技術飛躍」而忽視技術倫理……知識的卓越未必保證德性的公正，正如德性的公正無法保證視野的完整。只要權力不受約束，「智識精英」同樣可能成為墮落的政治家。

何況，不應誇大「精英」智識在公共領域的意義。政治問題是極具系統性的問題，而專家通常是特定領域裏的專家。在柏拉圖的時代，或許一個「哲學王」尚有可能解決一個「小國寡民」社會中的公共問題，但是在當代，寄望於「哲學王」去解決全球化、科技爆炸、多元大眾社會背景下的系統性問題，可以說是緣木求魚。「系統性問題」相對於「專業問題」的複雜性，往往是幾何基數式增長，這正是為什麼 AI 能夠戰勝圍棋世界冠軍，卻無法穩定預測股市的長期走向。「專家」可能比普通人「聰明」，但是其知識相對於解決一個系統性問題所需要的知識，則仍然是杯水車薪，這就相當於寶馬可能比比亞迪跑得快，但是對於去火星，這一速度差異幾乎可以忽略不計。

　　即使不切實際地假定我們能找到一個「完美」的「哲學王」，其知識無比淵博、品德永遠高潔，由他做出所有的公共決策，就是可欲的政體模式嗎？除非人類發展出完全不同的倫理標準，這種政體仍然令人懷疑。這是因為，無數公共問題不僅僅是知識問題，甚至不僅僅是德性問題，而是偏好問題，確切地說，是價值排序問題。公共決策中這一成份的存在，使得任何「為民做主」的精英主義都顯得力不從心，唯有當事人自身的參與、發言、表態才能提供答案。一個癌症晚期患者和其主治醫生在治病問題上的「知識」極不對等——顯然，醫生對於如何治療癌症具有絕對的知識優勢，假定該醫生醫德無比高尚，這種情況下，我們能否接受他不經與病人或其家屬商量就獨自決定診療方案？恐怕仍然不能。如果不與病人或其家屬「商量」，這個醫生如何知道：到底是應該儘量延長病人生命，但其代價是病人承受更多痛苦？還是應該儘量減少病人痛苦，但是較早結束積極治療？到底應該用「最貴最好的藥」，但是代價是該家庭可能陷入貧困？還是應該儘量使用普通藥，但是其家屬子女在他去世後仍然能繼續體面的生活？……這類價值排序問題是醫生在任何醫學院無法學到的「知識」，也無法根據其個人價值去「推理」。除非我們假定「哲學王」是上帝，不但具有知識和德行，而且能鑽進億萬人的頭腦和心靈中得知其偏好並進行「最合理」的加總，否則所謂「哲學王」治國就同樣是極大的冒險。人民並非上帝，精英同樣不是。

　　同樣重要的是，即使精英能夠克服所有上述問題，做出一個「好的」決定，這種決策仍然可能是令人不滿的——原因是，參與決策的過程本身有其內在價值，而這一價值與決策結果本身是否是「好的」無關。正如本茲和弗雷等所論證，程序自身亦有其效用，其價值獨立於「績效」的評估（Benz & Frey 2008）。[9] 除非假定所有人都是以「結果」論是非的功

9　本茲和弗雷將決策區分為「等級式決策」和「市場式決策」，研究它們對幸福感的不同影響。以「單幹」（self-employed）和「為大公司工作」為案例，他們發現，即使控制收入水平和工作時間，「單幹」的人明顯更有幸福感。在他們看來，這就是「程序效用」的體現，因為這種幸福感來源於決策過程本身而非決策的結果（Benz & Frey 2008）。

利主義者，否則我們認為那個「醫生」在決定診療方案的過程中諮詢、聆聽病人的意見是重要的——哪怕病人表示完全同意醫生，或其意見在醫生看來是錯誤的，因為這個協商交流的過程體現出來的對病人的尊重有其內在價值——它將病人視作有獨特價值偏好、有自主思考能力、有決定自身命運權利的主體。無數人——即使不是所有人——珍視這種主體性，並視其為「尊嚴」之所繫。

這正是為什麼儘管小説《美麗新世界》中人人都感到幸福，但那樣的世界並不令人嚮往。當幸福並非由千差萬別的個體千差萬別地定義，而只是吞食科學家統一配製的「藥丸」的結果，我們懷疑這種「幸福」的質地。這也是為什麼如果一個「富二代」只是揮霍父母的錢財而沒有展現出自己的才幹，他的「自豪」似乎令人鄙夷——當幸福並非自我塑造的結果，我們懷疑這種「幸福」的價值。一切反民主的「家長治國論」本質上都恰恰是要塑造這種被動的「幸福」、民眾只需要等「勺子」送過來時機械地張開嘴而已。

霍耐特曾沿着黑格爾所確立的傳統，將政治史理解為「為承認而鬥爭」的歷史。在他看來，社會正義的核心在於人與人之間「對等的承認」，而不是財富甚至權利的分配（Honneth 2012：41）。民主制「承認」什麼？承認人作為人，有依據其道德與理性進行判斷並行事的自主性。這當然不是説，現實生活中的每個人都是「道德」且「理性」的，而是説，在每個人走出「無知之幕」、通過其生命實踐呈現出其「自我」之前，我們只能對其進行這種假定。這一假定有可能被其生命軌跡所推翻——正是因此，我們才會把罪犯投入監獄、要求貪官下台，但是，在一個人「否證」自己的道德與理性能力之前，一個社會的「初始設置」應當是對人進行平等的自主性假定。在這個意義上，民主與其説是基於對人性之善的確信，不如説是基於對人性之善的邀請。

這也是為什麼「權利平等」是民主的核心價值。如果將民主理解為一場開放的、無盡的對話——這也是本書始終試圖構建的理解，那麼每個社會成員不但應有參與到這場對話之中的權利，而且應有保障這種權利的「砝碼」：富人有財富「砝碼」，知識分子有話語權「砝碼」，游説

集團有組織「砝碼」，而普通人的主要「砝碼」則是其選票與佔領街頭的能力。取消任何人手中的「砝碼」，都可能使民主作為一種「對話框架」傾斜、失衡甚至坍塌。當黑人缺失真實的選舉權，當女性沒有參政的機會，當同性戀無法對歧視表達抗議，一句話，當自由缺失參政的維度，它只是一個擴大的牢籠而已。

顯然，假定人的道德與理性能力是一種冒險，但民主作為一個對話框架，其價值從來不是保證每一個民主決策都正確合理，而在於它對群體理性演進之可能性的假定。由於人類社會的信息總是在不斷「湧現」，就某一個歷史特定時刻而言，沒有什麼機制能夠保證其「多數意見」（或任何人的意見）一定是對的，民主的優勢僅僅是——由於民主要求博弈的可重複性——保持對話的開放與持續，為理性演進和政策試錯提供可能。

顯然，「開明專制」下決策常常很「英明」，在某些歷史時刻，完全可能比民主決策更「正確」，而且威權體制也常常調整政策，顯示出調適學習能力。但是，威權體制下的糾錯機制並非制度化的，具有極大的偶然性：往往要通過領袖去世、災難性事件、經濟危機或戰爭才能實現。更多時候，威權統治者缺乏變通與調適能力，常常等到與其政權同歸於盡也沒能推動真正的改革。相比之下，自由式民主制度的糾錯機制是制度化的，即，即使統治者不想調整其政策，民眾有可能通過各種機制（議會辯論、新聞媒體、司法部門以及選舉本身等等）「迫使」他們做出調整。正是因此，很難從一個制度治理績效的某個「橫切面」去理解和比較不同的制度形態，而必須加入時間維度。唯有加入時間維度，我們才能「計算」一個制度運行的「總成本」與「總收益」。本書前半部分曾多次提及「民主存量」這一概念，它試圖表達的，正是民主的演進特徵。真正危險的，是對話本身的關閉，即博弈的可重複性被取消，或對話結構的一邊倒，從而取消民主內嵌的對話性。

無數威權統治者或知識精英試圖告訴我們：民主是危險的，民主即「多數暴政」，即「庸眾狂歡」，然而，當民主的雅典因為蘇格拉底一個人的死而背上「多數暴政」的千古罵名時，大致同時期的秦帝國皇帝卻

在焚書坑儒、動員近百萬刑徒給自己修城市一樣壯觀的墳墓,「丁男被甲,丁女轉輸,苦不聊生,自經於道樹,死者相望」,並把最後一批工匠們活埋在墓中,「盡閉工匠臧者,無復出者」。[10]顯然,民主是危險的,但是如果因其風險而忘記專制之可怖,那麼我們不僅僅是選擇性失明,而且生活在比例失調的哈哈鏡中。事實是,人類數千年的文明史上,不同形式和程度的民主實踐少而又少,但它們對文明的貢獻卻可謂波瀾壯闊。古代雅典只是歷史汪洋中的一條小船,但是無數帝國征戰的煙雲消散之後,它卻成為現代科學與哲學的精神搖籃;在整個西方世界沉入「中世紀的蒙昧」之後,是地中海世界的城市共和國們點燃了文藝復興的光芒;18世紀末的美國只是一個只有2、300萬人口的自耕農社會,卻以第一個現代代議民主制國家的身份成長為全世界最強大繁榮的國家。反諷的是,即使是對民主最有力的批評,往往也是來自於民主社會自身。換言之,自由式民主的生命力,恰恰來自於它對異議的包容。

然而,民主不會「自動」創造文明——它可能成就輝煌,也可能成就災難。「輝煌」的前提是整個社會承擔「自由的重負」——以對彼此的寬容、以重複博弈的耐心、以在政治的邊境「接管自己」的責任感、以獨立思考、以溝通行動中的教養⋯⋯承擔這一重負。這也正是為什麼它如此脆弱:自由過於凜冽,自我無處存放,於是人們在各種集體主義的敵我話語中尋找棲息之所。然而,放下「自由重負」的民主往往演變成噩夢。法國革命「自由平等博愛」的口號令人心潮澎湃,但是,當革命者表現出「對壓迫者,我們有權吞下他們跳動的心臟」的決絕時,民主因之「圖窮而匕首現」;[11]通過選舉上台的希特勒在取消政治自由、拆除所有的制衡力量之後,成為發動世界大戰和大屠殺的脫韁野馬。對於民主的喜劇與悲劇,歷史已經傳遞給我們太多耳語,站在同一條河流裏,失憶是對文明的辜負。

10　該記載來自於《史記・秦始皇本紀》。

11　這是法國革命中著名的煽動家馬拉的口號。

　　人們常說「歷史的趨勢浩浩蕩蕩」，然而，歷史很可能並沒有什麼必然趨勢。希臘的民主曾於千年之前出現，然後倒退、崩潰、火光熄滅，沒有理由認為民主的這一歷史命運今天一定不會再現。美國的開國之父之一約翰・亞當斯曾寫到：「記住，民主從不長存，它總是很快浪費、耗盡並謀殺它自己。」[12]然而，在經歷20世紀兩場轟轟烈烈的「逃避自由」運動之後，人類或許已經對政治激情背後的陷阱略知一二。自由如此沉重，民主更是冒險，但人類「自我塑造」的本能如此強烈，在甘當數千年「子民」之後，仍然選擇了「從自我施加的蒙昧中浮現」。[13]這是一場不進則退的旅程，因為危險的不僅僅是「暴君」，也是每一個個體在背負自我過程中的疲憊。平克在《人性的善良天使》中曾論證人類文明驚人的進步，我傾向於相信他，不僅僅因為其書中密密麻麻數據所堆積出來的信心，而且因為站在這樣一個歷史的十字路口，心懷如此強烈的恐懼，樂觀並非僅僅出於期許，也是一種面向未來的義務。

12　這段話來自亞當斯1814年寫給朋友泰勒（John Taylor）的一封信。參見：https://founders.archives.gov/documents/Adams/99-02-02-6371。

13　這句話是康德對「啟蒙」的定義。

參考文獻

Acemoglu, Daron and James Robinson. 2006. *Economic Origins of Dictatorship and Democracy*. Cambridge: Cambridge University Press.

Acemoglu, Daron and James Robinson. 2012. *Why Nations Fail: The Origins of Power, Prosperity and Poverty*. New York: Crown Publishing.

Acemoglu, Daron, Suresh Naidu, Pascual Restrepo, and James Robinson. 2019. "Democracy Does Cause Growth." *Journal of Political Economy* 127(1): 47–100.

Acemoglu, Daron and James Robinson. 2020. *Narrow Corridor*. Penguin Books.

Ackerman, Bruce. 2008. *The Future of Liberal Revolution*. New Haven: Yale University Press.

Ahmed, Azam. 2017. "Mexico's Deadliest Town. Mexico's Deadliest Year." *The New York Times*, Aug. 4.

Ahmed, Azam. 2018. "The Stunning Escape of El Chapo's Son: It's Like 'a Bad Netflix Show'." *The New York Times*, Oct. 18.

Aidt, Toke and Peter Jensen. 2013. "Democratization and the Size of Government: Evidence from the Long 19th Century." *Public Choice* 157: 511–542.

Aidt, Toke, Francisco Veiga, and Linda Veiga. 2011. "Election Results and Opportunistic Policies: A New Test of the Rational Political Budget Cycle Model." *Public Choice* 148: 21–44.

Akhmedov, Akhmed and Ekaterina Zhuravskaya. 2004. "Opportunistic Political Cycles: Testing in a Young Democracy Setting." *The Quarterly Journal of Economics* 119(4): 1301–1338.

Akresh, Richard, Sonia Bhalotra, Marinella Leone, and Una Osili. 2017. "First and Second Generation Impacts of the Biafran War." NBER Working Paper No. 23721. Available at SSRN: https://ssrn.com/abstract=3023119.

Albrecht, Hermann. 2009. "Chavez Calls on Workers to Push for Workplace Democracy in Venezuela." Venezuelanalysis, May 29. https://venezuelanalysis.com/analysis/4478.

Alesina, Alberto, Dorian Carloni, and Giampaolo Lecce. 2011. "The Electoral Consequences of Large Fiscal Adjustments." NBER Working Paper No.17655. https://www.nber.org/papers/w17655.

Alimi, R.S. 2014. "Does Optimal Government Size Exist for Developing Economies? The Case of Nigeria." MPRA Paper, University of Library of Munich.

Almond, Gabriel and Sidney Verba. 1963. *The Civic Culture: Political Attitudes and Democracy in Five Nations*. Newbury Park: Sage Publications.

Altunc, Faruk. 2013. "The Relationship between Optimal Size of Government and Economic Growth: Empirical Evidence from Turkey, Romania and Bulgaria." *Social and Behavioral Science* 92(10).

Ames, Barry. 1987. *Political Survival: Politicians and Public Policy in Latin America*. University of California Press.

Amsden, Alice and Wan-Wen Chu. 2003. *Beyond Late Development: Taiwan's Upgrading Policies*. Cambridge: The MIT Press.

Anderson, David and Jorgen Moller. 2014. "State Capacity and Political Regime Stability." *Democratization* 21(7): 1305–1325.

Anderson, David. 2022. "State First? A Disaggregation and Emprical Interrogation." *British Journal of Political Science* 52(3): 408–415.

Arie, Sophie. 2001. "Angry Vote Tops Argentina Poll." *The Telegraph*, Oct. 16.

Armey, Dick. 1995. *The Freedom Revolution*. Washington, D.C.: Regnery Publishing.

Asch, Solomon. 1951. "Effects of Group Pressure Upon the Modification and Distortion of Judgment." In H. Guetzkow(ed.) Groups. *Leadership and Men. Pittsburgh*. PA: Carnegie Press.

Asch, Solomon. 1956. "Studies of Independence and Conformity: I. A Minority of One Against a Unanimous Majority." *Psychological Monographs: General and Applied* 70(9).

Aslund, Anders. 2019. "Vladimir Putin is Russia's Biggest Oligarch." *The Washington Post*, Jun. 5.

Aspinall, Edward. 2013. "Popular Agency and Interests in Indonesia's Democratic Transition and Consolidation." *Indonesia* 96: 101–121.

Assiotis, Andreas and Kevin Sylwester. 2014. "Does Democratization Spur Growth? An examination over time and space." *Economics of Transition*, 22(2): 211–246

Azhgikhina, Nadezhda. 2018. "A New Report Charts the Increase in Limitations on Free Speech in Russia." *The Nation*, Nov. 29.

Azman-Saini, W.N.W, Ahmad Z. Baharumshah and Siong H. Law. 2010. "Foreign direct investment, economic freedom and economic growth: International evidence." *Economic Modelling* 27(5): 1079–1089.

Back, Hanna and Axel Hadenius. 2008. "Democracy and State Capacity: Exploring a J-Shaped Relationship." *Governance* 21(1): 1–24.

Bader, Julia, Jörn Grävingholt, and Antje Kästner. 2010. "Would Autocracies Promote Autocracy? A Eolitical Economy Perspective on Regime-type Export in Regional Neighbourhoods." *Contemporary Politics* 16(1): 81–100.

Balazs, Peter. 2015. "25 Years After the Fall of the Iron Curtain." EU Publications. https://ec.europa.eu/research/social-sciences/pdf/policy_reviews/east-west_integration.pdf.

Barber, Lionel, Henry Foy, and Alex Barker. 2019. "Vladimir Putin Says Liberalism Has Become Obsolete." *The Financial Times*, Jun. 28.

Barro, Robert. 1997. *Getting it Right: Markets and Choices in a Free Society*. Cambridge: The MIT Press.

Barron, Patrick, Sana Jaffrey, and Ashutosh Varshney. 2014. "How Large Conflicts Subside: Evidence from Indonesia." *Indonesia Social Development Paper*, no.18. The World Bank Group.

Bartusevicius, Henrikas and Sven-Erik Skaaning. 2018. "Revisiting Democratic Civil Peace: Electoral Regimes and Civil Conflict." *Journal of Peace Research*. 55(5): 625–640.

Bashir, Omar. 2015. "Testing Inferences about American Politics: A Review of the 'Oligarchy' Results." *Research and Politics* 2(4). https://doi.org/10.1177/2053168015608896.

Baum, Matthew and David Lake. 2003. "The Political Economy of Growth: Democracy and Human Capital." *American Journal of Political Science* 47(2): 333–347.

BBC News. 1980. "Exiled Mugabe Returns to Rhodesia." Jan. 27

BBC News. 2000. "Russia Cracks Down on 'Oligarchs'." Jul. 11.

BBC News. 2003. "Was Zimbabwe's Election Fair?" Nov. 3.

BBC News. 2006. "Zimbabwe Jail Over Bread Prices." Dec. 1.

BBC News. 2011. "Libyan Prison Massacre Grave Revives Painful Memories." Sep. 26.

Beauchamp, Zack. 2018. "Hungary Just Passed a Stop Soros Law That Makes It Illegal to Help Undocumented Migrants." Vox policy analysis, Jun. 22.

Becker, Sascha, Katrin Boeckh, Christa Hainz, and Ludger Woessmann. "The Empire is Dead, Long Live the Empire! Long-run Persistence of Trust and Corruption in the Bureaucracy." *The Economic Journal* 126(590): 40–74.

Bengoa, Marta and Blanca Sanchez-Robles. 2003. "Foreign Direct Investment, Economic Freedom and Growth: New Evidence from Latin America." *European Journal of Political Economy* 19(3): 529–545.

Benz, Matthias and Bruno Frey. 2008. "Being Independent is a Great Thing: Subjective Evaluations of Self-employment and Hierarchy." *Economica* 75(298): 362–383.

Berger, Sebastien. 2008. "Zimbabwe Inflation Hits 231 Million Per Cent." *The Telegraph*. Oct. 9.

Berman, Sheri. 1997. "Civil Society and the Collapse of the Weimar Republic." *World Politics* 49(3): 401–429.

Bermeo, Nancy. 2016. "On Democratic Backsliding." *Journal of Democracy* 27(1): 5–19.

Bernhard, Michael. 2003. "Economic Performance and Survival in New Democracies: Is There a Honeymoon Effect?" *Comparative Political Studies* 36(4): 404–431.

Bernhard, Michael, Omer Faruk Orsun and Resat Bayer. 2017. "Democratization in Conflict Research: How Conceptualization Affects Operationalization and Testing Outcomes." *International Interactions*. 43(6): 941–966.

Besley, Timothy and Masayuki Kudamatsu. 2006. "Health and Democracy." *American Economic Review* 96(2): 313–318.

Bikus, Zach. 2019. "World-low 9% of Ukrainians Confident in Government." Gallup News, Mar. 21.

Bizzarro, Fernandao, John Gerring, Carl Henrik Knutsen, Allen Hicken, Michael Bernhard, Svend-Erik Skaaning, Michael Coppedge, and Staffan Lindberg. 2018. "Party Strength and Economic Growth." *World Politics* 70(2): 275–320.

Bjørnskov, Christian and Martin Rode. 2014. "Democratic Transition and Institutional Changes: What's Behind the Association?" Available at SSRN: https://ssrn.com/abstract=2440733.

Block, Steven. 2002. "Political Business Cycles, Democratization, and Economic Reform: the Case of Africa." *Journal of Developmental Economics* 67(1).

BNE IntelliNews. 2019. "Russia's Disposable Incomes are Falling." *The Moscow Times*, Apr. 23.

Bochsler, Daniel and Miriam Hänni. 2018. "The Three Stages of the Anti-incumbency Vote." *European Journal of Political Research* 58(1): 30–55.

Boix, Carles. 2006. "The Roots of Democracy." *Policy Review* 135: 3–21.

Boix, Carles. 2011. "Democracy, Development, and the International System." *American Political Science Review* 105(4): 809–828.

Boix, Carles, Michael Miller, and Sebastian Rosato. 2012. "A Complete Data Set of Political Regimes,1800-2007." *Comparative Political Studies* 46(12): 1523–1554.

Bollyky, Thomas, Tara Templin, Matthew Cohen, Diana Schoder, Joseph Dieleman, and Simon Wigley. 2019. "The Relationships between Democratic Experience, Adult Health, and Cause-specific Mortality in 170 Countries between 1980 and 2016." *The Lancet* 393(10181): 1628–1640.

Boothroyd-Rojas, Rachael. 2017. "Hugo Chavez Still Venezuela's Most Popular President, Says New Poll." Venezuelaanalysis News, Feb. 27. https://venezuelanalysis.com/news/12949.

Boudreaux, Christopher. 2015. "The Evolutionary Effect of Democracy: In the Long Run, We are All Trading?" *The International Trade Journal* 29(5): 276–296.

Brambor, Thomas, Agustin Goenaga, Agustín Goenaga, Johannes Lindvall, and Jan Teorell. 2019. "The Lay of the Land: Information Capacity and the Modern State." *Comparative Political Studies* 53(2): 175–213.

Brancati, Dawn and Jack Snyder. 2013. "Time to Kill: The Impact of Election Timing on Postconflict Stability." *Journal of Conflict Resolution* 57(5): 822–853.

Brender, Adi and Allan Drazen. 2005. "Political Budget Cycles in New Versus Established Democracies." *Journal of Monetary Economics* 52(7): 1271–1295.

Brender, Adi and Allan Drazen. 2008. "How Do Budget Deficits and Economic Growth Affect Reelection Prospects?" *The American Economic Review* 98(5): 2203–2220.

Brennan, Geoffrey and Loren Lomasky. 1997. *Democracy and Decision: The Pure Theory of Electoral Preference*. Cambridge: Cambridge University Press.

Brinks, Daniel and Michael Coppedge. 2006. "Diffusion is No Illusion: Neighbor Emulation in the Third Wave of Democracy." Comparative Political Studies 39(4): 463–489.

Brkic, Ivana, Nikola Gradojevic and Svetiana Ignjatijevic. 2020. "The Impact of Economic Freedom on Economic Growth? New European Dynamic Panel Evidence." *Journal of Risk Financial Management* 13(2): 26.

Brown, David and Ahmed Mobarak. 2009. "The Transforming Power of Democracy: Regime Type and Distribution of Electricity." *American Political Science Review* 103(2): 193–213.

Brunkert, Lennart, Stefan Kruse and Christian Wetzel. 2019. "A tale of culture- bound regime evolution: the centennial democratic trend and its recent reversal." *Democratization,* 26(3): 422–443.

Bruszt, László, Jan Fidrmuc, Nauro Campos, and Gérard Roland. 2010. "Political Protest and Economic Reform: Lessons from the Great Transition." Vox analysis, May 7.

Burc, Rosa. 2019. "The Long Kurdish Struggle." *The New York Times*, Oct. 22.

Burke, Jason. 2019. "We are a Target: Wave of Xenophobic Attacks Sweeps Johannesburg." *The Guardian*, Sep. 10.

BusinessTech. 2017. "New Race Quotas for SA Rugby, Cricket and Netball Revealed." Mar. 2.

BusinessTech. 2019. "By Almost All Measures, South Africa's Economy was in Better Shape in 2008." Jun. 18.

Cabato, Regine. 2019. "Thousands Dead. Police Accused of Criminal Acts. Yet Duterte's Drug War is Wildly Popular." *The Washington Post*, Oct. 23.

Cagaptay, Soner. 2018. "How Erdogan Wins?" *The New York Times*, Apr. 19.

Call, Charles. 2012. *Why Peace Fails? The Causes and Prevention of Civil War Recurrence*. Washington, DC: Georgetown University Press.

Campbell, John. 2019. "Tracking Election Violence in Nigeria." CFR (Council on Foreign Relations) report. https://www.cfr.org/blog/tracking-election-violence-nigeria.

Caplan, Bryan. 2011. *Myth of Rational Voters. Princeton.* NJ: Princeton University Press.

Carbone, Giovanni. 2014. "Elections and Leadership Changes: How Do Political Leaders Take (and Leave) Power in Africa?" *Consultancy Africa Intelligence*, Feb. 26.

Carbone, Giovanni and Vincenzo Memoli. 2015. "Does Democratization Foster State Consolidation? Democratic Rule, Political Order, and Administrative Capacity." *Governance* 28(1): 5–24.

Carden, Art and Robert Lawson. 2010. "Human Rights and Economic Liberalization." *Business and Politics* 12(2): 1–20.

Cardenas, Jose. 2013. "Jimmy Carter Gets it Wrong on Venezuela, Again." *Foreign Policy*, May 7.

Carlton, Charles. 1994. *Going to the Wars: The Experience of the British Civil Wars.* London: Routledge.

Carmody, Michelle. 2019. "What Caused Hyperinflation in Venezuela." The Conversation, Feb. 5. https://theconversation.com/what-caused-hyperinflation-in-venczuela-a-rare-blend-of-public-ineptitude-and-private-enterprise-102483.

Carothers, Thomas. 2007. "How Democracies Emerge: The 'Sequencing' Fallacy." *Journal of Democracy* 18(1): 12–27.

CBC News. 2000. "Strike Fear in the Heart of White Man: Mugabe." Dec. 14.

Cederman, Lars-Erik, Kristian Gleditsch, and Simon Hug. 2012. "Elections and Ethnic Civil Wars." *Comparative Political Studies* 46(3): 387–417.

Cederman, Lars-Erik, Simon Hug, and Lutz Krebs. 2010. "Democratization and Civil War: Empirical Evidence." *Journal of Peace Research* 47(4): 377–394.

Centola, Damon. 2018. *How Behavior Spreads: The Science of Complex Contagions.* Princeton, NJ: Princeton University Press.

Chandra, Kanchan and Steven Wilkinson. 2008. "Measuring the Effect of 'Ethnicity'." *Comparative Political Studies* 41(4–5): 515–563.

Chang, Ha Joon. 2008. *Bad Samaritans: The Myth of Free Trade and the Secret History of Capitalism.* New York: Bloomsbury Press.

Charron, Nicholas and Victor Lapuente. 2010. "Does democracy produce quality of government?" *European Journal of Political Research* 49(4): 443–470.

Cheibub, Jose. 2010. "Dictatorship and Democracy Revisited." *Public Choice* 143(1/2): 67–101.

Cheibub, Jose and Jude Hays. 2017. "Elections and Civil War in Africa." *Political Science Research and Methods* 5(1): 81–102.

Chenoweth, Erica and Maria Stephan. 2011. *Why Civil Resistance Works: The Strategic Logic of Nonviolent Conflict.* New York: Columbia University Press.

Chibanov, Dimitar and Adriana Mladenova. 2009. "What is the Optimal Size of Government." Working paper, Institute for Market Economies.

Chipaumire, Gabriel, Hlanganipai Ngirande, Mangena Method, and Yewukai Ruswa. 2014. "The Impact of Government Spending on Economic Growth: Case South Africa." *Mediterranean Journal of Social Sciences* 5(1): 109–118.

Chitagu, Tatenda. 2019. "Before Robert Mugabe was Hated, He was Loved." *The Washington Post*, Sep. 7.

Christie, Tamoya. 2014. "The Effect of Government Spending on Economic Growth." *Bulletin of Economic Research* 66(2): 183–204.

Cingolani, Luciana, Kaj. Thomsson, and Denis de Crombrugghe. 2015. "State Capacity and Bureaucratic Autonomy: Their Impacts on Development Goals." *World Development* 72: 191–207.

CNN. 2009. "Chavez Reveals Personal Side, Criticizes U.S." Sep. 25.

Collier, Paul. 2009. *Wars, Guns, and Votes: Democracy in Dangerous Places*. New York: Harper.

Coppedge, Michael, et al. 2022. "V-Dem Dataset v12" Varieties of Democracy (V-Dem) Project.

Corrales, Javier. 2015. "The Authoritarian Resurgence: Autocratic Legalism in Venezuela." *Journal of Democracy* 26(2): 37–51.

Cowell, Alan. 2019. "Robert Mugabe, Strongman Who Cried, Zimbabwe is Mine, Dies at 95." *The New York Times*, Sep. 6.

Cox, Gary and Barry Weingast. 2017. "Executive Constraint, Political Stability and Economic Growth." *Comparative Political Studies* 51(3): 279–303.

CPJ (Committee to Protect Jouralists). 2017. "Editor Shot Dead in Russia's Siberia." CPJ Alerts, May 25. https://cpj.org/2017/05/editor-shot-dead-in-russias-siberia/

CPJ (Committee to Protect Journalists). 2017. "Record Number of Journalists Jailed." A CPJ report.

Crabtree, Steve and Jesús Ríos. 2009. "Opinion Briefing: Latin America's Leftists." Gallup survey, Jan. 21.

Daban, Terasa. 2011. "Strengthening Chile's Rule-based Fiscal Framework." IMF Working Paper No. 11/17. https://www.imf.org/en/Publications/WP/Issues/2016/12/31/Strengthening-Chile-s-Rule-Based-Fiscal-Framework-24595.

Dahl, Robert. 1982. *Dilemmas of Pluralist Democracy*. New Haven: Yale University Press. 中譯本見：[英]羅伯特‧達爾著，周軍華譯. 2011.《多元主義民主的困境》.長春：吉林人民出版社.

Dahl, Robert. 2006. *A Preface to Democratic Theory*. Chicago: University of Chicago Press.

D'Arcy, Michelle and Marina Nistotskaya. 2017. "State First, Then Democracy: Using Cadastral Records to Explain Governmental Performance in Public Goods Provision." *Governance* 30(2): 193–209.

Darlington, Shasta. 2018. "Brazilian Court Rule That Lula Cannot Run for President." *The New York Times*, Aug. 31.

Darlington, Shasta. 2019. "Brazil's Lula Convicted Again of Corruption." *The New York Times*, Feb. 6.

Davies, Gareth. 2017. "Down with the Dictator." *Daily Mail News*, Nov. 21.

De Haan, Jacob and Jan-Egbert Sturm. 2003. "Does More Democracy Lead to Greater Economic Freedom? New evidence for developing countries." *European Journal of Political Economy* 19(3): 547–563.

De Haan, Jacob, Susanna Lundstrom, and Jan-Egbert Sturm. 2006. "Market-oriented Institutions and Policies and Economic Growth: A Critical Survey." *Journal of Economic Surveys* 20(2): 157–191.

De Vanssay, Xavier, Vincent Hildebrand, and Zane Spindler. 2005. "Constitutional Foundations of Economic Freedom: A Time-series Cross-section Analysis." *Constitutional Political Economy* 16(4): 327–346.

Dell, Melissa. 2015. "State Capacity, Local Governance and Economic Development in Vietnam." Poverty and Applied Microeconomics Seminar Series. World Bank. https://www.worldbank.org/en/events/2015/11/11/poverty-and-applied-micro-seminar-Melissa-Dell.

Denny, Elaine and Barbara Walter. 2014. "Ethnicity and Civil War." *Journal of Peace Research* 51(2): 199–212.

Dewey, John. 1993. "The Ethics of Democracy." In Debra Morris and Ian Shapiro (ed.). *The Political Writings*. Indianapolis: Hackett Publishing.

Diamond, Larry. 1999. *Developing Democracy: Toward Consolidation*. Baltimore: Johns Hopkins University Press.

Diamond, Larry. 2009. *Spirits of Democracy*. New York: St. Martin's Griffin.

Diamond, Larry. 2015. "Facing Up to Democratic Recession." *Journal of Democracy* 26 (1): 141–155.

Dincecco, Mark and Gabriel Katz. 2016. "State Capacity And Long-run Economic Performance." *The Economic Journal* 126(590): 189–218.

Doorenspleet, Renske. 2000. "Reassessing the Three Waves of Democratization." *World Politics* 52(3): 384–406.

Doucouliagos, Hristos and Mehmet, Ina Kubbe, Thomas Poguntke. 2008. "Democracy and Economic Growth: A Meta-Analysis." *American Journal of Political Science* 52(1): 61–83.

Downs, Anthony. 1957. An Economic Theory of Democracy. New York: Harper and Row.

Drazanova, Lenka. 2020. "Introducing the Historical Index of Ethnic Fractionalization (HIEF) Dataset: Accounting for Longitudinal Changes in Ethnic Diversity." *Journal of Open Humanities Data* 6(1).

Drazen, Allan and Marcela Eslava. 2005. "Electoral Manipulation via Expenditure Composition." NBER Working Paper No.11085. Available at SSRN: https://ssrn.com/abstract=656582.

Drazen, Allan and Marcela Eslava. 2010. "Electoral Manipulation via Voter-friendly Spending: The Comparative Study of Democracy. Springe (Online service)." *Journal of Development Economics* 92(1): 39–52.

Dugger, Celia. 2010. "Wage Laws Squeeze South Africa's Poor." *The New York Times*, Sep. 27.

Dutt, Pushan and Devashish Mitra. 2002. "Endogenous Trade Policy through Majority Voting: An Empirical Investigation." *Journal of International Economics* 58(1): 107–133.

DW News. 2015. "Zimbabwe's Fast-track Land Reform Shows Little Benefit 15 Years on." May 19.

DW News. 2018. "Venezuela: UN Agency Warns of Humanitarian Catastrope." Mar.13.

Economou, Fotini. 2019. "Economic Freedom and Asymmetric Crisis Effects on FDI Inflows: The Case of Four South European Economies." Research in International Business and Finance 49(C): 114–126.

Edwards, Jim. 2019. "Polls Show Brexit Regret is So Strong That Remain Would Win a Second Referendum by 9 Points." *Business Insider*, Feb. 24.

Edwards, Sebastian. 2012. *Left Behind: Latin American and the False Promise of Populism.* Chicago: University of Chicago Press.

EIU (Economist Intelligence Unit). 2018. "Democracy Index,2018." EIU annual report. https://www.eiu.com/n/democracy-index-2018/.

Ellis-Peterson, Hannah. 2019. "Rodrgo Duterte's Drug War is a Large-scale Murdering Enterprise Says Amnesty." *The Guardian*, Jul. 8.

Encarnación, Omar. 2003. *The Myth of Civil Society: Social Capital and Democratic Consolidation in Spain and Brazil.* Basingstoke: Palgrave Macmillan.

Enns, Peter. 2015. "Relative Policy Support and Coincidental Representation." *Perspectives on Politics* 13(4):1053–1064.

Escosura, Leandro. 2014. "Economic Freedom in the Long Run: Evidence from OECD Countries (1850-2007)." CEPR Discussion Paper No. DP9918. Available at SSRN: https://ssrn.com/abstract=2444861.

Evans, Peter and James Rauch. 1999. "Bureaucracy and Growth: A Cross-national Analysis of the Effects of Weberian State Structures on Economic Growth." *American Sociological Review* 64(5): 748–765.

Faiola, Anthony. 2019. "In Socialist Venezuela, a Crisis of Faith not in Just Their Leader but Their Economic Model." *The Washington Post*, Feb. 12.

Fearon, James and David Laitin. 2003. "Ethnicity, Insurgency, and Civil War." *American Political Science Review* 97(1): 75–90.

Felter, Claire. 2018. "Nigeria's battle with Boko Haram." CFR (Council on Foreign Relations) report. https://www.cfr.org/backgrounder/nigerias-battle-boko-haram.

Festinger, Leon. 1957. *A Theory of Cognitive Dissonance*. Stanford, CA: Stanford University Press.

Fiorina, Morris. 1981. *Retrospective Voting in American National Elections*. New Haven: Yale University Press.

Fish, Steven and Robin S. Brooks. 2004. "Does Diversity Hurt Democracy?" *Journal of Democracy* 15(1): 154–166.

Follett, Chelsea. 2019. "Venezuela Show Why Socialism's Failure Still, Matters." Cato analysis, May 9.

Fortin, Jessica 2012. "Is There a Necessary Condition for Democracy? The Role of State Capacity in Postcommunist Countries." *Comparative Political Studies* 45(7): 903–930.

Fortin-Rittberger, Jessica. 2017. "Strong Presidents for Weak States: How Weak State Capacity Fosters Vertically Concentrated Executives." In Harfst, Philipp, Ina Kubbe, Thomas Poguntke.(ed.). *Parties, Governments and Elites: The Comparative Study of Democracy. Springe* (Online service).

Frankel, Jeffrey. 2011. "A Solution to Fiscal Procyclicality: The Structural Budget Institutions Pioneered by Chile." NBER Working Paper No.16945. https://www.nber.org/papers/w16945.

Frankel, Jeffrey. 2014. "The Subsidy Trap." Project Syndicate column, Aug.14. https://www.project-syndicate.org/commentary/jeffrey-frankel-explains-why-it-is-politically-wise-to-remove-price-supports-for-food-and-energy.

Freedom House. 2016. "Press Freedom in 2015." https://freedomhouse.org/sites/default/files/FH_FTOP_2016Report_Final_04232016.pdf.

Freedom House. 2018. "List of Electoral Democracies 2018." https://freedomhouse.org/report-types/freedom-world.

Freedom House. 2019. "Freedom in the World 2019." https://freedomhouse.org/report/freedom-world.

Frisby, Dominic. 2016. "Zimbabwe's Trillion-dollar Note: From Worthless Paper to Hot Investment." *The Guardian*, May 14.

Fromm, Erich. 2001. The Fear of Freedom. London: Routledge.

Frye, Timothy, Scott Gehlbach, Kyle Marquardt, and Ora John Reuter. 2017"Is Putin's Popularity Real?" *Post-Soviet Affairs* 33(1): 1–15.

Fujiwara, Thomas. 2015. "Voting Technology, Political Responsiveness, and Infant Health: Evidence from Brazil." *Econometrica* 83(2): 423–464.

Fukuyama, Francis. 1992. The End of History and the Last Man. Free Press.

Fukuyama, Francis. 2011. The Origins of Political Order. New York: Farrar, Straus and Giroux.

Fukuyama, Francis. 2015. "Why Is Democracy Performing so Poorly?" *Journal of Democracy* 26(1): 11–20.

Fukuyama, Francis. 2018. "Against Identity Politics: The New Tribalism and the Crisis of Democracy." Foreign Affairs 97(5): 90–114.

Funke, Manuel, Moritz Schularick, and Christoph Trebesch. 2016. "Going to Extremes: Politics after Financial Crises,1870-2014." *European Economic Review* 88: 227–260.

Gall, Carlotta. 2018. "Erdogan's Most Charismatic Rival in Turkey Challenges Him, from Jail." *The New York Times*, Jul. 31.

Gans-Morse, Jordan and Simeon Nichter. 2007. "Economic Reforms and Democracy: Evidence of a J-Curve in Latin American." *Comparative Political Studies* 41(10): 1398–1426.

Gao, Yanyan, Zang Leizhen, Antoine Roth, and Wang Puqu. 2017. "Does Democracy Cause Innovation? An Empirical Test of the Popper Hypothesis." *Research Policy* 46(7): 1272–1283.

Garside, Juliette. 2012. "Exxon Mobile Wins Hollow Victory in Court Battle with Hugo Chavez." *The Guardian*, Jan.1.

Gassebner, Martin, Michael Lamla, and James Raymond Vreeland. 2013. "Extreme Bounds of Democracy." *Journal of Conflict Resolution* 57(2): 171–197.

Gennaioli, Nicola and Hans-Joachim Voth. 2015. "State Capacity and Military Conflict." *Review of Economic Studies* 82(4): 1409–1448.

Gerring, John. 2005. "Democracy and Economic Growth: A Historical Perspective." *World Politics* 57(3): 323–364.

Gerring, John, Strom Thacker, and Carola Moreno. 2009. "Are Parliamentary Systems Better?" *Comparative Political Studies* 42(3): 327–359.

Giger, Natalie. 2012. "Is Social Policy Retrenchment Unpopular?" *European Sociological Review* 28(5): 691–700.

Gilens, Martin. 2012. Affluence and Influence. Princeton, NJ: Princeton University Press.

Gillespie, Patrick. 2019. "Policy Clash Makes Argentina Own Worst Enemy on Inflation." Bloomberg report, Feb. 26. https://www.bloomberg.com/news/articles/2019-02-26/policy-clash-makes-argentina-its-own-worst-enemy-on-inflation.

Gjerløw, Haakon and Carl Henrik Knutsen. 2017. "Autocrats and Skyscrapers: Modern White Elephants in Dictatorships." V-Dem Working Paper 2017:44. Available at SSRN: https://ssrn.com/abstract=2951762.

Gjerløw, Haakon, Carl Henrik Knutsen, Tore Wig, and Matthew Charles Wilson. 2018. "Stairways to Denmark: Does the Sequence of State-building and Democratization Matter for Economic Development?" V-Dem Working Paper 2018:72. Available at SSRN: https://www.ssrn.com/abstract=3229983.

Gleditsch, Nils Petter, Peter Wallensteen, Mikael Eriksson, Margareta Sollenberg and Håvard Strand. 2002. "Armed Conflict 1946–2001: A New Dataset." *Journal of Peace Research* 39(5): 615–637.

Gleditsch, Nils Petter, Håvard Hegre, and Håvard Strand. 2009." Democracy and Civil War." In Midlarsky, Manus (ed.). *Handbook of War Studies* III. Ann Arbor: University of Michigan Press.

Gleditsch, Kristian and Andrew Ruggeri. 2010. "Political Opportunity Structures, Democracy, and Civil War." *Journal of Peace Research* 47 (3): 299–310.

Goldstone, Jack, Robert Bates, David Epstein, Ted Robert Gurr, Michael Lustik, Monty Marshall, Jay Ulfelder, and Mark Woodward. 2010. "A Global Model for Forecasting Political Instability." *American Journal of Political Science* 54(1): 190–208.

Greene, Samuel and Graeme Robertson. 2019. "Putin's Power Hepends on his Popularity. That Makes Him Vulnerable." *The Washington Post*. Aug. 27.

Grennes, Thomas, Mehmet Caner, and Fritzi Koehler-Geib. 2010. "Finding the Tipping Point." World Bank Policy Research Working Paper 5391.

Gulen, Fethullah. 2016. "Fethullah Gulen: I Condemn All Threats to Turkey's Democracy." *The New York Times*, Jul. 25.

Gupta, Girish. 2013. "Can Chavismo Survive Without Chavez?" Vice News, Mar. 7.

Gupta, Girish and Patricia Velez. 2013. "Devastated, Mourning Chavez Supporters Pour onto Streets." Reuters World News, Mar. 6.

Gwartney, James, Robert Lawson, and Randall Holcombe. 1999. "Economic Freedom and Environment for Economic Growth." *Journal of Institutional and Theoretical Economics* 155(4): 643–663.

Gwartney, James, Robert Lawson and R. Murphy (2019). 2019 Annual Report Economic Freedom of the World, Fraser Institute.

Gylfason, Thorvaldur. 2013. "Democracy in Africa." VOX policy analysis, Nov. 17.

Habermas, Jurgen. 1996. *Popular Sovereignty as Procedure*. Cambridge, UK: Polity Press.

Haerpfer, Christian, Ronald Inglehart, Christian Welzel, and Pippa Norris (eds.). 2022. "World Values Survey: Round Seven—Country-Pooled Datafile Version 3.0". Download from https://www.worldvaluessurvey.org/WVSDocumentationWV7.jsp.

Haggard, Stephan and Robert Kaufman. 2012. "Inequality and Regime Change: Democratic Transitions and the Stability of Democratic Rule." *American Political Science Review* 106(3): 495–516.

Hajamini, Mehdi and Mohammad Ali Falahi. 2014. "The Nonlinear Impact of Government Consumption Expenditure on Economic Growth: Evidence from Low and Low-middle Income Countries." *Cogent Economics & Finance* 2(1), 948122.

Hale, Henry. 2011. "Formal Constitutions in Informal Politics: Institutions and Democratization in Post-Soviet Eurasia." *World Politics* 63(4): 581–617.

Ham, Carolien van and Brigitte Seim. 2018. "Strong States, Weak Elections? How State Capacity in Authoritarian Regimes Conditions the Democratizing Power of Elections." *International Political Science Review* 39(1): 49–66.

Hamilton, Alexander, James Madison and John Jay. 2003. The Federalist Papers. New York: Signet.

Hammond, Alexander and Marian, Tupy. 2018. "Why Mugabe's Land Reforms were So disastrous." Cato commentary, Aug. 30.

Hansen, Suzy. 2019. "The Era of People Like You is Over: How Turkey Purged Its Intellectuals." *The New York Times*, Jul. 24.

Hanson, Jonathan and Rachel Sigman. 2021. "Leviathan's Latent Dimensions: Measuring State Capacity in Political Comparative Research." *Journal of Politics*. 83(4): 1495–1510.

Harding, Robin and David Stasavage. 2014. "What Democracy Does (and Doesn't Do) for Basic Services: School Fees, School Inputs, and African Elections." *Journal of Politics* 76(1): 229–245.

Harish, S.P. and Andrew Little. 2017. "The Political Violence Cycle." *American Political Science Review*. 111(2): 237–255.

Hausmann, Ricardo. 2017. "Venezuela's Unprecedented Collapse." Project Syndicate, July 31. https://www.project-syndicate.org/commentary/venezuela-unprecedented-economic-collapse-by-ricardo-hausmann-2017-07.

Hayek, Friedrich. 1978. *New Studies in Philosophy, Politics, Economics and the History of Ideas*. Chicago: University of Chicago Press.

Hayek, Friedrich. 2011. *Constitution of Liberty*. Chicago: University of Chicago Press.

Heckelman, Jac. 2000. "Economic Freedom and Economic Growth." *Journal of Applied Economics* 3(1): 71–91.

Hegre, Håvard. 2014. "Democracy and Armed Conflict." Journal of Peace Research 51(2): 159–172.

Hegre, Håvard, Tanja Ellingsen, Scott Gates, and Nils Petter Gleditsch. 2001. "Toward a Democratic Civil Peace? Democracy, Political Change, and Civil War, 1816–1992." *American Political Science Review* 95(1): 33–48.

Hendrix, Cullen. 2010. "Measuring State Capacity: Theoretical and Empirical Implications for the Study of Civil Conflict." *Journal of Peace Research* 47(3): 321–332.

Heo, UK, Sung Deuk Hahm, and Dohee Kim. 2012. "The Impact of Democratization on Economic Growth in Asia: An Interrupted Time-Series Analysis." *Korea Observer* 43(1): 21–45.

Herrera, Helias, Guillermo Ordoñez, and Christoph Trebesch. 2019. "Political Booms, Financial Crises." *Journal of Political Economy* 128(2): 507–543.

Hidalgo, Juan. 2018. "Venezuela is on the Verge of a Massive Humanitarian and Economic Collapse. The Culprit? Socialism." Cato analysis, Aug. 13.

Higley, John and Michael Burton. 2006. *Elites Foundations of Liberal Democracy*. Oxford: Rowman & Littlefield Publishers.

Hong, Lu and Scott Page. 2004. "Groups of Diverse Problem Solvers Can Outperform Groups of High-ability Problem Solvers." Proceedings of National Academy of Science of the U.S.A. 101(46): 16385–16389.

Honneth, Axel. 2012. *The I in We: Studies in the Theory of Recognition*. Cambridge, UK: Polity Press.

Horowitz, Donald. 2013. *Constitutional Change and Democracy in Indonesia*. Cambridge: Cambridge University Press.

Houle, Christian. 2009. "Inequality and Democracy: Why Inequality Harms Consolidation but Does Not Affect Democratization." *World Politics* 61(4): 589–622.

HRW (Human Rights Watch). 2008. "Our Hands are Tied: Erosion of the Rule of Law in Zimbabwe." HRW report. https://www.hrw.org/reports/2008/zimbabwe1108/index.htm.

Huber, John. 2012. "Measuring Ethnic Voting: Do proportional Electoral Laws Politicize Ethnicity?." *American Journal of Political Science* 56(4): 986–1001.

Hübscher, Evelyn, Thomas Sattler, and Markus Wagner. 2018. "Voter Responses to Fiscal Austerity." British Journal of Political Science. Available at SSRN: https://ssrn.com/abstract=3289341.

Huntington, Samuel. 1993. *The Third Wave: Democratization in the late 20th Century*. Norman: University of Oklahoma Press.

Huntington, Samuel. 2006. *Political Order in Changing Societies*. New Haven: Yale University Press.

ICTD/UNU-WIDER. 2019. "Government Revenue Dataset." https://www.wider.unu.edu/project/government-revenue-dataset.

Inglehart, Ronald and Chirstian Welzel. 2005. *Modernization, Cultural Changes and Democracy*. Cambridge: Cambridge University Press.

Inglehart, Ronald, Roberto Foa, Christopher Peterson, and Christian Welzel. 2008. "Development, Freedom and Happiness." *Perspectives on Psychological Science* 3(4): 264–185.

Janicke, Kiraz. 2007. "Joseph Stiglitz, in Caracas, Praises Venezuela's Economic Policies." Venezuelanalysis, Oct. 11. https://venezuelanalysis.com/news/2719.

Jensen, Carsten. 2010. "Issue Compensation and Right-wing Government Social Spending." European Journal of Political Research 49(2): 282–299.

Jensen, Carsten. 2015. "The Power of Talk and the Welfare State: Evidence from 23 Countries on an Asymmetric Opposition-Government Response Mechanism." *Socio-Economic Review* 13(2): 215–233.

Johnston, Jake and Sara Kozameh. 2013. "Venezuelan Economic and Social Performance Under Hugo Chavez, in Graphs." CEPR (Center for Economic and Policy Research) analysis. Mar. 7.

Jones, Zachary and Yonatan Lupu. 2018. "Is There More Violence in the Middle?" *American Journla of Political Science* 62(3): 652–667.

Kagan, Robert. 2012. *The World America Made*. Alfred A. Knopf.

Kaplan, Robert. 2001. *Soldiers of God: With Islamic Warriors in Afghanistan and Pakistan*. Vintage.

Karabegovic, Amela, Dexter Samida, Chris M. Schlegel, and Fred McMahon. 2003. "North American Economic Freedom: an Index of 10 Canadian Provinces and 50 US States." *European Journal of Political Economy* 19(3): 431–453.

Kawczynski, Daniel. 2011. *Seeking Gaddafi: Libya, the West and the Arab Spring*. London: Biteback.

Kerr, David. 2013. "Participatory Citizenship in Europe." *Citizenship Teaching & Learning* 8(2): 249–264.

Khan, Imtiyaz. 2012. "Afghanistan: Human Cost of Armed Conflict Since the Soviet Invastion." *Perceptions: Journal of International Affairs* 17(4): 212–213.

Kingsley, Patrick. 2017. "Foes on the Run as Erdogan Makes Power Personal." *The New York Times*, Apr. 6.

Kingsley, Patrick. 2018. "As West Fears the Rise of Autocrats, Hungary Shows What's Possible." *The New York Times*, Feb. 10.

Kitsontonis, Niki. 2010. "Anti-austerity Protest in Greece Turns Violent." *The New York Times*, Dec. 16.

Kissane, Bill. 2012. "Electing not to fight: elections as a mechanism of deradicalisation after the Irish Civil War 1922–1938." *International Journal of Conflict and Violence* 6 (1): 41–54.

Kittilson, Miki and Russell Dalton. 2011. "Virtual Civil Society: The New Frontier of Socail Capital?" *Political Behavior* 33(4): 625–644.

Klomp, Jeroen and Jakob de Haan. 2009 "Political Institutions and Economic Volatility." *European Journal of Political Economy* 25(3): 311–326.

Klomp, Jeroen and Jakob de Haan. 2013a. "Political Regime and Human Capital." *Social Indicators Research* 111: 45–73.

Klomp, Jeroen and Jakob de Haan. 2013b. "Political Budget Cycles and Election Outcomes." *Public Choice* 157(1-2): 245–167.

Knutsen, Carl Henrik. 2015. "Why Democracies Outgrow Autocracies in the Long Run: Civil Liberties, Information Flows and Technological Change." *Kyklos* 68(3): 357–384.

Knutsen, Carl Henrik. 2018. "Autocracy and Variation in Economic Development Outcomes." V-Dem Working Paper 2018:80. Available at SSRN: https://ssrn.com/abstract=3286949.

Kohli, Atul. 2004. *State-Directed Development: Political Power and Industrialization in the Global Periphery*. Cambridge: Cambridge University Press.

Kooistra, Mieke. 2001. *Indonesia: Regional Conflicts and State Terror*. London: Minority Rights Group.

Krebs, Tom and Martin Scheffel. 2013. "Macroeconomic Evaluation of Labour Market Reform in Germany." *IMF Economic Review* 61(4): 664–701.

Kudamatsu, Masayuki. 2012. "Has Democratization Reduced Infant Mortality in Sub-Saharan Africa? Evidence from Micro Data." *Journal of the European Economic Association* 10(6): 1294–1317.

Kurmanaev, Anatoly. 2019. "Venezuela's Collapse is the Worst Outside of Dar in decades, Economists say." *The New York Times*, May 17.

Kurmanaev, Anatoly and Isayen Herrera. 2019a. "Venezuela's Maduro Cracks Down on His Own Military in Bid to Retain Power." *The New York Times*, Aug. 13.

Kurmanaev Anatoly and Isayen Herrara. 2019b. "Students Fainting from Hunger in Venezuela's Failing School System." *The New York Times*, Nov. 30.

Labonne, Julien. 2013. "The Local Electoral Impacts of Conditional Cash Transfers." *Journal of Developmental Economics* 104: 73–88.

Lapatilla News. 2014. "Protests Increase 278% in First Half of 2014." A Lapatilla analysis, Jul. 17.

Larsen, Erik. 2018. "Welfare Retrenchment and Government Wupport: Evidence from a Natural Experiment." *European Sociological Review* 34(1): 40–51.

Lawson, Robert and J. R. Clark. 2010. "Examining the Hayek-friedman Hypothesis on Economic and Political Freedom." *Journal of Economic Behavior and Organization* 74(3): 230–239.

Lawson, Robert, Ryan Murphy and Benjamin Powell. "The determinants of economic freedom." *Contemporary Economic Policy*, 38(4): 622–642

Le Bon, Gustave. *Psychologie des foules*. 中譯本：[法]古斯塔夫‧勒龐著，董強譯. 2018.《烏合之眾》. 杭州：浙江文藝出版社.

Leahy, Joe and Andres Schipani. 2018. "Lula's Legacy of Working-class Gains at Risk in Brazil's Election." *The Financial Times*, May 22.

Lehmann, Hartmut. 2012. "The Polish Growth Miracle: Outcome of Persistent Reform Efforts." IZA Policy Paper. https://www.iza.org/en/publications/pp/40/the-polish-growth-miracle-outcome-of-persistent-reform-efforts.

Leipziger, Lasse. 2016. "Democracy and State Capacity Revisited: An Investigation of Democracy's Consequencs for State Capacity." V-Dem Project Working Paper.

Lemarchand, Rene. 2007. "Consociationalism and Power-sharing in Africa." *African Affairs* 106(422): 1–20.

Levitsky, Steven and Lucan Way. 2002. "The Rise of Competitive Authoritarianism." *Journal of Democracy* 13(2): 51–65.

Levitsky, Steven and Lucan Way. 2015. "The Myth of Democratic Recession." *Journal of Democracy* 26(1): 45–58.

Lijphart, Arendt. 2004. "Constitutional Design for Divided Societies." *Journal of Democracy* 15(2): 96–109.

Linz, Juan. 1990. "The Perils of Presidentialism." *Journal of Democracy* 1(1): 51–69.

Linz, Juan and Alfred Stepan. 1996. "Toward Consolidated Democracies." *Journal of Democracy* 7(2): 14–33.

Lucina, Bethany. 2006. "Explaining the Severity of Civil Wars." *Journal of Conflict Resolution* 50(2): 276–289.

Luhrmann, Anna and Staffan Lindberg. 2019. "A Third Wave of Autocratization is here: What's New about It?" *Democratization* 26(7): 1095–1113.

Lundstrom, Susanna. 2005. "The Effect of Democracy on Different Categories of Economic Freedom." *European Journal of Political Economy* 21(4): 967–980.

Lussier, Danielle and Steven Fish. 2012. "Indonesia: The Benefits of Civic Engagement." *Journal of Democracy* 23(1): 70–84.

Machie, Gerry. 2004. *Democracy Defended*. Cambridge: Cambridge University Press.

Mackey, Robert. 2011. "Pakistani Lawyers Shower Murder Suspect with Roses." *The New York Time*, Jan. 5.

Madsen, Jakob, Paul Raschky, and Ahmed Skali. 2015. "Does Democracy Drive Income in the World, 1500–2000." *European Economic Review* 78: 175–195.

Magee, Christopher and Johs A. Doces. 2015. "Reconsidering Regime Type and Growth: Lies, Dictatorships, and Statistics." International Studies Quarterly 59(2): 223–237.

Magome, Mogomotsi. 2019. "South Africa's Populist Party Takes Aim at Ruling ANC." AP News, May 6.

Mainwaring, Scott and Anibal Perez-Linan. 2014. *Democracies and Dictatorships in Latin America*. Cambridge: Cambridge University Press.

Mainwaring, Scott And Anibal Perez-Linan. 2013. "Democratic Breakdown and Survival: Lessons from Latin America" *Journal of Democracy* 24(2): 123–137.

Majeed, Muhammad and Seema Gillani. 2017. "State Capacity and Health Outcomes: An Empirical Analysis." *Pakistan Journal of Commerce and Social Sciences* 11(2): 671–697.

Makaye, Peter and Constantine Munhande. 2013. "Zimbabwe's Development Experiment 1980-1989." *IOSR Journal of Humanities and Social Sciences* 18(2): 63–68.

Mann, Michael. 2005. *The Dark Side of Democracy: Explaining Ethnic Cleansing*. Cambridge: Cambridge University Press.

Mansfield, Edward D and Jack Snyder. 1995. "Democratization and the Danger of War." *International Security* 20(1): 5–38.

Mansfield, Edward D and Jack Snyder. 2002a. "Incomplete Democratization and the Outbreak of Military Disputes." *International Studies Quarterly* 46(4): 529–549.

Mansfield, Edward D and Jack Snyder. 2002b. "Democratic Transitions, Institutional Strength, and War." *International Organization* 56(2): 297–337.

Mansfield, Edward D and Jack Snyder. 2005. *Electing to Fight: Why Emerging Democracies Go to War*. Cambridge, MA: The MIT Press.

Mansfield, Edward and Jack Snyder. 2007. *Electing to Fight: Why Emerging Democracies Go to War*. Cambridge: The MIT Press.

Marcello, Maria and Ueslei Marcelino. 2017. "Brazil Waters Down Pension Reform as Protests Turn Violent." *Reuters News*, Apr. 19.

Marshall, Monty. 2019. "Major Episodes of Political Violence and Conflict Regions, 1946–2018." Center for Systemic Peace .

Marshall, Monty, Ted Gurr, and Keith Jaggers. 2019. "Polity IV Project: Political Regime Characteristics and Transitions,1800–2018." Vienna, VA: Center for Systemic Peace.

Martin Meredith, 2011. *The State of Africa: A History of the Continent Since Independence*. New York: Public Affairs.

Martinez, Adan. 2018. "Argentina: A Consumer Subsidy Trap." *The Berkeley Review of Latin American Studies*, Fall.

Matakos, Konstantinos and Dimitrios Xefetris. 2016. "Citizens or Clients: Evidence on Opportunistic Voting from a Natural Experiment in Greece." *Political Science Research and Methods* 4(3): 493–531.

Matanock, Aila. 2017. *Electing Peace: From Civil Conflict to Political Participation*. Cambridge: Cambridge University Press.

McNeil, Donald. 1999. "Joshua Nkomo of Zimbabwe is Dead at 62." *The New York Times*, Jul. 2.

Meldrum, Andrew. 2005. "Zimbabwe's Economic Crisis Drives It Back into Steam Age." *The Guardian*, Sep. 28.

Meredith, Martin. 2011. *The State of Africa: A History of the Continent Since Independence*. London: Jonathan Ball Publishers.

Mesquita, Bruce Bueno and Alastair Smith. 2011. *The Dictator's Handbook: Why Bad Behavior Is Almost Always Good Politics*. New York: Public Affairs.

Meur, Gisèle de and Dirk Berg-Schlosser. 1996. "Conditions of Authoritarianism, Fascism, and Democracy in Interwar Europe: Systematic Matching and Contrasting of Cases for "Small N" Analysis." *Comparative Political Studies* 29(4): 423–468.

Milanovic, Branko. 2012. *The Haves and the Have-nots: A Brief and Idiosyncratic History of Global Inequality*. New York: Basic Books.

Miles, Tom. 2018. "U.N. Human Rights Chief Calls Hungarian PM Orban a Racist." Reuters World News, Mar. 7.

Milner, Helen and Bumba Mukherjee. 2009. "Democratization and Economic Globalization." *Annual Review of Political Science* 12: 163–181.

Milner, Helen and Keiko Kubota. 2005. "Why the Move to Free Trade? Democracy and Trade Policy in the Developing Countries." International Organization 59(1): 107–143.

Min, Brian and Miriam Golden. 2014. "Electoral Cycles in Electricity Losses in India." *Energy Policy* 65: 619–625.

Minaya, Ezequiel. 2011. "Hugo Chavez Decries Capitalism on Mars." *The Wall Street Journal*, March 22.

Mobarak, Ahmed. 2005. "Democracy, Volatility, and Economic Development." *The Review of Economics and Statistics* 87(2): 348–361.

Moffitt, Benjamin. 2013. "The Legacy of Hugo Chavez and His Politics of Popularity." ABC NEWS, Mar. 6.

Moller, Jorgen. 2015. "The Medieval Roots of Democracy." *Journal of Democracy* 26(3): 110–123.

Moore, Barrington Jr. 1967. *Social Origins of Dictatorship and Democracy: Lord and Peasant in the Making of the Modern World.* Boston: Beacon. 中譯本見：[美]巴林頓・摩爾著，王茁、顧潔譯. 2012.《專制與民主的社會起源》. 上海：上海譯文出版社.

Morris, Loveday and Robyn Dixon. 2019. "Germany Links Russian Agents to Berlin Assassination, Expels Diplomats." *The Washington Post*, Dec. 5.

Mungiu-Pippidi, Alina. 2015. "Public Integrity and Trust in Europe." A research report commissioned by the Dutch Ministry of Interior and Kingdom Relations. https://www.government.nl/documents/reports/2016/01/18/public-integrity-and-trust-in-europe.

Murphy, Ryan. 2018. "Imperfect Democracy and Economic Freedom." *Journal of Public Finance and Public Choice* 33(2): 197–224.

Murshed, Syed, Muhammad Badiuzzaman, and Mohammad Pulok. 2017. "Fiscal Capacity and Social Protection Expenditure in Developing Nations." WIDER Working Paper 2017/60. Available at UNU-WIDER.: https://doi.org/10.35188/UNU-WIDER/2017/284-7.

Mutsaka, Farai and Christopher Torchia. 2019. "It's Complicated: Zimbabweans See Mugabe's Legacy as Mixed." *AP NEWS*, Sep. 7.

Mutz, Diana. 2002. "Cross-cutting Social Networks: Testing Democratic Theory in Practice." *American Political Science Review* 96(1): 111–126.

Myre, Greg. 2017. "Nelson Mandela, Robert Mugabe and the Countries They Shaped." NPR Parallels, Nov. 15.

Nardelli, Alberto, Jennifer Rankin, and George Arnett. 2015. "Vladimir Putin's Approval Rating at Record Levels." *The Guardian*, Jul. 23.

Ndlovu-Gatsheni, Sabelo.(ed.). 2017. *Joshua Mqabuko Nkomo of Zimbabwe: Politics, Power and Memory*. Basingstoke: Palgrave Macmillan.

Nebechay, Stephanie, Gabriel Stargardter, and Aislinn Laing. 2019. "Brazil's Bolsonaro Irks Chile with Personal Attack on U.N.'s Bachelet." *Reuters News*, Sep. 4.

Netterstron, Kasper. 2015. "After the Arab Spring: The Islamists' Compromise in Tunisia." *Journal of Democracy* 26(4): 110–124.

News24. 2007. "Mugabe Slams MDC Puppets." Feb. 24.

Noelle-Neumann, Elizabeth. 2014. "The Spiral of Silence: A Theory of Public Opinion." *Journal of Communication* 24(2): 43–51.

Norris, Pippa. 2003. *Critical Citizens: Global Support for Democratic Government*. Oxford: Oxford University Press.

Norris, Pippa. 2011. *Democratic Deficit*. Cambridge: Cambridge University Press.

North, Douglas. 1993. "The Paradox of the West." Economics Working Paper Archive No. 93019005, Washington University at St. Louis.

Nyman, Par. 2014. "Punished for Austerity? The Electoral Consequences of Fiscal Adjustments." Working Paper.

NYT,2018. "Turkey Sentences 24 Journalists to Prison, Claiming Terrorism Ties." *The New York Times*, Mar. 9.

NYT,2019. "Robert Mugabe was Zimbabwe's Hero and Its Tyrant." *The New York Times*, Sep. 6.

O'Donnell, Guillermo. 1996. "Illusions about Consolidation." *Journal of Democracy* 7(2): 34–51.

O'Donnell, Guillermo and Philippe Schmitter. 1986. *Transitions from Authoritarian Rule: Tentative Conclusions about Uncertain Democracies*. Baltimore: Johns Hopkins University Press.

OECD (Organisation for Economic Co-operation and Development). 2013. Government at a Glance 2013. Paris: OECD Publishing. https://doi.org/10.1787/8ccf5c38-en.

OECD. 2018a. A Broken Social Elevator? How to Promote Social Mobility. Paris: OECD Publishing. https://doi.org/10.1787/9789264301085-en.

OECD. 2018a. OECD Economic Surveys: Tunisia 2018: Economic Assessment. Paris: OECD Publishing. https://doi.org/10.1787/eco_surveys-tun-2018-en.

Olson, Mancur. 1971. The Logic of Collective Action. Cambridge: Harvard University Press.

Olson, Mancur. 1993. "Dictatorship, Democracy and Development." *American Political Science Review* 87(3): 567–576.

Orban, Viktor. 2018. "Prime Minister Vicktor Orban's Speech at the 29th Balvanyos Summer Open University and Student Camp." https://www.kormany.hu/en/the-prime-minister/the-prime-minister-s-speeches

Osborn, Andrew. 2019. "Russia Carries Out Mass Raids on Kremlin Critic Navalny's Supporters." Reuters World News, Sep. 12.

Page, Scott. 2014. "Where Diversity Comes from and Why It Matters." *European Journal of Social Psychology* 44(4): 267–279.

Paldam, Martin. 2003. "Economic Freedom and the Success of the Asian Tigers." *European Journal of Political Economy* 19(3): 453–477.

Papaioannou, Elias and Gregorios Siourounis. 2008. "Democratisation and Growth." *The Economic Journal* 118(532): 1520–1551.

Park, Brandon and Jungsub Shin. 2017. "Do Welfare Benefits Weaken Economic Vote? A Cross-national Analysis of the Welfare State and Economic Vote." *International Political Science Review* 40(1): 108–125.

Pater, Robert. 2019. "Optimal Size of the Public Sector in Poland in Terms of Employment." *Ekonomista*, May.

Paxton, Pamela. 2007. "Association Memberships and Generalized Trust: A Multilevel Model Across 31 Countries." *Social Forces* 86(1): 47–76.

Penfold-Becerra, Michael. 2007. "Clientelism and Social Funds: Evidence from Chavez's Misiones." *Latin American Politics and Society* 49(4).

Perkins, Adam. 2015. *The Welfare Trait: How State Benefits Affect Personality*. Basingstoke: Palgrave Macmillan.

Persson, Torsten and Guido Tabellini. 2009. "Democratic capital: The Nexus of Political and Economic Change." American Economic Journal: Macroeconomics 1(2): 88–126.

Pettersson, Therese. 2021. UCDP/PRIO Armed Conflict Dataset Codebook v 21.1. https://ucdp.uu.se/downloads/.

Pew Research Center. 2013. "The World's Muslims: Religion, Politics and Society." Pew Research Center report. https://www.pewforum.org/2013/04/30/the-worlds-muslims-religion-politics-society-overview/.

Pew Research Center. 2014. "Despite Concerns about Governance, Ukrainians Want to Remain One Country." Pew Research Center report. https://www.pewresearch.org/global/2014/05/08/despite-concerns-about-governance-ukrainians-want-to-remain-one-country/.

Pew Research Center. 2015. "Trust in Government,1958–2015." Pew Research Center report. https://www.people-press.org/2015/11/23/1-trust-in-government-1958-2015/

Pierson, Paul. 2011. "The Welfare State over the very Long Run." ZESWorking Paper.

Pinera, Sebastian. 2019. "Sebastian Pinera: A New Opportunity for Chile's Future." *The New York Times*, Dec. 18.

Pinker, Steven. 2011. *The Better Angels of Our Nature*. New York: Viking Adult.

Pisa, Katie and Tim Hume. 2015. "Boko Haram Overtakes ISIS as World's Deadliest Terror Group, Report Says." CNN report, Nov. 19.

Plecher, H. 2018"Zimbabweans' Approval of President Mugabe 2012-2017." A Statista analysis report. https://www.statista.com/statistics/789477/zimbabwe-mugabe-approval-rate/.

Poliszuk, Joseph and Gabriela Cardona. 2017. "Chavismo Casts Mts militants in Criminal courts." ArmandoInfo, Jul. 16. https://armando.info/Reportajes/Details/151.

Pontecelli, Jacopo and Hans Joachim Voth. 2012. "Austerity and Anarchy." Working Paper.

Popper, Karl. 1988. "Popper on Democracy: The Open Society and Its Enemies Revisited." *The Economist*, Apr. 23.

Prados de la Escosura, Leandro. 2014"Economic Freedom in the Long Run: Evidence from OECD Countries (1850-2007)." CEPR Discussion Paper No. DP9918. Available at SSRN: https://ssrn.com/abstract=2444861.

PRIO(Peace Research Institute Oslo). 2017. "Urban Social Disorder v. 2." https://www.prio.org/Data/Armed-Conflict/Urban-Social-Disorder/

Provost, Claire. 2011. "Social Security is Necessary and Globally Affordable, Says UN." *The Guardian*, Feb. 21.

PRS (Political Risk Service). 2016. "ICRG Researcher's Dataset." https://www.prsgroup.com/.

Przeworski, Adam. 1999. "Minimalist Conception of Democracy: A defense." In Ian Shapiro etc.(ed.) Democracy's Value. Cambridge: Cambridge University Press.

Przeworski, Adam, Michael Alvarez. and Jose Cheibub. 2000. *Democracy and Development*. Cambridge: Cambridge University Press.

Putnam, Robert. 1994. *Making Democracy Work*. Princeton: Princeton University Press.

Raath, Jan. 2016. "Mugabe and the War Veterans." *Politicsweb News & Analysis*, Apr. 5.

Rachdi, Houssem and Hichem Saidi. 2015. "Democracy and Economic Growth: Evidence in MENA Countries." *Procedia- Social and Behavioral Sciences* 191(2): 616–621.

Rahman, Amanina and Ruut Veenhoven. 2018. "Freedom and Happiness in Nations." *Applied Research in Quality of Life* 13(2): 435–356.

Rapsikevicius, Jonas, Jurgita Bruneckiene, Mantas Lukauskas and Sarunas Mikalonis, 2021. "The Impact of Economic Freedom on Economic and Environmental Performance." *Sustainability* 13: 2380.

Rawls, John. 1993. *Political Liberalism*. New York: Columbia University Press.

Ray, Julie. 2015. "Ukrainians Disillusioned by Leadership." *Gallup News*, Dec. 23.

Ray, Julie. 2018. "Snapshot: EU on Stronger Footing Than Orban in Hungary." *Gallup News*, Sep. 18.

Ray, Julie and Neli Esipova. 2017. "Russians Happier with Putin Than with Country's Direction." *Gallup News*, Dec. 8.

Reeves, William. 1996. "Obituary: Dr. Najibullah." From the Obituaries Section of *The Independent*, Sep. 28.

Reilly, Benjamin. 2014. "Power sharing in the Asia-Pacific." GIGA Working Paper No. 257. Available at SSRN: https://ssrn.com/abstract=2554338.

Revel, Jean-Francois. 1983. *How Democracies Perish*. New York: Harper and Row.

Ricciuti, Roberto, Antonio Savoia, and Kunal Sen. 2019. "How Do Political Institutions Affect Fiscal Capacity? Explaining Taxation in Developing Economies." *Journal of Institutional Economics* 15(2): 351–380.

Riker, William. 1988. *Liberalism against Populism: A Confrontation between the Theory of Democracy and the Theory of Social Justice*. Prospect Heights, IL: Waveland Press Inc.

Rizio, Stephanie and Ahmed Skali. 2019. "How Often Do Dictators Have Positive Economic Effects." The Leadership Quarterly. Forthcoming. Available at SSRN: https://ssrn.com/abstract=3423821.

Rode, Martin and James Gwartney. 2012. "Does Democratization Facilitate Economic Liberalization." European *Journal of Political Economy* 28(4): 607–619.

Rogers, Douglas. 2019. "Robert Mugabe Kept Power by Finding and Attacking Enemies-until the Very End." *The Washington Post*, Sep. 9.

Rogers, Tim. 2011. "Why Nicaragua is Ready to Re-elect Daniel Ortega." BBC News, Nov. 3.

Romei, Valentina. 2018. "What's Bothering the Brazilians." *The Financial Times*, Sep. 30.

Romero, Simon. 2010. "Venezuela More Deadly Than Iraq, Wonders Why." *The New York Times*, Aug. 22.

Ross, Michael. 2003. "Resources and Rebellion in Aceh, Indonesia." World Bank report.

Rozenburg, Joshua. 2001. "How Mugabe Undermined Rule of Law." *The Telegraph*, Mar. 6.

Rummel, R.J. 2002. *Power Kills: Democracy as a Method of Non-violence*. New York: Routledge.

Rustow, Dankwart. 1970. "Transitions to Democracy: Toward a Dynamic Model." Comparative Politics 2(3): 337–363.

Ryvkin, Dmitry and Anastasia Semykina. 2015. "The Chicken or the Egg: An Experimental Study of Democracy Survival, Income, and Inequality." Working Paper, Department of Economics, Florida State University. https://coss.fsu.edu/econpapers/wpaper/wp2015_11_01.pdf.

Sabl, Andrew. 2015. "The Two Cultures of Democratic Theory: Responsiveness, Democratic Quality, and the Empirical-normative Divide." *Perspectives on Politics* 13(2): 345–365.

Sachs, Jeffrey, Wing Thye Woo, and Xiaokai Yang. 2000. "Economic Reforms and Constitutional Transition." *Annals of Economics and Finance* 1(2): 423–479.

Sakurai, Sergio and Naercio Menezes-Filho. 2011. "Opportunistic and Partisan Election Cycles in Brazil." *Public Choice* 148(1–2): 233–247.

Schipani, Andrews and Vivianne Rodrigues. 2014. "Peru Seeks to Revive Economic Miracle as Super Cycle Slows." *The Financial Times*, Sep. 25.

Scholl, Almuth. 2017. "The Dynamics of Sovereign Default Risk and Political Turnover." *Journal of International Economics* 108(C): 37–53.

Schubert, Louis, Thomas Dye, and Harmon Zeigler. 2015. *The Irony of Democracy: An Uncommon Introduction to American Politics*. Andover: Cengage Learning.

Schumacher, Gijs, Barbara Vis, and Kees van Kersbergen. 2013. "Political Parties' Welfare Image, Electoral Punishment and Welfare State Retrenchment." *Comparative European Politics* 11(1): 1–21.

Schumpeter, Joseph. 2008. *Capitalism, Socialism and Democracy*. New York: Harper Perennial Modern Classics.

Scott, James. 1999. *Seeing Like a State*. New Haven: Yale University Press.

Scott, Katy. 2019. "South Africa is the World's Most Unequal Country. 25 Years of Freedom Have Failed to Bridge the Divide." CNN report, May 10.

Segal, David. 2017. "Turkey Sees Foes at Work in Gold Mines, Cafes and Smurf Village." *The New York Times*, Jun. 22.

Sen, Amartya. 2015. "The Economic Consequences of Austerity." *New Statesman*, Jun. 4.

Serrano, Francisco. 2019. "Is Tunisia's Post-Arab Spring Success Story Only Skin Deep?" *World Politics* Review, April 23.

Shi, Min and Jakob Svensson. 2006. "Political Budget Cycles." *Journal of Public Economics* 90: 8–9.

Sim, Shuan. 2015. "Thailand Rice Subsidy Scheme." *International Business Times*, Jan. 23.

SIPRI (Stockholm International Peace Research Institute). 2019. "SIPRI Military Expenditure Database." https://www.sipri.org/databases/milex.

Skaaning, Svend-Erik. 2021. "Lexical Index of Electoral Democracy (LIED) dataset v6.0", https://doi.org/10.7910/DVN/WPKNIT, Harvard Dataverse, V2.

Slater, Dan. 2004. "Indonesia's Accountability Trap: Party Cartels and Presidential Power after Democratic Transition." *Indonesia* 78: 61–92.

Slater, Dan. 2008. "Can Leviathan be Democratic? Competitive Elections, Robust Mass Politics, and State Infrastructural Power." *Studies in Comparative International Development* 43: 252–272.

Slater, Dan. 2014. "Economic Origins of Democratic Breakdown? The Redistributive Model and the Postcolonial State." *Perspectives on Politics* 12(2): 353–374.

Slinko, Elena, Stanislav Biluga, Julia Zinkina and Andrew Korotayev. 2017. "Regime Type and Political Destabilization in Cross National Perspective: A Re-Analysis." *Cross Cultural Research*, 5(1): 26–50.

Smith, David. 2012. "Jacob Zuma Denies Rift with Mugabe." *The Guardian*, Dec. 13.

Snyder, Jack. 2000. *From Voting to Violence: Democratization and Nationalist Conflict*. New York: W.W. Norton & Company.

Snyder, Jack and Edward Mansfield. 2007. "The Sequencing Fallacy." *Journal of Democracy* 18(3): 5–9.

Sriyana, Jaka. 2016. "Optimum Size of Government Spending in Indonesia." *Journal of Applied Economic Sciences* 11(3).

Stasavage, David. 2005. "Democracy and Education Spending in Africa." *American Journal of Political Science* 49(2): 343–358.

Stevenson, Betsey and Justin Wolfers. 2008. "Happiness Inequality in the United States." *The Journal of Legal Studies* 37(S2): 33–79.

Stolle, Dietlind and Thomas Rochon. 1998. "Are All Associations Alike? Membership Diversity, Associational Type, and the Creation of Social Capital." *American Behavioral Scientist* 42(1): 47–65.

Stott, Michael. 2019. "Fears Grow of Venezuela Malnutrition Time-bomb." *The Financial Times*, Aug. 20.

Sturm, Jan-Egbert and Jakob De Haan. 2001. "How Robust is the Relationship between Economic Freedom and Economic Growth?" *Applied Economics* 33(7):839–844.

Su-Lyn, Boo. 2015. "Racial Problems Worsening, Analysts Say after Anti-Chinese Slurs at Red shirt Rally." Malaymail Online, Sep. 17.

Sunde, Uwe and Matteo Cervellati. 2014. "Democratizing for Peace?" *Oxford Economic Papers* 66(3): 774–797.

Surowiecki, James. 2005. *The Wisdom of Crowds*. New York: Anchor Books.

Svolik, Milan. 2008. "Authoritarian Reversals and Democratic Consolidation." *American Political Science Review* 102(2): 153–168.

Talbot, Ned. 2015. "Indonesia: Jakarta's Change of Strategy towards West Papua Separatists." *The Diplomat*, Dec. 7.

Talmon, Jacob. 1970. *Origins of Totalitarian Democracy*. New York: W.W. Norton & Co. 中譯本見：[以] J. F. 塔爾蒙著，孫傳釗譯. 2011.《極權主義民主的起源》. 長春：吉林人民出版社。

Tang, Rui and Shiping Tang. 2018. "Democracy's Unique Advantage in Promoting Economic Growth." *Kyklos* 71(4): 642–666.

Tang, Shiping. 2015. "The Onset of Ethnic War: A General Theory." *Sociological Theory* 33(3): 256–279.

Taseer, Aatish. 2016. "My Father's Killer's Funeral." *The New York Times*, Mar. 11.

Tavares, Hose and Romain Wacziarg. 2001. "How Democracy Affects Growth." *European Economic Review* 45(8): 1341–1378.

Thatcher, Gary. 1980. "Nkomo Returns to Rhodesia, Disavows Split with Mugabe." The Christian Science Monitor, Jan. 14. https://www.csmonitor.com/1980/0114/011465.html

The Economist. 2004. "Peronism and Its Perils." Jun. 3.

The Economist. 2007. "Fatherland, Socialism or Death." Oct. 11.

The Economist. 2008. "Between Staying and Going." Sep. 25.

The Economist. 2011. "Medieval Policies." Aug. 20.

The Economist. 2011. "Ortega Goes Capitalist: Looking for Alternatives to Venezuela." Aug. 27.

The Economist. 2014. "What's Gone Wrong With Democracy." Mar. 1.

The Economist. 2014. "The Lady is for Turning." May 23.

The Economist. 2015. "Starting to List." Apr. 4.

The Economist. 2015. "The Scion and the Heir." Aug. 1.

The Economist. 2015. "With Different Rules, Some Big Elections in 2015 Would have Had Very Different Outcomes." Dec. 28.

The Economist. 2015. "The Man Who Would Be King." Oct. 1.

The Economist. 2015. "End of Kirchnerismo." Oct. 24.

The Economist. 2015. "The Latinobarómetro Poll: When the Tide Goes Out." Sep. 26.

The Economist. 2016. "Brazil's Fall." Jan. 2.

The Economist. 2016. "Dying to Work for the Government." Jan. 28.

The Economist. 2016. "Indonesia's Blasphemy Laws." Nov. 24.

The Economist. 2018. "South Africa is Getting Land Reform Wrong." Jan. 25.

The Economist. 2018. "Turkey's Last Independent Media Firm Is Snapped Up By A Regime Ally."Mar. 27.

The Economist. 2018. "A Warning on Poverty from Peru." May 10.

The Economist. 2019. "New Research Traces the Intricate Links Between Policy and Politics." May 11.

The Guardian. 2012. "How Did Venezuela Change Under Hugo Chavez?" Datablog, Oct. 4.

Tilly, Charles. 1975. *The Formation of National States in Western Europe*. Princeton: Princeton University Press.

Tocqueville, Alexis. 2003. *Democracy in America*. London: Penguin Classics.

Tokarnia, Mariana. 2018. "Higher Productivity Could Boost Brazil Growth to 4.4%, World Bank Says." *Agencia Brasil*, Jul. 3.

Tran, Mark. 2008. "Mugabe Denounces Britain as Thieving Colonialists." *The Guardian,* Apr. 18.

Treanor, Jill. 2010. "Iceland's Politicians Forced to Flee from Angry Protesters." *The Guardian,* Oct. 1.

Trinkunas, Harold. 2018. "The Tragedy of the Venezuela Opposition." *Foreign Affairs,* Jan. 5.

Trinn, Christoph and Thomas Wencker. 2021. "Integrating the Quantitative Research on the Onset and Incidence of Violent Intrastate Conflicts." *International Studies Review,* 23(1): 115–139.

Ulfelder, Jay. 2010. "Searching for Sources of Democratic Consolidation." Available at SSRN: https://ssrn.com/abstract=1703364.

Valdes, Rodrigo. 2007. "Inflation Targeting in Chile: Experiences and Issues." OECD analysis, Feb. 28. http://www.oecd.org/economy/monetary/38275839.pdf.

Valente, Catherine. 2019. "SWS:79% of Filipinos Satisfied with Duterte's Drug War." *The Manila Times,* Dec. 23.

Varshney, Ashutosh. 2001. "Ethnic Conflict and Civil Society: Indian and Beyond." *World Politics* 53(3): 362–398.

Varshney, Ashutosh. 2003. "Patterns of Collective Violence in Indonesia." UNSFIR working paper No. 04/03. http://conflictrecovery.org/bin/Patterns_of_collective_violence_July04.pdf.

Verme, Paolo. 2009. "Happiness, Freedom and Control." Journal of Economic Behavior and Organization 71: 146–161.

Voth, Hans-Joachim, Nico Voigtländer, and Shanker Satyanath. 2013. "Bowling for Adolf: How Social Capital Helped to Destroy Germany's First Democracy." Vox analysis, Aug. 5.

Vreeland, James. 2008. "The Effect of Political Regime on Civil War: Unpacking Anocracy." *Journal of Conflict Resolution* 52(3): 401–425.

Wahl, Fabian. 2017. "Does European Development Have Roman Roots? Evidence from the German Lines." *Journal of Economic Growth* 22(3): 313–349.

Walker, Shaun. 2012. "Vladimir Putin Still Has It at 60: One in Five Women Want to Marry Him." *The Independent,* Oct. 6.

Walter, Barbara. 2004. "Does Conflict Beget Conflict? Explaining Recurrent Civil War." Journal of Peace Research 41(3): 371–388.

Wang, Erik and Yiqing Xu. 2018. "Awakening Leviathan: The Effect of Democracy on State Capacity." *Research and Politics* 5(2): 1–7.

Way, Lucan. 2014. "The Maidan and Beyond: Civil Society and Democratization." *Journal of Democracy* 25(3): 35–43.

Weede, Erich. 1996. "Political Regime Type and Variation in Economic Growth Rate." *Constitutional Political Economy* 7(3): 167–176.

Wehrfritz, George. 2008. "Thai Protestors are Against Globalizations." *Newsweek*, Sep. 5

Welzel, Christian. 2012. "The Myth of Asian Exceptionalism." *Journal of Cross-Cultural Psychology* 43(7): 1039–1054.

Welzel, Christian. 2013. *Freedom Rising*. Cambridge: Cambridge University Press.

Westcott, Ben. 2019. "I was Fighting Against My Own Government in Drug War, Philippines President Duterte Says." CNN report, Nov. 30.

Wheaton, Eliot. 1968. *Prelude to Calamity: The Nazi Revolution 1933–35*. New York: Doubleday.

Wilde, Matt. 2017. "Contested Space: The Communal Councils and Participatory Democracy in Chavez's Venezuela." *Latin America Perspective* 44(1): 140–158.

Wilpert, Gregory. 2003. "Venezuela's New Constitution." Venezuelanalysis, Aug. 27. http://venezuelanalysis.com/analysis/70.

Wilson, Peter. 2012. "Winning Ugly in Venezuela." *Foreign Policy*, Feb. 24.

Winer, Jonathan. 2019. "Origins of Libyan Conflicts and Options for Its Resolution." Policy paper for the Middle East Institute. https://www.mei.edu/publications/origins-libyan-conflict-and-options-its-resolution.

Winter, Joseph. 2017. "Robert Mugabe: Is Zimbabwe's Ex-president a Hero or Villain?" BBC News, Nov. 21.

World Bank Group. 2020a. "Doing Business 2020: Comparing Business Regulation in 190 Economies." World Bank report. http://hdl.handle.net/10986/32436.

World Bank Group. 2020b. "World Bank Open Data." https://data.worldbank.org/.

WID (World Inequality Database). 2015. "Top 1% net personal wealth share, Russian Federation,1995–2015." https://wid.world/country/russian-federation/.

Yevdokimov, Yuri, L. Melnyk, O. Lyulyov, O. Panchenko, and V. Kubatko. 2018. "Economic Freedom and Democracy: Determinant Factors in Increasing Macroeconomic Stability." *Problems in Perspectives in Management* 16(2): 279–290.

Younis, Mohamed. 2019. "Four in 10 Americans Embrace Some Form of Socialism." Gallup survey, May 20.

Zakaria, Fareed. 1997. "The Rise of Illiberal Democracy." *Foreign Affairs* 76(6): 22–43.

Zareen, Shumaila and Abdul Qayyum. 2014. "An Analysis of Optimal Government Size for Growth: A Case Study of Pakistan." Working Paper.

Zimbabwe Population Census Office. 2012. "Zimbabwe Population Census 2012." http://www.zimstat.co.zw/sites/default/files/img/publications/Population/National_Report.pdf.

包剛升. 2014.《民主崩潰的政治學》. 北京：商務印書館.

秦暉. 2015.《走出帝制：從晚清到民國的歷史回望》. 北京：群言出版社.

王紹光. 2018.《抽籤與民主、共和：從雅典到威尼斯》. 北京：中信出版社.

本研究得到中國國家社科基金一般項目的資助，項目名稱為「民主觀念如何影響民主穩固研究」，項目號為20BZZ017，特此鳴謝。

附錄 1-1：Polity V 模糊分值年份確立轉型時間的案例說明 （1974–2018）

國家	Polity 分值	轉型啟動年	說明
波斯尼亞	-6	1996	由於國際武裝力量長期駐扎，波斯尼亞從 1995 年到 2006 年一直處於 -6 狀態，但是案例分析顯示，該國從 1998 年就開始了周期性的、被國際社會認可的選舉。
布隆迪	-7	1993	詳情已在正文說明。
埃及	-8	2012	詳情已在正文說明。
德國 （東德）	-8	1990	儘管西德二戰結束以後一直被視為競爭性政體，但是對於東德而言，轉型仍然存在。
伊拉克	-6	2005	Polity V 中伊拉克政體分值直到 2010 年才成為正值，但是此前長達七年的 -6 分值（美軍佔領）掩蓋了它在 2005 年就開始舉行基本自由的選舉這一事實。
利比亞	-7	2012	利比亞在推翻卡扎菲統治之後一直處於 -7 狀態，但無法否認的是，它在 2012 年舉行了相對自由的選舉，這一民主化進程被 2014 年正式爆發的內戰所打斷。

附錄 2-1：第三波國家／地區中模糊分值的政體狀態賦值說明（1974–2018）

國家／地區	年份	Polity V 模糊分值	政體狀態賦值	賦值理由
阿富汗	1978	-7	1	LED: 1
	1979-1986	-6	1	LED: 1 or 0
	1987-1988	-6	2	LED: 0 3
	1992-1995	-7	3	LED: 3 0
	2001-2004	-6	1	LED: 1 or 0
	2005-2013	-6	2	LED: 1 3
阿爾巴尼亞	1991	-8	2	LED: 1 3
安哥拉	1991	-8	1	LED: 1
	1992	-7	2	LED: 1 3
	1993-1996	-8	2	LED: 1 3
貝攏	1990	-8	1	LED: 1
波斯尼亞	1992-1994	-7	1	LED: 0
	1995-2007	-6	2	LED: 0 6
	2008-2018	-6	4	
布基納法索	1977	-8	1	LED: 0
布隆迪	1992	-8	3	
	1993-1995	-7	2	LED: 0 3
	2001-2004	-8	1	LED: 0
柬埔寨	1975	-7	1	LED: 1
	1979-1988	-6	1	LED: 1
	1989-1992	-8	1	LED: 1
中非共和國	2013-2015	-7	3	LED: 3 0
乍得	1978	-8	1	LED: 0
	1979-1984	-7	1	LED: 0
	1993-1995	-8	2	案例分析
剛果人民民主共和國	1992-2002	-7	1	LED: 1 or 0
	2002-2005	-8	1	LED: 0
剛果共和國	1991	-8	1	LED: 1
科特迪瓦	2002-2006	-7	2	LED: 0 3
	2007	-8	2	LED: 0 3
	2008-2009	-8	3	LED: 3 0
	2010	-7	3	LED: 3 0
克羅地亞	1999	-8	2	Polity: -5(1998) 8(2000)

國家/地區	年份	Polity V 模糊分值	政體狀態賦值	賦值理由
塞浦路斯	1974	-8	4	Polity: 7(1973) 10(1975)
埃及	2012	-8	2	案例分析
薩爾瓦多	1979-1981	-7	3	LED: 3 0
	1982-1983	-7	2	LED: 0 3
埃塞俄比亞	1974	-7	1	LED: 0
	1991-1992	-7	1	LED: 0
	1993	-8	1	LED: 0
	1994	-8	2	LED: 0 3
加蓬	1990	-8	1	LED: 1
格魯吉亞	1992-1993	-7	3	LED: 3 0
	1994	-8	3	LED: 3 0
東德	1989-1990	-8	1	LED: 1
希臘	1974	-8	2	LED: 0 6
危地馬拉	1985	-8	2	LED: 0 3
畿內亞比紹	1998	-7	3	LED: 6 3
	1999	-8	3	LED: 6 3
海地	1986-1989	-7	1	LED: 1 or 0
	1990	-7	2	LED: 0 3
	1999	-8	3	LED: 6 3
	2004-2005	-8	3	LED: 3 0
	2010-2014	-7	3	LED: 6 3 1
	2015	-7	2	LED: 1 3
	2016	-8	2	LED: 3 6
洪都拉斯	1980	-8	1	LED: 0
	1981	-8	2	LED: 0 2
匈牙利	1989	-8	2	Polity: -7(1988) 10(1990)
伊拉克	2003-2004	-6	1	LED: 0
	2005-2009	-6	2	LED: 0 6
韓國	1987	-8	2	Polity: -5(1986) 6(1988)
利比里亞	1990-1995	-7	1	LED: 0
	1996	-8	1	LED: 0
	2003-2005	-8	3	LED: 3 1

國家／地區	年份	Polity V 模糊分值	政體狀態賦值	賦值理由
利比亞	2011	-7	1	LED: 0
	2012-2013	-7	2	LED: 0 6
	2014-2018	-7	3	LED: 6 1
馬達加斯加	1991	-8	1	LED: 1
馬里	1991	-8	1	LED: 0
	2012	-7	3	LED: 6 2
緬甸	2015	-8	2	LED: 3 6
尼日爾	1991-1992	-8	2	Polity: -4(1990) 6(1993)
尼日利亞	1978	-8	1	LED: 0
	1998	-8	1	LED: 0
秘魯	1978-1979	-8	3	LED:4 0
	2000	-8	2	LED: 3 6
菲律賓	1986	-8	2	LED: 3 6
葡萄牙	1974	-8	3	LED: 3 1
	1975	-8	2	LED: 1 3
羅馬尼亞	1989	-8	1	LED: 1
塞拉利昂	1997	-7	3	LED: 3 0
	1998-2000	-7	2	LED: 0 3
	2001	-8	2	LED: 3 6
索馬里	1991-2010	-7	1	LED: 1 or 0
	2011	-6	1	LED: 0
南非	1992-1993	-8	4	LED: 4
西班牙	1975-1976	-8	1	LED: 0 or 1
	1977	-8	2	LED: 1 6
泰國	1977	-8	3	LED: 6 0
突尼斯	2011-2013	-8	2	LED: 3 6
烏干達	1979	-6	3	LED: 3 0
	1985	-7	3	LED: 3 0
也門	1990-1992	-8	2	LED: 1 3
	2014-2018	-7	3	LED: 3 0

註：1.政體類別賦值中，1為「威權政體」；2為「民主轉型狀態」；3為「威權轉型狀態」；4為「民主政體」。2.賦值理由這一欄，給出將某國家年的模糊分值歸類的理由。當 Polity V 自身提供的信息足夠清晰時，此處優先援引它；當 Polity V 提供的信息不夠清晰，理由訴諸於 List of Electoral Democracy 數據庫（LED）；當兩個數據庫有所矛盾或都不夠有說服力時，筆者訴諸於自己的案例分析。

附錄2-2：第三波案例民主化前後的國內暴力衝突規模（1974–2018）

國家/地區	轉型年份	轉型前暴力衝突峰值	轉型後暴力衝突峰值
阿富汗	1987	7	7
	1989 ↓		
	2005	7	4
阿爾巴尼亞	1990	0	2
阿爾及利亞	1989	0	4
	1992 ↓		
	1995	4	4
	2004	4	0
安哥拉	1992	7	7（E）
阿根廷	1976 ↓		
	1983	3	0
亞美尼亞	1991	0	0
	1995 ↓		
	1998	0	0
阿塞拜疆	1992	0	3
	1993 ↓		
孟加拉國	1974 ↓		
	1978	2	2
	1982 ↓		
	1991	2	2（E）
	2007 ↓		
	2009	0	0
	2014 ↓		
白俄羅斯	1991	0	0
	1995 ↓		
貝擾	1991	0	0
玻利維亞	1978	0	0
	1980 ↓		
	1982	0	0
波斯尼亞	1996	6	0
巴西	1974	0	1
	1985	0	0
保加利亞	1989-1990	0	0

國家/地區	轉型年份	轉型前暴力衝突峰值	轉型後暴力衝突峰值
布基納法索	1978	0	0
	1980 ↓		
	2001-2015	0	0
布隆迪	1993	3	4
	1996 ↓		
	1998	4	4（E）
	2015 ↓		
柬埔寨	1993	6	2
	1997 ↓		
	1998	0	0
	2017 ↓		
喀麥隆	1990	1	0
	1992 ↓		
中非共和國	1993	0	1
	2003 ↓		
	2016	3	3
乍得	1990	4	4（E）
智利	1989	3	0
剛果共和國	1992	0	1
	1997 ↓		
剛果民主共和國	2006	7	6
	2016 ↓		
科特迪瓦	1999-2000	0	2
	2008 ↓		
	2011	0	2
克羅地亞	1991	0	3
	1995 ↓		
	1999	0	0
捷克	1989-1990	0	0
多米尼加 共和國	1978	0	0
厄瓜多爾	1979	0	0
埃及	2005	1	1
	2013 ↓		
東帝汶	2002	9	0
薩爾瓦多	1977 ↓		
	1982	6	6（E）

國家/地區	轉型年份	轉型前暴力衝突峰值	轉型後暴力衝突峰值
愛沙尼亞	1991	0	0
埃塞俄比亞	1994	6	1
	2005 ↓		
	2018	2	2
加蓬	1991-2009	0	0
岡比亞	1994 ↓		
	2017	0	0
民主德國（東德）[2]	1990		
		0	0
加納	1979	0	1
	1982 ↓		
	1991	0	1
	2001	0	0
希臘	1974	0	0
格魯吉亞	1991	0	3
	1992 ↓		
	1995	3	1
	2004	0	0
危地馬拉	1974 ↓		
	1985-1996	5	5（E）
幾內亞	1995	0	1
	2010	0	0
幾內亞比紹	1991	0	2
	1998 ↓		
	2000	2	0
	2003 ↓		
	2005	0	0
	2012 ↓		
	2014	0	0
海地	1990	0	1
	1991 ↓		
	1994	0	0
	1999 ↓		
	2006	1	1（E）
	2010 ↓		
	2015	0	0
洪都拉斯	1982	1	1（E）
匈牙利	1988-1990	0	0

國家/地區	轉型年份	轉型前暴力衝突峰值	轉型後暴力衝突峰值
印度尼西亞	1999	9	3
伊朗	1997	4	0
	2004 ↓		
伊拉克	2005	8	5
約旦	1989	0	0
哈薩克斯坦	1991	0	0
	1995 ↓		
肯尼亞	1997-2002	1	4
吉爾吉斯斯坦	1991-2005	0	0
	2009 ↓		
	2010	2	0
拉脱維亞	1991	0	0
萊索托	1991-1993	0	0
利比里亞	1997	4	1
	2003 ↓		
	2006	0	0
利比亞	2012	4	2
	2014 ↓		
立陶宛	1991	0	0
馬其頓	1991	0	0
馬達加斯加	1992	0	0
	2009 ↓		
	2011	0	0
馬拉維	1994	0	0
馬來西亞	2008	0	0
馬里	1992	1	1
	2012 ↓		
	2013	1	1
毛里塔尼亞	2006-2007	3	0
	2008 ↓		
	2009		
墨西哥	1977-1988-1994-2000	0	4
摩爾多瓦	1991	0	1
蒙古	1990	0	0
莫桑比克	1994	6	0

國家/地區	轉型年份	轉型前暴力衝突峰值	轉型後暴力衝突峰值
緬甸	1988	4	4
	2005 ↓		
	2011	4	4（E）
	2016	0	5
納米比亞	1990	2*	0
尼泊爾	1981	0	0
	1990	0	2
	2002 ↓		
	2006	2	0
尼加拉瓜	1979-1984-1990	3	3（E）
尼日爾	1990	0	2
	1996 ↓		
	1999	2	2（E）
	2009 ↓		
	2010	0	0
尼日利亞	1979	0	2
	1984 ↓		
	1999	2	4
巴基斯坦	1977 ↓		
	1985-1988	2	1
	1999 ↓		
	2007-2008	6	6
巴拿馬	1989	0	0
巴拉圭	1989	0	0
秘魯	1980	0	3
	1992 ↓		
	1993-2001	3	3（E）
菲律賓	1986	6	6
巴布亞新幾內亞	1975	0	1
波蘭	1989	0	0
葡萄牙	1975	0	0
羅馬尼亞	1990	1	0
俄羅斯	1990	0	4
盧旺達	2003	10	0
塞內加爾	1978	0	1
	2000	1	0
塞爾維亞	2000	4	0

國家/地區	轉型年份	轉型前暴力衝突峰值	轉型後暴力衝突峰值
塞拉利昂	1996	3	3
	1997 ↓		
	1998-2002	3	3（E）
斯洛伐克	1993	0	0
斯洛文尼亞	1991	0	0
索馬里	2012	5	5
斯里蘭卡	2010 ↓		
	2015	0	0
韓國	1981-1988	1	0
南非	1994	3	3（E）
西班牙	1977	0	0
蘇丹	1985-1986	6	6
	1989 ↓		
	2005	6	6
	2012 ↓		
中國台灣	1987-1992	0	0
塔吉克斯坦	1991	0	3
	1992 ↓		
	1998	3	0
坦桑尼亞	1995-2015	0	0
泰國	1974	2	2
	1976 ↓		
	1978	2	2（E）
	1991 ↓		
	1992	0	1
	2006 ↓		
	2007-2008	1	1
	2014 ↓		
東帝汶	2002	1* ACD	0
多哥	1993	0	0
突尼斯	1993-2011	0	0
土耳其	1980 ↓		
	1983	4	5
	2016 ↓		
烏干達	1980	5	4
	1985 ↓		
	1993	6	2

國家／地區	轉型年份	轉型前暴力衝突峰值	轉型後暴力衝突峰值
烏克蘭	1991	0	2
烏拉圭	1985	0	0
委內瑞拉	2009 ↓ 2013 2017 ↓	0	3
也門	1990 2012 2014 ↓	2 3	2 4
贊比亞	1991 1996 ↓ 2001	0 0	0 0
津巴布韋	1980 1987 ↓ 1999 2001 ↓ 2009	3 0 0	1 0 0

註：1，如果兩次轉型發生在同一個方向，中間沒有逆向變化，除非兩次轉型後的暴力衝突表現不同，為簡化信息，筆者將其記錄為一輪變化。同一行中出現兩個或以上年份，即為此種情況。2，儘管波斯尼亞直到1992年才宣佈獨立，該地區的第一次競爭性選舉發生在1990年。3，儘管東德作為一個國家已經不復存在，但是在民主化過程中，一個國家的統一或分裂是最容易引發暴力衝突的事件，故將其作為考察對象。4，MPEV和ACD（25人）尺度不同，所以有些ACD中的衝突MPEV中沒有記錄，比如Burkina Faso，馬達加斯加，馬拉維，多哥，MEPV就沒有。表中帶*標誌的數據，來自於ACD，因為MEPV沒有獨立前某個地區的CIVTOT分值。

附錄2-3：第三波國家／地區轉型前後衝突狀態的相對頻率（1974–2018）

	暴力衝突狀態	大規模暴力 衝突狀態	中大型國家 暴力衝突狀態	中大型國家大規模 暴力衝突狀態
轉型前	40%	12%	64%	22%
轉型後	24%	5%	45%	9%

數據來源：MEPV和Polity V.

附錄3-1：不同政體狀態下經濟自由度（均值）的變化
（1975–2018）

	穩定威權	民主轉型	威權轉型	穩定民主
1975	5.29	5.04	4.69	6.65
1980	5.06	4.90	4.51	6.57
1985	4.96	5.03	4.61	6.78
1990	5.15	5.40	4.23	7.03
1995	5.41	5.72	6.13	7.25
2000	6.22	6.33	6.07	7.49
2005	6.51	6.61	5.74	7.35
2010	6.67	6.53	5.72	7.45
2015	6.50	6.47	6.06	7.43
2018	6.59	6.47	5.83	7.46

附錄3-2：第三波民主化國家/地區的經濟自由度變化 （1970–2018）

國家/地區	轉型前	轉型啟動年	轉型後（短期）	轉型後（長期）
阿爾巴尼亞	5.03	1990	6.39	7.46
阿爾及利亞	4.73	2004	5.13	4.87
阿根廷	4.02	1983	4.96	5.93
亞美尼亞	3.43	1991	X	7.72
孟加拉國	4.17	1991 2018 ↓	5.7	6.08
貝擴	4.88	1991	5.71	6.10
玻利維亞	4.91	1982	4.92	6.43
波斯尼亞	X	1996	6.61	6.84
巴西	3.61	1985	4.30	6.42
保加利亞	4.72	1989	5.28	7.44
布基納法索	5.95	2015	6.09	
布隆迪	5.46	2005 2015 ↓	5.70	5.7
中非	4.63	1993 2003 ↓	5	
智利	5.16	1989	7.38	7.91
剛果民主共和國	4.54	2006 2016 ↓	5.48	
剛果共和國	4.53	1992 1997 ↓	5.28	
科特迪瓦	5.68	2011	5.89	
克羅地亞	5.24	2000	6.67	7.29
捷克	X	1993	7.09	7.73
多米尼加	4.17	1978	4.85	6.97
厄瓜多爾	5.30	1979	5.44	6.21
薩爾瓦多	4.72	1984	5.61	7.51
愛沙尼亞	3.43	1991	7.40	8.00
加蓬	5.62	2009	5.48	
格魯吉亞	3.43	1995	7.48	7.96
加納	4.94	1996	6.46	6.69
希臘	5.83	1975	5.50	7.07
危地馬拉	5.65	1986	6.53	7.50
幾內亞比紹	2.71	1994	4.68	5.18

國家／地區	轉型前	轉型啟動年	轉型後（短期）	轉型後（長期）
海地【1】	5.51	1994 1999 ↓	5.98	
海地【2】	6.78	2006 2010 ↓	6.88	
海地【3】	6.47	2015	6.58	
洪都拉斯	6	1982	5.71	7.11
匈牙利	4.85	1990	7.06	7.49
印度尼西亞	6.26	1999	6.47	7.15
伊朗	4.3	1997 2004 ↓	5.90	
伊拉克	X	2005	5.57	5.47
肯尼亞	5.5	1997	6.89	7.09
吉爾吉斯斯坦	6.75	2005	6.93	7.14
拉脫維亞	3.43	1991	7.28	7.91
萊索托	X	1993	6.04	6.42
立陶宛	3.43	1991	7	7.78
馬其頓	X	1991	6.84	7.26
馬達加斯加	4.37	1992	5.7	6.17
馬拉維	5.14	1994	5.16	6.62
馬里	5.65	1992	5.62	5.88
墨西哥	5.35	1994	6.76	6.92
摩爾多瓦	3.43	1991	X	6.81
莫桑比克	X	1994	5.53	5.7
緬甸	4.52	2015	5.87	
納米比亞	5.44	1990	6.21	6.64
尼泊爾【1】	4.87	1990 2002 ↓	6.08	
尼泊爾【2】	6.61	2006	6.61	
尼加拉瓜	2.85	1990	6.8	7.24
尼日爾	5.03	1999	5.41	5.71
尼日利亞【1】	3.98	1979 1984 ↓	3.80	
尼日利亞【2】	3.69	1999	5.87	6.73
巴基斯坦【1】	4.57	1988 1999 ↓	5.02	
巴基斯坦【2】	5.68	2007	5.96	
巴拿馬	6.45	1989	7.55	7.64

國家／地區	轉型前	轉型啟動年	轉型後（短期）	轉型後（長期）
巴布亞新幾內亞	5.18	1975	5.9	6.30
巴拉圭	5.48	1989	6.63	7.00
秘魯【1】	3.66	1980 1992 ↓	3.52	
秘魯【2】	7.12	2001	7.72	7.76
菲律賓	4.95	1987	6.64	7.11
波蘭	4.66	1989	5.52	7.15
葡萄牙	4.98	1975	5.69	7.49
羅馬尼亞	4.83	1990	5.4	7.5
俄羅斯	3.43	1992	5.26	6.42
塞內加爾	5.3	2000	5.78	6.12
塞爾維亞	X	2000	6.63	6.92
塞拉利昂	4.63	2001	5.92	5.82
斯洛伐克	X	1993	6.82	7.65
斯洛文尼亞	X	1991	6.67	7.23
南非	5.61	1994	6.87	6.88
韓國	5.45	1988	6.86	7.54
西班牙	5.87	1977	6.27	7.73
中國台灣	6.64	1992	7.46	7.6
坦桑尼亞	6.59	2015	6.78	
泰國	5.87	1978 2014 ↓	5.91	6.62
東帝汶	X	2002	6.27	6.45
突尼斯	6.39	2011	6.23	
土耳其	3.70	1980 ↓ 1983 2016 ↓	5.3	6.51
烏克蘭	3.43	1991	4.87	5.86
烏拉圭	6.08	1985	6.43	7.28
委內瑞拉	3.68	2009 ↓ 2013 2017 ↓	2.83	
贊比亞	3.76	1991	6.58	7.18
津巴布韋【1】	5.01	1980 1987 ↓	5.03	
津巴布韋【2】	3.59	2009	5.38	

附錄3-3：三類國家人均GDP年增長率「國家年」的分佈比例（%）（1974–2018）

	優秀 ↑ >5%	良好 ↑ 2-5%	中等 ↑ 0-2%	較差 ↓ <5%	極差 ↓ >5%
穩定威權國家	28.7	23.7	15.1	20.7	11.8
民主轉型國家	19.4	35.9	28.3	10.9	5.3
穩定民主國家	12.9	39.5	29.3	15.7	2.5
全部	19.6	32.3	48.1	21.5	7.5

附錄3-4：第三波國家轉型前後人均真實GDP變化趨勢（1974–2018）

國家/地區	轉型前	轉型啟動年	轉型後（短期）	轉型後（長期）
阿爾巴尼亞	1755	1990	1593	3472
阿爾及利亞	3129	2004	3958	4173
阿根廷	9858	1983	9333	12118
亞美尼亞	1471	1991	1136	3189
孟加拉國	491	1991 2018 ↓	614	931
白俄羅斯	2854	1991 1995 ↓	2349	
貝攏	801	1991	865	1025
玻利維亞	2122	1982	1759	2428
波斯尼亞	955	1996	3120	4564
巴西	5847	1985	6409	7936
保加利亞	4058	1989	3920	6257
布基納法索	593	2015	694	
布隆迪	308	2005 2015 ↓	313	
柬埔寨	579	1993 2017 ↓	495	970
中非	540	1993 2003 ↓	471	

國家/地區	轉型前	轉型啟動年	轉型後（短期）	轉型後（長期）
智利	4641	1989	7409	11897
剛果民主共和國	367	2006 2016 ↓	427	
剛果共和國	2531	1992 1997 ↓	2154	
科特迪瓦	1617	2011	1961	
克羅地亞	8196	2000	11374	12332
捷克	10234	1993	12420	17247
多米尼加	2173	1978	2800	4930
厄瓜多爾	3608	1979	4239	5033
薩爾瓦多	2888	1984	2501	3323
愛沙尼亞		1991	9561	16434
埃塞俄比亞	260	1995 2005 ↓	265	
加蓬	7395	2009	7183	
格魯吉亞	1146	1995	1866	3689
加納	913	1996	1116	1701
希臘	12983	1975	14789	18696
危地馬拉	3104	1986	2854	3592
幾內亞	666	2010	796	
幾內亞比紹	647	1994	638	600
海地【1】	1574	1994 1999 ↓	1298	
海地【2】	1295	2006 2010 ↓	1353	
海地【3】	1349	2015	1405	
洪都拉斯	1658	1982	1682	2022
匈牙利	7592	1990	8181	11940
印度尼西亞	1795	1999	2288	3345
伊朗	3553	1997 2004 ↓	3954	
伊拉克	3372	2005	4347	4975
肯尼亞	1219	1997	1193	1435
吉爾吉斯斯坦	730	2005	1033	1197
拉脫維亞		1991	6511	12557

國家/地區	轉型前	轉型啟動年	轉型後（短期）	轉型後（長期）
萊索托	531	1993	725	1048
利比里亞	647	2006	683	
立陶宛		1991	6358	12572
馬其頓	3433	1991	3091	4384
馬達加斯加	550	1992	473	476
馬拉維	257	1994	287	363
馬里	484	1992	582	730
墨西哥	7478	1994	8492	9339
摩爾多瓦		1991	1440	2424
蒙古	1674	1990	1517	3000
莫桑比克	204	1994	313	528
緬甸	955	2015	1385	
納米比亞	2730	1990	2995	4235
尼泊爾【1】	395	1990 2002 ↓	509	
尼泊爾【2】	601	2006	815	
尼加拉瓜	1605	1990	1312	1802
尼日爾	440	1999	417	486
尼日利亞【1】	2078	1979 1984 ↓	1771	
尼日利亞【2】	1484	1999	1971	2584
巴基斯坦【1】	777	1988 1999 ↓	979	
巴基斯坦【2】	1107	2007	1323	
巴拿馬	5668	1989	6232	10758
巴布亞新幾內亞	1969	1975	1788	2105
巴拉圭	3504	1989	4045	4703
秘魯【1】	3768	1980 1992 ↓	3333	
秘魯【2】	3118	2001	4591	6345
菲律賓	1775	1987	1719	2459
波蘭	5120	1989	5950	10749
葡萄牙	9449	1975	10740	17932
羅馬尼亞	4996	1990	4511	7994
俄羅斯	6435	1992	5382	8980

國家／地區	轉型前	轉型啟動年	轉型後（短期）	轉型後（長期）
塞內加爾	1000	2000	1122	1246
塞爾維亞		2000	4695	5767
塞拉利昂	418	2001	526	642
斯洛伐克	6755	1993	9076	15176
斯洛文尼亞		1991	15569	20850
索馬里	330	2012	383	
南非	4945	1994	5069	6179
韓國	5151	1988	12710	24686
西班牙	14248	1977	15570	23883
坦桑尼亞	828	2015	998	1015
泰國	1250	1978 2014 ↓	1782	4096
東帝汶	980	2002	1082	1305
突尼斯	3541	2011	4090	
土耳其	4109	1980 ↓ 1983 2016 ↓	5150	7905
烏干達	376	1980 1985 ↓	378	
烏克蘭	2835	1991	1644	2320
烏拉圭	7315	1985	8399	12424
贊比亞	907	1991	782	1187
津巴布韋【1】	1554	1980 1987 ↓	1547	
津巴布韋【2】	1253	2009	1349	1395

附錄3-5：第三波國家轉型前後真實人均GDP變化趨勢的分類信息（1974–2018）

	轉型前 v. 轉型後（短期）	轉型前 v. 轉型後（長期）	轉型後（短期）v. 轉型後（長期）
負增長 （降幅 >5%）	尼日爾 阿根廷 危地馬拉 巴布亞新畿內亞 蒙古 羅馬尼亞 馬其頓 秘魯【1】 中非共和國 薩爾瓦多 贊比亞 馬達加斯加 柬埔寨 尼日利亞【1】 剛果共和國 俄羅斯 玻利維亞 海地【1】 白俄羅斯 尼加拉瓜 亞美尼亞 烏克蘭	烏克蘭 馬達加斯加 畿內亞比紹	畿內亞比紹
基本不變 (-5%-5%)	海地【2】【3】 南非 埃塞俄比亞 布隆迪 洪都拉斯 烏干達 津巴布韋【1】 畿內亞比紹 肯尼亞 加蓬 菲律賓 保加利亞		津巴布韋【2】 坦桑尼亞 馬達加斯加

	轉型前 v. 轉型後（短期）	轉型前 v. 轉型後（長期）	轉型後（短期）v. 轉型後（長期）
小幅增長 (5-20%)	幾內亞	肯尼亞	厄瓜多爾
	巴基斯坦【2】	危地馬拉	貝攙
	厄瓜多爾	薩爾瓦多	巴布亞新幾內亞
	布基納法索	玻利維亞	尼日爾
	剛果民主共和國	尼加拉瓜	巴拉圭
	波蘭	津巴布韋【2】	吉爾吉斯斯坦
	索馬里	尼日爾	伊拉克
	突尼斯	巴布亞新幾內亞	塞內加爾
	巴拉圭		墨西哥
	烏拉圭		克羅地亞
	希臘		阿爾及利亞
	葡萄牙		
	墨西哥		
	塞內加爾		
	馬拉維		
	伊朗		
	東帝汶		
	巴拿馬		
	納米比亞		
	巴西		
	西班牙		
	貝攙		
	匈牙利		
	津巴布韋【2】		
	利比里亞		
中幅增長 (20-50%)	秘魯【2】	伊拉克	烏拉圭
	緬甸	希臘	波斯尼亞
	泰國	馬拉維	印尼
	吉爾吉斯斯坦	俄羅斯	匈牙利
	克羅地亞	厄瓜多爾	萊索托
	萊索托	菲律賓	菲律賓
	尼泊爾【1】【2】	巴西	馬其頓
	斯洛伐克	巴拉圭	納米比亞
	尼日利亞【2】	阿爾及利亞	烏克蘭
	伊拉克	東帝汶	捷克
	多米尼加	贊比亞	秘魯【2】
	印尼	貝攙	玻利維亞
	阿爾及利亞	馬其頓	尼加拉瓜
	巴基斯坦【1】	南非	斯洛文尼亞
	塞拉利昂	墨西哥	薩爾瓦多
	土耳其	塞內加爾	尼日利亞【2】
	孟加拉國	阿根廷	阿根廷
	加納	坦桑尼亞	馬拉維

	轉型前 v. 轉型後（短期）	轉型前 v. 轉型後（長期）	轉型後（短期）v. 轉型後（長期）
中幅增長 (20-50%) (續)	捷克 科特迪瓦 坦桑尼亞 馬里	洪都拉斯	希臘 危地馬拉 馬里 巴西 塞爾維亞 塞拉利昂 南非 東帝汶 肯尼亞 洪都拉斯
大幅增長 (50%以上)	波斯尼亞 韓國 格魯吉亞 智利 莫桑比克	韓國 波斯尼亞 泰國 格魯吉亞 莫桑比克 智利 多米尼加 斯洛伐克 亞美尼亞 波蘭 秘魯【2】 阿爾巴尼亞 萊索托 土耳其 巴拿馬 葡萄牙 孟加拉國 印尼 加納 蒙古 尼日利亞【2】 烏拉圭 捷克 西班牙 柬埔寨 吉爾吉斯斯坦 羅馬尼亞 匈牙利 納米比亞 保加利亞 塞拉利昂 馬里 克羅地亞	亞美尼亞 泰國 阿爾巴尼亞 蒙古 立陶宛 格魯吉亞 柬埔寨 韓國 拉脱維亞 波蘭 羅馬尼亞 多米尼加 巴拿馬 愛沙尼亞 莫桑比克 摩爾多瓦 斯洛伐克 葡萄牙 俄羅斯 智利 保加利亞 土耳其 西班牙 加納 贊比亞 孟加拉國

附錄 4-1：三類國家的三個國家能力維度變化均值（1974–2018）

	穩定威權	民主轉型	穩定民主
財政能力（TaX/GDP）來源：IMF			
起點五年	0.15	0.15	0.22
終點五年	0.13	0.17	0.23
強制能力（領土控制程度）來源：V-Dem			
起點五年	91.02	94.79	94.29
終點五年	90.67	91.1	94.63
行政能力（嚴格公正行政）來源：V-Dem			
起點五年	-0.4	0.37	1.91
終點五年	-0.68	0.45	1.93

附錄 4-2：第三波國家轉型前後國家能力表現（1974–2018）

	轉型前			轉型啟動	轉型後（短期）			轉型後（長期）		
	財政能力	強制能力	行政能力		財政能力	強制能力	行政能力	財政能力	強制能力	行政能力
阿爾巴尼亞	0.32	99.58	-1.66	1990	0.14	89.54	0.09	0.19	97.06	0.58
阿爾及利亞	0.1	78.72	-0.68	2004	0.11	90.59	-0.58		96.13	-0.41
阿根廷	0.1	97.26	-1.96	1983	0.11	97.46	0.57	0.2	97.46	0.73
亞美尼亞	0.15	95.68	0.24	1991	0.15	100	-0.29	0.18	100	-0.18
孟加拉國	0.05	99.3	-1.06	1991	0.06	99.3	-0.76	0.07	99.1	-1.26
貝攤	0.1	83.75	-0.88	1991	0.12	83.75	-0.68	0.15	84.27	0.22
玻利維亞	0.08	81	-2.12	1982	0.08	87.25	-0.25	0.17	92.78	-0.08
波斯尼亞	X	X	X	1996	0.23	93.2	-0.07	0.22	92.75	-0.12
巴西	0.14	90.25	-1.39	1985	0.18	90.25	0.19	0.24	89.98	0.76
保加利亞	0.37	99.91	0	1989	0.24	99.91	0.96	0.21	99.91	1.06
布基納法索	0.13	87.6	0.89	2015	X	81.75	0.64	X	X	X
布隆迪	0.14	92.78	-0.61	2005 —— 2015 ↓	0.13	94.07	-1.23	X	X	X

	轉型前			轉型啟動	轉型後（短期）			轉型後（長期）		
	財政能力	強制能力	行政能力		財政能力	強制能力	行政能力	財政能力	強制能力	行政能力
柬埔寨	X	72.86	-0.77	1993	0.07	85.75	-0.95	0.11	94.14	-1.09
中非	0.1	84.4	-0.61	1993	0.08	82.93	-1.06	X	X	X
智利	0.18	97.39	-0.34	1989	0.16	97.39	2.19	0.15	97.17	2.07
剛果民主共和國	0.03	66.56	-2.41	2006 ——— 2016 ↓	0.09	75.75	-2.12	X	X	X
剛果共和國	0.14	81.76	-1.46	1992 ——— 1997 ↓	0.1	82.7	0.34	X	X	X
科特迪瓦	0.15	69.66	0.28	2011	0.15	88.09	1.42	X	X	X
克羅地亞	0.23	80.64	0.05	2000	0.23	100	0.86	0.23	100	0.88
捷克	0.23	99.92	1.54	1993	0.19	99.92	1.56	0.19	99.92	1.87
多米尼加	0.13	98.75	-1.12	1978	0.08	98.75	-0.56	0.12	98.1	-0.39
厄瓜多爾	0.1	99.75	-1.41	1979	0.09	99.75	-0.38	0.1	96.93	0.13
薩爾瓦多	0.13	92.09	-1.9	1984	0.1	89.22	-1.27	0.12	94.73	-0.3
愛沙尼亞	0.18	92.6	0.99	1991	0.22	99.41	1.96	0.21	100	2.87
埃塞俄比亞	0.08	86	-0.48	1995	0.1	94.75	-0.18	X	X	X
加蓬	0.1	86.71	1.7	2009	0.12	85.46	0.88	X	X	X
格魯吉亞	0.05	79.2	-1.69	1995	0.14	79.81	-0.67	0.25	79.32	1.49
加納	0.13	95.67	-0.89	1996	0.13	96.99	-0.83	0.16	96.2	-0.87
希臘	0.13	99.55	-0.19	1975	0.15	99.55	1.05	0.19	99.55	1.38
危地馬拉	0.08	77.94	-2.72	1986	0.09	83.4	-1.07	0.11	88.29	-0.31
幾內亞	0.1	92.19	-0.81	2010	0.14	89.48	-0.68	X	X	X
幾內亞比紹	0.05	91.5	-0.35	1994	0.05	91.55	-0.45	0.07	86.43	-0.76
海地【1】	0.07	84.82	-2.1	1994 ——— 1999 ↓	0.08	87.2	1.09	X	X	X
海地【2】	0.09	87.27	0.1	2006 ——— 2010 ↓	0.11	90.56	-0.82	X	X	X
海地【3】	0.13	91.53	-0.87	2015	X	92.72	-0.85	X	X	X

	轉型前			轉型啟動	轉型後（短期）			轉型後（長期）		
	財政能力	強制能力	行政能力		財政能力	強制能力	行政能力	財政能力	強制能力	行政能力
洪都拉斯	0.12	86.67	-0.5	1982	0.13	85.78	-0.22	0.15	87.92	-0.2
匈牙利	0.38	99.25	1.05	1990	0.27	100	3.14	0.25	100	2.13
印度尼西亞	0.09	90.9	-1.51	1999	0.1	92.79	0.27	0.1	94.34	0.49
伊朗	0.05	92	-0.24	1997 ————— 2004 ↓	0.06	91.78	0.88	X	X	X
伊拉克	0.01	76.43	-1.87	2005	0.01	67.78	-1.87	X	84.75	-1.69
肯尼亞	0.15	90.83	-1.12	1997	0.15	90.16	-0.02	0.16	89.65	0.75
吉爾吉斯	0.14	97.08	-0.11	2005	0.2	97.1	0.27	X	98.4	0.88
拉脫維亞	X	99	1.02	1991	0.19	97	1.3	0.2	97.8	2.06
萊索托	0.31	79.64	-0.81	1993	0.39	79.64	0.19	0.47	79.92	0.1
利比里亞	0.12	79.06	-1.97	2006	0.18	90.81	-0.6	X	X	X
立陶宛	0.2	97.22	1.09	1991	0.21	99.94	1.12	0.18	100	1.36
馬其頓	X	89.5	1.36	1991	0.2	89.29	0.64	0.17	95.9	0.57
馬達加斯加	0.09	75.54	-0.71	1992	0.09	76.4	-0.43	0.11	77.47	-0.92
馬拉維	0.09	93.08	-0.71	1994	0.08	98.88	-0.45	0.14	98.98	-0.3
馬里	0.11	75	-0.39	1992	0.12	75	-0.44	0.12	73.61	-0.41
墨西哥	0.09	95.88	-0.37	1994	0.09	91.65	0.18	0.1	86.48	0
摩爾多瓦	X	96.25	-0.14	1991	0.21	78.21	-0.01	0.23	77.4	0.38
蒙古	0.3	97	0.67	1990	0.15	98.42	1.34	0.18	98.38	0.93
莫桑比克	0.08	65.62	-0.26	1994	0.1	92.1	-0.58	0.18	90.67	-0.48
緬甸	0.07	75.29	-1.11	2015	X	80.15	0.54	X	X	X
納米比亞	0.2	97.75	1.11	1990	0.26	97.75	1.43	0.28	97.39	1.48
尼泊爾【1】	0.07	94.8	-0.78	1990 ————— 2002 ↓	0.07	86.17	0.38	X	X	X
尼泊爾【2】	0.09	74.98	0.23	2006	0.13	89.5	0.85	X	X	X
尼加拉瓜	0.17	71.6	-0.17	1990	0.1	91.22	0.14	0.14	92.82	-0.58
尼日爾	0.07	81	-0.06	1999	0.11	76.35	0.58	0.13	68.96	1.09

	轉型前			轉型啟動	轉型後（短期）			轉型後（長期）		
	財政能力	強制能力	行政能力		財政能力	強制能力	行政能力	財政能力	強制能力	行政能力
尼日利亞【1】	0.2	81.8	-1.82	1979	0.18	81.8	-1.4	X	X	X
尼日利亞【2】	0.08	81.8	-1.56	1999	0.04	81.61	-0.85	0.02	81.27	-0.63
巴基斯坦【1】	0.1	85.79	-0.92	1988	0.1	86.57	-1.28	X	X	X
巴基斯坦【2】	0.09	83.75	-1.28	2007	0.1	83.44	-1.39	X	X	X
巴拿馬	0.12	79.33	-2.05	1.09	0.1	80.62	0.9	0.1	86.76	1.16
巴布亞新幾內亞	0.13	X	-0.5	1975	0.18	100	-0.5	0.13	88.07	-0.56
巴拉圭	0.08	87.6	-2.6	1989	0.1	85.44	-0.25	0.11	82.94	-0.03
秘魯【1】	0.13	96.71	-0.58	1980 ‾ 1992 ↓	0.12	80.64	0.56	X	X	X
秘魯【2】	0.13	86.44	-0.44	2001	0.15	89.74	0.84	0.16	90.18	0.77
菲律賓	0.11	91.17	-1.9	1987	0.14	91.65	-0.01	0.13	92.05	0.01
波蘭	0.36	99.24	0.64	1989	0.25	98.35	1.38	0.21	97.88	1.52
葡萄牙	0.13	97	1.8	1975	0.16	97	3.03	0.2	97	2.55
羅馬尼亞	0.17	99.64	-1.52	1990	0.2	99.64	-0.15	0.19	99.64	0.12
俄羅斯	X	99.18	-1.12	1992	0.2	86.4	-0.92	0.22	98.89	-0.78
塞內加爾	0.15	90.45	0.66	2000	0.18	90.45	0.6	0.19	89.76	0.78
塞爾維亞	X	90.56	0.21	2000	0.25	91.17	0.3	0.24	94.73	-0.27
塞拉利昂	0.07	55.49	-2.36	2001	0.09	90.95	0.53	0.09	97.2	0.55
斯洛伐克	X	100	0.67	1993	0.21	100	1.25	0.17	100	1.23
斯洛文尼亞	X	X	1.28	1991	0.21	99.25	2.32	0.22	99.25	2.38
索馬里	X	33.5	-2	2012	X	46	-1.62	X	X	X
南非	0.24	87.28	-0.18	1994	0.26	96.43	1.63	0.27	95.8	1.12
韓國	0.16	99.91	0.13	1988	0.17	99.91	2.48	0.18	99.91	2.31
西班牙	0.1	99.22	0.59	1977	0.15	98.73	3.08	0.21	98.7	2.9
中國台灣	0.18	99	0.86	1992	0.14	99	2.19	0.12	98.63	1.93

	轉型前			轉型啟動	轉型後（短期）			轉型後（長期）		
	財政能力	強制能力	行政能力		財政能力	強制能力	行政能力	財政能力	強制能力	行政能力
坦桑尼亞	0.1	94.27	0.59	2015	X	95.13	0.6	X	X	X
泰國	0.12	90.67	-0.98	1978 ——— 2014 ↓	0.14	94.35	-0.13	0.16	95.47	-0.18
東帝汶	0.04	92.8	0.9	2002	0.03	95.91	0.74	0.04	96.7	0.7
突尼斯	0.18	90.88	-1.02	2011	0.2	92.95	0.46	X	X	X
土耳其	0.12	94.83	-1.13	1980 ↓ ——— 1983 ——— 2016 ↓	0.12	94.32	-0.63	0.18	96.06	0.11
烏克蘭	X	99	-0.46	1991	0.22	98.06	-0.66	0.22	89.65	
烏拉圭	0.15	99	-1.78	1985	0.16	99	2.72	0.18	99	2.76
委內瑞拉	0.11	90.65	-0.8	2009 ↓ ——— 2013 ——— 2017 ↓	0.16	88.33	-1.2	X	X	X
贊比亞	0.18	98.5	0.69	1991	0.16	98.5	1.2	0.13	97.82	0.45
津巴布韋【1】	0.13	82.6	-2.47	1980 ——— 1987 ↓	0.26	97.2	0.24	X	X	X
津巴布韋【2】	0.15	99.73	-1.23	2009	0.25	99.51	-0.93	X	X	X

註：轉型前數值為轉型前十年（含轉型啟動年）的均值；轉型後（短期）為轉型後前12年（含第12年）的均值；轉型後（長期）為轉型12年後的均值。如果轉型後數據不滿12年，則以民主崩潰或2018年為截止年份。轉型不滿3年即民主崩潰的轉型輪次不計入內，設為缺失值。

附錄7-1：若干國家的經濟不平等、經濟觀念和經濟自由度

地區	基尼指數 2017-2018	世界觀念調查 (2017–2021)				經濟自由指數 2017–2019
		收入應當更平等	國有企業應該增加	政府承擔更多責任	競爭有害	
阿爾巴尼亞	31.6	7.2	2.9	20.3	1.2	7.77
波斯尼亞	33	8.5	8.7	25.1	1.8	6.89
摩爾多瓦	25.8	6.1	19.1	24.8	4.3	7.18
塞爾維亞	35.6	12.2	6.6	26.6	3.3	7.13
西班牙	34.7	15.5	7.7	18.2	3.8	7.84
南歐均值	32.4	9.9	9	23	2.88	7.36
韓國	31.4	6.7	5.3	31.2	2.8	7.67
印尼	38	4.2	11.1	18.1	X	7.33
亞洲均值	34.7	5.45	8.2	24.65	2.8	7.5
阿根廷	41.2	26.8	16.3	30.2	13.4	5.78
智利	44	33.1	15.5	31.3	9.4	7.9
墨西哥	46.7	32.5	18.6	30.4	12.7	7.17
秘魯	42.8	8.1	23.9	18.5	6.6	7.77
委內瑞拉	44.8	22.1	19.7	23.2	10	2.94
拉美均值	43.9	24.5	18.8	26.72	10.42	6.31